修訂四版

強制執行法

Compulsory Enforcement Law

吳光陸　著

三民書局

修訂四版序

本書自民國 96 年出版以來，為因應法令之增修，分別於民國 101 年、104 年修訂，茲自 104 年迄今，亦有法令之變動，自應再為修訂。

強制執行既係實現權利最後也是最重要之方法，則規範強制執行程序之強制執行法自亦重要，以免執行程序之不當，損及債權人或債務人或第三人之權益。個人因撰寫以強制執行之拍賣性質為題之碩士論文，開啟研究強制執行法，擔任法官辦理強制執行事務，以執行人員角度看執行事務之處理，轉任律師有代理債權人、代理債務人，甚至係為第三人，從不同角度看執行事務之處理。又因緣際會，自民國 75 年在大學教授強制執行法，更從學理觀點探討。撰寫本書，即係以結合理論與實務說明執行事務之處理，除以之為教材在大學教授強制執行法，更希望本書可供學子研習強制執行法，亦希望能供實務及學理研究之參考。

子曰：「吾十有五而志于學，三十而立，四十而不惑，五十而知天命，六十而耳順，七十而從心所欲，不踰矩。」本人自幼遲鈍，不敢與之相比，自大學畢業預官退伍，受系主任李岱教授提攜回到母校擔任助教，有機會能與系內教授學習，開始撰寫一些不成熟的法律文章，一抒己見，刊登在《法令月刊》、《軍法專刊》等法學雜誌。擔任法官、律師時，除就辦案發見的問題，就自己心得結合實務見解，更就從事教學工作，教學相長之獲益，進一步撰文，發表於上開法學雜誌，刊登於《法學叢刊》、《月旦法學》、《中律會訊》、《高雄律師會訊》、《全國律師》雜誌等外，並撰寫《金錢債權之確保與實現》、《不動產抵押權之理論與實務》等書，引起法界前輩之關注。在本人辭去公職轉任

律師，偶遇時任司法院楊祕書長仁壽，即指稱以後擔任律師，因工作繁忙，不可能再發表文章，殊為可惜。另王澤鑑教授在〈判例研究、法學方法與民法發展——50年的回顧與展望〉一文，贊許本人撰寫之最高限額抵押權論述，在其他文章亦有引用本人撰寫之論點，致有同儕告知其曾誤以為我是他臺灣大學畢業的學生，是有志于學，只要努力，當有收穫。

時間飛逝，轉眼我已過耳順之年，進入不踰矩，本書可謂係個人的最後一本，此次修正，亦應是最後一次。一路走來，就法律事務、歷經實務、教學，更曾任考試院出題及閱卷工作，擔任臺中律師公會、中華民國律師公會全國聯合會理事長，參與民事訴訟法修法，人生可以劃下一完美之句點。值得欣慰的是，在大學教授強制執行法及破產法，雖以嚴格著名，但爾後遇見諸多學隸，不僅仍稱我為老師，並肯定個人教學。

最後應感謝前輩、師長的指導、家人支持、精誠法律事務所之同仁相挺，個人始能有收穫。本書此次修正，正是教學工作已於民國112年6月底結束，事務所亦將結束，個人一切趨於平淡，進入尾聲。回首來時路，已無牽掛，可謂無風亦無雨。

此次修正有本所涂淑蘋助理幫忙找資料、繕打文稿，在此特予誌謝。

吳光陸

民國一百一十三年一月於臺中市
精誠法律事務所

修訂三版序

　　強制執行係實現權利最後也是最重要之方法，不僅應注重程序，亦應注意影響之實體效果，雖謂債權人對債務人強制執行，強制執行法就此採當事人不平等主義，但債務人合法之權益仍應保障，甚至第三人之權益，例如拍定人，亦應顧及，不可只追求債權人之權利，而忽視債務人及第三人之權益。

　　近年來，坊間有第三人因強制執行而受嚴重影響之新聞，甚至支付命令應否有與確定判決同一效力之爭執，為此強制執行法及民事訴訟法關於支付命令均有修正。修正結果，影響強制執行之進行及債務人救濟之方法，為彰顯債務人及第三人權益之保障，強制執行法第一條增設第二項「強制執行應依公平合理之原則，兼顧債權人、債務人及其他利害關係人權益，以適當之方法為之，不得逾達成執行目的之必要限度。」此在本書緒論第一章第二節強制執行之重要性早已提及，上開增設規定，更具宣示之意義。

　　因上開修正，至為重要，而強制執行法在國考回復為考試科目，益被重視，為使本書符合法律之修正而新穎，爰再次以上開增修條文為主予以修正。

吳光陸

民國一百零四年八月於臺中市

精誠法律事務所

修訂二版序

　　本書係自民國九十六年二月出版後，迄今已五年，除強制執行法小幅度修正兩次外，其他法令亦有修正及增訂，比較重要的是民法物權之修正，尤其是抵押權，蓋抵押權之實行大多均係以拍賣抵押物方式為之，涉及強制執行，本書就此部分，原係參照抵押權之修正草案撰述，現該等草案多已明文化，為此本書有修訂必要。即就若干法令有變動者，修改撰寫，以符現行法制。另新制定之家事事件法，其中就交付子女、會面等有特別規定，於本書增寫一章，說明家事事件法之強制執行規定。

　　按法律是社會科學，無所謂絕對的對錯，古云「法與時轉則治，治與事宜則有功」，是法律必須與時俱進，法律之修改是必要的，法學之理論亦有變化，藉此修正，亦小幅度修正若干觀點，請讀者指正。

吳光陸

民國一百零一年七月於臺中市
精誠法律事務所

自 序

　　強制執行係實現權利之程序，著重實務，個人早年撰寫碩士論文〈論強制執法拍賣之性質〉，純屬片面理論之探討，直到民國七十一年七月起，在臺灣臺中地方法院擔任民事執行處法官時，始真正接觸執行工作，有完整之了解。在十年法官生涯中，陸續辦理執行工作共三年多，擔任民事審判亦有涉及強制執行引發之爭訟，發現問題甚多，此等問題學者或未討論，或有討論，但覺得其中不乏有待商榷之處，引起個人興趣，更因在金融機關、訓練機構講授強制執行實務，在中興大學法律學系（現改名為臺北大學司法學系）及東海大學法律學系教授強制執行法，迄今已二十餘年。教學相長下，就學生（員）提出之問題及爾後從事律師工作，涉及強制執行事件，由不同角度思考，零零散散發表一些拙見刊登在法律雜誌，雖然民國七十七年間曾於《司法周刊》連載一年多之〈如何辦理強制執行工作〉，嗣後彙整成冊，另著有《金錢債權之確保與實現》、《不動產抵押權之理論與實務》，並收集一些拙文編為《強制執行法學說與判解研究》，但無一完整關於強制執行法著作，在講授強制執行法多年後，極想在終老之前，撰寫完整之《強制執行法》一書，故民國八十八年年底，在三民書局邀約下，未多加思索，概然允諾。惟因從事律師工作，在現實工作壓力下，時間多分配給法院、當事人，可用於撰寫時間不足，勉力於民國九十五年六月完稿，而此期間，相關法令修正幅度之大，強制執行法亦小修一次，目前司法院尚有修正研議，撰寫實為困難，幾度後悔為何不自量力應允此事，想停筆違約，但一想文章乃千古之事，既然是自己未了心願，仍勉力繼續。好在近幾年訴訟制度變革，大量錄取律師，影

響業務，致有多餘時間完稿，了卻心中一件大事，爾後能否再如此撰寫一完整書籍，只能委於天命。

立言為三不朽之一，個人雖以「為天地立心，為生民立命，為往聖繼絕學，為萬世開太平」為念，但本書實不能自誇為立言，純係就教學、平日研究作一完整心得說明。所提問題，僅問題值得深思，其結論是否正確，仍有待指正。

本書能順利完成，尚賴本所之律師林筱涵、曾琬鈴及學隸目前任職行政執行官簡祥文協助校對、提供意見，獲益良多。另本所助理羅玉芬、涂淑蘋繕打，亦有助益。如無他們協助，本書當無法完成，在此一併感謝。

吳光陸

民國九十六年二月於臺中市
精誠法律事務所

強制執行法

目　次

第一編

緒　論

第一章
概　說

第一節　強制執行之意義

　　按權利之本質，通說為法律上之力說，即以權利為法律賦予特定人，用以實現某種特定利益之力❶，故權利受法律保障，必須能實現，否則即無意義。而實現最重要之方法即為強制執行，此觀民國 88 年 4 月修正前民法第 227 條規定「債務人不為給付或不為完全之給付者，債權人得聲請法院強制執行，並得請求損害賠償。」明示強制執行可明❷。勝訴之判決不能強制執行，猶如廢紙，權利成為空談。希臘正義之神，一手持天平，一手持劍，並矇著眼睛，其持天平代表公平公正判斷，持劍代表強制執行，亦即其代表之公平正義判斷必須獲得實現。至於矇著眼睛，表示其不可能看到爭執發生之一切經過，須用耳朵聽雙方陳述以判斷——即雙方之爭執須以證據認定事實，與孔子曰：「聽訟，吾猶人也。」相同。

　　在早期自力救濟時代，權利人憑一己之力實現權利。迨至公力救濟時代，禁止自力救濟，由國家以公權力保障權利。所謂強制執行，即由國家之司法機關，依法定程序強制義務人履行義務，實現權利人之權利。

　　上述所稱之權利指私權，故一般所稱之強制執行指民事強制執行，與行政執行法之強制執行係實現公權不同，即強制執行實現私權利，不包括公法上之權利，日本即稱「民事執行法」。但我國在民國 87 年 11 月 11 日修正前之行政執行法，並未就公法上金錢債權之執行設有規定，而行政法

---

❶　參閱李模著《民法總則之理論與實用》第二二頁。

❷　民法第 227 條雖因不為給付、不為完全給付涵義有爭議而刪除另為規定，但已標示債權人可聲請法院強制執行，表明以強制執行實現權利之原則，應予肯定。

規對科處罰鍰等金錢債務往往均有移送法院強制執行之規定❸，依司法院大法官會議釋字第 16 號解釋：「強制執行法施行後，強制執行僅得由法院為之。行政官署依法科處之罰鍰，除依法移送法院辦理外，不得逕就抗不繳納者之財產而為強制執行。本院院解字第三三○八號解釋，仍應適用。」及第 35 號解釋：「對人民財產為強制執行，非有強制執行法第四條所列之執行名義，不得為之。行政機關依法科處罰鍰之公文書，如法律定有送由法院強制執行或得移送法院辦理者，自得認為同法第四條第六款所規定之執行名義，否則不能逕據以為強制執行。」此類公法上金錢債權亦由法院依強制執行法辦理，可謂形式之強制執行。現因行政執行法修正，於第二章設有公法上金錢給付義務之執行，依該法第 42 條第 1 項規定「法律有公法上金錢給付義務移送法院強制執行之規定者，自本法修正條文施行之日起，不適用之。」及第 44 條第 2 項前段規定「本法修正條文之施行日期，由行政院以命令定之。」而行政院以命令定此施行日為民國 90 年 1 月 1 日，則自此施行之日起，即應無此形式之強制執行，由行政執行署所設行政執行處辦理，強制執行回歸為實現私權，但仍有例外❹。為區隔行政執行法，

---

❸　例如民國 93 年 6 月 2 日廢止前之兒童福利法第 52 條：「依本法所處之罰鍰，逾期不繳納者，移送法院強制執行之。」、稅捐稽徵法第 39 條第 1 項前段：「納稅義務人應納稅捐，於繳納期間屆滿三十日後仍未繳納者，由稅捐稽徵機關移送法院強制執行。」

❹　依行政執行法施行細則第 2 條規定「本法第二條所稱公法上金錢給付義務如下：㈠稅款、滯納金、滯報費、利息、滯報金、怠報金及短估金。㈡罰鍰及怠金。㈢代履行費用。㈣其他公法上應給付金錢之義務。」則在民、刑事訴訟規定證人不到庭之罰鍰，強制執行法第 128 條、第 129 條之怠金，刑事訴訟法第 470 條財產刑之執行，均屬公法上金錢給付義務，是否亦應依上開規定交由行政執行，似有問題。蓋強制執行法之怠金，本屬執行方法，應由執行法院依強制執行法執行。證人之罰鍰，其中民事法庭依民事訴訟法裁定者，其裁定本屬強制執行法第 4 條第 1 項第 2 款之執行名義，仍應依強制執行法執行，至刑事法庭依刑事訴訟法裁定者，則依刑事訴訟法第 471 條第 1 項規定「前條裁判之執行，準用執行民事裁判之規定。」及第 2 項規定「前項執行，檢察官於必要

強制執行宜改稱民事強制執行，強制執行法亦應改為民事執行法為當。

又此強制執行係指由法院辦理，不包括依行政法規，另有由行政機關應予登記者，例如不動產所有權移轉登記、抵押權塗銷登記、共有物分割登記等，經判決確定應移轉、塗銷或共有物分割，依土地登記規則第 27 條第 4 款，可由權利人單獨持判決申請地政機關登記，均非此處之強制執行。早期判決主文雖有記載，但現今均認已無必要❺。又如判決離婚確定者，可由一方依戶籍法第 34 條辦理離婚登記，亦毋庸判決主文敘明辦理登記。此等雖與強制執行類似，但並非為強制執行法之強制執行，可謂廣義之強制執行。

第二節　強制執行之重要性

在公力救濟時代，為保障權利，當權利不能實現，必須有一救濟程序，此一程序有二：一係確定私權，二係實行私權。私權確定以後，實際尚未獲得救濟，必須能進一步實行，始可確實實現，故強制執行為權利實現重要之一環，亦為最直接、最後之方法。

強制執行固為實現權利，注重權利人利益，但揆諸法律之最高原則與最終目的在於公平正義及程序合法。在執行過程中，不可僅顧及權利人權利，義務人之合法權益亦應保障，正如一刀之兩面，用之不慎，亦會傷及他人，故強制執行程序須注意雙方合法之權利，甚至第三人合法之權利亦應注意，不可逾越法律所規範之程序。例如我國憲法第 8 條人身自由之保障、第 15 條人民生存權、財產權之保障，反映在強制執行法（以下簡稱本

時，得囑託地方法院民事執行處為之。」仍依強制執行法執行，目前實務上仍由法院自行處理，未予由行政執行處依行政執行法執行。

❺ 最高法院 80 年臺上字第 1955 號判例：不動產共有人之一人或數人訴請分割共有物，經法院判准為原物分割確定者，當事人之任何一造，均得依該確定判決單獨為全體共有人申請分割登記，毋待法院另行判命對造協同辦理分割登記，如訴請判命對造協同辦理分割登記，則欠缺權利保護要件。

法）第 21 條、第 22 條對債務人之拘提、管收須有法定事由、第 22 條之 3
管收限制事由、第 24 條管收期限及次數之限制、第 52 條查封時應酌留債
務人及其共同生活之親屬生活必需物、第 53 條第 1 項第 1、2 款禁止查封
必需之衣服、教育上用品、第 122 條禁止執行之債權等均屬之。民國 103 年
6 月修正之強制執行法第 1 條第 2 項：「強制執行應依公平合理之原則，兼
顧債權人、債務人及其他利害關係人權益，以適當之方法為之，不得逾達
成執行目的之必要限度。」即明示債權人、債務人及第三人之權益均應兼
顧❻。至此「以適當之方法為之，不得逾達成執行目的之必要限度」參照

---

❻　民法第 148 條第 1 項及第 2 項「行使權利，履行義務，應依誠實及信用方法。」
　　之禁止權利濫用，本即可在強制執行適用，但因強制執行涉及債權人之權利、
　　債務人之生存、第三人之合法利益，為能兼顧，特別設有第 1 條第 2 項。近年
　　實務上有要保人投保人壽保險，但受益人為第三人，要保人之債權人無從執行
　　保單期滿之保險金，債權人可否請求執行要保人依保險法第 119 條第 1 項「要
　　保人終止保險契約，而保險費已付足一年以上者，保險人應於接到通知後一個
　　月內償付解約金；其金額不得少於要保人應得保單價值準備金之四分之三。」
　　終止保險契約後，請求保險人給付要保人之解約金？此涉及該保險有或附加醫
　　療保險，即此附加保險附隨於主契約，而保險公司均係以附加保險辦理上開醫
　　療保險，則即若可執行，附加之醫療保險等一併終止，債務人如有疾病欠缺此
　　保險，產生無法達成原附加險之社會安全功能，為此最高法院有不同見解。該
　　院 109 年 3 月 19 日 109 年度臺抗字第 293 號裁定「然強制執行在實現債權人
　　債權之同時，應兼顧債務人及其他利害關係人權益，以適當之方法為之，不得
　　逾達成執行目的所必要之限度，此為強制執行法第 1 條第 2 項揭示之比例原
　　則。且換價程序為債務人權利之喪失、變更，與扣押命令僅禁止債務人收取等
　　或為其他處分，兩者之影響程度難以比擬，尤應注意比例原則之適用。而債務
　　人倘有多項財產可供執行，更應斟酌執行何者可兼顧債權人及債務人之權益，
　　以符合公平合理之原則。再抗告人於事實審抗辯：伊於 89 年 4 月間投保系爭
　　保險契約，除主約外，尚包括傷害保險、醫療保險、居家療養終身健康保險等
　　附約，伊於 108 年 4 月繳納最後 1 期保費 21 萬 7,600 元、6,536 元後，即終身
　　享有壽險及傷害等保險之保障，如提前終止主約，將使附約隨同失其效力，伊
　　將喪失每年領取年金及附約之傷害、醫療及健康保險利益，損害甚為巨大；相

對人之執行名義為准予假執行之判決，其債權尚未完全確定，扣押系爭保險契約之保單價值準備金，即足以保障相對人之權益，士林地院民事執行處逕終止系爭保險契約，命為支付轉給，顯有違比例原則等語，並提出系爭保險契約為證據。攸關士林地院民事執行處上開執行行為對再抗告人之執行是否過苛，有否違反公平合理及比例原則，自應究明。」即指明此一問題。但債務人投保之人壽保險，本有儲蓄性質，債務人之銀行存款可以執行，何以此一解約金不可執行。111 年 12 月 9 日最高法院 108 年度臺抗大字第 897 號裁定「執行法院於必要時，得核發執行命令終止債務人為要保人之人壽保險契約，命第三人保險公司償付解約金。」雖肯定執行法院可終止要保人之人壽保險契約，以執行債務人對保險公司之解約金，但該裁定理由㈤「按強制執行應依公平合理之原則，兼顧債權人、債務人及其他利害關係人權益，以適當之方法為之，不得逾達成執行目的之必要限度。強制執行法第 1 條第 2 項定有明文。蓋強制執行程序，攸關債權人、債務人及其他利害關係人之權益，故執行行為應公平合理兼顧渠等權益，符合比例原則（該條項立法說明參照）。我國雖無如瑞、奧、德、日等國立法於強制執行程序中採取介入權制度，惟依上開規定立法意旨，執行法院執行要保人於壽險契約之權利，應衡酌所採取之執行方法須有助於執行目的之達成；如有多種同樣能達成執行目的之執行方法時，應選擇對債務人損害最少之方法為之；採取之執行方法所造成之損害，不得與欲達成之執行目的之利益顯失均衡。壽險契約，常見兼有保障要保人等及其家屬生活，安定社會之功能，執行法院於裁量是否行使終止權執行解約金債權時，仍應審慎為之，並宜先賦與債權人、債務人或利害關係人陳述意見之機會，於具體個案依強制執行法第 1 條第 2 項及第 122 條等規定，兼顧債權人、債務人及其他利害關係人之權益，為公平合理之衡量。」仍認應依本法第 1 條第 2 項、第 122 條就具體個案審慎為之。最高法院 111 年 12 月 14 日 108 年度臺上字第 2198 號判決即依該大法庭裁定法律見解以「上訴人於事實審抗辯：系爭保險契約為壽險契約，附加防癌健康保險及平安保險附約，廖○慎因系爭保險契約所得享有之權利，非僅保單價值準備金及解約金，其於保險契約有效期間發生保險事故，享有重大疾病及生命末期保險金及醫療附約等保險利益，乃保障其生命、身體健康而為之保險契約。果爾，廖○慎所受原應有保險契約保障之損害，是否顯然大於臺中分署以終止契約方式將保單價值換價為系爭解約金之執行行為？攸關臺中分署上開執行行為為廖○慎之執行是否過當，有否違反公平合理及法益權衡原則，暨其程序權之保障是否充足，自應究明。原審未遑調查審認，即以上開理

最高法院 103 年度臺抗字第 935 號民事裁定：「……所謂『以適當之方法為之，不得逾越達成執行目的之必要限度』，應依下列原則判斷之：㈠採取之執行方法須有助於執行目的之達成。㈡有多種同樣能達成執行目的之執行方法時，應選擇對義務人、應受執行人及公眾損害最少之方法為之。㈢採取之執行方法所造成之損害不得與欲達成執行目的之利益顯失均衡。於此狹義之比例原則，通常所應權衡者為債權人所追求之利益與債務人所受附屬損害（如因低於市價之拍定而生之損失）之差距，尤應注意債務人有無受不可期待、無可歸責之損害，至於債務人所受主要損害（指相對應於執行債權人之債權及相關費用而言）則非比較重點。必債務人所受附屬損害小於債權人所追求之利益，方符狹義比例原則。」但仍應視個案之狀況而定。

第三節　實現之權利

　　強制執行所欲實現之私權，範圍甚廣，不限於債權，例如抵押權人拍賣抵押物，所實現者為抵押權。又如本法第 123 條、第 124 條交付動產、不動產，所實現者可為所有權，再如第 128 條第 3 項所實現者為親權，並非一定為債權。惟本法均稱債權人、債務人，例如第 28 條、第 29 條及上開各條，坊間著作亦係如此稱之，實有欠妥，蓋權利人本於所有權依民法第 767 條行使物上請求權即非債權人。本書多稱權利人、義務人，惟因法條均稱債權人、債務人，在引用時亦有從俗，特此說明。

由謂臺中分署有權終止系爭保險契約，而為上訴人不利之判決，尚有可議。」判決，則是否可以執行解約金，仍有本法第 1 條第 2 項之適用。

第二章
強制執行權與強制執行請求權

　　強制執行權係實施執行行為之權力，強制執行請求權係請求發動強制執行權，二者不同。

　　關於強制執行權之主體，學理上有債權人說、國家說、折衷說❶。在早期准許自力救濟時代，必須靠自己力量實現權利時，強制執行權屬於債權人，故在債務人不履行債務時，債權人可以逕行拿取債務人財產甚或以之為奴隸出售，但在禁止自力救濟後，必須公力救濟時，惟有國家始有強制力，債權人即無強制執行權，強制執行權為公權力之一環，由國家司法機關實施，故通說均採國家說。國家司法機關係本於獨立之地位行使強制執行權，既非債權人之代理人，亦非債務人之代理人，故實務就法院拍賣認係私法上買賣之一種，執行法院係代替債務人為出賣人❷。將此「代」解為「代替」，不僅法律中無此「代替」概念，且就法院本於國家所有之強制執行權拍賣言，更屬有誤❸。

　　如上所述，通說固採國家說，但我國因執行案件過多，為解決此一問題，在金融機構合併法第 11 條第 2 項規定「金融機構或金融機構不良債權之受讓人，就已取得執行名義之債權，得就其債務人或第三人所提供第一順位抵押權之不動產，委託經主管機關認可之公正第三人公開拍賣，並不適用民法債編施行法第二十八條之規定。公開拍賣所得價款經清償應收帳款後，如有剩餘應返還債務人。」可由民間公正第三人拍賣。司法院於 91

---

❶　關於此三種學說可詳閱陳榮宗著《強制執行法》第九頁、楊與齡著《強制執行法論》第三頁、岩野徹主編《注解強制執行法⑴》第四頁。

❷　最高法院 49 年臺抗字第 83 號判例：強制執行法上之拍賣，應解釋為買賣之一種，即拍定人為買受人，而以拍賣機關代替債務人立於出賣人之地位。

❸　關於拍賣之性質，可參閱拙著《強制執行法拍賣性質之研究》。

年擬修正本法草案第 3 條第 2 項規定「執行法院得委託主管機關認可之公正第三人或司法院認為適當之人辦理關於金錢請求之執行。」更擴大上開規定之適用範圍，就此而言，強制執行權已非國家公權力，可謂顛覆傳統（按：因有不同意見，事後司法院未正式提出修正），但大陸地區之強制執行，亦有委託各地之拍賣行拍賣❹，將強制執行權之一部委由民間拍賣行行使者。

強制執行請求權既係權利人請求司法機關強制執行之權利，屬訴訟權之一部，係公權，並非對義務人私法上之權利，故不可拋棄。縱權利人聲請強制執行後，因和解或其他原因撤回聲請，表明不再對義務人強制執行，權利人未喪失強制執行請求權❺，仍可持原執行名義再聲請強制執行。僅若權利人有拋棄權利或暫緩行使之意時，義務人可以此為消滅或妨礙債權人請求之事由，依本法第 14 條第 1 項提起債務人異議之訴，排除強制執行❻。

強制執行必須依執行名義為之（參照本法第 4 條第 1 項），故強制執行請求權因執行名義而生，隨執行名義之移轉而移轉，與執行名義併存。但與執行名義所表彰之私法上權利不同，前者為公權，後者為私權。雖強制執行請求權係欲實現此私權，但二者之關係如何，有下列三種學說：

一、抽象請求權說

強制執行請求權與執行名義之私法上權利無關，只須有執行名義，即有強制執行請求權。縱然執行名義所表彰之私法上權利不存在，仍無礙強制執行請求權之存在。

---

❹ 最高人民法院 1998 年制定之「關於人民法院執行工作若干問題的規定 46：人民法院對查封、扣押的被執行人財產進行變價時，應當委託拍賣機構進行拍賣。」參閱拙文〈大陸地區強制執行法簡介〉（刊《中律會訊》第三卷第三期第一六頁以下）。

❺ 司法院 33 年院字第 2776 號解釋㈧。

❻ 最高法院 47 年臺抗字第 196 號判例：債權人縱已與債務人於強制執行中為和解，亦非不得繼續為強制執行，如其和解為消滅或妨礙債權人請求之事由，債務人亦祇能依強制執行法第十四條之規定提起異議之訴，要不得謂其和解有阻止確定判決執行之效力。

二、實體請求權說

強制執行之目的既在實現權利，如僅有執行名義，實無所表彰之私權，即無強制執行請求權。

三、折衷說

強制執行固以實現私權為目的，如無私權仍可強制執行，實有違強制執行之本旨，不可全採抽象請求權說。但執行機關於有執行名義之際，尚需再審查有無私權，不僅無法達到強制執行之迅速目的，徒然浪費時間及司法資源，且有違執行機關與審判機關分離之原則，成為另一審級法院，故亦不可全採實體請求權說。即為折衷二者，一方面執行機關僅需審查有無執行名義即可開始執行，但另一方面為顧及強制執行之本旨，如所欲實現之私權於執行名義成立後已不存在，即不可強制執行，應許債務人提起異議之訴救濟，即可兼顧。

以上三說，以抽象請求權說為通說，亦為德日兩國通說❼，但仍有採折衷說❽。愚意以為就執行機關與審判機關分離制度及強制執行追求迅速實現權利觀點，應採抽象請求權說，蓋執行機關依執行名義執行，只需審查執行名義，如尚需審查是否確有私權存在，無異成為第四審法院。但就強制執行之目的在於實現權利，如無權利，一味因有執行名義即可強制執行，亦有欠妥。執行名義成立，就成立時言，應有權利存在（按：非訟事件者例外），但執行名義成立到聲請強制執行，有一時間差距，在此時間差距內權利發生消滅、變更，以致所欲實現之權利不存在，如仍強制執行，實有不當，故本法第 14 條第 1 項設有債務人異議之訴。申言之，強制執行仍注重所欲實現之權利存否，僅執行機關無權審查，其執行依執行名義為之，而執行名義亦表彰權利存在，但此存在係執行名義成立時，爾後可能有變化，為免有違強制執行本旨，有債務人異議之訴，故以採折衷說為當。

---

❼ 參閱張登科著《強制執行法》第四頁、楊與齡著前揭第四頁。

❽ 參閱陳世榮著《強制執行法詮解》第四頁。

第三章
強制執行法之立法

第一節　強制執行法之編制

　　關於強制執行法之編制各國立法不同，有附於民事訴訟法中，為其一編，例如德國、早期之日本，有編入破產法，例如瑞士，亦有單獨立法，例如我國及現今之日本。大陸地區之強制執行法採前者，但現正在修改，將採單獨立法。

第二節　強制執行法之立法主義

一、當事人平等主義與當事人不平等主義

　　以執行程序中，當事人地位是否平等，分為當事人平等主義與當事人不平等主義。顧名思義，強制執行係權利人對義務人執行，義務人係被強制執行者，與民事訴訟程序孰是孰非尚未確定，兩造地位平等，均可各自提出任何攻擊防禦方法不同，故為不平等主義。本法第 3 條之 1 第 1 項規定「執行人員於執行職務時，遇有抗拒者，得用強制力實施之。但不得逾必要之程度。」可對義務人實施強制力，第 5 條第 3 項規定「強制執行開始後，債務人死亡者，得續行強制執行。」無停止執行，均係當事人不平等主義之表現。

二、當事人進行主義與職權進行主義

　　以程序之進行需否當事人請求始進行，可分為當事人進行主義與職權進行主義，或稱當事人處分主義與職權主義。民事訴訟程序之進行採當事人進行主義，故程序之發動，由當事人為之。強制執行係為實現權利人權

利，需否實現，係權利人之事，不涉及公益，故亦應採當事人進行主義。本法第 5 條第 1 項規定「債權人聲請強制執行，……」即表明須經聲請始可執行，採當事人進行主義。但聲請後執行程序開始，執行法院如何進行？執行方法為何？屬執行法院之職權，即應採職權進行主義，而非當事人進行主義。例如動產之換價方法有二，一係拍賣，一係變賣，依第 60 條規定，執行法院可依職權決定以變賣方式換價。不動產之換價方法亦有二，一係拍賣，一係強制管理，依第 103 條規定，執行法院可依職權命付強制管理，故執行法院可依職權決定換價方法。甚至在終局執行查封後，不可因權利人聲請不進行換價，但第 10 條第 1 項規定實施強制執行時，經債權人同意者，執行法院得延緩執行，執行法院應無權不准（詳本書第二編第一章第十二節），即非職權進行主義。又第 115 條第 2 項之換價命令，執行法院得詢問債權人意見決定，是在職權進行主義中又有當事人進行主義之色彩，故本法並非全然採當事人進行主義，亦有採職權進行主義，在職權進行主義中，復有當事人進行主義。

三、優先主義、平等主義及群團優先主義

關於金錢請求權之執行，基於債權人平等原則及債務人財產為其債務總擔保之原則，各國立法均設有參與分配制度，即除聲請執行之債權人外，其他債權人亦可依一定之程序參與分配。至於換價所得，聲請執行之債權人與其他參與分配之債權人間如何分配，有三種立法主義：優先主義又稱優先清償主義、質權主義，認查封之債權人可較其他債權人優先分配，德國民事訴訟法第 804 條規定，認查封之債權人因查封取得質權，故可優先受償。平等主義又稱平等清償主義、分配主義，認所有之債權人基於債權人平等原則，一律依比例平均受償，例如日本。群團優先主義又稱團體優先主義或折衷主義，係以參與分配之時間為區別，凡在一定時間內參與分配者，與聲請執行之債權人平等比例分配，分配有剩，始歸在此時間以後之其他債權人分配，即以時間區分債權人為兩個團體，前一團體較後一團體優先，各團體間仍平等分配。例如瑞士，在執行開始後 30 日內加入分配之債權人為一群團，以後為另一群團，前者分配有剩，剩餘部分始歸後者

分配，即前者之群團較後者之群團為優先分配，但各群團間仍依債權比例平均分配❶。

　　以上三者，各有立論基礎，就強制執行實務言，因聲請執行之債權人需花時間、費用查明債務人財產，引導執行人員查封、拍賣，刊登報紙，亦即需勞心勞力，而其他參與分配之債權人則無任何工作，坐享其成，甚至因其他參與分配之債權人之債權較多，比例分配結果即多於聲請執行之債權人，致使聲請執行之債權人「為人辛苦為人忙」，故採優先主義，不無理由。但此違反債權人平等原則，甚至債務人可故意告知其偏愛之債權人其財產狀況，由該債權人先聲請執行以優先受償，合法詐害其他債權人，是仍以平等主義為妥。本法於民國 64 年修正前之第 32 條原規定「他債權人參與分配者，應於強制執行程序終結前，以書狀聲明之。」即採平等主義。該次修正後規定「他債權人參與分配者，應於標的物拍賣或變賣終結前，其不經拍賣或變賣者，應於當次分配表作成前，以書狀聲明之。」及民國 85 年修正之現行條文「他債權人參與分配者，應於標的物拍賣、變賣終結或依法交債權人承受之日一日前，其不經拍賣或變賣者，應於當次分配表作成之日一日前，以書狀聲明之。」有認仍屬平等主義，僅限制參與分配應於一定時間前為之而已❷，但亦有認在此參與分配限期前之債權人為一群團，之後者為另一群團，前者較後者為優先，故係改採群團優先主義❸。愚意以為此與瑞士法律規定不同，上開時間僅係參與分配之限期，即為避免民國 64 年修正前規定結果，在執行程序終結——即分配表製成發款前仍可參與分配，致分配程序拖延，始予設限，並非以一定期間區分債權人而定分配優先程序。雖本法第 32 條第 2 項規定「逾前項期間聲明參與分配者，僅得就前項債權人受償餘額而受清償；如尚應就債務人其他財產

---

❶　參閱陳榮宗著《強制執行法》第二六四頁以下、中野貞一郎編《民事執行法概說》第二〇二頁以下。

❷　參閱陳世榮著《強制執行法詮解》第二一三頁、第四〇三頁，張登科著《強制執行法》第四九四頁。

❸　參閱陳榮宗著前揭第三三頁、楊與齡著《強制執行法論》第二三頁。

執行時，其債權額與前項債權餘額，除有優先權者外，應按其數額平均受償。」將逾期者，僅能就限期內參與分配者分得後之餘額分配，致使限期內參與分配者有優先結果，但此係因逾期聲明之故，並非與瑞士法律將債權人分為兩個群團，故應非群團優先主義。苟採群團優先主義，何以又規定如應執行債務人其他財產時，前後二團體之債權人一律平均受償？故與群團優先主義尚有不同。

四、再查封主義與不再查封主義

以一物查封以後，可否再度查封區分為再查封主義與不再查封主義。凡一物查封後，仍可由其他債權人再予查封者，為再查封主義。本法第56條規定「書記官、執達員於查封時發見債務人之動產業經因案受查封者，應速將其查封原因報告執行法官。」及辦理強制執行事件應行注意事項（以下簡稱注意事項）18⑴規定「對於已開始強制執行之債務人財產，他債權人再聲請強制執行者，應注意併案處理。」不僅禁止重複查封，採不再查封主義，且規定應予併案。至於稅捐稽徵機關依稅捐稽徵法第24條第1項規定，通知地政機關限制納稅義務人財產之處分，則非查封，執行法院仍可查封該財產，無重複查封可言。

關於是否採再查封主義或不再查封主義，影響在於違反查封之效力，蓋依本法第51條第2項規定「實施查封後，債務人就查封物所為移轉、設定負擔或其他有礙執行效果之行為，對於債權人不生效力。」債務人在查封後所為之處分行為，對執行債權人不生效力，如採不再查封主義，依本法第33條規定「對於已開始實施強制執行之債務人財產，他債權人再聲請強制執行者，已實施執行行為之效力，於為聲請時及於該他債權人，應合併其執行程序，並依前二條之規定辦理。」則執行法院據債權人甲聲請執行，查封債務人土地後，債務人就該土地所為所有權移轉或出租行為等，不僅對甲不生效力，即對債務人為移轉或出租行為後始聲請執行之債權人乙，查封效力仍及於之，債務人之上開行為對乙亦不生效。縱事後甲撤回執行，因採不再查封主義，其行為仍對乙不生效力❹。（就乙係在債務人為

---

❹　注意事項18⑶：聲請強制執行之債權人撤回其聲請時，原實施之執行處分，

處分行為以後始聲請執行，債務人處分行為在此之前言，似不公平。如採再查封主義，在甲未撤回執行，固無問題，但在甲撤回執行後，債務人之行為即在乙之查封前，即對乙有效，無此不公平現象。）

五、承受主義、塗銷主義及剩餘主義

關於拍賣標的物上之負擔，例如租賃權、地上權等用益權利、抵押權等擔保物權是否因拍賣而消滅，有承受主義、塗銷主義及剩餘主義三種。

承受主義則認拍賣物上之權利，不因拍定而消滅，此固能保障原有之權利，但影響拍賣效果及權利人受償，即因拍定人須承受原有之權利負擔，致無人應買或出價較低。塗銷主義則認拍賣物上之權利，因拍定而消滅，此固保障拍定人權利，有益於拍賣進行及權利人受償，但影響拍賣物上原有權利人之權利。剩餘主義則指拍賣由後順位之優先權人或普通債權人聲請時，須拍得價金足以清償前順位之優先權人，始可拍賣，並在此可拍賣情況下採承受主義或塗銷主義。

上開承受主義、塗銷主義之採用，涉及拍賣之性質，在採私法說，認拍賣係私法行為，屬於買賣契約之一種❺，或稱類似民法上之買賣❻，則基於繼受取得之法理，應採承受主義，例如拍賣物之租賃，依民法第 425 條第 1 項規定「出租人於租賃物交付後，承租人占有中，縱將其所有權讓與第三人，其租賃契約，對於受讓人仍繼續存在。」由拍定人繼受❼。又如拍賣物上之抵押權，除係抵押權人行使抵押權者外，依民法第 867 條規定

對再聲請強制執行之他債權人繼續有效。

❺　參閱陳榮宗著《民事程序法與訴訟標的理論》第七○頁、杉田洋一著《強制執行法》第一三九頁。

❻　參閱王澤鑑著《民法學說與判例研究》第一冊第四八○頁。

❼　最高法院 60 年臺上字第 4615 號判例：抵押人於抵押權設定後，與第三人訂立租約，致影響於抵押權者，對於抵押權人雖不生效，但執行法院倘不依聲請或依職權認為有除去該影響抵押權之租賃關係之必要，而為有租賃關係存在之不動產拍賣，並於拍賣公告載明有租賃關係之事實，則該租賃關係非但未被除去，且已成為買賣（拍賣）契約內容之一部。無論應買人投標買得或由債權人承受，依繼受取得之法理，其租賃關係對應買人或承受人當然繼續存在。

「不動產所有人設定抵押權後，得將不動產讓與他人。但其抵押權不因此而受影響。」抵押權仍對該物存在，拍定後抵押權人仍可對拍定人行使抵押權。反之，如採公法說，認拍賣為公法行為，類似公用徵收之處分❽，則拍定人為原始取得，其上之權利負擔均消滅。

就我國實務上認拍賣性質為私法行為，應採承受主義，在民國85年修正前，執行法院即據此採承受主義，除抵押權人已行使抵押權者外，始認抵押權消滅，或租賃權、地上權經執行法院除去，始對拍定人不存在。但為顧慮普通債權人聲請執行之拍賣物，其上有抵押權，但抵押權人不行使抵押權，或後順位抵押權人聲請拍賣抵押物，前順位抵押權人不行使抵押權，但拍賣物鑑價結果不足清償抵押權人或先順位抵押權人，實務有「拍賣無實益」之不拍賣裁判❾，類似採剩餘主義。本法民國85年修正後，一方面依第34條第2、4項規定、第98條第3項規定就抵押權等擔保物權採塗銷主義❿，另一方面又於第50條之1第2項規定、第80條之1第1項規定採剩餘主義，故本法似採剩餘主義之塗銷主義。但就用益權利本法第

---

❽　參閱陳榮宗著前揭第三四四頁、陳世榮著前揭第二五七頁、岡垣學著《強制執行法概論》第一九六頁。

❾　臺灣高等法院69年度抗字第334號民事裁定：又該不動產已向第一商業銀行設定抵押權五、四〇〇、〇〇〇元，連同利息，執行費及拍賣後應課徵之土地增值稅等其優先受償之債權數額，顯已超過上述底價甚多，倘繼續減價拍賣，其所得價金勢必無餘額足以清償本件普通債權，徒增執行程序與費用，於債權人毫無實現權利之利益可言，不宜繼續拍賣（參見本院六十五年法律座談會民事執行類提案第十案研究結果）。

❿　民國85年修正前之注意事項7⑵規定：第三人對於執行之不動產有抵押權時，僅能主張就該不動產拍賣後或管理中，其權利繼續存在，或有優先受償之權，不得提起異議之訴，以排除強制執行。現因本法第三十四條第二、四項規定抵押權一律消滅，上開注意事項已修正為：「第三人對於執行之不動產有抵押權時，僅能主張就該不動產強制管理中，其權利繼續存在，或拍賣後有優先受償之權，不得提起異議之訴，以排除強制執行。」否認拍定後權利可繼續存在。

98 條第 2 項規定採承受主義，實係混合立法。學者有認強制執行係國家行使公權力，不能單純依民法關於物權繼受取得及物權優先原則而為判斷，強制執行法之拍賣與民法買賣亦無完全一致之必要，此一修法後規定，對執行抵押物上之負擔為擔保物權及優先受償權者，原則上採剩餘主義之塗銷主義，負擔為用益物權者，則採物權優先原則，原則上維持承受主義，予以肯定❶。

第三節　強制執行法之價值取向

　　任何法律之制定，均有其價值取向，以為立法及執法之指導，強制執行法既在避免自力救濟，以公力救濟方式實現權利，其目的在於實現法律程序之安定，則強制執行法之價值取向應在於效率與人道❷。即：

一、效　率

　　法諺「遲來之正義非正義」，權利在確定以後，如不能及時、迅速、有效之實現，對權利仍是傷害，故強制執行不論在立法或執法，均應注重效率，迅速實現權利，本法第 12 條第 1 項但書規定，聲請或聲明異議不停止執行，即基於此。日本民事執行法立法理由之一即在於迅速、妥適之執行❸。

二、人　道

　　為權利人實現權利，固應採取一切可行之方法，但仍應顧及債務人之生活，人道取向是現代與古代強制執行制度之重要區別，蓋現代法治社會保障基本人權，不能因強制執行而使債務人流離失所。本法設有禁止扣押、查封之規定，即是人道之表現。

---

❶　參閱楊與齡著前揭第二六頁。
❷　參閱李浩主編《強制執行法》第四頁以下。
❸　參閱林屋禮二編《民事執行法》第一○頁。

第四章
強制執行之種類

強制執行因分類方法不同，即有不同之種類，一般言之，可為如下分類：

一、金錢權利之執行與非金錢權利之執行

以所欲實現權利之內容是否為金錢，可分為金錢權利之執行與非金錢權利之執行。前者係實現金錢權利者，後者係實現非金錢權利者。其區別之實益為執行方法不同，例如本法第 45 條規定「動產之強制執行，以查封、拍賣或變賣之方法行之。」與第 123 條第 1 項規定「執行名義係命債務人交付一定之動產而不交付者，執行法院得將該動產取交債權人。」雖均係對動產執行，但前者因係金錢權利之執行，故執行方法除查封外，尚需以拍賣、變賣方式換價，以換價所得清償權利人。後者係非金錢權利之執行，必須將該動產交付權利人，而非拍賣、變賣該動產。本法在民國 85 年修正前，並無明確標示金錢與非金錢權利之執行，直至該次修正始予區分❶。

---

❶ 本法民國 85 年修正說明：現行法對於動產、不動產及其他財產權之執行雖分別規定於第二章、第三章及第四章。惟此三種執行，均屬以實現金錢請求權為目的之強制執行程序，體例上宜合併規定於同一章內。爰參酌德國及日本立法例，將第二章定為「關於金錢請求權之執行」，並將原第二、三、四章關於動產之執行、對不動產之執行及對於其他財產權之執行之規定，依次改為本章第二、三、四節，以示此三者與後列「關於物之交付請求權之執行」、「關於行為及不行為請求權之執行」不同。就上開修正說明觀之，本法之第三、四章應修正合為一章，即「關於非金錢請求權之執行」，再分兩節，以資前後對應，日本民事執行法即係如此，其第二章之強制執行，除第一節為總則，第二節為以支付金錢為目的之債權強制執行，第三節為非以支付金錢為目的請求權之強制執行。又強制執行所實現者為權利，非請求權，章名似應改為「關於金錢權利之執行」，上開日本規定即係如此。

二、終局執行與保全執行

以執行效果區分，可分為終局執行與保全執行，前者係強制執行可得終局實現權利之結果，在屬於金錢權利者，執行標的物換價所得可分配給權利人，以實現權利。在屬於非金錢權利者，可依執行名義內容將標的物交付權利人，或令義務人為一定行為，本法第2、3、4章均屬之。後者保全程序之執行，僅能在避免日後不能執行或甚難執行之保全目的內凍結義務人財產或維持一定狀態，以免義務人處分或變更，不可為換價或交付標的物之行為，縱有例外可換價，價金亦不可給權利人，須提存之（參照本法第134條），即第五章假扣押假處分之執行。

三、對人執行與對物執行

強制執行以執行對象為人或物，分為對人執行與對物執行。前者例如拘提、管收債務人（參照本法第22條、第128條第1項、第129條第1項），以債務人為對象。後者例如查封拍賣動產、不動產（參照本法第45條、第75條），以一定之物為對象。至於本法第128條第3項規定「執行名義，係命債務人交出子女或被誘人者，除適用第一項規定外，得用直接強制方法，將該子女或被誘人取交債權人。」之直接強制方法，究屬對人執行或對物執行，則屬一有趣問題。蓋就表面觀之，此係以子女或被誘人為執行對象，並非以債務人為對象，與拘提管收係對債務人不同，似非對人執行，但人非物，亦不能視子女或被誘人為物而稱對物執行。惟就條文用語「取交」二字，與本法第123條第1項「執行名義係命債務人交付一定之動產而不交付者，執行法院得將該動產取交債權人。」之「取交」動產相同，似屬對物執行，如此，似有以人為物之嫌。

在保障人權之觀念及強制執行係為履行民事債務情況下，執行法院少有使用拘提、管收之執行方法，縱然債務人有隱匿財產或顯有履行義務之可能而故不履行時，仍多置債權人之聲請於不顧，不用拘提管收。反而早先在財務執行案件（按：即今公法上金錢債權之執行），較常使用。事實上，債務人常將自己財產分散登記在他人名下，致實際有財產可資享用，但法律卻莫可奈何，尤其目前交通方便，債務人在國外或大陸地區投資置產，

致難予強制執行，如不用拘提管收，實難實現權利，故應加強拘提、管收之運用❷。實務上，在財務執行案件，因用拘提管收，往往均有一定績效。

四、直接執行、間接執行與代替執行

強制執行因其執行方法可否直接達到實現權利之結果，可分為直接執行、間接執行與代替執行。直接執行係其執行方法可直接實現執行名義之權利。在金錢權利之執行，依本法第 45 條、第 75 條、第 115 條等之查封、拍賣或扣押債務人財產，以換價所得清償債權人，實現其金錢權利，即屬之。上述第 128 條第 3 項之強制取交，亦屬直接執行。間接執行係用迂迴之方法，對義務人施以壓力，強迫其履行義務。本法第 22 條第 1 項第 1 款規定債務人有事實足認顯有履行義務之可能故不履行者，執行法院可以命債務人提供擔保、第 2 項之限制債務人住居、第 4、5 項之拘提、管收。第 128 條第 1 項，債務人應為非他人所能代為履行之行為者，債務人不為履行時，執行法院可處新臺幣三萬元以上三十萬元以下之怠金，續經定期履行而仍不履行者，得再處怠金或管收。第 129 條第 1 項規定債務人應容忍他人之行為，或禁止債務人為一定行為者，債務人不履行時，執行法院可處新臺幣三萬元以上三十萬元以下怠金，仍不履行時，得再處怠金或管收。此等以供擔保、限制住居、拘提、管收、科處怠金方法迫使義務人心生畏懼，以間接強制使其履行義務，即屬間接執行。代替執行係由第三人代義務人為執行名義所應為之行為，本法第 127 條第 1 項由執行法院命第三人代為履行屬之，至於第三人代為履行之費用，由債務人負擔。例如執行名

---

❷　民事執行鮮有使用拘提管收原因有二，一係依管收條例第 11 條規定「法院應隨時提詢被管收人，每月至少不得在二次以下。」管收後執行法官每月至少應提詢兩次，稍有不注意，即漏提詢，故有嫌煩，不願辦理。二係此為民事債務，並非犯罪，執行法官如拘提管收債務人，債務人一定四處陳情，司法院或監察院會調查，甚至因陳情影射執行法官是否收到債權人不當利益，執行法官為此須寫報告，接受調查，為免麻煩，故鮮有使用。但在財務執行，因債權人為國家之稅捐機關，執行所得歸國家，不致產生不當聯想，少有上開困擾，故為法官所樂用。

義為命債務人登報道歉，債務人不登報，即可由債權人代為刊登，刊登之費用由債務人負擔，債務人不負擔，由執行法院逕對債務人之財產執行。至於第 124 條拆屋還地、遷讓房屋及交還土地之強制執行，為解除債務人占有，固需僱工為拆除、搬遷，但此工人所為非代替執行，仍屬直接執行，蓋所為拆除、搬遷行為，均係為解除債務人之事實占有，拆除、搬遷後，仍屬法院之解除占有交付債權人，並非第三人交付債權人占有，與第 127 條第 1 項係第三人代債務人為其應為之行為不同，但亦有認此為代替執行❸。

五、一般執行與個別執行

強制執行依是否為全體債權人為之或個別債權人為之，分為一般執行與個別執行。前者又稱總括執行，即係破產程序，由破產管理人全面處分債務人破產財團之財產，以處分所得分配予申報債權之債權人。後者係執行法院因個別權利人之聲請，在其執行名義範圍內執行義務人財產，以分配該權利人及參與分配之權利人。

---

❸　參閱張登科著《強制執行法》第七頁。

第五章
強制執行行為之瑕疵

　　強制執行行為係執行機關為實施強制執行權所為具有一定效果之行為，例如查封、拍賣等。此等行為須符合強制執行法規定，即須符合一定之程序，否則即屬有瑕疵，此種瑕疵可分為違法執行與不當執行。違法執行係指執行處分、方法、行為違反強制執行法規定之程序等，例如無執行名義而為強制執行，夜間查封未得執行法官許可（參照本法第4條第1項、第55條第1項）。不當執行係指欠缺執行名義之實體權利之執行。前者依本法第12條救濟，後者依本法第14條、第15條救濟。惟事實上，偶有執行係兩者兼備，例如執行第三人財產，就第三人非債務人言，固為無執行名義之執行，但就該財產是否為債務人責任財產，又屬實體權利事項爭執，為不當執行。

　　本法對有瑕疵之執行行為效力如何，並未規定，一般言之，其效力可分為下列三項：

一、不成立

　　執行行為必須由執行機關為之，苟非執行機關所為，縱有形式與執行機關未為相同，亦不成立執行行為，或稱非執行行為或表見之執行行為❶。例如公務車司機為查封。至若形式上之行為均無，其執行行為亦不成立，例如不動產查封，依本法第76條第1項規定有一定之方法，如未為之，僅依第3項通知地政機關辦理查封登記，事後未實施上開執行方法之行為，應認無查封行為，不生查封效力。

二、無　效

　　執行行為雖已成立，但有重大且明顯之瑕疵，即屬無效，例如無執行

---

❶　張登科稱為執行行為不成立，參閱張登科著《強制執行法》第二七頁。陳榮宗稱為非執行行為、表見之執行行為，參閱陳榮宗著《強制執行法》第一九頁。

名義之執行，縱執行法院查封、拍賣，亦屬無效，蓋強制執行必須依執行名義為之。

三、得撤銷

執行行為雖有瑕疵，但並非不成立，亦非重大且明顯，則為得撤銷，即需經撤銷始無效，如未撤銷，仍然有效。例如違反本法第 55 條之未經執行法官許可為夜間查封。

強制執行法所規定之程序，均係執行機關應予遵守者，其中有效力規定，亦有訓示規定。雖違反訓示規定者，不影響已實施執行行為之效力，但仍有不妥，至違反效力規定，更屬不當。但無論如何，當事人或第三人均可依本法第 12 條第 1 項聲請或聲明異議，執行法院可為一定之救濟。若屬不成立或無效之執行行為者，縱未依聲明異議程序救濟，仍生不成立及無效結果。惟在無效時，因形式上仍有執行行為之外觀，執行法院仍應撤銷。至於得撤銷或訓示規定者，前者因未聲明異議，瑕疵治癒，即不可撤銷。例如拍賣動產不符本法第 66 條之規定，當事人未聲明異議，拍定後即不可再撤銷，拍定仍有效。至於違反訓示規定，例如拍賣不動產，違反本法第 84 條未刊登報紙，仍屬有效❷。

按執行行為係執行人員行使國家公權力，本質為公法行為，判斷是否無效或得撤銷，不能逕以民法法律行為為斷，亦即原則上均有效，必須有重大明顯瑕疵，始為無效❸。

---

❷　最高法院 51 年臺上字第 3631 號判例：執行法院拍賣之公告，祗須揭示於執行法院及該不動產所在地即生效力，強制執行法第八十四條雖另規定「如當地有公報或新聞紙，亦應登載，或有其他習慣者，並得依其習慣方法公告之」等語，僅屬一種訓示規定，不能以其未登載公報或新聞紙，或未依習慣方法公告，即認拍賣為無效。至於就不動產所在地所為公告之揭示方法雖有不當，當事人或利害關係人祗得依強制執行法第十二條規定為聲請或聲明異議，但其揭示行為，未經撤銷前，要非當然無效。

❸　參閱陳計男著《強制執行法釋論》第七頁。

第六章
強制執行之性質

關於強制執行之性質，究屬訴訟事件或非訟事件，學說上本有爭議。而訴訟事件與非訟事件之重要區別有：訴訟事件有對立之當事人；就有爭執之權利義務由民事法院經言詞辯論判決；判決有既判力。非訟事件則不一定有對立之當事人；不一定由法院處理；由法院處理者不用判決而以裁定，裁定無既判力。

強制執行既係依執行名義強制義務人履行義務，實現權利人權利，雖有對立之當事人，但注重者在實現，並無言詞辯論，其執行處分本質上應係行政性質，故應屬非訟事件。但在執行之過程中，往往亦有涉及實體權利義務事項，例如依本法第 45 條執行債務人之動產，實際該動產是否為債務人所有，查封時有爭執，執行法院須為一判斷，以決定是否查封，如判斷為債務人所有即可查封，反之則否，此時執行人員在判斷時即涉及實體所有權之歸屬。又如本法第 98 條第 2 項規定「前項不動產原有之地上權、永佃權、地役權、典權及租賃關係隨同移轉。但發生於設定抵押權之後，並對抵押權有影響，經執行法院除去後拍賣者，不在此限。」其除去租賃權亦涉及實體租賃權，故執行事件非單純之非訟事件，亦有訴訟事件性質❶。本法第 30 條之 1 規定「強制執行程序，除本法有規定之外，準用民事訴訟法之規定。」在民國 85 年修正前即已有之，雖早期因非訟事件法制定較民事訴訟法晚，強制執行法立法時尚無非訟事件法，無從準用，不得不如此規定準用民事訴訟法，但本法已經多次修正，非訟事件法亦已立法，仍均未修正為準用非訟事件法，當係認定其性質仍有訴訟事件之故。

---

❶ 張登科著《強制執行法》第一〇頁，認為強制執行事件，應解為兼有訴訟事件與非訟事件之性質。楊建華著《民事訴訟法問題研析㈢》第一九頁亦同，認係介於兩者之間之程序。

第七章
我國強制執行法之歷史

第一節　制定與修正

　　我國強制執行法係民國 29 年 1 月 19 日由國民政府公布，歷經數次修正，其中以民國 64 年及民國 85 年修正幅度較大，尤以後者之修正最多，不僅增減甚多條文，甚至將體例亦予變動。嗣民國 89 年 2 月 2 日、民國 96 年 12 月 12 日、民國 100 年 6 月 29 日及 103 年 6 月 4 日、107 年 6 月 13 日及 108 年 5 月 29 日又分別小幅度修正。

　　按法律制定後，因為時空環境之變更，固需修正因應，但修正結果必須能符合人民對司法之期待，達到「司法係為人民服務」之目的，無可諱言，民國 85 年大幅度之修正，固有可資讚許者，然亦有不妥者❶，留待各節再予說明。

第二節　修正之適用

　　依本法第 141 條規定「本法施行前，已開始強制執行之事件，視其進行程度，依本法所定程序終結之。其已進行之部分，不失其效力。」其僅指「施行」，未將「修正」列入，與類似之民事訴訟法施行法第 2 條「除本法別有規定外，修正民事訴訟法於其施行前發生之事項亦適用之。但因舊法所生之效力，不因此而受影響。」不同，故該條之「本法施行」是否包括修正，即有問題。如包括，則在本法於民國 85 年 10 月 9 日之施行修正

---

❶　參閱拙文〈強制執行問題之研究——談修正之強制執行法〉（刊《軍法專刊》第四十五卷第七期）。

公布後，依本法第 142 條「本法自公布日起施行。」及中央法規標準法第 13 條規定「法規明定自公布或發布日施行者，自公布或發布之日起算至第三日起發生效力。」應於 10 月 11 日生效施行，凡在此之前尚未終結執行事件，視其進行程度，依修正後之規定進行。惟按諸法律不溯既往原則，鑑於此次修正幅度甚大，可否逕依修正後之規定，實應多方面考慮。茲列舉下列問題說明：

一、依修正前第 29 條第 2 項規定，取得執行名義之費用可與執行費用一併優先受償，但修正後已修改為「為債權人共同利益而支出之費用」始可與執行費用優先受償，債權人個人取得執行名義之費用不可優先受償。則在修正前已拍定之財產，債權人亦已提出確定訴訟費用裁定聲明分配，執行法院在民國 85 年 10 月 11 日以後製作分配表時，就此費用，可否以現分配時間為準而適用修正規定，不予優先分配，僅作一般有執行名義之參與分配處理，抑或以債權人提出裁定聲明參與分配時在修正前，仍適用舊法優先分配？依最高法院 86 年臺上字第 3639 號判決：「強制執行法第二十九條第二項原規定取得執行名義之費用，得求償於債務人者，得就強制執行之財產優先受清償，嗣雖於八十五年十月十一日將債權人取得執行名義之費用修正為不得就強制執行之財產優先受清償，應與其他債權平均受償，惟系爭分配表係於修正前之八十四年七月二十七日製作，同年八月三十一日實行分配。依強制執行法第一百四十一條規定之意旨，已實行分配部分，不因嗣後強制執行法部分條文之修正而失其效力，則債權人取得執行名義之費用得否優先受清償，自應適用修正前強制執行法第二十九條第二項之規定而認得優先受清償。」認就民國 85 年 10 月 11 日以前製作之分配表，因當時尚無修正規定，仍適用舊法，固無問題。但若係 10 月 11 日以後製作分配表，是否應依修正規定，不應優先分配？在上開判決未提及。如依上開第 141 條所指，已進行部分不失其效力，未進行部分應依修正規定處理，則 10 月 11 日後尚未製作分配表，非已進行，則此分配表應依修正規定，即不應將取得執行名義費用列入優先受償。是此一費用可否優先受償，全視書記官分配表作成之時間，無視權利人聲明之時間，似有欠妥。蓋其

聲明時，法律既未修正，本可優先受償，不僅可視為已進行，且就既得權益之保護言，尤應准其優先受償，而不應以分配表作成時間為準。

二、舊法准許無執行名義債權人參與分配，並有一定程序，修正後之本法已予刪除，則在民國 85 年 10 月 10 日以前無執行名義之債權人聲明參與分配，執行法院仍應准許，惟因：㈠修正前第 34 條第 2 項規定「無執行名義之債權人聲明參與分配時，應提出其債權之證明，並釋明債務人無他財產足供清償。」則執行法院對 10 月 10 日以前無執行名義之債權人聲明參與分配未提出上開證明或釋明者，在 11 日以後應否令其補正？㈡修正前第 34 條第 3 項規定「執行處接受前項聲明後，應通知各債權人及債務人，命於三日內為是否承認聲明人參與之回答。」執行法院於 11 日以後，是否需依此規定通知。㈢修正前第 36 條規定「債權人或債務人對於參與分配如有異議，執行處應即通知聲明人，聲明人如仍欲參與分配，應於十日內對異議人另行起訴，並應向執行處為起訴之證明，經證明後，其債權所應受分配之金額，應行提存。」則若債權人或債務人異議，聲明參與分配人需否起訴？均有疑問。在舊法時代，無執行名義債權人參與分配，如未依規定提出債權證明文件或債務人無他財產足供清償之釋明，因此屬得補正事項，執行法院應命補正，只要在參與分配時限前，執行法院尚未駁回前，補正即可，茲已在 10 月 10 日以前聲明參與分配，依當時規定，執行法院應命補正，但執行法院在 10 月 11 日以後，已無此規定，能否令補正，尤其補正係在 10 月 11 日以後，是否發生在修正後，仍允許無執行名義債權人參與分配之適法與否問題？

三、本法第 95 條之特別拍賣，在民國 85 年修正時，需經拍賣六次，民國 89 年修正時，凡第三次拍賣未拍定者，即進行特別拍賣程序，則在民國 85 年 10 月 10 日以前已進行第七次拍賣以上者，或民國 89 年 2 月 4 日以前已進行第四次拍賣以上者，是否逕行為特別拍賣，抑或仍需進行該次拍賣才為特別拍賣？就上開規定，如已定期拍賣者，需拍賣完畢未拍定始可為特別拍賣。

以上問題及不妥處，均因本法第 141 條規定不當，若以執行案件聲請

時是在修正前或修正後定其適用法律標準，即修正前已聲請執行之案件，基於法律不溯既往原則，其一切程序應仍適用舊法規定，不可一部分依舊法，一部分依新法，即無上開不適。刑事訴訟法施行法第 5 條「修正刑事訴訟法施行前，原得上訴於第三審之案件，已繫屬於各級法院者，仍依施行前之法定程序終結之。」「修正刑事訴訟法施行前，已繫屬於各級法院之簡易程序案件，仍應依施行前之法定程序終結之。」即以起訴為準定其適用程序，可供參考。

第三節　性　質

　　本法固為強制執行程序之規定，為程序法，但亦有涉及實體權利義務者，例如本法第 51 條第 2 項「實施查封後，債務人就查封物所為移轉、設定負擔或其他有礙執行效果之行為，對於債權人不生效力。」，更有非強制執行程序者，例如本法第 14 條債務人異議之訴，第 15 條第三人異議之訴，第 41 條第 1 項分配表異議之訴，第 120 條第 2 項之訴訟，均屬民事訴訟，僅便宜計，始規定於本法中，故本法尚有實體法性質。

　　又本法固為強制執行之一般規定，為普通法，但其他法律亦有強制執行之特別規定，例如軍人及其家屬優待條例第 10 條「動員時期應徵召服役之軍人於在營服役期間，其家屬賴以維持生活所必需之財產，債權人不得請求強制執行。」❷為本法第 52 條第 1 項之特別規定，又如著作權法第 20 條「未公開發表之著作原件及其著作財產權，除作為買賣之標的或經本人允諾者外，不得作為強制執行之標的。」亦屬本法之特別規定。凡有特別規定，基於特別法優於普通法原則，自應優先適用。

---

❷　依行政院民國 79 年 11 月 5 日 (79) 臺內字第 32008 號函，軍人及其家屬優待條例第 10 條，自民國 80 年起停止適用成為備用條文，目前暫停適用。

第四節 與其他法令關係

　　強制執行之程序甚為煩雜，許多係涉及行政事項，非本法所能完全規定，本法之規定多為原則性者，故司法院尚訂頒有若干命令，例如強制執行須知，辦理強制執行事件應行注意事項（以下簡稱注意事項）、民事保全程序處理要點等均應注意參考。某些事項，本法未規定者，在上開命令均有規定，為適用之依據，例如除去租賃權，本法並無直接規定，在民法第866條於民國96年3月28日增訂第2項「前項情形，抵押權人實行抵押權受有影響者，法院得除去該權利或終止該租賃關係後拍賣之。」前，注意事項57⑷規定「不動產所有人設定抵押權後，於同一不動產上設定地上權或其他權利或出租於第三人，因而價值減少，致其抵押權所擔保之債權不能受滿足之清償者，執行法院得依聲請或依職權除去後拍賣之。」即為直接詳細之依循。

　　又強制執行事件之處理，亦會涉及其他法律，例如優先承買權之處理，涉及土地法第34條之1第4項「共有人出賣其應有部分時，他共有人得以同一價格共同或單獨優先承購。」第104條第1項「基地出賣時，地上權人、典權人或承租人有依同樣條件優先購買之權。房屋出賣時，基地所有權人有依同樣條件優先購買之權。其順序以登記之先後定之。」民法第426條之2第1項規定「租用基地建築房屋，出租人出賣基地時，承租人有依同樣條件優先承買之權。承租人出賣房屋時，基地所有人有依同樣條件優先承買之權。」耕地三七五減租條例第15條第1項規定「耕地出賣或出典時，承租人有優先承受之權，出租人應將賣典條件以書面通知承租人，承租人在十五日內未以書面表示承受者，視為放棄。」凡此在研究或實務處理時，均應注意。

第五節　強制執行法與民事訴訟法之關係

　　強制執行與民事訴訟關係密切，為民事訴訟之延伸，蓋依民事訴訟程序取得之判決，必須能強制執行以實現，正如刑事判決亦需執行，始能發揮、彰顯刑事判決之功能，刑事訴訟法即設有執行一編，故若干國家將強制執行編在民事訴訟法中，為其一編，非無理由。

　　由於強制執行與民事訴訟關係密切，且強制執行事件性質亦有訴訟事件，故強制執行法第 30 條之 1 規定強制執行程序，除本法有規定外，準用民事訴訟法之規定。惟所謂準用，必須本法未規定，在性質准許範圍內，始能準用。例如本法第 12 條第 3 項之抗告，對抗告法院之裁定可否再抗告，即應準用民事訴訟法規定。又如本法對停止執行已於第 18 條設有規定，自無因準用民事訴訟法之停止訴訟規定而停止❸。

　　又所謂本法有規定，應係指本法就民事訴訟法所規定者，另有具體之特別規定，而此規定應以條文為準，非以章、節名稱，故本法已有第 28 條之 1 執行費用之計算規定，即不適用民事訴訟法第 77 條之 13 以下裁判費之計算規定，但有關民事訴訟法第 83 條撤回起訴，可聲請退還裁判費二分之一及第 107 條之訴訟救濟，應可準用於強制執行，蓋本法就此並未規定，然實務否定。

---

❸　最高法院 81 年臺抗字第 318 號裁定：強制執行法第十八條第一項規定：強制執行程序開始後，除法律另有規定外，不停止執行，故民事訴訟法關於訴訟程序停止之規定，於強制執行程序無準用之餘地。

第二編

本　論

第一章
總　則

第一節　執行機關與執行人員

　　關於執行機關為何，各國立法不同，大陸法系國家，例如德、日，以執行標的、方法、內容不同，分由法院與執行官分別行使執行權，但執行官獨立於法院，是專門職業人員，根據債權人委任，收取債權人報酬，獨立的對債務人強制執行。在英美法系，例如美國，將執行權分為執行裁判權、執行實施權，前者由法院行使，後者由執行官實施。惟其執行官職能不僅包括判決執行，尚包括送達文書、保衛法院、傳喚陪審員等❶。德、日之執行官類似民間機構，但仍屬國家公務員，僅不領國家薪水，而由債權人支付工作報酬❷，我國均由法院處理，但如前所述，民國 89 年 12 月 13 日公布之金融機構合併法第 15 條第 1 項第 3 款規定由公正之第三人處理拍賣事務及委託特定機構處理拍賣事務，此第三人可謂民間之執行機關。目前，有金融監督管理委員會訂定之「公正第三人認可及其公開拍賣程序辦法」並有唯一之臺灣金融資產服務股份有限公司辦理金融機關為抵押權人之拍賣抵押物事件，但此係由抵押權人與該公司訂立委託契約，委託該公司拍賣，該辦法未規定相關程序準用強制執行法，與民間之委託拍賣行拍賣類似，但因執行拍賣程序涉及查封、抵押權塗銷、點交及其他債權人參與分配，尤其有優先抵押權、受償之債權者，或依勞動基準法第 28 條第 1 項「雇主有歇業、清算或宣告破產之情事時，勞工之下列債權受償順序與第一順位抵押權、質權或留置權所擔保之債權相同，按其債權比例受清

---

❶　參閱李浩主編《強制執行法》第四三三頁。

❷　參閱陳榮宗著《強制執行法》第四三頁。

償；未獲清償部分，有最優先受清償之權：一、本於勞動契約所積欠之工資未滿六個月部分。二、雇主未依本法給付之退休金。三、雇主未依本法或勞工退休金條例給付之資遣費。」與第一順位抵押權有同一順位之勞動債權可按債權比例分配，然，如何參與分配、分配表之救濟，該辦法均未規定，該第三人立場為仲介抑或執行機關不明，愚意以為該辦法應由司法院參與，並應參酌強制執行法以製定，或準用強制執行法，否則實有不妥。

依本法第1條第1項規定民事強制執行事務，於地方法院及其分院設民事執行處辦理之，故我國之強制執行機關是地方法院及其分院所設之民事執行處。即執行事務係由地方法院之民事執行處辦理，從而如債權人向地方法院民事執行處聲請執行，如准許，即依執行程序辦理，如認執行名義不可執行，而裁定駁回聲請，若債權人抗告，其上級法院，僅能審查駁回理由是否妥適，如認不妥，僅能指明發回，不可自為裁定准予執行❸。執行機關在本法用語不一，有稱執行法院，例如強制執行法第12條第1項，第33條之1第2、3項。亦有仍稱民事執行處，例如本法第31條❹。至於法條稱執行法院者，並非均指民事執行處，亦有指執行法官或司法事務官，例如第6條第2項及第8條之執行法院調閱卷宗即是。

至於執行人員係實際處理執行事務之人員，依本法第2條規定民事執行處置法官或司法事務官、書記官及執達員辦理執行事務及第3條第1項規定強制執行事件由法官或司法事務官命書記官督同執達員辦理之，是以

---

❸　最高法院101年度臺抗字第137號裁定：按民事強制執行事務，於地方法院及其分院設民事執行處辦理之，強制執行法第一條既定有明文，則債權人聲請民事強制執行，應否准許？自專屬地方法院及其分院民事執行處職責，高等法院或最高法院並無越俎代為准許與否之權。縱民事執行處否准強制執行之聲請之理由不當，高等法院或最高法院亦僅就該駁回聲請裁定部分予以廢棄為已足，無須另為准予強制執行聲請之諭知。

❹　本法第31條規定「因強制執行所得之金額，如有多數債權人參與分配時，執行法院應作成分配表，並指定分配期日，於分配期日五日前以繕本交付債務人及各債權人，並置於民事執行處，任其閱覽。」執行法院及民事執行處併列，其所指執行法院應指執行法官，民事執行處則指執行處之辦公室。

執行人員應指法官（包括庭長）、司法事務官、書記官及執達員，至於其他人員，例如分案人員（按：民事執行處就聲請案件分交各承辦人員稱為分案）、公務車之司機（按：民事執行處配置公務車辦理執行事宜）、法警（按：依注意事項 47 ⑽：於必要時，得指派穿制服之法警，在投標室維持秩序，如有恐嚇、詐欺等情事發生，應即移送偵查）、憲警（按：依本法第 3 條之 1 第 2 項實施強制執行時，為防止抗拒或遇有其他必要之情形者，得請警察或有關機關協助）協助強制執行人員，均非執行人員。

又司法事務官係民國 96 年 7 月 11 日修正法院組織法第 16 條時，規定民事執行處由法官或司法事務官辦理其事務，但一方面司法事務官究與法官不同，而強制執行仍為司法權之行使，能否由其辦理非無疑問❺，強制執行法第 12 條第 1 項聲明異議之處理，即不可由司法事務官依第 2 項為裁定，目前實務雖係先由司法事務官為裁定，但其性質為民事訴訟法第 240 條之 3「司法事務官處理事件所為之處分，與法院所為者有同一之效力。」之處分，就此處分不服，再由民事庭之法官為第 12 條第 2 項之裁定，增加處理流程，浪費司法資源，另一方面本法第 3 條第 2 項「本法所規定由法官辦理之事項，除拘提、管收外，均得由司法事務官辦理之。」限制其不可為拘提、管收，不似由法官直接辦理之靈活。

第二節　協助機關

執行人員實施強制執行時，因義務人多不願自動履行，往往會有抗拒，雖然本法第 3 條之 1 第 1 項規定，遇有抗拒者，得用強制力，但因法院並無強制力，需靠憲警人員。又若干執行，必需依賴其他機關協助，例如在交還土地之執行案件，需地政機關到場測量指界，需天然瓦斯公司、電力公司、自來水公司派人到場斷氣、斷水、斷電以便拆除房屋，雖相關機關多依法院通知派人到場協助，但因舊法就此無明文規定，民國 85 年修正本

❺　參閱拙文〈司法事務官辦理事務之我見〉（刊《全國律師》月刊第十四卷第四期）。

法時，增設第 3 條之 1 第 2 項規定「實施強制執行時，為防止抗拒或遇有其他必要之情形者，得請警察或有關機關協助。」並於第 3 項規定「前項情形，警察或有關機關有協助之義務。」規定為其義務，以免拒絕，有礙執行工作進行。

第三節　執行名義

第一款　執行名義之意義與重要性

強制執行既係實現權利，自須有一證明文書以彰顯權利義務，否則執行法院如何能據以適當之強制執行？尤其在審判與執行分離制度下，更須有此證明文書，俾執行機關毋庸再審酌實體之權利義務，逕以此文書迅速執行，不論實際有無該文書所表示之實體權利，故此文書為強制執行所不可欠缺之要件❻，我國稱為執行名義，日本稱為債務名義，大陸則稱執行根據。依本法第 4 條第 1 項規定「強制執行，依左列執行名義為之：一、確定之終局判決。二、假扣押、假處分、假執行之裁判及其他依民事訴訟法得為強制執行之裁判。三、依民事訴訟法成立之和解或調解。四、依公證法規定得為強制執行之公證書。五、抵押權人或質權人，為拍賣抵押物或質物之聲請，經法院為許可強制執行之裁定者。六、其他依法律之規定，得為強制執行名義者。」不僅表示無執行名義不可強制執行，且執行名義必須限為該六款者，是為執行名義之法定。從而持有支票、借據，雖可謂有債權證明文件，但仍不可以此為執行名義。蓋有支票、借據，表面觀之，固有債權，但可能債務人早已清償，或已逾消滅時效期間，故不能以此為執行名義，必須以支票或借據，循民事訴訟等途徑以起訴等方法取得上開六款規定之文書，始認有執行名義。

---

❻　參閱岩野徹編《注解強制執行法(1)》第七頁、浦野雄幸著《要點民事執行法》第二一頁。

　　所謂執行名義係指表彰權利人、權利內容、義務人及義務範圍之文書，我國學者多謂為公文書❼，固然上開六款文書多為公文書，例如判決，但亦有例外，係非公文書者。例如依動產擔保交易法第 17 條第 2 項規定「前項之債務人或第三人拒絕交付抵押物時，抵押權人得聲請法院假扣押，如經登記之契約載明應逕受強制執行者，得依該契約聲請法院強制執行之。」可據該契約強制執行，則此契約即為執行名義。按契約屬私文書，雖該契約須經主管機關登記，但登記機關並非契約之製作人，契約為私法行為，該契約應非公文書，即屬例外。又如仲裁法第 37 條第 2 項但書規定「但合於下列規定之一，並經當事人雙方以書面約定仲裁判斷無須法院裁定即得為強制執行者，得逕為強制執行：一、以給付金錢或其他代替物或有價證券之一定數量為標的者。二、以給付特定之動產為標的者。」以仲裁判斷為執行名義，此一仲裁人所作成之判斷，因仲裁人非公務員，即非公文書。再如本法第 23 條第 2 項規定「前項具保證書人，如於保證書載明債務人逃亡或不履行義務時，由其負責清償或賠償一定之金額者，執行法院得因債權人之聲請，逕向具保證書人為強制執行。」此項保證書即為執行名義，亦為私文書。故謂執行名義為公文書應非周延，實尚有若干為私文書。

　　強制執行何以需執行名義，即在於執行法院為執行時有所憑據，以免逾越或不及，損及當事人權利。故執行名義在強制執行甚為重要，為強制執行要件之一，無執行名義不可執行，執行機關疏未注意實施之執行行為為無效，債務人可依本法第 12 條第 1 項聲明異議以為救濟。

　　至於有執行名義，但實無執行名義所表彰之實體權利，執行法院因無

---

❼　楊與齡著《強制執行法論》第五六頁、張登科著《強制執行法》第三三頁、陳計男著《強制執行法釋論》第七八頁、陳榮宗著《強制執行法》第八一頁均謂執行名義為公文書。日本學者雖亦有稱公文書，但亦有僅稱公的證書（前者如林屋禮二編《民事執行法》第二九頁，後者如岩野徹前揭第七頁、中野貞一郎編《民事執行法概說》第五二頁、浦野雄幸前揭第二一頁），事實上，就日本民事執行法第 22 條之債務名義觀之，除公證書外，多為裁判，稱為公文書尚可，與我國並不相同。

權審查，義務人對此不當執行只能提起債務人異議之訴以為救濟，如未提起，事後仍可主張不當得利或侵權行為之損害賠償❽。

第二款　執行名義之要件

執行名義除須為本法第 4 條第 1 項各該款者外，尚須符合下列要件：

一、形式要件

㈠須表明權利人及義務人

強制執行既係實現權利，強制義務人履行義務，故須表明權利人及義務人為何人，以便法院為之及對之執行。一般執行名義多有記載，固無問題。有爭議者，係拍賣抵押物裁定及拍賣質物之裁定，此兩項裁定學者有認其相對人並非裁定應記明事項，而恆以裁定主文標示之抵押物或質物所有人為執行債務人❾，故如未記載相對人，其相對人亦屬可得確定。惟實務上拍賣抵押物裁定及拍賣質物裁定，均列相對人，並以聲請裁定時之抵押物所有人及質物所有人為相對人。又科證人罰鍰之裁定雖未列明債權人，但此係由國家處罰，收入歸國家，自應以國家為債權人，僅分別情形由檢察官或法院代表❿。

㈡執行名義本身有效

執行名義本身若非有效，自不可為執行名義，例如法院之判決書未蓋法院大印，有違民事訴訟法第 230 條「判決之正本或節本，應分別記明之，由法院書記官簽名並蓋法院印。」即非判決書正本，不可為執行名義。

㈢須表明具體應執行事項

強制執行既以執行名義為據，故執行名義應具體表明應執行之事項，例如給付金錢若干元，否則如僅表示應給付金錢，即不可為執行名義。關

---

❽　參閱中野貞一郎前揭第五三頁。

❾　參閱陳世榮著《強制執行法詮解》第三九頁。

❿　臺灣高等法院 84 年法律座談會審查意見：由檢察官聲請強制執行，以×××檢察署代表國家為債權人，由法院移送民事執行處執行，以移送法院代表國家為債權人。採乙說（以移送法院為債權人）。

於具體應執行事項在裁判固以主文為準，但主文不明時，可參酌判決理由，例如判決主文雖未明示交還土地之位置，但判決理由所根據之租賃契約，已有附圖標示出租範圍，仍可據以執行❶❶。又如分割共有物判決，主文僅載明各共有人分得之部分，未諭知他共有人應交付占用分得部分者，但理由內實含有交付之意思，仍可請求他共有人點交占有之部分❶❷。但主文明確，即不可就理由執行❶❸。至於其他執行名義，亦應斟酌其真意❶❹。但如表明應執行之事項者，因有其他因素不能執行，不可當然轉為其他事項之執行，例如抵押物滅失或令交付之房屋滅失，以致不能拍賣抵押物或交付房屋，其拍賣抵押物裁定或交付房屋之判決不當然可轉為損害賠償之執行。但抵押物因政府徵收，依民法第 881 條第 1 項規定「抵押權除法律另有規定外，因抵押物滅失而消滅。但抵押人因滅失得受賠償或其他利益者，不在此限。」第 2 項規定「抵押權人對於前項抵押人所得行使之賠償或其他請求權有權利質權，其次序與原抵押權同。」土地法施行法第 59 條規定「被

---

❶❶　最高法院 18 年抗字第 241 號判例：判決之執行，應依主文所表示，主文不明時，始得參照理由加以解釋。注意事項 2⑶：關於確定判決之執行，如其判決主文不明瞭，而所附理由已記載明晰，與主文不相牴觸者，得參照該判決之理由為執行。

❶❷　最高法院民國 66 年 4 月 19 日 66 年度第三次民庭庭推總會決議：強制執行法第一百三十一條第一項所定：關於共有物分割之裁判，執行法院得將各共有物分得部分點交之。其點交之方法，仍應適用強制執行法第一百二十三條至第一百二十六條規定，如命分割之判決，雖僅載明各共有人分得之部分而未為交付管業之宣示，但其內容實含有互為交付之意義，故當事人仍得依本條規定請求點交。

❶❸　最高法院 22 年抗字第 2505 號裁定：確定判決之執行，依法本應以主文所表示者為準，如主文不明瞭時，固得就其理由予以參酌，但若主文並無疑問，即無依照理由執行之理。

❶❹　最高法院 42 年臺抗字第 152 號判例：和解筆錄所載抗告人之耕地優先承租權，其和解真意如係指對於相對人之租賃契約訂立請求權而言，即與強制執行法第一百二十七條以下所謂關於行為之請求權相當，自非不得為執行名義。

徵收土地應有之負擔,由該管直轄市或縣(市)地政機關於發給補償金時代為補償,並以其餘款交付被徵收土地之所有權人。」可向該管直轄市或縣(市)地政機關執行補償金❺。

二、實質要件

(一)須有給付之表示

　　如前所述,因義務人拒絕履行其義務,始需強制執行,故可為執行名義者,需有給付之表示。是在判決屬確認、形成者,原則上不需強制執行,必須係給付判決,始需強制執行。惟判決固分為給付判決、確認判決、形成判決,但此係理論,實務上判決往往係一混合體,例如離婚判決雖為形成判決,但起訴請求離婚者,除請求離婚外,尚有請求子女親權之歸屬,剩餘財產分配、贍養費、損害賠償等,法院如予判決,此等部分即屬給付判決,故離婚判決多為形成判決與給付判決之混合體。又分割共有物判決雖為形成判決,但各共有人分得之部分如為他共有人占有,即須將占有部分交還分得之共有人。法院命以金錢補償,甚或法院係以變賣方式分割,依本法第 131 條第 1 項規定「關於繼承財產或共有物分割之裁判,執行法院得將各繼承人或共有人分得部分點交之;其應以金錢補償者,並得對於補償義務人之財產執行。」及第 2 項規定「執行名義係變賣繼承財產或共有物,以價金分配於各繼承人或各共有人者,執行法院得予以拍賣,並分配其價金,其拍賣程序,準用關於動產或不動產之規定。」亦可執行,故有認分割共有物判決,兼有給付判決與形成判決之性質❻。

---

❺　司法院民國 80 年 3 月 11 日⑻廳民二字第 0262 號函:依民法第八百八十一條但書之規定,抵押物雖因公用徵收致原所有權人喪失所有權,抵押權人亦因此喪失就抵押物求償之權利,但其抵押權就可得受之賠償金,仍屬存在(亦即學說上所謂之物上代位)。執行法院仍應按各抵押權人之次序,作成分配表分配之,乙說結論,尚無不當。
　　司法院民事廳研究意見:同意審查意見採乙說

❻　最高法院民國 75 年 1 月 14 日 75 年度第一次民事庭會議決議:分割共有物之判決,兼有形成判決及給付判決之性質,不因強制執行法修正而有異。

㈡給付之內容須為可能

給付內容如在客觀上為不能者，即不得執行。此不能包括法律上不能與事實不能，前者係因法律規定禁止交易、持有，使其給付為不能，例如違禁物，故判令交付之物為違禁物，即不可執行。但依最高法院 41 年臺抗字第 87 號判例「黃金自民國四十年四月九日禁止自由買賣後，關於判令給付黃金之裁判，即未為『無黃金應按照臺灣銀行牌價折算現款』之明白宣示，亦應認為有此含義，執行法院應按此原則處理，此為當然之解釋。」（按：最高法院決議不再援用）則例外認其含有以他種給付替代之意，可以執行❶，此係特例，不能認屬常態，凡給付內容不能者，均可折合金錢執行。後者係給付內容因事實原因而不能給付，例如拍賣抵押物之裁定，該抵押物已滅失不存在者。又如交還房屋之判決，房屋於判決確定後已地震滅失。

㈢給付之內容須為確定

給付之內容係表彰權利與義務之範圍，若內容不確定，自無從執行，不可為執行名義❶。例如給付內容為債務人應交付某某土地二分之一；債務人應給付電視機一臺；債務人應給付合夥利益三分之一。其二分之一土地如何劃分？電視機為彩色或黑白？尺寸？廠牌？合夥利益多少？均不明瞭，給付內容不確定。惟給付內容是否確定，不限於就判決主文觀察，尚可審究其理由，如其理由足以確定，應仍可執行。又所謂確定，尚包括可得確定者，例如給付利息或違約金者，只須執行名義列有起算日、終止日

---

❶　此一判例以當然解釋為由，愚意以為欠妥，蓋就判決應以主文為準，茲主文明確，何以可變更？實係當時為解決法令變更規定帶來之困擾，為訴訟經濟，避免另行起訴，應無當然可言。

❶　最高法院 49 年臺抗字第 137 號判例：執行法院就訴訟上成立之和解而為強制執行，應依其已確定之內容為之，如未經和解內容確定之事項，於執行中發生爭執時，除另案起訴求解決外，自不得貿予執行。51 年臺抗字第 219 號判例：強制執行應以執行名義所載範圍為範圍，故凡執行名義內容所載之給付其範圍必須確定，為執行名義之調解書如未具備此項要件，縱令該調解書業經法院依法核定，亦應認其執行名義尚未成立。

及計算標準即可。另是否確定，應以通常之解釋判斷，故裁判為「子女由父行使親權」，雖無「交由」字樣，但此「由」含有交付，應可執行❶。又給付內容是否確定，往往涉及法院之裁判主文，故權利人於訴之聲明時應注意，以免日後因裁判主文不確定無法執行。

㈣給付之內容須為適法

給付之內容必須適法，即不違背法律之強制規定、禁止規定、公序良俗，故法院判決給付內容不適法，不可為執行名義。注意事項 2 (7)規定「判決所命被告交付之物，於判決確定後，經法律禁止交易者，執行法院不得據以執行。」亦係因內容不適法之故。

㈤給付之內容須為適於執行

給付之內容必須適合強制執行，否則不可為執行名義，例如夫妻同居之判決，如強制執行有礙人格自由，與現代人權觀有違，依本法第 128 條第 2 項即不適於執行❷。至於命藝術家履行一定創作義務、作家寫作義務之判決，有認為如強制其履行，很難實現依債務本旨之適當給付，性質上

---

❶　最高法院 89 年度臺抗字第 367 號裁定：請求行使負擔對於未成年子女權利義務事件之確定判決，經判命未成年子女權利義務之行使負擔由一造任之，而未為他造應交付子女之宣示者，倘子女猶在他造保護下，該一造將無從行使或負擔對其子女之權利義務，故解釋上即應認該確定判決所命由一造行使負擔對於未成年子女權利義務之內涵，當然含有他造應交付其保護下子女以使另一造得行使監護權之意義。苟其不交付子女，該一造自得依上開確定判決聲請強制執行交付子女，始符該確定判決之意旨。臺灣臺中地方法院民事執行處 90 年度執全戌字第 486 號一案，執行法院以：本件假處分裁定主文謹記載「就兩造所生之子蘇○坡之權利義務行使或負擔，暫由聲請人任之，並未有何將蘇○坡交付聲請人之記載，是聲請人聲請以直接強制方法將蘇○坡取交聲請人，尚難准許。」即以執行名義不明確不准許執行，實有誤會。

❷　最高法院 27 年渝抗字第 63 號判例：命夫妻之一方同居之判決，既不得拘束身體之自由而為直接之強制執行，民事訴訟執行規則第八十八條第一項所定，間接強制之執行方法，依同條第二項之規定又屬不能適用，此種判決自不得為強制執行。

亦不適合強制執行，不可為執行名義❷。愚意以為尚待商榷，蓋此等義務固係有專屬性，非他人所可替代，且須依其自由意志為之，如予強制，似有違反其自由意志，但其既與權利人約定為一定創作，本應遵守，法院亦判決應為此給付，自應履行，適用本法第 128 條第 1 項規定即可。正如演員、歌手，如為演出、歌唱之強制執行，固有違背自由意志，似有侵犯人權，但既訂有契約，本應履行，豈可以此為藉口，拒不執行。事實上強制執行，本即違反義務人自由意志，否則何需「強制」？實務仍予強制執行。僅依此規定執行，義務人心中有結，能否按平常功力履行，涉及有無依債務本旨給付，是否有不完全給付爭執而已❷，尚非不能執行。

(六)給付之內容須非毋庸執行者

依本法第 130 條第 1 項規定，於判決確定或執行名義成立之日起視為已為其意思表示，自毋庸執行。例如判決命債務人將某一不動產所有權辦理移轉登記給債權人，依土地登記規則第 27 條第 4 款，權利人可單獨申請登記，毋庸依同規則第 26 條與義務人會同申請，即毋庸執行❷。

第三款 執行名義之種類

一、對人之執行名義與對物之執行名義

以執行名義之對象不同，可分為對人之執行名義與對物之執行名義。前者係對特定人執行，例如本法第 4 條第 1 項第 1 款之確定判決，該判決

---

❷ 參閱張登科著前揭第三六頁、兼子一著《增補強制執行法》第七一頁至第七二頁。

❷ 此一問題涉及專業性，即演出人員是否盡力，殊難判斷。惟就一般情形言，為個人聲譽，應不致故意為失常之演出，正如醫師、律師、會計師、建築師在執行業務時有否盡責，亦難判定，涉及個人專業知識程度，除有明顯過失，例如律師逾期上訴，醫師未及時備血即開刀致輸血不及。至於演員除有明顯之失常表演，例如該笑但哭，該哭卻笑，始生不完全給付。

❷ 最高法院 49 年臺上字第 1225 號判例：被上訴人既持有判令上訴人應辦理所有權移轉登記之確定判決，原得依強制執行法第一百三十條之規定，單獨向地政機關申請辦理登記，……。執行法院對此確定判決，……，並無開始強制執行程序之必要。

僅能對判決所列之人及執行力所及之人執行。後者則對特定物執行，例如
第五款之拍賣抵押物裁定、拍賣質物裁定，僅能對該抵押物、質物執行，
不可執行其他之物。故債務人以自己所有十筆土地中之一筆設定抵押權向
債權人借錢，債權人如對債務人起訴請求返還借款，其獲得勝訴之判決係
命債務人給付一定之金錢，屬對人執行名義，可對債務人所有之責任財產，
即上開十筆土地強制執行。但如債權人係以其中設定抵押之該筆土地聲請
拍賣抵押物裁定，因屬對物之執行名義，僅能對抵押物之該筆土地執行，
債權人不可以此裁定聲請執行債務人其他九筆土地。

二、有既判力之執行名義與無既判力之執行名義

以執行名義是否有既判力不同，可分為有既判力（或稱有確定判決同
一效力）者與無既判力者。前者即第一款之確定之終局判決及其他各款與
確定判決有同一效力者，例如第 3 款之和解筆錄，依民事訴訟法第 380 條
第 1 項「和解成立者，與確定判決，有同一之效力。」後者例如第 4 款之
公證書、第 5 款之拍賣抵押物裁定、第 6 款之本票裁定。二者區別實益在
於本法第 14 條債務人異議之訴，有既判力者，僅能依第 14 條第 1 項規定
提起異議之訴。無既判力者，除可適用第 1 項規定外，尚可適用第 2 項規
定。

三、金錢債權之執行名義與非金錢債權之執行名義

以執行名義所表彰之權利義務是否屬於金錢，可分為金錢債權者與非
金錢債權者，二者區別之實益不僅在於執行方法不同，尚有在不能執行時
之處理方法不同。金錢債權之執行名義所表彰之權利內容為金錢，義務人
應給付一定金錢（包括外幣），執行方法為本法第 2 章，如執行所得不足清
償，除係對物執行名義外，執行法院應依本法第 27 條第 1 項發給債權憑證，
俾權利人以後仍可對義務人強制執行。非金錢債權之執行名義，義務人應
給付者為金錢以外之物或為一定行為、不行為，執行方法為本法第 3、4 章，
無執行不足可言，只有能否執行問題。例如執行名義係命義務人交還土地，
除非土地滅失，否則只要存在，仍為義務人占有，均可執行。又如命義務
人為一定行為非他人所能代替者，除非義務人失蹤，否則均可執行。凡此

滅失、失蹤不能執行，執行法院應予駁回，無發債權憑證可言。至於駁回後，如能執行，例如義務人出現，仍可再聲請執行。

第四款 各種執行名義

第一目 確定之終局判決

判決係法院就訴訟案件所為一定結果之表示，有中間判決與終局判決之分。中間判決乃法院為終局判決之準備，所為之判決（參照民事訴訟法第 383 條第 1 項）。終局判決為法院就訴訟案件全部或一部訴訟標的所為之判決。一方面因是否為中間判決，係法院之職權，實務上鮮有為之，均於終局判決時一併說明❷❹。另一方面中間判決係為終局判決準備，非就訴訟標的判斷，未表明勝敗，自不可為執行名義。僅終局判決係就訴訟標的所為，有一定勝敗之表示，表彰權利人之權利及義務人之義務，可作為執行名義。確定之判決，則指該項判決已不得上訴而言。判決確定，即表示當事人間權利義務已定，不容推翻，自可據以執行，縱然判決違法，在未經再審判決廢棄前，仍有效力，得為執行名義❷❺，但若係無審判權之判決，仍不可執行❷❻。以確定之終局判決為執行名義者，須為給付判決且適於強制執行為限（參照注意事項 2 ⑵），所謂給付判決乃判決內容係命被告為一定給付者，適於強制執行，則指判決內容非不適合強制執行。例如令夫妻

---

❷❹ 最高法院 27 年上字第 1045 號判例：民事訴訟法第三百八十三條係規定各種獨立之攻擊或防禦方法，達於可為裁判之程度者，法院得為中間判決，是遇有此種情形時，為中間判決與否，應依法院之意見定之，並非必須為中間判決，……。

❷❺ 最高法院 22 年抗字第 2692 號判例：違法判決並非當然無效，故給付判決一經確定，無論其判斷是否違法，執行法院均應依債權人之聲請開始執行，債務人不得以判決違法為理由聲明異議。

❷❻ 司法院大法官會議釋字第 115 號解釋：政府依實施耕者有其田條例所為之耕地徵收與放領，人民僅得依行政救濟程序請求救濟，不得以其權利受有損害為理由，提起民事訴訟，請求返還土地。普通法院對此事件所為之相反判決，不得執行。

一方履行同居義務之判決，即不適於強制執行。惟判決多為混合體，一件判決往往有確認、形成、及給付內容，甚至在分割共有物判決、決定子女親權之判決，係形成判決兼具給付判決性質者，此給付部分仍可執行。

第二目　假扣押、假處分、假執行之裁判及其他依民事訴訟法得為強制執行之裁判

壹、假扣押裁定

一、假扣押裁定之意義

按假扣押係債權人就金錢請求或得易為金錢請求，為保全終局執行之保全程序。其程序有二，一係裁定，一係執行。即債權人須先向法院聲請假扣押裁定，以此裁定為執行名義再聲請強制執行。裁定程序規定於民事訴訟法第 7 編保全程序，該編係規定如何取得裁定。執行程序規定於本法第 5 章假扣押假處分之執行，該章係規定如何執行。但一方面由於實務上為求保全程序迅速處理，受理假扣押裁定聲請之法院，除係本案訴訟法院，由該承辦法官裁定外，係地方法院之民事執行處辦理，即由民事執行處之法官或司法事務官以民事庭法官或司法事務官身分裁定假扣押，同時再由其執行（參照民事保全程序事件處理要點 2、6），另一方面法條用語未能嚴格區分，例如民事訴訟法第 522 條第 1 項、第 523 條第 1 項、第 524 條、第 525 條，均稱假扣押，僅第 527 條始稱假扣押裁定，致有誤以為假扣押為單一程序，甚至誤以為聲請裁定獲准，即生假扣押執行效力，實際上取得假扣押裁定如未執行，仍不生保全效果，正如取得勝訴判決如未執行，仍未能實現權利。

二、聲請假扣押裁定之要件

㈠保全之請求必須為金錢請求或得易為金錢請求者（參照民事訴訟法第 522 條第 1 項規定）

至此債權有無屆履行期均不論，皆可聲請。

㈡債務人有脫產之可能（參照民事訴訟法第 523 條第 1 項規定）

至於有無脫產可能，甚為抽象，但下列情形應認無脫產可能：

　　1.債務人為政府機關。

　　2.**抵押權人就抵押物**：設定抵押權之不動產，縱有移轉或再為設定抵押權等處分行為，依民法第 866 條及第 867 條規定，抵押權不受影響，故不可以抵押物有脫產為由為假扣押裁定。最高法院 26 年渝抗字第 374 號判例「設定有抵押權之債權，債權人苟未能釋明抵押物不足供其債權全部之清償或有其他特別情事，不得謂有日後不能強制執行或甚難執行之虞，該債權人聲請假扣押自應予以駁回。」即明示此旨。但因債務人之財產為其債務之總擔保，是否行使抵押權係債權人之權利，非義務，不能令抵押權人一定須行使抵押權不足，始可向債務人追償，故抵押權人為此對抵押物以外債務人之財產為假扣押應無不可。尤其上開判例所指不足部分，實際上抵押物未拍定前，亦難判定，故不僅該判例仍有待商榷❷⑦，實務上，亦有不適用者❷⑧。

　㈢**債權人有保全之必要**

　　假扣押係為保全權利人之權利，故無保全必要，即不可為假扣押裁定。

　　下列情形即無保全必要：

　　1.**債權人之請求已敗訴確定者**：如債權人之請求已敗訴確定，受既判力拘束，其應無權利，自無保全必要，不可為假扣押裁定。縱然已提起再審之訴，亦然❷⑨。但若依判決確定後新生之事由另主張權利者，此一請求不受既判力拘束，則仍可裁定假扣押。例如債權人之請求附停止條件，先前起訴因條件未成就敗訴確定，事後因條件成就，仍有權利可為請求，無

❷⑦　參閱拙文〈抵押權人為保全抵押權所擔保之債權可否假扣押——兼評最高法院二十六年渝抗字第三七四號判例〉（刊《司法周刊》民國七十五年九月第二八二期）。

❷⑧　臺灣高等法院 82 年度抗字第 973 號裁定即未採用上開判例，認抵押權人仍可聲請假扣押裁定。

❷⑨　最高法院 77 年臺抗字第 141 號判例：如其欲依假扣押保全執行之請求，已為確定判決所否認，則其聲請自屬不能准許（參看本院二十七年抗字第七一三號判例）。而提起再審之訴，非有阻斷判決確定之效力。是故對該確定判決提起再審之訴，亦不得就該業經否認之請求聲請假扣押。

既判力拘束。

2.已有執行名義者：假扣押係因債權人無執行名義，為避免日後不能強制執行之保全措施，如已有執行名義，本可聲請強制執行，自無此必要，應不可裁定假扣押，最高法院 31 年聲字第 151 號判例：「假扣押程序，係為債權人保全強制執行而設，若債權人之請求已有確定終局判決可為執行名義，即得逕行聲請強制執行，自無聲請假扣押之必要。」即明示此旨。惟此在理論上固無疑問，但在實務上因目前不動產拍賣次數有限制，在特別拍賣後仍未拍定，依本法第 95 條第 2 項規定應視為撤回對該不動產之執行，即應撤銷查封，此時債務人遂可為處分行為，不受本法第 51 條第 2、3 項限制。但不動產未能拍定原因甚多，其中主要原因為經濟景氣不佳，或許兩、三年後，景氣復甦，即有價值，此時權利人為能因應，實有假扣押必要，以免視為撤回執行之不動產債務人可自行處分，即無求償機會。

最高法院 90 年臺抗字第 91 號裁定㈠：「……，又債權人所欲保全之債權，經確定終局判決可為執行名義時，因得逕行聲請強制執行，固無聲請假扣押之必要，惟若該終局判決倘係附有條件或期限，須該條件成就或期限屆至時，始得為強制執行或於債權人就債務人之特定財產執行時具有強制執行法第八十條之一之情形，債務人又別無其他財產可供執行時，則在該終局判決條件成就或期限屆至或就債務人之財產得為強制執行前，設有假扣押之原因時，債權人即難謂無為假扣押之實益，為保障債權人之權益，應認有扣押之必要。」已放寬限制，准予假扣押，值得注意。

三、管轄法院

㈠本案管轄法院

假扣押裁定之聲請，由本案管轄法院管轄。所謂本案管轄法院，係指假扣押裁定所欲保全之本案訴訟已繫屬或應繫屬之第一審法院。但訴訟已繫屬於第二審法院者，以該第二審法院為本案管轄法院（參照民事訴訟法第 524 條第 1、2 項），但若已繫屬第三審法院者，因第三審為法律審，故仍應由曾繫屬之第一審法院管轄❸。

---

❸ 最高法院 29 年聲字第 31 號判例：民事訴訟法第五百二十條第一項所謂本案管

㈡假扣押標的所在地之地方法院

　　由於假扣押之保全程序為求迅速，而假扣押裁定之執行，依本法第 7 條第 1 項以執行標的物所在地之法院為管轄法院，故民事訴訟法第 524 條第 1 項尚規定假扣押標的所在地之地方法院亦有管轄權。此項管轄權與前述本案管轄法院併存，不能因案件已繫屬於法院，即排除本項管轄權之適用❸。假扣押標的所在地，係指以假扣押裁定執行時，所欲執行之財產所在地。至於假扣押執行之標的如係債權，或須經登記之財產權，以該債權之第三債務人（即債務人之債務人）住所或該債權有擔保之擔保標的所在地，或登記地為假扣押標的所在地（參照民事訴訟法第 524 條第 3 項）。惟此標的所在地法院之假扣押裁定，僅能適用該地方法院，執行其轄區內債務人財產，不可持之在其他法院聲請強制執行，與前者之本案管轄法院所為假扣押裁定，可於全國各法院聲請強制執行不同。

四、法院之審核

　　保全程序屬非訟事件，法院僅為形式上審查聲請是否符合上開要件，不審查實體權利之有無，故債權人之權利果否存在，非法院裁定應審酌。對假扣押裁定抗告時，抗告法院亦同，不審查實體權利，從而，對於債權人之聲請，法院原則上不開庭，如債務人認債權人無實體權利，假扣押裁定不妥，僅能聲請法院限期令債權人提起訴訟（仲裁）處理。又目前依法院組織法第 17 條之 2 第 1 項第 1 款，均由司法院事務官裁定，並非法官處理，故此法院審核係由司法事務官辦理。

五、釋明擔保

　　依民事訴訟法第 526 條第 1 項規定「請求及假扣押之原因，應釋明之。」

　　轄法院，依同條第二項之規定，除訴訟現繫屬於第二審者外，係指訴訟已繫屬或應繫屬之第一審法院而言，故訴訟現已繫屬於第三審者，聲請假扣押應向第一審法院為之，不能逕向第三審法院聲請。

❸　最高法院 85 年度臺抗字第 74 號裁定：假扣押之聲請，得由假扣押標的所在地之地方法院管轄，不問假扣押所保全執行之請求，其本案訴訟已否繫屬及由何審級法院管轄均然，此觀民事訴訟法第五百二十四條規定意旨自明。

債權人於聲請狀應釋明其保全之權利及債務人有脫產可能。釋明乃相對於證明，二者均係當事人提出證據使法院得心證之行為。證明必須使法院信為確係如此。釋明則否，只須使法院信為大概如此，無須遵守嚴格之形式上證據程序，所用證據，以可即時調查者為原則，例如書證等（參照辦理民事訴訟事件應行注意事項89），故債權人可以書證為釋明。上開規定固未限定須提供擔保始可為假扣押裁定，但不僅釋明是否足夠，涉及法院裁定時之認知，且因假扣押屬非訟事件，法院僅為形式上審查，並非債權人一定有權利，事後一定可獲得勝訴判決，如假扣押有誤，將影響債務人權益甚大。又債權人亦有無法提出釋明，例如確有債權但無證據，或僅知債務人準備脫產，但無證據，甚或有脫產跡象，惟目前並無證據，此時債權人不能釋明，為補救此等欠缺，民事訴訟法第 526 條第 2 項在民國 92 年 2 月 7 日前規定「債權人雖未為前項釋明，如就債務人所應受之損害已供法院所定之擔保者，得命為假扣押。」並無窒礙難行，但該項規定以「一、依原第二項規定，債權人得供擔保以代釋明，惟債權人聲請假扣押，應使法院信其請求及假扣押之原因大致為正當，故仍應盡其釋明責任。然其釋明如有不足，為補強計，於債權人陳明就債務人可能遭受之損害願供擔保並足以補釋明之不足，或於法院認以供擔保可補釋明之不足並為適當時，法院均可斟酌情形定相當之擔保，命債權人供擔保後為假扣押，爰修正第二項。」為由修正為：「前項釋明如有不足，而債權人陳明願供擔保或法院認為適當者，法院得定相當之擔保，命供擔保後為假扣押。」即債權人必須有前項釋明，始可因釋明不足以擔保補足，不可全無釋明，而以擔保代之❸❷，造成實務上爭議不斷，債權人聲請假扣押裁定困擾，該修正規定實

---

❸❷ 最高法院 96 年臺抗字第 519 號裁定：按民國九十二年二月七日新修正之民事訴訟法第五百二十六條第二項，已將「債權人雖未為前項釋明，如就債務人所應受之損害已供法院所定之擔保者，得命為假扣押」規定，修正為「前項釋明如有不足，而債權人陳明願供擔保或法院認為適當者，法院得定相當之擔保，命供擔保後為假扣押」，以與同條第一項規定「請求及假扣押之原因，應釋明之」相呼應。是請求及假扣押之原因，債權人如絲毫未予釋明，縱就債務人所

待商榷，應回復修正前之規定 ❸ 。又請求及假扣押之原因雖經釋明，法院
仍得命債權人供擔保後為假扣押（參照民事訴訟法第 526 條第 3 項）。目前
實務上凡假扣押，除法律有特別明文規定不需擔保者外，皆命債權人提供
擔保，且均係為附條件之假扣押裁定，即於裁定中宣告債權人供擔保若干
後始得執行假扣押。此項供擔保方法，不限於現金，依民事訴訟法第 106 條
準用第 102 條，可以有價證券或由保險人或經營保證業務之銀行出具保證
書代之，法律扶助法第 67 條第 1 項亦設有由法律扶助基金會分會出具保證
書代之，但需法院決定是否採用。故應於聲請狀表明，例如係何種定期存
單、何種建設公債或何銀行之保證書。至於數額多少，除法令有特別規定
（例如民事訴訟法第 526 條第 4 項）外，為法院職權，非當事人所得左右 ❸ ，
故對擔保金認核定不當，應不可抗告，蓋此為法院職權之行使，但理論及
實務均有爭議 ❸ 。又雖然債權人願供擔保以代釋明，但並非一定可以補足

應受之損害供法院所定之擔保者，亦不得命為假扣押，必因釋明而有不足，並
經債權人陳明願供擔保或法院認為適當者，始得命供擔保後為假扣押。

❸　參閱拙文〈民事訴訟法第 526 條第 2 項之商榷〉（刊《中律會訊》第十二卷第
一期）；〈修法後之假扣押裁定問題探討〉（刊《全國律師》月刊第十四卷第十
二期）。

❸　最高法院 48 年臺抗字第 18 號判例：法院就債務人因假扣押或假處分所受損
害，命債權人預供擔保者，其金額之多寡應如何認為相當，原屬於法院職權裁
量之範圍，非當事人所可任意指摘。

❸　關於假扣押、假處分之擔保金，依實務見解，既屬法院職權，應非當事人所可
抗告，惟因此擔保金一方面係為賠償錯誤之假扣押、假處分對義務人之損害，
影響義務人利益，苟酌定太少，輕易即可假扣押、假處分，損及義務人，另一
方面，如核定太高，權利人無法提供，不能假扣押、假處分，亦影響權利人保
全，故對此擔保金額之多少可否抗告，學者有不同意見。學者吳明軒認可抗告
（參閱吳氏著《中國民事訴訟法下冊》第一二五〇頁），曹偉修則採否定說（參
閱曹氏著《民事訴訟法釋論下冊》第一七三一頁）。實務上最高法院 20 年抗字
第 296 號判例及 48 年臺抗字第 18 號判例採否定說，但最高法院 76 年度臺抗
字第 131 號裁定、86 年度臺抗字第 394 號裁定採肯定說，愚意採否定說（參
閱拙文〈保全程序之擔保問題研究〉，刊《法學叢刊》第一三三期）。

此項釋明，法院仍有權決定是否假扣押 **❸❻**。

六、反擔保

依民事訴訟法第 527 條規定，假扣押裁定內，應記載債務人供所定金額之擔保後，得免為或撤銷假扣押，此即俗稱之反擔保，以別於權利人所提供者為擔保，一經提供反擔保即須撤銷假扣押執行。至法條雖稱「撤銷假扣押」，但實指撤銷假扣押執行，非撤銷假扣押裁定，蓋如撤銷假扣押裁定，則反擔保即失所附麗。

七、限期起訴（仲裁）

本案尚未繫屬者，命假扣押裁定之法院應依債務人聲請，命債權人於一定期間內起訴，債權人未於法院裁定期間內起訴者，債務人得聲請命假扣押之法院撤銷假扣押裁定（參照民事訴訟法第 529 條第 1 項）。如有仲裁約定，則可請求提付仲裁（參照仲裁法第 39 條第 1 項）。

八、撤銷假扣押裁定

㈠未依期起訴（仲裁）

法院已裁定命債權人於一定期間內起訴或提付仲裁，債權人未為者，法院應予撤銷假扣押裁定（參照民事訴訟法第 529 條第 4 項、仲裁法第 39 條第 2 項）。至此起訴，不限於民事訴訟，即刑事附帶民事訴訟或民事訴訟法第 529 條第 2 項與起訴有同一效力者亦可，但需為給付之訴 **❸❼**。至若聲請本票裁定或拍賣抵押物裁定，不能認為起訴。又法院所為限期，並非不變期間，故權利人雖未於限期內起訴、提付仲裁，但在法院撤銷裁定前已起訴、提付仲裁，仍不可撤銷假扣押裁定 **❸❽**。另雖起訴、提付仲裁、聲請

---

❸❻　最高法院 27 年抗字第 521 號判例：債權人未釋明其請求及假扣押之原因，而就債務人所應受之損害已供法院所定之擔保者，固得命為假扣押，惟債權人之供擔保，是否足補釋明之欠缺，應由法院斟酌情形依其意見定之，如認為不足補釋明之欠缺，仍應駁回其假扣押之聲請。

❸❼　最高法院 65 年臺抗字第 44 號判例：……此之所謂起訴，係指依訴訟程序提起訴訟，得以確定其私權之存在，而取得給付之確定判決者而言。

❸❽　最高法院 65 年臺抗字第 392 號判例：法院依民事訴訟法第五百二十九條規定

支付命令、調解，但事後如撤回、不合法被駁回，或支付命令三個月不能送達債務人而失效（參照民事訴訟法第515條），則不生起訴效力，仍應撤銷假扣押裁定。

(二)假扣押原因消滅或假扣押情事變更

依民事訴訟法第530條第1項規定，假扣押之原因消滅、債權人受本案敗訴判決確定或其他命假扣押之情事變更者，債務人得聲請撤銷假扣押裁定。

(三)債權人聲請（參照民事訴訟法第530條第3項）

九、損害賠償

債權人為假扣押裁定執行後，對債務人造成一定影響，如事後發現此假扣押裁定為錯誤，債務人因此受有損害，債務人固可依民法侵權行為請求賠償，惟此需債權人有故意、過失，債務人舉證困難，為此民事訴訟法第531條第1項規定「假扣押裁定因自始不當而撤銷，或因第五百二十九條第四項及第五百三十條第三項之規定而撤銷者，債權人應賠償債務人因假扣押或供擔保所受之損害。」排除故意或過失之適用 ❸，有利於債務人，債務人可選擇適用法律。惟適用第531條第1項請求，除需符合該項規定之要件外，仍須損害與假扣押間有因果關係為必要 ❹。

所定之期間，係裁定期間，非不變期間，故債權人未於裁定所定期間內起訴，而於命假扣押之法院為撤銷假扣押之裁定前起訴者，法院即不得為撤銷假扣押之裁定。

❸ 最高法院58年臺上字第1421號判例：侵權行為固以故意或過失侵害他人之權利為成立要件，惟關於假扣押裁定，因自始不當而撤銷，或因民事訴訟法第五百二十九條第二項及第五百三十條第三項之規定而撤銷者，債權人應賠償債務人因假扣押或供擔保所受之損害，同法第五百三十一條定有明文，故債權人所負此項賠償損害責任，乃本於假扣押裁定撤銷之法定事由而生，債務人賠償請求權之成立，即不以債權人之故意或過失為要件。

❹ 最高法院60年臺上字第4703號判例：假處分裁定因自始不當而撤銷者，債權人固應賠償債務人因假處分所受之損害，但必債務人確因假處分受有損害，且損害與假處分之間具有因果關係，始得請求賠償。

貳、假處分裁定

一、型　態

㈠保全非金錢債權之強制執行者

依民事訴訟法第 532 條第 1 項規定，債權人就金錢請求以外之請求，欲保全強制執行者，得聲請假處分。其要件如下：

1.保全之權利為金錢請求以外者：例如不動產買賣契約成立後，出賣人拒不辦理移轉登記，債權人起訴請求辦理移轉登記前，可聲請假處分，禁止出賣人移轉、設定、出租該不動產。

2.有保全之必要：依民事訴訟法第 532 條第 2 項規定，假處分，非因請求標的之現狀變更，有日後不能強制執行，或甚難執行之虞者，不得為之。

㈡定暫時狀態者

依民事訴訟法第 538 條第 1 項規定「於爭執之法律關係，為防止發生重大之損害或避免急迫之危險或有其他相類之情形而有必要時，得聲請為定暫時狀態之處分。」第 2 項規定「前項裁定，以其本案訴訟能確定該爭執之法律關係者為限。」至所謂有爭執之法律關係，早期實務認係指金錢請求以外凡適於為民事訴訟標的而有繼續性者，不論其本案請求為給付之訴、確認之訴或形成之訴，均有適用，例如通行權有爭執。但依德日學者解釋，認不應限制，金錢債權之法律關係亦可，我國現今實務不僅已廢止上開早期實務見解❹，且於上開規定外尚增加第 3 項「第一項處分，得命

---

❹　最高法院 61 年臺抗字第 506 號判例：關於假處分之規定，於爭執之法律關係，有定暫時狀態之必要，準用之，民事訴訟法第五百三十八條定有明文。所謂法律關係，指金錢請求以外凡適於為民事訴訟之標的，有繼續性者，皆屬之，如所有權、通行權、占有狀態、扶養義務、專利權等被侵害或有爭執時均是。如以專利權被侵害而聲請假處分時，非不得禁止債務人發賣與專利權有關之貨物或其他類似行為。惟該判例已經最高法院民國 91 年 7 月 16 日公告廢止，廢止理由：關於假處分之規定，凡於爭執之法律關係，有定暫時狀態之必要者，即可準用之。所謂法律關係，無論財產上或身分上之法律關係均有定暫時狀態假處分之適格，財產上之法律關係，亦不以金錢請求以外之法律關係為限。本則

先為一定之給付。」惟因此一規定，甚為抽象，彼此均可互為聲請（例如通行權爭執，一方面聲請准許通行，另一方面亦可聲請不准通行），產生假處分執行之競合爭議。又因執行結果與本案判決結果相同，德國學者稱此為制止性假處分或履行性假處分❷，實務處理應慎重。國內學者論著鮮有討論❸，實務上參見最高法院 85 年度臺抗字第 312 號裁定「定暫時狀態之假處分保全，不以暫時性之保全處分為限，即滿足性之保全處分亦包括在內。是在不作為請求權之假處分，固得為暫時性之保全，惟使債權人請求之內容在保全程序階段，即暫時實現，亦非法之所禁。」固有准許，但仍有爭議。

(三)禁止付款之假處分

依票據法施行細則第 4 條規定「票據為不得享有票據上權利或票據權利應受限制之人獲得時，原票據權利人得依假處分程序，聲請法院為禁止占有票據之人向付款人請求付款之處分。」原票據權利人可對不得享有票據上權利之人或票據權利應受限制之人為禁止提示付款之假處分。至此原票據權利人是否包括發票人，最高法院 70 年度臺抗字第 514 號裁定:「……再抗告人係發票人，依法有擔保支票付款之義務，應屬票據債務人，自無依上開規定聲請為假處分之餘地。」採否定說。然發票人因有人之抗辯或物之抗辯事由，可請求執票人返還票據時，亦應認係權利人，應可依上開規定聲請假處分❹。惟本條之假處分，因實務需提供與票面金額相同之擔保金，以致少有人使用。

(四)親權之假處分

家事事件法第 85 條第 1 項規定「法院就已受理之家事非訟事件，除法

　　判例要旨，不合時宜。

❷　參閱陳榮宗、林慶苗合著《民事訴訟法》第九一四頁。

❸　《全國律師雜誌》第一九九八年八月號刊載葉賽鶯撰〈從最高法院若干裁判探討「定暫時狀態之假處分」〉為較完整之討論，有參考價值。

❹　參閱拙文〈發票人可否聲請假處分禁止他人提示票據——兼評最高法院七十年度臺抗字第五一四號裁定〉（刊《司法周刊》第三五二期）。

律別有規定外，於本案裁定確定前，認有必要時，得依聲請或依職權命為適當之暫時處分。但關係人得處分之事項，非依其聲請，不得為之。」此家事非訟事件係指家事事件法第 74 條「第三條所定丁類、戊類及其他家事非訟事件，除別有規定外，適用本編之規定。」則常見「定對於未成年子女權利義務之行使負擔事件、交付子女事件」之親權事件，早年可依民事訴訟法第 579 條第 1 項規定「法院對於未成年子女權利義務之行使或負擔，得依聲請或依職權命為必要之假處分。」處理，現改依上開家事事件法可為定暫時處分，與定暫時狀態之處分類似。至於處分之內容，依第 3 項規定「第一項暫時處分，得命令或禁止關係人為一定行為、定暫時狀態或為其他適當之處置。」

㈤國家賠償法之假處分

依國家賠償法第 11 條第 2 項規定「依本法請求損害賠償時，法院得依聲請為假處分，命賠償義務機關暫先支付醫療費或喪葬費。」可為支付醫療費、喪葬費之假處分。惟此假處分與保全不同，雖學者有認此屬上開定暫時狀態者[45]，然愚意認有待商榷，蓋苟係定暫時狀態之假處分，何庸在此重複規定？愚意以為此類似大陸民事訴訟法所稱「先予執行」[46]，為假扣押、假處分以外之另一保全程序，使用假處分一詞實有不妥，應更名之。民國 92 年修正之民事訴訟法第 538 條第 3 項規定定暫時狀態之處分可為一定給付，似已呼應上開學者見解，惟愚意以為定暫時狀態之處分只能暫定一定之法律關係，應不能為給付。

二、排除假處分之適用

因我國農、漁會之選舉，往往涉及派系，為避免假處分適用於農、漁會選舉，以致理、監事、總幹事選舉因假處分停止行使職權，影響農漁會之運作，甚至因訴訟拖延，當選之理監事、總幹事在任期內因假處分完全不能行使職權，農會法第 49 條之 2 及漁會法第 51 條之 1 特有排除假處分

---

[45]　參閱林奇福撰《國家賠償法之研究》第一四七頁、劉春堂著《國家賠償法》第一二二頁。

[46]　參閱拙文〈保全程序㈢〉（刊《月旦法學雜誌》第四十八期）。

之規定。

三、準用假扣押規定

民事訴訟法第 533 條規定「關於假扣押之規定，於假處分準用之。但因第五百三十五條及第五百三十六條之規定而不同者，不在此限。」

四、管轄法院

依民事訴訟法第 533 條，準用假扣押之規定，即由本案管轄法院或標的所在地之地方法院管轄。

五、假處分之方法

依民事訴訟法第 535 條第 1、2 項規定「假處分所必要之方法，由法院以裁定酌定之。前項裁定，得選任管理人及命令禁止債務人為一定行為。」

六、原則不可提供反擔保

民事訴訟法第 536 條第 1 項規定「假處分所保全之請求，得以金錢之給付達其目的，或債務人將因假處分而受難以補償之重大損害，或有其他特別情事者，法院始得於假處分裁定內，記載債務人供所定金額之擔保後免為或撤銷假處分。」故原則上不准義務人提供反擔保撤銷假處分執行。至於特別情事，由法院依職權認定，一般係指本案判決否認假處分聲請人之權利，雖判決尚未確定，實無假處分保全必要❹，或可以金錢補償者❽。

七、撤銷假處分裁定

準用上開撤銷假扣押裁定事由。

---

❹ 最高法院 50 年臺抗字第 165 號判例：假處分之程序利於迅速，故民事訴訟法規定為假處分之原因由聲請人釋明已足，然若經法院調查判決其認定之事實與釋明者不符，依卷宗內得為即時調查之證據已顯見為不應假處分時，自可解為已有特別情事，法院非不得許債務人聲請而撤銷假處分。

❽ 最高法院 86 年臺抗字第 552 號裁定：假處分所保全之給付，如代之金錢，債權人亦得達其債權之終局目的者，固可認有民事訴訟法第五百三十六條所定之「特別情事」，得許債務人提供擔保而撤銷假處分。惟倘假處分所保全之給付代以金錢，仍不能達其債權之終局目的者，當然不得認為有「特別情事」，應無准許債務人提供擔保而撤銷假處分之餘地。

參、智慧財產案件權審理法之假扣押及定暫時狀態之處分

智慧財產案件之審理另有特別規定之智慧財產案件審理法，該法除就民、刑事訴訟有特別規定外，另就保全程序之假扣押及假處分亦另有特別規定，即第 51 條「假扣押、假處分或定暫時狀態處分之聲請，在起訴前，向應繫屬之法院為之；在起訴後，向已繫屬之法院為之。」第 52 條第 1 項「聲請定暫時狀態之處分時，聲請人就有爭執之法律關係，及防止發生重大之損害，或避免急迫之危險，或有其他相類之情形，而有必要之事實，應釋明之；其釋明有不足者，法院應駁回聲請。」第 2 項「聲請之原因雖經釋明，法院仍得命聲請人供擔保後為定暫時狀態之處分。」第 3 項「法院為定暫時狀態之處分前，應予當事人陳述意見之機會。但聲請人主張有不能於處分前通知相對人陳述之特殊情事，並提出確實之證據，經法院認為適當，或法院認聲請人之聲請顯無理由者，不在此限。」第 4 項「聲請人自定暫時狀態之處分送達之日起十四日之不變期間內，未向法院為起訴之證明者，法院得依聲請或依職權撤銷之。」第 5 項「前項撤銷處分之裁定於公告時生效。」第 6 項「定暫時狀態處分之裁定，因自始不當、第四項情形、聲請人聲請或其受本案判決敗訴確定而撤銷者，聲請人應賠償相對人因處分所受之損害。」即：

一、管轄法院，排除民事訴訟法規定假扣押、假處分可均在標的所在地法之法院管轄。又已繫屬法院係指地方法院或高等法院，如繫屬最高法院者，應向原繫屬第一審法院聲請，刑事附帶民事訴訟案件，向受理該案事件之法院聲請（參照智慧財產案件審理細則第 64 條第 1 項、第 2 項）。

二、聲請定暫時狀態之處分，債權人應釋明爭執之法律關係，防止發生重大之損害、或避免急迫之危險、或有其他相類之情形，而有必要之事實，應釋明之；其釋明有不足者，法院應駁回聲請，排除民事訴訟法釋明不足可以適當之擔保補足 ❹。

---

❹ 智慧財產案件審理細則第 65 條第 1 項：聲請人就有爭執之智慧財產法律關係聲請定其暫時狀態之處分者，須釋明該法律關係存在及有定暫時狀態之必要；其釋明如有不足，應駁回其聲請，不得以擔保補釋明之不足。

三、債權人雖已釋明，法院仍可命供擔保為定暫時狀態之假處分。

四、法院為定暫時狀態之處分，應命兩造陳述，排除民事訴訟法可不待陳述逕為裁定。

五、定暫時狀態之處分，其爭執未起訴時，應自裁定送達債權人日起14日內起訴，如未向法院提出起訴之證明者，法院可依聲請或依職權撤銷處分裁定，排除民事訴訟法第529條第1項適用，毋庸債權人聲請限期起訴。雖此規定以債權人有無向法院陳報起訴之證明，與本法第41條第3項「聲明異議人未於分配期日起十日內向執行法院為前二項起訴之證明者，視為撤回其異議之聲明；經證明者，該債權應受分配之金額，應行提存。」立法相同，即一方面必需在14日內起訴，始可能在14日內陳報，另一方面，如在14日內起訴，但漏未於14日內陳報，仍應撤銷裁定。

六、定暫時狀態處分之裁定，因自始不當、未於14日內陳報已起訴之證明、債權人聲請或其受本案判決敗訴確定而撤銷處分之裁定者，債權人應賠償債務人因處分所受之損害。此項損害賠償是法律特別規定，屬無過失賠償責任。

七、依智慧財產案件審理細則第65條第3項「法院審理定暫時狀態處分之聲請時，就保全之必要性，應斟酌下列各款情形：一、聲請人將來勝訴之可能性。二、聲請之准駁對於聲請人或相對人是否將造成無法彌補之損害。三、權衡處分與否對兩造現在及繼續損害之可能性及程度。四、對公眾利益之影響。」法院應斟酌以為裁定，如准許，法院裁定應其依同條第4項「定暫時狀態處分之方法，由法院酌量情形定之。但其方法應符合定暫時狀態處分之目的，且不得逾必要之程度。」為之。

八、依智慧財產案件審理細則第66條「法院依本法第五十二條第四項規定撤銷定暫時狀態之處分前，應查明聲請人有無於十四日之不變期間內向法院為起訴之證明。」與第4項聲請人應向法院為起訴之證明矛盾。

九、依智慧財產案件審理法第2條「智慧財產案件之審理，依本法之規定；本法未規定者，分別依民事訴訟、刑事訴訟或行政訴訟程序應適用之法律。」則民事訴訟法保全程序之規定，於智慧財產案件之上開假扣押、

定暫時狀態處分，除明示排除者，仍可適用。

肆、勞動事件法之假扣押、假處分及定暫時狀態之處分

勞動事件案件另有勞動事件法，該法第 47 條第 1 項「勞工就請求給付工資、職業災害補償或賠償、退休金或資遣費、勞工保險條例第七十二條第一項及第三項之賠償與確認僱傭關係存在事件，聲請假扣押、假處分或定暫時狀態之處分者，法院依民事訴訟法第五百二十六條第二項、第三項所命供擔保之金額，不得高於請求標的金額或價額之十分之一。」第 2 項「前項情形，勞工釋明提供擔保於其生計有重大困難者，法院不得命提供擔保。」第 3 項「依民事訴訟法第四十四條之一或本法第四十二條規定選定之工會，聲請假扣押、假處分或定暫時狀態之處分者，準用前二項之規定。」第 48 條「勞工所提請求給付工資、職業災害補償或賠償、退休金或資遣費事件，法院發現進行訴訟造成其生計上之重大困難者，應闡明其得聲請命先為一定給付之定暫時狀態處分。」第 49 條第 1 項「勞工提起確認僱傭關係存在之訴，法院認勞工有勝訴之望，且雇主繼續僱用非顯有重大困難者，得依勞工之聲請，為繼續僱用及給付工資之定暫時狀態處分。」第 2 項「第一審法院就前項訴訟判決僱傭關係存在者，第二審法院應依勞工之聲請為前項之處分。」第 3 項「前二項聲請，法院得為免供擔保之處分。」第 50 條「勞工提起確認調動無效或回復原職之訴，法院認雇主調動勞工之工作，有違反勞工法令、團體協約、工作規則、勞資會議決議、勞動契約或勞動習慣之虞，且雇主依調動前原工作繼續僱用非顯有重大困難者，得經勞工之聲請，為依原工作或兩造所同意工作內容繼續僱用之定暫時狀態處分。」就民事訴訟法之保全均有特別規定，尤其其中之定暫時狀態處分，係因早年勞工經雇主解僱後，勞工認解僱不合法，提起確認僱傭關係存在之訴，可否就此為定暫時狀態處分，以暫定僱傭關係存在，俾可回復工作，以確保其健保、勞保等社會福利，迭有爭議，現明文規定可以。

伍、假執行之裁判

一、假執行之意義

訴訟案件往往因上訴拖延甚久始確定，影響權利人權利，為此設有假

執行制度，即判決雖未確定，亦可藉此假執行裁判先強制執行。惟此裁判，既係判決尚未確定，如將來有失效情形，即不可為執行名義，故有稱為暫定之執行名義，以與確定終局判決為確定之執行名義區別。

二、免為假執行

假執行係在判決尚未確定前即可先以該判決為強制執行，影響義務人權益甚大，如執行完畢後，假執行之本案判決敗訴確定，義務人可能造成難以彌補之損害，故不僅民事訴訟法第 392 條第 1 項規定令原告須提供擔保，以便本案判決敗訴時賠償，且於第 2 項規定義務人可提供反擔保以避免被實施假執行。此一規定與前開民事訴訟法第 527 條規定不同，即後者尚有「撤銷假扣押」，故在假扣押裁定執行後，債務人仍可提供反擔保以撤銷其假扣押執行，而此免為應係指假執行開始前之避免，故不僅民國 92 年 2 月修正前之規定為「准被告於假執行程序實施前預供擔保，或將請求之標的物提存而免為假執行。」且實務亦認僅能在假執行實施前先提供反擔保，始可避免假執行，不可於查封後再提供反擔保以撤銷假執行之執行。易言之，被告為避免被假執行，必須在假執行實施前，預供反擔保始可，否則在法院已實施假執行時，即無機會，是不論原告何時提供擔保為假執行，甚至實未提供擔保聲請假執行，被告為免突然之假執行實施，必須在決定上訴時即應提供反擔保，否則，待實施假執行時再予提供，已來不及。就此觀之，被告必須早予提供反擔保，始可安心，但若事後知悉原告實未能提供擔保，一定後悔，蓋此時反擔保金交付國庫，因不符合返還要件，不可請求返還❺⓿，實甚不利。反之，原告不知被告已提供反擔保遽予提供擔保，因被告已先提供致不能為假執行，其擔保金亦無法返還，同樣不利。故在民國 92 年 2 月修正時，民事訴訟法第 392 條第 3 項規定「依前項規定預供擔保或提存而免為假執行，應於執行標的物拍定、變賣或物之交付前為之。」准許在查封後之拍定、變賣、物之交付前，提供反擔保即可。惟在查封後拍定前之提供，顯非免為假執行應係撤銷假執行，就已實施之查封應撤銷，為免誤會，第 2 項末尾應修改為「……免為或撤銷假執行」，始

❺⓿ 擔保金返還須符合民事訴訟法第 104 條及提存法第 17 條規定。

為允當。

三、假執行之失效

假執行裁判雖可為執行名義，但與確定判決不同，仍有可能失效，故民事訴訟法第 395 條第 1 項規定「假執行之宣告，因就本案判決或該宣告有廢棄或變更之判決，自該判決宣示時起，於其廢棄或變更之範圍內，失其效力。」此即假執行裁判之失效。凡在假執行程序實施後，執行程序尚未終結前，有上開失效情形，一經提出失效之裁判，執行法院即不可續為執行，應撤銷已為之執行處分。但若執行程序已經終結，因執行程序之撤銷，以執行程序存在為要件，此時既已終結即無從撤銷。被告僅能請求賠償因假執行所受損害，故民事訴訟法第 395 條第 2 項規定「法院廢棄或變更宣告假執行之本案判決者，應依被告之聲明，將其因假執行或因免假執行所為給付及所受損害，於判決內命原告返還及賠償，被告未聲明者，應告以得為聲明。」此項告以得為聲明，可謂民事訴訟法第 199 條審判長曉諭及闡明權不包括為訴之聲明之例外。惟實務上，鮮有告知得為聲明，蓋此項規定僅適用於第二審❺，在未辯論終結評議前，勝負未定，審判長如何告以得為聲明？如貿然告知，被告亦聲明，但評議結果為上訴駁回，豈不笑話，故實務上未有告知。

陸、其他依民事訴訟法規定得為強制執行之裁判

在民事訴訟法中，除確定判決、假執行之裁判、和解、調解可為執行名義外，其他條文亦有規定得為強制執行者，例如民事訴訟法第 90 條、第 91 條之訴訟費用裁定、第 303 條第 1 項科證人罰鍰之裁定、第 508 條之支付命令。以訴訟費用之裁定作為執行名義，可單獨聲請強制執行，亦可在

---

❺ 最高法院 74 年臺上字第 764 號判例：民事訴訟法第三百九十五條第二項之規定，固未明定其適用於何審級法院，惟第一審法院無廢棄或變更宣告假執行之本案判決之情形，則該項規定，在第一審應無適用之餘地。而本院為法律審，關於因假執行或因免假執行所為給付及所受損害之範圍、種類及數額，不能為事實之認定，即無從為命返還及賠償之判決。故首揭條項，雖規定於第二編第一審程序中，應解為僅限於第二審法院有其適用。

本案為金錢債權,聲明參與分配或併案執行。以支付命令作為執行名義者,實務上經常發生,且此為取得執行名義之簡便方法,簡便程度僅次於本票裁定。法院發支付命令,債務人收到後,可於 20 日之不變期間內不附理由向發支付命令之法院提出異議(參照民事訴訟法第 516 條第 1 項),一經異議,支付命令即失其效力,以債權人支付命令之聲請,視為起訴或聲請調解(參照民事訴訟法第 519 條第 1 項),反之,支付命令確定後,得為執行名義(參照民事訴訟法第 521 條第 1 項)。

第三目　依民事訴訟法成立之和解或調解

和解與調解均係有爭執之兩造當事人互相讓步所成立之約定。民法、民事訴訟法、破產法等均有和解之規定,民事訴訟法與鄉鎮市調解條例等均有調解之規定,但就此可為執行名義者,限於依民事訴訟法成立之和解與調解,其他可否為執行名義,視各該法律規定。依民事訴訟法成立之和解,與確定判決有同一效力(參照民事訴訟法第 380 條第 1 項),依民事訴訟法成立之調解,與訴訟上和解有同一之效力(參照民事訴訟法第 416 條第 1 項),亦與確定判決有同一效力,均為執行名義。

惟應注意者,訴訟上和解所以與確定判決有同一效力,係因當事人就訴訟標的為之,故若和解有係由第三人給付,或就訴訟標的以外事項和解,前者例如被告尋覓第三人為連帶保證人,和解筆錄載明「被告與第三人○○○願連帶給付原告……」此和解筆錄對第三人是否發生確定判決同一效力,對此第三人可否為執行名義?後者例如原告主張解除契約,請求被告回復原狀返還已交之房屋,在訴訟中成立和解,兩造均願履行契約,和解筆錄載明「被告願給付價金若干元」,此項訴訟標的外之和解,是否與確定判決有同一效力,可為執行名義?學說上有爭議,民國 92 年 2 月修正民事訴訟法時,增設第 380 條之 1 規定「當事人就未聲明之事項或第三人參加和解成立者,得為執行名義。」肯定可為執行名義,有執行力,但無既判力。

第四目　依公證法規定得為強制執行之公證書

　　依公證法第 13 條第 1 項規定「當事人請求公證人就下列各款法律行為作成之公證書，載明應逕受強制執行者，得依該證書執行之：一、以給付金錢或其他代替物或有價證券之一定數量為標的者。二、以給付特定之動產為標的者。三、租用或借用建築物或其他工作物，定有期限並應於期限屆滿時交還者。四、租用或借用土地，約定非供耕作或建築為目的，而於期限屆滿時應交還土地者。」是此公證書為執行名義。實務上較常見者為房屋租賃時，可約定屆期應返還房屋，如逾期不還，願給付違約金若干元，租金應按月給付，此項租賃契約如經公證並載明就上開返還及給付願逕受強制執行，屆期不搬遷時，除可就遷讓房屋強制執行，違約金部分及積欠之租金亦可強制執行。惟由於上開第 3 款約定係房屋應於期限屆滿時交還，故若租期未屆滿，僅承租人兩期租金未付，依民法第 440 條第 2 項規定，出租人固可終止租約，但因不合上開租期屆滿交還規定，不可以公證書強制執行，僅能以訴訟方式取得判決始可強制執行。又是否違約，不能依公證書判斷，例如有無違法使用不明，亦不可據以執行❺❷。再依公證法第 11 條第 1 項規定「公證人作成之文書，非具備本法及其他法律所定之要件，不生公證效力。」第 2 項規定「公證人違反本法不得執行職務之規定所作成之文書，亦不生公證效力。」此公證書既不生公證效力，自不可為執行名義。又公證人除作成公證書外，另有依公證法第 100 條「公證人認證文書，應作成認證書。」作成認證書，此一認證書僅有認證效力，與公證書不同，並非公證法律行為之作成，參照公證法第 101 條第 1 項「公證人認證私文書，應使當事人當面於私文書簽名，或承認為其簽名，並於認證書

---

❺❷　最高法院 43 年臺上字第 524 號判例：兩造所訂之公證租約，僅載上訴人如有違約應給付違約金等語，既不能逕依該公證書證明上訴人確有違約，則上訴人應否給付違約金，自無從逕行斷定，顯與強制執行法第四條第四款所定之執行名義，須以依公證書可證明債權人得請求給付一定數量之金錢等為限之情形不符，即不得率就違約金予以強制執行。

內記明其事由。」第 102 條第 1 項「公證人認證請求人陳述私權事實之私文書，以該文書係持往境外使用者為限，得命請求人親自到場並為具結。」僅能認簽名為真正，不發生實質效力。例如國人為娶大陸、越南女子為妻，須提出單身證明，以便在大陸、越南辦理結婚登記，此單身證明認證書，只能表明該人自稱為單身不能確定確實未結婚，無實質證據力。另民事訴訟法第 305 條第 6 項「證人以書狀為陳述者，仍應具結，並將結文附於書狀，經公證人認證後提出。其以科技設備為訊問者，亦應於訊問前或訊問後具結。」此證人陳述之認證，僅認證其有陳述，並非認證其陳述之內容為真正，亦無實質證據力。事實上公證書亦同，無實質證據力❸。如有爭執，仍可提起實體訴訟，此觀公證法施行細則第 47 條第 1 項規定「債權人就公證書記載之他人債權認為有虛偽，得代位債務人提起確認債權不存在之訴。」可明。按此一細則規定，雖係以公證書所載債務人之債權人為立足點規定，但就其係代位債務人提起，足見債務人本身即可提起確認債權不存在之訴，僅其未提起，始由其債權人代位提起。

公證法第 13 條第 2 項規定「前項公證書，除當事人外，對於公證書作成後，就該法律行為，為當事人之繼受人，及為當事人或其繼受人占有請求之標的物者，亦有效力。」屬執行名義執行力之主觀範圍，故房屋租賃之次承租人，因非租賃關係之繼受人，出租人不可對之強制執行❹。又此一規定因本法第 4 條之 2 第 2 項已有規定，實屬重複，應予刪除。

---

❸ 參閱拙文〈公證書之證據力〉（刊《月旦法學雜誌》第三十七期）、〈公證書及認證書是否當然有實質證據力〉（刊《月旦法學雜誌》第三十期）。

❹ 司法院民國 72 年 2 月 22 日㈦廳民一字第 0118 號函：公證法第十一條第二項規定，公證書除當事人外，對於公證書作成後，就該法律行為，為當事人之繼受人及為當事人或其繼受人占有請求標的物者，亦有效力。所謂「就該法律行為，為當事人之繼受人」者，應指繼受公證法律行為之權利人或義務人而言。所謂「為當事人或其繼受人占有請求標的物」者，應指為當事人或其繼受人之利益而占有者而言。本題次承租人占有租賃物房屋，乃係為自己之利益而占有，自無公證法第十一條第二項之適用。

第五目　抵押權人之拍賣抵押物裁定及質權人拍賣質物之裁定

壹、拍賣抵押物裁定

一、抵押物為不動產者

㈠實行抵押權之方法

　　以不動產設定抵押權者，為擔保物權，就抵押物賣得價金有優先受償權。至於如何拍賣抵押物，民法第 873 條僅規定「抵押權人，於債權已屆清償期，而未受清償者，得聲請法院，拍賣抵押物，就其賣得價金而受清償。」未規定其程序，則此「聲請法院拍賣抵押物」究何所指？就法文言，抵押權人似可直接聲請法院拍賣，毋須取得裁判，日本即係如此，依其民事執行法第 181 條第 1 項第 3 款規定「實行擔保權之拍賣，僅限於提出下列文書時開始：一、證明擔保權存在之確定判決或家事審判法第十五條規定之審判或與確定判決具有同一效力之文件副本；二、證明擔保權存在之公證人所作成之公證書副本；三、登記擔保權之登記簿副本（假登記除外）；四、至於對一般先取特權，證明其存在之文書。」可逕以抵押權證明文件聲請執行拍賣。我國實務早期有認須經判決，嗣又有認無爭執者，不須裁判即可拍賣，目前依非訟事件法第 72 條及本法第 4 條第 1 項第 5 款，抵押權人需聲請拍賣抵押物裁定，以此項裁定為執行名義，始可據以強制執行拍賣抵押物。愚意以為此一裁定程序實無必要，只須有證明文件，由執行法院審查是否符合規定，決定應否拍賣，以減省司法資源。蓋裁定程序為非訟程序，為形式審查，執行法院有能力為之。

㈡聲請拍賣抵押物裁定應注意事項

　　拍賣抵押物之裁定，其性質屬非訟事件，法院係依非訟事件法處理，故：

　　1.聲請人須為抵押權人，相對人為抵押物所有人：此抵押權人應為聲請時有抵押權者，如抵押權已讓與他人，經移轉登記後，該受讓人始得聲請。如抵押權人死亡，應由其繼承人聲請。抵押權為數人共有時，其中一人即可單獨聲請拍賣抵押物，毋須共有人一併聲請❺❺。至於相對人應為抵

---

❺❺　臺灣高等法院 70 年法律座談會：

押物所有人，即設定抵押之抵押人。抵押人將抵押物所有權轉讓他人，並經移轉登記者則以該他人為相對人。抵押人死亡，未辦繼承登記前，則以其全體繼承人為相對人，如辦繼承登記，則以登記為抵押物所有權人為相對人。抵押人破產，應列破產管理人為相對人。至於法院為裁定後，始生抵押權或抵押物所有權變動，則屬執行名義執行力是否及於受讓人問題（參見本章第八節）。

2.向抵押物所在地之地方法院聲請（參照非訟事件法第 72 條）。

3.在一般抵押權，只須抵押權已登記，債權已屆清償期，抵押權人主張未受清償，法院即可為准許拍賣之裁定。至於抵押權有無塗銷原因，債權已否消滅，債權額多少，法院均無權審查，抵押人有爭執，必須另行起訴❺❻。故此種抵押權人聲請時，提出他項權利證明書、抵押權設定契約書、

法律問題：甲、乙、丙共有同一抵押權，各持分三分之一，嗣債權居期，債務人未為清償，甲未經乙、丙同意單獨聲請拍賣抵押物，法院應否准許？

討論意見：

甲說：略。

乙說：聲請拍賣抵押物，乃行使抵押權之權利，與抵押權之處分不同，聲請拍賣抵押物其目的在維持共有人權利之法律行為，為民法第八百二十條第二項之保存行為，得由各共有人單獨為之。

結論：照審查意見通過採乙說（參照最高法院五十八年六月二十六日臺抗字第三〇一號裁定：甲乙丙共有同一抵押權各持分三分之一，此項抵押權擔保之債權顯為可分之債，債權人間之關係為分別共有而非公同共有，無異於同一順序設定三個抵押權，於清償期居至後，甲乙自得單獨聲請拍賣抵押物，惟拍賣所得價金如不足清償同順序全部債權時，甲不得主張獨自優先清償，應與其他債權額比例分配）。

司法院第一廳研究意見：同意座談會研討結論（70.9.4.⑺廳民一字第〇六四九號函復臺高院）。

❺❻ 最高法院 51 年臺抗字第 269 號判例：抵押權經設定登記後，債權人因債務居期未受清償，依民法第八百七十三條第一項之規定，即得聲請法院拍賣抵押物，如對於此項法律關係有爭執時，亦應由有爭執之人提起訴訟，以求解決，不得僅依抗告程序聲明其有爭執，並據為廢棄拍賣裁定之理由。

土地及建物登記簿謄本即可。

4.在最高限額抵押權時，因所擔保之債務係一定存續期間內所生者，故與一般抵押權不同，抵押權人須提出債權證明，否則法院無從准許❺。從而此種抵押權人聲請時，除前述文件外，尚須提出債權證明，例如借據、本票、帳單、貨單等。然此是否確實非無疑問，非訟事件法第 74 條規定「最高限額抵押權人聲請拍賣抵押物事件，法院於裁定前，就抵押權所擔保之債權額，應使債務人有陳述意見之機會。」法院應通知債務人就此債權是否確實，表示意見，惟如前述，法院依非訟程序處理，不審查實體，故此表示意見並無實質意義，法院仍依聲請人提出者為準裁定。

(三)對物執行名義

抵押權係擔保物權，對特定之抵押物存在，故拍賣抵押物裁定只能執行該抵押物，是為「對物執行名義」，不僅不可以此裁定執行抵押物以外之財產，且拍賣不足亦不發給債權憑證，抵押權人僅能對分配不足之金額，就原有抵押權所擔保之債權法律關係，對債務人另行取得執行名義，執行債務人之財產，從而如係第三人提供不動產設定抵押權，因第三人非債務人，除其為連帶保證人外，抵押權人無從向其請求。雖拍賣抵押物裁定，不可執行抵押物以外之財產，但下列情形為例外：

1.空地抵押後興建之地上建築物：依民法第 877 條第 1 項規定「土地所有人於設定抵押權後，在抵押之土地上營造建築物者，抵押權人於必要時，得於強制執行程序中聲請法院將其建築物與土地併付拍賣。但對於建築物之價金，無優先受清償之權。」可就抵押之土地及未設定抵押之地上

---

❺ 最高法院 71 年度臺抗字第 306 號判例：抵押權人聲請拍賣抵押物，在一般抵押，因必先有被擔保之債權存在，而後抵押權始得成立，故祇須抵押權已經登記，且登記之債權已屆清償期而未受清償，法院即應准許之。惟最高限額抵押，抵押權成立時，可不必先有債權存在，縱經登記抵押權，因未登記已有被擔保之債權存在，如債務人或抵押人否認先已有債權存在，或於抵押權成立後，曾有債權發生，而從抵押權人提出之其他文件為形式上之審查，又不能明瞭是否有債權存在時，法院自無由准許拍賣抵押物。

建築物一併拍賣。蓋設定抵押權時，既為空地，地上無建築物，苟不能一併拍賣，此時只賣土地，不僅因地上有建築物為建築物所有權人占用土地，依本法第99條第1項規定之相反解釋，查封前有第三人占有，法院拍賣不點交，影響拍定價金，損及抵押權人權益，且拍定人如何與建築物所有權人定法律關係，亦是問題。如認為無權占有，應予拆除，有損社會經濟利益，故法律規定二者併付拍賣，使土地及地上建築物同歸一人所有，即無上開問題。但適用此條規定，必須符合下列要件：

(1)營造建築物在土地設定抵押權後：即建築物必須係在土地設定抵押權後所興建，至於建築物有無辦理保存登記，或是否為違章建築，均在所不論。反之，如土地設定抵押權時，已有之建築物，即無適用餘地。縱於抵押權設定契約書約定包括在內（按：其原因多為此建築物為未辦保存登記者，無法辦理抵押權登記），此時一方面因此建築物不合上開規定，不可併付拍賣，另一方面因建築物未為抵押權登記，依民法第758條規定，不生抵押權設定效力，仍不可對之行使抵押權，只能視該建築物是否為債務人所有，對之取得債權之執行名義予以執行。又抵押權人可否依本法第75條第3項規定「建築物及其基地同屬於債務人所有者，得併予查封、拍賣。」聲請對此抵押權設定登記前之建築物一併拍賣？愚意以為不可，拍賣抵押物裁定為對物執行名義，僅能就抵押物執行，除有上開情形，始可例外對抵押物以外財產執行，自無本法第75條第3項適用，該項係就一般債權之執行名義執行，為避免房屋、土地因分別拍賣由不同人取得所有權致生爭執而規定，於此應無適用。

(2)營造者須為建築物：所謂建築物，即建築法第4條「本法所稱建築物，為定著於土地上或地面下具有頂蓋、樑柱或牆壁，供個人或公眾使用之構造物或雜項工作物。」不包括其他之定著物。按土地之定著物依民法第66條第1項規定固為不動產，而建築物為定著物，亦為不動產，但定著物範圍較廣，例如鐵軌可為定著物❺❽但非建築物。此處規定為建築物，故

---

❺❽ 司法院大法官會議釋字第93號：輕便軌道除係臨時敷設者外，凡繼續附著於土地而達其一定經濟上之目的者，應認為不動產。

非建築物之定著物不適用之。養魚池如用水泥敷設，固為定著物，但因不符合上開建築法規定，即非建築物 ❺。

(3)必須為抵押人營造者：在民國96年3月28日增訂民法第877條第2項「前項規定，於第八百六十六條第二項及第三項之情形，如抵押之不動產上，有該權利人或經其同意使用之人之建築物者，準用之。」之前，如係第三人所建，即不能併付拍賣 ❻，故以空地設定抵押權，其風險即在抵押人提供給第三人建屋時，無法併付拍賣，減損土地之擔保價值 ❻，金融機關皆以設定地上權方式以保障其抵押權，法理上有問題，蓋抵押權人並無使用土地之真正意思，此項地上權設定應屬通謀虛偽意思表示，依民法第87條第1項前段規定，為無效。為解決此一問題，不僅最高法院89年臺抗字第352號判例：「民法第八百七十七條係為保護抵押權人之利益，及社會之經濟而設之規定，故於土地抵押後，在其上營造之建築物，雖非土地所有人所建，但於抵押權實行時，該建築物若與抵押之土地已歸一人所

---

❺　臺灣高等法院臺中分院87年度重上更(一)字第11號判決：次按定著物與建築物不同，前者範圍較廣，凡非土地構成部分，繼續附著於土地，而達一定經濟目的，不易移動其所在之物均屬之（參照最高法院民國六十三年十二月三日第六次民庭庭推總會決議），例如房屋、地下道、天橋。後者範圍較小，依上開決議及建築法第四條規定「本法所稱建築物，為定著於土地上或地面下具有頂蓋、樑柱或牆壁，供個人或公眾使用之構造物或雜項工作物。」係指定著於土地上或地面下具有頂蓋、牆垣，足以避風雨供人起居出入之構造物，故建築物固為定著物，但定著物則不限為建築物，二者不容混淆或任意比附援引……。系爭土地固有養鰻池及其周邊之集水、排水設備，並經本院現場勘驗屬實，此有勘驗筆錄及現場圖可稽，固可認係定著物如前述，惟並無頂蓋、樑柱自與建築法第四條規定之建築物不合，依上開說明，自非建築物。

❻　多數學者均如是主張，例如張登科著前揭第五〇頁。但楊與齡著前揭第八七頁，則認：「由非土地所有人營造者，為維護抵押權人之利益，亦宜解為得併付拍賣。」為不同見解。

❻　參閱拙文〈談空地設定抵押權〉（刊《月旦法學雜誌》第五期）及〈談空地抵押之地上權設定〉（刊《法令月刊》第四十八卷第五期）。

有，則為貫徹上開立法目的，宜解為有該條之適用，得於必要時，將土地抵押後，在其上營造之建築物，與該土地併付拍賣。」已允許一定情形下，可併付拍賣，甚至最高法院 92 年臺抗字第 641 號裁定認抵押人同意第三人建築者，亦可併付拍賣，現因有上開增訂規定，則除未經抵押人同意之第三人建築者，仍不可併付拍賣，拍定後拍定人可主張無權占有請求拆除外，凡經抵押人同意建築者，即可併付拍賣。至於依民法第 877 條第 2 項併付拍賣，參照最高法院 103 年臺抗字第 987 號裁定：「……惟依民法第八百七十七條第二項規定，抵押之土地上存有非土地所有人營造之建築物，抵押權人聲請將該建築物與抵押土地併付拍賣，係以同法第八百六十六條第二項及第三項所定情形為限，即以抵押權人實行抵押權受有影響，執行法院因而除去該條所規定之權利或終止該租賃關係為前提。」必須除去租賃或使用關係始可併付拍賣，愚意以為欠妥，蓋該第 2 項既準用第 1 項，即表示非抵押人營造，係抵押人出租或出借第三人使用土地建築者，亦可併付拍賣，不僅未限制以除去租賃或使用關係為前提，且土地與建築物既已併付拍賣，拍定人取得土地與建築物所有權，原有之租賃、使用關係，可類推適用民法第 762 條前段「同一物之所有權及其他物權，歸屬於一人者，其他物權因混同而消滅。」而消滅，毋庸藉除去以解決。又抵押人於設定後，將土地移轉第三人，該第三人所建房屋，仍應可併付拍賣，蓋一方面此第三人為抵押權追及力所及，一方面符合法文規定之「土地所有人」營造建築物。但抵押人建屋後，將土地、房屋分別出售不同之他人，或只出售房屋，自留土地，或只出售土地，自留房屋，參酌上開見解，既然營造之建築物係經同意而建築，應可併付拍賣。

可以併付拍賣者，抵押權人需否另對建物聲請拍賣抵押物裁定，實務上採否定說，認毋庸裁定[62]。就法條規定「得併付拍賣」，應係執行法院職權，故應採否定說。至於建築物拍賣所得之價金，因非屬抵押物，抵押權

---

[62] 司法院民國 74 年 1 月 9 日(74)廳民一字第 13 號函：土地所有人於設定抵押權後，在抵押之土地上營造建築物，經執行法院認為必要，將其建物與土地併付拍賣時，就建築物部分，無須再經法院為許可拍賣之裁定。

人自不可優先受償。惟不可優先受償，並非表示即不可受償，須視抵押人是否為債務人，如為債務人，此建築物賣得價金為債務人之責任財產，自可受償，反之則否。惟雖可受償，仍須就建築物有執行名義，依強制執行程序行使權利始可受償。

2.建築物設定抵押權後之增（擴）建：依民法第 862 條第 3 項規定「以建築物為抵押者，其附加於該建築物而不具獨立性之部分，亦為抵押權效力所及。但其附加部分為獨立之物，如係於抵押權設定後附加者，準用第八百七十七條之規定。」及注意事項 42 ⑶規定「土地或建築物設定抵押權後，抵押人於土地上營造建築物或於原建築物再行擴建或增建者，除應認為係抵押物之從物，或因添附而成為抵押物之一部者外，執行法院於必要時得就原設定抵押權部分及其營造、擴建或增建部分分別估定價格，並核定其拍賣最低價額後一併拍賣之。但抵押權人就營造、擴建或增建部分，無優先受償之權。」則抵押物為建築物時，其抵押權設定後之增（擴）建部分，亦可併付拍賣。惟若認定其為建築物之添附或從物，前者即為抵押物之一部，後者依民法第 862 條第 1 項規定「抵押權之效力，及於抵押物之從物與從權利。」不論是否為抵押權設定後所興建，均為抵押權效力所及，不僅可一併拍賣，且賣得價金亦可優先受償❻。至於如何判定是否為添附或增（擴）建，一般均以使用上及構造上有無獨立性，凡未具獨立性者，認為添附，否則即屬獨立建物，為增（擴）建❻。於此有一問題應注意者，如此增（擴）建係抵押權設定前所建，依上開規定，仍不可一併拍

---

❻ 就添附部分，學者姚瑞光反對，認抵押權之設定非經登記不生效力，如設定抵押權當時，設定書上或登記簿上已載明限於土地或建築物之若干面積者，參照第 877 條規定意旨，似難認為其後營造之建築物如農舍、車庫等，亦在抵押權效力所及範圍之內。至於以建築物供擔保而設定抵押權後，增高一層或增多數間者，無論在交易上有無獨立交換價值以及是否獨立之物，依同一理由，應以登記之面積及範圍為準，均難認為抵押權效力之所及（參閱姚氏《民法物權論》第二一六頁）。

❻ 參閱溫豐文撰〈物權之客體〉（刊《月旦法學雜誌》第六十三期）。

賣，只能在抵押人為債務人時，抵押權人以債權之執行名義就此主張為債務人責任財產予以聲請執行。惟實務上，有時甚難判定為抵押權設定前或設定後建築，故適用之際實有困難。

㈣抵押人之救濟

1.以拍賣抵押物裁定前存在之事由（例如裁定前清償）：

⑴在強制執行前，抵押人應提起確認抵押債權不存在或確認抵押權不存在或塗銷抵押權之訴。

⑵在強制執行開始後，抵押人依本法第 14 條第 2 項提起異議之訴。

⑶執行法院制作分配表後，可依本法第 39 條、第 41 條第 1 項對分配表聲明異議，提起分配表異議之訴，蓋第 39 條第 1 項「債權人或債務人對於分配表所載各債權人之債權或分配金額有不同意者，應於分配期日一日前，向執行法院提出書狀，聲明異議。」之不同意，包括抵押債權不存在。惟若已提起⑴⑵訴訟者，依本法第 41 條第 1 項毋庸提起分配表異議之訴。

⑷先提起確認或塗銷之訴，訴訟中抵押權人聲請強制執行，可主張情事變更，變更訴為本法第 14 條第 2 項異議之訴（參照民事訴訟法第 255 條第 1 項第 4 款）。惟不變更亦可。其區別之實益，在變更者，可依本法第十八條第二項停止執行，未變更者，不可停止執行，如在強制執行程序終結前確認之訴或塗銷之訴判決勝訴確定，可依本法第 12 條聲明異議❻❺。又提起分配表異議之訴，依本法第 41 條第 3 項，被異議之債權分配金額提存，無形中有停止執行結果。

2.以拍賣抵押物裁定後存在之事由（例如裁定後清償）：

⑴同 1.⑴。

⑵在強制執行開始後，依本法第 14 條第 1 項提起異議之訴。

⑶同 1.⑶。

---

❻❺　最高法院 79 年臺抗字第 300 號判例：非訟事件之強制執行名義成立後，如經債務人提起確認該債權不存在之訴，而獲得勝訴判決確定時，應認原執行名義之執行力，已可確定其不存在。其尚在強制執行中，債務人可依強制執行法第十二條規定，聲明異議。

(4)同 1.(4)，亦可為訴之變更。

二、抵押物為動產者

動產抵押者，乃抵押權人（即債權人）對債務人或第三人，不移轉占有而就供擔保債權人之動產設定抵押權，待債務人不履行契約時，抵押權人得占有抵押物，並得出賣，就其賣得價金優先於其他債權而受清償之謂（參照動產擔保交易法第 15 條）。實行抵押權可以自行出賣及法院拍賣。自行出賣係自行占有後，依法定程序自己出賣，反之，抵押權人不自行出賣，可聲請法院為准予拍賣之裁定❻，待法院裁定准許後，以此為執行名義，依強制執行程序聲請拍賣，縱然契約載明逕受強制執行，若抵押權人不自行出賣而希由法院拍賣，亦同，蓋此逕受強制執行係指取回為抵押權人占有，不包括拍賣。

又此裁定亦屬對物執行名義，僅可就抵押物執行。至於裁定後，抵押物遭行政處分沒入，因沒入係國家原始取得財產所有權，其上之抵押權消滅，即不可執行❻。

貳、拍賣質物裁定

質權係擔保物權，故於所擔保之債權屆期不獲清償時，質權人即可行使質權。行使質權之方法有四：自行拍賣，法院拍賣，質權人取得質物所有權，以其他方法處分質物。其中法院拍賣，即質權人不自行拍賣，可於取得執行名義後，聲請法院拍賣❻，至於如何取得執行名義，實務上亦係如同聲請拍賣抵押物，由質權人向法院聲請為許可拍賣質物之裁定。

---

❻　最高法院民國 61 年 8 月 22 日第一次民庭庭推會總會決議：動產抵押權人不自行拍賣，而聲請法院拍賣抵押物時，法院應為許可與否之裁定（參照最高法院五十二年三月二十五日民、刑庭總會會議決議㈦及同院五十二年臺抗字第一二八號判例）。

❻　參閱拙文〈抵押物經海關沒入抵押權是否消滅〉（刊《軍法專刊》第三十五卷第二期）。

❻　司法院大法官會議釋字第 55 號解釋：質權人因有民法第八百九十三條情形而拍賣質物者，仍應依照本院院字第九八〇號解釋辦理，如不自行拍賣而聲請法院拍賣時，即應先取得執行名義。

第六目　其他依法律之規定得為執行名義者

除前述外，尚有在其他法律規定可為執行名義者。茲就常用者，敘明如下：

壹、票據法第 123 條（俗稱本票裁定）

一、本票裁定之意義與實益

票據法第 123 條規定：「執票人向本票發票人行使追索權時，得聲請法院裁定後強制執行。」此項裁定為執行名義。故執票人於本票不獲支付，即可聲請法院裁定，此與利用一般訴訟程序取得判決者比較有如下之實益：

㈠本票一經裁定於送達後即可為執行名義，不待確定，節省時間，而一般訴訟程序者，須有就審期間，判決仍須待送達後 20 日不上訴始確定，如對造上訴，則時間拖延更多。

㈡就同一金額聲請本票裁定所繳納之聲請費，比一般訴訟之裁判費少。

㈢本票裁定法院不開庭審理，除有必要訊問外。而一般訴訟須開庭，每次開庭必然增加往返之勞累（費）。

二、聲請裁定時注意事項

本票裁定屬非訟事件，法院依非訟事件法處理，故：

㈠聲請裁定應由執票人對發票人為之，不得對其他票據債務人聲請，如欲對背書人等其他票據債務人請求，須藉一般訴訟程序。又非訟事件僅就形式審理，故發票人係指本票上彰顯簽名之人，非指實際發票人，如張三用李四之名簽發本票，亦只得對李四聲請裁定，不得對張三聲請，至於李四可主張被張三偽造，依非訟事件法第 195 條第 1 項對裁定提起確認偽造之訴，結果亦不得對李四執行。又發票人死亡時，可否對發票人之繼承人聲請裁定？學說與實務均有不同意見。就理論上言，依民法第 1148 條規定，繼承人自繼承開始時，承受被繼承人財產上之一切權利義務，本票發票人死亡，其繼承人亦繼承該票據債務，故法院應准許對發票人之繼承人聲請❻❾。然實務上採否定說，認為不得對繼承人聲請❼⓿。至於本票裁定後，

❻❾　參閱陳世榮著《票據法實用》第一四五頁。

執票人將本票轉讓他人或死亡，依本法第 4 條之 2 第 2 項準用第 1 項第 1 款，該他人及其繼承人可持原裁定聲請強制執行，毋庸再聲請裁定。至於發票人於裁定後死亡，其繼承人依上開規定，亦為執行名義執行力所及，可對之執行。

㈡應向票據付款地之法院聲請（參照非訟事件法第 194 條第 1 項）。本票上載明付款地者，固無問題，然若未載明付款地時，則以發票地為付款地，至若發票地亦未載明時，以發票人之營業所、住所或居所所在地為發票地（參照票據法第 120 條第 4、5 項），斯時即應向此等所在地之法院聲請。若此等處所有數地，或二發票人住所、居所、營業所不同，任何一地法院均有管轄權（參照非訟事件法第 194 條第 2 項）。至於發票人簽發未載發票地及付款地之本票後，住所變更，因本票發票人票據債務之成立，以發票人交付本票給受款人完成票據行為之時日為準，故由變更前住所地法院管轄。

㈢聲請准予強制執行之金額僅包括本金、利息、遲延利息（參照票據法第 97 條），至於違約金則不在准許之列。縱然本票上載明違約金者，亦不得列入，只可藉原因關係以訴訟請求。又本票不請求全部金額准予強制執行，而就其中一部聲請亦可。本票之金額如係分期付款者，如有一期不獲支付，全部均視為到期（參照票據法第 124 條準用第 65 條第 2 項），可全部聲請。

㈣本票到期不獲支付時，執票人應請求作成拒絕證書證明之（參照票據法第 124 條、第 86 條），是執票人聲請裁定，亦應提出拒絕證書，然依票據法第 94 條規定，發票人得為免除作成拒絕證書之記載，此時執票人得不請求作成拒絕證書而行使追索權。惟雖有此項免除作成拒絕證書之記載，執票人仍應於到期時為付款之提示，僅發票人對於執票人主張未提示時，應

---

⑩ 臺灣基隆地方法院 69 年 1 至 3 月份司法座談會決議：本票執票人依票據法第一百二十三條規定，聲請法院裁定許可對發票人強制執行，係屬非訟事件，該條既限定執票人向發票人行使追索權時，始得聲請法院裁定後強制執行，則對本票發票人以外之人，即不得援用該條之規定，逕行裁定強制執行。

負舉證之責（參照票據法第 124 條準用第 95 條）。

㈤本票裁定係非訟事件，法院只就形式審查本票是否有效，到期日有無屆至，關於實體事項，例如發票人簽章偽造、債權未發生、已消滅，均非裁定程序或抗告法院所審理❼，為求救濟，如發票人主張有偽造、變造，可依非訟事件法第 195 條第 1 項「發票人主張本票係偽造、變造者，應於前條裁定送達後二十日內，得對執票人向為裁定之法院提起確認之訴。」起訴確認本票為偽造或變造之訴，執行法院依同條第 2 項應停止執行。如主張債權未發生或全部、一部消滅，可依民事訴訟法第 247 條起訴確認債權不存在，若係在開始強制執行後，可依本法第 14 條第 2 項提起異議之訴。甚至在提起確認債權不存在之訴訟，始開始強制執行者，亦可為訴之變更為異議之訴。民國 94 年 2 月修正之非訟事件法增設第 195 條第 3 項「發票人主張本票債權不存在而提起確認之訴不合於第一項之規定者，法院依發票人聲請，得許其提供相當並確實之擔保，停止強制執行。」因可供擔保停止執行，與異議之訴同，是否為訴之變更，已非重要。又上開 20 日期間，非起訴期間，縱有超過，起訴仍合法，僅不可依第二項規定停止執行❼。

---

❼ 最高法院 52 年臺抗字第 163 號判例：執票人依票據法第一百二十三條規定，向本票發票人行使追索權時，聲請法院裁定對發票人之財產強制執行者，發票人縱對於簽章之真正有所爭執，法院仍應為准許強制執行之裁定。同院五十六年臺抗字第七一四號判例：執票人依票據法第一百二十三條規定，向本票發票人行使追索權時，聲請法院裁定對發票人之財產強制執行者，其性質與非訟事件無殊，法院就本票形式上之要件是否具備予以審查為已足。至該本票債務是否已因清償而消滅，應依訴訟程序另謀解決，殊不容於裁定程序中為此爭執。

❼ 修正前之非訟事件法第 101 條第 1 項就此 20 日有不變期間規定，致生此 20 日是否為起訴之法定期間爭議，實務採否定說，例如最高法院 64 年臺抗字第 242 號判例：本票發票人以相對人所執伊名義簽發之本票三張皆第三人所偽造，訴求確認兩造間就該本票債權不存在之判決，雖逾非訟事件法第一百零一條第一項所定之期間，惟本票發票人不依該項所定期間提起確認之訴，僅無同條第二項之適用，非謂逾此期間即不得起訴。

三、本票裁定雖有迅速簡便之優點，然亦有下列缺點

㈠不得請求違約金。

㈡聲請本票裁定不視同起訴（參照民法第 129 條第 2 項），消滅時效不因聲請而中斷，自無裁定後重新起算❼❸，必須於取得裁定後聲請強制執行，始可中斷時效進行。

㈢非民法第 137 條第 3 項所指之判決，故無延長時效規定之適用。

㈣非屬民事訴訟法第 529 條第 1 項之起訴❼❹，故假扣押後，法院依債務人聲請命債權人起訴，債權人不得以聲請本票裁定方式代之。

㈤非屬提存法第 18 條第 1 項第 5 款之本案訴訟判決，不可據此返還假扣押之擔保金。

貳、動產擔保交易法第 17 條第 2 項

在動產抵押，如抵押權人自行出賣以實行抵押權時，抵押權人占有抵押物為實行抵押權之要件（參照動產擔保交易法第 15 條、第 17 條第 1 項）。即必須先行占有，始得出賣抵押物，縱然抵押物為第三人占有時，亦同，抵押權人之占有，可自行占有。但抵押權人不能自行占有，如債務人或第三人拒絕交付抵押物時，依動產擔保交易法第 17 條第 2 項規定「前項之債務人或第三人拒絕交付抵押物時，抵押權得聲請法院假扣押，如經登記之契約載明應逕受強制執行者，得依該契約聲請法院強制執行之。」抵押權人得聲請法院假扣押，以假扣押強制執行方式將該抵押物取交抵押權人占有。但如經登記之契約載明應逕受強制執行者，則不須假扣押，抵押權

---

❼❸　就民法第 129 條第 2 項規定觀之，聲請本票裁定未與起訴有同一效力，自不可中斷時效。但此既係法律所規定之行使票據權利方法之一，且為執行名義，不能視為行使權利實待商榷，故學者吳明軒認可類推適用民法第 129 條第 1 項第 3 款及第 131 條中斷時效（參見吳氏撰〈試論與起訴中斷時效有同一效力之事項〉，刊《法令月刊》第四十三卷第二期）。

❼❹　最高法院民國 65 年 1 月 20 日 65 年度第一次民庭庭推總會議決議：民事訴訟法第五百二十九條第一項規定曰「起訴」，自係指依訴訟程序，提起訴訟，以確定其私權之存在，而取得給付之確定判決而言，應不包括其他。故債權人依票據法第一百二十三條向法院聲請裁定而強制執行之情形，自不包括在內。

人逕可以此契約為執行名義聲請強制執行，由執行法院解除債務人或第三人占有，將抵押物取交債權人。惟此項規定之強制執行係指取回占有而言，如係請求法院拍賣，仍應如前述須取得拍賣裁定，非指毋庸拍賣抵押物裁定，逕可聲請執行法院拍賣。

參、動產擔保交易法第 30 條

一、附條件買賣之意義與實益

附條件買賣乃買受人先占有買賣之標的物，約定至支付一部或全部價金，或完成特定條件時，始取得標的物所有權之交易（參照動產擔保交易法第 26 條），由於買賣標的物之所有權在買受人取得前仍保留在出賣人手中，故出賣人可利用此種制度達到確保債權之目的。申言之，在買受人未付清價金前，出賣人仍保有所有權，屆時若買受人不履行契約時，出賣人因有所有權，遂可取回標的物不致損失。尤其在分期付款之買賣，以附條件買賣之方式，最具效力。蓋一般非附條件買賣之分期付款買賣，無此所有權保留者，因依民法第 761 條第 1 項前段規定「動產物權之讓與，非將動產交付，不生效力。」其既已交付動產，買受人即取得所有權，屆時買受人不付款，出賣人必須先行取得執行名義，再根據該執行名義執行買受人財產，縱可執行買賣之標的物（因已屬買受人財產），然若債務人有其他債權人參與分配或併案執行，出賣人必然無法獲得完全清償。反之，附條件買賣之出賣人既可取回標的物，自無他人可予執行，可完全獨享利益。甚至因非債務人所有，債務人其他債權人亦不可對附條件買賣標的物聲請強制執行，法院誤予執行時，出賣人可依本法第 15 條提起異議之訴。

二、取回權之行使

標的物所有權移轉於買受人前，買受人若不依約定償還價款、不依約定完成特定條件、將標的物出賣、出質或為其他處分，致妨害出賣人之權益者，出賣人得行使取回權取回占有標的物（參照動產擔保交易法第 28 條）：

出賣人行使取回權，可自行向占有人取回，但若占有人拒絕，出賣人不能自行取回，即債務人拒絕交付時或為第三人占有，依動產擔保交易法第 30 條準用第 17 條第 2 項，出賣人可聲請法院假扣押，經假扣押裁定後，

聲請強制執行，由執行法院取回交給出賣人。但契約有約定可逕受強制執行，並經登記者，毋庸假扣押，可逕行聲請強制執行而取回。此一契約即為執行名義。

就此附帶說明者，上開第 17 條第 2 項之假扣押在動產抵押固無問題，惟在附條件買賣如準用結果亦為假扣押，實有問題。蓋一方面就假扣押之保全程序言，假扣押執行之財產應為債務人即買受人所有，然現欲假扣押之附條件買賣標的物實為債權人即出賣人所有，法理不合❼❺。另一方面既已取回，即應依動產擔保交易法第 29 條處理，此時，如買受人依民事訴訟法第 529 條聲請法院限期命債權人起訴，債權人如何起訴？即有問題。

肆、仲裁法第 37 條第 2 項

依仲裁法第 37 條第 1 項規定「仲裁人之判斷，於當事人間，與法院之確定判決，有同一效力。」及第 2 項規定「仲裁判斷，須聲請法院為執行裁定後，方得為強制執行。但合於下列規定之一，並經當事人雙方以書面約定仲裁判斷無須法院裁定即得為強制執行者，得逕為強制執行：一、以給付金錢或其他代替物或有價證券之一定數量為標的者。二、以給付特定之動產為標的者。」則仲裁判斷雖與確定判決有同一效力，但除依第 2 項但書，該仲裁判斷可逕為強制執行，以此判斷為執行名義外，依前段規定，尚需經法院為執行裁定始可強制執行，則究係裁定為執行名義，抑或仲裁判斷本身即為執行名義，不無疑問。就法文言，裁定後，仲裁判斷方得強制執行，該裁定意旨為准許仲裁判斷強制執行，而法院為裁定時，只需審酌有無同法第 38 條駁回情事，苟無駁回情事，即應准許，故此裁定應屬確認性質，確認合法可予強制執行，並非賦予其執行力，故執行名義應仍為仲裁判斷，裁定僅為條件。類似鄉鎮市調解條例第 27 條第 2 項規定「經法院核定之民事調解，與民事確定判決有同一之效力，經法院核定之刑事調解，以給付金錢或其他代替物或有價證券之一定數量為標的者，其調解書得為執行名義。」之調解書，需經核定，始可為執行名義。學者就此均認

---

❼❺ 參閱拙文〈附條件買賣取回權行使之研究〉（刊《法令月刊》第四十一卷第十一期）。

執行名義者為調解書，並非法院之核定 **⑯**，益見此裁定屬核定、確認性質 **⑰**，此觀最高法院 86 年度臺抗字第 574 號裁定：「按商務仲裁條例（按：現已修改為仲裁法）第二十一條第二項前段規定『仲裁判斷須聲請法院為執行裁定後，方得為強制執行』，係指仲裁判斷須經當事人聲請，由法院為許可強制執行之裁定後，始取得執行名義而言。」可明。事實上，仲裁判斷依第 1 項規定已與確定判決有同一效力，何以尚需執行裁定？僅因仲裁人無公權力，類似調解，需經法院核可，故應以仲裁判斷為執行名義，始符合第 1 項規定，亦可與第 2 項但書呼應。惟如參照票據法第 123 條規定，此一裁定係對本票准予強制執行，兩相對照，有相似之處，一般均認本票裁定之執行名義為裁定非本票，同理亦應以裁定為執行名義。學者林俊益即認「仲裁判斷須經法院為『執行裁定』後，方具執行力。由法院裁定賦予仲裁判斷以執行力，此種『准予強制執行』的『執行裁定』，就是強制執行法第十八條第二項所規定『許可強制執行之裁定』，也是強制執行法第四條第一項第六款規定『其他依法律之規定，得為強制執行名義者』。」**⑱** 尤其如依臺灣高等法院暨所屬法院民國 86 年度法律座談會之結論，法院為執行裁定須註明仲裁判斷所命應給付金額，實務上亦有如此裁定者，類似學者主張本法第 4 條之 1 第 1 項之許可執行判決將外國判決主文援用者，此許可執行判決即為執行名義 **⑲**，故有認此執行裁定即為執行名義 **⑳**，但仍有認仲裁判斷經法院為許可執行裁定者為執行名義 **㉑**，愚意以後者為當 **㉒**。

---

⑯ 張登科著前揭第五一頁指明調解書為執行名義。

⑰ 參閱拙文〈再論以仲裁判斷強制執行之執行名義——兼評臺灣高等法院九十年重上字第三〇〇號民事判決〉（刊《月旦法學雜誌》第九十六期第二九八頁以下）。

⑱ 參閱中華民國仲裁協會出版，楊崇森、黃正宗、范光群、張迺良、林俊益、李念祖、朱麗容等七人合著《仲裁法新論》第二二六頁（一九九九年九月版）。

⑲ 參閱陳世榮著《強制執行法詮解》第七二頁。

⑳ 參閱張登科著前揭第五五頁、陳榮宗著前揭第九五頁。

㉑ 參閱楊與齡著前揭第一〇七頁。

㉒ 參閱拙文〈談仲裁判斷強制執行之執行名義〉（刊《中律會訊》第四卷第一期）及 **⑰**。

　　至於以裁定為執行名義或以仲裁判斷為執行名義，其區別實益不僅於時效因提付仲裁而中斷者，應自何時重新起算？且在適用本法第 14 條第 1、2 項亦有問題。蓋在前者以裁定日起算較仲裁判斷日起算對債權人較為有利，尤其有提撤銷仲裁判斷之訴者，依仲裁法第 42 條第 2 項規定，如判決撤銷雖未確定，亦應依職權撤銷執行裁定，待確定判決否准撤銷仲裁判斷時再聲請裁定，如自仲裁判斷日起算可能早逾時效期間。如以裁定日起算，即無此問題，但若債權人於判斷後怠於行使權利，拖延甚久始聲請裁定，則此判斷後至裁定期間又如何解釋❽？基於時效利益為債務人，自應以仲裁判斷為執行名義。又前開問題實係第 42 條第 2 項立法不當，其撤銷執行裁定應於撤銷仲裁判斷之判決確定始可，苟能如此，即無問題。至於後者，如認以仲裁判斷為執行名義，因仲裁判斷有確定判決同一效力，自無第 14 條第 2 項適用，反之如認以裁定為執行名義，該裁定無既判力，可適用該第 2 項，則裁定前債權不成立事由是否包括仲裁判斷不當？即判斷有誤命令給付是否為債權不成立，均生爭議。茲因仲裁判斷既有確定判決同一效力，自不可再以仲裁判斷是否不當為爭執，故不能以裁定為執行名義，否則將有以裁定前權利不成立事由提起本訴之問題。

伍、仲裁法第 44 條第 2 項

　　依仲裁法第 44 條第 2 項「前項和解，與仲裁判斷有同一效力。但須聲請法院為執行裁定後，方得為強制執行。」此和解經法院為裁定後，亦可執行，但其執行名義同前理由應為和解。

陸、仲裁法第 45 條第 2 項

　　依仲裁法第 45 條第 2 項「前項調解成立者，其調解與仲裁和解有同一效力。但須聲請法院為執行裁定後，方得為強制執行。」此調解經裁定後亦可執行，至為執行名義同前理由應為調解。

柒、仲裁法第 47 條第 2 項

　　依仲裁法第 47 條第 1 項「在中華民國領域外作成之仲裁判斷或在中華

---

❽　臺灣高等法院 90 年度重上字第 300 號判決，認消滅時效自仲裁判斷作成日起重行起算。

民國領域內依外國法律作成之仲裁判斷，為外國仲裁判斷。」第 2 項「外國仲裁判斷，經聲請法院裁定承認後，於當事人間，與法院之確定判決有同一效力，並得為執行名義。」外國仲裁判斷須經我國法院裁定承認，始可強制執行，此一裁定為承認，與本國仲裁判斷依第 37 條第 2 項是否准許裁定，均有待法院審核，除審核之條件不同外，就須審核者言，並無不同，僅國內仲裁判斷，縱無執行裁定，仍與確定判決有同一效力，外國仲裁判斷則無與確定判決同一效力。須經法院裁定承認始有與確定判決同一效力。愚意以為承認只能就程序審查，不涉及實體事項之爭執❽❹，承認之裁定，係承認其仲裁判斷可以在我國執行，實無必要賦予與我國確定判決同一效力。至於裁定承認後強制執行之執行名義為何，是外國之仲裁判斷抑或我國承認之裁定？因上開 47 條第 2 項已規定外國仲裁判斷，經我國裁定承認後得為執行名義，則執行名義應為外國仲裁判斷。

捌、本法第 4 條之 1

民事訴訟法對外國判決雖採自動承認制，但此自動承認並不表示當然有執行力，依本法第 4 條之 1 第 1 項「依外國法院確定判決聲請強制執行者，以該判決無民事訴訟法第四百零二條各款情形之一，並經中華民國法院以判決宣示許可其執行者為限，得為強制執行。」須經判決宣示許可其執行者，始可強制執行。至於此項外國法院確定判決，不僅必須為給付判決，尚須確定，故如為外國之法院之和解、假執行裁判等，均不可經判決宣示許可強制執行。至於外國法院之裁定，依上開規定固不包括在內，上開規定本與民事訴訟法外國判決承認相配合，早期固無問題，惟在民國 92 年 2 月民事訴訟法第 402 條增設第 2 項外國法院之確定裁定準用第 1 項外國確定判決之承認規定即生衝突，參照修正理由「外國法院所為之確定裁定，例如命扶養或監護子女等有關身分關係之保全處分、確定訴訟費用額之裁定、就父母對於未成年子女權利義務之行使或負擔之事項所為之裁定等，為解決當事人間之紛爭，亦有承認其效力之必要，爰增訂第二項，明定外國法院之確定裁定準用第一項之規定。至於基於訴訟指揮所為程序上

---

❽❹ 參閱楊崇森等合著前揭第三二一頁、第三三五頁。

之裁定，因隨時得加以變更，故非本項所指之確定裁定。」所指之裁定均涉及強制執行，則裁定亦應包括，本法第 4 條之 1 第 1 項應配合修正。惟愚意以為裁定，均係非訟事件，無實體確定力，不應準用，上開民事訴訟法之修正欠妥。又苟此裁定可包括，法院之和解，假執行裁判亦應準用。

關於許可執行之訴訟程序，同一般民事訴訟程序，應由外國判決之原告對其判決之被告聲請。至於管轄法院，依本法第 4 條之 1 第 2 項「前項請求許可執行之訴，由債務人住所地之法院管轄。債務人於中華民國無住所者，由執行標的物所在地或應為執行行為地之法院管轄。」定之。

我國法院審理時，除須審查是否有民事訴訟法第 402 條各款情形，且應注意是否為確定裁判。至於外國法院裁判確定後，如有消滅或妨礙權利人請求之事由，義務人（即被告）可否在許可執行之訴訟程序中主張，請求法院駁回請求，有肯定說❽，亦有否定說，認此為異議之訴事由，只能於執行程序中提起異議之訴❻。按表面上，此項請求宣示許可執行之訴，法院審查係就有無民事訴訟法第 402 條各款情形，不涉及其他實體事項，自無可以消滅或妨礙事由另行主張，至多可為債務人異議之訴事由，但就訴訟經濟言，既然有此事由，在許可執行之訴訟程序中，何以不能一併主張，而須另為訴訟救濟？尤其本法就此係以訴訟程序，須法院判決，與前述外國仲裁判斷只以非訟事件之裁定審核不同，愚意以肯定說為當。

至於許可執行判決之性質，有給付判決說，確認判決說，形成判決說。給付判決說，係認許可執行判決為就外國判決所確定之請求權命義務人給付。確認判決說，係認許可執行判決為就外國判決確認可在我國執行。形成判決說，係認許可執行判決為賦予外國判決在我國有執行力。多數學者採確認判決說，即外國判決在我國是否有執行力，經此判決始可確認❼，

---

❽ 參閱陳世榮著《強制執行法詮解》第七二頁、張登科著前揭第五六頁。

❻ 參閱楊與齡著前揭第一○九頁、陳榮宗著前揭第一○一頁、三ヶ月章著《民事執行法》第八四頁。

❼ 參閱陳世榮著《強制執行法詮解》第七一頁、楊與齡著前揭第一○九頁、陳榮宗著前揭第一○一頁。

但亦有採形成判決說者❽。愚意以為外國判決在未經我國為許可執行判決之前，縱依民事訴訟法第 402 條第 1 項自動承認其效力，亦不包括執行力，必須有此許可執行判決始可執行，即外國判決在我國是否有效，固以民事訴訟法為斷，但能否執行，仍須許可執行判決宣示准許執行，就此准許言，應認為形成判決。

至於經宣示許可執行判決後，其執行名義究為外國判決抑或我國之許可執行判決？第一說認外國法院判決不可為執行名義，係我國宣示許可判決始為執行名義。第二說認外國判決可為執行名義，僅以許可執行判決為條件，即外國判決本無執行力，須經我國為許可執行判決，始能執行，故我國許可執行判決為執行條件，蓋應執行之請求權為外國判決所確定。第三說認為須二者結合，始能成為執行名義。學者有基於許可執行訴訟為確認訴訟，執行名義之內容以外國判決所載之給付為準，許可執行判決毋庸記載給付內容，故採第二說者❽，亦有認如許可執行判決有將外國判決給付內容援用於主文者，該許可執行判決即為執行名義，否則應以第三說為當❾。

玖、本法第 23 條第 2 項

依本法第 23 條第 2 項規定「前項具保證書人，如於保證書載明債務人逃亡或不履行義務時，由其負責清償或賠償一定之金額者，執行法院得因債權人之聲請，逕向具保證書人為強制執行。」此項保證書為執行名義。

拾、本法第 27 條

依本法第 27 條第 1 項規定「債務人無財產可供強制執行，或雖有財產經強制執行後所得之數額仍不足清償債務時，執行法院應命債權人於一個月內查報債務人財產。債權人到期不為報告或查報無財產者，應發給憑證，交債權人收執，載明俟發見有財產時，再予強制執行。」則此債權憑證可

---

❽ 參閱張登科著前揭第五六頁、陳啟垂撰〈外國判決的承認與執行〉（刊《月旦法學雜誌》第七十五期第一四七頁以下）。

❽ 參閱陳榮宗著前揭第一○一頁。

❾ 參閱陳世榮著《強制執行法詮解》第七二頁。又陳啟垂撰前揭文，指德國學者見解採第一說。

為執行名義。

拾壹、本法第 68 條之 2 第 2 項

依本法第 68 條之 2 第 2 項規定「前項差額，執行法院應依職權以裁定確定之。」第三項規定「原拍定人繳納之保證金不足抵償差額時，得依前項裁定對原拍定人強制執行。」則此裁定可為執行名義。

拾貳、臺灣地區與大陸地區人民關係條例第 74 條第 2 項

依此條例第 74 條第 1 項規定「在大陸地區作成之民事確定裁判、民事仲裁判斷，不違背臺灣地區公共秩序或善良風俗者，得聲請法院裁定認可。」第 2 項規定「前項經法院裁定認可之裁判或判斷，以給付為內容者，得為執行名義。」大陸地區之裁判及仲裁判斷經法院裁定認可得為執行名義，自可強制執行。由於此項規定「得為執行名義」，與本法第 4 條之 1 及仲裁法第 37 條第 2 項均係規定「得為強制執行」不同，故此執行名義究為大陸地區之裁判，仲裁判斷？抑或我國認可裁定？甚至二者結合？並無區別實益，蓋大陸地區之裁判、仲裁判斷既非國內者，應無與我國確定判決同一效力，而認可裁定亦無確定判決同一效力，故不論以何者為執行名義，均有本法第 14 條第 2 項適用[91]。至於何者為執行名義？愚意以為因有上開承認裁定，始可在我國執行，故大陸地區之裁判、仲裁判斷不可為執行名義，就該第 2 項用語觀之，應指認可之裁定，即其認可之大陸地區裁判，仲裁判斷內容為給付者，該裁定為執行名義[92]。

雖第 74 條第 3 項規定「前二項規定，以在臺灣地區作成之民事確定裁判、民事仲裁判斷，得聲請大陸地區法院裁定認可或為執行名義者，始適用之。」使前項適用有一限制，但自民國 87 年 1 月 15 日大陸最高人民法院發布「關於人民法院認可臺灣地區有關民事判決的規定」已承認臺灣地區之判決經認可予以強制執行，此一限制即不存在。

---

[91] 參閱拙文〈從案例研究大陸地區判決在臺灣地區強制執行之救濟〉（刊《法令月刊》第六十一卷第七期）。

[92] 參閱楊與齡著前揭第一一〇頁；楊建華著《問題研析民事訴訟法(五)》第二二四頁。

拾參、香港澳門關係條例第 42 條

一、依此條例第 42 條第 1 項規定「在香港或澳門作成之民事確定裁判，其效力、管轄及得為強制執行之要件，準用民事訴訟法第四百零二條及強制執行法第四條之一之規定。」比照外國法院裁判之承認、許可執行判決始可強制執行。

二、依此條例第 42 條第 2 項規定「在香港或澳門作成之民事仲裁判斷，其效力、聲請法院承認及停止執行，準用商務仲裁條例第三十條至第三十四條之規定。」比照外國仲裁判斷之承認得為執行名義。至此規定準用商務仲裁條例一節，未於商務仲裁條例修正為仲裁法時修正，實屬疏漏，就其真意，應準用仲裁法第 47 條至第 51 條。

拾肆、鄉鎮市調解條例第 27 條第 2 項

依該條例第 27 條第 2 項「經法院核定之民事調解，與民事確定判決有同一之效力；經法院核定之刑事調解，以給付金錢或其他代替物或有價證券之一定數量為標的者，其調解書得為執行名義。」此調解書為執行名義。

拾伍、國家賠償法第 10 條第 2 項

依該法第 10 條第 2 項規定「賠償義務機關對於前項請求，應即與請求權人協議。協議成立時，應作成協議書，該項協議書得為執行名義。」此協議書為執行名義。

拾陸、家庭暴力防治法第 21 條

依該法第 21 條第 1 項第 1 款「不動產之禁止使用、收益或處分行為及金錢給付之保護令，得為強制執行名義，由被害人依強制執行法聲請法院強制執行，並暫免徵收執行費。」保護令可為執行名義。

拾柒、公司法第 305 條第 2 項

依公司法第 305 條第 2 項規定「前項法院認可之重整計畫，對於公司及關係人均有拘束力，其所載之給付義務，適於為強制執行之標的者，並得逕予強制執行。」亦可為執行名義。

拾捌、檢察官執行命令

依刑事訴訟法第 470 條第 1 項前段規定「罰金、罰鍰、沒收及沒入之

裁判，應依檢察官之命令執行之。」第 2 項規定「前項命令與民事執行名義有同一之效力。」此執行命令亦為執行名義，並可依同法第 471 條第 2 項「前項執行，檢察官於必要時，得囑託地方法院民事執行處為之。」處理。

第五款　執行名義之競合

執行名義之競合，係指權利人就同一權利，對同一義務人有數件執行名義，例如甲簽發本票，經乙背書後，持向丙借款，丙先以本票對甲依票據法第 123 條規定聲請裁定，事後又以該本票對甲聲請支付命令確定，則丙就同一票據債權，對甲分別有本票裁定及支付命令二件執行名義，此即執行名義之競合。至如上例丙對甲聲請支付命令係主張返還借款，借款債權與本票裁定之本票債權就法律關係而言，固有不同，但如實質係同一權利，即二權利之內容同一，仍屬競合者，亦屬執行名義競合❸。反之，若非同一權利或非對同一債務人，即非執行名義之競合，例如丙係對乙以票據背書聲請支付命令，雖甲乙就此票據債務負連帶責任，就丙言，為同一債權，但因一係對乙，一係對甲，仍非執行名義之競合。

至於執行名義何以競合，一方面係訴訟事件與非訟事件不同，致權利人可分別依據法律主張，例如為借款簽發本票或設定抵押權，其本票裁定或拍賣抵押物裁定即與返還借款之判決競合。另一方面因訴訟標的採舊理論，故因借款簽發本票，一方面可起訴請求返還借款，另一方面亦可起訴請求給付票款，致可取得不同判決。惟在前者，實務有認有本票裁定即不

---

❸　關於執行名義之競合，學者未深論所謂同一權利究何所指，所舉例亦係形式上為同一權利者，例如上例均為請求票款（參閱張登科著前揭第五八頁、楊與齡著前揭第一四七頁），至於實質上為同一權利者，例如簽發支票以借款，權利人可主張票據權利及借貸權利，而票據債權與借款債權就形式上固有不同，但既為同一內容給付，實質上為同一權利，是否亦屬執行名義競合，僅學者陳榮宗採肯定說（參閱陳榮宗著前揭第一〇三頁）。愚意以為執行名義之競合，應注意在實質係同一權利，避免權利人重複得利，故應以實質上同一權利為準。

可再起訴，蓋欠缺權利保護要件，但愚意認此見解有誤，最高法院亦未採為判例 ❾❹。

　　關於執行名義競合時，不論其內容是否同一，其執行名義均屬有效，蓋各有成立之依據，權利人可任擇其一聲請強制執行。但若內容不一，雖權利人選擇有利於己者聲請強制執行，義務人亦可以有利於己者，依本法第 14 條提起異議之訴。例如本票面額雖為一百萬元，法院據以裁定，但債權人所提給付票款訴訟，因債務人主張已清償四十萬元，法院判決給付六十萬元確定，則債權人以本票裁定聲請強制執行時請求執行一百萬元，債務人即可以判決為憑認其中四十萬元之債權已消滅，提起債務人異議之訴。

第六款　執行名義之消滅

　　執行名義之消滅，係指執行名義成立後，因有法定事由，執行名義喪失效力及執行名義失其存在，與單純之執行力喪失不同，本法第 14 條債務人異議之訴係排除執行名義之執行力，使執行力喪失，但執行名義未消滅。即執行名義消滅，係指執行名義本身失其存在，從而不可據以執行。本法第 14 條債務人異議之訴係執行名義本身仍然存在，僅因另有事由，致其執行力消滅，可排除強制執行 ❾❺。例如確定判決經再審之訴改判確定，屬執

---

❾❹　最高法院 61 年臺上字第 1617 號判決：「本件執票人為向發票人行使追索權，已依票據法第一百二十三條請求法院為許可強制執行之裁定後，再依通常民事訴訟程序以訴主張，請求判決，固不發生一事不再理問題，但訴求判決，目的仍在取得執行名義。本件被上訴人就系爭本票已取得許可強制執行之裁定，該裁定即屬強制執行法第四條第六款之執行名義，在該裁定未失其效力前，被上訴人另行起訴，請求判決，能否謂無欠缺權利保護要件之情形，殊非無研究之餘地。」似認不可另行起訴。惟愚意以為不妥，蓋一方面本票裁定無既判力，與判決不同，另一方面聲請裁定不中斷時效，時效期間仍為 3 年，不似起訴可中斷時效，判決後時效期間延長為 5 年，故不能認無權利保護必要。

❾❺　參閱陳世榮著《強制執行法詮解》第一四六頁。但仍有學者稱執行名義消滅係指喪失執行力，例如楊與齡著前揭第一四九頁稱執行名義消滅，指執行名義喪失執行力。

行名義消滅，權利人已無執行名義可強制執行。但判決確定後義務人清償，確定判決仍然存在，僅生執行名義成立後有消滅權利人請求之事由，如債權人仍持確定判決聲請強制執行，可依債務人異議之訴排除執行力。

關於執行名義之消滅事由如下：

一、執行名義本身失去效力者

(一)確定判決

1.回復原狀：依民事訴訟法第 164 條第 1 項規定，若因天災或其他不應歸責於己之事由，遲誤上訴期間，以致判決確定，經聲請回復原狀准許，進行上訴程序，經判決廢棄原判決確定者，則原確定判決即失其效力而消滅。

2.再審之訴：確定判決有再審事由，經再審判決廢棄原確定判決確定者，原確定判決失其效力而消滅。

(二)假扣押裁定及假處分裁定

1.裁定經抗告法院廢棄，即失其效力。

2.裁定經撤銷確定，即失其效力。

(三)假執行裁判

經上級審就本案判決或假執行宣告有廢棄或變更者，在廢棄或變更範圍內，失其效力（參照民事訴訟法第 395 條第 1 項）。

(四)依民事訴訟法成立之和解或調解

1.依民事訴訟法第 380 條第 2 項規定，經請求繼續審判為有理由而判決勝訴確定者，原和解失其存在。至於有無效原因，當事人未請求繼續審判，依無效係自始無效之法理，縱未請求繼續審判，似應認和解為無效，此時執行名義雖未消滅，但應認與無執行名義同，不可執行。但一方面因執行法院依非訟事件法理處理，無權審查實體問題，正如違法判決仍可為執行名義，執行法院不可審查以拒絕執行，故執行法院無權審酌和解是否無效，在無繼續審判之判決前，仍應執行。另一方面因和解與確定判決有同一效力，有無效原因既規定為請求繼續審判，似非當然無效，故在無請求繼續審判獲勝訴判決確定前，不可僅以無效為由認執行名義消滅，應仍

可執行 **96**。

2.因訴訟上和解，兼具私法行為性質，則因有私法上解除原因而解除時，該和解失其效力而消滅 **97**。

3.依民事訴訟法第 416 條第 2 項規定「調解有無效或得撤銷之原因者，當事人得向原法院提起宣告調解無效或撤銷調解之訴。」法院認起訴有理由，予以宣告或撤銷之判決確定時，則調解失其存在。

㈤拍賣抵押物、質物裁定、本票裁定及其他裁定

1.裁定經抗告廢棄確定，失其效力而消滅。至於對抵押權人起訴確認抵押權所擔保之債權不存在、抵押權不存在之訴或本票債權不存在之訴，雖經判決勝訴確定，但因裁定之救濟方法為抗告，此項以訴訟救濟方式係針對抵押權、抵押權所擔保之債權，本票債權本身之實體權利義務關係，非係對執行名義之裁定，故該判決無廢棄該裁定之效力，僅可以此判決認執行力不存在對強制執行程序聲明異議 **98**。

---

96 學者陳計男主張：「和解效力之喪失，並非在有請求繼續審判時即已發生，必待法院就原有訴訟為終局判決確定時，始失其效力，在此項判決確定前，仍不能阻卻和解之確定力。蓋以和解成立，既與確定判決有同一之效力，其和解有無法律上無效或得撤銷之原因，自應由終局確定判決予以認定。其經法院判決認定和解有無效或得撤銷之原因，而准繼續審判並為終局判決確定者，和解溯及於和解成立時失其效力。」（參見陳計男著《民事訴訟法論下冊》第一一九頁）即此和解仍可執行名義。

97 關於訴訟上和解，可否因有法定解除事由予以解除，有肯定說，例如石志泉（參見石志泉著《民事訴訟法釋義》第三七一頁、石志泉原著楊建華增訂《民事訴訟法釋義》第四一五頁）。亦有否定說，例如吳明軒（參見吳明軒著《中國民事訴訟法》第八三六頁至第八三七頁）。愚意以否定說為當（參見拙文之〈訴訟上之和解可否解除〉，刊《軍法專刊》第三十卷第九期）。然實務上司法院民國 72 年 4 月 6 日(72)廳民一字第 0236 號函：訴訟上和解成立後，若有私法上得解除之原因發生，可否行使民法上之法定解除權解除之？研究結果：訴訟上之和解在法律上之性質，一方面為公法上之訴訟行為，另一方面為私法上之法律行為。其在訴訟上，當事人既可以無效或得撤銷之原因請求繼續審判；在實體上於有給付不能等情事時，自亦可依法行使解除權。

2.依民事訴訟法第 507 條規定，裁定因聲請再審而廢棄者，即失其效力。

㈥仲裁判斷

仲裁判斷經依仲裁法第 40 條第 1 項規定撤銷者，仲裁判斷即消滅，未聲請執行裁定者，固不可聲請，已聲請獲准者，依仲裁法第 42 條第 2 項，法院應依職權併撤銷裁定。至於以仲裁判斷聲請法院為執行裁定，法院依仲裁法第 38 條，駁回聲請者，不影響仲裁判斷本身，仲裁判斷未消滅。惟此時既不可取得裁定以強制執行，仲裁判斷失其作用、目的，勢必需由權利人依仲裁法第 40 條第 1 項第 1 款提起撤銷仲裁判斷之訴，以資解決其困境。

二、解除條件成就或終期屆滿者

執行名義附有解除條件其條件成就，或附有終期而期限屆滿時，失其效力，例如依動產擔保交易法第 17 條第 2 項及第 30 條規定之動產抵押契約、附條件買賣契約固可為執行名義，但因第 9 條第 1 項規定「動產擔保交易之登記，其有效期間從契約之約定，契約無約定者，自登記之日起有效期間為一年，期滿前三十日內，債權人得申請延長期限，其效力自原登記期滿之次日開始。」故若逾期未申請延長，即與未登記同，原來之有效期間因終期屆滿，致即不可再據上開契約聲請強制執行，與執行名義失其效力同。又參照最高法院 79 年臺上字第 1838 號判例：「依公證法第十一條第一項第三款規定，租用或借用房屋，約定期間並應於期間屆滿時交還房屋者，經公證人作成公證書載明應逕受強制執行時，固得依該公證書執行之，若約定期間屆滿後，當事人合意延展租賃期間，則該公證書原定給付之執行力，即因而歸於消滅。於延展期間屆滿後，自不得再據為執行名義聲請強制執行。」租約公證後，亦因展延期間未重新公證，喪失執行力。

至於執行名義之文書本身失其存在，學者有謂執行名義消滅[99]，並認可另行起訴，以取得新執行名義[100]。惟按聲請強制執行須提出執行名義之

---

[98] 同 [65]。

[99] 參閱楊與齡著前揭第一四九頁、張登科著前揭第六六頁。

[100] 參閱張登科著前揭第六六頁、陳世榮著《強制執行法詮解》第五一頁。

文書（參照本法第 6 條第 1 項），則執行名義之文書喪失，權利人不能提出，固無法聲請執行，但一方面本法第 6 條第 2 項規定「前項證明文件，未經提出者，執行法院應調閱卷宗。但受聲請之法院非係原第一審法院時，不在此限。」另一方面依民事訴訟法第 242 條第 1 項規定「當事人得向法院書記官聲請閱覽、抄錄或攝影卷內文書，或預納費用聲請付與繕本、影本或節本。」尚可聲請抄錄，故執行名義文書雖喪失，並非執行名義消滅之事由，僅於無法抄錄或調閱，例如因天災、戰爭，法院不存在，無法調閱、抄錄，此時權利人無法證明確有執行名義，自無法聲請執行，惟此係因無執行名義證明文件，無法依本法第 6 條第 1 項提出以聲請執行，尚非無執行名義，惟既無法提出，則與無執行名義同，在原執行名義為判決時，只得另行起訴，不生一事不再理問題，蓋訴訟中既無法證明曾經判決，何有一事不再理或既判力可言。至若執行名義為裁定、公證書等，本屬非訟事件，無一事不再理或既判力，本可另為聲請裁定或就其實體權利起訴，更無問題。

執行名義消滅後，權利人即不可聲請強制執行，如已聲請，但執行程序尚未終結，執行法院於收到消滅之文件，即應撤銷已為之執行程序，法律就此雖未明文規定，但無執行名義不可執行，則執行名義消滅，與無執行名義同，應撤銷已為之執行程序。但如執行程序已終結，執行法院無從撤銷，除另有執行名義，執行法院不得為回復原狀之強制執行（參見司法院第 2776 號解釋㈩）。又在拍定後執行名義消滅，整個執行程序因尚未發款給債權人，固未終結，但拍定程序已終結，仍不可撤銷拍定，義務人僅能對權利人請求損害賠償。又本法第 132 條之 1 規定「假扣押、假處分或定暫時狀態之處分裁定經廢棄或變更已確定者，於其廢棄或變更之範圍內，執行法院得依聲請撤銷其已實施之執行處分。」此時可為撤銷原假扣押、假處分之執行處分。但若已為他債權人（包括假扣押、假處分債權人）調卷執行，因假扣押、假處分之執行程序已終結，亦不可撤銷（關於保全程序之執行程序終結，詳本章第十七節）。

第四節　管　轄

　　實施強制執行必須由有管轄權之法院為之，本法第 7 條第 1 項規定「強制執行由應執行之標的物所在地或應為執行行為地之法院管轄。」第 2 項規定「應執行之標的物所在地或應為執行行為地不明者，由債務人之住、居所、公務所、事務所、營業所所在地之法院管轄。」是法院是否有管轄權，原則上以執行對象為準，與執行名義成立地或債務人住居所無關，例如債務人住臺北市，債權人以臺北地方法院判決為執行名義聲請執行其車籍在臺北市之汽車，須視其汽車在何處，由該處之法院管轄，不能因本法第 11 條需辦查封登記，即認以車籍所在地法院為管轄法院。僅於執行標的物所在地或應為執行行為地不明時，始由債務人之住居所、公務所、事務所、營業所所在地之法院管轄。又因執行之財產，不以物為限，尚包括權利，故第 7 條第 1 項「執行之標的物」一詞，應有欠妥，稱「執行之標的」即可。

　　由於本法對執行之管轄設有規定，故法院不可越區執行，如有必要，依本法第 7 條第 4 項「受理強制執行事件之法院，須在他法院管轄區內為執行行為時，應囑託該他法院為之。」僅能囑託他轄區之法院執行。

　　又因聲請執行至法院開始執行尚有一段時間，執行標的可能移動，應為執行行為者亦可能移動，故依本法第 7 條第 1 項定管轄之標準，究以聲請執行時為準，抑或以執行法院為開始執行行為時為準？即有問題。民事訴訟法對訴訟管轄設有恆定之原則，即第 27 條規定「定法院之管轄，以起訴時為準。」依本法第 30 條之 1 準用該第 27 條規定，定法院之管轄當以聲請時為準。又聲請時無管轄權，而於執行程序進行中因情事變更而有管轄權者，仍應認為有管轄權[101]。蓋強制執行所注重者為具體執行行為，為經濟原則，當應認係有管轄權法院，否則受聲請法院須先以無管轄權為由移送他有管轄權法院，再由他法院囑託現受聲請法院，豈非浪費時間與司

---

[101]　參閱楊與齡著前揭第三八頁。

法資源？從而在金錢債權執行，不論聲請時所欲執行之標的在何處，凡執行法院查封或扣押時，該標的所在地位於執行法院轄區內即可。

執行法官審核，認無管轄權，有他法院可移送者，應移轉他法院，否則可駁回聲請執行。至此移轉因準用民事訴訟法，固應裁定，但裁定需否於當事人欄列債務人，並送達債務人，甚至待裁定確定後再將案件移交，涉及如予準用民事訴訟法，須送達債務人，債務人知悉被執行可能脫產，有違強制執行係保障債權人權利本旨❿，故有反對者⓫，愚意亦同。

適用上開規定，執行法院之管轄如下：

一、依本法第 45 條及第 75 條執行時，以動產、不動產所在地定管轄法院。惟動產先經假扣押、假處分，保管人移置他法院轄區內保管，如另有聲請強制執行而需調卷拍賣，應向保管地之法院聲請。又礦業權等準物權，因準用不動產規定（參照礦業法第 10 條），對此等權利執行，不僅適用不動產執行程序，且以礦產所在地定管轄法院。

二、依本法第 114 條及第 114 條之 4 執行時，以船舶及航空器等所在地之法院為管轄法院。

三、依本法第 115 條第 1 項執行債務人對第三人金錢債權，參照民事訴訟法第 524 條第 3 項以第三人住所地定管轄法院。

四、依本法第 116 條、第 116 條之 1 執行債務人對第三人請求交付或移轉動產、不動產、船舶、航空器之權利，以動產、不動產、船舶、航空器所在地定管轄法院。

五、依本法第 117 條執行債務人之商標權、專利權、著作權，以債務人住所地定管轄權，因此等權利隨債務人而存在，與登記機關無涉。

六、依本法第 123 條第 1 項、第 124 條第 1 項執行交付動產、不動產，以該動產、不動產所在地定管轄法院。

七、依本法第 123 條第 2 項執行交付動產，以債務人住所地定管轄法

---

❿ 參照臺灣臺北地方法院 89 年 3 月份法律座談會。

⓫ 參閱郭松濤撰〈談強制執行移轉管轄之裁定應否送達債務人〉（刊《司法周刊》第一○○○期）。

院。

八、依本法第 127 條第 1 項、第 128 條第 1 項執行，以債務人住所地定管轄法院。

九、依本法第 128 條第 3 項執行，以子女或被誘人所在地定管轄法院。

十、依本法第 129 條第 1 項執行，以債務人住所地定管轄法院。

十一、依本法第 129 條第 2 項執行除去行為結果，以行為結果所在地定管轄法院。

十二、依本法第 131 條執行，除金錢補償以欲執行之債務人財產所在地定管轄法院，其他點交及拍賣，以共有物所在地定管轄法院。

一執行案件，依本法規定有數法院有管轄權，例如在金錢債權之執行時，債務人財產散置數法院轄區內，依本法第 7 條第 3 項「同一強制執行，數法院有管轄權者，債權人得向其中一法院聲請。」此項管轄之競合，權利人可向其中任何一法院聲請，該法院因此即取得管轄權，如執行結果不足清償，則應依第 4 項囑託他法院續為執行。權利人不待囑託，可否以同一執行名義另向他法院聲請強制執行時，實務上採否定說❶04，但愚意以為既可囑託，且法律未禁止，權利人為避免義務人脫產等原因，應可准許同時另向他法院聲請執行❶05。

又此管轄，並非專屬管轄，故縱然違反，屬聲明異議事由，苟未聲明異議，無管轄權法院所為之執行行為仍然有效❶06，從而越區執行，在無人聲明異議時，其執行行為仍屬有效。

---

❶04 最高法院 92 年臺抗字第 336 號裁定：按同一強制執行，數法院有管轄權者，債權人得向其中一法院聲請。受理強制執行事件之法院，須在他法院管轄區內為執行行為時，應囑託他法院為之，強制執行法第七條第三項、第四項定有明文。故同一債權人，對於同一債務人，不得以同一執行名義，分向兩個以上之法院，聲請強制執行，或向法院聲請執行後，又向另一法院聲明參與分配，或分向兩個以上之法院，聲明參與分配。

❶05 參閱拙文〈金錢請求權執行事件之管轄競合〉（刊《高雄律師會訊》第 100-9 期）。

❶06 參閱岩野徹主編《注解強制執行法(1)》第三七六頁。

第五節 執行費用

　　民事訴訟係採有償主義，故強制執行亦有執行費用。執行費用指執行費及因強制執行而支出之費用，不包括聲明異議之費用。執行費係指執行法院收取繳納國庫之規費，類似裁判費，係國家為辦理強制執行所收者，除法律有特別規定外，均應徵收，由權利人於聲請強制執行時，依一定標準繳納。因強制執行支出之費用係執行程序中，為處理強制執行事務所必需者，例如測量、鑑價、登報、警察協助執行之費用，及代位辦理繼承登記之費用，稅金亦同。

壹、執行費之計算

　　依本法第 28 條之 2 第 1 項規定「民事強制執行，其執行標的金額或價額未滿新臺幣五千元者，免徵執行費；新臺幣五千元以上者，每百元收七角，其畸零之數不滿百元者，以百元計算。」執行費之計算，係以執行標的金額或價額為準。至於執行標的係指債權人所欲執行之對象，此觀本法第 7 條「應執行之標的物」可明，故與執行名義所表彰之債權不同，雖本法於 85 年修正為上開規定之理由係「民事強制執行，既係以實現債權人之權利為目的，自應依債權人請求實現之權利金額或價額計徵執行費。且在執行標的拍賣前，其執行標的之價額究為若干，於債權人聲請強制執行時，尚難預知。民事訴訟費用法規定按執行標的之拍賣金額，徵收執行費，在實務上殊為困難，爰將民事訴訟費用法第二十三條第一項、第二項修正為本條第一項，明定按債權人請求實現之權利金額或價額計徵執行費。」應以權利人實現之權利計算執行費，但就「執行標的」言，實難認係指實現之權利，故本項規定應修正為「民事強制執行，其所欲實現之權利金額或價額……。」目前實務均以執行名義所示權利之金額為計算標準。又債權人僅表示執行其中部分債權者，自可在所請求執行之範圍內徵收，但若拍賣之財產超過請求執行之債權，超過部分無從受償，惟在製作分配表前已請求就全部債權受償，並補執行費，超過部分即可受償。

在金錢請求權之執行，必須債務人有財產，始可換價，是若債權人聲請強制執行時，債務人無財產可供執行，請求執行法院依本法第 27 條第 1 項核發債權憑證者，以往均依上述之實務徵收執行費，對債權人至為不利，民國 100 年 6 月 29 日增訂本法第 28 條之 3 第 1 項規定「債權人聲請執行，依第二十七條第二項逕行發給憑證者，徵收執行費新臺幣一千元。但依前條第一項規定計算應徵收之執行費低於新臺幣一千元者，依該規定計算徵收之。」減計執行費❿，債權人持該債權憑證再聲請強制執行，因債務人無財產而仍需發債權憑證者，依同條第 2 項「債權人依前項憑證聲請執行，而依第二十七條第二項逕行發給憑證者，免徵執行費。」處理，但如債務人有財產可供執行，依同條第 3 項「債權人依前二項憑證聲請強制執行債務人財產者，應補徵收按前條第一項規定計算執行費之差額。」則仍回歸依第 28 條之 2 第 1 項計算，債權人應補繳差額。

又民國 100 年 6 月 29 日增訂本法第 28 條之 2 第 4 項「法院依法科處罰鍰或怠金之執行，免徵執行費。」第 5 項「法院依法徵收暫免繳納費用或國庫墊付款之執行，暫免繳執行費，由執行所得扣還之。」係就法院依民事訴訟法、刑事訴訟法等對證人科處罰鍰之執行規定，至於本法第 128 條第 1 項、第 129 條第 1 項之怠金，應不包括在內，蓋該二項之怠金執行，係該二項執行規定之延續，不應另徵執行費。

至於執行非財產案件，依本法第 28 條之 2 第 3 項，執行費一律為新臺幣三千元，例如交付子女之執行。

又以往執行人員之差旅費，另外徵收，現於第 28 條之 2 第 6 項明定不另徵收。但此係指執行人員，至於警察等協助人員，仍須繳納以給付予該等協助人員。

---

❿　修正理由：如債務人現無財產可供執行，債權人為免其債權罹於消滅時效，而聲請執行並請求逕予發給憑證者，執行法院雖不必進行一般執行程序，惟仍須核發憑證，是仍應徵收執行費，為減輕債權人預納執行費之負擔，增訂此類事件徵收執行費一千元。如依第二十八條之二第一項規定計算應徵收之執行費低於一千元者，依該項規定計算徵收之，爰設第一項及但書規定。

再本法第 28 條之 2 第 5 項原規定「關於強制執行費用，本法未規定者，準用民事訴訟費用有關之規定。」因本法第 30 條之 1 已有準用民事訴訟法規定，故民國 100 年 6 月 29 日修訂本法時刪除。

目前執行費依照司法院 92 年 7 月 9 日⑼院臺廳民二字第 17708 號函示並依強制執行法第 28 條之 2 第 5 項規定準用民事訴訟法第 77 條之 27 之規定提高。加徵後，即按執行標的金額或價格每百元徵收八角。

在民國 85 年修正本法前，下列三種情形毋庸徵收執行費，經該次修正後均須徵收：㈠聲明參與分配（參照本法第 28 條之 2 第 2 項）。㈡拍定之不動產再點交（參照本法第 99 條第 4 項）。㈢應交付之不動產再交付（參照本法第 124 條第 2 項）。此等係民國 85 年修正本法之特色。愚意以為除因國家財政特別需要，此項修正欠妥，蓋：㈠雖有參與分配，但就執行人員之執行工作言，並無大增，至多若干通知須多書寫一、二人名字，實無必要與民爭利。否則如參與分配債權人過多，拍賣所得扣除數人之執行費用，所剩不多，不僅債權人可分配者少，對其不利，即對債務人言，亦有不利，蓋債務消滅者亦少。司法院曾擬修正草案，基於此為附隨執行，不宜比照本執行，為發揮司法為民，就此已研議減為二分之一。㈡再點交，再交付既毋庸另行取得執行名義，為原來執行之繼續，實不宜再繳執行費。

貳、因強制執行而支出之費用之計算

此係採實付實支，故無計算問題。

參、負擔與預納

依本法第 28 條第 1 項規定「強制執行之費用，以必要部分為限，由債務人負擔，並應與強制執行之債權同時收取。」固由債務人負擔，但依同條第 2 項「前項費用，執行法院得命債權人代為預納。」須由債權人預納，即先由執行債權人於聲請強制執行時預納，待將來執行時，分別情形向債務人請求返還：㈠本案執行係金錢債權者，可於金錢債權執行時，列入分配，並依本法第 29 條第 2 項優先分配。㈡本案執行係非金錢債權者，待執行終結，由債權人準用民事訴訟法第 91 條聲請確定執行費用裁定後，以此裁定為執行名義，另執行債務人之財產。

　　執行費用固應預納，如不預納，執行法院通知補正仍不補正，可依本法第 28 條之 1 第 2 款裁定駁回聲請。惟依本法第 34 條第 2 項之行使抵押權等聲明參與分配而不繳納執行費者，不得予以駁回，其應預納之執行費，就執行標的物拍賣或變賣後所得金額扣繳之（參照注意事項 19 ⑶）。

　　由於執行費以實現之權利計算，則在同一債權之執行，即：

　　一、債權人就同一債權有不同之執行名義者，例如有抵押權擔保之債權，債權人在取得拍賣抵押物裁定時，另有判決或支付命令，以後者聲請強制執行抵押物，再以前者行使抵押權，只需繳納一筆。實務更認先以拍賣抵押物裁定執行抵押物，不足受償部分另行取得對人執行名義執行債務人其他財產，亦毋須再繳執行費 ⑩⑧。又債權人在假扣押執行後，就本案債權取得假執行裁判或確定判決執行時，因係同一債權，亦毋庸繳納執行費。

　　二、債權人就同一債權，有二人以上連帶債務人，債權人不論是否一併對之取得執行名義，同時對之強制執行，因為同一債權，僅需繳一筆執行費。

肆、執行費用之受償次序

　　在金錢債權之強制執行，換價所得除應清償債權外，就所生費用，依民法第 317 條規定「清償債務之費用，除法律另有規定或契約另有訂定外，

---

⑩⑧　司法院司法業務研究會第 37 期：

　　法律問題：

　　債權人以拍賣抵押物裁定聲請拍賣抵押物強制執行，並已按其債權額繳足執行費，因僅獲部分清償，乃於執行程序終結後，就未能受償之同一債權，另以支付命令為執行名義，聲請強制執行，是否須再繳納執行費？

　　討論意見：

　　甲說：略。

　　乙說：按強制執行係以實現債權人之權利為目的，故強制執行法第二十八條之二明定，關於財產權之執行，應按債權人請求實現之權利金額或價額計徵執行費。同一債權雖前後以不同執行名義聲請強制執行，但請求實現之債權則同一，自無庸重複計徵執行費。

　　研討結論：採乙說。

由債務人負擔。」債務人本應負擔，如拍賣所得價金足夠，固無問題，否則應依民法第 323 條「清償人所提出之給付，應先抵充費用，次充利息，次充原本……」抵充。至此費用之範圍並無限制，一般言之，應包括債權人為求償所支出之一切費用，即執行費用、取得執行名義費用，為此民國 85 年修正前本法第 29 條第 2 項規定「前項費用及取得執行名義之費用，得求償於債務人者，得就強制執行之財產，先受清償。」即認執行費用及取得執行名義之費用均可優先受償，符合上開民法規定，然修正後將取得執行名義費用刪除，改為「其他為債權人共同利益而支出之費用」，不僅未符合上開民法規定，且共同利益費用究何所指？愚意以為此一修正不妥，固然取得執行名義費用可優先受償，在抵押權人實行抵押權時，其抵押權可能因其他普通債權人之執行優先受償此一費用而無法完全受償，受有損害❿，但取得執行名義費用，亦不能不予保障。

修正後規定有下列疑問：

一、為債權人共同利益支出之費用，究何所指？就民國 85 年修正時立法理由觀之，係指為全體債權人之利益，非僅為該債權人個人利益，例如債權人依民法第 244 條撤銷債務人之詐害行為之訴訟費用。然愚意以為此一修正實屬不當，蓋民法第 317 條所指費用並未包括撤銷之訴訟費用，何以可優先受償？雖然一債權人提起撤銷之訴，獲勝訴判決結果，債務人移轉他人之財產應返還債務人，所有債權人均可對之強制執行而受益，但實體法既無優先受償，何以此處可優先？

二、數債務人負連帶責任者，債權人在不同法院分別對各個債務人執行，其中就某人某案之執行費用，可否於他案優先受償？就此同一債權觀點言，不論執行名義為同一或分別，似均可優先受償。

三、執行費用優先受償，是否不限於本案執行，債權人如分別對債務人有不同執行案件，可否以一案之執行費用於他案執行時，併案執行或參與分配，要求優先受償？按就法文用語並無此限制，自可優先，最高法院 94 年臺上字第 1770 號判決、95 年臺上字第 1007 號判決均肯定之。雖如此

---

❿ 參閱拙文〈不動產抵押權之危機〉（刊《中興法學》第二十三期）。

結果，債權人可選擇何案優先，有損其他債權人甚至抵押權人利益，例如在一案，因無其他債權人，則不請求執行費用，逕以債權要求分配，但在對債務人另一案併案執行時，因有多數債權人，則以他案執行費用列入，請求優先受償，亦屬無奈，蓋費用本即優先受償，各債權人之執行費用均可優先受償，以符合債權人平等原則。

伍、執行費用之償還

如前所述，執行費用應由債務人負擔，但若執行之執行名義事後變更，債務人仍須負擔執行費用，實有未妥，故民國 85 年增設本法第 30 條第 1 項「依判決為強制執行，其判決經變更或廢棄時，受訴法院因債務人之聲請，應於其判決內命債權人償還強制執行之費用。」第 2 項「前項規定，於判決以外之執行名義經撤銷時，準用之。」可請求償還。

第六節　失　權

本法第 28 條之 1 規定：強制執行程序如有下列情形之一，致不能進行時，執行法院得以裁定駁回其強制執行之聲請，並於裁定確定後，撤銷已為之執行處分：一、債權人於執行程序中應為一定必要之行為，無正當理由而不為，經執行法院再定期限命為該行為，無正當理由逾期仍不為者。二、執行法院命債權人於相當期限內預納必要之執行費用而不預納者。

凡有上開情形，執行法院可裁定駁回強制執行之聲請，即生失權效果。惟是否凡有上開情形，均生失權效果，依注意事項 15 之 1 規定「債權人不為一定必要之行為或不預納必要之費用，以事件因此不能進行者為限，始得駁回其強制執行之聲請。」必須因此致不能進行執行者為限。例如應引導執行而不引導者，致執行人員無從進行執行程序。至於依本法第 80 條規定，不動產應估價，則執行法院通知債權人繳納鑑價費而不繳，或令債權人引導鑑定人估驗不動產而不為，以致不能進行鑑價及拍賣，此時可否駁回強制執行聲請，並於駁回之裁定確定後，撤銷不動產查封？參照該 28 條之 1 立法理由「強制執行開始後，非經債權人為一定之必要行為或預納一

定必要之執行費用，執行程序即不能進行。例如債權人不引導執人員前往執行並至現場指封債務人之財產，查封拍賣程序即無法進行。又如查封後，不預納鑑價費、勘測費、登報費時，其鑑價拍賣等程序，亦無從實施。遇此情形，現行法並無使債權人生一定失權效果之規定，以致案件懸而不結，造成困擾。且目前實務上常有債權人於查封債務人之財產後，因有多數債權人參與分配，預見拍賣所得金額不足清償其債權，遂對法院定期鑑價、測量、拍賣、命刊登新聞紙等執行處分，概不置理。若不增列使生失權效果之規定，不但造成法院遲延案件日增，且無異容許債權人以終局執行名義，免供擔保而達長期凍結債務人財產之目的，對債務人亦不公平。爰增訂本條之規定，以應需要。」應採肯定說，但不動產之換價方法除拍賣外，尚有強制管理，債權人不為上開行為，固無從拍賣，但執行法院仍可為強制管理，故採肯定說似非允洽。為權利人利益，執行法院應慎重，即不僅確定無法強制管理外，在為駁回之裁定前，若債權人已繳納費用，即不應裁定駁回。

第七節　消滅時效

因我國對消滅時效完成採抗辯權發生主義，故雖逾時效期間，權利人仍可聲請強制執行，如義務人主張時效抗辯，因時效是否完成，為實體爭執，應依本法第 14 條第 1 項規定，提起債務人異議之訴，不可以聲明異議為救濟❿，如有誤為聲明異議，因此屬實體爭執，執行法院無權審酌，可告知應起訴解決。但若時效完成較明確者，亦可曉諭權利人撤回強制執行，

---

❿　司法院 31 年院字第 2415 號解釋：聲請強制執行時，依民法第一百三十七條第二項規定，重行起算之時效期間，雖已屆滿，其聲請亦非當然可予駁回。縱令債權人受確定判決後無中斷時效或使時效不克完成之事，亦得由債務人依強制執行法第十四條提起異議之訴。注意事項六㈠：債權人受確定判決後，於重行起算之時效期間業已屆滿，而聲請強制執行者，執行法院不得逕行駁回，但得由債務人提起異議之訴。

以免浪費司法資源及因債務人異議之訴敗訴時尚需負擔訴訟費用，故本法第16條規定「債務人或第三人就強制執行事件得提起異議之訴時，執行法院得指示其另行起訴，或諭知債權人，經其同意後，即由執行法院撤銷強制執行。」

按時效期間永遠都在進行，故雖可以起訴中斷時效，但在判決確定後，依民法第137條第2項規定應重行起算，在重行起算時效期間將屆滿時，為避免時效完成，仍應為中斷行為，此時除義務人承認外，只能依民法第129條第2項第5款聲請強制執行，不可再起訴，否則有違一事不再理。至於請求，固可適用，但仍須於請求後6個月內聲請強制執行，否則仍視為不中斷❶。至於時效期間依民法及其他法律規定。

為避免時效完成，權利人必須為中斷行為，中斷後重行起算之時效期間，原則上與原來者相同，蓋權利之性質不因判決等執行名義成立而變更，惟為免短期時效，在權利人已起訴取得判決，仍須再於短期內為中斷行為之不便，民法第137條第3項規定「經確定判決或其他與確定判決有同一效力之執行名義所確定之請求權，其原有消滅時效期間不滿五年者，因中斷而重行起算之時效期間為五年。」使短期時效期間延長。惟應注意其僅適用於確定判決及其他與確定判決有同一效力之執行名義，故對本票發票人之時效3年，如權利人為行使票據追索權對發票人起訴或聲請發支付命令，在判決確定後或取得確定之支付命令，其時效期間延長為5年，但如係聲請本票裁定，因本票裁定法無明文規定與確定判決有同一效力，故時效期間不延長，仍為3年。執行名義是否與確定判決有同一效力，依法律規定，例如在民事訴訟中由法官主持成立之訴訟上和解，依民事訴訟法第380條第1項規定與確定判決有同一效力。

權利人之時效因聲請強制執行而中斷，自發債權憑證之日即重行起算❷，為避免時效完成，應在時效完成前再聲請強制執行，反覆為之。至

---

❶ 最高法院67年臺上字第434號判例：……。換言之，即對於已取得執行名義之債務，若於請求後六個月內不開始強制執行，或不聲請強制執行，其時效視為不中斷。

若執行法院不發債權憑證者，例如參與分配、拍賣抵押物、非金錢債權之執行，如何重新起算時效？按聲明參與分配就形式觀之，固與聲請強制執行不同，但就實質言，除本法第 34 條第 2 項規定外，依第 1 項規定必須有執行名義，且依本法第 28 條之 2 第 2 項規定均須繳納執行費，與聲請強制執行同，應認可中斷時效。分配不足部分，於分配表作成後發款時，重行起算❸，但如發債權憑證者，可自發債權憑證之日重行起算。至於拍賣抵押物執行，固不發債權憑證，但就抵押物所擔保之債權，因聲請執行可中斷時效，如分配不足，不足部分之債權，同前於分配表作成發款之日重行起算。又非金錢債權之執行，理論上均可執行，無執行不足，僅有無法執行，例如本法第 128 條第 1 項，拘提管收或處怠金後仍不履行，此時因執行程序不終結，無重行起算問題。但若遇有不能執行，例如命債務人為一定行為，其行為非可代替者，債務人逃匿，無從依上開規定執行，執行法院不能發債權憑證，只能以不能執行為由駁回，不僅無重行起算時效，且當初聲請執行之中斷時效亦因駁回而視為不中斷（參照民法第 136 條第 2 項），即有問題，本法修正時應予規定解決方法。另附帶說明，聲請本票裁定及聲請拍賣抵押物裁定之聲請不中斷時效，故亦無裁定後重新起算之適用，需持裁定聲請強制執行始中斷時效❹。

---

❷ 注意事項 14⑵：執行法院依本法第二十七條規定，發給俟發見財產再予執行之憑證者，其因開始執行而中斷之時效，應由此重行起算。

❸ 史尚寬著《民法總論》第六一五頁：參與分配之聲明，於分配程序完畢時，再開始進行新時效。

❹ 關於聲請本票裁定及拍賣抵押物（質物）裁定可否中斷時效，法律並無明文，學者有認此既為行使權利，與起訴同，應可中斷，例如史尚寬（參見史氏前揭第六〇一頁）、吳明軒（參見吳氏撰〈試論與起訴中斷時效有同一效力之事項〉，刊《法令月刊》第四十三卷第二期）、李模（參見李氏著《民法總則之理論與實用》第三三二頁）。亦有認與聲請強制執行同，可中斷時效，例如洪遜欣（參見洪氏著《中國民法總則》第五九六頁）。但愚意以為聲請裁定係取得執行名義行為，既然法無明文規定視同起訴，且與聲請強制執行不同，自不生中斷效力。惟既為行使權利之行為，民法修正時，應列入可中斷時效，始為允洽。

第八節　執行當事人

第一款　執行當事人之意義

　　執行當事人係指在強制執行程序中之權利人與義務人,凡聲請執行者,為執行權利人,被聲請執行者,為執行義務人,本法則稱債權人、債務人。執行權利人與執行義務人原則上與執行名義相同,凡執行名義所載之權利人(含執行力所及之人)可聲請執行為執行權利人,執行名義所載之義務人(含執行力所及之人)即為執行義務人,但亦有例外,即在本法第131條分割共有物或分割遺產之強制執行,其權利人、義務人與執行名義之權利人及義務人不完全相同。例如甲對乙、丙起訴請求分割共有物,法院判決採變賣方式分割,對此判決,甲、乙、丙三人任何一人均可聲請執行,並非只有原告甲可聲請。如丙聲請,丙即為執行權利人,甲、乙為執行義務人。

　　執行當事人以外之人,均屬第三人,例如本法第115條第1項之第三人(即執行債務人之債務人)。

　　執行權利人聲請執行,原則上固係聲請義務人向權利人給付,但亦有例外,例如依第三人利益契約判決被告向第三人給付,代位訴訟未請求由權利人代位受領,均係判令義務人向第三人給付,此時強制執行即係命義務人向第三人給付。至此第三人,非執行名義當事人,不可聲請強制執行。

第二款　執行當事人之能力

一、執行當事人能力

　　依民事訴訟法規定,當事人必須具有當事人能力,否則訴訟不合法,在強制執行程序,是否亦須具有當事人能力,學者間固均持肯定說,並認應準用民事訴訟法規定,自然人、法人、非法人團體設有代表人或管理人者均有執行當事人能力,無不同意見,實務亦同。惟設有代表人或管理人

之非法人團體，依民事訴訟法第 40 條第 3 項固有訴訟當事人能力，但在強制執行，既需具體為執行行為，因非法人團體無權利能力，不能享受權利負擔義務，如何能在強制執行時受領義務人給付或為給付？雖非法人團體之要件需有獨立財產，但其無權利能力，不能享有財產權，不僅不能受領給付，亦不能為給付，甚至其本身亦無財產，財產均以代表人名義登記，如何對之執行？參照實務對合夥之執行，最終仍須對合夥人財產執行，似以不承認非法人團體有執行當事人能力為妥，應以其成員全體為執行當事人。

　　本法第 5 條第 3 項規定「強制執行開始後，債務人死亡者，得續行強制執行。」認執行債務人死亡，仍可對已執行之債務人財產或其遺產續行強制執行，而執行債務人既已死亡，即無當事人能力，似認執行債務人無當事人能力亦可。惟按此一規定，係指強制執行開始後債務人死亡，並非指聲請強制執行時之執行債務人死亡仍可執行，故在聲請強制執行時，債務人須非死亡，仍須有當事人能力，蓋若無當事人能力，即不能為執行當事人，惟實務上認為經濟，可准許更正為繼承人❶❶❺。

　　至於開始執行後，執行權利人或執行義務人死亡，本法除就後者設有如上規定，對前者未規定，如何處理？又是否準用民事訴訟法第 168 條當然停止執行程序規定，並準用第 175 條規定須為承受之聲明？按開始執行後，執行債務人死亡，依本法第 5 條第 3 項規定，法院仍得續行強制執行，

---

❶❶❺ 司法院司法業務研究會第 37 期（民事法律專題研究十七）：

一、法律問題：

法院為准許拍賣抵押物裁定並合法送達後，債務人死亡，債權人未查，仍以債務人名義聲請強制執行，可否准許債權人更正執行債務人為繼承人？

二、討論意見：

甲說：略。

乙說：債權人既執有合法成立之執行名義，且已繳納執行費，宜准其更正，方能省時經濟。

三、研討結論：

拍賣抵押物裁定係對物之執行名義，不注重當事人特性，本題採乙說。

附帶決議：執行名義係確定判決時，亦採乙說。

認執行不受影響，自毋需準用民事訴訟法第 168 條停止執行 ⑯，但強制執行仍需有當事人，故仍須承受。同理，在執行權利人死亡時，亦應如此，僅依本法第 4 條之 2，執行力可及於繼承人，自應由繼承人承受為執行當事人。如無繼承人，仍應繼續執行，由遺產管理人或遺囑執行人承受，執行所得之剩餘歸屬國庫 ⑰。執行義務人死亡者，在金錢債權執行，仍可執行其遺產，如無遺產管理人或遺囑執行人可承受時，本法第 5 條第 4 項，尚設有特別代理人規定。至於在非金錢債權執行，除本法第 128 條者外，其他仍可對執行力所及之人繼續執行。至第 128 條，因非他人所能代替，自無適用餘地，此時執行程序即因無義務人，不能執行，應駁回強制執行之聲請。

又在非法人團體之合夥，如為執行債務人，固可對合夥之財產強制執行，如合夥財產不足，因合夥人依民法第 681 條規定「合夥財產不足清償合夥之債務時，各合夥人對於不足之額，連帶負其責任。」故可對合夥人強制執行 ⑱，實務因此有認對合夥訴訟，可毋庸列合夥人為共同被告 ⑲。

---

⑯ 最高法院 73 年度臺抗字第 210 號裁定：強制執行程序開始後，除法律另有規定外，不停止執行，強制執行法第十八條第一項有明文。又強制執行法第五條第二項復規定：「強制執行開始後債務人死亡者，應對其遺產續行強制執行」。是強制執行程序開始後，債務人本人死亡尚且不停止執行，則債務人之法定代理人死亡，更無停止執行之理。從而，民事訴訟法第一百七十條關於訴訟程序停止之規定，於此並無準用之餘地。

⑰ 司法院 31 年院字第 2299 號解釋：民法第一千一百八十五條所稱之遺產，包括債權在內。強制執行開始後，債權人死亡而有同條所定情形時，依民法第一千一百七十九條第一項第四款、第五款之規定，其遺產應由遺產管理人於清償債權並交付遺贈物後，將所賸餘者移交國庫，該強制執行事件，自應繼續進行。注意事項三㈡：強制執行開始後，債權人死亡而無繼承人承認繼承時，其遺產於清償債權並交付遺贈物後，如有賸餘，歸屬國庫，故仍應繼續執行。

⑱ 司法院 22 年院字第 918 號解釋：原確定判決，雖僅令合夥團體履行債務，但合夥財產不足清償時，自得對合夥人執行，合夥人如有爭議應另行起訴。

⑲ 最高法院民國 66 年 11 月 15 日第九次民庭會議決議：合夥財產不足清償合夥

但在執行時，是否為合夥人有爭議，即不可逕行對之強制執行❿，故為免爭議，訴訟時列全體合夥人為被告，應無不可，上開實務見解尚有商榷之處⓬。

二、執行行為能力

在民事訴訟程序，當事人為訴訟行為，必須有訴訟能力，否則其所為訴訟不合法。在強制執行程序，執行當事人亦須為執行行為，原則上，自須有執行行為能力，但由於強制執行採當事人不平等主義，通說認執行權利人須為積極聲請強制執行等行為，自須有執行行為能力，執行義務人僅係消極被執行，多為被動之接受查封、執行法院通知、執行處分，故有無

之債務，為各合夥人連帶責任之發生要件，債權人求命合夥人之一對於不足之額連帶清償，應就此存在要件負舉證之責（本院二十九年上字第一四〇〇號判例）。此與保證債務於保證契約成立時即已發生債務之情形有間，故在未證實合夥財產不足清償合夥債務之前，債權人對於各合夥人連帶清償之請求權，尚未發生，即不得將合夥人併列為被告，而命其為補充性之給付。況對於合夥之執行名義，實質上即為對全體合夥人之執行名義，故司法院院字第九一八號解釋「原確定判決，雖僅令合夥團體履行債務，但合夥財產不足清償時，自得對合夥人執行」。是實務上尤無於合夥（全體合夥人）之外，再列某一合夥人為共同被告之理。

❿ 司法院 23 年院字第 1112 號解釋：院字第九一八號後段所謂合夥人有爭議者，係指合夥人否認合夥，或合夥人間之爭議等，須另待裁判者而言。如合夥人之爭議，係以確定判決僅令合夥團體履行債務，不得向其執行為理由時，自無庸責令債權人另行起訴，該號前段解釋，業已示明。注意事項二㈣：確定判決命合夥履行債務者，應先對合夥財產為執行，如不足清償時，得對合夥人之財產執行之。但其人否認為合夥人，而其是否為合夥人亦欠明確者，非另有確認其為合夥人之確定判決，不得對之強制執行。

⓬ 學者許士宦亦認應可列合夥人為被告，惟其理由不同，渠認合夥人係負補充性責任，有固有之抗辯權，為避免事後於強制執行時爭執、抗辯，提起第十四條之一債務人異議之訴，應可併列為被告，有助執行程序順暢，維持訴訟經濟及保障程序利益（參見許著《執行力擴張與不動產執行》第四五頁以下〈合夥人之補充性給付與執行力之擴張〉）。

執行行為能力，並非必要。惟若有需要積極為聲明異議、聲請等行為，即須有執行行為能力[122]。惟強制執行固採當事人不平等主義，查封時債務人不在場仍可為之（參照本法第48條第2項），但一方面基於維持程序公平，本法第12條、第39條設有債務人可聲明異議規定、第70條第2項設有詢問債務人意見規定、第4項債務人可反對，如義務人無行為能力仍可執行，屆時如何為此聲明異議等行為？另一方面諸多通知均須合法送達，依本法第30條之1準用民事訴訟法第127條第1項規定，於義務人無執行行為能力時，仍須向全體法定代理人為送達，故義務人仍須有執行行為能力。僅本法設有特別規定者，雖義務人無執行行為能力，仍可對其為執行行為，毋庸由其法定代理人參與者，例如上開查封，不因義務人是否在場均可為之，則查封時縱義務人無執行行為能力，查封仍有效。至於本法第63條規定「執行法院應通知債權人及債務人於拍賣期日到場，無法通知或屆期不到場者，拍賣不因而停止。」於義務人無執行行為能力時，依上開說明，仍應向其全體法定代理人為通知，故應採肯定說。採否定說之學者，雖認義務人無執行行為能力之必要，但又有認為義務人無執行行為能力，所為之執行行為或對之所為之執行行為無效[123]，顯與所採否定說矛盾。再由本法第5條第3項雖規定強制執行開始後，債務人死亡，仍可續行強制執行，但繼承人有無不明時，除有遺囑執行人或遺產管理人時，執行法院得依債權人或利害關係人聲請，選任特別代理人（參照本法第5條第4項），以便其能為聲明異議等行為，保障其程序上利益，足見義務人仍須有執行行為能力。

至於執行當事人之執行行為能力，仍準用民事訴訟有關規定，如無執行行為能力，應由法定代理人代理。

---

[122] 參閱陳世榮著《強制執行法詮解》第二一頁、張登科著前揭第八〇頁、楊與齡著前揭第四二頁、陳榮宗著前揭第五三頁、莊柏林著《最新強制執行法論》第六〇頁。

[123] 參閱張登科著前揭第八〇頁、楊與齡著前揭第四二頁。

第三款 執行當事人之代理人

壹、一般代理

準用民事訴訟法規定，執行當事人可委任代理人，僅因民事訴訟法第 70 條第 2 項規定「關於強制執行之行為或領取所爭物，準用前項但書之規定。」故須有特別委任。惟有需說明者：㈠此係指實施強制執行行為之代理，如查封、聲明異議等，如不涉及強制執行行為，僅係單純具狀聲請法院強制執行或閱卷，毋庸特別委任。㈡在訴訟中之有特別代理權者，於判決確定後，就該判決之強制執行是否有代理權，當事人需否再委任？學者多採肯定說，認有代理權，無需再為委任❷。惟訴訟程序與執行程序不同，訴訟中之代理權於訴訟終結後即已結束，強制執行係另一程序，應另為委任，民事訴訟法第 70 條第 1 項、第 2 項，並非表示在訴訟中有特別代理權之代理人即可為強制執行，僅表明強制執行代理人需有特別代理權，否則如當事人之各審級代理人不同，甚至各審級判決結果不同，究由何一審級之代理人為強制執行？參照實務見解，亦應另行委任❷。

貳、特別代理

本法第 5 條第 4 項規定「債務人死亡，有左列情形之一者，執行法院得依債權人或利害關係人聲請，選任特別代理人，但有遺囑執行人或遺產管理人者，不在此限：一、繼承人有無不明者。二、繼承人所在不明者。三、繼承人是否承認繼承不明者。四、繼承人因故不能管理遺產者。」此時由執行法院為死亡之債務人選任特別代理人，本項並未規定是否限於強制執行開始後債務人死亡者始適用，則在聲請執行時，債務人已死亡，是

---

❷ 參閱楊與齡著前揭第四二頁、陳世榮著《強制執行法詮解》第二二頁、陳榮宗著前揭第五三頁。

❷ 司法院 28 年院字第 1841 號解釋：民事訴訟法第七十條第一項但書，關於所列各行為非受特別委任不得為之之規定，不過表明其權限與普通委任有別，並非謂上級審或再審及關於強制執行等行為，應受委任事項，因在前已有特別委任之故，即可不必另行委任。

否亦適用，即有疑問。參照修正理由：「強制執行開始後，債務人死亡者，應由其繼承人承受該強制執行事件，其無繼承人者，則應對其遺產續行強制執行，惟若繼承人有無不明，或債務人之遺產未經指定遺囑執行人，亦未經選任遺產管理人者，其執行程序，即無從續行，應為其遺產或繼承人選任特別代理人，以繼受該強制執行事件，俾能早日實現債權人之債權，爰參考日本民事執行法第四十一條第二項之立法例，增列本條第四項。」應係延續第 3 項，即開始執行後債務人死亡者，始適用。故若在聲請執行時，債務人即已死亡而無繼承人者或有無繼承人不明，權利人應以利害關係人身分，依民法第 1178 條第 2 項規定「無親屬會議或親屬會議未於前條所定期限內選定遺產管理人者，利害關係人或檢察官，得聲請法院選任遺產管理人，並由法院依前項規定為公示催告。」聲請法院選任遺產管理人，再以此人為相對人聲請強制執行，不可援用上開規定選任特別代理人。

第四款　執行當事人適格（執行力之主觀範圍）

執行當事人適格係指在具體之強制執行事件中可為執行權利人及執行義務人之資格，以為執行行為或對之為執行行為，即執行名義執行力之主觀範圍。蓋強制執行必須係由執行名義表彰之權利人對執行名義表彰之義務人執行，一般言之，此當事人係指執行名義所記載之權利人、義務人，但因執行名義成立後，權利義務主體發生變動，例如繼承、權利讓與、債務承擔、公司合併。此時究應以何人為執行權利人、執行義務人？即屬執行當事人適格，此涉及執行力之主觀範圍，在民國 85 年本法增設第 4 條之 2 之前，理論與實務皆未重視此一問題，均以民事訴訟法第 401 條為適用依據，認判決既判力所及之人，即為執行當事人適格❶❷❻。惟判決既判力與

---

❶❷❻ 早期我國強制執行法泰斗陳世榮即稱：「確定之終局判決……其執行力所及之人，與既判力之人的範圍一致……。執行名義為宣告假執行之判決、調解筆錄、和解筆錄及確定之支付命令者，其效力與確定終局判決無異，關於其執行力所及之人之範圍，亦準用之。……拍賣抵押物裁定……係依非訟程序所為，無確定實體上法律關係存之性質，於債權及質押權之存否無既判力，殊無類推適

執行力不同，所有之判決均有既判力，但並非所有之判決均有執行力，必須係給付判決始有執行力。而有執行力之執行名義亦非均為判決，尚有裁定等。苟以既判力為執行當事人適格依據，其他非判決者，應如何處理？雖然公證法早期第 11 條第 2 項（即民國 88 年修正後之第 13 條第 2 項）有規定外，但其他則無，最常見之裁定，如權利人、義務人有變動，即無法處理。為此最高法院於民國 75 年 1 月 28 日第二次民事庭會議決定：「關於確定裁定，並無準用民事訴訟法第四百零一條第一項之規定。本票執票人依非訟事件法聲請法院為准許強制執行之裁定後，將本票債權轉讓與第三人時，該准許強制執行裁定之效力，並不當然及於該第三人。該第三人不得以該裁定為執行名義，聲請對於票據債務人為強制執行。惟本票執票人聲請法院為准許強制執行之裁定後死亡者，其繼承人得以該裁定為執行名義聲請強制執行，此乃基於繼承之法則，並非基於民事訴訟法第四百零一條之理論。」❿ 故有學者主張應予區別 ❿。民國 85 年修正本法時，特於第

用民事訴訟法第四百零一條規定之餘地。」（參見陳氏《強制執行法詮解》第二三頁以下）。楊與齡稱：「執行名義效力之主觀範圍，本法未設規定前，解釋上與確定判決既判力之主觀範圍一致。」（參見修正版前楊氏《強制執行法論》第一三一頁）。駱永家亦稱「按民事訴訟法第四百零一條係關於既判力及執行力之主觀的範圍之規定。」（參見駱氏《既判力之研究》第一○三頁），可知理論上均未明確區分。至於實務亦同。例如最高法院 71 年臺抗字第 8 號判例：確定判決，除當事人外，對於訴訟繫屬後為當事人之繼受人者，及為當事人或其繼受人占有請求之標的物者，亦有效力，民事訴訟法第四百零一條第一項定有明文。倘現時占有執行標的房屋之第三人，係本案訴訟繫屬後為再抗告人之繼受人，或為再抗告人占有前開房屋時，自不能謂非本件執行名義效力所及之人。

❿ 由此決定，更可知實務以既判力與執行力同視，惟此在常見之本票裁定與拍賣抵押物裁定之執行，甚為困擾。蓋在裁定後，債權讓與、抵押權讓與、權利人死亡、義務人死亡及抵押物所有權轉讓等情形常有發生，如嚴格遵守既判力原則，因此為裁定，非判決，無法準用，勢必再聲請裁定，浪費司法資源，故此決定強調本票執票人裁定後死亡，繼承人毋庸再聲請裁定，即可以原裁定為執行名義聲請強制執行，結論固屬正確，惟其理由認係本於繼承之法則，實為無奈，蓋民事訴訟法第 401 條第 1 項之繼受人，理論與實務均認包括一般繼受，

4 條之 2 設有執行力之主觀範圍。惟檢視該條文第 1 項，幾乎與民事訴訟法第 401 條同，故此項區別僅係理論。實際二者範圍幾乎完全相同，立法理由即指出：「……至其所謂效力所及之『繼受人』，解釋上應與民事訴訟法第四百零一條之規定同……。」此亦為本法在民國 85 年修正前尚能依既判力處理，除拍賣抵押物裁定及本票裁定外，未生重大爭議之所在。實務上，民事訴訟法第 401 條之判例、決議多涉及執行力主觀範圍，至於學者見解亦以既判力主觀範圍為據論述執行當事人適格，甚至迄今尚有認本法第 4 條之 2 為重複規定，殊無必要，民事訴訟法第 401 條就強制執行當然有其適用 **❷**。然既判力與執行力既有不同，仍應於此明文規定較妥，僅適用本法第 4 條之 2 時，仍可參考既判力主觀範圍之理論與實務見解。日本早期亦未區分，至大正 15 年修正民事訴訟法時，始就既判力與執行力分別規定 **❸**。

　　由於執行名義大致可分為確定判決及確定判決以外者，故本法第 4 條之 2 就執行力主觀範圍亦區分為二，其第 1 項係就確定判決規定，第 2 項係就確定判決以外之其他執行名義規定。茲分別說明之：

一、確定判決

　　依本法第 4 條之 2 第 1 項規定，確定判決執行力及於下列之人：

一般繼受有繼承人。如本決定之理由正確，上開理論與實務皆屬有誤，不應包括繼承人，僅依繼承法理，即可認既判力及於繼承人，足見上開裁定之理由實屬牽強（按：在本法增訂第 4 條之 2 後，最高法院決議已不再援用，因與第 4 條之 2 規定不符）。

❷ 參閱李太正撰〈民事既判力主觀範圍及強制執行當事人適格之關聯性〉（刊《司法周刊》第四三六、四三七期）

❷ 參閱吳明軒撰〈執行名義對於人之效力〉（刊楊與齡主編《強制執行法實例問題分析》第五頁、第一○頁）。但學者許士宦認本法第四條之二仍有規定必要，並認此執行力擴張與民事訴訟法第四百零一條之既判力擴張範圍不同（參閱許氏撰〈繼受執行與執行力之擴張——以訴訟繫屬後之繼受人為中心〉，刊楊與齡主編《強制執行法實例問題分析》第二六頁以下）。

❸ 參閱岩野徹編《注解強制執行法⑴》第三六頁。

㈠**當事人**

當事人乃確定判決所列之原告、被告、上訴人、被上訴人，至於參加人非當事人，不包括在內。但若參加人依民事訴訟法第 64 條第 1 項規定「參加人經兩造同意時，得代其所輔助之當事人承當訴訟。」承當訴訟，即為當事人。又訴訟繫屬中，訴訟標的之法律關係受讓之第三人亦非當事人，但依民事訴訟法第 254 條第 2 項「前項情形，第三人經兩造同意，得聲請代移轉之當事人承當訴訟；僅他造不同意者，移轉之當事人或第三人得聲請法院以裁定許第三人承當訴訟。」承當訴訟者，亦為當事人。所謂當事人係就實質觀之，自然人更改姓名，法人變更名稱（組織），致與確定判決所列之人形式上不同，但實係同一人者，執行力仍及於之。至於下列情形，判決所列之人與他人形式不同，實質是否為同一人有爭執，分述之：

1.實務認判決所列之義務人為合夥，於合夥財產不足清償時，因合夥為合夥人所組成，合夥並非獨立之法人，可對合夥人執行，認合夥與合夥人實為同一人。惟亦有學者認合夥人係負補充責任，執行力可否擴張及於合夥人，有待推敲，但亦有肯定，並認非為同一人，而認合夥訴訟係為合夥人訴訟，應適用本法第 4 條之 2 第 1 項第 2 款之為他人訴訟❸。

2.當事人為獨資商號者，因非法人，依商業登記法第 10 條第 1 項規定「本法所稱商業負責人，在獨資組織，為出資人或其法定代理人……。」實屬負責人個人，故認獨資與負責人實為同一人 ❸。

3.分公司實務上認有當事人能力，形式上與總公司或其他分公司不同，但分公司仍屬總公司之一部，屬同一法人，故對分公司之確定判決，應視

---

❸ 反對者，參閱陳計男著《強制執行法釋論》第五三頁。肯定者，參閱許士宦著《執行力擴張與不動產執行》第四五頁以下〈合夥人之補充性給付與執行力之擴張〉。

❸ 最高法院 23 年上字第 2966 號判例：以命商號履行債務之確定判決為執行名義時，固得就號東財產為強制執行，惟執行標的物之所有人否認為號東，而依確定判決之意旨其人是否號東亦欠明瞭者，自非另有確認其為號東之確定判決，不得對之執行。

為對總公司之判決，二者為同一當事人，不僅效力及於總公司，在為義務人者，可對總公司執行，亦可對其他分公司強制執行，蓋其他分公司亦為同一法人。反之，對總公司之判決亦可執行各分公司。

4.數人就同一債務負連帶責任，債權人僅對其中一人起訴，法院亦僅就該一人為給付之判決，因此數人為不同之人格，形式上及實質上，均僅該一人為當事人，與其他連帶債務人不同，其他連帶債務人非判決當事人，自不可對之執行。

5.當事人受破產宣告者，如係債權人破產，其權利屬破產財團者，債權人喪失管理處分權，由破產管理人行使（參照破產法第 75 條），此時破產管理人與債權人形式上固不相同，實質仍為同一人，由破產管理人聲請強制執行。但若非屬破產財團，則否。至於債務人破產，除債權人行使別除權或取回權，破產管理人與債務人實質為同一人，應對破產管理人聲請執行外，其他債權人則應依破產程序行使權利（參照破產法第 99 條）。

㈡訴訟繫屬後為當事人之繼受人（如附圖一）

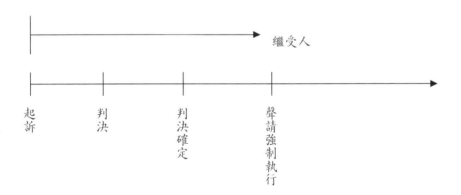

附圖一：訴訟繫屬後為當事人之繼受人

起訴後，訴訟標的之法律關係變動，如訴訟尚未終結，依民事訴訟法第 254 條第 1 項規定「訴訟繫屬中為訴訟標的之法律關係，雖移轉於第三人，於訴訟無影響。」訴訟仍可進行，不受影響。至於訴訟終結後之變動，

因訴訟已終結，對訴訟更無影響。但不論何者變動，判決既判力依民事訴訟法第 401 條第 1 項規定「確定判決，除當事人外，對於訴訟繫屬後為當事人之繼受人者，亦有效力。」均及於此第三人，執行力自應及於，故本法第 4 條之 2 第 1 項第 1 款前段規定「執行名義為確定終局判決者，除當事人外，對於左列之人亦有效力：一、對訴訟繫屬後為當事人之繼受人……。」適用此項規定之要件有：

1.須起訴後之繼受人，故若起訴前即已移轉，即無適用。至於起訴後之繼受人，包括判決後，蓋本法僅規定「訴訟繫屬後為當事人之繼受人」，並未限制判決確定以前。甚至在發債權憑證後有移轉者，亦包括在內。惟在訴訟中有繼承、公司合併者，因民事訴訟法第 168 條規定「當事人死亡者，訴訟程序在有繼承人、遺產管理人或其他依法令應續行訴訟之人承受其訴訟以前當然停止。」及第 169 條第 1 項規定「法人因合併而消滅者，訴訟程序在因合併而設立或合併後存續之法人承受其訴訟以前當然停止。」須由繼承人、合併後之公司承受訴訟而為當事人，故此時應指判決確定後之繼承人、公司合併。

2.須係就判決訴訟標的法律關係之繼受人。本法就此繼受人，一如民事訴訟法第 401 條第 1 項規定，並未定其範圍，惟此與當事人恆定原則有關，故繼受人當指訴訟標的法律關係之受讓人，不論係法律行為或其他原因之繼受，均同。至所謂繼受（移轉）包括全部繼受及特定繼受，全部繼受係指全部之權利義務概括移轉，即繼承、公司合併、他人財產或營業之概括承受。至於限定繼承人仍為繼承人，亦包括之。特定繼受係指特定之權利移轉或債務承擔。權利移轉係指權利讓與他人，由他人取得權利，例如債權讓與、票據權利轉讓、所有權讓與等，受讓人既取得權利，應為判決執行力所及。債務承擔係由第三人承擔債務人原有之債務，分免責之債務承擔與併存之債務承擔，均有第三人加入承擔債務而為債務人，應為判決執行力所及。惟有學者認為併存之債務承擔，原債務人仍然負責，認無適用，然為多數學者所不採❸，愚意亦同。蓋免責之債務承擔既屬之，何

---

❸ 學者陳世榮反對，其所著《強制執行法詮解》第二四頁：「重疊的承擔，舊債

以併存之債務承擔不包括，併存之債務承擔較諸免責之債務承擔，對債務人言，更屬不利，依舉輕以明重之法理，在免責之債務承擔，其承擔人屬繼受人，在併存之債務承擔，更應包括在內。至於國家因徵收、沒收取得財產，屬原始取得，非某人之繼受人❹。

於此在實務上有一爭議問題，值得研究。即若未受讓訴訟標的，僅係受讓訴訟標的物者，是否為繼受人？就理論上言，訴訟標的與訴訟標的物不同，前者係訴之三要素之一，指訴訟爭議之法律關係、權利義務，後者則非訴之要素，並非所有訴訟均有訴訟標的物，例如確認婚姻關係存在，婚姻關係為訴訟標的，但無訴訟標的物。又如請求交付買賣之汽車，買賣法律關係為訴訟標的，汽車為訴訟標的物，而上開所指訴訟繫屬後之繼受人，應指繼受訴訟標的，故若未繼受訴訟標的，僅受讓訴訟標的物，即非繼受人。此時如所有權人甲對無權占有其不動產之乙請求交還所有物時，經法院判決勝訴確定，執行時始發現乙已將不動產轉借（租）丙，即因丙未為債務承擔，非繼受人，甲尚須另對丙訴訟，而訴訟結果，因丙對甲言仍係無權占有，必然勝訴，待執行時，又有丁出現，如此反覆，增加司法負擔，有認如此將有礙訴訟經濟及所有權人利益，故最高法院61年臺再字第186號判例：「民事訴訟法第四百零一條第一項所謂繼受人，依本院三十三年上字第一五六七號判例意旨，包括因法律行為而受讓訴訟標的之特定繼承人在內。而所謂訴訟標的，係指為確定私權所主張或不認之法律關係，欲法院對之加以裁判者而言。至法律關係，乃法律所定為權利主體之人，對於人或物所生之權利義務關係。惟所謂對人之關係與所謂對物之關係，則異其性質。前者係指依實體法規定為權利主體之人，得請求特定人為特定行為之權利義務關係，此種權利義務關係僅存在於特定之債權人與債務

務人亦仍不能免債務，承擔人與舊債務人，負擔以同一給付為目的之債務，故非特定繼受。」然學者張登科、楊與齡等人均肯定，認應包括（參閱張登科著前揭第八三頁、楊與齡著《強制執行法論》第一三三頁）。

❹ 參閱❷吳明軒前揭文（刊第一二頁）、拙文〈抵押物經海關沒入抵押權是否消滅〉（刊《軍法專刊》第三十五卷第二期）。

人之間，倘以此項對人之關係為訴訟標的，必繼受該法律關係中之權利或義務人始足當之，同法第二百五十四條第一項亦指此項特定繼受人而言。後者則指依實體法規定為權利主體之人，基於物權，對於某物得行使之權利關係而言，此種權利關係，具有對世效力與直接支配物之效力，如離標的物，其權利失所依據，倘以此項對物之關係為訴訟標的時，其所謂繼受人凡受讓標的物之人，均包括在內。本件訴訟既本於買賣契約請求辦理所有權移轉登記，自係以對人之債權關係為其訴訟標的，而訴外人某僅為受讓權利標的物之人，並未繼受該債權關係中之權利或義務，原確定判決之效力，自不及於訴外人某。」以訴訟標的之法律關係區分為債權或物權，凡訴訟標的為債權者，因債權係對人權，存在於特定人之間，必須繼受該法律關係始為繼受人，單純受讓訴訟標的物者，則非判決效力所及。反之，訴訟標的為物權者，因物權係對世權，可對一切人主張，凡受讓訴訟標的物者，即為繼受人。爾後法院均如此處理，本法第 4 條之 2 立法理由亦如是說明：「……如為『特定繼受人』，則因執行名義之取得，係基於對人之關係與對物之關係而異其效果。」故在買受人依買賣關係請求出賣人交付標的物者，因買賣係債權，如出賣人將標的物轉交第三人，除非第三人為債務承擔，否則即非繼受人，不可對之執行。反之，如物之所有權人本於所有權，依所有物返還請求權請求無權占有者返還，因所有權為物權，占有人將標的物轉交第三人，亦為繼受人。即凡單純受讓訴訟標的物者，如訴訟標的為物權，即為繼受人，執行力及於，反之則否。

以上實務見解，為執行力之擴張，在疏減訟源固值稱許，但訴訟標的與訴訟標的物本屬二事，民事訴訟法第 254 條之當事人恆定原則，係就訴訟標的而言，既判力與執行力所及之受讓人，亦應指訴訟標的之受讓人，與訴訟標的物無涉。固然在本於物權為訴訟標的者，敗訴之被告將標的物轉交第三人，權利人對第三人訴訟，仍可獲勝訴結果，但不能因此即謂毋庸訴訟。事實上，不論訴訟標的係物權或債權，如權利人擔心有單純受讓訴訟標的物，致有礙將來之強制執行者，應以假處分方式保全其權利。故此判例在理論上實有問題。學者間批評及肯定者均有之❸。

又此判例於下列情形，仍不能適用（學理稱執行力擴張之阻卻）：

1.受讓訴訟標的物者有民法第 801 條情形：例如甲將汽車租予乙使用，屆期乙未返還，甲本於所有物返還請求權起訴，經法院判決乙應返還，待執行時發見乙已於判決後轉售丙，依上開判例，丙為繼受人，屬執行力所及，但依民法第 801 條規定，丙因善意取得而原始取得所有權，此時即不可對丙執行❻。此種情形可謂實體法與程序法衝突，即依程序法規定，判決效力及於丙，但依實體法則否，此時應依實體法之規定，不可對該受讓人執行。執行中有此爭執者，因執行力是否及於丙為執行法院所應審查，至於丙是否在實體上有善意取得，因執行法院依非訟事件法理處理，僅能形式上審查，無權判斷，丙可依本法第十五條提起訴訟救濟。

---

❻ 肯定說，例如楊與齡、張登科、許士宦（參見楊與齡著前揭第一三三頁、張登科前揭第八三頁、許士宦前揭❶文第三頁以下〈訴訟繫屬後之繼受人與執行力之擴張──最高法院四十二年度臺上字第一一一五號判例及六十一年度臺再字第一八六號判例評釋〉）。又許士宦於該文中第二十四頁主張既判力擴張與執行力擴張，所涉利益不同，擴張範圍有各別考慮必要。在執行力擴張，只要第三人無足以對抗或阻止原告請求之實體法之地位，執行力均應及於，毋庸區分訴訟標的係債權或物權。批評者，參閱姚瑞光著《民事訴訟法》第四五二頁、駱永家著《既判力之研究》第一〇三頁。

❻ 最高法院 96 年度臺抗字第 47 號裁定：民事訴訟法第四百零一條第一項所稱之繼受人，如其訴訟標的為具對世效力之物權關係者，依法律行為受讓該訴訟標的物之人，雖應包括在內。惟該條項規範之目的，並非在創設或變更實體法上規定之權義關係，有關程序法上規定之「既判力之主觀範圍」本不能與土地法及民法有關實體法上之重要權義關係規定相左，為確保交易安全，倘受讓該訴訟標的物之第三人，係信賴不動產登記或善意取得動產者，因受土地法第四十三條及民法第八百零一條、第八百八十六條、第九百四十八條規定之保護，其「既判力之主觀範圍」，基於各該實體法上之規定，即例外不及於該受讓訴訟標的物之善意第三人，否則幾與以既判力剝奪第三人合法取得之權利無異，亦與民事訴訟保護私權之本旨相悖，此參酌德國民事訴訟法第三百二十五條特於第二項規定其民法關於保護由無權利人取得權利之規定準用之，以限制第一項所定既判力繼受人之主觀範圍自明。

2.第三人未受讓：依此判例占有訴訟標的物者，須有受讓行為，如未受讓，係自己占有，例如被告判決敗訴後逕行離去訴訟標的物，第三人自行占有，即無適用餘地[137]。

3.不動產固無民法第 801 條適用，但依土地法第 43 條規定「依本法所為之登記，有絕對效力。」故在請求被告塗銷土地所有權移轉登記並請求返還土地之訴訟，判決後，被告將土地移轉登記予善意第三人，該判決之執行力是否及於第三人，即有爭議。此時如適用上開判例，在訴訟標的為債權者，固不及於第三人，但在訴訟標的為物權者，執行力應可及於該第三人，但第三人既因登記取得所有權，自可對抗原告，即無上開判例適用[138]。惟若第三人非善意，判決執行力仍應及於該第三人，自不待言。執行中第三人就善意與否有爭執之處理，同前 1.所述。另土地與房屋係不同之不動產，原告請求被告拆屋還地訴訟，被告於訴訟繫屬後，將房屋讓與他人，他人就房屋之受讓固屬有權，但被告之房屋既係無權占用原告土地，則受讓人取得房屋仍屬無權占用土地，並仍屬占用訴訟標的物，有上開判例適用。

㈢訴訟繫屬後為當事人或其繼受人占有請求之標的物者

第三人占有訴訟標的物，非係為自己利益，而係為當事人或其繼受人，例如寄託之受寄人，受寄人係為寄託人占有，非為自己利益，不論權利人係依債權或物權請求，執行力均及於此第三人。至於承租人、使用借貸人之占有，則係為自己利益，不包括在內[139]。又此占有亦須訴訟繫屬後，反

---

[137] 參閱張登科著前揭第八四頁、楊與齡著前揭第一三四頁。但莊柏林反對，認：「該第三人之占有事實係因訴訟標的之土地房屋而生，債權人之目的，在於排除他人對該土地或房屋之占有，滿足其回復所有或原狀之請求權，從社會一般觀念以及訴訟經濟上言之，債權人因判決所得權利未獲滿足前，第三人之占有即與債務人之占有具有同一性，故該第三人應為判決執行力所及，對之自得執行。」（參見莊柏林著前揭第三五頁）

[138] 參閱張登科著前揭第八四頁、楊與齡著前揭第一三四頁、陳榮宗前揭第五七頁。

[139] 最高法院 70 年臺抗字第 284 號裁定：民事訴訟法第四百零一條第一項所謂確定判決除當事人外，對於訴訟繫屬後為當事人或其繼受人占有請求之標的物

之，如訴訟繫屬前即占有，不包括在內。至於法人之代表人、無行為能力人或限制行為能力人之法定代理人占有，應認係占有之機關，仍與法人、無行為能力人、限制行為能力人之占有為同一。又與當事人同居之家屬、受僱人占有，其占有屬輔助占有人，依民法第942條「受僱人、學徒、家屬或基於其他類似之關係，受他人之指示，而對於物有管領之力者，僅該他人為占有人。」非屬第三人占有，與上述為當事人或其繼受人占有仍屬第三人占有不同，於此既非第三人占有，仍可對原當事人強制執行，僅此當事人包括法人之代表人、同住之家屬等，不問其係訴訟繫屬前後，均同❶。

㈣為他人而為原告或被告者之該他人

凡因一定原因以自己名義為他人為原告或被告者，判決之當事人雖非他人，但既係為他人為當事人，效力自應及於該他人。例如破產管理人為管理破產財團為破產人為當事人、遺產管理人為管理遺產為繼承人為當事人，判決效力應及於破產人、繼承人。理論上就此為他人訴訟，稱為擔當訴訟，而其原因有法定及意定，前者係依法律規定，例如依破產法第75條規定「破產人因破產之宣告，對於應屬破產財團之財產，喪失其管理及處分權。」須由破產管理人管理、處分其財產，從而亦由破產管理人就破產財團之權利義務訴訟為當事人。後者係由當事人之意思，例如民事訴訟法第41條之多數有共同利益之人，選定一人或數人為全體為當事人，他人脫離訴訟，此被選定之人不僅係為自己，亦係為其他脫離訴訟之人，雖判決當事人為被選定之人❶，但效力及於脫離訴訟之他人。至於下列情形，是

者，亦有效力，係指該占有人專為當事人或其繼受人之利益而占有者而言，例如受任人、保管人、受寄人等是，若為自己之利益而占有，則非此處所稱既判力所及之占有人。

❶ 注意事項57⑺：本法第九十九條及第一百二十四條所定債務人，包括為債務人之受僱人、學徒或與債務人共同生活而同居一家之人，或基於其他類似之關係，受債務人指示而對之有管領之力者在內。

❶ 最高法院29年渝上字第1778號判例：民事訴訟法第四十一條第一項，所謂選定一人或數人為全體起訴或被訴，係指選定一人或數人為全體為原告或被告而言，並非選定為代理人代理全體起訴或被訴，此徵之同條第二項及同法第四十

否適用本款規定則有爭議：

　　1.代位訴訟：債權人依民法第242條規定向債務人之債務人（即第三人）提起訴訟，其判決之效力是否適用本款規定及於債務人？關鍵在於債權人是否為債務人為原告。就理論上言，債權人既係行使債務人對第三人之權利，表面觀之，似可認係為債務人為原告。但實際提起代位訴訟之債權人應係為自己利益，即債權人係為自己為原告，並非為債務人，僅其訴訟標的為債務人對第三人之權利，應非為他人為原告。惟學說就此判決有三種不同意見。第一說認僅訴訟當事人間有既判力，判決效力不及於債務人。第二說則認除當事人外，對債務人亦有效力。第三說則認如債權人勝訴，判決效力及於債務人，反之則否 **❶❷**。實務上，在最高法院67年決議採第一說，認判決效力不及於債務人 **❶❸**。但事後仍有採第二說者 **❶❹**，亦有採

二條、第一百七十二條第二項等規定尤為明瞭，故被選定人為訴訟當事人而非訴訟代理人。

❶❷ 參閱陳榮宗撰〈債權人代位訴訟與既判力範圍〉（編於陳氏《舉證責任分配與民事程序法第二冊》第一九〇頁以下）。

❶❸ 最高法院民國67年9月26日民事庭庭推總會議決議：甲起訴主張乙將某地應有部分出賣與丙，經丙將其轉賣與甲，由於丙怠於行使權利，因而代位訴求乙應將某地所有權之應有部分移轉登記與丙，於第二審言詞辯論期日前，丙復對乙提起上開土地所有權應有部分移轉登記之訴，似此情形，甲（債權人）代位丙（債務人）對乙（第三債務人）提起之訴訟，與丙自己對乙提起之訴訟，並非同一之訴（參照本院二十六年渝上字第三八六號判例）。又甲前既因丙怠於行使權利而已代位行使丙之權利，不因丙以後是否繼續怠於行使權利而影響甲已行使之代位權，故甲之代位起訴，不限制丙以後自己之起訴，而丙自己以後之起訴，亦不影響甲在前之代位起訴，兩訴訟判決結果如屬相同而為原告勝訴之判決，甲可選擇的請求其代位訴訟之判決之執行或代位請求丙之訴訟之判決之執行，一判決經執行而達其目的時，債權人之請求權消滅，他判決不再執行。兩訴訟之判決如有歧異，甲亦可選擇的請求其代位訴訟之判決之執行或代位請求丙之訴訟之判決之執行，其利益均歸之於丙。

❶❹ 最高法院99年度臺抗字第360號民事裁定：債權人代位債務人而為原告之情形，其確定判決對於債務人亦有效力，故債務人自己或其他債權人即不得於該

第一說❶，更有採第三說❶，愚意以為：⑴代位訴訟不僅債權人必須對債務人有債權，且債務人對第三人亦須有債權，前者係提起代位訴訟之要件，後者之債權為對第三人起訴之依據，故為訴訟標的，但如上所述，代位訴訟實係為債權人自己利益，並無債權人為債務人為原告之意，此與訴訟標的係何人權利無涉。⑵有無既判力不能以判決結果之勝敗為標準。⑶如認判決為對債務人有效，因債權人究非債務人，無法完全知悉債務人與第三人間關係，如因證據不明、訴訟技巧敗訴，判決效力及於債務人，債務人將來亦不可對第三人訴訟，影響甚大。故應無民事訴訟法第 401 條第 2 項規定「對於為他人而為原告或被告者之確定判決，對於該他人亦有效力。」之適用，從而判決之執行力亦不及於債務人，即債權人代位訴訟勝訴結果，僅能由債權人對第三人執行。債務人不可以此判決執行力及於自己，而援用該判決對第三人執行，學者有認債權人代位訴訟，形式上雖係債權人為原告，實質上係為債務人而為原告，所行使之權利亦為債務人之權利，為達訴訟經濟之目的，免致第三人受多重追訴，其確定判決，依民事訴訟法

訴訟繫屬中，更行起訴而行使同一權利，否則法院應以裁定駁回。……惟倘債權人代位提起之前訴訟經撤回，而後訴訟尚未經駁回時，後訴訟之程序上瑕疵即告治癒，法院自不得再以後訴訟不合法為由，裁定駁回之。

❶ 最高法院 98 年度臺上字第 2379 號判決：是確定判決之既判力以及於受判決之當事人者為原則。查竟○公司前案乃竟○公司對被上訴人起訴請求被上訴人給付斯○公司工程款一億三千七百三十九萬四千三百四十九元本息，由其代位受領，該案訴訟當事人為竟○公司與被上訴人，上訴人及斯○公司均非該事件當事人，亦非該事件訴訟繫屬後之當事人繼受人，該事件之既判力自不及於上訴人或斯○公司。

❶ 最高法院 95 年度臺抗字第 494 號裁定：民事訴訟法第四百零一條第二項規定：「對於為他人而為原告或被告者之確定判決，對於該他人亦有效力」。債權人行使代位權代位債務人對於第三人提起訴訟，債權人代位行使者為債務人之權利，其效果應直接歸屬於債務人，倘法院認債權人之訴為有理由而為其勝訴之判決確定，即屬為他人而為原告之情形，依上開法條規定，其判決之效力及於債務人。

第 401 條第 2 項，應及於債務人❿，採上開第二說。但亦有採第一說❿。如採上開第二說，判決執行力及於債務人，債務人即可憑此判決對第三人執行。然此時如債權人、債務人均各別聲請執行，第三人豈不受雙重執行之危險，故此第二說實非允當。日本民事執行法第 23 條就執行力主觀範圍固已規定，與舊民事訴訟法第 497 條之 2 第 1 項不同，但就代位訴訟仍未能解決，學者有認即令勝訴，債務人亦不可持該判決對第三債務人執行❿。

2. **參加訴訟**：參加人經兩造同意，代所輔助之當事人承當訴訟，所輔助之當事人脫離訴訟，此時判決對脫離之當事人固有效力（參照民事訴訟法第 64 條第 1、2 項），但是否為判決執行力所及？關鍵在於參加人承當訴訟，是否為他人為原告或被告？就上開規定既已承當訴訟為訴訟當事人，顯係除為自己利益，亦為該脫離訴訟者，故有認脫離訴訟之人為執行力所及❿。惟有疑義者，如此脫離訴訟人為原告，在獲勝訴判決時，被告究應向前原告為給付？或向承當訴訟之參加人為給付？又如脫離訴訟人為被告，原告獲勝訴判決時，原告究應向前被告請求給付？或向承當訴訟之參加人請求給付？雖然依民事訴訟法第 64 條第 2 項規定，判決效力及於脫離訴訟者，但因承當訴訟為當事人後，訴之聲明如未變更，則屬向第三人給付或由第三人給付判決，如已變更，訴之聲明無一涉及脫離訴訟者，前者判決主文無令向承當訴訟者為給付或由其給付，如何認參加人為執行力所及？後者判決主文無涉及脫離訴訟者，其判決主文如何可令脫離訴訟者為給付或向其給付。此與上開民事訴訟法第 41 條選定當事人訴之聲明仍係向全體

---

❿ 參閱張登科著前揭第八六頁、楊建華著《民事訴訟法㈢》第三五九頁至第三六九頁、楊與齡著前揭第一三六頁、陳世榮著《強制執行法詮解》第二六頁。

❿ 參閱陳榮宗著前揭第六三頁。

❿ 參閱梅本吉彥撰〈執行力の擴張〉（住吉博編《民事執行法（演習ノート）》第二一頁）。

❿ 參閱張登科著前揭第八七頁、駱永家著前揭第一四二頁、陳榮宗著《強制執行法》第六四頁、陳世榮著《強制執行法詮解》第二六頁。司法院編《強制執行手冊》上冊第一章第一貳之㈥亦認得由該脫離之當事人或對之為強制執行。

或由全體為之不同❶，故愚意認判決效力，固存在於承當訴訟之參加人、脫離之當事人與他造當事人間，但執行力是否及於，實有疑問。

3.分別共有人訴訟：依民法第 821 條規定「各共有人對於第三人，得就共有物之全部為本於所有權之請求。但回復共有物之請求，僅得為共有人全體之利益為之。」參見最高法院 28 年渝上字第 2361 號判例：「依民法第八百二十一條之規定，各共有人對於第三人，得就共有物之全部，為本於所有權之請求，此項請求權既非必須由共有人全體共同行使，則以此為標的之訴訟，自無由共有人全體共同提起之必要。所謂本於所有權之請求權，係指民法第七百六十七條所規定之物權的請求權而言，故對於無權占有或侵奪共有物者，請求返還共有物之訴，得由共有人中之一人單獨提起，惟依民法第八百二十一條但書之規定，應求為命被告向共有人全體返還共有物之判決而已。」則由共有人中一人或數人起訴，請求占有共有物者返還，應返還共有人全體，此時未參與為原告之人，是否為判決效力所及？關鍵在於起訴之共有人是否係為他人為當事人？學者亦有認此起訴之共有人除係行使自己之權利，並兼有為他共有人為原告之意，判決效力應及於其他共有人❷。惟亦有反對者，認訴訟結果如為敗訴，未參與為原告之他共有人因既判力拘束不可訴訟，似非合理，故判決效力不應及於，僅勝訴判決之反射效力及於未參與之其他共有人，故非執行力所及，僅可要求為原告之共有人對被告為強制執行❸。惟實務採前者意見❹。

---

❶ 最高法院 79 年度臺上字第 2537 號判決：被上訴人係經吉星大廈有共同利益之一五六住戶選定之當事人，仍為一五六住戶全體為原告而提起本件訴訟，故其訴之聲明係求為命上訴人分別給付管理費於吉星大廈一五六住戶之判決，乃原審竟命上訴人給付管理費於被上訴人個人，亦屬不當。

❷ 參閱張登科著前揭第八七頁。

❸ 參閱陳榮宗著《強制執行法》第六四頁。

❹ 最高法院民國 31 年 9 月 22 日民刑庭總會決議：甲、乙、丙、丁四人之共有物，被戊無權占有，由甲、乙兩人依民法第八百二十一條規定，提起請求回復共有物之訴，經確定判決命戊向共有人全體返還，而依判決內容僅知甲、乙、丙為共有人者，僅甲、乙、丙得聲請強制執行，丁之共有權如為甲乙所否認或侵奪，

4.連帶訴訟：依民法第 275 條規定「連帶債務人中之一人受確定判決，而其判決非基於該債務人之個人關係者，為他債務人之利益，亦生效力。」第 287 條第 1 項規定「連帶債權人中之一人，受有利益之確定判決者，為他債權人之利益，亦生效力。」則對連帶債務人中一人之判決效力可及於其他債務人，連帶債權人中一人對債務人之判決效力可及於其他債權人，則此判決之執行力是否亦及於?關鍵在於債權人對連帶債務人中一人訴訟，為被告之債務人是否為其他債務人為被告？又連帶債權人中一人為原告，是否亦為其他債權人為原告？按此時似非為他人為原告、被告，蓋債權人對連帶債務人中一人訴訟，為被告之債務人係因原告對其請求，未向他人請求，故其為被告，應非為其他債務人為被告，而係為自己。而連帶債權人中一人為原告起訴，亦係為自己利益，並無為其他債權人為原告之意，故應無上開規定適用。況此判決對他人有效，尚有一定限制，連帶債務須係為他債務人之利益，連帶債權須係為他債權人之利益，故不能認既判力或執行力當然及於他人。尤其在連帶債務人，既係為債務人利益，當係原告敗訴，無執行力可言。惟學者有認連帶債權人中一人，受有利益之判決，為他債權人亦有效力，該他債權人自為判決執行力所及。但連帶債務則否，只能對該債務人執行，判決執行力不及於他債務人，蓋債權人得對連帶債務人中一人為全部給付之強制執行，該債務人不可以尚有其他連帶債務人為由聲明異議，況依民法第 275 條，除有限制情形，對他債務人不生效力，自不可對其他債務人強制執行❺❺。

㈤**為他人為當事人之該他人於訴訟繫屬後之繼受人**

本法第 4 條之 2 第 1 項第 2 款前段規定「為他人而為原告或被告者之該他人及訴訟繫屬後為該他人之繼受人……」亦為執行力所及。此一規定，民事訴訟法第 401 條未規定，學者吳明軒認此係無益之規定，蓋縱法無明文，亦應為相同解釋❺❻，其他則少有說明。按此訴訟繫屬後該他人之繼受

自可對於甲、乙提起確認或回復之訴。

❺❺ 參閱陳榮宗著《強制執行法》第六六頁。

❺❻ 參閱吳明軒撰〈執行名義對於人之效力〉（刊楊與齡主編《強制執行法實例問

人，當指上述之破產人等人之繼受人，即此判決執行力及於該繼受人。就法理言，為他人為原告或被告者，判決效力既及於該他人，則他人之繼受人，亦應為判決效力所及，即為執行力所及。

㈥為他人為當事人者，為該他人或其繼受人占有請求之標的物

本法第4條之2第1項第2款後段規定「為該他人或其繼受人占有請求之標的物者」，亦為執行力所及，亦係民事訴訟法第401條第1項規定所無，學者除吳明軒亦認無規定必要外❶⃝⁷少有說明。此即為他人訴訟者，凡為該他人或其繼受人占有請求之標的物者，亦為執行力所及。例如權利人依破產法第110條對破產管理人行使取回權，該請求之標的物由破產管理人寄託第三人占有者，執行力及於此第三人。

二、其他執行名義

依本法第4條之2第2項規定「前項規定，於第四條第一項第二款至第六款規定之執行名義，準用之。」則除確定判決外，其他之執行名義，亦可準用第1項規定，定其執行力所及之人。例如訴訟上和解、確定之支付命令、本票裁定、拍賣抵押物裁定等，均可準用第1項規定，決定執行力所及之人。是本票裁定後，權利人將本票讓與他人，他人即可執此裁定對債務人強制執行，拍賣抵押物裁定後，抵押物轉讓他人，抵押權人即可以此裁定對受讓人強制執行。惟應注意者，如執行名義係命履行公法上義務者，如民刑事訴訟法之科處證人罰鍰，基於處罰僅及於一身之原則，不能準用，自不可對其繼承人強制執行❶⃝⁸。

又公證法第13條第2項及仲裁法第37條第3項規定就執行力所及範圍有特別規定，故無準用必要。但現既有本法第4條之2第2項規定，上開公證法及仲裁法類似規定，實屬重複，應予刪除。

題分析》第一五頁）。

⑮⁷ 同 ⑮⁶。

⑮⁸ 本法第4條之2立法理由㈡：「……又第四條第一項第二至六款規定之執行名義，間有係命履行公法上義務者，性質上不能繼承，故本條第二項，設準用之規定，俾視具體案件之性質，而能為彈性處理。」

第五款　執行當事人適格爭議之處理

在強制執行程序中，執行當事人是否適格，固依本法第 4 條之 2 規範。然若有爭議，應如何處理？在民國 85 年本法修正前，理論與實務均認可否對第三人執行，係屬執行名義範圍，即依本法第 4 條第 1 項規定，強制執行應依執行名義，其所謂依執行名義，不僅指執行之內容，亦包括執行之當事人 ❿，故不僅是否為適格之執行當事人，屬有無執行名義，且屬執行法院依職權調查之事項 ❿，如有爭議，屬程序事項，依本法第 12 條第 1 項前段處理。例如執行權利人認第三人為執行名義效力所及，聲請執行法院對該第三人執行，如執行法院不允，對此可聲明異議，反之，如執行法院允許，第三人認其非執行名義效力所及，亦可聲明異議。惟民國 85 年本法修正後，設第 14 條之 1 規定，以訴訟方式解決此一爭議。第 1 項規定「債務人對於債權人依第四條之二規定聲請強制執行，如主張非執行名義效力所及者，得於強制執行程序終結前，向執行法院對債權人提起異議之訴。」第 2 項規定「債權人依第四條之二規定聲請強制執行經執行法院裁定駁回者，得於裁定送達後十日之不變期間內，向執行法院對債務人提起許可執行之訴。」即執行法院認執行債務人為適格，但該債務人否認者，債務人依第 1 項提起異議之訴，反之，如執行法院認執行債權人聲請對之執行之人非適格債務人者，不予執行，但執行債權人認執行法院認定有誤，可提

---

❿ 陳世榮著《強制執行法詮解》第四七頁：「第三人是否為確定判決效力所及之人，亦即執行名義關於人之效力問題，執行法院非無權審認，苟第三人非該確定判決效力所及之人，即不得對之執行。」第二二頁：「執行當事人適格與否，係屬於執行法院受理強制執行事件之聲請時，應依職權調查之事項。」楊與齡著《強制執行法論》第四三頁：「強制執行事件，其當事人是否適格，執行法院應依職權調查之。若其當事人不適格者，即應以裁定駁回強制執行之聲請。」

❿ 最高法院 73 年度臺抗字第 277 號判決：第三人是否為確定判決效力所及之人，亦即執行名義關於人之效力問題，執行法院非無權審認，此與執行標的物是否為債務人所有，當事人對之有爭執時，執行法院並無逕行認定之權限者不同，苟第三人非該確定判決效力所及之人，即不得對之執行。

許可執行之訴。凡此,對前者是否仍可依聲明異議救濟?對後者裁定可否抗告:學者有謂可並行❶,亦有學者認執行權利人及執行義務人與執行名義之當事人是否具有同一性,如有爭執,應聲明異議,反之,有無債權讓與債務承擔之實體法律關係,不宜以聲明異議之裁定處理,故增列此一規定,以訴訟解決❷。參見立法理由:「一、執行名義記載之債權人或依第四條之二規定執行名義效力所及之人,對執行名義記載之債務人或依同條規定執行名義效力所及之人聲請強制執行,而受執行者認其非執行名義效力所及者,宜有救濟之途,爰設本條第一項規定。二、執行法院認執行事件之債權人或債務人非執行名義效力所及,而駁回強制執行之聲請時,為解決執行當事人是否為執行名義效力所及之實體上爭執,爰設債權人得提起許可執行之訴之規定,以資回應。又執行債權人受本條第二項之駁回裁定後,其執行事件之當事人適格,未經實體上判斷前,即陷於不確定狀態,爰明定其起訴之法定不變期間,以免當事人久懸於不安狀態。」似謂此屬實體爭執,不可以聲明異議或抗告救濟❸。惟是否為適格當事人,應屬程序事項,本法第4條之2規定之執行當事人適格,包括執行名義所列當事人本人,故上開區分實無必要。而是否為執行力所及,涉及有無執行名義,故仍可適用聲明異議或抗告,僅聲明異議係由執行法院以裁定為之,不同於本條係以訴訟,民事法院以判決為之,有既判力。但聲明異議所審查之事項實與本項債務人異議之訴審查者相同,事實上,執行法院審查者,亦有涉及實體法律關係,例如除去租賃權,仍可適用訴訟法理,給當事人充分陳述,類似言詞辯論即可,毋庸如此規定須訴訟。茲既無排除規定,自可一方面聲明異議,一方面訴訟,但裁判結果不一,仍應以判決為準。蓋

---

❶ 參閱楊與齡著前揭第一四一頁。

❷ 參閱張登科著前揭第一六九頁。

❸ 依吳明軒撰〈強制執行法修正對最高法院判例及民事庭會議決議之影響〉一文,認債權人對駁回強制執行聲請之裁定,依第十四條之一第二項規定,應提許可執行之訴,而非抗告,即認不可聲明異議(刊楊與齡主編《強制執行法爭議問題研究》第四三八頁)。

前者之處理無既判力，後者為訴訟事件，有既判力。惟就同一爭執，有兩套救濟程序，裁判結果可能分歧，終非妥適，實應檢討本項規定有無必要。尤其：⑴歷經三審判決確定者，在執行時，因有爭議否認為執行力所及，例如是否為繼承人，須對之訴訟，再經三審判決，拖延時間，徒增困擾。⑵在許可執行之訴，有爭議者似為執行法院，何以須對無爭議之債務人訴訟？⑶在判決當事人是否為同一之爭執，即是否為判決當事人，例如公司是否合併等爭執，全無涉及實體，故愚意以為本條立法有誤，應予刪除。

關於異議之訴及許可執行之訴，詳見後述第二十節及第二十一節。

第九節　強制執行之客體（標的）

強制執行之客體係指執行標的，即執行法院依執行名義，為實現權利人權利，對之實施執行力者，不限於物，包括權利及人在內，故本法就強制執行之客體可分為財產執行（按：指物、權利）及人身執行（按：指以人為客體），本法第 22 條第 2、4、5 項規定，執行法院可以限制住居、拘提、管收方式，屬人身執行，其他就本法第 2 章關於金錢請求權之執行，除實行擔保物權係指執行名義所特定之擔保物外，指債務人之責任財產。就第 3 章關於物之交付請求權之執行，係指執行名義所命債務人應交付之動產、不動產等。就第 4 章關於行為、不行為請求權之執行，則指義務人之人身自由，僅第 128 條第 3 項交付子女或被誘人者，如以直接強制方法取交權利人，實係以該子女、被誘人為執行客體。

遠古時代，係以人身執行為原則❶，但在現代各國法制，因注重人權，

---

❶ 依張永泉、胡亞球撰〈民事執行之客體研究〉一文指出：在古代社會裡，往往把人身作為執行客體。古羅馬時期，根據十二銅表法第三表的規定，對金錢債權之強制執行，就是以債務人人身為執行客體。債務人在法定期限內不履行債務，債權人可以將債務人視為奴加以拘禁六十天，在此期限內債務人仍不能清償債務的，債權人可以將債務人殺死或賣到外國為奴；如果債權人為數人，可將債務人的肢體分解後在數個債權中加以分配（刊楊與齡主編《強制執行法爭

皆以財產執行為原則，人身執行為例外，茲就此等說明之。

第一款　責任財產

在第 2 章關於金錢請求權之執行及第 4 章之第 127 條之令債務人繳納費用、第 128 條、第 129 條之處怠金時，係以債務人之財產為執行客體，而此財產，即債務人應負責任者，故稱責任財產。

關於責任財產之範圍，法律並未規定，僅因債務人之財產為其債務總擔保，故其總財產原則即為責任財產。至此總財產，一般係指債務人所有具有金錢價值，足以換價而清償權利人者，故感情之物，不具金錢價值，即非責任財產。又僅屬權能而非獨立有財產價值者，例如解除權，亦非責任財產。關於責任財產範圍，說明如下：

一、必須為債務人財產

債務人必須以自己之財產負責，故責任財產係指債務人所有者而言。至於是否為債務人所有，固應以實體法律關係為準，但在強制執行時，因強制執行事件為非訟事件，執行法院僅於形式審查是否為債務人所有，無權就實體關係為審酌，故實體上雖屬債務人財產，但形式上不是者，仍不可列入執行，例如債務人與第三人為通謀虛偽意思表示將不動產移轉第三人，雖依民法第 87 條第 1 項前段規定「表意人與相對人通謀而為虛偽意思表示者，其意思表示無效。」此一移轉無效，該不動產應屬債務人所有，但形式上登記為第三人所有，執行法院無權認定為虛偽移轉，自不可視為債務人責任財產執行，必須由債權人起訴塗銷登記，回復為債務人所有始可執行。

下列財產雖屬第三人，但例外應可執行：

㈠第三人願提供為執行客體者：基於債可由第三人清償之原則，應允許對之執行，按諸誠信原則，第三人事後不可反悔撤回同意而提第三人異議之訴❶⑥⑤。

議問題研究》第九五頁）。

❶⑥⑤　參閱陳世榮著《強制執行法詮解》第一六一頁及拙文〈所有權人、典權人、留置權人、質權人是否一定可提第三人異議之訴——兼評最高法院四十四年臺上

㈡債務人有期待利益之財產：目前雖係第三人所有，但將來屬債務人所有，例如果實未收割前，依民法第 66 條第 2 項規定「不動產之出產物，尚未分離者，為該不動產之部分。」固屬土地之部分，為土地所有權人所有，但依民法第 70 條第 1 項規定「有收取天然孳息權利之人，其權利存續期間內，取得與原物分離之孳息。」可於收割時取得所有權，故本法第 53 條第 1 項第 5 款規定，債務人如能於一個月內收穫者，即可視為其所有動產以執行之。

至於信託之財產，雖在信託人與受託人間仍屬信託人財產，但一方面在未終止信託前，形式上仍屬受託人財產，另一方面依信託法第 12 條第 1 項規定「對信託財產不得強制執行。但基於信託前存在於該財產之權利、因處理信託事務所生之權利或其他法律另有規定者，不在此限。」亦不可視為受託人財產，縱此信託有害於信託人之債權人，依信託法第 6 條第 1 項規定「信託行為有害於委託人之債權人權利者，債權人得聲請法院撤銷之。」在未撤銷前，仍不可視為信託人之責任財產。惟一方面此項撤銷，有同法第 7 條除斥期間之限制，另一方面債權人主張有害，亦不易舉證，尤其在信託時尚有其他財產，在債務清償期未屆至前，債權人難以發現有害，故此制度，對有意逃債之信託人，實為便利，甚至有受益人即為信託人者，更值得商榷。

二、必須執行時為債務人所有

㈠關於責任財產究指債權成立時抑或強制執行時者？就民法第 244 條之撤銷權觀之，應指債權成立時，即債權成立時之債務人財產為其債務總擔保，故事後處分其財產為詐害行為時，可撤銷以回復為債務人所有。但強制執行係在債權成立後，其間發生變化，而債務人雖有債務，並非表示不可處分財產，故就強制執行而言，責任財產，應指強制執行時之財產。至於債務人先前之處分行為縱可撤銷，在未依法撤銷回復為債務人所有時，仍不可執行。

㈡債務人基於繼續性給付之契約，例如醫生之勞健保醫療費用、受僱

字第七二一號判例）（收錄拙著《強制執行法學說與判解研究》第一四〇頁）。

人按月計酬每月工資，皆需經過一定期間，始可請求第三人給付，故執行時，因期間未到雖尚未發生，但只要未終止契約以前，仍有發生之可能，應認屬債務人執行時之財產❶❻❻，本法第 115 條之 1 規定「對於薪資或其他繼續性給付之債權所為強制執行，於債權人之債權額及強制執行費用額之範圍內，其效力及於扣押後應受及增加之給付。」足證可以執行。

㈢承攬之酬金，依民法第 490 條規定「稱承攬者，謂當事人約定，一方為他方完成一定之工作，他方俟工作完成，給付報酬之契約。約定由承攬人供給材料者，其材料之價額，推定為報酬之一部分。」固須於工作完成或交付始可請求給付，但承攬契約成立時，即應有債權，故執行時已有承攬契約，即應認債權存在，可對之執行❶❻❼。

三、須非不得執行之財產

㈠依權利之性質不得執行者

1. **不融通物**：不融通物有二，一係法律禁止持有，一係法律不禁止持有，但禁止為交易標的，前者例如毒品、武器，後者例如早期動員戡亂時期為總動員物質之黃金，如屬前者，因法律禁止持有，自不可交易，無法換價，故不得為執行標的，後者仍可為執行標的，僅不能拍賣，例如醫院之麻醉藥品，應以變賣方式處理，注意事項 34 ⑵「查封之動產，如為依法令管制交易之物品，應依職權洽請政府指定之機構，按照規定價格收購之。」有特別規定。

2. **專屬權**：即專屬某一人之權利，可分為權利歸屬之專屬權與行使上之專屬權，前者或因權利關係，注重特定權利人與義務人間之主觀關係，例如人格權、終身年金權、委任契約或僱傭契約所生之權利。惟應注意者，此等權利雖因專屬性不得強制執行，但債務人因該權利所得之金錢，既屬

---

❶❻❻ 參閱張登科撰〈薪水債權之強制執行〉及拙文〈對於全民健保特約診所得向主管機關領取之醫療費用之執行〉（刊楊與齡主編《強制執行法爭議問題研究》第三九八頁、第四一○頁）。

❶❻❼ 參閱拙文〈對工程款強制執行之問題研究〉（收錄上揭《強制執行法學說與判解研究》第六三頁以下）。

債務人所有，與一般金錢無異，自得對之執行，縱使已存入金融機關，亦屬對第三人之金錢債權，可以執行，不因其係基於專屬權所生而不得執行，蓋性質已變更。前者又或因權利之性質，注重權利人與義務人間之信任關係，例如租賃權，即債務人為承租人對出租人之權利，亦有專屬性。但此類權利，既僅係因信任關係不得讓與，從而如經第三人（例如出租人）同意，自得轉讓，亦得執行，故注意事項63規定「就債務人之公有財產租賃權或其他須經主管機關同意始得轉讓之財產權為執行時，應先囑託各該主管機關禁止債務人處分，並經其同意轉讓後，始得命令讓與。」後者，僅權利之行使與否，專由權利人決定，例如因身體、健康、名譽、自由、信用、隱私、貞操或其他人格法益被不法侵害，雖非財產上損害，亦得請求賠償相當之金額（即俗稱慰藉金，參照民法第195條第1項），此項請求權是否行使，由被害人決定，是為行使上之專屬權。然此種權利僅係在決定行使前，不得執行，一經行使，即與普通財產權無異，有移轉性，可予執行，例如上述慰藉金權利，民法第195條第2項即規定：「前項請求權，不得讓與或繼承。但以金額賠償之請求權已依契約承諾，或已起訴者，不在此限。」

3.國家或自治團體基於公權力主體之賦稅公課徵收權：債務人為國家或自治團體，其對人民之所得稅、營業稅等徵收權，此等稅收有一定目的，基於公權力行使的需要，不得執行。

4.國家或自治團體本於行政權作用而為之給付：債務人為政府機關或自治團體，因所有支出皆須有預算始可使用，而各預算科目不容混用，故執行名義所令之給付，列有預算項目者，可對公庫執行者外，不在原列預算項目範圍之內，應由該機關於原列預算內之預備金項下支付或另行辦理預算法案撥付（參照注意事項65之1），不可執行其行政經費或公庫存款。

㈡法律禁止為執行標的者

在本法與其他法律有規定禁止為執行標的者，自不可為執行標的。

1.本法有規定者：例如本法第52條第1項、第53條第1項、第122條（詳閱各節）。

2.**其他法律規定**：即其他法律明定禁止讓與及扣押者，例如勞動基準法第 58 條第 2 項「勞工請領退休金之權利，不得讓與、抵銷、扣押或供擔保。」第 3 項「勞工依本法規定請領勞工退休金者，得檢具證明文件，於金融機構開立專戶，專供存入勞工退休金之用。」第 4 項「前項專戶內之存款，不得作為抵銷、扣押、供擔保或強制執行之標的。」故不得執行。

至於下列財產可否為執行標的，則有爭議：

一、依當事人約定不得讓與之債權

就契約自由原則，不得讓與特約有效，自不得執行，但如此結果，無異等於承認可依當事人意思使債務人財產不得執行，使強制執行喪失功用，故實務上認為仍可強制執行。注意事項 62⑴規定「依當事人之特約，不得讓與之金錢債權，執行法院仍得發移轉命令。」即表示可以執行。

二、商號權

愚意以為不得為執行標的，蓋商號權屬人格權❶⓰⓼，非財產權，自不得為執行標的❶⓰⓽，惟因商號權可隨商業之移轉而轉讓，故亦有認其可為執行

---

❶⓰⓼　參閱拙文〈商號權之性質〉（刊《法令月刊》第四十卷第五期）。司法業務研究會第 21 期：一、獨資商號依商業登記法辦理登記之名稱，與人之姓名權同屬人格權，不得為強制執行標的，但商號之營業權尚非具體之權利，而係商號名稱權利與利益之泛稱（如商號之設備、資財、與第三人間之權利等），此種權利與利益雖得以其個別之權利與利益為執行之對象，但營業權本身究非獨立與具體之權利，自不能為強制執行之標的。至於前司法行政部六十年三月二十日臺六十令民字第二二五四號令所指「當舖因案被法院強制執行時，其營業權可依強制執行程序轉讓」，應係指對當之特許利益予以執行而言，當非僅指對其單純營業權之強制執行。本題所稱對某乙獨資煤氣所營業權之強制執行，如係以營業權為強制執行之標的，應非法所許。二、次查公司登記、商業登記機關核發之公司執照、營利事業登記證係表彰公司或行號登記事項之證明文件，尚非屬產權或債權之證明文件，並無強制執行法第一百二十一條之適用。自不能因未交出公司、行號之證照，而宣布該書狀無效。三、本件研究意見，甲、乙、丙三說立論均有未洽。

❶⓰⓽　參閱陳世榮著《強制執行法》第三六四頁。

標的 ❿。

三、報紙發行權

實務上認屬專屬權，不可為執行標的 ⓐ。

四、需經第三人同意始得移轉之財產

依公司法第 55 條規定「股東非經其他股東全體之同意，不得以自己出資之全部或一部，轉讓於他人。」第 111 條第 1 項規定「股東非得其他股東表決權過半數之同意，不得以其出資之全部或一部，轉讓於他人。」私立學校法第 49 條第 1 項規定「學校法人就不動產之處分或設定負擔，應經董事會之決議，並報經學校主管機關核轉法人主管機關核准後辦理；其購置或出租不動產者，亦同。」此等財產可否為執行客體？就各該規定觀之，如不同意，即不能讓與，故可否為執行客體須視有同意權人是否同意，則有同意權人不同意時，即不可執行，實有損權利人權利，除公司法第 111 條第 4 項設有特別規定「法院依強制執行程序，將股東之出資轉讓於他人時，應通知公司及其他股東，於二十日內，依第一項或第二項之方式，指定受讓人；逾期未指定或指定之受讓人不依同一條件受讓時，視為同意轉讓，並同意修改章程有關股東及其出資額事項。」及第 66 條第 1 項第 6 款規定，出資款經強制執行，發生退股效力，可就退股之出資返還或盈餘分配執行外，其他皆無（按：就此特別規定觀之，有無同意，仍不影響可為責任財產）。私立學校法之規定固有助私立學校財務安定，但對私立學校之籌備財源或購買設備，即有困難，蓋他人因有此限制不敢與之交易。

五、私有公用物

私有公用物，僅使用目的受限制，應仍可為執行客體 ⓑ。

---

❿　參閱吳鶴亭著《強制執行法實用》第三九九頁、耿雲卿著《強制執行（下）》第九〇五頁、楊與齡著前揭第六八二頁。

ⓐ　司法院院解字第 3074 號解釋：在日報社擔任發行之人，依新聞記者法第一條之規定為新聞記者，須具有同法第三條所列各款資格之一，依同法聲請核准領有新聞記者證書後，始得為之。故在日報社擔任發行之人死亡時，除關於日報社之財產上權利義務，由其繼承人承受外，其發行人之地位，不得繼承。

六、合夥之出資

依民法第 683 條規定「合夥人非經他合夥人全體之同意，不得將自己之股份轉讓於第三人。但轉讓於他合夥人者，不在此限。」合夥人之出資須經他人同意始可為執行客體。但依第 685 條第 1 項規定「合夥人之債權人，就該合夥人之股份，得聲請扣押。」第 2 項「前項扣押實施後兩個月內，如該合夥人未對於債權人清償或提供相當之擔保者，自扣押時起，對該合夥人發生退夥之效力。」則若未經同意，股份固不可為執行客體，但仍可發生退夥效力，可就出資返還權利及利益分配權利為執行❼⓷。

七、經刑事扣押或行政處分扣押之財產

依刑事訴訟法第 133 條第 1 項規定「可為證據或得沒收之物，得扣押之。」第 2 項規定「為保全追徵，必要時得酌量扣押犯罪嫌疑人、被告或第三人之財產。」行政執行法第 38 條第 1 項規定「軍器、凶器及其他危險物，為預防危害之必要，得扣留之。」海關緝私條例第 17 條第 1 項規定「海關查獲貨物認有違反本條例情事者，應予扣押。」第 2 項規定「前項貨物如係在運輸工具內查獲而情節重大者，為繼續勘驗與搜索，海關得扣押該運輸工具。但以足供勘驗與搜索之時間為限。」第 18 條規定「船舶、航空器、車輛或其他運輸工具，依本條例應受或得受沒入處分者，海關得予以扣押。」此等物品可否為執行客體？按此等物品雖經扣押，但在未沒收、未追徵、沒入前，應為義務人財產，自可為執行客體，僅法院於查封後，

---

❼⓶ 最高法院 65 年臺抗字第 172 號判例：公用物屬於私有者，如附以仍作公用之限制（即不妨礙原來公用之目的），亦得作為交易之標的物。本件拍賣公告中載明：拍賣之土地由民航局占用，拍賣後不點交等語，可見拍賣後，仍可照舊供機場使用，應無不得查封拍賣之法律上理由。

❼⓷ 最高法院 31 年上字第 3083 號判例：合夥財產為合夥人全體之公同共有，自不得以合夥財產之一部，為合夥人中一部分人債務之執行標的物。民法第六百八十五條第一項雖規定合夥人之債權人，就該合夥人之股份得聲請扣押，然由同條第二項之規定推之，其扣押之標的物，實僅為該合夥人因退夥所得行使之出資返還請求權及利益分配請求權，仍非以合夥財產之一部為合夥人中一部分人債務之執行標的物。

不可立即拍賣，應視有無沒收、追徵、沒入而定。惟有學者認如係為沒收而扣押，不可為執行客體，但若係執行特種刑事案件之沒收全部財產者，仍可為執行標的物，又為證據之用而扣押，需待撤銷扣押發還時，始可執行❿。然愚意以為沒收不僅需待法院判決確定始生沒收效力，而且扣押物並非一定沒收，除刑法規定應沒收者外，其他法院仍可審酌，苟不可執行，則若未沒收時，如何處理？再如不先扣押、查封，待發還時，權利人不知何時發還，如何執行，參照司法院 24 年院字第 1238 號解釋：「行政機關，本其行政權之作用，標封人民之財產，與法院依當事人之聲請，對於債務人之財產實施假扣押，係屬兩事。若法院將行政機關已標封之財產實施假扣押，自係就行政機關標封目的以外之財產（即標封目的所餘剩之財產）實施假扣押，將來就此假扣押之財產而為分配，縱有多數債權人，亦僅得就其所扣押之範圍分配。」似可同時查封、扣押。

八、證件、執照

有關證明文件，如國民身分證、駕駛執照、汽車執照、補習班執照、漁船牌照、酒家執照、建造執照等，就其證件本身而言，固屬動產，但此係證明一定身分、資格之公文書，凡有此身分資格者，即可向主管機關請領，主管機關之核發為行政處分，本身並非財產權，除非法律明定為權利，例如商標權、專利權，故雖民間有轉讓此等證明文件並有行情（例如因行政管制，不准再設補習班，再發遊覽車牌照等，但可私下讓與此等牌照，由受讓人繼續經營。又如不法之徒買賣國民身分證、駕駛執照），但亦不得為執行標的。最高法院 94 年度臺抗字第 735 號裁定：「藥品許可證之核發性質上屬行政處分，非屬強制執行法上財產上價值之獨立權利，……。取得藥品許可證之藥商雖因此可製造藥品獲得利益，僅屬行政上之反射利益，非一般權利可自由讓與，自不得以藥事法第四十六條規定，認藥品許可證具有財產權性質，而得為強制執行之標的。」及 94 年度臺抗字第 865 號裁定：「……，依建築法規定所核發之執照，僅為建造、使用或拆除建築物或工作物之許可（建築法第二十六條）。屬表彰行政處分之公文書，不具財產

---

❿　參閱陳世榮著前揭第三〇頁、張登科著前揭第九六頁、楊與齡著前揭第五〇頁。

交易之性質。故依同法第三十條、第三十一條規定所申請之建造執照，其起造人如有變更，除依第五十五條第一項第一款或其他規定，向主管建築機關申報變更起造人外，尚不得將該建造執照併同建築物為讓與，自不得以之為強制執行之標的。」均認同之。

第二款　交付物

本法第 3 章關於物之交付請求權之執行，係依執行名義命義務人應交付一切之動產、不動產、船舶、航空器、建造中之船舶（參照本法第 123 條、第 124 條），則執行之客體為此特定之動產等，此時自無前述責任財產之限制。

又本法第 123 條第 2 項規定「債務人應交付之物為書據、印章或其他相類之憑證而依前項規定執行無效果者，得準用第一百二十一條、第一百二十八條第一項之規定強制執行之。」係民國 85 年修正增加，此時以宣告無效代之，即無交付物可言。

第三款　義務人

本法第 22 條、第 128 條第 1 項、第 129 條第 1 項係以限制住居、拘提、管收義務人方法執行，此時即以義務人之人身為執行客體。

至於本法第 127 條第 1 項之執行，則非以義務人之人身自由為執行標的，實係執行其金錢。

第十節　強制執行之要件

強制執行必須符合一定要件始可實施，茲分述如下：

第一款　聲請強制執行

依本法第 5 條第 1 項規定，必須權利人具狀聲請，執行法院始可開始強制執行。

壹、聲請狀記載事項

聲請強制執行之書狀，依本法第 5 條第 1、2 項、第 30 條之 1 準用民事訴訟法第 116 條、第 117 條規定，應記載事項如下：

一、當事人及法定代理人：即權利人、義務人之姓名、名稱、住所、居所、法人及團體之事務所或營業所。如為法人或未成年人，應記載法定代理人，如有代理人，亦應記載。

二、請求實現之權利：即執行名義所表彰之權利、義務。

三、法院：即受理聲請強制執行之法院。

四、年、月、日，即撰狀之時間。

五、權利人或代理人於書狀末尾簽名。

另書狀內宜記載執行之標的物、應為之執行行為或本法所定其他事項（參照本法第 5 條第 2 項）。所謂執行之標的物，在金錢債權之執行，指所欲執行義務人之財產。如係請求交付或返還動產、不動產者，指執行名義所命交付或返還之該動產或不動產。應為之執行行為，指義務人依執行名義應為者，例如登報道歉。本法所定其他事項，例如依執行名義須提供擔保者，記載已提供擔保完畢。

在金錢債權之執行，如不知義務人有何財產可供執行，依本法第 19 條第 2 項規定「執行法院得向稅捐及其他有關機關、團體或知悉債務人財產之人調查債務人財產狀況，受調查者不得拒絕。但受調查者為個人時，如有正當理由，不在此限。」可於強制執行聲請狀聲請法院向有關機關查明，實務上多係向國稅局等稅捐機關查明。另權利人亦可依稅捐稽徵法第 33 條第 1 項第 8 款，先向稅捐機關查明義務人財產，再聲請強制執行。

貳、應附執行名義之證明文件

聲請強制執行必須有執行名義，而此執行名義之證明文件即須附於聲請狀一併提出。依本法第 6 條第 1 項規定，此證明文件為：

一、依第 4 條第 1 項第 1 款聲請者，應提出判決正本並判決確定證明書或各審級之判決正本。

二、依第 4 條第 1 項第 2 款聲請者，應提出裁判正本。

三、依第 4 條第 1 項第 3 款聲請者，應提出筆錄正本。

四、依第 4 條第 1 項第 4 款聲請者，應提出公證書。

五、依第 4 條第 1 項第 5 款聲請者，應提出債權及抵押權或質權之證明文件及裁定正本。

六、依第 4 條第 1 項第 6 款聲請者，應提出得為強制執行名義之證明文件。

上開以拍賣抵押物裁定為執行名義聲請強制執行者，在本法民國 85 年修正前係規定「應提出債權『或』抵押權……證明文件及裁定正本。」今將「或」改為「及」，實有欠妥。蓋除係最高限額抵押權者，因設定時尚無債權存在，必須有債權證明文件始可聲請拍賣抵押物裁定，則執行時，命提出債權證明文件，固無不可。但如係普通抵押權，依抵押權之從屬性，係有債權始可設定，聲請拍賣抵押物裁定時，不需提出債權證明文件（參見第三節第四款第五目），何以持該裁定聲請強制執行時反而需提出債權證明文件？故此修正不妥。修正理由：「二、抵押權與質權均為擔保債權之從屬權利。是抵押權或質權之行使，以其所擔保之債權存在為前提。故債權人行使各該擔保物權時，不僅須證明其各該擔保物權存在，同時須證明其所擔保之債權存在。本條第一項第五款規定之『債權』下為一『或』字，依此規定，祇須提出其債權或物權證明文件二者之一，即得行使權利，易滋流弊。爰將之修正為『及』字，以期周延。」應係指最高限額抵押權。

目前實務上，常有法院對持拍賣抵押物裁定、本票裁定聲請強制執行者，認需裁定送達債務人後，甚至需有確定證明書始可執行，此一見解有誤。蓋不僅上開第 6 條第 1 項第 5、6 款未如第一款規定需有確定證明書，且縱對該裁定抗告，依民事訴訟法第 491 條第 1 項規定「抗告，除別有規定外，無停止執行之效力。」仍可執行，足見不需確定，即可執行。僅有認為裁定需經送達始生效力，如有確定證明書則可證明業已送達。惟：㈠法律就此並無明文規定需送達債務人始可執行。㈡民事訴訟法未規定裁定送達後始生效，僅第 238 條前段規定「裁定經宣示後，為該裁定之法院、審判長、受命法官或受託法官受其羈束；不宣示者，經公告或送達後受其

羈束。」然一方面送達聲請人者，裁定亦生羈束力，另一方面羈束力係對裁定之法院言，非對當事人。㈢送達與確定不同，先有送達，始有確定可言，二者有時間差距。縱認需送達相對人裁定始生效力，只需有送達之證明文件，例如送達證書、抗告狀繕本即可，亦毋庸以確定證明書證明送達。

前項證明文件，執行法院應予審查，例如判決是否確定，非因有確定證明書即可當然認為確定❿，又證明文件未經提出者，執行法院應調閱卷宗。但受聲請法院非係原第一審法院時，不在此限（參照本法第6條第2項）。

權利人之聲請尚包括下列視同聲請者：

一、移 送

民事法院科處證人罰鍰之執行，移送民事執行處執行，此一移送與聲請同。

二、囑 託

依刑事訴訟法第471條第2項「前項執行，檢察官於必要時，得囑託地方法院民事執行處為之。」少年事件處理法第60條第2項「前項裁定，得為民事強制執行名義，由少年法院囑託各該法院民事執行處強制執行，免徵執行費。」之囑託，亦同聲請。

三、自助行為之聲請

依民法第151條規定「為保護自己權利，對於他人之自由或財產施以拘束、押收或毀損者，不負損害賠償之責。但以不及受法院或其他有關機關援助，並非於其時為之，則請求權不得實行或其實行顯有困難者為限。」權利人可為自助行為，自助行為實施後，依民法第152條第1項規定，應即時向法院聲請處理。至此法院應如何處理，民法未規定，民國85年修正本法時，增設第5條之2第1項規定「有執行名義之債權人依民法第一百五十一條規定，自行拘束債務人之自由或押收其財產，而聲請法院處理者，

---

❿ 最高法院81年臺抗字第114號判例：強制執行應依執行名義為之，執行法院對於執行名義是否有效成立，自應加以審查。未確定之支付命令，不備執行名義之要件，其執行名義尚未成立，執行法院不得據以強制執行。法院誤認未確定之裁判為確定，而依聲請付與確定證明書者，不生該裁判已確定之效力。執行法院就該裁判已否確定，仍得予以審查，不受該確定證明書之拘束。

依本法規定有關執行程序辦理之。」並於第 2 項規定「前項情形，如債權人尚未聲請強制執行者，視為強制執行之聲請。」即在有執行名義者，聲請即視同強制執行之聲請。

第二款　強制執行開始之限制

依本法第 4 條第 2 項規定「執行名義附有條件、期限或須債權人提供擔保者，於條件成就、期限屆至或供擔保後，始得開始強制執行。」第 3 項規定「執行名義有對待給付者，以債權人已為給付或已提出給付後，始得開始強制執行。」此為開始強制執行之限制，即執行名義有此限制者，必須符合此一要件，始可開始強制執行，故此限制，亦可謂執行開始之要件。茲就此等限制說明之：

一、條　件

按條件依民法規定有停止條件及解除條件，此處雖未規定，但就法理言，應指停止條件，即條件成就始可強制執行，例如債權人對債務人及普通保證人起訴請求清償，保證人行使民法第 745 條之先訴抗辯權，判決主文除判令債務人給付若干元外，就普通保證人部分判決「前項強制執行無效果時，被告○○○應給付之。」此時對普通保證人之執行名義即係附有停止條件，必須對債務人強制執行無效果之條件成就，始可對其執行。至於解除條件可使執行名義喪失效力，不包括在內，蓋解除條件成就，屬消滅權利人請求之事由，應提債務人異議之訴。

至於加速條款、過怠約款、失權約款，即在和解、調解為分期給付者，如有一期不履行視為全部到期之約定或判決有民事訴訟法第 396 條第 2 項規定「法院依前項規定，定分次履行之期間者，如被告遲誤一次履行，其後之期間視為亦已到期。」者，此「一期不履行」為聲請全部強制執行之條件。

又執行名義之給付有預備者，即應先給付某物，但如執行不能時，則應為其他給付，即後者之給付以前者給付不能為條件。

二、期 限

執行名義附有期限情形有二，一係執行名義之權利本身有期限，一係法院所定之履行期限，前者例如清償期未至，權利人提起將來給付之訴（參照民事訴訟法第 246 條）。後者係民事訴訟法第 396 條第 1 項之「判決所命之給付，其性質非長期間不能履行，或斟酌被告之境況，兼顧原告之利益，法院得於判決內定相當之履行期間或命分期給付。經原告同意者，亦同。」定履行期間或分次履行之判決。但不論係何種，均須於期限屆至始可開始強制執行。

上開期限如指明特定時日，即以此時日為準，固無問題，如僅係定一期間，例如定履行期間之判決，其主文僅諭知「履行期間若干日」，其確定日應依民事訴訟法第 396 條第 3 項規定「履行期間，自判決確定或宣告假執行之判決送達於被告時起算。」則：

㈠判決未宣告假執行者，以判決確定時起算履行期間。

㈡判決有宣告假執行者，縱以確定判決聲請強制執行，履行期間仍以假執行判決送達義務人時起算❿。

㈢第一審判決宣告假執行，但未定履行期間，第二審法院判決始定履行期間，此履行期間仍自第一審判決正本送達義務人時起算⓱。

三、擔 保

凡假扣押、假處分、假執行之裁判有令權利人提供擔保者，則須經提供擔保完畢，始可執行。至於有無提供，以提存書為證。又提存不僅可在

---

❿ 最高法院 67 年臺抗字第 193 號判例：履行期間，自判決確定或宣告假執行之判決送達於被告時起算，為民事訴訟法第三百九十六條第三項所明定。則定履行期間之判決，未經宣告假執行者，其履行期間自該判決確定時起算，反之，如經宣告假執行者，其履行期間應自宣告假執行之判決正本送達於被告（即債務人）時起算，為解釋上所當然。本件相對人據以聲請強制執行之執行名義，係第一審法院宣告假執行判決，該假執行判決於第二審所定履行期間，應自假執行判決正本送達再抗告人（即債務人）時起算。

⓱ 同❿。

裁判法院辦理，亦可在欲聲請強制執行之法院為之。

四、對待給付

依民法第 264 條第 1 項規定「因契約互負債務者，於他方當事人未為對待給付前，得拒絕自己之給付。但自己有先為給付之義務者，不在此限。」參照最高法院 39 年臺上字第 902 號判例「被告就原告請求履行因雙務契約所負之債務，在裁判上援用民法第二百六十四條之抗辯權時，原告如不能證明自己已為對待給付或已提出對待給付，法院應為原告提出對待給付時，被告即向原告為給付之判決，不得僅命被告為給付，而置原告之對待給付於不顧。」則法院於原告請求有對待給付者，一經被告行使同時履行抗辯權，即應為對待給付判決。

依本法第 4 條第 3 項規定，此時權利人必須證明已為給付或已提出給付，始得開始強制執行。所謂已為給付，即已給付義務人。所謂已提出給付，係尚未給付義務人，但已準備妥當，隨時可給付。就同時履行抗辯權之本旨言，雙方皆無先為給付之義務，故權利人只需提出給付即可，毋庸「已為給付」，但權利人願先為給付，亦無不可，故本法第 4 條第 3 項規定「以債權人已為給付或已提出給付後」，但不能解為一定要權利人已為給付，始可執行。

提出給付之證明方法，有謂可以提存書或由執行法院訊問債務人 **❼⑧**，應不以此為限，凡能證明有提出者皆可，例如已以存證信函通知義務人將應給付之者準備妥當即可。又此提存必須係合法者，否則仍不生提出對待給付效力 **❼⑨**。

關於對待給付判決，義務人可否就對待給付部分，反向權利人聲請強制執行，一般均採否定說 **❽⓪**。蓋對待給付僅為開始執行要件，其本身並非

---

❼⑧ 參閱張登科著前揭第六二頁。

❼⑨ 依民法第 326 條規定「債權人受領遲延，或不能確知孰為債權人而難為給付者，清償人得將其給付物，為債權人提存之。」故若不符合此規定之提存，仍不生效。

❽⓪ 參閱陳世榮著《強制執行法詮解》第八六頁、張登科著前揭第六三頁、陳榮宗

執行名義，義務人如欲以之為執行名義，應提反訴，俾法院判令權利人給付，對權利人始有執行名義。惟實務上有認判決固不可，但和解、調解，因兩造互可請求，應可據之聲請執行 **⑱**，學者亦有肯認者 **⑱**。

以上四項限制，除條件為加速條款外，權利人應提出證明，由執行法院審查，以決定可否開始強制執行。至於分期給付約定有加速條款者，即一期不履行視為全部到期，因不履行為消極事實，依舉證法則，權利人毋庸舉證，應由義務人證明已為履行，否則即應視為條件成就。又關於對待給付，學者有謂「如債權人對債務人另有債權，可否主張與應為對待給付部分抵銷，聲請強制執行？按對待給付部分是否因抵銷而消滅，須視自動債權是否存在，有無抵銷適狀，以及抵銷意思表示之存否，抵銷意思表示有無效力等要件定之，因執行法院就前述抵銷要件之實體事項，並無調查審認之權限，因此債權人不能就對待給付主張抵銷，而聲請強制執行。惟債務人如承認對待給付部分業已抵銷，應認已具備開始強制執行之要件。蓋債務人既已承認，執行法院即勿庸再加調查。」**⑱** 惟愚意以為抵銷本屬

著《強制執行法》第一〇五頁。

⑱ 最高法院 63 年臺抗字第 378 號民事判決：對待給付，當然有對待給付請求權存在。否則，法院即不得為對待給付之判決（和解或調解亦同）。又調解成立者，與訴訟上和解有同一之效力。而和解成立者則與確定判決有同一之效力，是調解筆錄記載應予給付之事項，與判決主文相同，縱屬對待給付，亦係就對待給付請求權而為調解，如不履行，非不可根據調解筆錄（該筆錄為執行名義之證明文件）聲請執行。司法院民國 73 年 7 月 20 日(73)廳民二字第 553 號函：按被告在裁判上援用民法第二百六十四條之同時履行抗辯權時，原告不能證明自己已為給付或已提出給付，法院應為原告提出對待給付時，被告即向原告為給付之判決（最高法院二十九年上字第八九五號判例參照），此項命原告為對待給付之判決，性質上僅係限制原告請求被告給付所附加之條件亦即債權人開始強制執行之要件，並非獨立之訴訟標的，尚無既判力，亦無執行力，從而債務人自不得請求就債權人之對待給付強制執行。研究結論採甲說並無不合。

⑱ 參閱楊與齡著前揭第一二五頁。

⑱ 參閱張登科著前揭第六二頁。

權利人之權利，隨時均可主張，故權利人就對待給付主張抵銷，應無不可，僅若義務人否認，因涉及權利人有無為對待給付，屬開始執行之限制，執行法院有權審酌抵銷是否適法，正如權利人主張義務人就對待給付有免除、義務人就對待給付之提出是否符合債務本旨有爭執時，執行法院均有權審酌。

另學者有認執行名義之送達，外國立法例設有為執行開始要件，本法雖未規定，解釋亦同❶，然多數學者均未列入，愚意亦以為無此必要，事實上，本法執行名義為裁判者，除假扣押、假處分外，多係送達後始可執行。

第三款　執行障礙

執行障礙係指依法律規定，有一定事由時，阻礙執行程序之開始或進行，須依其他程序處理。

關於執行障礙事由有：

一、破　產

依破產法第 98 條「對於破產人之債權，在破產宣告前成立者，為破產債權，但有別除權者，不在此限。」第 99 條規定「破產債權，非依破產程序，不得行使。」第 65 條第 1 項第 5 款規定「破產人之債權人，應於規定期限內向破產管理人申報其債權，其不依限申報者，不得就破產財團受清償。」是凡債務人宣告破產者，執行程序即不得開始或繼續進行，債權人應另向破產管理人申報債權，依破產程序行使債權，如強制執行已拍定，執行法院應將拍賣價金交破產管理人，仍可發權利移轉證書或交付拍賣物。又依上開第 98 條但書及第 108 條第 1 項「在破產宣告前，對於債務人之財產有質權、抵押權或留置權者，就其財產有別除權。」第 2 項「有別除權之債權人，不依破產程序而行使其權利。」則有別除權之債權人仍可強制執行，不需依破產程序行使權利，但其別除權在強制執行如有受償不足，其不足受償之債權即與普通債權相同，應依破產程序行使權利。

依勞動基準法第 28 條第 1 項「雇主有歇業、清算或宣告破產之情事時，

---

❶　參閱陳世榮著《強制執行法詮解》第八五頁。日本民事執行法第二十九條規定執行名義必須先送達始可執行。

勞工之下列債權受償順序與第一順位抵押權、質權或留置權所擔保之債權相同，按其債權比例受清償；未獲清償部分，有最優先受清償之權：一、本於勞動契約所積欠之工資未滿六個月部分。二、雇主未依本法給付之退休金。三、雇主未依本法或勞工退休金條例給付之資遣費。」其勞動債權未明定有抵押權效力，則在債務人未破產時，依強制執行程序可與第一順位抵押權、質權、留置權就抵押物等賣得價金比例受償，無形中應與抵押權等相同，則在債務人破產時，自應承認上開勞動債權為有別除權之債權，可以強制執行，否則，即與上開規定之意旨有違，更造成抵押權人在強制執行時，就抵押物賣得價金，與勞動債權人比例受償，但在破產時，勞動債權排除於外，抵押物經抵押權人執行而單獨受償，勞動債權人只可就抵押物以外之財產受償，致生同一法條在強制執行及破產程序中割裂適用之不公平結果。

二、公司重整

依公司法第 294 條規定「裁定重整後，公司之破產、和解、強制執行及因財產關係所生之訴訟等程序，當然停止。」第 297 條第 1 項規定「重整債權人，應提出足資證明其權利存在之文件，向重整監督人申報，經申報者，其時效中斷；未經申報者，不得依重整程序受清償。」是債務人經法院裁定重整後，即不得強制執行，債權人應依重整程序行使權利。

三、公司特別清算

依公司法第 335 條第 2 項規定「第二百九十四條關於破產、和解及強制執行程序當然停止之規定，於特別清算準用之。」故在特別清算中，執行程序不能開始或進行。

依破產法第 17 條規定「和解聲請經許可後，對於債務人不得開始或繼續民事執行程序。但有擔保或有優先權之債權者，不在此限。」則債務人聲請和解，經法院許可或商會受理，亦不得對債務人為強制執行，以免因財產被執行，無法進行和解程序。但和解程序終結除係改宣告破產外，債權人仍可持原有之執行名義在和解條件內為強制執行❶⑧⑤，故此非執行障礙

❶⑧⑤　最高法院 70 年臺抗字第 440 號判例：商會和解成立後，和解之效力因而發生，

事由，然學者多予肯定❿，愚意以為此為停止事由。

第四款　繳納執行費用

聲請強制執行，除法律規定不須繳納執行費者外，均須繳納。此項執行費用，依強制執行法第 28 條第 2 項規定，得命債權人預納，故在聲請執行時，債權人即須繳納。若未繳納，法院應定期命權利人補繳，逾期不補，即可駁回聲請。

第五款　向管轄法院聲請

強制執行須由有管轄權之法院為之，故須向有管轄權之法院聲請。

數法院有管轄權者，得向其中一法院聲請強制執行，而受聲請法院除對其轄區之財產執行外，不可越區執行，如有必要，須囑託他法院為之（參照本法第 7 條第 4 項）。

第十一節　強制執行之進行

第一款　開　始

法院收到強制執行聲請狀，即依一定之分案程序交由執行法官審核是否具備強制執行要件，如未具備而可以補正者，則令補正，如不能補正或逾期未補正，即應駁回（準用民事訴訟法第 249 條第 1 項，參照注意事項 3(1)）。

對具備強制執行要件者，執行法院即應開始進行執行程序，毋庸為准予執行之裁定❿。至於如何開始，視執行名義所欲實現之權利，依本法第

和解程序即為終結，債務人與債權人因和解開始所受不得開始或繼續強制執行之限制，至此即告解除。本件相對人以其已取得之執行名義，在和解條件範圍內聲請強制執行，自無不合。

❿　參閱張登科著前揭第一一五頁、陳世榮著《強制執行法詮解》第八六頁。

2、3、4、5 章分別為之。

第二款　調　查

　　依本法第 9 條規定「開始強制執行前，除因調查關於強制執行之法定要件或執行之標的物認為必要者外，無庸傳訊當事人。」故執行法院於開始執行前，除有必要外，不傳訊當事人，反之，若有不明確，例如聲請權利人或義務人是否為執行名義執行力所及❽、條件是否成就等，即須調查，惟此傳訊係對權利人，不可傳訊義務人，以免義務人知悉而脫產或為其他行為以逃避強制執行，但權利人同意或有保全執行，無此顧慮，不在此限。

　　依本法第 8 條第 1 項規定「關於強制執行事項及範圍發生疑義時，執行法院應調閱卷宗。」此時雖有調查必要，可不傳訊當事人，以調閱卷宗方式查明。又此調閱卷宗，不似本法第 6 條第 2 項受有限制，縱受聲請強制執行之法院非係執行名義核發法院，亦可調閱。所謂強制執行事項及範圍發生疑義，例如占用不動產之第三人係起訴前或起訴後，可調審判卷查明勘驗筆錄所載，當時有無第三人占用。又依同條第 2 項規定「前項卷宗，如為他法院所需用時，應自作繕本或節本，或囑託他法院移送繕本或節本」，調閱時，可用影本。

　　又本法第 19 條第 1 項規定「執行法院對於強制執行事件，認有調查之必要時，得命債權人查報，或依職權調查之。」第 2 項規定「執行法院得向稅捐及其他有關機關、團體或知悉債務人財產之人調查債務人財產狀況，受調查者不得拒絕。但受調查者為個人時，如有正當理由，不在此限。」即在強制執行程序中，執行法院可以命債權人查報或向有關機關調查，以進行強制執行，尤其在須對義務人財產執行時，可向稅捐等機關調查，該

---

❽　最高法院 58 年臺抗字第 230 號判例：執行法院對於當事人聲請強制執行，除其不具備強制執行之法定要件者，應以裁定駁回其聲請外，應即開始進行，無庸為准予執行之裁定。

❽　注意事項 2 ⒃：債權人依本法第四條之二規定聲請強制執行者，應提出證明其本人或債務人為執行名義效力所及之人之相當證據。執行法院並應為必要之調查。

等機關有義務說明。再依本法第 20 條第 1 項「已發見之債務人財產不足抵償聲請強制執行債權或不能發現債務人應交付之財產時，執行法院得依債權人聲請或依職權，定期間命債務人據實報告該期間屆滿前一年內應供強制執行之財產狀況。」第 2 項「債務人違反前項規定，不為報告或為虛偽之報告，執行法院得依債權人聲請或依職權命其提供擔保或限期履行執行債務。」但實務鮮有依該規定辦理。

第三款　登　記

依本法第 11 條第 1 項規定，供強制執行之財產權，其取得、設定、喪失或變更，依法應登記者，為強制執行時，執行法院應即通知該管登記機關登記其事由。例如查封不動產時，應辦查封登記，拍定後應通知辦理塗銷查封登記或塗銷抵押權登記。至於拍定人之所有權登記，屬民法第 759 條，應自行辦理。

至於上開登記，為保障債權人權利，依本法第 11 條第 2 項規定「前項通知，執行法院得依債權人之聲請，交債權人逕行持送登記機關登記。」可由權利人持法院通知送達登記機關。至於撤銷查封時，執行法院可否依債務人聲請，交債務人持塗銷查封通知送登記機關？就法條文字言，未予規定，似應不可，惟愚意以為應可准許，蓋法律既可允許債權人，何以不可允許債務人？惟本法既未規定，修法時應加入。

又依民法第 759 條規定「因繼承、強制執行、徵收、法院之判決或其他非因法律行為，於登記前已取得不動產物權者，應經登記，始得處分其物權。」則須辦妥登記始可處分財產，然在未登記以前，仍屬債務人財產，可為執行客體，僅仍應辦理登記始可拍賣。故本法第 11 條第 3 項規定「債務人因繼承、強制執行、徵收或法院之判決，於登記前已取得不動產物權者，執行法院得因債權人之聲請，以債務人費用，通知登記機關登記為債務人所有後而為執行。」就此規定似須先辦登記，始可查封，惟既屬債務人所有財產，僅處分前須經登記，而查封並非處分，拍賣後之移轉始為處分，故實務上係先查封，再辦理登記❶❾，始予拍賣。

　　又未辦理保存登記之建築物，實務上仍認可為執行客體，查封後仍應辦理查封登記，但此登記並非保存登記，拍定人仍不可於拍定後辦理所有權移轉登記。

第十二節　強制執行之延緩

　　強制執行係採當事人進行主義為原則，強制執行開始後，權利人是否欲繼續實行其權利，應尊重其決定，苟權利人希望暫緩進行，應無不可，故本法第 10 條第 1 項規定「實施強制執行時，經債權人同意者，執行法院得延緩執行。」與民事訴訟法之合意停止類似。雖此僅規定「經債權人同意」，故在債權人同意時，似應由債務人聲請，但強制執行既係為債權人利益，基於當事人進行主義，由債權人聲請延緩，表明同意之旨，應無不可。

　　關於延緩執行，需否執行法院准許？雖有謂條文規定「得」延緩，執行法院似得斟酌情形決定是否准許[190]，惟愚意以為毋庸執行法院同意，只要債權人同意，執行程序即應延緩，蓋：㈠民國 85 年修正前之規定「實施強制執行時，債務人如具確實擔保，經債權人同意者，得延緩執行。」其擔保是否確實，既須由執行法院認定，從而是否准許延緩，即由執行法院決定，然該次修正時，係以「現行法以『債務人具確實擔保』，並『經債權人同意』，為延緩執行之要件，過於嚴苛。如債權人同意延緩執行，而不計擔保之有無，法院似無不許之理，爰刪除原條文『債務人如具確實擔保』之規定。」為修正理由，即毋庸債務人具確實擔保，從而亦無上開決定擔保是否確實情事，故執行法院應無不准許之權力。㈡雖學者有謂拍定後延緩執行，將影響拍定人權利[191]，然此係涉及延緩之效力，即拍定後之延緩僅生價金分配延緩，不應影響拍定效果，自不影響拍定人權益。況採上開

---

[189]　就未辦理繼承登記之不動產，司法院與行政院訂有「未繼承登記不動產辦理強制執行聯繫辦法」，依該辦法第 10 條亦係先查封，再辦理登記。

[190]　參閱陳榮宗著《強制執行法》第一二四頁、楊與齡著前揭第一七〇頁。

[191]　參閱楊與齡著前揭第一七〇頁。

執行法院可決定之學者亦有謂延緩執行，係本於當事人合意，毋庸法院裁判者[192]，其前後見解不一。

至於延緩之時間及次數，依本法民國 89 年修正之第 10 條第 2 項規定「前項延緩執行之期限不得逾三個月。債權人聲請續行執行而再同意延緩執行者，以一次為限。每次延緩期間屆滿後，債權人經執行法院通知而不於十日內聲請續行執行者，視為撤回其強制執行之聲請。」每次延緩期間不得超過 3 個月，以兩次為限。但延緩期滿，須經執行法院通知後，仍未於 10 日內聲請強制執行，始視為撤回，反之，如執行法院未通知，延緩效果繼續，就避免拖延執行程序而言，似毋庸以執行法院通知為條件，愚意以為應參照民事訴訟法第 190 條規定將上開規定修正為「每次延緩期間屆滿後，債權人未於十日內聲請續行執行者，視為撤回其強制執行之聲請。」

又有參與分配、併案執行時，所謂債權人同意，是否包括參與分配等之債權人？學者間有不同意見，愚意以為除無執行名義之行使擔保物權或優先權者外，應包括參與分配及併案執行之債權人。蓋本法民國 85 年修正後，僅有執行名義之債權人可參與分配，而其參與分配亦須繳執行費（參照本法第 34 條第 1 項、第 28 條之 2 第 2 項），故其地位實與聲請強制執行之債權人同，如僅聲請執行之債權人有同意權可延緩執行，則因有執行名義而聲明參與分配之債權人本可聲請執行，參照注意事項 16（1）「債權人撤回強制執行之聲請時，如他債權人已依本法第三十四條第一項之規定聲明參與分配者，得聲請繼續執行。」其應可聲請繼續執行，則其於聲請執行債權人聲請延緩後聲請執行，有失延緩之效果，故為避免困擾，應經其同意，至本法第 33 條併案執行債權人實與聲請強制執行同，自應待其同意。

至於延緩執行是否所有之執行均適用？有認為應以關於不特定之財產及可代替之行為之執行為限，若為非財產權之執行或特定物之執行或不能代替之行為或不作為之執行，既非可以物擔保其履行，自無適用[193]，然此係拘泥於舊法之擔保，現已無需擔保，其理由已不存在，該延緩執行之理

---

[192] 參閱楊與齡著前揭第一六九頁。

[193] 參閱陳世榮著《強制執行法詮解》第一○四頁。

由在於當事人進行主義，應無限制為妥❿。學者亦有以債務人具確實擔保之目的，不完全在擔保其履行，否定上開理由，認不應限制❿。

執行程序延緩者，執行程序即暫不進行，待權利人聲請續行執行始再進行，苟未聲請，如生視為撤回執行效果，即發生撤回效力。又聲請續行執行之權利人不限於聲請執行之權利人，包括併案執行之權利人及有執行名義參與分配之權利人。

又延緩執行可否對部分之執行標的為之，雖本法就此未規定，但既無不准之規定，且延緩執行係債權人同意者，故債權人同意部分延緩執行，自無不可❿。

---

❿ 參閱楊與齡著前揭第一七一頁。

❿ 參閱陳榮宗著《強制執行法》第一二五頁。

❿ 臺灣高等法院暨所屬法院 93 年法律座談會：

法律問題：

債務人經債權人同意對部分執行標的聲請延緩執行，執行法院得否准許？

討論意見：

甲說：略。

乙說：肯定說。理由如下：

㈠按實施強制執行時，經債權人同意者，執行法院得延緩執行，強制執行法第十條第一項定有明文。此乃基於保護債權人之權利，兼顧債務人之利益使債務人有重新更生之機會，亦為債權人與債務人之自治解決方法。故債權人既同意對於部分執行標的聲請延緩執行，為兼顧債權人與債務人之利益，執行法院自無不准許延緩之理。

㈡強制執行程序雖有公權力的介入，惟其目的在於滿足債權人之請求權，所處理者仍為當事人間的私權爭執，對債權人請求方式之限制，除非法有明文，仍以從寬解釋為宜。如債權人已同意就部分執行標的延緩執行，而可能達成其請求權滿足或部分滿足之結果，即無須強迫債權人僅能就「全部標的續為執行」或「全部標的聲請延緩執行」擇一選擇，而使強制執行程序缺乏彈性，致無法達成債權滿足之最終目的。

審查意見：採乙說。

研討結果：採乙說。

第十三節　變更及延展執行期日

　　本法第 10 條第 3 項規定「實施強制執行時，如有特別情事繼續執行顯非適當者，執行法院得變更或延展執行期日。」所謂變更執行期日係指執行期日已定，但在該日以前變更為他日。例如執行法院定某日拍賣，在該日前變更為他日拍賣。延展執行期日係該日所為執行行為未能完成，執行法院再定期日繼續執行，例如執行法院定某日執行拆屋還地，然該日未能完全執行，尚有部分未拆，執行法院指定他日繼續執行。此均與延緩執行不同，列於第 10 條應有欠妥，應另立一條。

　　按期日之變更及延展，如同期日之指定，屬執行法院之職權，雖無此規定，執行法院本可變更或延展，實無規定必要，早期本法無此規定時，執行法院即已本於職權如此處理，民國 85 年修正本法時，以「實施強制執行時，如有特別情事繼續執行顯非適當者，執行法院可否變更或延展執行期日，易生爭議，爰增列第三項。」為由。事實上，執行法院變更或延展期日，雖無特別情事，當事人亦莫可奈何，與法院本於訴訟指揮權定何日審判或予變更、延展同，此一規定實無意義。

第十四節　強制執行之停止

　　強制執行之停止，係指強制執行因法定事由暫不進行，視事由之結果而定是否繼續進行或撤銷執行程序，與前述強制執行之延緩，就停止不進行固然相同，但此停止必須係因法定事由，無停止期間，在一停止事由消滅後另有停止事由，仍可停止，無次數限制，與延緩係由權利人同意，有一定時間及次數限制不同，亦與強制執行因一定事由廢棄已實施程序之撤銷不同。司法院第 2791 號解釋：「命被告返還不動產之判決，經第二審判決廢棄，致其假執行之宣告失其效力者，被告如在強制執行程序終結前提出第二審判決正本，執行法院固應停止強制執行。」所指之停止執行，實

為撤銷，蓋此依假執行裁判之執行，因有民事訴訟法第 395 條第一項情形，假執行裁判已失其效力，自不可再為執行，非僅「停止」而已。

強制執行既係以實現權利為目的，故執行程序一經開始，即不可隨意停止。但為避免義務人或第三人有不得強制執行之事由，如不停止仍予執行，一方面因救濟多須在強制執行程序終結前（參照本法第 12 條第 1 項、第 14 條第 1 項、第 15 條），如繼續執行，執行程序終結即無法救濟，另一方面在拆屋還地等執行案件，如執行終結，債務人或第三人將受有不可回復原狀之損害。故本法除於第 18 條第 1 項規定「強制執行程序開始後，除法律另有規定外，不停止執行。」另在第 2 項及其他法律設有例外停止執行之規定，是強制執行開始後，以不停止執行為原則，例外停止執行須有法定事由。又此處停止當係指合法停止，實務上偶有執行法院因自己因素，以致未進行，造成事實上之停止，則非此處之停止❿。

至於停止執行之法定事由，除本法有規定外，其他法律亦有規定，茲說明如下：

一、本法第 18 條第 2 項「有回復原狀之聲請，或提起再審或異議之訴，或對於和解為繼續審判之請求，或提起宣告調解無效之訴、撤銷調解之訴，或對於許可強制執行之裁定提起抗告時，法院因必要情形或依聲請定相當並確實之擔保，得為停止強制執行之裁定。」即凡有對確定判決以上訴遲誤不變期間係因天災或其他不應歸責於己之事由而聲請回復原狀（參照民事訴訟法第 164 條第 1 項）；有再審事由提起再審之訴（參照民事訴訟法第

---

❿ 為避免執行法院拖延執行程序，損及權利人，注意事項 56⑴規定「不動產經拍定或交債權人承受並已繳足價金後，應於五日內按拍定人或承受人之名義發給權利移轉證書。優先承買者亦同。」及民國 85 年修正前之本法第 42 條第 1 項規定：「強制執行事件，應於開始強制執行後三個月內完結。但遇有特別情形，得報明院長酌予展限，每次展限，不得逾三個月。」但實際上仍有案件因執行人員之疏忽未予進行，俗稱「案件睡覺」，即為事實上之停止。目前第 42 條第 1 項規定已刪除，僅各級法院辦案期限實施要點第 2 點規定自收案之日起，逾 1 年 4 個月未終結者為遲延案件。

496 條至第 498 條）；或對執行名義所表彰之權利因有消滅等事由或誤對第三人執行，提起異議之訴（參照本法第 14 條至第 15 條、第 119 條第 3 項）；或對訴訟上和解請求繼續審判（參照民事訴訟法第 380 條第 2 項）；或對法院之調解提起宣告調解無效或撤銷調解之訴（參照民事訴訟法第 416 條第 2 項）；或對於許可強制執行之裁定，例如拍賣抵押物裁定、本票裁定、仲裁判斷准許執行之裁定等提起抗告者❶❾❽，法院因必要情形可依職權或因聲請而定相當擔保者為停止執行之裁定。蓋此等救濟，如不停止執行，救濟即無實益，故本法設此規定。依此規定停止執行必須由受理回復原狀、再審之訴、異議之訴、抗告之法院以裁定為之，執行法院無權為此裁定，蓋受理之法院始知所提救濟是否有勝訴可能，不停止執行是否有不能回復原狀等需否停止執行事由❶❾❾，至此法院包括第三審法院❷⓪⓪。又雖有聲請，並

---

❶❾❽ 民國 85 年本法第 18 條第 2 項之修正理由：許可強制執行之裁定，法律規定有多種，例如票據法就本票、商務仲裁條例就仲裁判斷、平均地權條例就返還耕地、勞資爭議處理法就調解或仲裁、國民住宅條例就收回國民住宅規定之裁定強制執行是（票據法第一百二十三條、平均地權條例第七十八條第二項、商務仲裁條例第二十一條第二、三項、勞資爭議處理法第三十八條第二項、國民住宅條例第二十一、二十三條）。此等裁定於有抗告時，亦宜規定法院認有必要時，得停止執行，爰將第二項原規定之「第四條第一項第五款之裁定」，修正為「許可強制執行之裁定」。俾能擴大適用之範圍，以應實務上之需要。

❶❾❾ 注意事項 9⑷：依本法第十八條第二項裁定停止強制執行之權限，惟審判法院有之，執行法院並無此項權限。其停止強制執行之裁定，如以提供擔保為停止強制執行之條件者，在提供擔保以前，不得停止強制執行。

❷⓪⓪ 司法院第 21 期司法業務研究會：

問題：強制執行程序開始後，債務人依強制執行法第十四條規定，提起執行異議之訴，案件經審理後，現正上訴最高法院審理中，債務人依同法第十八條之規定聲請供擔保請准為停止執行之裁定，究應向何法院聲請？

討論意見：

甲說：略。

乙說：強制執行法第十八條既僅規定「法院」得為停止強制執行之裁定，故凡受理執行異議案件之受訴法院，包括一、二、三審法院均有此裁定之權。

非均應為停止執行之裁定，蓋不僅就條文規定「得」為停止強制執行之裁定，且基於第 1 項規定之原則，亦應如此。否則義務人為阻撓執行程序之進行，隨意以上開理由提起訴訟、抗告，並陳明願供擔保停止執行即應准許，則此規定反而被濫用，審理回復原狀等訴訟法院，應斟酌其起訴、抗告之理由有無可能勝訴，再決定應否停止執行 ❷⓪❶，然亦有學者認凡有聲請，均應准許 ❷⓪❷，實務曾有採前者為否定說，亦有採後者為肯定說，現已統一採否定說，認法院應審酌，並非凡有聲請均應准許 ❷⓪❸。

丙說：略。

丁說：略。

研討結論：採丁說。

司法院民事廳意見：強制執行法第十八條第二項規定，所謂之法院，指受理回復原狀之聲請、再審或異議之訴等之受訴法院，故應包括第一、二、三審法院。此與第三審法院是否為法律審之問題無關，實務上第三審法院亦受理聲請裁定停止強制執行事件，本題異議之訴既上訴最高法院審理中，債務人應向最高法院聲請裁定。研究意見以乙說為可採。

❷⓪❶ 學者張登科認為法院仍有審酌之權（參閱張氏著前揭第一二六頁）。依強制執行須知 6⑶：「向受訴法院提起異議之訴時，法院因必要情形或依債務人或第三人聲請定相當並確實之擔保，得為停止強制執行之裁定。」應認法院有審酌之權，否則何以需說明有勝訴之希望。

❷⓪❷ 學者楊與齡著前揭第一八九頁，認為既有擔保，債權人不致遭受損害，故無論有無必要，法院均應酌定相當並確實之擔保而為停止執行裁定。陳榮宗著《強制執行法》第一二八頁亦認法院無論有無必要，均應為停止執行之裁定。

❷⓪❸ 最高法院 98 年度第三次民事庭會議決議：強制執行法第十八條第一項規定強制執行程序開始後，除法律另有規定外，不停止執行。明示以不停止執行為原則。同條第二項所以例外規定得停止執行，係因回復原狀等訴訟如果勝訴確定，據以強制執行之執行名義將失其效力，為避免債務人發生難以回復之損害，故於受訴法院認有必要時，得裁定停止執行。如果受訴法院認無必要，僅因債務人聲明願供擔保，亦須裁定停止執行，無異許可債務人僅憑一己之意思，即可達到停止執行之目的，不僅與該條所定原則上不停止執行之立法意旨有違，且無法防止債務人濫行訴訟以拖延執行。故應認為縱債務人聲明願供擔保，仍須受訴法院認有必要者，始得裁定停止執行。

二、本法第 41 條第 3 項「聲明異議人未於分配期日起十日內向執行法院為前二項起訴之證明者，視為撤回其異議之聲明；經證明者，該債權應受分配之金額，應行提存。」此係因債權人或債務人對分配表有異議，分配程序未能依第 40 條及第 40 條之 1 終結異議，異議人對反對人提起分配表異議之訴，就異議部分，即應停止分配，將應受分配之金額提存。至此停止，係當然結果，毋庸法院裁定。

三、非訟事件法第 195 條第 2 項「發票人證明已依前項規定提起訴訟時，執行法院應停止強制執行。但得依執票人聲請，許其提供相當擔保，繼續強制執行，亦得依發票人聲請，許其提供相當擔保，停止強制執行。」此係本票裁定送達發票人後，發票人主張本票係偽造、變造者，應於接到裁定後 20 日內，對執票人向為裁定法院提起確認之訴。此時即可停止執行，毋庸法院裁定。然應注意，此僅限發票人主張有偽造、變造情形，苟非偽造、變造，而係本票債權已消滅或未發生，提起確認本票債權不存在之訴，即不可依此規定起訴並請求停止執行，只可依同條第 3 項「發票人主張本票債權不存在而提起確認之訴不合於第一項之規定者，法院依發票人聲請，得許其提供相當並確實之擔保，停止強制執行。」供擔保停止執行，與本法第 18 條第 2 項同。

四、破產法第 17 條「和解聲請經許可後，對於債務人不得開始或繼續民事執行程序。但有擔保或有優先權之債權者，不在此限。」此不得繼續民事執行程序，即指執行程序應停止。注意事項 9⑵亦規定「債務人不能清償債務，依破產法向法院聲請和解，經法院裁定許可，或向商會請求和解，經商會同意處理時，其在法院裁定許可前或商會同意處理前成立之債權，除有擔保或優先權者外，對於債務人不得開始或繼續強制執行程序，並通知債權人。」至此停止，毋庸法院裁定，適用本條規定應注意者：

㈠必須係關於金錢請求權之執行，蓋和解係因金錢債務不能清償（參照破產法第 1 條第 1 項）。

㈡必須係和解債權。蓋依破產法第 36 條規定「經認可之和解，除本法另有規定外，對於一切債權人其債權在和解聲請許可前成立者，均有效力。」

僅和解債權受限制。

㈢有擔保及有優先權之債權不受限制，仍可進行執行程序。

㈣和解程序終結者，如係和解成立認可，債權人仍可依原執行名義在和解條件內繼續原執行。又如係和解未成立認可，法院宣告破產，即應依破產程序處理。至若未宣告破產，債權人仍可繼續原執行程序。

五、破產法第 99 條「破產債權，非依破產程序，不得行使。」則債務人宣告破產時，除係有別除權之債權人依破產法第 108 條第 2 項「有別除權之債權人，不依破產程序而行使其權利。」可不依破產程序行使權利，仍可強制執行外，一般債權人均應依破產程序行使權利，不可個別強制執行，故注意事項 9 ⑴規定「債務人如受破產之宣告，其屬於破產財團之財產，除債權人行使別除權外，應即停止強制執行程序，並通知債權人。」至此停止，毋庸法院裁定。適用本條規定應注意者：

㈠必須係關於金錢請求之強制執行。

㈡必須係破產債權。

㈢有擔保及優先權之債權不受限制。

㈣此項停止，與執行程序之停止不盡相同，即若事後破產裁定因抗告廢棄確定，停止事由消滅，又可進行執行，反之，如破產裁定確定，即非停止，破產為執行障礙事項，強制執行失其效力，不再進行，未拍定者，不再拍賣，移交破產管理人處理，如已拍定，拍定價金應交破產管理人。至若執行程序終結者，則不受破產宣告影響。

六、公司法第 287 條第 1 項第 4 款規定「法院為公司重整之裁定前，得因公司或利害關係人之聲請或依職權，以裁定為左列各款處分：……四、公司破產、和解或強制執行等程序之停止。」即公司於重整聲請後，在法院裁定准予重整前，可由法院為裁定停止強制執行之緊急處分。至此停止強制執行，就本案執行，固無問題，是否包括假扣押執行，實務上迭有爭議，有認該款規定之強制執行既未限制，應指所有之強制執行，自應包括假扣押執行在內，且公司法之重整程序係參照日本會社更生法，該法就此有明文，自應包括在內。然亦有採否定說，認不應包括。愚意以為應採否

定說，蓋緊急處分之第 1 款已有「公司財產之保全處分」，假扣押為保全程序，應未排斥。又日本有明文規定，我國則無，不能逕予援用，再軍人及其家屬優待條例第 10 條「動員時期應徵召服役之軍人，於在營服役期間，其家屬賴以維持生活所必需之財產，債權人不得請求強制執行。」亦有不得執行之規定，就文字言，此強制執行未限制，但依最高法院 55 年臺抗字第 116 號判例仍可假扣押執行，此處自不可拘泥條文文字，認當然包括假扣押執行❷⁰⁴。

　　七、公司法第 294 條規定「裁定重整後，公司之破產、和解、強制執行及因財產關係所生之訴訟等程序，當然停止。」即公司經裁定准許重整，強制執行程序應予停止，至此停止毋庸另為裁定。

　　八、公司法第 335 條第 2 項規定「第二百九十四條關於破產、和解及強制執行程序當然停止之規定，於特別清算準用之。」即公司解散中行特別清算程序時，強制執行應停止，此時毋庸法院裁定，即應停止。

　　九、民事訴訟法第 303 條第 4 項規定「處證人罰鍰之裁定，得為抗告；抗告中應停止執行。」毋庸法院裁定，即應停止。

　　十、民事訴訟法第 491 條第 2 項規定「原法院或審判長或抗告法院得在抗告事件裁定前，停止原裁定之執行或為其他必要處分。」此係針對抗告，如須停止，應另為裁定。按對裁定抗告可據此規定停止執行，則本法第 18 條第 2 項規定「對於許可強制執行之裁定提起抗告」，亦可停止執行，實屬重複。況依前開規定停止執行，毋庸提供擔保，但依本法之停止執行，尚需供擔保，不利於抗告人，鮮有人會據此聲請，似應刪除。

　　十一、民事訴訟法第 521 條第 3 項規定「債務人主張支付命令上所載債權不存在而提起確認之訴者，法院依債務人聲請，得許其提供相當並確實之擔保，停止強制執行。」即以支付命令為執行名義聲請強制執行，債務人如以該支付命令之債權不存在為由提起確認之訴，可聲請法院裁定供擔保停止執行。此一規定，係民國 104 年 7 月 1 日修正民事訴訟法時增設，

---

❷⁰⁴　參閱拙文〈假扣押執行與公司重整前之緊急處分〉（刊《月旦法學雜誌》第八十六期）。

惟因同條第 1 項已刪除於支付命令有確定判決同一效力，債務人就債權人聲請強制執行，本可依本法第 14 條第 2 項提起債務人異議之訴，再依第 18 條第 2 項聲請停止執行即可，是本項規定實屬重複，與非訟事件法第 195 條第 3 項均屬贅文。

十二、公證法第 13 條第 3 項規定「債務人、繼受人或占有人，主張第一項之公證書有不得強制執行之事由提起訴訟時，受訴法院得因必要情形，命停止執行，但聲請人陳明願供擔保者，法院應定相當之擔保額，命停止執行。」即以公證書為執行名義執行時，債務人等人認公證書有瑕疵或已清償或條件未成就等不可強制執行而提起訴訟時，可由法院裁定停止執行。

十三、仲裁法第 42 條第 1 項規定「當事人提起撤銷仲裁判斷之訴者，法院得依當事人之聲請，定相當並確實之擔保，裁定停止執行。」即對仲裁判斷如有提撤銷仲裁判斷之訴訟者，為免仲裁判斷確有撤銷事由，如不停止，影響債務人權益，可由法院裁定停止執行。又此規定之停止執行，不以債權人已聲請強制執行為前提，與本法第 18 條第 2 項須已開始強制執行而停止不同，甚至債權人未取得仲裁法第 37 條第 2 項之執行裁定，亦可為停止執行裁定，並認有停止執行裁定，仍不影響法院可為執行裁定，僅不可強制執行❷⓪❺。

---

❷⓪❺ 最高法院 93 年臺抗字第 821 號裁定：仲裁判斷，除有特別規定外，須聲請法院為執行裁定後，方得為強制執行。且當事人提起撤銷仲裁判斷之訴者，法院得依當事人之聲請，定相當並確實之擔保，裁定停止執行。仲裁判斷，經法院撤銷者，如有執行裁定時，應依職權併撤銷其執行裁定，仲裁法第三十七條第二項、第四十二條分別定有明文。故於仲裁判斷作成後，受利益之當事人得向法院聲請准予強制執行之裁定，以取得執行名義；受不利益之當事人，於認有撤銷仲裁判斷之原因而提起撤銷之訴者，得聲請法院於定擔保後，為停止執行之裁定。即受不利益之當事人如已依法院停止執行之裁定提供擔保，而受利益之當事人尚未聲請准予強制執行裁定，或已取得執行名義而未開始強制執行程序者，雖該受利益之當事人仍得依法聲請准予強制執行之裁定，然均不得聲請強制執行。至受不利益之當事人於強制執行程序開始後始提供擔保者，僅生該強制執行程序應依當時狀態予以停止，不得續行之效果，執行法院已為之執行

至於不合上開規定者，應不可停止執行，例如：

一、異議之訴判決敗訴確定而提起再審之訴為不合法者❷⁰⁶。

二、當事人死亡：強制執行法固準用民事訴訟法，但本法就此停止已有規定，即無準用訴訟程序當然停止規定，故當事人死亡，執行程序不停止❷⁰⁷。

凡有停止執行之法定事由，執行程序固應停止，但此等事由執行法院並非當然知悉，如不知悉仍無從停止，故有停止事由，除應提供擔保者外，尚須陳報執行法院，俾停止執行程序。又停止事由係對特定權利人者，僅對其生停止執行效力，若有其他併案執行之權利人，不受影響，執行程序仍繼續進行。

停止執行後，視停止事由消滅情況決定是否繼續執行，如停止事由無理由者，例如再審之訴、異議之訴、確認本票偽造之訴敗訴確定，即可繼續執行，反之，如有理由，例如確認本票偽造之訴勝訴，則應撤銷執行程序，不再繼續進行（參見司法院第 2776 號解釋㈩）。

在停止期間不可為執行行為，但若不影響者，仍可為之，例如在停止期間，執行權利人可撤回執行，執行法院即應撤銷已實施之執行行為，執行程序終結。若權利人再另行聲請執行，為另一執行程序，不當然受前停止執行事由拘束，應視情況而定需否停止執行，如原停止執行事由尚存在者，仍應停止，例如有和解、破產、非訟事件法第 195 條第 2 項，並非一概不適用，但若係提異議之訴、再審之訴，由法院裁定停止執行者，須另為裁定，始可停止執行，蓋其原裁定所指停止執行者之執行程序與現進行

裁定，及已進行之執行程序，仍屬合法有效，自無應予撤銷之法定事由。

❷⁰⁶ 最高法院 73 年臺抗字第 586 號判決：提起異議之訴，法院因必要情形或依聲請定相當並確實之擔保，固得為停止強制執行之裁定，惟受訴法院為此項停止強制執行之裁定，須在該異議之訴判決確定前，始得為之，苟該異議之訴，業經判決執行債務人敗訴確定，縱令復據其對之提起再審之訴，亦須該再審之訴合法，始有酌量情形命停止執行之餘地。

❷⁰⁷ 同 ❶¹⁶。

者為不同執行程序（按：執行案件均有編案號，前裁定停止執行係指前執行案號應予停止，現另為聲請執行者既為不同案號，則不受限制，故須另為裁定），現新執行程序不受前裁定拘束。

有停止執行事由，若執行程序尚未開始，固不得開始，已進行者，停止不再進行，執行程序已終結者，即無從停止。但如前述，有停止事由者須陳報執行法院，故如執行法院不知悉有停止事由仍予開始、繼續進行，則此開始或進行之執行處分、程序是否有效？尤其若執行程序已終結，已不可撤銷時，應如何處理？按一方面因此未陳報係有停止事由者之疏忽，另一方面為免程序之無益進行，保障信任執行程序合法之拍定人等權益，應認執行程序仍然有效。

又拍定後有停止情形，執行法院可否交付動產或核發權利移轉證書？按停止固係就正實施之執行程序而言，執行程序終結，即不可停止，茲拍賣程序已終結，此一停止，僅能對債權人發生，即不為價金分配，不應影響拍定之效果，為保障拍定人權益，仍應交付動產及發權利移轉證書[208]。惟亦有認拍賣程序須至核發權利移轉證書始為終結，在此之前有停止者，即不應核發權利移轉證書[209]。

再本法第 18 條第 2 項之停止執行裁定，在民國 85 年前舊法規定，對停止之裁定不得抗告，駁回聲請者始可抗告，修正後刪除，均可抗告，學者有認不妥[210]。惟就裁定言，似應予救濟機會為妥，故此刪除，應無不妥。又對停止執行之裁定雖可抗告，除原法院或抗告法院為停止該裁定之執行外，仍應停止執行程序（參照注意事項 9 (5)）。

第十五節　強制執行之撤銷

強制執行實施後，因一定事由將已為之執行處分、程序廢棄，回復執

[208] 參閱陳世榮著《強制執行法詮解》第一○五頁。
[209] 參閱張登科著前揭第三五七頁。
[210] 參閱張登科著前揭第一二六頁。

行前之原狀者，謂為強制執行之撤銷，故在執行程序尚未開始前，無撤銷可言，執行程序已終結，執行法院已無權處理，亦不可撤銷，此時必須另有執行名義，始可回復執行前之狀態。

又撤銷有整個執行程序者，亦有各個執行程序或處分者，視各撤銷事由定之。例如債務人異議之訴勝訴判決確定，則整個執行程序均應撤銷。至依本法第 71 條前段規定，拍賣物無人應買時，債權人又不願承受或依法不能承受者，應由執行法院撤銷查封，將拍賣物返還債務人，則僅撤銷該動產之執行，仍可執行其他財產。再撤銷有可終結執行程序者，例如債務人異議之訴勝訴判決確定，則整個執行程序撤銷，即不可再進行，執行終結。反之上開動產無人應買之撤銷，如債務人無其他財產執行，執行程序固亦終結，但若尚有其他財產可供執行，執行程序不終結，仍應對其他財產繼續執行。

執行撤銷之事由有：

一、撤回執行（詳本章第十六節）

二、欠缺執行要件

開始執行後，發見欠缺執行要件者，例如無執行名義之執行或條件未成就，執行行為無效，但因執行處分形式上存在，仍應撤銷所為之執行處分或程序。

三、權利人失權

依本法第 28 條之 1 規定，執行法院於駁回強制執行聲請之裁定確定後，應撤銷已為之執行程序或處分。

四、聲明異議有理由

依本法第 12 條第 1 項聲明異議有理由者，參照本法第 13 條第 1 項規定「執行法院對於前條之聲請，聲明異議或抗告認為有理由時，應將原處分或程序撤銷或更正之。」即應撤銷聲明異議之執行處分或程序。

五、異議之訴勝訴確定

債務人依本法第 14 條、第 14 條之 1 第 1 項及第三人依第 15 條、第 119 條第 3 項提起異議之訴，獲勝訴判決確定者，即應撤銷已實施之執行

處分、程序。

六、義務人對執行名義救濟成功

權利人據以強制執行之執行名義，經義務人救濟成功，則執行名義均因廢棄等而消滅，自應撤銷執行處分或程序。

七、執行第三人財產

在金錢債權之執行，應以責任財產為範圍，故若執行第三人財產者，依本法第 17 條規定，執行法院如發見債權人查報之財產確非債務人所有者，應由執行法院撤銷其執行處分。惟因執行法院無實體審查權，故適用此一規定，應注意法文明定之「確非」二字，即確實非債務人所有，始可適用，否則即無適用餘地❷❶❶。

八、無益之執行

在金錢債權之執行，必須執行標的物換價後扣除執行費用仍有剩餘，始可清償債權，蓋執行費用優先受償，依本法第 50 條之 1 第 2 項、第 80 條之 1 第 1 項規定，凡權利人無受償可能，為損人不利己之無益執行，為免浪費司法資源及程序，應撤銷查封，不予執行該財產。

九、違背強制執行法規定

執行法院實施執行處分後，發見其執行處分違反規定，雖無他人聲明異議，仍可依職權撤銷，例如違反重複查封之規定，對重複查封者，應依職權撤銷。

十、債務人清償

依本法第 58 條第 1 項規定「查封後，債務人得於拍定前提出現款，聲請撤銷查封。」此提出現款即係清償，實現權利人權利，故應撤銷執行程

---

❷❶❶ 最高法院 49 年臺抗字第 72 號判例：強制執行法第十七條所謂於強制執行開始後，始發見債權人查報之財產確非債務人所有者，應由執行法院撤銷其執行處分，係指查報之財產確非債務人所有者而言。若該財產是否債務人所有尚待審認方能確定，執行法院既無逕行審判之權限，尤非聲明同法第十二條所定之異議所能救濟，自應依同法第十六條之規定，指示主張有排除強制執行權利之第三人，提起執行異議之訴，以資解決。

序、處分。至此清償，依該規定必需在拍定前，拍定後已涉及拍定人因拍定與債務人有買賣之法律關係，如仍可清償，影響拍定人權利，故注意事項 32 ⑴「債務人提出現款聲請撤銷查封，於拍定前均得為之，若債務人於已經拍定之後提出現款請求撤銷查封者，亦得勸告拍定人，經其同意後予以准許，並記明筆錄。」故在經拍定人同意後，仍可准許債務人提出現款聲請撤銷查封，蓋基於私法自治原則，拍定人既已同意，放棄其權利，自可准許債務人提出現款以撤銷查封。又此清償，不僅係對執行權利人，若有他權利人併案執行或係有執行名義參與分配者，亦須一併清償，始可撤銷查封。

十一、拍賣未拍定

依本法第 70 條第 5 項、第 71 條規定及第 95 條第 2 項規定拍賣物未能拍定者，應撤銷查封。

十二、過度執行

依本法第 72 條規定「拍賣於賣得價金足以清償強制執行之債權額及債務人應負擔之費用時，應即停止。」及第 96 條第 1 項「供拍賣之數宗不動產，其中一宗或數宗之賣得價金，已足清償強制執行之債權額及債務人應負擔之費用時，其他部分應停止拍賣。」則若尚有查封之財產未予拍賣，因權利已實現，無拍賣必要，即應撤銷其執行程序、處分。

十三、拍定或承受

查封之財產拍定或由債權人承受，即應撤銷查封，俾移轉、交付予拍定人或承受人。

十四、以他物代替

依本法第 114 條之 1 第 2 項規定「債務人或利害關係人，得以債權額及執行費用額或船舶之價額，提供擔保金額或相當物品，聲請撤銷船舶之查封。」此時應撤銷船舶查封，以擔保品代替。

十五、假扣押、假處分、假執行已提供反擔保者，即應撤銷已實施之執行程序、處分

執行法院撤銷執行有僅須為事實行為者，例如除去查封標示，有須為

裁定者,例如本法第 13 條第 1 項、撤銷拍定之執行處分❷。

撤銷執行後,所實施之執行程序或處分,溯及既往消滅,但執行程序已終結,即不可為撤銷。又此撤銷不影響先前執行處分所生實體權利,故拍定後有撤銷事由,一方面其撤銷不可對已終結之拍賣程序為之,一方面拍定人依拍定而取得之權利不受影響,執行法院仍應交付、發權利移轉證書,僅賣得價金不可分配權利人(參見司法院院字第 2776 號解釋㈠)。又執行法院誤為撤銷後,其撤銷之執行處分被廢棄,原已撤銷之執行程序或處分,應當然回復其效力,如不能回復,損及他人權益,有國家賠償法適用。

第十六節　強制執行之撤回

按強制執行之開始採當事人進行主義,故權利人聲請執行後,自可撤回,拋棄執行利益,至此撤回,不僅係指整個執行程序,亦可針對特定之執行程序、處分或人,例如聲請執行法院除去租賃權,嗣撤回聲請,不欲除去。又如判決所列債務人有數人,係命連帶給付,權利人均對之聲請執行,嗣可撤回其中部分人之執行。

撤回強制執行之時間,原則上應於聲請強制執行後,執行程序終結以前。蓋尚未聲請強制執行,自毋庸撤回。又執行程序已終結,視其係整個執行之撤回或僅撤回一部之執行而定,例如查封後尚未拍定,債權人欲撤回整件執行,因執行程序須至價金分配始整個終結,故可撤回整件強制執行。反之,又如對數義務人為強制執行,雖他義務人之財產尚未拍定,整個執行程序未終結,但該其中一人之財產已拍定,價金亦已分配,即不可撤回對該一人之執行。又如執行債務人兩項財產,其中一項已拍定,分配價金,另一項尚未拍賣,此另一項亦可撤回。

又本法第 58 條第 2 項規定「拍定後,在拍賣物所有權移轉前,債權人

---

❷　學者楊與齡著《強制執行法論》第二〇三頁,認撤銷執行處分不得以裁定為之,僅須依使執行處分失其存在之方法為之即可。張登科著《強制執行法》第一三三頁,則認須執行法院另為裁定。

撤回強制執行之聲請者，應得拍定人之同意。」認拍定後，債權人撤回強制執行之聲請，需得拍定人同意，此為本法民國 85 年修正時增訂，似認拍定後涉及拍定人權利，為免撤回影響拍定人權利，故需得其同意，在同意後撤回，即可撤銷拍定❷❸。惟如前節所述，在拍定後之撤銷，不影響已終結之拍賣程序，則拍定後，何以撤回尚需得拍定人同意？事實上，如未獲同意，只要執行程序尚未終結，仍可撤回，僅此撤回不應影響拍定人權利，即拍賣仍然有效，拍定人繳款後仍可取得拍賣物，但權利人不可受分配，賣得價金應還給債務人或由其他併案權利人、參與分配權利人分配。是此項規定應解為如拍定人同意，可撤銷拍定，反之，僅不可撤銷拍定，不能解為未得拍定人同意，即不可撤回❷❹。

至於注意事項 32 (2)「拍賣物所有權移轉於拍定人後，債權人不得再撤回其強制執行之聲請。」限制債權人在拍賣物所有權移轉於拍定人後，即不可撤回強制執行，愚意以為執行程序終結前，均可撤回，凡在債權人尚未受償取得價金前，執行程序未終結，應可撤回，僅因拍定人已繳款，拍賣物交付拍定人，撤回結果不應影響拍定人權利，但基於私法自治及當事人進行主義，債權人在拍賣物交付拍定人後，如不願領取價金或免除債務，自仍可撤回，其價金由其他債權人分配或給債務人。

撤回執行固由權利人聲請，但本法第 41 條第 3 項有「視為撤回其異議之聲請」及第 95 條第 2 項有「視為撤回」之擬制規定。

在整個執行程序撤回者，如係金錢債權執行，即應撤銷查封，但下列情形為例外：

---

❷❸ 本項之修正理由「在實務上債務人於拍定後，拍賣物所有權移轉前提出現款，或與債權人達成協議，而由債權人撤回強制執行之聲請，事所常見，若亦經拍定人之同意，於債權人、債務人及拍定人既均無不利，自無不許之理，爰增訂第二項之規定，俾更能適應實際需要。」並未指明何以需拍定人同意，應係參考修正前之注意事項 31：「債務人提出現款聲請撤銷查封，於拍定前均得為之，若債務人於已經拍定之後提出現款請求撤銷查封者，亦得勸告拍定人，經其同意後予以准許，並註明筆錄。」(即現行注意事項 32 (1))。

❷❹ 參閱拙文〈強制執行之撤回〉(刊《月旦法學教室》第十四期)。

一、調假扣押卷或假處分卷拍賣者，須該假扣押、假處分亦有撤回執行，始可撤銷查封。

二、有他案併案執行者。但併案執行之權利人亦撤回執行，則可撤銷查封。

三、有執行名義者聲明參加分配。但執行法院命補執行費而逾期不繳或撤回聲明參與分配，則可撤銷查封。

又假扣押、假處分權利人撤回執行者，應撤銷查封、執行處分，但下列情形為例外：

一、已被他案調卷拍賣者。

二、有其他併案執行者。但併案者亦撤回，則可撤銷查封。

至於各個執行程序、處分之撤回，只對該部分生撤銷執行，但如有上開例外，仍不可撤銷。

第十七節　強制執行程序之終結

強制執行程序之終結，係指執行程序結束，不再繼續為執行行為或處分而言。其區別之實益，不僅在於前述之延緩、停止、撤銷、撤回，均須在終結前，終結後即無延緩、停止、撤銷、撤回，且本法第 12 條、第 14 條、第 14 條之 1 及第 15 條之救濟，均須在執行程序終結前，故判斷執行程序何時終結，甚為重要。

關於執行程序之終結，可分整個執行程序終結與各個執行程序終結。前者係就執行名義言，即指執行名義所欲實現權利之整個強制執行程序終結。後者係指整個執行程序中之各個階段之執行程序終結，即各階段之最後執行行為（處分）完結時而言，茲分述如下：

壹、整個執行程序終結（或稱狹義執行程序終結）

終結情形有：

一、執行名義所表彰之權利全部實現

執行名義所表彰之權利全部實現，達到強制執行之目的，整個執行程

序即為終結，例如金錢債權之執行名義全數受償，遷讓房屋之執行名義已解除義務人占有，將房屋交權利人占有。有問題者：㈠本法第 124 條第 1 項規定之債務人於解除占有後，復即占有該不動產者，執行法院可再為執行者，其執行程序究於何時終結？按不僅義務人是否復即占有，在執行法院第一次解除占有時，不可能當場知悉，且復即占有，應屬另一占有，本不屬原執行名義範圍，僅本法特別規定可以原執行名義再為執行，毋庸另取得執行名義。蓋原執行名義於第一次解除占有後，權利人目的已達，義務人之另行占有，應屬義務人終止占有後之另一事實，故此終結應指第一次解除占有使歸權利人占有，嗣後之執行實屬另一執行程序，此由本法第 124 條第 1 項係規定「再為執行」而非「續為執行」暨第 2 項規定「前項再為執行，應徵執行費」，即表明此係另一執行，非原執行未完成之繼續，故需再繳執行費，是不能因此再為執行，謂執行程序尚未終結❷⓵⓹。㈡假扣押執行與假處分執行是否一經實施完畢即終結？理論上，其實施完畢時，已達假扣押裁定及假處分裁定之保全目的，執行程序應已終結，但實務上為給第三人救濟機會，認應以假扣押或假處分之標的脫離假扣押或假處分之處置，如撤銷假扣押、假處分或移交本案執行時，其執行程序始為終結❷⓵⓺。蓋若不如此，如假扣押執行誤執行第三人財產，第三人因查封即為執行程序終結，將永無提起第三人異議之訴機會。㈢拍賣抵押物等對物執行名義之執行，僅可執行抵押物，故不論權利人是否完全受償，執行程序均因拍賣抵押物受分配後而終結。

---

❷⓵⓹ 依陳世榮著《強制執行法詮解》第九七頁：「……執行完畢後，債務人復行違反時，執行法院得依聲請續為執行，則必至無再被侵奪，無再違反之虞時，各該執行始告終結。」見解，則此執行將永無終結之日。

❷⓵⓺ 最高法院 44 年臺上字第 1328 號判例：假扣押之執行，依強制執行法第一百三十六條準用關於動產、不動產執行之規定。故假扣押之執行亦係以查封為開始，而以假扣押之標的脫離假扣押之處置，如將假扣押標的之交付執行或撤銷假扣押，其程序方為終結。原判以假扣押查封完畢，認為執行程序業已終結，不得提起執行異議之訴，自難謂合。

二、執行法院核發債權憑證

在金錢債權之執行，如執行結果，權利人未能完全受償，除係對物執行名義之執行外，執行法院將核發債權憑證（參照本法第 27 條），此時執行程序即終結。故在未核發債權憑證前，如就某財產執行結果，債權人受領之分配，尚未能完全受償，就該標的物固屬各個執行程序終結，但就整個執行程序而言，仍未終結，債權人仍可聲請執行債務人之其他財產，執行法院不可拒絕。至於非金錢債權之執行，因無核發債權憑證規定，故執行結果不能達到實現權利結果，除權利人撤回執行或執行法院駁回強制執行之聲請外，執行程序將無法終結。

三、撤回全部強制執行

執行程序一經全部撤回，執行程序即終結。但如有其他債權人併案執行或參與分配，須一併撤回，否則整個執行程序仍不終結。

四、終局之撤銷執行程序（處分）

強制執行程序（處分）經撤銷時，有可終結執行程序者，亦有不可終結執行程序者，例如本法第 58 條第 1 項之撤銷查封，即屬前者。本法第 114 條之 1 第 2 項之撤銷，則屬後者，蓋執行法院尚可對擔保物為執行。

五、駁回強制執行之聲請裁定確定者

權利人聲請強制執行，除本法第 28 條之 1 規定外，依本法第 30 條之 1 規定準用民事訴訟法，故如聲請不合程式或有其他欠缺，例如未提出執行名義文件、已供擔保之提存書，經通知補正，逾期未補正者，亦可裁定駁回（參照注意事項 3(1)）。甚至在非金錢債權之執行，遇有不能執行，例如遷讓房屋之房屋已不存在，命義務人為一定行為，其行為非他人所可代替，而義務人死亡，亦應以裁定駁回。上開裁定確定後，執行程序即終結。在裁定前，如執行法院有為執行處分者，在裁定確定後，固應撤銷，但此撤銷係因裁定結果，是執行程序終結非此撤銷，而係駁回之裁定確定所致。

貳、各個執行程序終結（或稱廣義執行程序終結、特定執行程序終結）

終結情形者：

一、對特定標的物之執行程序終結

執行義務人數項財產或令義務人為數項給付者，其中某一項財產或給付雖已執行完畢，但整個執行名義所表彰之權利未實現時，整個執行程序並未終結，但此項財產或給付之各個執行程序則為終結。例如在金錢請求權之執行，執行法院執行債務人兩筆財產，一筆已拍定，價金分配債權人，該特定物之各個執行程序即已終結，但因另一筆尚未終結，整個執行程序尚未終結。

二、對特定執行行為（程序）終結

在金錢請求權之執行時執行特定財產，雖尚未將賣得價金交給債權人，該標的物執行程序未終結，但其中特定行為（程序），例如查封，於查封完畢時已終結，拍賣於拍定時已終結。雖多數學者參照司法院第 2776 號解釋㈥、㈦，以拍定人取得所有權，對該標的物之查封拍賣程序始為終結，在此之前，仍可就查封程序之違法救濟。但愚意以為：㈠查封係一獨立之執行程序，與拍賣不同，故查封程序何時終結，應就查封本身判斷，一經查封完畢，查封程序即已終結。或認查封程序時間甚短，自開始至結束僅數分鐘，如查封程序違背本法第 55 條，債務人幾乎無救濟機會。但愚意以為債務人仍可當場表明拒絕查封，事實上，依上開解釋，仍可再另為合法之查封，此一聲明異議並無實益。至於對不能查封之財產仍予查封者，債務人聲明異議之目的應在於不能執行，本法第 53 條規定之不得查封，實指不能執行，則在該物執行程序終結前，仍可聲明異議，非限於查封程序終結前。㈡拍賣程序始於法院為拍賣公告，歷經數次拍賣始拍定，於拍定後程序即終結，在前之鑑價、核定底價、查詢拍定條件，均僅為拍賣前之準備，拍定後拍定人繳交價金，執行法院交付動產或核發權利移轉證書給拍定人，俾其取得所有權，僅係拍賣後權利義務之履行，正如同買賣，於契約成立時即完結，事後之交款、交付、過戶均係履行買賣契約，故不可將拍賣程序延長至拍定後之繳交價金及交付、核發權利移轉證書。固然就保障債務人言，此一延長，可增加其救濟機會，但受影響者實為拍定人，拍定人係依據執行程序，信賴法院之公信力者，不可因此延長而受損害❷❶❼。

三、對特定人之執行終結

執行義務人有數人者，就其中一人執行終結，但執行名義所表彰之權利，尚未完全實現，整個執行程序未終結，但對該人言，各個執行程序則為終結，例如在金錢請求權之執行，執行名義係命債務人二人連帶給付，債權人同時聲請執行該二人之財產，其中一人拍賣完畢，債權人分配仍不足清償，須再對另一人為執行，整個執行程序未終結，但該人部分已終結。又如拆屋還地之執行名義，命一義務人遷出，另一義務人拆除❷❶❽，則前一義務人執行遷出完畢，該個人執行程序終結，但整個執行程序未終結。

第十八節　執行之救濟

按有權利即應有救濟，以免權利受到侵害。而強制執行不僅應遵守一定之法定程序，不可侵及他人權益，且實質上仍應以實現權利人正當之權

---

❷❶❼　學者張登科著前揭第三五八頁，認拍賣須執行法院發給權利移轉證書，拍定人取得所有權，拍賣程序始終結。陳世榮著《強制執行法詮解》第九六頁，認拍賣程序須於拍賣物移轉所有權於買受人時為終結。楊與齡著前揭第二○六頁，認動產之拍賣程序，於拍賣物已經拍定，並為移轉所有權於買受人，即交付拍定人時為終結。但其第五六七頁則認拍定後，拍定人「繳足價金」，縱令有停止執行裁定，執行法院仍應發給權利移轉證書，二者即有矛盾，蓋如拍賣未因拍定而終結，停止執行後即不可發權利移轉證書，反之，拍賣程序已因拍定而終結，始不受停止執行之影響，應發權利移轉證書，停止執行僅生停止分配之結果。又學者陳計男著《強制執行法釋論》第一八四頁「個別執行程序於何時終結，應依各該個別強制執行程序所定最後階段之行為完結時定之。例如對於某執行標的物之強制執行拍賣時，拍賣程序於拍定時終結，但對於標的物之執行程序在尚未交付拍賣標的物予拍定人，並將價金交付債權人前，該標的物之強制執行程序尚未終結。」亦認拍賣於拍定時終結。

❷❶❽　在拆屋還地訴訟中，對房屋所有權人或有處分權人可請求拆除，但如房屋另有他人（例如承租人、借用人）居住使用，對該使用人尚應請求遷讓，否則將來因執行名義執行力不及於使用人，無法執行。

利為宗旨，故若執行時未符合法定程序或侵害權利人、義務人或第三人之正當權利，均應予救濟機制。尤其如前所述，強制執行性質為非訟事件，執行法院依非訟事件程序處理，不審酌實質上之權利義務，但實際仍有涉及實體事項，例如金錢債權之強制執行應以債務人責任財產為準，但財產是否為債務人所有，屬實體事項。茲執行法院僅從程序、形式、表面判斷該財產是否為債務人所有，以致執行法院雖因表面認定某一財產為債務人所有予以執行，實質該財產並不一定即屬債務人所有，致執行有錯誤，損及他人權利，甚且表面認定非屬債務人所有之財產，實屬債務人所有而未予執行，亦有損權利人，均應予救濟。又權利人之權利已消滅，但因執行法院僅依執行名義由形式判斷即予執行，執行結果，損及義務人，亦應救濟。

執行法院實施執行未遵守本法所規定程序者，謂為違法執行，例如無執行名義之執行、未經查封即拍賣、拍定人未繳款即發權利移轉證書、已裁定停止執行但仍為執行行為。反之，執行程序形式合法，實體上有侵及義務人或第三人權利者，謂為不當執行，例如執行名義成立後權利已消滅，權利人仍持執行名義聲請強制執行，此時，形式上因有執行名義可為執行，但實體上已無權利，權利人不可聲請強制執行。前者屬程序救濟，後者屬實體救濟。本法第 12 條、第 39 條屬前者，第 14 條、第 14 條之 1、第 15 條、第 41 條、第 120 條屬後者，惟此種區分在理論上固甚明確，實際上不易區分，例如在金錢債權之執行，誤執行第三人財產，第三人固可依本法第 15 條為實體救濟，但另一方面其非執行名義執行力所及，亦可依第 12 條為程序救濟。

本法對執行程序之救濟，除於總則規定外，其他各章亦有特別規定，總則規定於各章執行均可適用。茲就總則之規定分節說明如後。

第十九節　程序之救濟——聲請與聲明異議

第一款　聲請與聲明異議之意義

本法第 12 條第 1 項規定「當事人或利害關係人，對於執行法院強制執行之命令，或對於執行法官、書記官、執達員實施強制執行之方法，強制執行時應遵守之程序，或其他侵害利益之情事，得於強制執行程序終結前，為聲請或聲明異議。但強制執行不因而停止。」是為聲請與聲明異議規定。聲請係請求為一定執行行為或不為一定執行行為，例如聲請執行法院依本法第 55 條第 1 項但書，准許於夜間查封。又如有不點交事由，聲請執行法院於拍定後不為點交。聲明異議係對執行法院已為一定行為、處分認與法不合，請求撤銷，例如夜間查封，未經執行法官許可，債務人可聲明異議，請求撤銷查封。又如對拍賣公告註明不點交認有錯誤，請求撤銷改為點交。

第二款　聲請與聲明異議之要件

聲請與聲明異議之要件如下：

一、須由當事人或利害關係人為之

聲請與聲明異議之主體須為執行當事人或利害關係人。執行當事人係指執行權利人及執行義務人，利害關係人係指當事人以外在法律上有利害關係者，例如執行法院為除去租賃權之處分，在法律上將影響承租人之租賃權，承租人即為利害關係人。如非上開人士，縱然執行程序違法，例如拍賣日期距公告日期不合規定（參照本法第 66 條），當事人之父母，無法律上利害關係，不可聲明異議。惟債務人之父母使用查封物，認有正當使用權源，不可點交，對執行法院之點交即有法律上利害關係，可聲明異議。至於當事人或利害關係人之債權人可否代位行使，有認此與訴訟中當事人之攻擊防禦方法同，非權利，不可代位行使。亦有認此為保存債務人權利方法，可以代位行使❷❶❾。愚意以採肯定說為當，蓋民法第 242 條之代位權，

範圍甚廣❷，債務人對不法之執行未聲明異議，損及債務人，將影響其債權人，故就此怠於聲明異議者，自可代位為之。

二、須對一定事由為之

㈠執行法院之強制執行命令

此係指執行法院所發之各種執行命令，例如依本法第 19 條第 1 項，執行法院命債權人查報，第 20 條命債務人據實報告財產狀況。凡此命令如未發，固可聲請執行法院核發，反之，對已發而認有不當，亦可聲明異議。惟此執行命令係指對當事人或第三人所發而直接發生強制執行效果者，若僅為職務命令，例如執行法官依本法第 76 條命書記官督同執達員為查封

---

❷⓪ 學者陳世榮、張登科採否定說（參閱陳氏著《強制執行法詮解》第一三三頁、張氏著前揭第一四九頁）。最高法院六十年臺上字第一六六九號判決：「強制執行程序中之當事人即債權人或債務人以及於強制執行行為有利害關係之第三人，均得為聲請或聲明異議，獨當事人或利害關係人之債權人，不得依民法第二百四十二條、第二百四十三條之規定，代位聲請或聲明異議。」否認可代位聲明異議。但學者楊與齡、陳榮宗、陳計男採肯定說（參閱楊氏著《強制執行法論》第二一八頁、陳榮宗著《強制執行法》第一五五頁、陳計男著《強制執行法釋論》第一九九頁）。

❷⓪ 最高法院 43 年臺上字第 243 號判例：民法第二百四十二條，關於債權人之代位權之規定，原為債務人怠於行使其權利，致危害債權人之債權安全，有使債權人得以自己之名義行使債務人之權利，以資救濟之必要而設。故債權人對於債務人之權利得代位行使者，其範圍甚廣，凡非專屬於債務人本身之財產上權利均得為之（參照同條但書）。對於債務人負有債務之第三人之財產上權利，債務人得代位行使時，亦為非專屬於債務人本身之財產上權利之一種，如債務人怠於行使此項權利，致危害債權人之債權安全者，自難謂為不在債權人得代位行使之列。69 年臺抗字第 240 號判例：債務人怠於行使其權利時，債權人因保全債權，得以自己名義行使其權利，為民法第二百四十二條前段所明定。此項代位權行使之範圍，就同法第二百四十三條但書規定旨趣推之，並不以保存行為為限，凡以權利之保存或實行為目的之一切審判上或審判外之行為，諸如假扣押、假處分、聲請強制執行、實行擔保權、催告、提起訴訟等，債權人皆得代位行使。

時，此命令不包括在內，必須書記官依其命令為查封行為後，對此查封行為始可為聲請或聲明異議。至於本法第 115 條第 2 項之換價命令，有認屬此執行命令❷❷①，但實務認係執行方法❷❷②。

(二)執行法官、書記官、執達員實施強制執行之方法

此係指執行人員具體為強制執行時所用之方法，例如本法第 22 條之拘提、管收；第 45 條之拍賣、變賣；第 59 條查封物之保管方法等，故若權利人認義務人有符合拘提、管收之要件者，固可聲請；就查封之動產，認以變賣為宜，可聲請變賣。反之，義務人對已實施之拘提、管收，認有不當，可聲明異議；認執行法官以變賣方式換價不當，應採拍賣方式者，亦可聲明異議；至於本質為執行方法者，執行法院雖以「裁定」方式為之，其救濟方式仍為聲明異議，不可逕行提起抗告❷❷③，例如設定抵押權後，抵押人將抵押物出租第三人，經執行法院認有除去必要，以裁定方式除去者，對此裁定之救濟方式為聲明異議，而非抗告❷❷④。又如命付強制管理雖以「裁

❷❷① 參閱陳世榮著《強制執行法詮解》第一二八頁、楊與齡著前揭第二一八頁。

❷❷② 最高法院 58 年臺抗字第 436 號判例：禁止命令及轉付命令，係執行法院就債務人對於第三人之權利之執行方法，如應發而不發或不應發而發者，當事人或利害關係人祇得依強制執行法第十二條規定，為聲請或聲明異議，不得逕行提起抗告。

❷❷③ 最高法院 67 年臺抗字第 574 號判例：執行法院依強制執行法第一百二十七條第一項及第二項規定，命第三人代為履行，及命債務人預付費用之裁定，均屬執行方法之一種，對之如有不服，僅得依同法第十二條第一項規定聲明異議，不得逕行提起抗告。

❷❷④ 最高法院 74 年臺抗字第 227 號判例：「……。執行法院所為此種除去租賃關係之處分，性質上係強制執行方法之一種，當事人或第三人如有不服，應依強制執行法第十二條規定，向執行法院聲明異議，不得逕行對之提起抗告。」惟不論聲明異議或抗告均係不服表示，僅法律程序不同，各詞即有異，實務上，有嚴格遵守者，如未遵守即認不合法予以駁回，但參照最高法院三十一年抗字第四一五號判例：「對於法院所為之裁定聲明不服，應依抗告程序為之，故當事人對於裁定，如於抗告期間內以書狀向法院表示不服之意旨，縱該書狀內未用抗告名稱，仍應以提起抗告論。」及類推適用民事訴訟法第四百九十五條規定

定」方式為之，但此係換價方法，亦應以聲明異議救濟，而非抗告**㉓**。

(三)強制執行時應遵守之程序

　　係指本法規定強制執行之程序，例如依本法第 45 條、第 75 條必須先查封始可拍賣；又依本法第 66 條、第 82 條，拍賣與公告須間隔一定時間；依本法第 65 條、第 84 條公告有一定方法，凡未遵守上開程序，即可為此救濟**㉖**。至若非本法規定程序，而係其他法律者，實務上認不包括在內，例如優先承買權人之通知，雖由執行法院為之，如執行法院漏未通知，非此強制執行應遵守之程序**㉗**，不可聲明異議，只得依各該規定，由有優先

　　「依本編規定……應提出異議而誤為抗告者，視為已提出異議。」就此誤用名詞，法院應可依當事人真意，依正確之救濟程序處理，即就誤為抗告者視為聲明異議，依聲明異議程序處理，以免影響當事人或利害關係人之救濟。又執行法院除去租賃權既屬執行處分，即不應以裁定方式為之，早期法院均用裁定，現偶爾仍有用裁定，其他法院則有用書函方式，以彰顯為執行處分。

㉓ 最高法院 30 年渝抗字第 50 號判例：命付強制管理之裁定，係屬強制執行之方法，對此裁定如有不服，僅得依強制執行法第十二條第一項向執行法院聲明異議，不服執行法院就聲明異議所為之裁定，始得依同條第三項提起抗告，不得對於命付強制管理之裁定逕行提起抗告。

㉖ 最高法院 51 年臺上字第 2945 號判例：拍賣不動產之期日，距公告之日不得少於十四日，其公告應揭示於執行法院及該不動產所在地，執行處應通知債權人及債務人於拍賣期日到場等項，均屬強制執行時應遵守之程序。此類程序，如執行人員未經遵行，或踐行不當，或違背程序，當事人或利害關係人在強制執行程序終結前，固得對之聲請或聲明異議，但強制執行程序一經終結，即不得主張其強制執行為無效。

㉗ 最高法院 49 年臺抗字第 83 號判例：強制執行法上之拍賣，應解釋為買賣之一種，即拍定人為買受人，而以拍賣機關代替債務人立於出賣人之地位，故出賣人於出賣時所應踐行之程序，例如依耕地三七五減租條例第十五條規定，應將買賣條件以書面通知有優先承買權之承租人，使其表示意願等等，固無妨由拍賣機關為之踐行，但此究非強制執行法第十二條所謂執行時應遵守之程序，縱令執行法院未經踐行或踐行不當，足以影響於承租人之權益，該承租人亦祇能以訴請救濟，要不能引用該條規定為聲請或聲明異議。

承買權人起訴確認優先承買權存在或對債務人提損害賠償訴訟❷❷❽。但參諸應買人資格之限制，同係源於其他法律，因拍賣之性質為民法上之買賣，執行法院既代替債務人為出賣人，參照最高法院 63 年臺上字第 2055 號判例：「被上訴人主張執行法院將系爭土地之全部作為農地拍賣，不准無自耕能力者參加投標，限制應買人資格等，拍賣程序有瑕疵而不合法云云，係屬強制執行法第十二條第一項聲明異議之範圍，而非拍賣無效之問題。」認應買人之資格，執行法院於拍賣時仍應遵守，未遵守者，可聲明異議❷❷❾，何以未踐行通知優先承買人之程序，不可聲明異議？甚至執行法院漏未踐行通知，竟要債務人賠償損害？顯不合理。

㈣**其他侵害利益之情事**

此即前三者以外，有侵害權益者，例如無執行名義之強制執行，即開始聲請強制執行時全無執行名義，或開始聲請強制執行有執行名義但已消滅或執行力不存在；又如對執行名義效力所不及之人為強制執行❷❸❶；再如超越執行名義範圍之執行，例如以拍賣抵押物裁定執行抵押物以外之財產，

---

❷❷❽　按優先承買權之效力有物權者，亦有債權者，前者例如土地法第 104 條，如有違反，參照最高法院 65 年臺上字第 2701 號判例可對拍定人起訴請求塗銷登記。後者無物權效力者，例如民國 64 年修正前之土地法第 104 條及現行第 34 條之 1 第 4 項，均無對抗規定，縱有違反，參照 68 年臺上字第 2857 號判例僅能請求損害賠償。然此損害賠償，就法理言，固應向出賣人之債務人請求，但在強制執行時，係執行法院為拍賣行為，雖實務認係「執行法院代替債務人為出賣人」，但應為通知者既為執行法院，何以執行法院漏未通知時，令債務人賠償而非執行法院？實有疑問，此時似有國家賠償法適用。

❷❷❾　學者呂潮澤認強制執行應遵守之程序，包括實體法規定者，執行法院拍賣時，既代為踐行出賣人依實體法規之程序，如有應踐行而未踐行，尤難認無侵害利益情事，解釋上應可聲明異議，最高法院四十九年臺抗字第八三號判例緩不濟急，不切實際（參閱呂氏撰〈強制執行救濟程序之爭議〉，刊於楊與齡主編《強制執行法實例問題分析》第七一頁）。

❷❸❶　最高法院 63 年臺上字第 1700 號判例：依上訴人起訴所主張之事實（對伊無執行名義），係得聲明異議之事由，而非得提起第三人執行異議之訴之原因。

或金錢債權執行時，超過執行債權之過度執行❷³¹，均屬此侵害利益。另在特殊情況下之執行，為情理所不容，例如遷讓房屋之執行，債務人重病或家中有喪事，學者有謂如仍予執行屬苛酷執行，應可聲請或聲明異議，以延展執行期日❷³²。惟此時法律並未禁止不可執行，僅因情理上參考，此時執行法院應可變更執行期日，然若債務人久病不送醫或一直不出殯，此時仍應執行，並無違誤❷³³。

以上四種事由，有時固可明確劃分，有時則甚難決定，例如依本法第60條之1規定「查封之有價證券，執行法院認為適當時，得不經拍賣程序，準用第一百十五條至第一百十七條之規定處理之。」此時如執行法院準用第115條發收取命令，究屬對執行法院所發執行命令或執行方法救濟，即難區分。又如查封物交何人保管，固為保管方法，但如影響質權人、留置權人之權利，亦屬侵害利益。故此區分毋庸嚴格計較，實務上亦係如此。例如最高法院33年上字第6257號判例：「強制執行不依執行名義為之者，當事人或利害關係人僅得於強制執行程序終結前，向執行法院聲明異議，不得提起執行異議之訴。」42年臺上字第1281號判例：「……。故依以強制執行法之公證書如不備執行名義之上開要件者，則其執行名義尚未成立，債務人僅得依強制執行法第十二條第一項聲明異議，不得依同法第十四條提起異議之訴。」均不似最高法院42年臺抗字第135號判例：「變更拍賣不動產期日，屬於實施強制執行之方法，對於此項裁定，僅得依強制執行法第十二條第一項，向執行法院聲明異議，……。」明確指出事由為何，甚至最高法院69年臺上字第1920號判例：「強制執行法第九十六條第一項

---

❷³¹ 最高法院40年臺上字第752號判例：強制執行是否超越執行名義所表示之範圍，乃對執行人員實施強制執行之事項，祇能由當事人或利害關係人依強制執行法第十二條之規定聲請或聲明異議，不得提起執行異議之訴。

❷³² 參閱張登科著前揭第一四八頁、陳計男著《強制執行法釋論》第一九七頁。

❷³³ 據民國91年7月27日《聯合報》第八版，臺北市曾有一債務人以家人不出殯停棺為由，抗拒執行法院拆屋還地之強制執行七年，最後執行法官仍予執行完畢。

規定，係強制執行應遵守之程序及執行方法問題，縱執行法院未盡遵守，亦應依強制執行法第十二條規定聲明異議。」認有競合，足見有時甚難區分，實毋庸過於計較。

上開事由均係指程序事項，若涉及實體，例如判決確定後當事人和解，權利人不顧和解約定，仍聲請強制執行；義務人主張已清償、抵銷、時效完成、違約金過高，此時須以訴訟解決，不可聲明異議。但有時雖屬實體事項，惟執行法院可從程序上或形式上判斷者，例如是否為債務人責任財產，如可由形式上判斷明確，例如地政機關登記，仍可聲明異議，反之，即屬實體事項，應以第三人異議訴訟解決❷❸❹。至於下列事項可否聲明異議，則有爭議：

1.第三人之優先承買權固屬實體事項，但執行法院可由形式上決定者，例如土地法第 34 條之 1 第 4 項規定「共有人出賣其應有部分時，他共有人得以同一價格共同或單獨優先承購。」之共有人，執行法院可由形式之土地登記查明，認定其有優先承買權，如漏未公告或通知，共有人或地上權人可聲請或聲明異議。反之，如他人以其共有為虛偽或有其他不可優先買事由，認其無優先承買權，則非形式上可判斷，應以訴訟救濟。惟實務上似未如此區分，凡有爭執者，均令以訴訟解決❷❸❺。甚至以此非強制執行

---

❷❸❹ 臺灣高等法院 73 年法院座談會民事執行類提案第六號，就法律問題「債權人甲取得對債務人乙之強制執行名義，後乙死亡，乙之子丙限定繼承，甲聲請強制執行，執行處誤將丙原有之汽車一輛查封，丙應如何救濟？」所採甲說：「執行處誤將丙原有之汽車查封，其執行方法顯有錯誤，丙應依強制執行法第十二條聲明異議。」即認可聲明異議。

❷❸❺ 臺灣高等法院 64 年法律座談會民事執行類第七號：

法律問題：

執行法院依法拍定之不動產，第三人依土地法第一百零四條或耕地三七五減租條例第十五條之規定主張有優先購買權存在而向執行法院聲請優先購買，拍定人則否認第三人有優先購買之權利，此際執行法院能否就兩造主張之事實從實體上加以調查而為准駁之裁定？

討論意見：

應遵守之程序為由，認不可聲明異議❷❸❻。但此見解欠妥，故現今實務有以本法第 102 條第 1 項為由，認可聲明異議❷❸❼。

　　2.時效是否完成為實體事項，屬本法第 14 條第 1 項異議之訴事由，但是否完成，如無爭執，任何人均可計算，如計算結果，確已完成，雖債務人

甲說：執行法院所管轄者皆為非訟事件，凡就實體上權利義務是否存在有所爭執者，概不屬執行法院職權範圍，即不得依強制執行法第十二條第一項之規定，向執行法院為聲請或聲明異議，而應循民事訴訟程序謀求救濟。

乙說：略。

審查意見：

民事執行處雖無從審查實體上權利義務是否存在,但應將拍定人否認第三人有優先購買權之事由通知第三人,倘第三人就此通知提出異議,自可裁定指示第三人應以訴請求確認優先購買權存在。

研討結果：採甲說。

❷❸❻　同❷❷❼。

❷❸❼　最高法院 96 年度臺抗字第 317 號裁定：按土地法固於第三十四條之一第四項規定，共有人出賣其應有部分時，他共有人得以同一價格共同或單獨優先承購。惟強制執行法已於第一百零二條第一項明定，共有物應有部分第一次之拍賣，應通知他共有人。但無法通知時，不在此限。且於辦理強制執行事件應行注意事項第五十八項規定，依本法第一百零二條第一項所為之通知，應於第一次揭示拍賣公告時為之，其通知書應載明他共有人得以同一價格共同或單獨優先承買。是共有物應有部分第一次之拍賣，倘執行法院能通知而未踐行通知他共有人者，即屬未遵強制執行法第 12 條所稱「強制執行時應遵守之程序」，當事人及他共有人自均得於強制執行程序終結前聲明異議，此與本院 49 年臺抗字第 83 號判例所揭櫫：「出賣人於出賣時所應踐行之程序，例如依耕地三七五減租條例第十五條規定，應將買賣條件以書面通知有優先承買權之承租人，使其表示意願等等，固無妨由拍賣機關為之踐行，但此究非強制執行法第十二條所謂執行時應遵守之程序，縱令執行法院未經踐行或踐行不當，足以影響於承租人之權益，該承租人亦祇能以訴請求救濟，要不能引用該條規定為聲請或聲明異議」之意旨，乃因耕地三七五減租條例等實體法上所定通知優先承買權人之程序，並非強制執行法第 12 條所稱「強制執行時應遵守之程序」，縱執行法院未經踐行或踐行不當，亦不得聲明異議之情形未盡相同。

誤為聲明異議時，此時執行法院可依本法第16條規定處理，即曉諭債權人時效確已完成，為免訟累，由債權人撤回強制執行之聲請，惟債權人不同意，仍應駁回聲明異議，告知債務人以異議之訴救濟，執行法院無權逕為撤銷執行。

3.依民法第205條規定「約定利率，超過週年百分之十六者，超過部分之約定，無效。」雖無效屬實體事項，但既無效，債權人無權利，執行法院於分配時即應在法律規定範圍內分配，不可准債權人超過上開利率之請求，否則即屬違法執行，故可聲明異議。惟學者有認不可聲明異議❷❸❽，實務上意見不一❷❸❾。至於違約金過高之酌減（參照民法第252條），與上開情形不同，僅審判法院有權酌減，自不可聲明異議。

4.對執行法院所為拍定不服究屬實體事項或程序事項，迭有爭執，有認屬實體事項，僅可以訴訟解決❷❹⓪，亦有認屬程序事項，應聲明異議❷❹①，

❷❸❽ 陳世榮著《強制執行法詮解》第一三一頁，認利息是否逾法定最高利率，非聲請或聲明異議所可救濟。陳計男著《強制執行法》第一九七頁亦同。

❷❸❾ 最高法院70年臺上字第4647號判決：……，若當事人間關於違約金之應否核減或約定利息是否逾越法定最高利率之實體上爭執，則非聲請或聲明異議所得救濟。司法院民事法律專題研究㈠：司法院第一廳研究意見：……。又銀錢業以外之金錢債務，其約定利率不得超過訂約時當地中央銀行核定放款利率，超過者債權人對於超過部分無請求權。故拍賣抵押物之執行，其抵押債權約定之利息，如超過法定利率，抵押權人就超過部分自無請求權，執行法院得因債務人之聲明異議，就超過部分，予以核減，至違約金過高部分，依民法第二百五十二條之規定，法院固得減至相當之數額。惟此所謂法院，並不包括民事執行處。因民事執行處，並無實體審查權，無從審查違約金是否過高，故債務人縱然主張違約金過高，除另行提起民事訴訟，經判決核減外，民事執行處仍應列入分配，不得逕予核減，討論意見，應以乙說為當。

❷❹⓪ 最高法院70年臺抗字第103號裁定：執行法院就查封物所為之拍賣，及投標人應此拍賣而為之投標，性質上原與買賣之法律行為無異，執行法院將拍賣物拍歸出價最高之合法買受人，係拍定之意思表示，買賣契約因此表示而成立，但執行法院如何選擇得標人，法律上本有限制，違之者，其拍定之表示即非有效，其拍賣亦應認無效力，但此屬實體上之問題，當事人或利害關係人，應提

實務上，認執行法院未拍定時，只可聲明異議，但如執行法院先拍定，嗣又撤銷，原拍定人除可聲明異議，尚可另行提起訴訟[242]，然愚意以為如就拍賣性質採公法說，應以聲明異議為當，反之採私法說，應不可聲明異議，只可提起訴訟，蓋此屬實體事項[243]。

三、須於法定期間為之

本法第 12 條第 1 項僅規定應於執行程序終結前為之，未規定始期，但就強制執行程序之救濟觀之，自應於聲請強制執行後，即此法定期間為：

㈠聲請強制執行後

按強制執行固須依債權人之聲請而開始，但開始與聲請不同，開始係指執行法院實施執行行為或處分，聲請僅促使執行法院發動實施執行，學者有謂本項之救濟須於強制執行開始後[244]，就聲明異議言，係就已為之執行處分（程序）固屬無誤[245]，但就聲請言，在具狀聲請強制執行後，執行法院尚未開始行為之前，如有必要，即應可為之，例如聲請命債務人陳報財產，或聲請夜間查封。

起確認之訴解決，既非執行方法或執行程序有瑕疵，亦非程序上侵害當事人或利害關係人之利益，尚無當事人或利害關係人據以聲明異議之餘地。

[241] 陳世榮著《強制執行法詮解》第一三一頁，認執行法院就最高標者宣布廢標，該人可以侵害利益為由聲明異議。

[242] 最高法院民國 74 年 2 月 5 日第二次民事庭會議決議：應買人之投標經執行法院認為廢標時，該應買人如有不服，得於強制執行程序終結前聲明異議。應買人所投之標經法院決定其得標後，又經認其為廢標者，應買人得另提起確認買賣成立之訴，以求救濟。

[243] 參酌拙文〈從強制執行拍賣性質談若干強制拍賣問題〉（刊《法令月刊》第三十八卷第八期，收錄拙著《強制執行法學說與判解研究》）。

[244] 參閱楊與齡著前揭第二二一頁。

[245] 張登科著前揭第一五○頁、陳世榮著《強制執行法詮解》第一三四頁及陳計男著《強制執行法釋論》第二○○頁，均認如知執行法院將實施違法之執行處分時，在實施前亦可聲明異議。愚意以為此時應係聲請執行法院為正確之執行行為或處分，而非聲明異議。

(二)強制執行程序終結前

就救濟之目的言，或請求為一定執行行為、處分，不為一定執行行為、處分，故其救濟應於強制執行程序終結前為之，苟執行程序已終結，執行法院已不能再為執行行為、處分，或撤銷所為執行行為、處分或程序，如何救濟[246]？故應於執行程序終結前聲請或聲明異議。至於此程序終結究係個別執行程序終結抑或整個執行程序終結，應視聲請或聲明異議之內容決定[247]，學者多參照司法院第 2776 號解釋(二)、(六)、(七)，認在金錢債權之執行，須標的物換價，將賣得價金交債權人，該標的物執行程序終結，至於拍賣終結係指拍定人取得所有權[248]。即 1.聲請或聲明異議之對象係整個執行，例如主張執行名義未成立，應指整個執行程序終結，則在執行債務人數項財產時，雖某一項財產已執行終結，其他財產尚未終結，仍可以執行名義未成立為由聲明異議，但異議有理由時，不可撤銷已終結之他項財產執行。2.聲請或聲明異議係對某一執行程序、處分，例如對除去租賃權之執行處分聲明異議，其對象為拍賣，即拍賣之條件有無包括租賃，故聲明異議應在拍賣程序終結前。至於拍賣之執行程序終結，愚意以為應指拍定，並非拍定人取得所有權，蓋：1.有無除去，涉及拍賣條件，若已拍定，拍賣條件即不可變更，否則將影響拍定人權益，有損執行法院之威信，故拍定後不可聲明異議。否則，如可聲明異議，若認異議有理由不應除去租賃權，變更拍賣條件，影響拍定人權益甚大。2.由本法第 58 條第 2 項「拍定後，在拍賣物所有權移轉前，債權人撤回強制執行之聲請者，應得拍定人之同

---

[246] 最高法院 37 年上字第 6762 號判例：執行事件當事人對於強制執行之命令，或對於執行推事、書記官、執達員實施強制執行之方法，固得於執行程序終結以前為聲請或聲明異議，但執行程序一經終結，除執行程序所為之拍賣有無效原因，不能發生移轉所有權之效力外，即不容再有所主張。

[247] 最高法院 55 年臺抗字第 541 號裁定：強制執行第十二條第一項所謂強制執行程序終結，究指強制執行程序進行至如何程度而言，應視聲請或聲明異議之內容，分別情形定之。本件相對人如僅對拍賣公告最低價格聲明異議，於拍賣完成發給不動產權利移轉證書之後，能謂強制執行程序尚未終結否？

[248] 參閱楊與齡著前揭第二二一頁、張登科著前揭第一五〇頁。

意。」可知拍定後即不可因其他事由撤銷拍定（按：此條文規定欠妥，詳本章第十六節），以免影響拍定人權益。3.拍定與拍定人取得所有權為不同二事，後者係拍定後之履行出賣人義務，正如買賣於契約訂立時即已成立，事後始有出賣人依買賣契約履行出賣人義務，使買受人取得所有權，拍定表示拍賣成立，故拍定時，拍賣程序應已終結，否則在拍定後，拍定人繳清價金，在未取得所有權前，不僅可因聲明異議撤銷拍定，且遇有停止執行事由，即停止核發權利移轉證書，對拍定人影響甚大❷❹❾。又如聲明異議係主張拍賣公告未遵守法定期間，不應進行該次拍賣，則在該次拍賣完畢，不論有無拍定，其各個之拍賣執行程序即終結，不可於下次拍賣時，始對該次拍賣公告聲明異議。然如認拍賣終結係指拍定人取得標的物所有權，即動產為執行法院交付，不動產為執行法院核發權利移轉證書時，則在此之前，均可聲明異議。

四、須以書面或言詞

本法第 12 條對聲請或聲明異議既未限制以書狀，則以書狀或言詞為之均可。

五、須向有管轄權之法院

聲請或聲明異議應向執行法院為之，即實際為執行程序或處分者，故甲法院囑託乙法院執行，就乙法院執行程序或處分認有不當為聲請或聲明異議者，即向乙法院為之，反之，如係針對甲法院之執行程序、處分，仍應向甲法院為之。

第三款　法院之處理

依本法第 12 條第 2 項規定「前項聲請及聲明異議，由執行法院裁定之。」第 3 項規定「不服前項裁定者，得為抗告。」故執行法院處理聲請或聲明異議應以裁定為之，不可以其他方式❷❺❍。至於此執行法院究何所指，

---

❷❹❾　參閱拙著《擬制民事司法書類：民事案例研究》第二一頁以下之案例。

❷❺❍　依注意事項5(1)，執行法院就聲請或聲明異議之裁定，不可以函文為之，然法律並未規定裁定之程式，故實務上有以通知函等公文為裁定者，最高法院民國

一般固指處理該執行事件之執行法官，但本項救濟包括執行法院之執行命令，執行法官之執行處分，如由為此處分之人審查救濟，是否妥當？依司法院院字第 2000 號解釋：「強制執行法第十二條、第十三條所謂執行法院，係指為強制執行之法院而言，執行法院依該兩條所應為之裁定，或由執行推事為之，或由其他推事為之，均無不可。對於執行推事之行為，為聲請或聲明異議時，縱令實際上以由兼任院長之推事或其他推事裁定為宜，但由該執行推事裁定，仍非法所不許。」並未認有何不妥，學者有認應檢討❷，但實務上除係職務調動外，均仍由原執行法官處理。

又因目前強制執行事務係由司法事務官處理，則當事人或利害關係人聲明異議，即由司法事務官裁定，此裁定是否為本法第 12 條第 2 項之裁定？如何救濟？愚意以為裁定僅法官有權為之，司法事務官依強制執行法第 30 條之 1 準用民事訴訟法第 240 條之 3 規定「司法事務官處理事件所為之處分，與法院所為者有同一之效力。」司法事務官有權依上開規定為裁定，但其裁定實為處分性質，不可對此裁定抗告，即對此處分不服再依第 240 條之 4 第 1 項前段「當事人對於司法事務官處理事件所為之終局處分，得於處分送達後十日之不變期間內，以書狀向司法事務官提出異議。」第 2 項「司法事務官認前項異議有理由時，應另為適當之處分；認異議為無理由者，應送請法院裁定之。」第 3 項「法院認第一項之異議為有理由時，應為適當之裁定；認異議為無理由者，應以裁定駁回之。」處理，即對司法事務官之裁定不服，於 10 日之不變期間以書狀異議，如司法事務官認異議無理由，再由執行處之法官審查司法事務官處分是否無誤而為裁定，此時法官之裁定，即為強制執行法第 12 條第 2 項之執行法院裁定❷。

---

67 年 9 月 26 日民事庭庭推總會議決定事項二、「法院之通知，其內容如足認係法院對於有關訴訟事件或非訟事件之意思表示者，其性質即與裁定無異，當事人得對之提起抗告。」承認之。

❷ 參閱陳計男著《強制執行法釋論》第二〇三頁。

❷ 司法事務官依本法第 12 條第 2 項裁定之性質為處分，實非裁定，但在 97 年 7 月法院組織法增訂司法事務官可辦理拘提管收以外之強制執行事件，本法並未

裁定準用民事訴訟法，不僅可不經言詞辯論，且不一定用書面，以言詞諭知載明筆錄亦可，但有必要，仍可令聲請人或聲明異議人以書狀或言詞陳述，並可調查（參照民事訴訟法第 234 條）。又法院之調查無辯論主義適用，不受聲請或聲明異議之範圍及理由拘束，應檢視整個執行事件有無違法或不當❷❺❸。又再抗告亦屬抗告之一種，故對執行法院裁定提起抗告，對抗告法院之裁定，以無理由駁回者，仍可準用民事訴訟法第 486 條第 4 項以適用法規顯有錯誤為理由，並經抗告法院許可者為限，可提起再抗告。至抗告法院之裁定以不合法駁回者，只可準用上開法條第 2 項提出異議，不可再抗告。

一、執行法院對於聲請或聲明異議之處理方式如下

㈠不合法

不合法係指不符法定要件，例如非當事人或利害關係人聲請，聲請或聲明異議已逾執行程序終結，執行法院應以裁定駁回。至於聲請或聲明異議時，執行程序尚未終結，但執行法院裁定時，執行程序已終結，仍應認不合法❷❺❹。

㈡合法但無理由

聲請或聲明異議程序固然合法，但所主張異議之事由不實在或執行法院並無不法，即無理由，執行法院應以裁定駁回。

㈢合法且有理由

聲請或聲明異議有理由，依本法第 13 條第 1 項規定，執行法院即應將

就相關司法事務所處理事務配合為修正，致司法事務官就本法第 12 條第 1 項之聲請及聲明異議之處理，未修正為處分，而生對其名為裁定實為處分者，應如何救濟之爭執，司法院秘書長秘臺廳民二字第 0980006307 號函有說明，臺灣高等法院暨所屬法院 98 年法律座談會就此有為討論，可供參考。

❷❺❸ 參閱陳計男著《強制執行法釋論》第二〇三頁、張登科著前揭第一五二頁。

❷❺❹ 依司法院第 2776 號解釋㈤，就裁判時始終結者之駁回，未指明係不合法或無理由，學者楊與齡則認係無理由（參閱楊氏著前揭第二二二頁），但愚意以為係不合法，蓋在執行程序終結前聲明異議為其合法要件。

原處分或程序撤銷或更正。撤銷後應否另為處分或為執行程序，視狀況而定，例如有停止執行之事由，只須停止進行執行即可，不可進一步為執行行為，亦不可將已實施之查封撤銷，誤為撤銷者，權利人可聲明異議，由執行法院撤銷誤為撤銷之處分即可❷⁵⁵，毋庸重新查封，蓋撤銷先前誤為撤銷查封之處分，即表示先前之撤銷已不存在，查封未撤銷，仍然存在，如再重新查封，不僅實係另一查封，並非原來之查封，亦非撤銷回復之結果，且重新查封將影響查封效力本應自先前查封時起之效果。從而如執行法院之先前誤予撤銷查封，以致債務人就查封物為處分行為，該處分行為固然依本法第 51 條第 2 項對債權人不生效力，但處分行為之相對人如屬善意第三人，受有損害，只可向債務人或依國家賠償法請求執行法院賠償。又如因拍賣公告方法不合規定，撤銷該次拍賣公告，重行公告進行拍賣。更正，則係改正原執行處分或程序，例如依本法第 115 條第 2 項發收取命令後，更正為支付轉給命令。

㈣不合法但有理由

　　偶有聲請或聲明異議有理由，但不合法，例如拍賣日期距公告日期確係不足，但由非當事人或利害關係人聲明異議，此時執行法院固應以不合法為由裁定駁回聲請或聲明異議，但仍可另依職權自為撤銷該次拍賣程序，另定期日拍賣，以為適法。蓋強制執行本應依法為之，如執行程序違法，縱無人聲明異議，但為執行法院自行發現，仍應主動撤銷或更正之❷⁵⁶。

---

❷⁵⁵　最高法院 56 年臺抗字第 337 號判例：受訴法院所為停止執行之裁定，一經當事人提出，執行法院僅須停止執行，不得將已為執行之處分撤銷，違之者乃屬執行方法之錯誤，當事人或利害關係人就此應依強制執行法第十二條規定，先為聲請或聲明異議，由執行法院予以裁定，不服此項裁定時，始得提起抗告。茲再抗告人對於執行法院撤銷命令逕行提起抗告，顯有未合。

❷⁵⁶　最高法院 80 年臺抗字第 356 號判例：執行法院於發現有當事人或利害關係人得據為聲請或聲明異議之事由存在，法律既無明文限制執行法院不得依職權逕將原處分或程序撤銷或更正之，解釋上固不能謂執行法院無此權限，……，強制執行程序一經終結，即不許執行法院撤銷或更正原處分或程序。

㈤**費用負擔**

執行法院為裁定時，關於聲明異議費用由何人負擔，應同時裁定，蓋此非執行費用，不可列為執行費用由債務人負擔。

二、抗告法院之處理

對於執行法院之裁定不服者，可以抗告。抗告人不限於聲請或聲明異議人，凡裁定之當事人或利害關係人均可，但須裁定對其不利，抗告法院之處理，即適用民事訴訟法之抗告程序，處理方式如下：

㈠**不合法**

抗告不合法、逾抗告期間者，抗告法院應以裁定駁回。

㈡**合法但無理由**

抗告法院仍應以裁定駁回。

㈢**抗告有理由但執行程序已終結**

抗告法院無從撤銷原執行程序、處分、命令，仍以抗告不合法駁回。

㈣**抗告有理由且執行程序未終結**

抗告法院應廢棄原裁定，自為撤銷原處分、程序或更正之裁定或發回執行法院更為裁定。是否發回或自為裁定，由抗告法院決定，但非有必要，不可發回（參照民事訴訟法第 492 條）。

㈤**費用負擔**

同前，抗告費用在為前㈠㈡㈢裁定及㈣自為裁定時，應一併裁定由何人負擔。

三、再抗告法院之處理

依民事訴訟法第 486 條第 2 項規定「抗告法院之裁定，以抗告為不合法而駁回者，不得再為抗告。但得向原法院提出異議。」第 4 項規定「除前二項之情形外，對於抗告法院之裁定再為抗告，僅得以其適用法規顯有錯誤為理由。」此時對抗告法院裁定除係以不合法為由駁回者外，均可提起再抗告。但因準用民事訴訟法第 484 條前段規定「不得上訴於第三審法院之事件，其第二審法院所為裁定，不得抗告。」故如執行名義之金額未逾法定上訴利益額者，仍不可再抗告[257]。

再抗告法院之處理方式同前抗告法院之處理。

聲請或聲明異議結果，如需執行法院為一定之執行處分（程序）或需撤銷、更正已為之執行處分（程序），執行法院固應遵守，但仍需當事人向執行法院陳報其裁定結果，由執行法院實施，並非裁定確定即當然發生上開一定之結果❷⁵⁸。又如需撤銷、更正者，尚需執行程序未終結，否則，雖有上開裁定，但因當事人陳報執行法院時，執行程序已終結，仍無從撤銷或更正（參見司法院院字第 2776 號解釋㈩）。

---

❷⁵⁷ 司法院 28 年院字第 1943 號解釋：民事訴訟法第四百八十一條所謂第二審法院之裁定，包含抗告法院之裁定在內。故依同法第四百八十三條第二項規定，對於抗告法院之裁定再為抗告時，如為關於財產權之訴訟，其標的之金額或價額，在第四百六十三條所定之上訴利益額數以下者，仍在不應准許之列，至執行中關於財產權之訴訟，對於抗告法院之裁定，再為抗告者，亦應受同一之限制。最高法院 83 年度臺抗字第 502 號裁定：「按民事訴訟法第四百六十六條第一項規定，……。又同法第四百八十四條規定，不得上訴於第三審法院之事件，其第二審法院所為之裁定，不得抗告。前揭規定，依強制執行法第四十四條之規定，於強制執行程序亦準用之。查本件相對人向臺灣臺中地方法院聲請確定執行費用，其聲請標的之金額僅新臺幣二萬三千五百五十二元，且其執行名義之本案訴訟民事第二審判決，上訴所得受之利益不逾新臺幣三十萬元，為不得上訴第三審事件。是本件原法院所為裁定，亦不得抗告。」可供參考。學者張登科、楊與齡亦肯定（參閱張氏著《強制執行法》第一五五頁、楊氏著《強制執行法論》第二二三頁）。

❷⁵⁸ 最高法院 55 年臺上字第 3100 號判例：廢棄執行名義或宣告不許強制執行之裁判已有執行力，例如廢棄確定判決之再審判決已確定，廢棄宣告假執行之本案判決之判決已宣示，認聲明異議為有理由之裁定已宣示或送達，或認異議之訴為有理由之判決已確定時，其裁判正本一經提出，執行法院即應停止強制執行，並撤銷已為之執行處分，司法院三十三年院字第二七七六號之㈩已有解釋。是執行法院或抗告法院認聲明異議為有理由之裁定，須經聲明異議之當事人或利害關係人提出執行法院，請求撤銷已為之執行處分，並非一經執行法院或抗告法院為撤銷之裁定，執行法院已為之執行處分即當然失其效力。

第四款　無一事不再理之適用

按裁定無一事不再理及既判力適用，故當事人得以同一事由再次聲請或聲明異議（參見司法院院字第 2776 號解釋㈣），即聲請或聲明異議駁回後，仍可以同一事由再為聲請或聲明異議，如再次聲請或聲明異議，執行法院或抗告法院認有理由，仍可為與前次不同結果之裁定，但仍受執行程序終結前之限制。

第五款　執行程序之停止

為避免有人濫用聲請或聲明異議阻擾執行程序之進行，本法第 12 條第 1 項但書規定強制執行不因而停止。但事實上，聲請或聲明異議事項是否有理由，其事由在理論或實務有爭議，執行法院之裁定，抗告法院不一定贊同，而繼續執行將生不可回復原狀結果，例如拆屋還地之強制執行，如執行程序確屬違法，一經執行拆屋完畢，即不可回復。又如權利移轉證書，一經發給，拍定人辦理登記後可設定抵押權或移轉他人，但拍定被撤銷或無效，依土地法第 43 條規定不可塗銷該第三人權利，即無法回復。故在聲明異議程序未確定前，實宜視狀況暫緩執行，除非執行法官深具信心或實務上已有定論者，始可繼續執行，以免發生不可回復之損害。

民國 85 年本法修正時，增加第 13 條第 2 項規定「執行法院於前項撤銷或更正之裁定確定前，因必要情形或依聲請定相當並確實之擔保，得以裁定停止該撤銷或更正裁定之執行。」就其文義及修正理由「按裁定原則上不待確定即具有執行力。但撤銷或更正原處分或程序之裁定，如一概均予付諸執行，倘其裁定有誤，經抗告法院廢棄者，則已撤銷或更正之處分或程序，即有難於回復之虞。為保當事人或第三人之利益，宜授權執行法院審酌事件之個別情形，於原裁定確定前，為停止其執行之裁定。爰增列第二項之規定，俾能因應實際之需要。」似指執行法院認聲請或聲明異議有理由，在裁定撤銷、更正原處分或程序時，於此裁定確定前，停止執行該撤銷或更正裁定之執行，例如執行法院依權利人聲請查封債務人財產後，

但債務人主張其因聲請重整，在重整裁定前，法院已依公司法第287條第1項第4款為緊急處分，不可對其強制執行，聲請撤銷查封。執行法院認有理由而裁定撤銷查封，但因權利人對此撤銷查封之裁定抗告，在此裁定確定前，執行法院遂另裁定停止此撤銷查封裁定之執行，維持查封之效力，待抗告結果，以決定應否撤銷查封。至於執行法院認聲請或聲明異議不合法或無理由，裁定駁回者，其裁定則非該項所指，自不可援用。但事實上，如前所述，執行法院駁回之裁定，抗告法院亦不見得贊同，有停止執行必要。且此停止，在執行法院裁定前即有必要，否則執行程序照樣進行，如執行程序已終結，此一救濟即無意義。本法修正未及於此，應有疏漏。又第二項規定，在法理上亦有問題，蓋不僅依民事訴訟法第491條第1項規定，抗告無停止執行之效力，依第2項規定，始可例外停止原裁定執行，茲既有該第2項規定，實無必要在此重複為第13條第2項規定（按：二者規定惟一不同者，係此第13條第2項需擔保）。且執行法院既認原執行處分或程序應撤銷、更正，足見原執行處分或程序不法，茲停止正確之撤銷或更正，則停止後，原不法之執行處分或程序是否繼續進行？就法理言，該撤銷或更正之裁定停止執行，原執行程序即不停止，尤其第12條第1項但書明定強制執行不停止，此時已被撤銷或更正之處分繼續進行，不僅法理不合，且如果有誤，豈不一誤再誤。故愚意以為執行程序是否因聲請或聲明異議而不停止，實為關鍵，應刪除第12條第1項但書，於第12條或第13條另立一項規定「強制執行不因聲請或聲明異議而停止執行，但執行法院認有必要情形，可依聲請定相當並確實之擔保，以裁定停止執行。」則強制執行是否停止，視狀況由執行法院決定，不僵化規定不停止執行，即可解決上開問題❷❺❾。行政執行法第9條第3項規定「行政執行，除法律另有規定外，不因聲明異議而停止執行，但執行機關因必要情形，得依職

---

❷❺❾ 關於執行法院認聲請或聲明異議無理由裁定駁回時，多數學者均認仍應進行執行程序（處分），僅學者張登科認為違法執行程序之聲明異議如不能停止執行，難免發生裁定前執行完畢，無從救濟之弊（參見張氏著《強制執行法》第一五四頁）。

權或申請停止之。」及日本民事執行法第 11 條第 2 項準用第 10 條第 6 項規定 ❷⓪，執行法院裁定前，得命提供擔保或不命提供擔保停止原處分之執行或命令停止全部或一部之執行程序，均有停止執行可供參考 ❷①。

至於第 3 項規定，對停止執行之裁定不得抗告，依其修正理由：「停止執行之裁定，僅為停止原裁定執行力之暫時權宜性處置。倘原裁定未經抗告或雖經抗告而為抗告法院駁回確定者，即應付諸執行，停止執行之裁定因而失其效力。若原裁定經抗告法院廢棄者，則不復有執行力。故當事人或第三人如有不服，應針對原裁定為抗告，而非停止執行之裁定。爰參考本法第十八條第三項，增列第三項之規定，以杜爭議。」實有不當。蓋聲請或聲明異議既有理由，始裁定撤銷或更正原執行處分或程序，但執行法院為停止該裁定執行之裁定，係不利於請求救濟之聲請人或聲明異議人，即影響聲請人或聲明異議人權利，何以不可抗告？此與修正理由所指對撤銷或更正裁定抗告係相對人對執行法院就聲請或聲明異議本身之裁定抗告為完全不同二事，何以因此即不准聲請人或聲明異議人對停止執行裁定抗告。況法院裁判容有錯誤，何以不可抗告救濟？至於第 18 條第 3 項不得抗告之規定，於該次修正業已刪除，顯可對停止執行之裁定抗告，何以此處竟參考同時刪除之規定，反而於此規定不得抗告，實令人驚訝立法之粗糙。

---

❷⓪ 日本民事執行法第 10 條第 6 項：對於執行抗告作出之裁定生效前，抗告法院立擔保或不立擔保，得命令停止執行原審法院裁定或停止民事執行程序之全部或一部；或立擔保，抗告法院得命令繼續執行。案件筆錄在原審法院者，原審法院亦得命令上述之處分。第 11 條第 2 項：本法第十條第六項前段和第九項之規定，準用於依前項規定提出執行異議之場合。

❷① 學者呂潮澤認本法第 12 條第 1 項但書不停止執行之規定，固為防止藉聲明異議而拖延執行程序，惟聲請或聲明異議理由正當，因繼續執行而早於聲請或聲明異議裁定確定前即已終結，致未能獲得有利裁定及時直接救濟，對當事人權益之保障，有欠周延，似宜參照日本民事執行法第十一條第二項準用第十條第六項，授權執行法院於裁定前，得命提供擔保或不命提供擔保停止原處分之執行，或命停止全部或一部之執行程序（參閱呂氏前文，刊楊與齡主編《強制執行法實例問題分析》第七五頁）。

第六款 執行程序終結後之救濟

聲請及聲明異議或因受執行程序終結限制無從獲得救濟或因有人不知法律未聲請或聲明異議時，權利受到損害者，可視情況為下列救濟：

一、向拍定人主張所有權

如執行行為無效，實體上拍定人不能取得所有權，債務人仍可主張拍賣無效，對拍定人另行起訴確認所有權存在，例如無執行名義即不可強制執行，拍賣即非合法有效，但拍定人有民法第 801 條或土地法第 43 條情形時，即不能主張，債務人僅可向債權人請求侵權行為之賠償或不當得利（參見司法院院字第 2776 號解釋㈢）。

二、損害賠償

㈠國家賠償

依國家賠償法第 2 條第 2 項規定，執行人員因故意或過失不法侵害人民之權利，例如因故意或過失未查明無執行名義仍據以執行，均應由賠償義務機關執行法院所屬之法院賠償。

㈡侵權行為之損害賠償

依民法第 184 條第 1 項規定「因故意或過失，不法侵害他人之權利者，負損害賠償責任。……」苟權利人無執行名義仍聲請強制執行或誤指第三人財產為債務人財產予以執行，如有符合上開規定，應依侵權行為負損害賠償責任[262]，反之，如無故意或過失、無損害，則無侵權行為責任。至若確有實體權利，但無執行名義而聲請強制執行獲償，是否成立不當得利？就實體權利存在而言，非無法律上原因受利益，應無不當得利。但在強制執行程序言，能否因強制執行受償，應視有無執行名義，實務認只要有執行名義，縱內容不當，其受償不成立不當得利[263]，是無執行名義本不得強

---

[262] 最高法院 86 年臺上字第 2695 號判決：人民之財產權應受保護，債權人若無足以信其對債務人確有權利存在之正當理由，就查封債務人財產致生之損害，即應依侵權行為負責賠償損害；其無正當理由而誤認有權利存在者，亦不能解免此項責任。

制執行以受償，縱有實體權利，但就程序規定言，仍應成立不當得利，惟實務有否定見解❷⁶⁴。

第二十節　債務人異議之訴

第一款　前　言

強制執行一方面須依執行名義為之，另一方面必須係實現權利，為促進執行效率，採審判與執行分離原則，執行機關只需有執行名義即可執行，但若執行名義所表彰之實體權利有欠缺，仍可強制執行，則強制執行即非實現權利，有違強制執行之本旨。雖然有執行名義即應有實體權利，但一方面執行名義有係非訟事件者，無既判力，其所表彰之權利義務並非確實存在，另一方面執行名義所表彰之權利義務僅係某一時點者，縱係有既判力，亦同。逾此期間，權利義務可能發生變化。凡此情形，因強制執行本身亦屬非訟事件，執行法院不可審查執行名義所表彰之權利義務於強制執行時是否確實存在，仍應依執行名義執行，但就權利之實現言，必須確有權利，否則，如實體上權利不存在或有障礙不可行使，但僅因有執行名義仍予執行，實屬不當，為此必須予債務人救濟之機制，此即本法第 14 條債務人異議之訴規定之由來（參見附圖二）。

---

❷⁶³　最高法院 69 年臺上字第 1142 號判例：債權人本於確定判決對於債務人為強制執行而受金錢之支付者，該確定判決如未經其後之確定判決予以廢棄，縱令判決內容不當，在債務人對於原執行名義之確定判決提起再審之訴予以變更前，亦非無法律之原因而受利益，自無不當得利可言。

❷⁶⁴　最高法院 92 年臺上字第 151 號判決：強制執行之目的在實現債權人實體上權利之內容，債權人依強制執行而受清償，係以執行名義所載實體上權利為其法律上之原因，倘其實體上權利確屬存在，縱令執行名義未成立或無效，亦非無法律上原因而受利益，要難謂係不當得利。

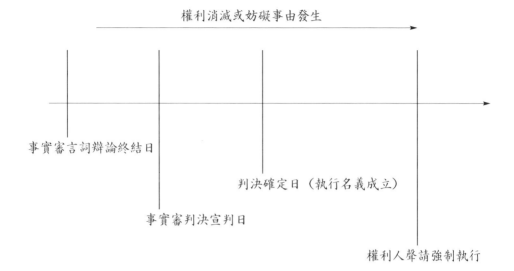

權利消滅或妨礙事由發生

事實審言詞辯論終結日

判決確定日（執行名義成立）

事實審判決宣判日

權利人聲請強制執行

附圖二：債務人異議之訴事由發生（以判決為例）

　　又執行名義執行力之主觀範圍，即本法第 4 條之 2 規定執行力所及之人，在強制執行時如有爭執，在民國 85 年本法修正前，只得依本法第 12 條聲明異議，修正後本法第 14 條之 1 第 1 項就債務人有爭執部分增設可提債務人異議之訴規定，是本法現行規定之債務人異議之訴，可分為實體權利義務及執行力主觀範圍兩種異議之訴。

　　債務人異議之訴本為民事訴訟之一種，依理應規定於民事訴訟法中，惟因與強制執行有關，由強制執行而生，為方便計，始規定於本法中。

第二款　實體權利義務救濟──本法第 14 條

第一目　意　義

　　依本法第 14 條第 1、2 項規定，執行名義之執行力，因所表彰之實體權利有欠缺，債務人可提異議之訴救濟。此與執行名義本身有瑕疵而被廢棄者不同，即債務人異議之訴不涉及執行名義本身存廢，僅因執行名義所表彰之實體權利之欠缺，不可強制執行。中言之，執行名義正確，但其所

生之強制執行請求權因實體權利之欠缺而排除，故所排除者為執行名義之執行力，並非消滅或變更執行名義本身。至執行名義本身因有瑕疵被廢棄，例如假執行之判決，經上級審廢棄或變更而失其效力（參照民事訴訟法第395條第1項）、確定判決因再審判決而廢棄、裁定因抗告而廢棄（參照民事訴訟法第492條），執行名義本身消滅，結果與無執行名義同❷❻❺，權利人不可據之聲請執行，否則債務人可聲明異議。

第二目 性 質

關於本訴之性質，學理上有：

一、給付訴訟說

本訴係因實體上權利之欠缺，義務人請求權利人不為執行或返還已執行結果，故為給付訴訟。

二、形成訴訟說

本訴係因義務人對權利人實體上之權利有可予否定之異議權，即基於一定事由產生異議權，據此異議權，權利人即不可執行，如有執行，應予排除，使權利人之執行程序撤銷。

三、確認訴訟說

本訴係因執行名義所表彰實體上權利有欠缺，以訴訟確認執行名義之執行力不存在或強制執行請求權消滅或實體上權利不存在之訴訟，判決結果，執行機關不可據以執行係反射結果。

四、救濟訴訟說

本訴兼具確認訴訟及形成訴訟說之特殊類型之救濟訴訟。

五、新形成訴訟說

為避免形成訴訟說之既判力僅在於異議權，不及於實體權利，基於新訴訟標的理論之考量，採爭點效理論，認本訴係義務人本於排除執行力之地位訴訟，訴訟目的固在排除執行名義執行力，但既判力可擴及義務人主張之實體事由。

---

❷❻❺ 參閱陳世榮著《強制執行法詮解》第一四六頁。

六、命令訴訟說

本訴雖對權利人為之，實係對執行機關之命令或請求其不許執行。

以上六種學說各有論點，學者亦各有不同見解❷，通說採形成訴訟說，但採此說之缺點在於訴訟標的為異議權，並非主張之實體事由本身，故不僅不同事由可生不同異議權，義務人可分別提起異議之訴（按：本法第 14 條第 3 項就此設有限制），僅受執行程序終結前限制，且異議之訴敗訴確定，仍可本於同一事由對權利人主張其欠缺實體權利之強制執行為不當得利或侵權行為，再提不當得利訴訟或損害賠償訴訟，而此等訴訟因與異議之訴訴訟標的不同，非同一事件，無既判力適用，理論上法院可為相異判決，但實際審酌之事由均同，即前後二訴之重要爭點相同，理論上法院卻可為不同認定，為相異判決，對此缺失，固可考慮爭點效理論之適用，但是否即應採新形成訴訟說？學者有肯定❷。

吾人以為本訴係因權利人之執行，其執行名義所表彰之實體權利有欠缺，義務人起訴之目的在於不准依執行名義強制執行或撤銷已為之執行，訴訟標的為排除執行力之異議權，並非否認執行名義本身合法有效，故應採形成訴訟說。僅此說因不同事由可生不同異議權，致債務人可本於不同事由，於一訴敗訴後，再以其他事由提起異議之訴，遇有狡詐者，藉此接續提起不同異議之訴，再依本法第 18 條第 2 項達到長期停止執行目的。又因訴訟標的為異議權而非實體法律關係，義務人敗訴後仍可提起不當得利或損害賠償之訴，不僅法院就同一事實分別審判，增加訟累，且難免發生

---

❷ 關於債務人異議之訴之性質，學者於強制執行法著作多有說明，另雷萬來撰〈論債務人異議的訴訟性質〉、鄭小康撰〈債務人異議之訴之性質及標的〉（刊楊與齡主編《強制執行法爭議問題研究》第一〇九頁以下），亦有詳細說明，可供參考。學者陳世榮、張登科均採形成訴訟說（參閱張登科著前揭第一五七頁、陳世榮著《強制執行法詮解》第一四六頁）、陳榮宗採給付訴訟說（參閱陳榮宗著《強制執行法》第一六五頁）、學者楊與齡採特殊之救濟訴訟說（參閱楊氏著前揭第二四〇頁）。

❷ 參閱陳計男著《強制執行法釋論》第二一二頁。

裁判前後牴觸❷。惟吾人以為在舊訴訟標的理論下，既判力僅及於訴訟標的，至於訴訟中之理由或其他無既判力，係不可避免之宿命，本訴即係一例。為避免此一結果，學者主張爭點效理論❷，最高法院 73 年度臺上字第 4062 號判決：「確定判決之既判力，固以訴訟標的經表現於主文判斷之事項為限，判決理由並無既判力。但法院於判決理由中，就訴訟標的以外當事人主張之重要爭點，本於當事人辯論之結果，已為判斷時，其對此重要爭點所為之判斷，除有顯然違背法令之情形，或當事人已提出新訴訟資料，足以推翻原判斷之情形外，應解為在同一當事人就該重要爭點所提起之訴訟中，法院及當事人就該已經法院判斷之重要爭點法律關係，皆不得任作相反之判斷或主張，始符民事訴訟上之誠信原則。」固有採用，但亦有否定爭點效之判決❷，肯定與否定之判決均未採為判例，故此結果實係不可避免。至形成訴訟之訴訟標的，本即可因不同之事由發生，可分別提起訴訟，為避免上開長期停止執行現象，本法第 14 條已增設第 3 項規定（詳後述）予以解決，故採形成訴訟說，並無不當。

---

❷ 參閱楊與齡著前揭第二三七頁以下、雷萬來、鄭小康前揭文（刊楊與齡主編《強制執行法爭議問題研究》第一一八頁、第一四六頁以下）。

❷ 參閱駱永家著《既判力之研究》第七四頁。

❷ 最高法院 87 年度臺上字第 1029 號判決：民事訴訟法第四百條第一項規定確定判決之既判力，惟於判決主文所判斷之訴訟標的，始可發生。若訴訟標的以外之事項，縱令與為訴訟標的之法律關係有影響，因而於判決理由中對之有所判斷，除同條第二項所定情形外，尚不能因該判決已經確定而認此項判斷有既判力。……。原判決以所謂「爭點效」之理論，認兩造間另案請求返還不當得利事件，對於重要爭點，即系爭借款已否清償一節，於確定判決理由中所為之判斷，法院及當事人不得任作相反之判斷或主張，不啻謂另件確定判決理由中就當事人間重要之爭執所為之判斷，對本件訴訟亦有拘束力，揆之首揭說明，於法已欠允洽。

第三目　異議事由

壹、執行名義成立後有消滅或妨礙權利人請求之事由

依本法第 14 條第 1 項規定「執行名義成立後，如有消滅或妨礙債權人請求之事由發生，債務人得於強制執行程序終結前，向執行法院對債權人提起異議之訴。如以裁判為執行名義時，其為異議原因之事實發生在前訴訟言詞辯論終結後者，亦得主張之。」故：

一、不論何種執行名義成立後，權利人之權利有消滅或妨礙之事由，即可提債務人異議之訴。所謂權利消滅，指執行名義所表彰之權利因法定原因消滅，例如清償、提存、抵銷、混同、免除、解除條件成就、受扶養權利人死亡、拋棄、債權人之請求權因債務人破產終結、公司重整完成而消滅（參照破產法第 149 條、公司法第 311 條第 1 項第 1 款），均為權利消滅事由。至於權利讓與及債務承擔，雖有認屬異議事由，實務亦同❷❼①，但愚意以為債權讓與及債務承擔係不變更債權之同一性之主體變更，就權利人而言，固喪失權利，但權利本身未消滅，屬受讓人所有，受讓人為執行名義執行力所及，債務承擔亦同，承擔人亦為執行名義執行力所及（參照本法第 4 條之 2），應由受讓人聲請執行或對承擔人聲請執行，如仍由原權利人聲請執行或對原債務人聲請執行，義務人或原債務人只可聲明異議或依第 14 條之 1 第 1 項起訴，而非此處之異議事由。所謂權利妨礙，指執行名義所表彰之權利並未消滅，但有一定原因致權利人不能行使，例如兩造和解，權利人同意緩期清償，則在期限未到前之聲請強制執行，即有妨礙

---

❷❼① 張登科著前揭第一五九頁、陳榮宗著《強制執行法》第一六八頁、陳計男著《強制執行法》第二一七頁均認因債權讓與、債務承擔，請求權主體變更，亦屬債務人異議之訴事由。最高法院 94 年臺上字第 671 號判決：所謂消滅債權人請求之事由，係指足以使執行名義之請求權及執行力消滅之原因事實，如清償、提存、抵銷、免除、混同、債權之讓與、債務之承擔、解除條件之成就、和解契約之成立，或類此之情形，始足當之。至所稱妨礙債權人請求之事由，則係指使依執行名義所命之給付，罹於不能行使之障礙而言。

事由。但如涉及執行名義本身，例如附有期限未屆至，條件未成就不能開始強制執行，則應為聲明異議，又執行債權經他人扣押，債權人不得行使權利領取拍賣價金，執行法院違反時，亦屬聲明異議，均非可提起本訴❷。至於執行名義成立後，時效重新起算者，在權利人聲請執行前，時效已完成者，義務人可行使拒絕給付之抗辯權，亦屬妨礙事由❷，至於下列情形，可否為異議事由，則有爭論：

㈠執行契約

當事人就執行事項有約定者，為執行契約。例如約定執行之財產範圍、時間等，或屬擴張，或屬限制，擴張者有及於第三人財產，有利於債權人，但違反責任財產之範圍，一般均認無效❷，惟如第三人亦同意，願提供財

---

❷ 最高法院 88 年臺上字第 2182 號判決：債權人以債務人應給付金錢之執行名義聲請執行法院就債務人之財產為強制執行後，該債權經第三人聲請法院予以扣押者，因該扣押僅阻礙債權人自債務人取得金錢而已，並無排除執行名義之效力，與強制執行法第十四條第一項所定債務人異議之訴得永久或暫時不許執行名義之全部或一部為強制執行者不同。債務人僅得於執行法院違反執行命令，使債權人取得金錢時，依強制執行法第十二條規定聲明異議，尚不得依同法第十四條第一項規定，請求排除執行法院依債權人之執行名義所為之強制執行程序。

❷ 關於請求權時效完成，依司法院院字第 2447 號解釋：「……惟執行法院依同條項發給憑證交債權人收執時，執行行為即為終結，因開始執行行為而中斷之時效，由此重行起算，如再予強制執行時，利息請求權之消滅時效已完成者，債務人得依同法第十四條提起異議之訴。」及注意事項 6⑴：「債權人受確定判決後，於重行起算之時效期間業已屆滿，而聲請強制執行者，執行法院不得逕行駁回，但得由債務人提起異議之訴。」固可提起債務人異議之訴。惟此異議之訴究屬權利消滅或妨礙事由？就時效完成係抗辯權發生，非權利消滅或請求權消滅（參照民法第 144 條第 1 項），自非權利有消滅事由，應為妨礙事由。但學者張登科、陳榮宗、陳世榮均認係消滅事由（參閱張氏著前揭第一五八頁、陳榮宗著《強制執行法》第一六八頁、陳世榮著《強制執行法詮解》第一四七頁）。

❷ 參閱張登科著前揭第一五九頁。

產供債務人強制執行，基於契約自由原則，似難認為無效。至於限制者，不利於債權人，例如當事人約定僅能執行債務人一定範圍內之財產；一定期間不可執行；執行前須先經過一定之協調程序，凡此既係限制債權人行使權利者，基於契約自由原則，一般均認有效。如債權人違反，仍予強制執行，有認此契約為實體契約，即對實體效果約定者，故應提起債務人異議之訴❷⑦⑤，有認此係拘束執行程序者，僅可聲請或聲明異議，亦有認視契約內容，如其內容於強制執行法有明文規定，此種限制既為法律所允許，自得依本法第 12 條救濟，否則其內容涉及實體法律關係，非單純就執行程序限制者，應可提債務人異議之訴❷⑦⑥。吾人以為執行契約既係就執行事項約定，且有可能係執行名義成立前即有者，如認只能提起本訴救濟，則受此事由成立之時點限制（詳後述二），將無從救濟，故應可依本法第 12 條聲明異議或聲請救濟。

（二）**抵 銷**

在執行名義成立後，發生抵銷事由，債務人固可主張抵銷，執行名義之權利消滅，提起本訴。但若執行名義成立前即有抵銷事由而未行使，在執行名義成立後可否主張抵銷，再以權利消滅為由，提起本訴？按是否抵銷係權利之行使，只要合於抵銷之規定，不論何時均可行使，法律並未規定於訴訟中一定須行使，只有在行使後，在抵銷範圍內始有既判力（參照民事訴訟法第 400 條第 2 項），故執行名義成立前未行使，事後仍可行使，一經行使，權利消滅，自可提起本訴❷⑦⑦。

---

❷⑦⑤ 參閱張登科著前揭第一六〇頁。

❷⑦⑥ 參閱陳計男著《強制執行法釋論》第一六九頁。

❷⑦⑦ 最高法院 29 年上字第 1123 號判例：抵銷固使雙方債務溯及最初得為抵銷時消滅，惟雙方互負得為抵銷之債務，並非當然發生抵銷之效力，必一方對於他方為抵銷之意思表示，而後雙方之債務乃歸消滅，此觀民法第三百三十五條第一項規定自明。故給付之訴之被告，對於原告有得為抵銷之債權，而在言詞辯論終結前未主張抵銷，迨其敗訴判決確定後表示抵銷之意思者，其消滅債權人請求之事由，不得謂非發生在該訴訟言詞辯論終結之後，依強制執行法第十四條之規定，自得提起執行異議之訴。

(三)撤　銷

在執行名義成立前即有撤銷權利人權利之事由而未行使，待執行名義成立後可否撤銷以提起本訴？學者多認法律行為因撤銷而無效，義務人應於訴訟中據此抗辯，既未行使，受遮斷效拘束，事後不可再主張撤銷提起本訴❷⑧。然亦有學者認撤銷權之行使，除法律規定之除斥期間、拋棄等原因外，不因未行使而消滅，自不受遮斷效影響。撤銷之結果，可使權利消滅，故可提起本訴❷⑨。吾人以為執行名義有既判力者，義務人之撤銷，應受既判力時點之拘束，苟在既判力時點以前可提出之攻擊防禦方法而未提起，事後因受拘束，不可再主張❷⑧⓪，自不得在執行名義成立後再行使以提起本訴，至於無既判力之執行名義，因無上開既判力拘束，應允許在執行名義成立後行使撤銷權，以提起本訴。

(四)解　除

在執行名義成立前義務人即有解除事由而未行使解除權，待執行名義成立後，可否行使解除權以提起本訴？同前之撤銷，有既判力者固受拘束，

---

❷⑧　學者均就有既判力之執行名義為論述而採否定說(參見張登科著前揭第一六二頁、陳計男著《強制執行法釋論》第二一七頁、陳榮宗著《強制執行法》第一七二頁、駱永家著《既判力之研究》第十四頁)，蓋有既判力之執行名義為判決，須經言詞辯論，始有遮斷效問題。其中陳榮宗尚認為包括抵銷權在內之形成權均不可行使，並謂此為目前德國之通說。

❷⑨　參閱呂潮澤撰〈強制執行救濟程序之爭議〉(刊楊與齡主編《強制執行法實例問題分析》第八七頁)。另學者楊與齡認為維護債務人之利益，有可使執行名義所載之請求權，發生消滅或變更效果之形成權，而於執行名義成立後或言詞辯論終結後始行使者，仍可提起本訴(參閱楊氏著《強制執行法論》第二四五頁)。

❷⑧⓪　最高法院 51 年臺上字第 665 號判例：所謂既判力不僅關於其言詞辯論終結前所提出之攻擊防禦方法有之，即其當時得提出而未提出之攻擊防禦方法亦有之。上訴人前對系爭土地提起確認得標無效及登記應予塗銷之訴，既受敗訴判決且告確定，則其就本件訴訟請求確認買賣關係不存在及登記應予塗銷，雖所持理由與前容有不同，然此項理由，乃於前案得提出而未提出者，即仍應受前案既判力之拘束，不容更為起訴。

反之則否。惟若解除事由發生在執行名義成立後，縱係有既判力之執行名義，仍可行使以提起本訴，蓋其事由發生在既判力時點之後，不受既判力拘束❷⑧①。

(五)時效完成

在執行名義成立前，請求權之時效已完成，在執行名義成立後可否主張時效完成之抗辯，以提起本訴？同前之撤銷，時效完成既係抗辯權之發生，應受既判力拘束，故在有既判力之執行名義，受限於既判力拘束，不得提起，反之，無既判力者，則可提起。然亦有學者認在訴訟中未為時效抗辯，仍可於執行程序中提起本訴❷⑧②。至於有既判力之執行名義，雖受既判力拘束，在既判力時點以前之時效完成不可主張，但在執行名義成立後，時效如應重行起算，此重行起算之時效完成者，仍可提起本訴❷⑧③。

(六)誠信原則或權利濫用

權利人依據執行名義聲請強制執行，義務人可否以違反誠信原則或權

---

❷⑧① 最高法院 82 年臺上字第 606 號判決：按訴訟上之和解，為私法上之法律行為，同時亦為訴訟法上之訴訟行為。因其兼具有私法上法律行為之性質，於訴訟上和解成立後，就其和解契約，如有當事人之一方給付遲延等法定解除契約之原因，當事人自得行使其解除權。有解除權之當事人行使其解除權者，該和解契約在實體法上之效力因之消滅，若債權人仍據該訴訟上之和解聲請強制執行，債務人即得主張執行名義成立後，有消滅債權人請求之事由發生，依強制執行法第十四條規定，提起異議之訴。

❷⑧② 呂潮澤撰〈強制執行救濟程序之爭議〉，即主張可提本訴（參閱楊與齡主編《強制執行實例問題分析》第八九頁）。然亦有學者否認可提本訴，例如張登科（參閱張氏著前揭第一六三頁）。

❷⑧③ 在訴訟中債務人未為時效抗辯，判決確定後，是否有民法第 137 條第 2 項「因起訴而中斷之時效，自受確定判決，或因其他方法訴訟終結時，重行起算。」適用？就理論上言，起訴時，請求權之時效已完成，即無因起訴而中斷時效，自無該項適用，但如此解釋該請求權即永無時效，亦有欠妥，故吾人以為應仍有適用，最高法院 64 年臺再字第 164 號判例「……但不禁止債務人主張自拋棄時效利益後重行起算之新時效利益。」亦肯定之。

利濫用為由提起債務人異議之訴，學者有肯定❷❽❹，惟少有具體事例說明，實務亦未見及，僅有學者張登科舉例：同一判決有拆屋還地及給付金錢，先請求查封拍賣應拆除之房屋，其言行使拍定人以為買受房屋後，房屋可免於拆除而應買，債權人受償後再以該拆屋還地之判決對拍定人執行拆屋，即屬權利濫用，拍定人可以權利濫用為由提債務人異議之訴。惟愚意以為在上開案例，是否為有違誠信原則或權利濫用，尚有斟酌。蓋地上房屋一方面為債務人財產，其他債權人可以執行，則拆屋還地之債權人，就確定判決所命給付部分，何以不可查封拍賣？另一方面該地上房屋又為拆屋還地所應執行之標的物，並非不可執行，正如債務人所有之違章建築於拍定後，有被政府機關拆除之虞，但仍可執行，只需於拍賣公告載明將來有被拆除之危險即可。茲權利人依此執行名義先後執行該房屋，似無違反誠信原則或權利濫用。

二、執行名義為確定判決，上開異議事由例外在前訴訟言詞辯論終結後者，亦可提債務人異議之訴。蓋依民事訴訟法第 221 條第 1 項規定「判決，除別有規定外，應本於當事人之言詞辯論為之。」法院係依言詞辯論終結前之雙方所提攻擊防禦方法為判決，而言詞辯論終結到法院判決之日，依同法第 223 條第 3 項「前項指定之宣示期日，自辯論終結時起，獨任審判者，不得逾二星期；合議審判者，不得逾三星期。但案情繁雜或有特殊情形者，不在此限。」尚有一段期間，其間即有可能發生上開消滅或妨礙事由，縱法院知悉，亦不能斟酌，甚至判決後，必須逾法定上訴期間未上訴，判決始確定，則在確定前之上訴期間亦有可能發生消滅或妨礙事由，故此時如仍以判決確定後所生之消滅或妨礙之事由為準，則上開期間內發生消滅或妨礙事由，一方面不可提起債務人異議之訴，另一方面法院又不能斟酌判決，實欠妥當，為此始有上開但書規定（參見附圖二）。又所謂前訴訟言詞辯論終結，係指事實審，蓋第一、二審為事實審，第三審為法律審，在第三審不可提出新事實及新攻擊防禦方法，第三審縱有言詞辯論，

---

❷❽❹ 參閱張登科著前揭第一六〇頁、楊與齡著前揭第二四三頁、呂潮澤撰前揭文（刊楊與齡主編前揭第八七頁）。

參照民事訴訟法第 476 條第 1 項規定「第三審法院，應以原判決確定之事實為判決基礎。」亦以第二審言詞辯論終結前之事實為基準，故此前訴訟言詞辯論終結，係指事實審，從而既判力之時點係指事實審言詞辯論終結**[285]**，由本條但書規定可明。如義務人主張之消滅或妨礙事由係在前事實審言詞辯論終結前存在，於訴訟中既未主張，受既判力拘束，不可於執行程序中據以提起異議之訴，必須係最後事實審言詞辯論終結後發生之消滅或妨礙事由始可提起。民事訴訟法於民國 92 年修正時，於第 447 條第 1 項規定，限制第二審亦不可提起新攻擊或防禦方法，但其第 2 款「事實發生於第一審法院言詞辯論終結後者。」第 5 款「其他非可歸責於當事人之事由，致未能於第一審提出者。」第 6 款「如不許其提出顯失公平者。」仍例外可提出，故不受影響。又此但書規定，在無言詞辯論之執行名義者，例如本票裁定，即無適用餘地，故雖名為「裁判」，實僅限於判決。至於支付命令，在民國 104 年 7 月 1 日修正後已無確定判決同一效力，但在此之前確定之支付命令仍有確定判決同一效力。則修正前後之支付命令，與既非裁判但與確定判決有同一效力之鄉鎮市調解、仲裁判斷，是否適用本項但書，即有疑義，說明如下：

㈠支付命令

　　1.修正前有確定判決同一效力：依民事訴訟法第 512 條規定「法院應不訊問債務人，就支付命令之聲請為裁定。」第 516 條第 1 項規定「債務人對於支付命令之全部或一部，得於送達後二十日之不變期間內，不附理由向發命令之法院提出異議。」第 518 條規定「債務人於支付命令送達後，逾二十日之不變期間，始提出異議者，法院應以裁定駁回之。」及修正前第 521 條第 1 項「債務人對於支付命令未於法定期間合法提出異議者，支付命令與確定判決有同一效力。」是法院就債權人聲請支付命令，不訊問債務人即可為支付命令，債務人不服，在收到支付命令後 20 日之不變期間

---

[285] 最高法院 39 年臺上字第 214 號判例：判決之既判力，係僅關於為確定判決之事實審言詞辯論終結時之狀態而生，故在確定判決事實審言詞辯論終結後所發生之事實，並不受其既判力之拘束。

內可不附理由提出異議，故支付命令程序無言詞辯論，如債務人有抗辯事由，雖無從如民事訴訟可於言詞辯論時提出，但另有 20 日之不變期間可不附理由聲明異議，故在支付命令核發後，債務人若主張有權利不存在、消滅或妨礙事由，不論其事由在核發前或核發後 20 日內發生者，均可聲明異議，從而自無該但書適用 ❷❽❻。至於支付命令確定後所生之消滅或妨礙事由，仍可依本項前段提起異議之訴，自不待言。惟實務有認支付命令為裁定性質，在作成支付命令後，執行名義即成立，非確定時成立，故在法院核發支付命令後 20 日內所生事由亦可依本法第 14 條第 1 項提起債務人異議之訴 ❷❽❼，日本早先民事執行法第 35 條第 2 項規定，支付命令限送達後發生之事由始可提異議之訴，但在平成 8 年後修正刪除該項，已無時間限制 ❷❽❽。

2.修正後無確定判決同一效力：民國 104 年 7 月 1 日修正後之民事訴訟法第 521 條第 1 項，已刪除原規定確定之支付命令有確定判決同一效力，僅有執行名義效力，則對此支付命令，可依本法第 14 條第 2 項就支付命令成立前之事由提起債務人異議之訴，故不論支付命令之執行名義係何時成立，均可就支付命令核發前或送達後 20 日內之事由依第 14 條第 2 項提起債務人異議之訴。但債務人如在送達 20 日後有清償等消滅或妨礙債權人請

❷❽❻ 參閱拙文〈支付命令與債務人異議之訴〉（刊《月旦法學雜誌》第七十八期）。學者陳計男指出：執行名義成立後，在支付命令係指支付命令確定時，又法院發支付命令不得言詞辯論，故不生適用但書問題（參見陳氏著《強制執行法釋論》第二二〇頁）。

❷❽❼ 最高法院 90 年度臺上字第 576 號判決：按裁定乃法院所為得以發生特定法律效果之意思表示。裁定之宣示，係就已成立之裁定向外發表，並非裁定之成立要件，裁定究於何時成立，應分別情形定之。法院合議庭之裁定，於評決時成立；獨任法官之裁定，先作成裁定書而後宣示或送達者，於作成裁定書時成立；先宣示而後作成裁定書者，於宣示時成立。……而支付命令屬裁定性質，債務人對於支付命令未於法定期間提出異議者，依民事訴訟法第五百二十一條規定，該項支付命令與確定判決有同一效力；倘執行名義為支付命令，執行債務人自得以支付命令成立後發生之異議原因事實，對執行債權人提起異議之訴。

❷❽❽ 參閱山木戶克己著《民事執行、保全法講義》第九七頁。

求事由，則依第 1 項前段提起債務人異議之訴。

（二）鄉鎮市調解、國內仲裁判斷

此二種執行名義除後者有例外情形外，均需經法院核定或裁定（參照鄉鎮市調解條例第 27 條第 2 項、仲裁法第 37 條第 2 項），則在調解成立至核定間之事由、仲裁判斷作成至法院裁定間之事由，甚至仲裁判斷係在詢問終結後一段時間製作（參照仲裁法第 33 條第 1 項），在詢問終結後之事由是否可提起異議之訴？就鄉鎮市調解因無言詞辯論，無本項但書之適用，但調解成立後至法院核定尚有一段時間，苟以調解書本身即為執行名義固無問題，調解成立後之事由，即為執行名義成立後之事由，可據以提起異議之訴，反之，若認以法院核定為執行名義成立，則在調解後至核定間之事由是否適用，即有問題？愚意依鄉鎮市調解條例第 27 條第 2 項「經法院核定之民事調解，與民事確定判決有同一之效力，經法院核定之刑事調解，以給付金錢或其他代替物或有價證券之一定數量為標的者，其調解書得為執行名義。」已明定調解書為執行名義，故無問題。至於國內仲裁判斷，同前所述，應以仲裁判斷為執行名義，然因之前有詢問，類似言詞辯論，詢問終結後之事由，仲裁判斷無法斟酌，故就詢問終結後至仲裁判斷作成間之事由，應有本項但書適用❷❽❾。至於仲裁判斷作成後之事由，即適用本項前段，反之，如認以法院裁定為執行名義，則詢問終結至裁定前，應認有本項但書適用。

貳、無既判力之執行名義成立前有權利消滅、妨礙或不成立事由

依本法第 14 條第 2 項規定「執行名義無確定判決同一之效力者，於執行名義成立前，如有債權不成立或消滅或妨礙債權人請求之事由發生，債務人亦得於強制執行程序終結前提起異議之訴。」是無既判力之執行名義，例如支付命令、本票裁定、拍賣抵押物裁定、在裁定前已有權利不成立、消滅或妨礙權利人請求之事由，亦可提起異議之訴。蓋此等執行名義一方面無既判力，本無民事訴訟法第 400 條適用，另一方面均屬非訟事件，法院不訊問、辯論，僅從形式裁定，不審查實體法律關係，故在執行名義成

---

❷❽❾ 參閱陳計男著《強制執行法釋論》第二二〇頁。

立前，權利如有不成立、消滅或妨礙事由，法院均不審查。惟提起債務人異議之訴必須以債權人聲請強制執行為前提，故債務人在收到裁定時，雖債權人尚未聲請強制執行，不可提起本訴，只能提消極確認或塗銷抵押權訴訟，如獲勝判決確定時，可於債權人聲請強制執行時聲明異議。反之訴訟進行中，債權人聲請強制執行者，債務人即可以情事變更為由，變更為債務人異議之訴，再依本法第18條第2項規定以達停止執行目的，惟不變更，亦無不可，僅不能停止執行（參見附圖三）。

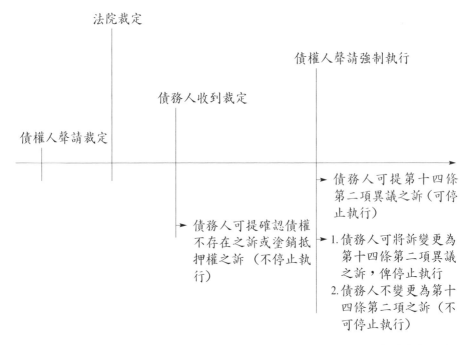

附圖三：確認之訴與異議之訴（本法第14條第2項），以本票及拍賣抵押物裁定為例

又關於大陸地區裁判及仲裁判斷，經我國法院裁定承認或認可者，如前所述，其執行名義應為裁定，而非大陸地區裁判及仲裁判斷，而此裁定無既判力，應有本項適用，即債務人仍可以令給付之權利不存在等事由依本項起訴。或有認為既經仲裁判斷等，現可提起本訴，有違一事不在理或既判力原則，然愚意以為不論法律或法理均無裁定承認或認可後，大陸地

區裁判等有國內判決之既判力，且異議之訴之訴訟標的為異議權，與大陸地區裁判等訴訟標的為實體請求之權利不同，自無違反一事不再理等問題。

又民國 102 年非訟事件法增設第 46 條之 1 第 1 項「民事訴訟法第五編再審程序之規定，於非訟事件之確定裁定準用之。」非訟事件之確定裁定可準用民事訴訟法聲請再審，則大陸地區裁判等在裁定認可後，如在大陸地區依其民事訴訟法等廢棄判決或撤銷仲裁判斷，即可在國內聲請再審撤銷上開承認或認可裁定，其執行名義即失其效力，就其執行可依強制執行法第 12 條第 1 項聲明異議，無第 14 條第 2 項適用。

於此應說明下列兩種情形，與本訴有競合現象：

一、本票發票人未簽名，依票據法第 5 條第 1 項規定「在票據上簽名者，依票上所載文義負責。」之反面解釋，自不負責。又變造者，依票據法第 16 條第 1 項「票據經變造時，簽名在變造前者，依原有文義負責。簽名在變造後者，依變造文義負責；不能辨別前後時，推定簽名在變造前。」定其責任，故本票有偽造、變造者，持票人聲請本票裁定，法院依非訟事件法規處理，不經言詞辯論逕予裁定，發票人無從就偽造、變造抗辯，除可主張此為執行名義成立前之不成立事由提起異議之訴，非訟事件法第 195 條第 1 項「發票人主張本票係偽造、變造者，於前條裁定送達後二十日內，得對執票人向為裁定之法院提起確認之訴。」就此已有規定，亦可適用，是生競合，債務人可擇一行使，如分別提起，因訴訟標的不同，非同一事件，自無不可，但涉及重複，後訴似無保護必要。又依非訟事件法第 195 條第 2 項規定「發票人證明已依前項規定提起訴訟時，執行法院應停止強制執行。但得依執票人聲請，許其提供相當擔保，繼續強制執行，亦得依發票人聲請，許其提供相當擔保，停止強制執行。」其停止執行毋庸提供擔保，較提起債務人異議之訴之停止執行尚須提供擔保為有利。

二、公證書亦係無既判力之執行名義，在本法增設第 14 條第 2 項前，公證法即已就公證書成立前有不成立等事由設有救濟規定，即公證法第 13 條第 3 項「債務人、繼受人或占有人，主張第一項之公證書有不得強制執行之事由提起訴訟時，受訴法院得因必要情形，命停止執行，但聲請人陳

明願供擔保者，法院應定相當之擔保額，命停止執行。」（按：公證法於民國 88 年全面修正，該第 13 條第 3 項為修正前第 11 條第 3 項，文字內容未修正。）至此提起訴訟，係確認之訴或債務人異議之訴，法條未明定，按當時本法無第 14 條第 2 項，是此所指應為確認之訴，公證法施行細則第 47 條第 1 項（即修正前第 26 條第 1 項）即規定「債權人就公證書記載之他人債權認為有虛偽，得代位債務人提起確認債權不存在之訴。」（按：此條文係指債務人與第三人之公證有虛偽，因債務人不可能承認虛偽而起訴，故以債務人之債權人代位起訴方式規定，實則債務人亦可以虛偽為由起訴。）為確認之訴。惟依第 2 項規定「前項確認之訴繫屬後，強制執行程序開始者，得變更為代位債務人提起異議之訴，並得依本法第十三條第三項但書之規定以裁定停止執行。強制執行程序開始後，第三人代位債務人提起異議之訴時，亦同。」（即修正前第 26 條第 2 項）亦可提起債務人異議之訴。值得注意者，上開規定就當時本法第 14 條無第 2 項，實務不認無既判力之執行名義可以其成立前之事由提起債務人異議之訴，此等規定實屬突破，故學者於批判司法院大法官會議釋字第 182 號解釋時，認依此規定，非訟事件執行名義成立前之事由應可提起異議之訴[290]。茲上開規定與本法第 14 條第 2 項競合，公證書之債務人或其債權人可擇一行使以為救濟。惟二者規定並無不同，在停止執行方面亦然，不似前述之本票，故上開公證法等規定實屬重複應可刪除。

本項所指不成立係指執行名義所表彰之權利自始即無效、不存在，例如債務人設定抵押權係為脫產與抵押權人勾串，依民法第 87 條第 1 項前段通謀虛偽意思表示無效。又本票簽發係在無意識中所為，依民法第 75 條規定無效。消滅或妨礙權利人請求之事由，同前所述。

第四目　適用範圍

本訴既係執行名義所表彰之實體權利，因有消滅、妨礙或不成立事由，無從依其他程序救濟為排除其執行力而設，若該執行名義本身設有一定程

---

[290] 參閱陳世榮著《強制執行法詮解》第一一二頁以下。

序救濟可否定其成立，即毋庸提起本訴，從而除下列執行名義不可提起本訴外，其他均可適用。

壹、假執行裁判

以假執行裁判為執行名義之強制執行，因假執行係判決未確定之執行名義，該未確定判決本應以上訴程序救濟，故如主張假執行之裁判，其表彰之權利有消滅或妨礙事由，即不可提起本訴，應循上訴程序救濟。

貳、保全裁判

以假扣押裁定、假處分裁定之保全程序強制執行，義務人主張權利人權利不成立或權利已消滅或有妨礙事由，如權利人已提起訴訟，應於訴訟中主張，待判決權利人敗訴確定後，依民事訴訟法第 530 條第 1 項規定「……債權人受本案敗訴判決確定或其他命假扣押之情事變更者，債務人得聲請撤銷假扣押裁定。」及第 533 條假處分準用假扣押規定，聲請撤銷假扣押裁定或假處分裁定外，只能依民事訴訟法第 529 條第 1 項規定及第 533 條規定，向假扣押裁定或假處分裁定法院聲請令債權人起訴，法院裁定令債權人於一定期間內起訴，債權人未起訴者，依第 529 條第 4 項聲請撤銷假扣押裁定或假處分裁定，不可提起債務人異議之訴❷❾❶。

---

❷❾❶ 最高法院 92 年臺上字第 2138 號判決：……，強制執行法第十四條第二項固定有明文，惟該項之修正意旨，在於無實體上確定力之執行名義，因未經實體上權利存否之審查，債務人實無抗辯之機會，乃就此項執行名義成立前，所存實體上權利義務存否之爭執，許由債務人提起異議之訴，以謀救濟。即債務人就實體上權利義務之存否，在強制執行程序終結前，尚得提起異議之訴。倘未於該強制執行程序終結前加以爭執，依該執行名義所為之強制執行程序始成為終局之執行，以求程序之安定。準此，得依此項規定提起異議之訴者，應限於依非訟事件程序審查而許可對之強制執行之債務人，如准許拍賣抵押物、准許本票強制執行等可為終局執行名義之裁定所載之債務人，始足當之。至假扣押之裁定，係指債權人就金錢請求或得易為金錢之請求，認有日後不能強制執行或甚難執行之虞，欲保全強制執行，以釋明原因或供擔保為條件，聲請法院於本案繫屬前或繫屬後判決前，先就本案請求裁定准許「暫時」強制執行者。該債權人之權利是否存在，猶待其本案請求經法院實質審查後予以裁判始能確定。

參、罰金等之檢察官執行命令

依刑事訴訟法第 470 條第 1 項前段規定「罰金、罰鍰、沒收、沒入之裁判，應依檢察官之命令執行之。」及第 2 項規定「前項命令與民事執行名義有同一之效力。」檢察官之命令可為執行名義，如對此有異議，應依同法第 484 條「受刑人或其法定代理人或配偶以檢察官執行之指揮為不當者，得向諭知該裁判之法院聲明異議。」處理，不可提起異議之訴。

第五目 訴訟程序

如前所述，此為訴訟之一種，故其訴訟程序與一般民事訴訟程序相同，茲就其特別規定者說明之。

壹、管轄法院

在民國 85 年修正本法前，第 14 條並未規定管轄法院，故本訴之管轄法院為何，是否仍有以原就被原則適用，以被告（即權利人）之普通審判籍所在地為管轄法院抑或以執行法院所屬法院為管轄法院，學者間即有不同意見，茲修正後之第 14 條第 1 項已明定向執行法院提起，固解決爭議。惟本訴之目的在於排除執行名義之執行力，與強制執行無直接關係，實毋庸以執行法院為管轄法院，尤其在義務人對非訟事件之執行名義於強制執行前已提起確認權利不存在之訴，即係以權利人之住所地法院為管轄法院起訴，嗣因權利人聲請強制執行而變更為第 14 條第 2 項異議之訴時，該法院不一定為執行法院，即有不合，是否因此即不准為訴之變更，殊有疑義。又有將一部執行囑託他法院為之，學者及實務有認就此囑託部分應向囑託法院起訴，豈非同一事由之債務人異議之訴，竟割裂由不同法院審理，不

本案訴訟苟未繫屬，債務人即得依民事訴訟法第五百二十九條第一項規定，聲請命假扣押之法院命債權人於一定期間內起訴，以確定實體上權利義務之是否存在。故以假扣押裁定為執行名義所進行之強制執行程序，當然伴隨應由本案訴訟法院實質審查之裁判，以資確定其權利義務，債務人即非無抗辯之機會，且於該本案請求經法院實質審查予以裁判確定前，實無從為終局之執行，自無強制執行法第十四條第二項規定之適用。

僅增加訟累，且易造成裁判分歧。修正理由係為避免債務人奔走於執行法院與受訴法院之不便，並非允洽，就民事訴訟之管轄係採以原就被原則，本即有不便結果，況執行法院係以執行標的物所在地為準，若執行標的物非債務人住所地，如此反不便債務人。事實上排除執行名義之執行力，應與執行名義有關，反不如非訟事件法第 195 條第 1 項「向為裁定法院提起確認之訴」規定，向執行名義做成地之法院起訴為當。

所謂執行法院係指其所屬之民事庭，蓋民事執行處不受理訴訟，故所指執行法院當指執行法院所屬法院之民事庭。

本法規定向執行法院提起，但未規定此為專屬管轄，則義務人向權利人之住所地或其他所在地法院起訴，是否合法？當事人可否合意定管轄法院？就法理言，既未規定為專屬管轄，自無排斥效果，惟就立法理由及「向執行法院」之文字言，似有指定為專屬效果，自應排斥其他法院之管轄❷❾❷。然如前述，實無必要以執行法院為管轄法院，是否專屬管轄，應以法條規定有無「專屬」為準，故應以法理判斷為妥。至於囑託執行，即由原執行法院囑託他法院代為執行者，就代為執行者言，該受託法院固為執行法院，但整件執行仍係由原執行法院發動，故應由原執行法院為管轄法院，惟實務上肯認受託法院有管轄權❷❾❸。另學者認應再作區分，即在金錢請求之執行事件，指原執行法院，在其他請求權之執行，如命交付標的物或命為一定行為或不行為，其行為地或容忍地在他法院而須囑託執行者，因每一執行標的物、行為、不行為均構成一獨立之執行標的，與金錢請求之執行不同，如就他法院之行為、不行為、標的物為異議之訴，即應由該受託法院管轄❷❾❹。愚意不同意此一見解，蓋債務人異議之訴係對實體權利，非對執行標的，不應如此割裂提起。

---

❷❾❷ 參閱陳計男著《強制執行法釋論》第二二三頁。

❷❾❸ 司法院院字第 218 號解釋：來呈所述甲法院函囑乙法院執行，則乙法院即為執行法院，如向乙法院提起異議之訴，自應受理。

❷❾❹ 參閱陳計男著《強制執行法釋論》第二二三頁。

貳、當事人

一、原 告

應為執行債務人。債務人未提起,其債權人本於代位權,可代位起訴。

二、被 告

應為執行債權人。如有其他權利人併案執行或參與分配,應視債務人對其執行名義有無主張,如亦主張有債務人異議之訴事由,自可合併提起,如不合併提起,分別為之,亦無不可,例如權利人甲持確定判決對義務人乙聲請強制執行,查封乙之不動產,丙主張對不動產有抵押權,以拍賣抵押物裁定聲請強制執行,經執行法院合併執行,如乙主張對甲所持之確定判決及對丙所持之拍賣抵押物裁定,均有異議之訴事由,可分別亦可合併對甲、丙提起異議之訴。惟若丙無拍賣抵押物裁定,而係依本法第34條第2項參與分配,雖無執行名義,但既可參與分配,如縱有異議之訴事由,應可提起異議之訴。

凡不合上開規定之訴,即為當事人不適格,應予駁回。

參、訴之聲明

本訴既係對執行名義所示之權利有不可強制執行事由,則應受判決事項之聲明應為:「被告不得持○○法院○○年度第○○號判決對原告強制執行。」待獲勝訴判決確定後,持以聲請執行法院撤銷執行程序,惟實務上亦有聲明「鈞院○○年度第○○號強制執行事件應予撤銷。」直接請求法院撤銷該執行事件之強制執行程序者。

肆、訴訟標的之原因事實應一併主張

如前所述,債務人異議之訴,通說及實務均採形成之訴說,其訴訟標的為異議權,並非原因事實之實體事由,故不同原因事實即可產生不同異議權,正如民法第1052條所舉之離婚事由,每一事由所生之權利均為一訴訟標的。為免義務人為拖延強制執行,先以一事由所生之異議權提起異議之訴,並據以依本法第18條第2項聲請停止執行,該訴訟敗訴確定後,再以另一事由提起,並聲請停止執行,如此反覆為之,達到長期停止執行結果,損害權利人之權利。本法民國85年修正時,特別於第14條增設第3

項規定「依前二項規定起訴，如有多數得主張之異議原因事實，應一併主張之。其未一併主張者，不得再行提起異議之訴。」是義務人如有多數事由，應一併主張。從而如先以一事由起訴，在訴訟中，應允許再追加主張其他事由。至於判決確定後，除該判決有再審事由外，是否可再以未主張之事由提起再審之訴，學者有肯定，認無違反上開規定❷❾❺，愚意認為不可，蓋不同事由，本屬不同訴訟標的，既未訴訟，又未判決在內，豈可以此對原確定判決提起再審之訴？縱認此不同事由為攻擊防禦方法，受制於既判力，亦不可據以提再審之訴。

　　此項規定就避免義務人拖延固有理由，但此實係新訴訟標的理論之產物，在我國民事訴訟尚未採新訴訟標的理論，仍依循舊訴訟標的理論，此一規定是否允當？尤其民事訴訟歷經多次修法，目前除第三審外，仍未採律師訴訟主義，一般人不了解此一規定，如此規定，是否得宜，非無疑問❷❾❻。況此項規定似無限制，則義務人之異議原因事實苟係先後發生，即在一異議之訴判決敗訴確定後所生，是否亦不可提起？故愚意不贊成此一修正規定，如為避免上開拖延，應由法院迅速審判及不隨意准許停止執行著手即可。又此修正之第 3 項規定，涉及人民之訴訟權，適用時應嚴謹，故一併主張之多數異議原因事實，必須係訴訟中得以主張者，故如判決敗訴確定後產生之新事由，不受限制，仍可提起❷❾❼。

伍、起訴之時間

　　關於提起本訴之時間限制如下：

一、必須在聲請強制執行之後

　　按債務人異議之訴係為排除執行名義之執行力，而執行力之表現在於強制執行，即權利人已依據執行名義聲請強制執行，始有排除之必要，權

---

❷❾❺ 參閱楊與齡著前揭第二四六頁。

❷❾❻ 參閱拙文〈談強制執行法第十四條之修正〉（刊《律師雜誌》第二〇九期第三二頁）。

❷❾❼ 張登科著前揭第一六四頁，亦認其他異議原因事實，係發生在前訴訟言詞辯論終結後或於前訴訟有不可能期待提出特別情事，應可另行起訴。

利人尚未聲請執行，縱有否認其實體權之事由，亦應提起確認之訴，不可提起本訴，況本項限制須於強制執行程序終結前為之，益足以證明債務人異議之訴必須於權利人聲請強制執行之後，始可提起。學者有認由管轄法院為執行法院之規定觀之，當係以聲請強制執行為前提，故須在此之後 ❷❾❽。然有學者認未開始執行之前，亦可提起 ❷❾❾，惟實務採前者 ❸⓪⓪。

二、須在強制執行程序終結前

如前所述，須在強制執行程序進行中始有排除必要，故本法限制須於強制執行程序終結前。此一限制包括法院判決時，故縱起訴時未逾此期間，但訴訟進行中，執行程序已終結，仍應認起訴不合法，僅可主張因情事變更而為訴之變更（參照民事訴訟法第 255 條第 1 項第 4 款），請求損害賠償或不當得利。至此訴訟程序終結，係指整個執行程序終結，蓋本法係針對執行名義而為，故執行程序終結係指執行名義之整個強制執行程序終結而言（參見司法院第 2776 號解釋㈠）。

陸、法院裁判

一、起訴不合法

起訴不合法者，例如權利人尚未聲請強制執行或強制執行程序已終結，應以裁定駁回。

二、起訴無理由

起訴主張之權利無消滅、妨礙或不成立事由者，法院即應以判決駁回。

三、起訴有理由

起訴主張之事由有理由者，法院應為如訴之聲明之判決，宣示不可執行或撤銷執行程序。

---

❷❾❽ 參閱陳計男著《強制執行法釋論》第二二二頁。

❷❾❾ 參閱張登科著前揭第一六六頁、陳榮宗著《強制執行法》第一七二頁、陳世榮著《強制執行法詮解》第一五二頁。

❸⓪⓪ 最高法院 20 年上字第 1990 號判例：執行異議之訴訟於實施執行時始得提起，若未及執行僅因某項財產有被執行之虞預先訴訟，則是訴之目的仍為確認，而無所謂執行異議之訴。

柒、異議之訴效果

一、提起異議之訴，不當然發生停止執行效果，需法院依本法第 18 條第 2 項裁定停止，始可停止執行。

二、異議之訴勝訴判決確定者，固可撤銷已實施之執行程序，但一方面如確定時執行程序已終結，仍不可撤銷。甚至執行程序整個未終結，但某部分執行標的執行程序已終結，亦不能撤銷該部分之執行程序，另一方面須陳報執行法院，否則執行法院不知有此判決，仍未能達撤銷結果。

三、異議之訴敗訴判決確定者，因訴訟標的為異議權，非實體事由，故原告仍可以實體事由另行主張不當得利或侵權行為而訴訟。

第三款　執行當事人適格救濟——本法第 14 條之 1 第 1 項

第一目　意　義

權利人聲請對義務人強制執行，其權利人本身或被執行之義務人是否為執行名義主觀效力所及，即是否為適格之當事人，現有第 14 條第 1 項債務人異議之訴，即執行法院認聲請強制執行人、相對人確為執行名義適格之當事人，准許執行，但相對人否認之救濟程序。

在強制執行中，涉及當事人適格者有二，一係權利人，一係義務人，此二者均會發生爭執，即一係義務人認權利人非執行名義效力所及，例如非權利人之繼承人、權利受讓人，其聲請強制執行有執行權利人之不適格。一係義務人認自己非執行名義效力所及，例如自己非執行名義義務人之繼承人、訴訟標的受讓人，故對自己聲請強制執行，有執行義務人不適格，由於本項之文義是否包括上開兩種情形不明，故學者有認此係債務人主張自己非執行名義效力所及而排除對己執行力之訴訟[301]。然愚意以為有爭執者尚包括聲請執行之權利人非適格者，應包括權利人，故訴訟應包括上開二種情形在內[302]。

---

[301] 參閱陳計男著《強制執行法釋論》第二二八頁、張登科著前揭第一七二頁。

[302] 楊與齡亦認包括兩者情形（參閱楊氏著前揭第二四三頁）。

第二目 性 質

關於本訴之性質，有認本訴訟係因執行法院誤認執行名義之執行力及於自己，判決結果，執行名義之執行力不及，故此判決並非消滅或妨礙執行名義之執行力，而係確認執行力不及於原告，故為確認之訴之性質[303]。但亦有認本訴之目的，在於排除執行名義對己之執行力，故為形成之訴[304]。

愚意以為本訴係因執行法院認聲請執行之權利人或義務人為適格，茲義務人起訴請求排除執行法院認定為適格之當事人，當屬形成之訴。

第三目 異議事由

本訴之異議事由，係聲請執行權利人或被執行之義務人是否為本法第4條之2執行名義執行力所及之人，故其事由即是否符合該條規定，例如權利人主張為執行名義所表彰權利之受讓人，義務人否認，則有無受讓即為異議事由。又如權利人主張其相對人為執行名義之當事人或訴訟標的物之受讓人，相對人否認為適格之義務人，則是否為義務人或受讓人即為異議之事由。

第四目 適用範圍

所有執行名義之強制執行均可適用，並無限制。

第五目 訴訟程序

本訴亦為訴訟之一種，其訴訟程序與一般民事訴訟相同，茲就其特別規定者說明之。

壹、管轄法院

法條雖規定為向執行法院起訴，但因執行法院不能審理訴訟，故此應指執行法院所屬該法院之民事庭，類似本法第14條第1項及第15條所指

---

[303] 參閱陳計男著《強制執行法釋論》第二二七頁。

[304] 參閱張登科著前揭第一七三頁以下。

之執行法院。惟此既未規定係專屬管轄，應仍有民事訴訟法第 1、2、24、25 條之適用。

貳、當事人

一、原 告

執行義務人。

二、被 告

執行權利人。如有其他權利人併案執行，亦同前述，視有無異議事由而對之起訴。

參、訴之聲明

本訴係主張執行權利人或執行義務人非執行名義主觀效力所及，而排除執行名義之執行力，是應受判決事項之聲明應為被告不得就某執行事件所持之執行名義對原告強制執行。亦可請求撤銷該一執行事件之強制執行程序。

肆、起訴之時間

一、必須在開始強制執行之後

本訴與前者異議之訴不同，不能在僅有權利人聲請強制執行之後即可提起，尚須在執行法院認其聲請合法開始執行時，始可提起，即執行法院認執行權利人之聲請合法，執行權利人確為執行名義主觀效力所及，或執行義務人確為執行名義主觀效力所及，開始執行時，執行義務人始有保護必要，可提起本訴。

二、必須在強制執行程序終結前

依法文規定，須於強制執行程序終結前提起，蓋執行程序已終結，縱然異議之訴有理由，亦無從撤銷已為之強制執行程序。至此強制執行程序終結，涉及執行名義，原則上固指整個執行程序終結，但若執行權利人或執行義務人為多數者，而只有個人主張者，例如確定判決係命甲自房屋遷讓，命乙拆該屋以還地，執行權利人對丙、丁二人聲請強制執行，主張丙、丁分別為甲、乙之繼受人，如只有丙主張非繼受人，認非執行名義執行力之主觀效力所及而提起本訴，則執行程序是否終結，視丙而定，不包括丁。

若起訴時強制執行程序已終結或訴訟中強制執行程序終結者，本訴即不合法，應予駁回，惟後者執行義務人可以情事變更為由為訴之變更，請求不當得利或侵權行為損害賠償。

伍、提起本訴之理由

除被執行者否認為適格之義務人外，如義務人否認執行權利人為適格之權利人，亦可提起異議之訴。

又此訴訟，義務人可否一併依本法第 14 條第 1、2 項主張事由，即在否認為執行名義效力所及之異議之訴，義務人可否主張請求權有消滅、妨礙、不成立之事由？有認本訴與第 14 條之債務人異議之訴目的不同，如許一併主張，將使本訴訴訟遲延❸❺，但亦有認為求一併解決，以免債務人另外再提債務人異議之訴，應可一併主張❸❻。愚意亦以為一方面以一訴主張數項訴訟標的之普通合併之訴既無限制，應准許一併主張，另一方面參照本法第 14 條第 3 項規定之本旨，亦應許可一併提起。惟在一併提起時，因主張之消滅等事由，與是否為執行名義執行力所及矛盾、對立，即如為執行力所及始有消滅請求權可言，故此合併之訴，應以預備合併之訴為之。

陸、法院裁判

一、不合法

起訴不合法者，應以裁定駁回。

二、無理由

起訴合法，但無所主張之事由者，法院應以判決駁回。

三、有理由

起訴合法，所主張之事由亦有理由者，法院應以判決宣示不可對義務人強制執行或撤銷該強制執行程序。

柒、異議之訴效果

一、提起本訴不當然停止執行程序，須由法院依本法第 18 條第 2 項裁定停止執行，始生停止執行效力。

---

❸❺ 參閱張登科著前揭第一七四頁。

❸❻ 參閱許士宦撰前文（刊第五六頁）。

二、異議之訴勝訴判決確定者，執行法院於知悉後，即應撤銷對該人之強制執行程序，但執行程序已終結，仍無法撤銷，義務人僅可另對權利人請求不當得利或侵權行為損害賠償。

第二十一節　許可執行之訴

壹、意　義

許可執行之訴係執行法院否認聲請執行權利人或義務人為適格者，但認其為適格之權利人或義務人為適格之救濟程序。

依上所述，提起本訴應有兩種情形，一係執行法院認聲請之執行權利人非執行名義之執行力所及，一係執行法院認被執行之義務人，非執行名義之執行力所及，故所提許可執行之訴，亦應分此兩種態樣。

貳、性　質

關於本訴之性質，其學理有：

一、形成之訴

如純就法文「許可」執行之訴之文義，應為形成之訴，即執行法院否准，另訴求民事法院判決許可執行，其判決有形成力，故為形成判決。

二、確認之訴

是否為執行名義之執行力所及，依本法第4條之2規定本屬一定，僅因執行法院誤認而否定，故此訴訟之目的在於就不明確之法律關係予以確認以為明確，即若為執行名義執行力所及，權利人本得強制執行，反之，若不可強制執行，法院之判決僅予澄清[307]。

三、給付之訴

本訴係就執行名義之執行力是否及於權利人或義務人，請求法院判決確定，性質上應屬確認之訴。惟因我國確認之訴僅以法律關係為訴訟標的，難以執行名義之執行力及於何人為訴訟標的，故只能認係給付之訴，即請求判決命義務人容忍對其強制執行[308]。

---

[307]　參閱陳計男著《強制執行法釋論》第二四七頁。

　　愚意以為確認之訴固有相當理由，但仍以形成之訴可採。蓋：一、執行法院既已否認權利人或義務人為執行力所及，在許可之訴獲勝訴判決前，實無從強制執行，故此勝訴判決有形成效果。至於法院依本法第4條之2審查，亦如其他撤銷之訴等形成訴訟，法院同係依法條審查，不能因此即謂係確認。二、在第三人異議之訴及債務人異議之訴，通說均認係形成之訴，而其訴之目的係排除執行，有形成效力，何以許可執行，無形成效力？

參、適用範圍

　　本訴之適用範圍，應及於所有執行名義之強制執行。

肆、訴訟程序

一、管轄法院

　　同前所述，管轄法院為執行法院所屬法院民事庭。

二、當事人

㈠原　告

　　為聲請強制執行之權利人。又執行權利人之債權人可否代位起訴？愚意以為本訴既係執行法院駁回執行權利人之聲請，對其所設之救濟，似應只得由該人提起本訴，除非聲請執行係由權利人之債權人代位聲請，始可由其起訴，然學者有不同見解❸⓪❾。

㈡被　告

　　一般均謂係聲請執行之對象，即被執行之義務人。惟愚意以為此時有爭執者為執行法院，執行義務人並無爭執，以之為被告實係不得已之措施，理論上應有問題。尤其執行法院認聲請執行之權利人非執行名義執行力所及，更與義務人無涉。如判決原告勝訴，被告尚需負擔額外之訴訟費用，實非允洽，此與本法第41條第1項之分配表異議之訴不同，即分配表雖係執行法院製作，因有人聲明異議後他人為反對之陳述，故該項規定係對「反對陳述之債權人或債務人」提起分配表異議之訴。於此為被告之執行義務

---

❸⓪❽　參閱張登科著前揭第一七一頁。

❸⓪❾　學者陳計男認為聲請強制執行債權人之債權人因保全債權，得代位該債權人以自己名義提起本訴（參閱陳氏著《強制執行法釋論》第二四八頁）。

人既因執行法院否定執行權利人之聲請執行，尚未對之執行，無從反對，甚至不知有此執行，故無爭執，何以可對之起訴？

三、訴之聲明

本訴之應受判決事項聲明應為「准許原告就某一執行事件對被告強制執行」。

四、起訴時間

依法條規定，應就執行法院駁回裁定送達後 10 日之不變期間提起，故逾此期間起訴即非合法。至於需否於執行程序開始前，或執行程序終結前？因執行法院既係駁回聲請，即無開始執行，亦無終結執行可言，故無此限制。縱然駁回裁定因未抗告或抗告駁回而確定，亦不影響不變期間之進行。

五、提起本訴之理由

對執行法院認定聲請執行權利人或義務人是否為適格之當事人有爭執，故提起本訴之理由，即應為是否為適格當事人。至於在許可執行之訴審理中，被告即義務人可否以本法第 14 條第 1、2 項之事由抗辯，學者有採否定說。蓋本訴係為解決執行當事人不適格之救濟方法，與第 14 條之訴不同，不容義務人以此抗辯，否則將有訴訟遲延[310]。然亦有學者採肯定說，認為一併解決，以免另行訴訟，對權利人既有實益，否則因許可強制執行，准予執行將侵害義務人利益[311]。愚意以為許可執行之訴係權利人對義務人提起，爭執在於是否為執行名義之執行力所及，身為被告之義務人應就此抗辯，如義務人主張請求權已消滅，不僅因執行法院已拒絕，致尚未開始執行，本不可依本法第 14 條提起債務人異議之訴，故應採否定說，此與前者由義務人提起之異議之訴，可一併主張此等權利消滅事由不同，蓋前者之原告即為義務人，且已開始執行，符合第 14 條債務人異議之訴要件。

六、裁　判

法院審理結果情形有三：

---

[310]　參閱張登科著前揭第一七三頁。

[311]　參閱許士宦前揭文（刊第五五頁）。

㈠不合法

例如逾 10 日期間，法院以裁定駁回起訴。惟權利人仍可重新聲請執行，如執行法院仍予駁回，此時仍可再提起本訴。

㈡無理由

以判決駁回。

㈢有理由

應為如聲明之判決。惟訴訟進行中，執行標的發生變動，以致不能強制執行者，應認其訴無理由。例如權利人以遷讓房屋判決，對被告之繼受人聲請強制執行，訴訟中該房屋因地震毀損，或因政府徵收，本不得再強制執行，即應認其訴無理由。

又此許可之訴，既係審酌權利人或義務人為執行名義執行力所及，判決有理由確定後，義務人即不可再否認而提前開之異議之訴，蓋如再提起，因二訴應為同一事件，應受既判力拘束。

伍、許可執行之訴效果

一、對裁定之救濟方式為抗告，雖本法於此規定提許可執行之訴，則可否不起訴而抗告？依注意事項 6 ⑵「債權人依本法第四條之二規定聲請強制執行，經執行法院裁定駁回者，應通知債權人得於裁定送達後十日之不變期間向執行法院對債務人提起許可執行之訴，此不變期間不因抗告而停止進行。」似仍可抗告。事實上，就此駁回之裁定觀之，被執行之義務人不見得有爭執，有爭執者為執行法院，故應允許以抗告救濟❸❷。故權利人應可重複進行救濟，一方面提起抗告，一方面提起本訴。如裁判結果一致，固無爭議，如不一致時，仍應以本訴之判決為準，蓋其有既判力。

二、本訴之提起，係因執行法院裁定駁回，如提起本訴獲得勝訴判決，但因義務人利用裁定後至判決確定前之空檔時間脫產，以致判決勝訴，義務人已無財產可供執行，是否有國家賠償適用，即有爭議。為避免此種情形發生，權利人應可對義務人為保全，法院不可再援引最高法院 31 年聲字第 151 號判例：「假扣押程序，係為債權人保全強制執行而設，若債權人之

---

❸❷ 楊與齡亦認可提起抗告（參閱楊與齡《強制執行法論》第一五八頁）。

請求已有確定終局判決可為執行名義，即得逕行聲請強制執行，自無聲請假扣押之必要。」駁回，蓋此時為執行名義之判決效力是否及於義務人或權利人既有爭執，且被執行法院否認，對現欲執行之義務人言，形式上即無確定判決可言。

第二十二節　第三人異議之訴

第一款　前　言

權利人依執行名義固可藉強制執行程序實現權利，但在強制執行程序中，不可損及第三人合法權利，如有損及，第三人固可依本法第 12 條聲明異議救濟，但聲明異議係程序之救濟方法，如涉及實體法律關係爭執，執行法院無權審酌，即應以訴訟解決，故本法第 15 條規定「第三人就執行標的物有足以排除強制執行之權利者，得於強制執行程序終結前，向執行法院對債權人提起異議之訴。如債務人亦否認其權利時，並得以債務人為被告。」是為第三人異議之訴。例如在金錢債權之強制執行，執行法院僅可執行債務人之責任財產，不可執行第三人之財產，但是否為債務人所有，執行人員以外觀認定，難免有誤，如執行法院誤認第三人財產為債務人所有予以強制執行，而此第三人有所有權，甚為明確，第三人固可以聲明異議程序救濟，反之，是否為第三人所有，並不明確，執行法院無從確認，只可提第三人異議之訴，由民事法院依訴訟程序判定 ❸❸❸ 。又本訴與本法第14 條之 1 第 1 項債務人異議之訴不同，前者就執行名義所載執行債務人之適格並無爭執；後者於執行法院認第三人為執行名義執行力主觀效力所及之情形，就其財產為執行，但第三人否認為執行力所及，表面上有似執行第三人之財產，但此時係因認第三人為執行力所及，即為執行債務人，始執行其財產，故應提第 14 條之 1 第 1 項之訴，不可提起本訴。

第三人異議之訴係第三人為排除強制執行，與之有爭執者為執行債權

---

❸❸❸　同 ❷❷❶ 。

人，故以執行債權人為被告，並非必需併以執行債務人為被告。但對執行債權人提起本訴，涉及執行債權人之利益，訴訟中勢必爭執甚烈，甚至第三人需舉證證明權利存在，在舉證不易，避免訴訟爭執之考量下，實務上有第三人不提本訴，而逕對執行債務人提確認執行標的物所有權存在之訴，待獲勝訴判決確定，再憑此判決主張所有權屬已甚為明確，依本法第 12 條向執行法院聲明異議，以達排除執行目的者。愚意以為執行法院不可准許此項聲明異議，蓋：一、此種訴訟，無非在於逃避本訴須以執行債權人為被告，現以執行債務人為被告，往往執行債務人不似執行債權人涉及本身利害關係，訴訟中較少爭執，甚至配合第三人，產生假訴訟。二、該判決效力不及於執行債權人，應不可以此對抗執行債權人，排除執行。三、有爭執者為執行債權人，並非執行債務人，縱提確認之訴，亦應以執行債權人為被告。苟執行債務人無爭執，該確認之訴無確認利益，本應駁回。四、參見司法院 20 年院字第 520 號解釋：「甲將其所有地先典與乙，後賣與丙，丙向乙求贖涉訟，經判決准贖確定執行，因乙於事先已將地出賣與丁，故丁提起異議之訴，但丁之起訴，若僅以乙一人為被告，其效力不能及於丙，祇得作為確認賣地有效之訴，而不得謂之執行異議訴訟。」此訴非異議之訴，故執行法院不可以此判決即撤銷強制執行。

又第三人異議之訴雖指就執行標的物有足以排除強制執行之權利，因權利非物，似不包括執行權利，但一方面權利如為第三人所有，非債務人財產，亦應救濟，另一方面本法第 7 條第 1 項之執行標的物包括權利，故執行標的物為權利者，如有異議之訴事由，亦可提起。

第二款　性　質

第三人異議之訴之性質，學理上有形成訴訟說、新形成訴訟說、確認訴訟說、給付訴訟說、救濟訴訟說❸❹。各說固有其立論之處及優缺點，但通說及實務見解一如前述債務人異議之訴仍採形成訴訟說❸❺，認訴訟標的

---

❸❹　參閱陳榮宗著《強制執行法》第一七六頁以下，並有詳細評述，可供參考。

❸❺　採形成訴訟說者有學者陳世榮（參見陳氏著《強制執行法詮解》第一五八頁）、

為異議權 ❸❻。

採形成訴訟說者，係以執行法院所執行之財產，因第三人有實體權利，足以不受執行，但因執行法院誤予執行，第三人在訴訟上取得對抗執行之異議權，訴訟結果，如獲勝訴，判決可以排除對其強制執行，應為形成判決，故此訴之性質為形成訴訟。但此說一如債務人異議之訴，認訴訟標的係其實體權利所生之異議權，實體權利本身非訴訟標的，僅為產生異議權之事由，故異議之訴結果，既判力所及之訴訟標的為異議權，而非實體權利，則第三人仍可於異議之訴敗訴後，對執行債權人或拍定人另行主張實體權利提起損害賠償等訴訟，不受一事不再理及既判力之限制，致同一權利可為不同訴訟，不僅影響訴訟經濟，且判決結果如不一致，亦影響司法威信，學者批評形成訴訟說之理由亦在於此。惟事實上，此不僅為採舊訴訟標的理論之必然結果，似無可厚非，且：㈠第三人於異議之訴敗訴後，如對執行債權人再以其實體權利主張因強制執行受有損害，應係本於侵權行為或不當得利，該二訴之訴訟標的仍非實體權利。㈡對拍定人起訴確認權利存在，被告為拍定人，與第三人異議之訴被告為執行債權人不同，二訴本非同一事件，自無既判力拘束。㈢在法官依據法律獨立審判時，除既判力外，同一事實所生訴訟，法院判決結果不一，並非不可，且非少見 ❸❼。㈣權利本應保障、救濟，不能以訴訟經濟不准訴訟，重要者應在於判決是

陳計男（參閱陳氏著《強制執行法釋論》第二三三頁）、張登科（參閱張氏著前揭第一七六頁）。至於採給付訴訟說者為陳榮宗（參見陳氏著《強制執行法》第一八五頁）。又楊與齡採救濟訴訟說（參見楊氏著前揭第二五七頁）。

❸❻ 最高法院 29 年渝抗字第 409 號判例：假扣押為就金錢請求或得易為金錢請求之請求，保全強制執行之程序，第三人就執行標的物主張有所有權，提起執行異議之訴者，其訴訟標的為異議權而非給付請求權，……。

❸❼ 實務上就同一事實有不同判決者，例如刑事判決認定犯罪成立，但相關之附帶民事訴訟移送民事庭，卻為不同之認定，最高法院 50 年臺上字第 872 號判例「刑事判決所為事實之認定，於獨立民事訴訟之裁判時本不受其拘束，上訴人所提之附帶民訴，既因裁定移送而為獨立之民事訴訟，則原審依自由心證為與刑事判決相異之認定，即無違法之可言。」即著有明文。

否正確。故吾人以為上述反對理由對此說應無影響。

第三款　適用範圍

本訴在所有執行名義之強制執行均有適用，不限於終局執行，即保全執行，亦有適用。

第四款　異議之訴事由

本法第 15 條僅規定「就執行標的物有足以排除強制執行之權利者」，則本訴之事由當為排除強制執行之權利，即其權利足以對抗他人之強制執行，此觀最高法院 20 年抗字第 525 號判例：「第三人對於強制執行之標的物，除因所有權或其他足以阻止物之交付或讓與之權利者，得依法提起執行異議之訴或另件訴訟外，不得依抗告程序逕向上級法院聲明不服。」可明，從而最高法院判例雖一再指出此權利係指對於執行標的物有所有權、典權、留置權、質權者而言❸⒙，致使人誤解凡有此四種權利即可提起本訴，或誤以為異議事由僅以此四種情形為限，事實上，能否排除，全視強制執行之個案而定，並非凡有上開四種權利，一定可提本訴❸⒚，亦非僅限於此

---

❸⒙ 最高法院 44 年臺上字第 721 號判例：強制執行法第十五條，所謂就執行標的物有足以排除強制執行之權利者，係指對於執行標的物有所有權、典權、留置權、質權存在情形之一者而言。占有，依民法第九百四十條之規定，不過對於物有事實上管領之力，自不包含在內。最高法院 68 年臺上字第 3190 號判例：強制執行法第十五條所謂就執行標的物有足以排除強制執行之權利者，係指對於執行標的物有所有權、典權、留置權、質權存在情形之一者而言。上訴人（道教會團體）主張訟爭房屋係伊所屬眾信徒捐款購地興建，因伊尚未辦妥法人登記，乃暫以住持王某名義建屋並辦理所有權登記，由王某出其字據，承諾俟伊辦妥法人登記後，再以捐助方式將房地所有權移轉登記與伊各節，就令非虛，上訴人亦僅得依據信託關係，享有請求王某返還房地所有權之債權而已，訟爭房地之所有權人既為執行債務人王某，上訴人即無足以排除強制執行之權利。

❸⒚ 參閱拙文〈所有權人、典權人、留置權人、質權人是否一定可提第三人異議之訴——兼評最高法院四十四年臺上字第七二一號判例〉（刊《司法周刊》第四

四種事由始可提起本訴，否則本法第 15 條逕可規定為「就執行標的物有所有權、典權、留置權、質權者⋯⋯。」雖物權有排他性，較可排除強制執行，債權則無，但非可一概而論。茲分述如下：

壹、所有權

對執行標的物有所有權之第三人，既非執行義務人，基於民法第 765 條規定「所有人，於法令限制之範圍內，得自由使用、收益、處分其所有物，並排除他人之干涉。」及第 767 條規定「所有人對於無權占有或侵奪其所有物者，得請求返還之。對於妨害其所有權者，得請求除去之。有妨害其所有權之虞者，得請求防止之。」所有權人自可排除強制執行而提起本訴。至於有無所有權，則依民法等法律規定，例如汽車僅向監理機關辦理過戶，但未交付、簡易交付、占有改定、指示交付，參照民法第 761 條，買受人仍未取得所有權。又如不動產雖經判決出賣人應移轉所有權給買受人，但在尚未辦妥登記前，買受人仍未取得所有權。

下列情形，雖有所有權，但不可提起本訴：

一、第三人自願提供財產執行者

依民法第 311 條第 1 項前段規定「債之清償，得由第三人為之。」故在金錢債權執行時，第三人自願提供財產交執行法院執行，應認符合上開規定意旨，則第三人本於誠信原則，不可提起本訴。

二、抵押物之受讓人

以拍賣抵押物裁定為執行名義之強制執行，聲請裁定後抵押物移轉第三人所有，依本法第 4 條之 2 第 2 項準用第 1 項第 1 款，仍可對第三人執行，此時第三人雖有所有權，因為執行名義之執行力所及，不可提起本訴。但若在聲請裁定前已移轉之受讓人，非執行名義之執行力所及，本不可對之執行，如誤予執行，除可聲明異議，應依本法第 14 條之 1 提債務人異議之訴，仍非提起本訴，蓋此屬執行名義之執行力主觀範圍問題。

三、違章建築之所有權人

違章建築係未依建築法取得建造執照而興建之房屋，房屋建妥亦不能

一六期，收錄於拙著《強制執行法學說與判解研究》）。

取得使用執照，從而不能辦理建物所有權第一次登記（參照建築法第 25 條、第 71 條、土地登記規則第 79 條第 1 項），即未辦保存登記建物，所有權屬起造人，為原始取得。其受讓人除毋庸依民法第 758 條辦理移轉登記者外，無從經登記取得所有權，故不論如何讓與，所有權人仍為起造人，受讓人僅有事實上處分權❸⓴，但實務認其受讓人既可再行出賣該建物，故受讓人之債權人可聲請執行該違章建築房屋❸㉑，違章建築房屋之原始所有權人不可提起本訴❸㉒。

---

❸⓴ 最高法院民國 67 年 2 月 21 日第二次民事庭會議決議：違章建築之讓與，雖因不能為移轉登記而不能為不動產所有權之讓與，但受讓人與讓與人間如無相反之約定，應認為讓與人已將該違章建築之事實上處分權讓與受讓人。

❸㉑ 臺灣高等法院 55 年法律座談會：

(一)問題：拍賣違章建築之房屋而債務人非原始建築人時，究係拍賣其所有權抑為交付請求權？

(二)意見：

甲說：所謂違章建築之房屋，乃違反建築法規定，而建築之房屋，現行法律並無違章建築之房屋不得辦理所有權移轉登記之明文，依法律行為取得違章建築房屋者，依法有辦理所有權移轉登記之義務，從而債務人非違章建築房屋之原始建築人而未辦理移轉登記時，自以拍賣其所有權為宜，如拍賣其交付請求權者，則自拍定後進而法院發給權利證明書後，如該原始建築人即予擅將該違章建築之房屋所有權移轉登記與第三人，反使法院徒增困擾，而對拍定人無法處理，如非認為拍賣所有權糾紛特多，尤以不得依強制執行法第九十九條點交與拍賣人，則影響拍賣價格，況向例均拍賣所有權並無何實務上難題。

乙說：略。

(三)研討結果：採甲說。

❸㉒ 最高法院 50 年臺上字第 1236 號判例：違章建築物雖為地政機關所不許登記，尚非不得以之為交易之標的，原建築人出賣該建築物時，依一般規則，既仍負有交付其物於買受人之義務，則其事後以有不能登記之弱點可乘，又隨時主張所有權為其原始取得，訴請確認，勢無以確保交易之安全，故本院最近見解，認此種情形，即屬所謂無即受確認判決之法律上利益，應予駁回。是其確認所有權存在之訴，既應駁回，則基於所有權而請求撤銷查封，自亦無由准許。

四、動產附合於不動產

依民法第 811 條規定「動產因附合而為不動產之重要成分者，不動產所有人，取得動產所有權。」動產所有權人因而喪失該動產之所有權，故對於不動產執行及於附合之動產，動產所有權人不可提起本訴**323**，從而電梯未裝置於大廈內，固為獨立之動產，但一經裝置於大廈內，附合為不動產之重要成分，不僅電梯所有權人即喪失所有權，對不動產強制執行效力及於電梯，電梯所有權人不可提起本訴。

下列情形之所有權人可否提起本訴，則有爭執：

一、債務人即將取得所有權者

第三人之財產已出售債務人，但在未交付或移轉登記前，因物權行為尚不生效，債務人未取得所有權，自非債務人財產。如執行法院誤認為債務人所有予以執行，第三人可否提起本訴？學者有認為第三人提起本訴排除強制執行後，須將財產讓與債務人，執行法院仍可對之執行，故第三人提起本訴，應無法律上利益，欠缺權利保護要件**324**。惟愚意以為在物權行為生效前，既屬第三人財產，本非債務人所有，自不可執行，不論以後是否會讓與債務人，債權人只可依本法第 116 條第 1 項執行請求交付或移轉之權利，第三人提起本訴應不能認為欠缺權利保護要件。反之，第三人之債權人可主張此為第三人之責任財產，對之執行，債務人雖為買受人，因買賣債權，不可排除強制執行，不可提起本訴。

二、第三人因無效法律行為取得之所有權者

第三人取得所有權之法律行為如係無效，例如債務人與第三人有民法第 87 條第 1 項前段之通謀虛偽意思表示，第三人不能有效取得所有權，債權人以此財產仍為債務人所有，執行法院予以執行，第三人可否主張所有權提起本訴？就上開法律規定，第三人未能取得所有權，所有權當屬債務

---

323 最高法院 56 年臺上字第 2346 號判例：上訴人主張對系爭房屋曾加以裝修，縱屬真實，然其所購買之磚、瓦、塑膠板等，既因附合於債務人之不動產而成為系爭不動產之成分，無單獨所有權存在，亦自無足以排除強制執行之權利。

324 參閱陳世榮著《強制執行法詮解》第一六二頁、楊與齡著前揭第二六○頁。

人，第三人不可提起本訴。但實務上，參照最高法院 50 年臺上字第 96 號判例：「依土地法所為之登記有絕對真實之公信力，縱使債務人之處分有無效之原因，在債權人未提起塗銷登記之訴，並得有勝訴之確定判決以前，其登記不失其效力。債權人殊難以該不動產之登記在實施查封以後為無效，認定第三人尚未取得所有權，並無足以排除強制執行之權，而主張第三人執行異議之訴為無理由。」認債務人之處分行為，雖有無效原因，在未塗銷登記前，第三人仍可本於所有權提起本訴❸。愚意以為此一見解有誤，蓋：㈠本訴既係實體權利之救濟，自應就實體法律關係判斷。從實體法律關係言，該移轉之法律行為無效，第三人未取得所有權，豈可以有登記，必須有塗銷判決，始可認定登記不生效力？至多係因有登記，是否有無效原因，須由法院判決認定，茲提起本訴之事由既為第三人之所有權，則有無所有權即為該訴之爭執點，法院即應就實體判斷是否通謀虛偽意思表示，以決定第三人有無所有權，提起本訴有無理由。㈡土地法第 43 條「依本法所為之登記，有絕對效力。」並非有真正絕對效力，僅在保護善意第三人，在前後直接當事人之間仍視其間之真實原因關係，不能以此認定登記名義人一定有權利❸。

事實上，此種情形，可謂程序法與實體法之衝突，即在程序法上，第三人因登記為所有權人，但實體法上第三人無所有權，所有權仍屬債務人，茲因強制執行屬非訟事件，執行法院無權審查實體上取得財產是否有無效原因，遂以登記為準，認定為第三人責任財產，第三人之債權人可予以執行，債務人之債權人反而不可對之強制執行，但實體上，因其移轉登記之原因行為無效，第三人不能取得所有權，所有權人仍為債務人，故在第三人之債權人強制執行時，債務人自可提起本訴排除強制執行，反之，如執

---

❸ 學者亦有認同，參閱陳計男著《強制執行法釋論》第二三六頁、楊與齡著前揭第二六二頁。

❸ 最高法院 40 年臺上字第 1892 號判例：土地法第四十三條所謂登記有絕對效力，係為保護因信賴登記取得土地權利之第三人而設，故登記原因無效或得撤銷時，在第三人未取得土地權利前，真正權利人對於登記名義人自仍得主張之。

行法院准許債務人之債權人強制執行時（按：實務上，因外觀形式上登記為第三人所有，執行法院不會認屬債務人財產而執行），第三人實體上既無所有權，應不可提起本訴。

三、共有人

債務人與他人共有之財產，如為分別共有，依民法第 819 條第 1 項規定「各共有人，得自由處分其應有部分。」則債權人自可執行債務人對共有物之應有部分，如執行共有物全部，其他共有人本於其共有權，可提起本訴❸❷❼。惟若：㈠債務人之應有部分已逾三分之二，債權人可否依土地法第 34 條之 1 第 1 項「共有土地或建築改良物，其處分、變更及設定地上權、農育權、不動產役權或典權，應以共有人過半數及其應有部分合計過半數之同意行之。但其應有部分合計逾三分之二者，其人數不予計算。」執行共有物全部？其他共有人可否提起本訴？就法條規定，應有部分合計逾三分之二以上者之共有人，既可出賣、處分共有物全部，而強制執行之拍賣又為買賣之一種，則債務人應有部分占三分之二以上者，其債權人自可執行共有物全部，其他共有人即不可提起本訴，況拍賣共有物全部較拍賣應有部分容易，價金較高，拍賣後其他共有人仍可取回自己應有部分之價金，並有優先承買權（參照土地法第 34 條之 1 第 3 項、第 4 項）。惟學者有認土地法第 34 條之 1 係多數共有人欲處分共有物，少數人不同意之處理辦法，不適用於強制執行程序。債權人不得為實現債權，侵害債務人以外第三人之權利，如許對共有物強制執行，將侵害他共有人之權利，故認他共有人得提起本訴❸❷❽。㈡就債務人對共有物應有部分範圍內於共有物特定部分執行，他共有人可否提起本訴？按共有人之應有部分與共有物特定部分不同，故一般言之，不可執行債務人對共有物之特定部分，否則有違民法第 819 條第 2 項「共有物之處分、變更及設定負擔，應得共有人全體之同意。」❸❷❾此時其他共有人自可提起本訴。但若共有人已訂有分管契約，則

❸❷❼ 最高法院 17 年抗字第 213 號判例：第三人就強制執行之標的物主張共有權或其他權利者，應照通常訴訟程序向該管法院提起異議之訴。

❸❷❽ 參閱楊與齡著前揭第二六三頁、張登科著前揭第一七八頁。

執行應有部分時，等同執行該特定部分，不僅拍定後應可點交占有之特定部分（參照注意事項 43 ⑸、57 ⑸），拍定人於拍賣公告已知悉分管，非屬善意，依司法院大法官會議釋字第 349 號解釋仍受分管契約拘束，且其他共有人亦不可提起本訴。

四、繼承人

民國 98 年民法繼承編修正時，刪除限定繼承，並修正民法第 1148 條第 2 項規定「繼承人對於被繼承人之債務，以因繼承所得遺產為限，負清償責任。」繼承人雖須繼承被繼承人之債務，但以其繼承之財產負責，故債務人之繼承人固為執行名義執行力所及，居於債務人地位，但若被繼承人之債權人執行繼承人之固有財產時，參照實務上認限定繼承人仍可以第三人地位提起本訴❸❸❶，學者亦有肯定❸❶，自可提起第三人異議之訴，但愚意以為繼承人既因繼承居於債務人地位，實非第三人，似不可提起本訴，僅可以執行超過其繼承所得之範圍，認有侵害利益，而聲明異議。有學者認可聲明異議，亦可提起本訴及債務人異議之訴，任擇其一救濟❸❷，亦有

---

❷❷ 最高法院 40 年臺上字第 1479 號判例：共有人固得自由讓與其應有部分，惟讓與應有部分時，受讓人仍按其應有部分與他共有人繼續共有關係，若將共有特定之一部分讓與他人，使受讓人就該一部分取得單獨所有權，則非民法第八百十九條第一項所謂應有部分之處分，而為同條第二項所謂共有物之處分，其讓與非得共有人全體之同意，不生效力。

❸❶ 最高法院 77 年臺抗字第 143 號判例：限定繼承之繼承人，就被繼承人之債務，唯負以遺產為限度之物的有限責任。故就被繼承人之債務為執行時，限定繼承人僅就遺產之執行居於債務人之地位，如債權人就限定繼承人之固有財產聲請強制執行，應認限定繼承人為強制執行法第十五條之第三人，得提起第三人異議之訴，請求撤銷強制執行程序。

❸❶ 參閱楊與齡著前揭第二五八頁、陳計男著《強制執行法釋論》第二三九頁。

❸❷ 學者郭振恭撰〈限定繼承對被繼承人之債權人聲請強制執行之影響〉一文指出：1.限定繼承有一定之程序，執行法院可予查明，予以救濟，故可聲明異議，毋庸提異議之訴。2.限定繼承之責任財產為遺產，超過者屬無責任財產，債權人請求權之行使因之被限定而受有妨礙，故對固有財產執行，可提債務人異議之

認應視執行名義有無保留，如為在限定繼承之財產範圍內給付之保留判決，除可提起本訴，亦可聲明異議 ❸❸❸ 。

五、土地出產物之收取權人

依民法第 66 條第 2 項規定，土地上之出產物在未分離前，為土地之部分，則其所有權當然屬於土地所有人。但此出產物為天然孳息，依民法第 70 條第 1 項規定，則屬有收取權人可以取得，不以土地所有權人為限，是對土地查封時，不僅其效力是否及於未分離之出產物，即有爭議，且若效力及於出產物，甚至認出產物為土地所有權人所有，對之執行，有收取權人可否本於收取權提起本訴，亦有爭議。實務有採否定說 ❸❸❹ ，亦有採肯定說 ❸❸❺ 。民國 85 年本法修正時，已於第 53 條第 1 項第 5 款明定未與土地分離之天然孳息，如能有一個月內收取者，可以動產執行，肯認收取權人之權利，自可提起本訴。惟此規定係就一個月內能收取者，反之，不能於一個月內收取者，仍有疑義。

訴。3.限定繼承後，固有財產與繼承財產分離，繼承人僅負物的有限責任，固有財產非責任財產，故可提起本訴（刊楊與齡主編《強制執行法爭議問題研究》第八七頁以下）。

❸❸❸ 參閱張登科著前揭第一○一頁。

❸❸❹ 司法院 74 年 1 月 9 日⑺⑷廳民一字第 014 號函：甲將其耕地連同地上物（水稻）出賣與乙，並交付乙耕作，惟尚未辦理所有權移轉登記，嗣甲之債權人丙聲請查封該筆耕地及水稻（即將成熟），乙乃主張該耕地所種之水稻（尚未收割）為其所有，提起第三人異議之訴，有無理由？研究結果：未與土地分離之水稻依民法第六十六條第二項規定，為土地之構成部分，甲出賣與乙耕地雖已交付，如尚未辦理所有權移轉登記，乙尚未取得所有權，則該水稻於收割前仍為土地之一部分，屬於土地所有人甲所有，乙僅有收割之權，故乙提起第三人異議之訴，為無理由。

❸❸❺ 最高法院 74 年 3 月 5 日第三次民事庭會議決定：未與土地分離之土地出產物，實務上認為得強制執行之標的物（參看司法院院字第一九八八號解釋㈡及辦理強制執行事件應行注意事項二十四），對於此項土地出產物有收取權，得因收取而原始取得該出產物所有權之第三人，應認為強制執行法第十五條所稱就執行標的物有足以排除強制執行之權利之第三人。

六、查封後之善意再受讓人

依本法第 51 條第 2 項規定，查封後之受讓人，不得對抗執行債權人，則此受讓人自不可本於所有權對債權人提起本訴。但受讓人將查封物再讓與善意第三人時，此第三人可否以所有權提起本訴？按依上開規定，雖係相對無效，在債權人主張無效時，受讓人即不能取得所有權，從而第三人自受讓人受讓時，依繼受取得之理論亦無從取得所有權，則第三人應未取得所有權，自不可提起本訴。或謂第三人既為善意，是否有民法第 801 條或土地法第 43 條適用？如認有適用，自有所有權，應可提起本訴。愚意以為為保護善意第三人應有適用，實務上有不同見解，有肯定者❸❸❻，亦有否定，認執行債權人仍可對第三人主張，第三人無善意規定之適用❸❸❼。

---

❸❸❻　臺灣高等法院 81 年法律座談會：

問題：債權人甲於取得執行名義後，聲請執行法院查封債務人乙所有之系爭不動產，但未辦畢查封登記，詎乙於實施查封後，將該不動產移轉登記為丙所有，並辦畢移轉登記。丙又將系爭不動產移轉登記予善意之丁所有，亦辦畢移轉登記。試問丁依強制執行法第十五條規定，以甲為被告，提起執行異議之訴是否有理由？

討論意見：

甲說：按不動產實施查封後，就查封物所為之移轉、設定負擔或其他有礙執行效果之行為，對於債權人不生效力，強制執行法第一百十三條、第五十一條第二項定有明文。而所謂對於債權人不生效力，僅對債權人不生效而已，並非當然絕對無效。故執行債務人之不動產經法院查封後，執行債務人將之移轉予第三人，並辦妥所有權移轉登記者，債權人雖非不得訴請法院塗銷其登記，惟尚未塗銷其登記之前，第三人依移轉登記所取得之所有權，尚不失效力（最高法院六十六年十月十八日民刑庭總會決議參照──資料(一)）。從而，乙將系爭不動產移轉登記予丙所有，丙對系爭不動產之所有權，僅對債權人甲不生效力。丙如再以買賣為原因，將系爭不動產移轉予丁，並辦畢所有權移轉登記，則丁就系爭不動產所有權之取得，亦非無效，換言之，法院查封僅具有「相對」效力。況系爭不動產雖經執行查封，但未辦畢登記，丁乃善意受讓人，自應受土地法第四十三條之保障（司法院院字第一九一九號解釋參照──資料(二)）。丁本於所有權，依強制執行法第十五條規定，訴請撤銷法院就系爭不動產所為強制執行程序，為有理由，應予准許。

乙說：按查封係公法上之處分行為，其效力不待於登記即發生，任何人均應受其拘束。即法院查封有「絕對」效力。若不動產經法院依法查封後，不問有無辦畢查封登記，該不動產之所有人即執行債務人如將該不動產移轉登記於他人，他人復移轉登記於他他人，執行債權人對該他人、他他人主張該移轉不生效力時，該他人、他他人不得依土地法第四十三條規定，主張其應受保護。從而，執行債權人得同時或先後訴請該他人、他他人塗銷其受移轉登記，回復實施查封時之登記狀態（強制執行法第五十一條第二項、最高法院六十八年臺上字第三〇七九號及六十九年臺上字第一一二號判例、七十九年臺上字第二一二二號判決參照——資料㈢、㈣、㈤）。本件丁之訴應認無理由。

審查意見：

㈠本題與民事類第十七號合併討論。

㈡強制執行法第五十一條第二項所規定查封之效力，僅為相對而非絕對，故於查封後受所有權移轉登記之第三人，於債權人依該條項規定訴請塗銷移轉登記之前，應受土地法第四十三條規定登記效力之保護，得本其所有權人之地位，提起第三人執行異議之訴，法院亦應認其訴為有理由而為其勝訴之判決。此有最高法院五十年臺上字第九六號判例可供參考（資料㈥）。

㈢強制執行法第五十一條第二項雖係民國六十四年修正時增訂，但上引五十年臺上字第九六號判例之法律上見解，現仍有效存在而未經變更，復經最高法院六十六年度第八次民庭總會決議重申其旨（按該決議所討論之五十年臺上字第九二九號判例要旨前段，與上開判例要旨所持見解相同）。故採甲說。

㈣本題乙說所主張查封有絕對效力之見解，應與該條項之規定不合。且其所引六十八年臺上字第三〇七九號及六十九年臺上字第一一二號判例均係認強制執行事件，債權人得訴請塗銷查封後辦畢之所有權移轉登記，又七十九年臺上字第二一二二號判決亦係由於債權人對提起第三人異議之訴之對造以反訴請求塗銷其所有權移轉登記為有理由而駁回異議之訴，故與甲說及其所引六十六年第八次民庭總會決議所持見解，並無歧異。

研討結果：照審查意見通過。

❸❸❼ 最高法院 79 年臺上字第 2122 號判決：按查封係公法上之處分行為，其效力不待於登記即發生，任何人均應受其拘束。若不動產經法院依法查封後，該不動產之所有人即執行債務人再將該不動產移轉登記於他人，他人復移轉登記於他他人，而執行債權人對該他人、他他人主張該移轉不生效力時，該他人、他他人不得依土地法第四十三條規定主張其受移轉應受保護，執行債權人得同時或

貳、質　權

依民法第 884 條規定及第 885 條第 1 項規定質權設定，必須由質權人占有質物，故第 898 條規定「質權人喪失其質物之占有，於二年內未請求返還者，其動產質權消滅。」從而強制執行債務人所有出質他人之動產，質權人可否排除強制執行，即與上開規定有關，與其為擔保物權本身應無關係。

一般認為強制執行結果，如侵害質權人占有，使其無以維持質權時，應可提起本訴 ❸❸，實務上亦同 ❸❸。但吾人以為此係執行方法問題，並非可以排除強制執行。蓋：㈠債務人之財產雖設定質權，但仍屬責任財產，其金錢債權人對之強制執行，並無不可，質權人何有排除強制執行權利？至多可行使此一擔保權利優先受償，甚至依本法第 34 條第 2 項、第 3 項質權人本應行使質權參與分配，並因拍定而消滅質權，何以可提本訴？僅執行時應注意不可侵及占有，使質權人喪失占有而消滅質權。故查封後，交由質權人保管該質物，即仍由質權人占有，質權不消滅。只有在不交由其保管，使其喪失占有，依上開規定，質權可能消滅，始生侵害問題。動產查封，並非一定不可由質權人占有，雖本法第 47 條第 1 項規定「查封動產，由執行人員實施占有，其將查封物交付保管者，並應依左列方法行之……」似查封後即由執行人員占有，但參照修正理由：「……至於法院不占有查封物，而將之交債務人、債權人或第三人保管時，則有藉封印等方式以宣示其查封之必要……。」及本法第 59 條第 1 項「查封之動產，應移置於該管法院所指定之貯藏所或委託妥適之保管人保管之。認為適當時，亦得以債權人為保管人。」則在交質權人保管時，執行法院未占有，未侵及質權人

先後訴請該他他人、他人塗銷其受移轉登記，回復實施查封時之登記狀態（強制執行法第五十一條第二項、六十八年臺上字第三〇七九號及六十九年臺上字第一一二號判例意旨參照）。

❸❸　參閱陳世榮著《強制執行法詮解》第一六二頁、陳榮宗著《強制執行法論》第二一九頁、張登科著前揭第一八五頁、楊與齡著前揭第二六五頁。

❸❸　同 ❸❸。

權利，質權人並可優先受償，顯未侵及其權利，只有在不交質權人保管時，使其喪失占有，二年內未請求返還，質權消滅，始有侵害質權可言。而交何人保管，是否由執行人員占有，為查封方法及查封物之保管方法，如有不當，為本法第12條第1項聲明異議之事由，而非排除強制執行❸❹。㈡本訴之排除強制執行係完全不可對之執行，茲由上述，僅在執行時侵及質權人占有，始有不當，自非完全不可強制執行，故不可提本訴。㈢上開認可提起本訴之學者，在債務人以對第三人之債權設定質權者，就其他債權人執行該債權，執行法院發禁止命令時，均認不可提本訴，僅於發收取命令、移轉命令影響質權人之收取權時，始認可提本訴❸❹，足見該債權之執行並非不可執行，僅換價命令不可損及質權人，是若執行法院發支付轉給命令由法院收取分配或拍賣、變賣，即無問題，並非該權利不可執行，僅執行方法應避免侵及質權，是此為聲明異議事由，非提起本訴事由。

至於本法第123條第1項執行，如係命質權人交付質物或質權人為執行名義執行力所及，當可對質權人執行，自無提起本訴或聲明異議救濟可言。

參、留置權

同前質權，亦不可提起本訴，僅若執行方法侵及留置權之占有時，可聲明異議。

肆、典　權

依民法第911條規定，典權係支付典價，占有他人之不動產，而為使用收益之權。出典人設定典權後，對典物之使用收益雖受限制，但仍為所有人，自得將典物所有權讓與他人，故民法第918條規定「出典人設定典權後，得將典物讓與他人。但典權不因此而受影響。」即典權之權利不因典物所有權移轉而受影響，其典權對受讓人繼續存在，恰如民法第425條第1項規定「出租人於租賃物交付後，承租人占有中，縱將其所有權讓與第三人，其租賃契約，對於受讓人仍繼續存在。」茲承租人之租賃權既不

❸❹　同❸❶❾。

❸❹　同❸❸❽。

因租賃物所有權移轉而受影響，則就強制執行所生移轉所有權結果，自不得提起第三人異議之訴，最高法院 44 年臺上字第 561 號判例：「債權人請求拍賣債務人之不動產以供清償債務，第三人雖對該不動產有租賃權，然不動產之拍賣不影響於租賃權，該第三人顯無足以排除強制執行之權利，自不得藉此提起執行異議之訴。」即明示此旨。同理，典權人之典權亦不因典物所有權移轉而受影響，自亦不得因此提起本訴。最高法院 51 年臺上字第 345 號判例即採此旨，謂：「強制執行法第十五條所謂就執行標的物有足以排除強制執行之權利，除所有權外，固兼括典權在內，惟此指典權本身因強制執行受有妨礙之情形而言，倘出典人之債權人，僅就典物為禁止出典人讓與其所有權之假扣押，或僅請就典物之所有權執行拍賣時，則依民法第九百十八條規定之精神，典權人自不得提起異議之訴。」惟因最高法院 44 年臺上字第 721 號判例❸⓶，認典權人可提第三人異議之訴，學者多認典權人可提起第三人異議之訴❸⓷。關於典權本身因強制執行受有妨礙，除學者陳世榮、陳榮宗、張登科及耿雲卿指係典權人之占有使用因強制執行受妨礙外，其他如判例未予指明。按典權為用益物權，所謂受妨礙自指占有使用而言，固屬正確。然愚意以為：㈠依前述，出典人既仍可讓與典物所有權，且不妨礙典權存在，典權人即不能阻止典物所有權讓與，應允許拍賣典物，其仍可占有使用，縱如學者耿雲卿所云：「……例如查封後將典物交債務人或他人保管，或付強制管理時交債權人或他人保管，或拍賣時他人拍定或債權人承受等場合，均足致典權人喪失占有而無從就典物為使用收益，並使其民法第九百十三條之絕賣權落空，故使典權人於此等場合，得提起異議之訴救濟之。」及張登科所指「如將典物強制管理，或拍賣典物並點交於拍定人，或為物之交付之強制執行，則典權人占有典物而為使用收益之權利將受侵害，自得提起本訴。」❸⓸亦不應提本訴。蓋此等

---

❸⓶　同❸⓵。

❸⓷　參閱陳世榮著前揭第一六三頁、張登科著前揭第一八頁、陳榮宗著前揭第二一七頁、楊與齡著前揭第二六四頁、耿雲卿著《強制執行法釋義》第二六六頁、吳鶴亭著《新強制執行法實用》第一二八頁。

交他人占有,固妨礙典權人之使用,但同前述之質權,為查封方法及查封物保管方法,屬強制執行方法,應依本法第 12 條聲明異議。如交由典權人保管,即無妨礙典權人之使用情事。至於物之交付請求權執行,則涉及執行名義之執行力是否及於典權人,仍屬聲明異議或本法第 14 條之 1 第 1 項債務人異議之訴,事實上,縱交他人保管,如未令典權人移轉占有,亦無妨礙。至拍定或承受,與民法第 913 條無關,此觀該條規定「典權之約定期限不滿十五年者,不得附有到期不贖即作絕賣之條款。」可明。是典權人實難以典權提起第三人異議之訴,至多僅可因使用收益被侵害而聲明異議。㈡可否排除強制執行與執行方法無涉,即其權利可排除強制執行者,不論以何種方法執行均可排除,否則僅於特定執行方法損及權利者,應屬聲明異議。

至於典權人依民法第 923 條第 2 項「出典人於典期屆滿後,經過二年,不以原典價回贖者,典權人即取得典物所有權。」取得典物所有權者,則就典物強制執行,即可本於所有權提起本訴,自不待言。惟在未依此規定取得所有權前,既無所有權,當不可據此提起本訴。又於查封時,典權人尚未取得所有權,執行程序進行中因上開規定取得所有權,因此取得係依法律規定,無民法第 758 條適用,不因查封而受影響❸❹❺,仍可提起本訴❸❹❻。

---

❸❹❹ 參閱耿雲卿著《強制執行法釋義》第二六六頁、張登科著前揭第一八五頁。

❸❹❺ 最高法院 85 年臺上字第 2341 號判決:出典人依民法第九百二十三條第二項之規定取得典物之所有權,係直接依法律規定而取得,無待出典人為所有權之移轉登記。亦即出典人並無為所有權移轉登記之義務,依民法第七百五十九條之規定,僅非經登記,不得處分其物權而已(參閱司法院三十年六月四日院字第二一九三號解釋)。

❸❹❻ 司法院司法業務研究會第 3 期:
法律問題:甲於民國五十年元月間提供某一土地與乙設定典權,約定期限廿年,嗣於民國六十五年間,該土地為甲之債權人丙聲請法院予以假扣押,延至民國七十二年二月間,甲之另一債權人丁持執行名義聲請調卷拍賣該假扣押之土地,乙乃以甲並未於典期屆滿後二年內以原典價回贖,伊已取得該土地之所有權為由,提起異議之訴,問乙之起訴,有無理由?

伍、占 有

依民法第 940 條規定「對於物有事實上管領之力者，為占有人。」占有為一事實，並非為一權利，故實務認占有不可為提起第三人異議之訴事由**❸**，學者亦有援用此判例，認占有人不可提起第三人異議之訴**❸**。但占有既為法律保護，不僅民法第 943 條「占有人於占有物上行使之權利，推定其適法有此權利。」第 952 條「善意占有人於推定其為適法所有之權利範圍內，得為占有物之使用、收益。」已有善意、推定等保護，且依第 962 條「占有人，其占有被侵奪者，得請求返還其占有物；占有被妨害者，得請求除去其妨害；占有有被妨害之虞者，得請求防止其妨害。」占有人之物上請求權與所有權人之物上請求權相同。又依民法第 964 條規定「占有，因占有人喪失其對於物之事實上管領力而消滅。但其管領力僅一時不能實行者，不在此限。」占有因喪失而消滅，是若占有因他人強制執行遭受不法侵害，影響其對物之事實上管領力，是否一定不可提起第三人異議之訴，

討論意見：

甲說：略。

乙說：有理由。

按出典人於典期屆滿後，經過二年，不以原典價回贖者，典權人即取得典物所有權，此種取得，並非由於出典人之移轉行為而取得，故不因該土地被查封而受影響。本件乙自得以出典人逾期不贖為由，主張其已取得該土地之所有權。

結論：採乙說。

司法院第二廳研究意見：

按出典人於典期屆滿後，經過二年，不以原典價回贖者，典權人即取得典物之所有權。民法第九百二十三條第二項定有明文，典權人依此規定，取得典物之所有權，通說係屬原始取得，並非基於出典人之移轉行為而取得，故不因出典之土地被查封而受影響。本題乙因出典人未於典期屆滿後二年內以原典價回贖，依法已取得典物之所有權，出典人之債權人對之執行，乙提起異議之訴，自屬有理由。研討結論採乙說，並無不合。

❸ 同 **❸**。

❸ 參閱陳計男著《強制執行法釋論》第二三四頁。

實有疑問。尤其如肯定前述之質權、典權，可因其占有受強制執行影響而可提起本訴，則此占有當更可排除強制執行，學者即有認應視情況准予提起本訴❸，更有認雖不可提本訴，但可聲明異議❺。況且此處之占有與上開質權等之占有不同，質權係擔保物權，尚可優先受償，典權不因典物所有權移轉影響其權利，其受強制執行之影響實較占有為輕，故占有如經強制執行使其喪失，受影響甚大，原則應准提起本訴。至於其占有係直接占有、間接占有不論，亦與其占有之本權無關，縱屬無權占有亦同。至於是否受影響，可否提起本訴，須視其有無忍受強制執行之義務及執行方法而決定，例如：㈠該物確為債務人所有，占有人非善意第三人，債權人對債務人取得返還所有物之判決，占有人為執行名義執行力所及，占有人對債權人之強制執行應容忍，自不可提起本訴。反之，如非執行力所及，可聲明異議或依本法第 14 條之 1 提債務人異議之訴，但不可提起本訴。㈡第三人占有某物，金錢債權人誤認為債務人所有而聲請強制執行，實則非債務人所有，第三人不論是否有權占有，應可本於占有提起本訴。㈢金錢債權人強制執行債務人所有不動產，雖有第三人在查封前已占有，依本法第 99 條第 1、2 項不點交者，不影響第三人之占有，不可提起本訴。㈣金錢債權人強制執行債務人所有之動產，而此動產為第三人占有，放置第三人處，因執行法院依本法第 48 條第 1 項可進入債務人處所，未得第三人同意，不可進入第三人處，如第三人拒絕，執行法院不可逕予查封，只能依本法第 116 條第 1 項為強制執行，如執行法院仍予查封，並交他人保管，以致使

---

❸　學者陳榮宗認占有人有無排除強制執行之權利，應分別就占有人與執行標的物之具體關係判斷，如非債務人所有，可以提起本訴，如屬債務人所有，債權人之強制執行影響占有人之占有使用收益可提本訴，反之則否（參閱陳氏著《強制執行法》第二○五頁以下）。張登科則認應視強制執行是否妨害占有，尚應視占有人有無忍受之義務，如執行標的物並非債務人所有，占有人可提本訴，反之則否（參閱張氏著前揭第一八七頁）。楊與齡亦同（參閱楊氏著前揭第二六六頁）。

❺　參閱莊柏林著前揭第九七頁。

占有消滅，占有人應可提起本訴。至若占有人未拒絕查封，執行法院仍應注意使其占有，拍定後不點交，否則第三人應依本法第 12 條第 1 項聲明異議，而非提起本訴。

陸、買 賣

執行標的物已出售他人，但尚未移轉所有權，第三人雖因買賣取得買受人之權利，甚至占有標的物，但此權利為債權，並無排他性，自不可提起本訴。至於已移轉所有權者，受讓人即為所有權人，縱然價金尚未付清，出賣人亦僅有請求給付價金之債權，受讓人之債權人聲請強制執行，出賣人亦不可本於出賣人債權地位提起本訴。又出賣人因價金未付清而解除契約，買受人應回復原狀返還買賣標的物，但此回復原狀之義務仍屬債權，出賣人並不當然取得所有權❸❺❶，仍不可提起本訴。

買賣與承攬不同，買賣依民法第 345 條第 1 項規定須由出賣人移轉財產權給買受人，故民法第 348 條第 1 項規定「物之出賣人，負交付其物於買受人，並使其取得該物所有權之義務。」承攬依民法第 490 條第 1 項規定，由承攬人為定作人完成一定之工作，原則上，該工作物自始即為定作人所有，毋庸移轉，是買賣不動產，在買受人未取得不動產所有權前，出賣人之金錢債權人可對該不動產執行，買受人不可提起本訴，但若係承攬，承攬人之金錢債權人即不可執行該工作物，誤予執行者，定作人可本於所有權提起本訴。坊間有建商出售尚未建築完成之房屋，即預售屋，有以委建契約方式，名義為承攬，但實為買賣，固仍應認為買賣，買受人不能認係原始取得房屋所有權，買受人之金錢債權人執行時，建商可本於所有權提起本訴❸❺❷，須待房屋建妥，辦理所有權移轉登記，買受人始可取得所有

---

❸❺❶ 最高法院 62 年臺上字第 1045 號判例：出賣人解除已經履行之買賣契約，該買賣標的物（機器），倘現由第三人占有，買受人不過負向第三人取回該物返還於出賣人之義務（民法第二百五十九條第一款），非謂買賣契約一經解除，該物即當然復歸於出賣人所有，出賣人自不得本於所有權，向第三人主張權利。

❸❺❷ 最高法院 62 年臺上字第 1546 號判例：上訴人與建築房屋之某建築公司所訂委建房屋合約書，核其內容係上訴人將價款交付某建築公司，於房屋建成後，由

權，則縱起造人名義變更為買受人（即委建人），建商之金錢債權人仍可強制執行，買受人不可以所有權提起本訴❸。但此應指買受時，所買受之房屋已建成，苟買受之房屋尚未建築，甚至建築程度不足以避風雨者即非定著物，一方面既非不動產，似無民法第 758 條適用，出賣人以變更起造人為買受人方式或自始即以買受人為起造人聲請建造執照，待房屋建妥，依建築法規即以買受人名義辦理建物所有權第一次登記（參照土地登記規則第 79 條、建築法第 12 條、第 70 條），使買受人取得所有權，並非法律所禁止。按其建築程度尚非為不動產，依動產交付亦可使買受人取得所有權，另一方面建築房屋資金實係買受人支付，類似承攬，屬自己建築房屋，縱契約使用買賣，亦應認出賣人自始以買受人為所有權人建築房屋，應認買受人為原始取得所有權❸，出賣人之金錢債權人不可強制執行，否則買受

該公司將土地及房屋過戶與上訴人，名為委建，其實質仍為房屋之買賣，上訴人自不能主張係原始建築人而取得其所有權。

❸ 最高法院民國 63 年 12 月 3 日第六次民庭庭推總會議決議：民法第六十六條第一項所謂定著物，係指非土地之構成部分，繼續附著於土地，而達一定經濟上目的，不易移動其所在之物而言。凡屋頂尚未完全完工之房屋，其已足避風雨，可達經濟上使用之目的者，即屬土地之定著物，買受此種房屋之人，乃係基於法律行為，自須辦理移轉登記，始能取得所有權。如買受人係基於變更建築執照起造人名義之方法，而完成保存登記時，在未有正當權利人表示異議，訴經塗銷登記前，買受人登記為該房屋之所有權人，應受法律之保護，但僅變更起造人名義，而未辦理保存或移轉登記時，當不能因此項行政上之權宜措施，而變更原起造人建築之事實，遽認買受人為原始所有權人。

❸ 實務上及學者多援用❸之見解，認建築至足以避風雨程度，即為不動產，有民法第 758 條適用。反之，若不足或尚未開工者，應非上開見解所拘束，參照最高法院 41 年臺上字第 1039 號判例：「自己建築之房屋，與依法律行為而取得者有別，縱使不經登記，亦不在民法第七百五十八條所謂非經登記不生效力之列。」應可認為係買受人自己建築而為原始取得者。學者楊與齡認為「買受未完工之房屋後，自行完工者，該項房屋，如依一般社會觀念，尚不能認為可供使用之建築物時，就該房屋已施工部分，係動產買賣性質，其所有權之移轉，以交付為已足（六一臺上一五八三判決）。事實上亦無法單獨為所有權保存登

人可提起本訴。

柒、合　建

地主與建商合建房屋，地主提供土地，建商提供資金，負責建築，建妥後依一定比率分配房地，即屬合建，其間之法律關係如何，應視合建契約約定，若約定偏向買賣，即建商向地主買地，但以房屋抵付價金，則屬買賣關係，建商之金錢債權人固可執行所建築之房屋，不可執行尚未移轉給建商之土地，但若如同前述之預售屋，自始即以地主名義為起造人，應認以地主為起造人之房屋，為地主原始取得所有權❸❺，建商之金錢債權人

記及移轉登記，須待買受人自行出資將未完工部分建築完成，始能為整體之保存登記，故此種房屋買受人，所受讓部分，與自行出資建築無異（六一臺上一二八三判決），買受人於買受後，繼續建築完成時，仍為原始取得（六一臺上一五八三判決）。」「買受他人尚未開始興建之房屋後，自行興工建築者，與受讓建築房屋之權利無異。此種契約訂立後，讓與人將起造人名義變更為受讓人（建築法五五1），並將有關證明文件交付受讓人（參照民二九六）時，其義務即為履行。」「由出賣人興工建築，此種情形，屬於房屋預售之範圍。」「房屋預售契約，房屋建築完成時，其所有權為出賣人原始取得，買受人縱已付清價金，亦不因房屋建築完成而取得其所有權。故出賣人應先辦理房屋之保存登記，再移轉登記於買受人。……又當事人約定變更建造執照名義並已變更者，則應由買受人自行辦理保存登記。」（參見楊氏著《房屋之買賣、委建、合建或承攬》第一一三頁至第一一五頁、第三二一頁）似認如買受人自行完工，仍屬買受人原始取得所有權。

❸❺ 最高法院 86 年臺上字第 1019 號判決：兩造所訂立之合建契約，其性質屬承攬與買賣之混合契約，即由被上訴人承攬完成一定工作而以上訴人應給予之報酬充作建築商買受由其分得部分基地之價款，並由地主及建商各就其分得之房屋以自己名義取得建築執照，已如前述，則就地主部分而言，依建築法第七十條第一項前段規定，建築工程完成後，應由起造人會同承造人及監造人聲請使用執照。又依土地登記規則第七十條第一項規定，申請建物第一次所有權登記應提出使用執照，故如無特別情事，建造執照上所載之起造人恆為該建物所有權第一次登記之申請人亦即原始建築人。是地主如以自己名義領取建築執照而由建築商建築，自為該建物所有權第一次登記之申請人即原始建築人，應認該房

不可執行。反之如偏重承攬，即由建商為地主承攬房屋，地主應付之酬金以分配建商之房屋及土地抵付，則房屋所有權應為地主所有，僅若其中將應分配給建商之房屋以建商名義為起造人者，既係以酬金支付方式給付，其所有權應認為建商所有，建商之金錢債權人可以執行。

捌、附條件買賣

在分期付款之買賣，買受人未付清價金，仍取得買賣標的物所有權者，買受人之債權人即可強制執行買賣標的物，出賣人不可提起本訴。但若係附條件買賣，依動產擔保交易法第 26 條規定，在價金未付清前，出賣人仍保留所有權，買受人之債權人強制執行該標的物時，自可提起本訴[356]。又既係出賣人保留所有權，該財產屬出賣人，出賣人之債權人強制執行時，買受人亦僅居於債權人地位，不可提起本訴。此時若買受人於查封後付清價金，可否認條件成就取得所有權提起本訴？按依本法第 51 條第 2 項，查封後不可為物權等行為，則查封後，買受人付清價金，是否受此限制，不可取得所有權？依民法第 761 條第 1 項規定「動產物權之讓與，非將動產交付，不生效力。但受讓人已占有動產者，於讓與合意時，即生效力。」茲在成立附條件買賣時，買受人之占有未取得所有權，需待條件成就，此時毋庸再交付，可以讓與合意以取得所有權，茲已查封，能否為合意？愚意以為不可，蓋債務人為此讓與合意，即生查封物所有權移轉結果，影響查封效力。

有學者認為買受人之期待權亦應保護，出賣人之債權人不可執行附條件買賣標的物，故買受人對出賣人之債權人強制執行，應可提起本訴，出賣人之債權人只可執行對買受人之價金債權[357]，甚至買受人之債權人可強

屋之原始所有人為地主。

[356] 最高法院 71 年臺上字第 4685 號判決：附條件買賣在性質上，買受人未履行其特定條件前，出賣人尚保有其標的物之所有權，因出賣人仍保有其標的物之所有權，是故如買受人之債權人聲請執行該標的物時，出賣人當得依強制執行法第十五條規定提起執行異議之訴。

[357] 參閱王澤鑑著《民法學說與判例研究第一冊》第二三四頁、劉得寬撰〈分期付

制執行，出賣人不可提起本訴❸。惟動產擔保交易法之附條件買賣，係為保障出賣人之權利，使其在買受人未完成一定條件前，保留所有權，此項功能與分期付款買賣比較，於強制執行時至為明顯，故就買受人債權人之強制執行，應准出賣人提起本訴，學者間多贊同之❸。此時買受人之債權人可代位清償，以為解決，如不代位，可就出賣人取回後再出賣應返還買受人之價金（參照動產擔保交易法第 29 條）執行。至於出賣人之債權人強制執行時，就買受人言，固有不利，無法於完成特定條件取得所有權及使用收益，影響其權利，但其只有期待權，屬債權性質，無對抗第三人效力，故應不可提起本訴。

玖、租　賃

承租人因租賃可對租賃物占有使用收益，依民法第 425 條第 1 項，其租賃權不因拍賣而影響，自不可提起本訴，縱執行法院之執行方法侵及其占有，亦屬聲明異議事由。又執行法院除去租賃權者，承租人認有不當，仍屬聲明異議事由，不可提起本訴。

拾、地上權、地役權、永佃權

此等權利為用益物權，依本法第 98 條第 2 項規定「前項不動產原有之地上權、永佃權、地役權、典權及租賃關係隨同移轉。但發生於設定抵押權之後，並對抵押權有影響，經執行法院除去後拍賣者，不在此限。」隨同拍賣而移轉，權利並不消滅，如同前述之租賃，自不可提起本訴，如執行方法影響其使用收益，亦屬聲明異議事由。

拾壹、抵押權

抵押權為擔保物權，僅得就抵押物賣得價金優先受償，自不可提起本

款買賣與法律問題）（刊《國立政治大學學報》第二十期第一〇九頁以下）、陳計男著前揭第二三八頁、陳榮宗著《強制執行法》第二〇〇頁、楊與齡著《強制執行法論》第二六四頁、張登科著前揭第一八二頁。

❸ 劉得寬認出賣人不可提起本訴，但王澤鑑則認可提起本訴（同❸文）。

❸ 參閱張登科著前揭第一八一頁、陳榮宗著《強制執行法》第二〇〇頁、楊與齡著《強制執行法論》第二六四頁。

訴，縱然普通債權人聲請強制執行抵押物，抵押權人本應依本法第 34 條第 2 項，行使抵押權參與分配，自不可以此為由認侵害其抵押權，故不可提起本訴❸⁶⁰。雖學者有認僅對抵押權效力所及之從物執行，有損整個抵押物之擔保價值，應可提起本訴❸⁶¹。惟愚意以為不可，蓋：㈠從物與主物（即抵押物）均為債務人之責任財產，實無不可執行從物之理由。㈡依民法第 68 條第 2 項規定「主物之處分，及於從物。」並未禁止從物可單獨移轉。㈢苟從物需與主物一併執行始有價值，類推適用本法第 75 條第 3 項「建築物及其基地同屬於債務人所有者，得併予查封、拍賣。」應一併執行主物，故此為執行方法是否適當。縱或不然，抵押權人應行使抵押權參與分配，仍可就主物一併執行。

又動產抵押權，如抵押物被其他債權人執行時，抵押權人可否提起本訴？有學者認如因此移轉占有，將來抵押權人欲行使抵押權難以追蹤占有，故可提起本訴❸⁶²。但如前所述，本應行使抵押權，自不可提起本訴❸⁶³，學

---

❸⁶⁰ 學者楊與齡撰〈拍賣物之抵押權人可否提起第三人異議之訴〉一文，指出因本法第 34 條第 2 項規定，抵押權人應參與分配成為債權人，自非第三人，不可提起本訴（刊楊與齡主編《強制執行法爭議問題研究》第一七三頁以下）。

❸⁶¹ 參閱陳世榮著《強制執行法詮解》第一六五頁、楊與齡著《強制執行法論》第二六五頁、陳榮宗著《強制執行法》第二二三頁、張登科著前揭第一八六頁。

❸⁶² 參閱陳世榮著《強制執行法詮解》第一六六頁。

❸⁶³ 臺灣高等法院 72 年法律座談會：

法律問題：就他人聲請強制執行拍賣之動產，主張為其設定動產抵押權之標的物，究應提起第三人異議之訴抑聲明優先分配？

討論意見：略。

研討結果：照審查意見通過。

依據司法院第一廳 73 年 7 月 20 日⑺⑶廳民二字第 553 號函轉示：

按第三人異議之訴之事由，須第三人就執行標的物有足以排除強制執行之權利。所謂「足以排除強制執行之權利」，係指就執行標的物有所有權或其他足以阻止物之交付或讓與之權利而言（二十年抗字第五二五號判例參照）。依動產擔保交易法第十五條之規定，動產抵押係抵押權人對債務人或第三人不移轉占有，而就供擔保債權人之動產設定抵押權，於債務人不履行契約時，抵押權

者亦有認不可提起❸❹。

拾貳、違章建築

如前所述，違章建築在法律上言，其所有權人為原始起造人，除原始起造人死亡由其繼承人繼承取得所有權，或原始起造人之債權人強制執行，拍定人依本法第 98 條第 1 項取得所有權，毋庸依民法第 758 條辦理登記者外，如出賣他人並交付他人，他人僅有事實上處分權，並無所有權，但受讓人仍可再出賣他人，使次受讓人取得事實上處分權，則違章建築既可出賣，當可為執行標的物，有問題者在於出賣後究屬何人財產，尤其歷經多次出賣後，此一問題更為複雜，從而何人可提本訴，亦有問題，茲分述如下：

一、最後受讓人之債權人強制執行

歷經多次出賣後，事實上處分權應歸最後受讓人，違章建築屬其財產，其債權人自可強制執行，原始起造人雖有所有權，亦不可提起本訴，至於最後受讓人之前手，不僅因出賣已喪失事實上處分權，且原始起造人已不可提起本訴，更無權利，亦不可代位原始起造人提起本訴。

二、非最後受讓人之債權人強制執行

㈠非最後受讓人之前手、原始起造人之債權人強制執行

有債權人誤認某違章建築為其債務人財產，執行法院予以強制執行，但該債務人非最後受讓人或其前手或原始起造人，就法理言，本不可執行，最後受讓人本可以占有（按：為有權占有）提起本訴，但實務不承認占有可為提起本訴之事由，遂以代位權著手，認可代位原始起造人提起本訴❸❺。

人得占有抵押物並得出賣，就賣得價金優先於其他債權而受清償之交易。故動產抵押權人，於依法占有抵押物將之出賣前，僅得就抵押物主張優先受償之權，並無阻止物之交付或讓與之權利，自不得提起第三人異議之訴，研討結果採甲說，並無不合。

❸❹ 參閱陳榮宗著《強制執行法》第二二○頁。

❸❺ 最高法院 48 年臺上字第 209 號判例：違章建築之房屋，原非債務人所有，而被執行法院誤予查封者，買受人因不能登記，自得代位原有人提起異議之訴，

惟此實務見解，實有不妥，蓋實務上已否認原始起造人可本於所有權提起本訴，其既不可本於所有權提起，何以他人反可代位提起？蓋民法第242條之代位行使權利，必須可行使者而怠於行使，否則無權可以行使者，其債權人自不可代位行使。故此見解，實係不承認占有可提本訴之不得已之辦法，從而實務上開原始起造人不可提起本訴之判例與上開可代位原始起造人提起本訴之判例彼此矛盾，但仍可並存。

㈡為最後受讓人之前手、原始起造人之債權人強制執行

如前所述，實務上係以代位權方式處理本訴，而代位權之行使，必須其前手可行使權利，則最後受讓人之任一前手為債務人，該人不能主張權利，最後受讓人即不可代位提起本訴，學者即如此主張❸❻❻。惟此結論實有問題：蓋：1.前手既已再出賣，已喪失事實上處分權，非其財產，何以其債權人可以強制執行。2.如採此一見解，則違章建築究屬何人財產，是否為任一前手之責任財產？在法理上，不可能存在數個事實上處分權。3.實務上既認原始起造人已不可主張所有權，何以其債權人又可對之強制執行？為解決此一不合理現象，實應允許以占有提起本訴❸❻❼。

拾參、信託財產

依信託法第1條規定，信託財產已非委託人所有，雖受託人依同法第九條第一項「受託人因信託行為取得之財產權為信託財產。」似屬受託人所有，但此信託財產係為受益人利益，故不僅信託財產於受託人死亡、破產，非屬其遺產、破產財團，更不可為其責任財產，同法第12條第1項規定「對信託財產不得強制執行。但基於信託前存在於該財產之權利、因處理信託事務所生之權利或其他法律另有規定者，不在此限。」第2項規定「違反前項規定者，委託人、受益人或受託人得於強制執行程序終結前，

若該房屋為債務人所有，買受人雖買受在先，亦無排除強制執行之權利。

❸❻❻ 參閱張登科著前揭第一八一頁、陳計男著前揭第二三四頁、莊柏林著前揭第九六頁。

❸❻❼ 學者陳榮宗即主張買受人處於有權占有地位，可本於占有提起本訴（參閱陳氏著《強制執行法》第二〇九頁）。

向執行法院對債權人提起異議之訴。」是不僅信託人，即受託人、受益人之債權人均不可對之強制執行。至於委託人係為脫產，詐害其債權人，依信託法第 6 條第 1 項，委託人之債權人可聲請法院撤銷，在撤銷前仍不可為強制執行。

拾肆、信託讓與擔保

參照最高法院 70 年臺上字第 104 號判例：「債務人為擔保其債務，將擔保物所有權移轉與債權人，而使債權人在不超過擔保之目的範圍內，取得擔保物所有權者，為信託的讓與擔保，債務人如不依約清償債務，債權人得將擔保物變賣或估價，而就該價金受清償。」是債務人為擔保其債務，可以不設定抵押權方式，而將擔保物所有權讓與債權人，則在第三人為債權人之債權人時，以擔保物既移轉為債權人所有，對之強制執行，債務人可否主張所有權提起本訴，即有疑義？按信託讓與擔保因有一定經濟目的，內部之法律關係固有一定限制，但就外部言，所有權既已移轉，在未終止返還前，所有權為債權人者，債務人自不可以內部法律關係對抗第三人，故不可提起本訴[368]，實務亦同[369]。然有學者贊成德國通說及判例，認債務人對占有物使用收益之權利，不應受侵害，第三人只可執行債權人對債務人之債權，取代債務人地位，俟將來債務人不履行時，可拍賣擔保物，即債務人之占有及將來收回所有權之期待，不應受侵害，故債務人可提起本訴[370]。

至於學者論及債務人之其他債權人強制執行擔保物時，債權人可否提起本訴之問題[371]，在我國應不致發生，蓋形式上債務人已非擔保物所有權人，其他債權人聲請執行，執行法院不會允許。

---

[368] 參閱張登科著前揭第一八四頁。

[369] 同[318]。

[370] 參閱陳榮宗著《強制執行法》第二〇四頁。

[371] 參閱陳榮宗著前揭第二〇一頁。

第五款　訴訟程序

壹、當事人

一、原　告

本訴之原告為主張有排除強制執行權利之人，其債權人亦可代位提起。債務人縱否認債權人執行，亦不可提起本訴[372]，是學者有認標的物為公同共有，債務人為共有人之一，可與其他共有人提起本訴，執行標的物為信託財產時，債務人得提起本訴[373]，應有待商榷，蓋在公同共有，如有侵害係侵害其他共有人權利，應由其他共有人起訴。在信託財產，依信託法第12條第2項可由非債務人之委託人、受益人或受託人提起。

二、被　告

被告為執行債權人，如有參與分配或併案執行者，是否應併列為被告？按參與分配除係行使擔保物權或優先權者外，均應有執行名義，如僅以聲請執行之債權人為被告，縱然勝訴撤銷執行，亦僅對該人生效，不影響有執行名義之參與分配債權人，故應將有執行名義債權人併列為被告，惟一方面有執行名義之債權人參與分配，第三人不一定知悉，尤其參與分配係陸陸續續在執行程序中聲明，第三人不可能完全知悉，甚至有係起訴後始參與分配，另一方面苟對執行債權人獲勝訴判決，執行法院即知悉不可對之強制執行，則參與分配者亦同，有本法第17條「執行法院如發見債權人查報之財產確非債務人所有者，應命債權人另行查報，於強制執行開始後始發見者，應由執行法院撤銷其執行處分。」適用，故未對之提起，亦無影響。又併案執行有係依本法第33條「對於已開始實施強制執行之債務人財產，他債權人再聲請強制執行者，已實施執行行為之效力，於為聲請時及於該他債權人，應合併其執行程序，並依前二條之規定辦理。」者，亦

---

[372] 最高法院53年臺上字第3015號判決：強制執行法第十五條所定之異議之訴，係限於就強制執行標的物有足以排除強制執行之權利之第三人，始得為之。本件上訴人，既為執行程序之債務人，即無適用前揭法條提起異議之訴之餘地。

[373] 參閱陳計男著《強制執行法釋論》第二三八頁。

有第 33 條之 2 第 2 項「前項情形，行政執行機關應將執行事件連同卷宗函送執行法院合併辦理，並通知移送機關。」在前者，即與聲請執行同，得列為被告，惟同前述，未列為被告，亦無影響。在後者可毋庸列為被告，蓋本訴獲勝訴判決撤銷執行時，執行法院應依第 33 條之 2‧第 3 項「執行法院就已查封之財產不再繼續執行時，應將有關卷宗送請行政執行機關繼續執行。」即應移回行政執行機關處理，惟若列為被告亦可，以免行政執行機關繼續執行時，尚需另依行政執行法施行細則第 18 條「公法上金錢給付義務之執行事件，第三人就執行標的物認有足以排除執行之權利時，得於執行程序終結前，依強制執行法第十五條規定向管轄法院提起民事訴訟。」提起異議之訴。以上需以參與分配之債權人、併案執行之債權人為被告者，其與執行債權人間，是否為必要共同訴訟？有肯定者，亦有否定者❸❼❹，實務上有採肯定說❸❼❺，愚意以為此訴與債務人異議之訴不同，不涉及債權人之執行名義，而係關於執行標的物，茲執行標的物既為同一，第三人排除執行之異議權為亦基於相同事由，故應為必要共同訴訟，僅是否需一併為被告始為適格，有疑義？按法律就此既未規定，故應為類似必要共同訴訟。

　　至於需否列債務人為被告，則非一定，雖法律規定「如債務人亦否認其權利時，並得以債務人為被告。」但一方面第三人異議之訴其訴訟標的與訴之聲明均與以債務人為被告係確認之訴或給付之訴不同，故是否一併列為被告，實無必要，尤其法文規定「得」，並非應以債務人為被告，故此時以債務人為被告僅係方便而已，從而縱一併列為被告，應非必要共同訴

❸❼❹ 採肯定說者，認數債權人不論係共有一債權或個別所有均同，有陳計男（參閱陳氏著《強制執行法釋論》第二四〇頁）、楊與齡（參閱楊氏著《強制執行法論》第二五九頁）。有採否定說，認所持之執行名義為各別者，為普通共同訴訟，若依同一執行名義者，為必要共同訴訟，有陳世榮（參閱陳氏著《強制執行法詮解》第一七八頁）、陳榮宗（參閱陳氏著《強制執行法》第一九〇頁）、張登科（參閱張氏著前揭第一九一頁）。

❸❼❺ 最高法院 95 年度臺抗字第 659 號裁定：在強制執行程序中，第三人依強制執行法第十五條提起異議之訴，若以多數債權人為被告，其訴訟標的對於共同訴訟之各人必須合一確定，即屬必要之共同訴訟。

訟，而係普通共同訴訟❸❼❻，但實務認係類似必要共同訴訟❸❼❼。

貳、管轄法院

就法條規定向執行法院提起，似認管轄法院為執行法院所屬民事庭，但此既非專屬管轄，應有民事訴訟法第 1、2 條之適用❸❼❽。又上開執行法院係指實際執行者，如有囑託執行，指受託法院❸❼❾。

參、訴之聲明

就債權人言，應為「○○法院○○年第○○號執行事件就○○財產執行部分准予撤銷。」至於債務人部分，應為「確認（執行標的物）原告所有權存在」或「債務人應返還（執行標的物）」。

肆、應於強制執行程序開始後，執行程序終結前提起

一、執行程序開始

本訴係因遭受強制執行之侵害，在未開始強制執行前，自無侵害可言，故在強制執行程序開始前，應不可提起本訴，尤其如認管轄為專屬者，在未執行時，向何法院起訴均有問題，故如有預先提起，應為確認之訴❸❽❶，而非本訴。雖有學者主張關於物之交付請求權之強制執行，執行標的物自始一定，且將標的物取交債權人或解除債務人占有使歸債權人占有，其程序立即終結，為使異議之訴達到目的，應解為有被執行之虞時，即得提起

---

❸❼❻　學者認係普通共同訴訟，訴訟標的並無必須合一確定，例如陳計男（參閱陳氏著《強制執行法釋論》第二四○頁）、陳榮宗（參閱陳氏著《強制執行法》第一九一頁）、陳世榮（參閱陳氏著《強制執行法詮解》第一七八頁）、張登科（參閱張氏著前揭第一九一頁）、莊柏林著《最新強制執行法論》第九四頁。

❸❼❼　最高法院民國 63 年 2 月 26 日 63 年度第一次民庭庭推總會議決議㈣：第三人依強制執行法第十五條提起執行異議之訴，債務人亦否認第三人就執行標的物有足以排除強制執行之權利時，並得以債務人列為共同被告，此際應認為類似的必要共同訴訟。

❸❼❽　惟學者陳計男認此係專屬管轄（參閱陳氏著《強制執行法釋論》第二四二頁），陳世榮亦同（參閱陳氏著《強制執行法詮解》第一七八頁）。

❸❼❾　同 ❷❾❸。

❸❽❶　同 ❸❶❶。

本訴，以免立即終結，無法提起本訴❸❸❶。惟吾人以為一方面本訴既係排除不當之執行，在債權人尚未聲請強制執行，執行法院尚未開始執行之際，如何能預測一定會被執行？實務上執行法院並非立即執行，在取交或解除前，多會先通知債務人自動履行，並無不及提起，無從救濟之問題。縱有慮及將來可能會執行，對債權人連同債務人一併起訴確認自己之權利即可，事後果有執行，再變更為本訴即可，毋庸事先提起本訴❸❸❷。

二、執行程序終結

又本訴係為排除強制執行，強制執行程序終結後，已無法排除，故應於強制執行程序終結前提起。至此強制執行程序終結，係指該標的物之各個執行程序而言（參見司法院第 2776 號解釋㈠），即：㈠在金錢債權之執行，係指執行標的已變價，價金交付債權人前，均為執行程序終結前，縱已拍定，仍可提起本訴，僅不可排除已終結之拍賣程序。又執行標的物有兩項以上，依各項各決定，與債權人是否完全受償無關。㈡在物之交付請求權之執行，於執行法院將標的物取交債權人或解除債務人占有，使歸債權人占有前，為執行程序終結前。惟若有本法第 124 條第 1 項債務人復占有者，在執行法院再為執行解除占有前，又回復為執行程序終結前。㈢假扣押、假處分之執行，實務上認須已脫離假扣押、假處分之處置時，為執行程序終結。惟雖脫離處置，但係進入終局執行時，雖不可再對假扣押、假處分執行提起本訴，但第三人仍可對終局執行提起本訴❸❸❸。惟若終局執

---

❸❸❶ 陳世榮、楊與齡、陳榮宗、張登科均贊成（參閱陳氏著《強制執行法詮解》第一七九頁、楊氏著《強制執行法論》第二六七頁、陳氏著《強制執行法》第二三一頁、張氏著前揭第一九二頁）。

❸❸❷ 學者陳計男亦反對，認第三人可於債權人與債務人之交付標的物訴訟中，提起主參加之訴。如未提起，在債權人獲得勝訴判決確定後尚未強制執行前，可先假處分，再對債權人及債務人提起本案訴訟，以使執行名義失其效力（參閱陳氏著前揭第二四三頁）。愚意以為毋庸假處分，蓋縱有假處分，參照大法官會議釋字第一八二號解釋，亦無法阻止債權人強制執行，只需提本案訴訟，待有強制執行時，再變更為本訴，以及依本法第十八條第二項聲請停止執行即可。

❸❸❸ 最高法院 75 年臺上字第 2225 號判例：假扣押之執行，以假扣押之標的脫離假

行撤回時，又回復至假扣押執行或假處分執行未終結，第三人可為訴之變更，對此假扣押、假處分之執行進行本訴。同理，在對假扣押、假處分之執行提起本訴，因進入終局執行，亦可為訴之變更，繼續本訴。

伍、法院審理

一、起訴不合法

如起訴時執行程序尚未開始，或執行程序已終結，應認起訴不合法，以裁定駁回。

二、異議有理由

如執行程序尚未終結，應依聲明判決撤銷執行程序。惟若執行程序已終結，除非第三人為訴之變更請求損害賠償等，否則仍應判決駁回[384]。又已終結之拍賣程序，法院固不可撤銷，但既已撤銷執行程序，除非拍定人另有取得所有權之原因，否則應視第三人是否承認此一拍賣，如承認，固可請求執行法院將價金交付第三人，反之，仍應對拍定人提起回復所有權訴訟，不可逕以上開判決請求拍定人返還。

三、異議無理由

如第三人主張之事由不可排除強制執行，或法院不採信其主張者，法院即應判決原告之訴駁回。

陸、執行法院之處理

第三人提起本訴，除有停止執行之裁定，執行法院應停止執行外，不

扣押之處置，例如將假扣押標的交付執行或撤銷假扣押，其程序即為終結。在將假扣押標的交付執行之情形，尚未進行至執行名義所載債權之全部或一部，因對於執行標的之物之強制執行達其目的時，係屬本案之強制執行程序尚未終結，第三人就執行標的之物如有足以排除強制執行之權利，僅得提起請求排除本案強制執行程序異議之訴，對於業已終結之假扣押執行程序，殊無許其再提起異議之訴請求排除之餘地。

[384] 關於逾執行程序終結者，究為無理由抑或不合法？實務認無理由，學者多無意見。惟此既為本訴之要件，似應認不合法，學者陳計男一方面認此為無理由，另一方面又認此為本訴特別要件，應以不合法駁回（參閱陳氏著《強制執行法釋論》第二二八頁及第二四四頁），即突顯此一問題。

停止執行，故在未停止執行時，不僅本訴進行中，有可能執行程序終結，且縱或勝訴判決確定，第三人亦需向執行法院陳報，否則執行法院不知悉，仍進行執行程序，從而若陳報時執行程序已終結，雖判決時未終結，仍無法撤銷已終結之執行程序，甚至拍賣程序已終結，價金雖未交付債權人，亦無從撤銷已終結之拍賣程序。

第六款　異議之訴終結後之救濟

在異議之訴判決確定後，如撤銷執行程序，債權人仍可對債務人其他財產執行，不影響其執行名義之執行力，反之，如駁回起訴，不論係以實體事由或程序事由，執行程序固可繼續進行，第三人是否仍可以實體事由另行起訴救濟，涉及拍賣是否有效？拍定人是否可取得拍賣物所有權？與強制拍賣性質有關。採私法說者認強制拍賣係私法上之買賣，拍定人係繼受取得拍賣物所有權，揆諸「無論何人，亦不能將大於自己所有之權利，移轉他人」原則，被繼受人所無之權利，繼受人不能取得，故除因動產適用善意受讓即時取得可例外取得所有權，原則上拍定人不能取得拍賣物所有權❸❽❺。至於該項拍賣是否有效？按買賣是負擔行為，不以出賣人有所有權或處分權為必要，拍賣亦同，故學者石丸俊彥有謂：「拍定人雖不能取得所有權，但拍定許可裁定並非當然無效，在未撤銷前，依然有效，債務人與拍定人間仍有效成立買賣契約，故若債務人從第三人處取得所有權時，負有移轉給拍定人之義務。」❸❽❻惟亦有學者認為拍賣無效，例如中田淳一❸❽❼。採公法說者，一方面基於拍定人係因公法行為，由執行機關原始的、直接的給予其拍賣物所有權，而非繼承前所有人之所有權❸❽❽；另一方面基於拍

---

❸❽❺　參閱中田淳一著《民事訴訟法概說(2)》第一一七頁及第一二一頁、岩野徹主編《注解強制執行法(3)》第三五頁及第四六九頁。

❸❽❻　參閱岩野徹主編前揭第四六九頁。

❸❽❼　參閱中田淳一、三ヶ月章編集《民事訴訟法演習 II》第一六一頁（中田淳一撰〈執行行為の無效〉）。

❸❽❽　參閱史尚寬著《物權法論》第二七一頁、李肇偉著《民法物權》第四二八頁、

賣之公信力效果❸❽❾，認拍定人取得拍賣物所有權係屬原始取得，從而縱然拍賣物非債務人所有，拍賣仍然有效，拍定人亦取得拍賣物所有權。至採折衷說者，由於其所謂強制拍賣有私法上買賣性質，係著重於拍賣之法律效果，認拍賣的法律效果與私法上買賣相同，故就此一問題，與私法說見解相同。目前，我國實務係採私法說，認為拍賣無效，有司法院院字第 559 號解釋:「第三人之財產不能為執行之標的，債務人之不動產於執行開始前，苟已合法移轉於第三人，即屬第三人之財產。該第三人於執行終結前，雖未提起異議之訴，而其所有權並不因此而喪失，自得以現占有人或侵害權利人（即對於該不動產聲請執行人）為被告，提起普通訴訟。至民事訴訟執行規則第五十四條，乃關於異議之訴應於何時提起之規定，於所有人之所有權無何影響。」司法院院字第 578 號解釋「強制執行中，拍賣之不動產為第三人所有者，其拍賣為無效。所有權人於執行終結後，亦得提起回復所有權之訴請求返還，法院判令返還時，原發管業證書當然失其效力，法院自可命其繳銷。」最高法院 62 年臺再字第 100 號判例:「司法院院字第五七八號解釋，係指強制執行中拍賣之不動產為第三人所有者，其拍賣為無效，原所有權人於執行終結後，仍得另行提起回復所有權之訴，並非謂於執行程序終結後仍可提起第三人異議之訴。」可參。惟就私法說立場，出賣他人所有物行為，並非無效❸❾❶，僅執行法院將第三人之物移轉給拍定人為無權處分，視第三人是否承認，故上開實務見解認拍賣無效，實待商權❸❾❶。從而除第三人依民法第 118 條第 1 項承認或拍定人可依民法第 801

岩野徹主編前揭第四三〇頁、中野貞一郎著《強制執行、破產の研究》第一三〇頁、第一三一頁。

❸❽❾ 參閱陳榮宗著《民事程序法與訴訟標的理論》第八〇頁。

❸❾❶ 參閱王澤鑑撰〈三論「出賣他人之物與無權處分」〉（刊王氏《民法學說與判例研究第五冊》第七七頁以下）。

❸❾❶ 參閱郭振恭撰〈論對第三人之所有物為執行〉（刊楊與齡主編《強制執行法實例問題分析》第一八三頁），但亦有認拍賣無效，例如張登科（參閱張氏著前揭第一九三頁）。

條規定取得所有權外，拍定人因前手之債務人無所有權，無法取得所有權，此時第三人可向拍定人提起回復所有權訴訟，待判決勝訴確定後，再對拍定人強制執行，返還執行標的，所發之權利移轉證書失效，執行法院應撤銷之，此時即演變成下列問題：

一、第三人不可回復所有權者

拍定人既已取得所有權，第三人只可向執行債權人就其錯誤之執行請求侵權行為損害賠償，如執行債權人確有故意、過失，固無問題，反之，執行債權人毋庸依侵權行為負責❸❾❷，此時，第三人僅得依不當得利向債務人請求返還，蓋因執行債權人以第三人財產為債務人清償債務，就債務人言屬不當得利❸❾❸。至於受分配之債權人因係受執行法院分配，所受利益與第三人受損害無因果關係，無不當得利❸❾❹，但向債務人請求不當得利，因債務人多無財產，縱可請求，亦為緣木求魚，並無實益，故實務亦有認可成立不當得利❸❾❺。

---

❸❾❷ 最高法院49年臺上字第2323號判例：侵權行為所發生之損害賠償請求權，以有故意或過失不法侵害他人權利為其成立要件，若其行為並無故意或過失，即無賠償之可言，第三人所有之財產，如有足以信其屬債務人所有之正當理由，則請求查封之債權人，尚不得謂之有過失。

❸❾❸ 最高法院28年渝上字第1872號判例：被上訴人為上訴人清償債務，縱非基於上訴人之委任，上訴人既因被上訴人之為清償，受有債務消滅之利益，上訴人又非有受此利益之法律上原因，自不得謂被上訴人無不當得利之返還請求權。

❸❾❹ 駱永家撰〈違法執行與不當執行之損害賠償〉一文（收錄於所著《民事法研究I》第二五五頁以下）認可成立不當得利。郭振恭撰〈論對第三人之所有物為執行〉，認不成立不當得利（刊前揭書第一八六頁）。

❸❾❺ 最高法院97年臺上字第1743號判決：按強制執行法第十五條所定第三人異議之訴，係以排除執行標的物之強制執行為目的，故執行標的物經拍賣終結而未將其賣得價金交付債權人時，對於該執行標的物之強制執行程序，不得謂已終結，第三人仍得提起異議之訴，但已終結之拍賣程序不能依此項異議之訴有理由之判決予以撤銷。故該第三人僅得請求交付賣得價金，不得請求撤銷拍賣程序（司法院院字第二七七六號解釋㈠參照）。因此，執行法院對第三人所有之執行標的物進行拍賣，其賣得價金未交付債權人時，第三人原有請求執行法院

二、第三人可回復所有權者

第三人可回復所有權，即無受損，受損者應為拍定人，即拍定人支付拍定價金，卻無法取得所有權，此時理論上應可向債務人行使買賣之權利瑕疵擔保請求權或請求不當得利，但債務人既已被強制執行，資力有限，此項請求所得者可能為債權憑證一紙，並無實益。茲拍定人一方面已繳納價金，一方面卻不能取得拍賣物所有權，向債務人請求返還，又無實益，對相信法院公信力之拍定人太不公平。事實上受利者為債權人，為使拍定人能向債權人求償，早期最高法院 53 年臺上字第 2661 號判例謂：「執行法院拍賣查封之不動產，以其價金分配於各債權人者，縱該不動產嗣後經確定判決，認為不屬於債務人所有，不能移轉與買受人，而買受人因此所受價金之損害，亦衹能向直接受其利益之債務人請求償還，各債權人所受清償之利益，係另一原因事實，除有惡意外，不能認與買受人所受之損害有直接因果關係，自不負返還其利益之責任。」（按：最高法院現已決議不再援用）似認債權人有惡意，可請求不當得利，其目的在保障拍定人。惟就理論言，民法第 179 條之不當得利，只須一方受損，一方受利益，二者係基於同一事實之原因關係即可，受益人有無惡意不問，僅返還範圍與受益人之知情有關，自不能謂債權人惡意知情，可成立不當得利，反之則否。況且在拍賣之買賣契約未解除前，尚非「無法律上之原因」。縱或解除，學者亦有認僅生回復原狀情事，無不當得利問題發生❸❾❻。嗣最高法院 60 年臺上字第 2777 號判決：「債權人指封債務人以外第三人之不動產，致使得標

交付該賣得價金之權。復按執行債權人僅得對執行債務人責任財產強制執行所得之金額分配受償，苟拍賣之執行標的物屬第三人所有，其賣得價金縱已分配終結，致執行法院無從將該賣得價金交付予第三人，惟該價金既非因執行債務人責任財產拍賣所得之金額，執行債權人對之無可受分配受償之權，故其就拍賣第三人所有財產所得價金受領分配款，即屬無法律上之原因而受利益，致得請求執行法院交付賣得價金之第三人受損害，該第三人自得依不當得利之法則請求執行債權人返還。

❸❾❻　參閱錢國成撰〈論債權行為與物權行為之關係〉（刊載《臺大法律學刊》第三期）。

人於給付價金並取得權利後，復為真正權利人訴求塗銷其所有權登記時，應視債權人之指封，係基於誤認？抑係基於故意或過失不法侵害得標人之權利？而斷定該債權人應否對得標人負損害賠償責任。」又承認拍定人必要時可依侵權行為規定向債權人請求賠償，就理論言，債權人之故意或過失指封第三人財產，所損及者為第三人權利，對拍定人，並未侵害其權利，蓋一方面拍定人非因債權人覓來投標，而係相信執行法院之拍賣公告，另一方面，拍定人僅係支付價金，因第三人主張所有權，致無法取得拍賣物所有權，受有損失，債權人對之並無不法行為，應不成立侵權行為❸❾❼。又縱認可成立侵權行為，但如有他人參與分配，各債權人均受分配，仍由指封之執行債權人負損害賠償責任，亦欠公平。是在私法說及折衷說下，拍定人將成犧牲者，除非有明文規定可向債權人請求，例如日本民法第 568 條第 2 項明文規定拍定人得對收到分配價金之債權人，請求返還價金之全部或一部；否則，實無從對債權人請求。

第二十三節　拘提管收及限制住居

第一款　前　言

　　按強制執行之目的固係由國家以強制力促使債務人履行債務，則其執行方法似不應限制，凡能達到強制執行之目的皆可，早期外國法制即有採用以債務人人身為強制執行客體，可以拘禁、殺害、出賣為奴❸❾❽，我國早期法制亦有賣身為奴以抵債❸❾❾。近代法制尊重人權，強制執行方法多以對物執行為原則，至於可否對人執行，各國不同，例如日本民事執行法即無，我國仍有，即拘提、管收。至於大陸地區之現行民事訴訟法（按：其強制執行未單獨立法，規定於民事訴訟法中）雖無規定，其最高人民法院在 1984

---

❸❾❼　參閱王澤鑑著《民法學說與判例研究第一冊》第四八二頁至第四八四頁。

❸❾❽　同 ❶❻❹。

❸❾❾　參閱戴炎輝著《中國法制史》第三二五頁。

年民事訴訟法（試行）若干意見及 1992 年民事訴訟法若干意見有禁止以人身為執行標的之規定，但因其民事訴訟法若干意見第 283 條規定及第 285 條規定，人民法院可拘留。雖其稱為妨害執行的強制措施，實質上與對人執行無異，故其學者認實際有對人執行❹。

　　對人執行之方法，有拘提、管收及限制住居三種，其中拘提、管收影響最大，管收類似刑事訴訟法之羈押。雖然民事責任與刑事責任不同，以拘提、管收為執行方法，似有民事責任刑事責任化，是否有採用必要，學者認有待檢討❹，本法於民國 100 年 6 月 29 日修正時，即特別嚴格限制適用。但實務上拘提管收之執行效果，遠超過其他執行方法，尤其在金錢債權之執行，債務人脫產，以致表面上無財產可供執行，但實際生活富裕，遠超過一般人，使用拘提、管收均能達到一定效果，故亦有贊同者❹。愚意以為仍應採用，尤其目前債留臺灣，錢進大陸（或外國），如不以此方法執行，實無法保障權利人❹。惟此屬非常之執行方法，執行法院使用時應慎重。實務上，除行政執行常用外，民事執行鮮有使用。

---

❹　同 ⓲ 。

❹　學者陳計男認為拘提管收之拘束債務人身體自由，影響人權保障，與刑事羈押並無不同，故就金錢或其他財產之強制執行而言，採用拘提、管收制度是否必要，有無違反憲法第二十三條比例原則，實值檢討（參閱陳氏著《強制執行法釋論》第二五八頁）。

❹　學者莊柏林認為農業社會債務人是弱者之觀念，於工商業化之今日，漸有變質，債務人早有準備，或以他人名義置產，或暗中處分，將無可供執行之財產，則其刁頑不誠實，猶不得對人執行，不僅足以鼓勵脫產逃債，且將擾及金融安定、交易安全，社會公平正義無以維持，尤其不代替行為義務之履行，非對債務人本身執行，無以達到目的，故拘提管收為執行方法，為合時代潮流之立法（參閱莊氏著前揭第一〇四頁）。楊與齡亦肯定之，認如予廢除，忽視合法權利之保障，並助長賴債之風（參閱楊氏著《強制執行法論》第二九一頁）。

❹　參閱拙文〈兩岸民事債權債務之處理〉（刊《月旦法學雜誌》第七十二期）。

第二款　拘　提

壹、拘提之意義

拘提係以強制方法強使債務人到執行法院，以嚇阻債務人不合作行為。

貳、拘提之要件

所有執行事件，包括假扣押執行，有下列情形，均可拘提（參照注意事項 11 (2)）。

一、債務人經合法通知，無正當理由而不到場者（參照本法第 21 條第 1 項第 1 款）

執行法院因必要而通知債務人到場，為達到一定效果，避免其不到場，可以拘提。法條雖未限制係何種事由之到場，則除本法另有規定者外，一切事由均包括在內，惟為慎重，仍應限於一定需其到場者，例如本法第 63 條拍賣期日之到場，已規定不到場者，拍賣不停止，自不可拘提。至於依本法第 20 條，執行法院可命債務人到院據實報告一定期間內之財產狀況，若債務人經合法通知，無正當理由不到場，可否拘提？在民國 100 年 6 月 29 日修正本法前，依第 22 條第 1 項第 5 款規定可以拘提，但修正後第 20 條第 2 項「債務人違反前項規定，不為報告或為虛偽之報告，執行法院得依債權人聲請或依職權命其提供擔保或限期履行執行債務。」第 3 項「債務人未依前項命令提供相當擔保或遵期履行者，執行法院得依債權人聲請或依職權管收債務人。但未經訊問債務人，並認其非不能報告財產狀況者，不得為之。」明定債務人違反者之效果為提供擔保或限期履行，未提供或未遵期履行之效果為管收，則應不可拘提。惟參照第 21 條第 1 項修正理由「參酌司法院釋字第五八八號解釋意旨，執行法院不得同時併為拘提、管收之裁定，且於管收前應踐行訊問程序，以符正當法律程序，爰於第一項明定拘提之要件；至管收之要件及程序則於第二十二條修正規定之。」及釋字第 588 號解釋「……法院亦為拘提管收之裁定時，該被裁定拘提管收之義務人既尚未拘提到場，自不可能踐行審問程序，乃法院竟得為管收之裁定，尤有違於前述正當法律程序之要求。另依行政執行法第十七條第二

項及同條第一項第六款:『經合法通知,無正當理由而不到場』之規定聲請管收者,該義務人既猶未到場,法院自亦不可能踐行審問程序,乃竟得為管收之裁定,亦有悖於前述正當法律程序之憲法意旨。……」似仍認可拘提,在審問後再管收,苟係如此,則第 20 條第 3 項即應規定「拘提」債務人,而非逕行管收債務人,須拘提後仍不據實報告或為虛偽報告,亦不提供擔保,始可管收,茲未規定,則應可適用本法第 20 條第 1 項第 1 款,即執行法院依第 20 條第 1 項通知債務人到法院報告者,債務人不到場報告,除可適用第 20 條第 2 項,亦可依第 21 條第 1 項第 1 款拘提債務人,在債務人拘提後,仍不為報告,可命供擔保或限期履行,如仍不為之,可管收。惟此之拘提、管收,仍以其在執行開始前一年有財產可供執行,現已不存在為前提,否則,如自始即無財產,拘提、管收無實益,自不可為拘提、管收。

二、債務人有事實足認有逃匿之虞者(參照本法第 21 條第 1 項第 2 款)

債務人應履行義務,但有明顯逃匿之虞,抗拒執行,有強制其到場之必要者,可予拘提,惟其現有財產足供執行或可以其他方法達成執行效果者,例如可由第三人代為履行,則雖有逃匿,亦無拘提必要。

三、債務人顯有履行義務之可能故不履行或就應供強制執行之財產有隱匿或處分之情事而有事實足認顯有逃匿之虞或其他必要者(參照本法第 22 條第 1、2、4 項)

依執行名義債務人應履行之義務,明顯有履行之可能,卻故意不履行者,執行法院得依債權人聲請或依職權命債務人提供擔保或限制履行,但若債務人就應供執行之財產為隱匿或處分,以逃避強制執行,有違實現權利之強制執行目的,故如有事實足認顯有逃匿之虞或其他必要事由者,執行法院亦得依債權人聲請或依職權,限制債務人住居於一定之地域,債務人無正當理由違反該限制住居之命令者,執行法院得拘提,惟其現已執行之財產,足供執行,縱有其他財產之隱匿或處分,仍不可拘提。又因是否明顯有履行之可能,常有爭執,況此係以限制人身自由方式為強制執行方法,亦非允洽,實務上少有使用。至於是否顯有履行義務之可能而故不履行,應參酌義務之內容、債務人之資力等(參照注意事項 11 (1))。

參、拘提之程式

拘提應用拘票（參照本法第 21 條之 1 第 1 項），縱然執行法官於實施拘提時在場，亦同。又此拘票，涉及人身自由，只有法官始有權力為之，目前執行事務有由司法事務官為之者，其無權簽發拘票，故本法第 21 條第 3 項規定「債務人經拘提到場者，執行法院得交由司法事務官即時詢問之。」至於第 22 條之拘提，雖無相同規定，亦應適用。

拘票應記載下列事項，由執行法官簽名：一、應拘提人姓名、性別、年齡、出生地及住所或居所，有必要時，應記載其足資辨別之特徵。但年齡、出生地、住所或居所不明者，得免記載。二、案由。三、拘提之理由。四、應到之日、時及處所。

肆、拘提之執行機關

依本法第 21 條之 2，由執達員執行拘提，如有抗拒，得請警員或其他有關機關協助（參照本法第 3 條之 1 第 2 項）。拘提時準用刑事訴訟法關於拘提之規定，但不得逾必要之程度（參照本法第 22 條之 5）。

伍、拘提之實施

依本法第 22 條之 5，拘提準用刑事訴訟法，則拘提之實施，即準用下列規定：

一、限制執行期間

準用刑事訴訟法第 78 條第 1 項，拘提得限制其執行之期間。

二、數通拘票數人執行

準用刑事訴訟法第 78 條第 2 項，對同一人可發數通拘票，由數執達員分別執行，以強化拘提效果。

三、執行之注意

準用刑事訴訟法第 89 條規定，執行拘提時，應注意債務人之身體及名譽。

四、拘票之交付

準用刑事訴訟法第 79 條，拘票為二聯，執行拘提時，一聯交債務人或其家屬（參照注意事項 10 (3)）。

五、執行後之處置

準用刑事訴訟法第 80 條，拘提執行後，應於拘票記載執行之處所、時間，將債務人送交該處所，執行法院得交由司法事務官即時詢問，詢問後，應向執行法院提出書面報告（參照本法第 21 條第 3、4 項）。至於此書面報告，參照修正理由「司法事務官於詢問債務人後，應就有無管收必要之事實、理由及法律依據載明於報告書，向執行法院提告，爰增訂第四項。」包括需否管收。如不能執行，記載其事由，由執達員簽名交執行法官。

六、債務人為現役軍人

準用刑事訴訟法第 83 條，應以拘票知照其長官協助執行（參照注意事項 10 (2)）。

至於需在管轄法院以外地區執行時，因本法第 7 條第 4 項有囑託規定，毋庸準用刑事訴訟法第 81 條、第 82 條。

陸、債務人之範圍

拘提係對債務人為之，但債務人非自然人者，或雖為自然人，但無行為能力時，應對何人實施，依本法第 25 條第 2 項規定，於下列各項之人亦適用之。

一、債務人為無行為能力人或限制行為能力人者，其法定代理人。

二、債務人失蹤者，其財產管理人。

三、債務人死亡者，其繼承人、遺產管理人、遺囑執行人或特別代理人。

四、法人或非法人團體之負責人、獨資商號之經理人。

又前項各款之人，於喪失資格或解任前，具有報告及其他應負之義務或拘提之原因者，在喪失資格或解任後，於執行必要範圍內，仍得命其履行義務或予拘提、管收、限制住居（參照本法第 25 條第 3 項）。

第三款 管 收

壹、管收之意義

管收類似刑事訴訟法之羈押，即將債務人拘禁於一定處所至一段時間，限制其自由。拘提與管收不同，在於拘提後除有管收，即應釋放，而管收

則需拘禁至有一定事由始釋放。

貳、管收之要件

一、一般執行

㈠依本法第 20 條第 3 項規定「債務人未依前項命令提供相當擔保或遵期履行者，執行法院得依債權人聲請或依職權管收債務人。但未經訊問債務人，並認其非不能報告財產狀況者，不得為之。」是債務人違反第 1 項規定不為報告或為虛偽報告，執行法院命提供擔保或遵期履行，仍未提供擔保或履行者，得管收債務人。

㈡依本法第 22 條第 1、2、4、5 項，有第 1 項各款，執行法院得命債務人限制住居，如無正當理由違反限制住居命令或命債務人提供擔保，限期履行而未提供擔保或遵期履行者，即得管收。但在限制住居如已提供擔保，則不可管收。又未經訊問債務人，並認非予管收，顯難進行強制執行程序者，不得管收。

二、特別情事

㈠關於金錢請求權執行時，執行法官或書記官為調查不動產之實際狀況、占有使用情形或其他權利關係，而訊問債務人或命提出有關文書，但債務人無正當理由拒絕陳述或拒絕提出或為虛偽陳述，或提出虛偽之文書者，可管收（參照本法第 77 條之 1 第 2 項），以嚇阻其上開行為。但未經訊問債務人，並認非予管收，顯難查明不動產狀況者，不得為之。

㈡不可代替行為：依執行名義，債務人應為一定之行為，而其行為非他人所能代為履行者，債務人不為履行時，執行法院得定債務人履行之期間。債務人不履行時，得處怠金，經再定期履行而仍不履行者，得管收（參照本法第 128 條第 1 項），以使其心生畏懼，而為上開不可代替行為。

㈢不行為：執行法院係命債務人容忍他人之行為，或禁止債務人為一定之行為者，債務人不履行者，執行法院得處怠金，如仍不履行，得管收（參照本法第 129 條第 1 項），以使其心生畏懼，不為不應為之行為。

參、管收之程式

管收，應用管收票（參照本法第 22 條之 1 第 1 項）。

管收票，應記載下列事項，由執行法官簽名：

一、應管收人之姓名、性別、年齡、出生地及住所或居所，有必要時，應記載其足資辨別之特徵。

二、案由。

三、管收之理由。

如前所述，司法事務官無權為管收，必須由執行法官決定，故本法第22條第6項規定「債務人經拘提、通知或自行到場，司法事務官於詢問後，認有前項事由，而有管收之必要者，應報請執行法院依前項規定辦理。」又依第5項規定「債務人未依第一項命令提供相當擔保、遵期履行或無正當理由違反第二項限制住居命令者，執行法院得依債權人聲請或依職權管收債務人。但未經訊問債務人，並認非予管收，顯難進行強制執行程序者，不得為之。」是必需由執行法官訊問後，始可管收。

肆、管收之執行機關

管收於管收所實施，即由執達員將應管收人送交管收所，所長於驗收後，應於管收票附記送到之時間，並簽名（參照本法第22條之2）。

管收所依管收條例第8條規定「管收所應單獨設置；未單獨設置者，得委託看守所附設之。但應與刑事被告之羈押處所隔離。」固應單獨設立，但實務上皆設於看守所內，僅與刑事被告分別羈押。

伍、管收之限制

債務人雖合上開管收要件，但有下列情事，不得管收，管收後發生者，應停止管收（參照本法第22條之3）：

一、因管收而其一家生計有難以維持之虞者。

二、懷胎五月以上或生產後二月未滿者。

三、現罹疾病，恐因管收而不能治療者。

上開不得管收或停止管收者，在上開情事消滅後，應否再執行管收，本法未規定，就法條規定觀之，應繼續執行，正如停止執行，於事由消滅後，除有應撤銷事由外，應繼續執行。

陸、釋放被管收人事由

被管收人有下列事由,應即釋放,不再執行管收(參照本法第22條之4)。

一、管收原因消滅者:即已無上開管收要件。

二、已就債務提出相當擔保者:即雖有本法第22條第1項各款情形,但已提出擔保。

三、管收期限屆滿者:本法第24條規定,管收期限不得逾三個月,有新管收原因發生時,對於債務人仍得再行管收,但以一次為限,故如期限屆滿,而無新管收原因發生時,即應釋放。

四、執行完結者:強制執行程序已整個終結,不論是否完全實現權利,因執行程序不再進行,自應釋放。

柒、管收之實施

一、依本法第22條之5,管收準用刑事訴訟法關於羈押之規定,即準用下列規定:

㈠管收票之交付:準用刑事訴訟法第103條第2項,即執行管收時,管收票應分別送交管收所、債務人、其代理人、債務人指定之親友。

㈡執行之注意:準用刑事訴訟法第103條第3項,即準用第89條及第90條,管收時,應注意債務人之身體及名譽,雖可用強制力,但不得逾必要之程度。

㈢變更管收所:準用刑事訴訟法第103條之1,為維護管收所及債務人安全或其他正當理由,可以變更管收所。

二、另依管收條例第9條規定:

㈠被管收人之管束,以維持管收所秩序所必要者為限。

㈡被管收人得自備飲食及日用必需物品,並與外人接見、通訊、受授書籍及其他物件。但管收所得監視或檢閱之。

捌、法院之提詢

為查明債務人管收之情況,有無釋放原因,管收條例第11條規定「法院應隨時提詢被管收人,每月至少不得在二次以下。」執行法官即應提詢。注意事項13亦規定「執行拘提、管收,應注意有關法律之規定,管收期間,

對於被管收人之提詢，每月不得少於二次，並應隨時注意被管收人有無應停止管收或釋放之情形。」惟執行法官違反上開規定時，管收仍然有效，不可釋放，僅執行法官有行政責任而已。

玖、管收之效果

管收僅為執行方法，不影響債務之履行，故本法第 25 條第 1 項規定「債務人履行債務之義務，不因債務人或依本法得管收之人被管收而免除。」

拾、債務人之範圍

同第 2 款之拘提。

第四款　限制住居

壹、意　義

限制住居係限制債務人住居一定處所，不得隨意遷移，以便執行法院隨時可以傳訊，一如刑事訴訟法之限制住居。此一制度係民國 85 年本法修正時增訂，以緩和管收對人執行之限制人權。

貳、限制住居之要件

依本法第 22 條第 2 項規定「債務人有前項各款情形之一，而有事實足認顯有逃匿之虞或其他必要事由者，執行法院得依債權人聲請或依職權，限制債務人住居於一定之地域。但債務人已提供相當擔保、限制住居原因消滅或執行完結者，應解除其限制。」執行法院得以限制債務人住居，如違反此一命令者，可以管收，故此為緩和管收之執行方法。

參、限制住居之程式

雖無拘票或管收票，但仍需執行法院命令為之，並應通知債務人及有關機關（參照本法第 22 條第 3 項）。至於司法事務官是否有權為之，參照本法第 3 條第 2 項「本法所規定由法官辦理之事項，除拘提、管收外，均得由司法事務官辦理之。」似應肯定，但愚意以為此仍屬人身自由之限制，不宜由司法事務官為之。

肆、限制住居之效果

一、不得隨意遷移，故不得出境，執行法院應通知入出境管理機關管

制（參照注意事項 11 ⑶）。

二、債務不因此而消滅、免除。雖本法就此未規定，法理上應與管收同。

三、債務人違反限制住居者，執行法院即可拘提、管收（參照本法第 22 條第 2 項、第 4 項、第 5 項）。

伍、限制住居之解除

本法就此解除，只設債務人已提供相當擔保者（參照本法第 22 條第 2 項），不似管收規定詳細，但基於同一法理，仍可類推適用第 22 條之 4，即：

一、限制住居原因消滅者（第 22 條之 4 第 1 款）。

二、執行完結者（第 22 條之 4 第 4 款）。

陸、債務人之範圍

同第 2 款之拘提。

第二十四節　擔　保

依本法第 20 條第 2 項及第 22 條第 1 項、第 2 項、第 22 條之 4 第 2 款，債務人可提供擔保，以免管收、限制住居。至於此項擔保，除可用物保，亦可用人保，此即本法第 23 條第 1 項「債務人依第二十條第二項、第二十二條第一項、第二項及第二十二條之四第二款提供之擔保，執行法院得許由該管區域內有資產之人具保證書代之。」之出具保證書。關於物保之範圍，本法並無限制，依本法第 30 條之 1 準用民事訴訟法第 102 條第 1、2 項可以現金、有價證券、保險人或經營保證業務之銀行出具保證書。至於可否提供其他不動產、動產，法無明文，雖民事訴訟之實務否定❹，但由於本法既無限制，應無不可，至於人保，因本法已有規定，民事訴訟法

---

❹ 最高法院 48 年臺抗字第 93 號判例：供擔保之提存物，供擔保人有須利用之者，固得由供擔保人聲請法院許其變換，惟提存物為有價證券者，祇得易以現金或其他有價證券，此觀民事訴訟法第一百零二條第一項前段所定，供擔保限於現金或與現金相當之有價證券自明，抗告人竟請以土地所有權狀變換現金之擔保，自無可許。

第 102 條第 3 項即無準用必要。

有物保者，例如設定抵押權，債務人違反提供擔保之事由，執行法院應如何處理，本法雖未明文，但揆諸擔保之目的應在實現權利暨第 23 條第 2 項允許逕向擔保人執行，則執行法院可逕就物保執行，毋庸另行取得拍賣抵押物等執行名義。至於出具保證書者之保證人責任，本法第 23 條第 2 項規定「前項具保證書人，如於保證書載明債務人逃亡或不履行義務時，由其負責清償或賠償一定之金額者，執行法院得因債權人之聲請，逕向具保證書人為強制執行。」此時可逕向具保證書者執行，毋庸另行取得執行名義，蓋保證書即為執行名義。惟對具保證書人執行，是否需於原執行程序終結，即若原執行程序因債權人撤回執行或發債權憑證已結案，可否仍以此保證書聲請對保證人強制執行？有採肯定說，認債權人並未拋棄債權或免除債務，而保證書並未附有執行程序終結為解除條件❹❺，亦有反對者，認本法第 23 條僅於執行程序進行中始有適用❹❻，實務採肯定說❹❼，愚意以為保證書為執行名義強制執行，屬另一執行程序，不僅非以原來之執行名義為執行名義❹❽，亦與原有執行無關，故應採肯定說。又在對擔保人財產執行

---

❹❺ 參閱陳榮宗著《強制執行法》第二五九頁、莊柏林著前揭第一一四頁。

❹❻ 參閱張登科著前揭第二二五頁。

❹❼ 臺灣高等法院 57 年法律座談會：

問題：債權人於債務人覓得擔保人，依強制執行法第二十三條後段具擔保債務人之債務分期攤還後，撤回對債務人之執行，嗣擔保人遲不負履行責任，債務人亦不清償，債權人可否另案聲請逕對擔保人為強制執行？

討論意見：

甲說：按題意債權人撤回，既非旨在免除債務或拋棄債權，則如擔保人向法院提出之擔保書狀，已符合強制執行法第二十三條後段所定要件者，債權人自得聲請法院逕向擔保人為強制執行。法院亦得本此聲請，而逕向擔保人執行。

乙說：略。

結論：採甲說。

研究結果：同意。

❹❽ 惟陳世榮認法院對擔保人執行，係依原來之執行名義（參閱陳氏著《強制執行

時，擔保人即為債務人，是擔保人之債權人可聲明參與分配。

又保證書未載明債務人逃亡或不履行義務時應負責文字者，無上開規定適用（參照注意事項 11 之 1 (1)），再此項規定，對本法之其他擔保，例如停止執行之擔保不適用之。

第二十五節　債權憑證

權利人聲請強制執行時，應檢附執行名義相關文件，執行結果若全部或一部不能受償，繼續執行，亦無實益，執行程序必須終結，因執行名義已於聲請執行時交給執行法院，為使債權人日後有執行名義可繼續執行，本法第 27 條第 1 項規定由執行法院發給憑證，交債權人收執，載明俟發見有財產時，再予強制執行，此憑證即為債權憑證，屬本法第 4 條第 1 項第 6 款執行名義之一種。

執行法院發給債權憑證，應符合下列要件：

一、須係金錢債權執行之案件：蓋僅有金錢債權始有本法第 27 條第 1 項所謂無財產可供執行或雖有財產經強制執行所得之數額仍不足清償之適用。至非金錢債權執行案件，不可發債權憑證。惟非金錢債權執行案件，亦有執行結果不能受償，無法繼續執行者，例如應交付之動產遍尋無蹤，應交付之不動產滅失，非他人所能代替而應為一定行為之人失蹤，應交出之子女、被誘人尋找不著，此時不能發債權憑證，究應如何處理，本法就此未規定，應視情況決定。凡因滅失不存在不能執行者，應以無執行標的存在為由駁回聲請，反之，如僅一時遍尋無著，不能駁回，否則，將來發見再予聲請執行時，恐有消滅時效完成之虞，但如因為不能暫時終結執行程序，對執行法院亦非所宜，而債權憑證既規定於總則，似亦可發憑證，僅法文規定而有限制，故應增列「非金錢債權執行案件，如暫時不能執行，應發給憑證，交債權人收執，載明可執行時，再予執行」。

二、須係為終局執行者，蓋保全執行無可否受償問題。至為終局執行之

法詮解》第一九八頁）。

債權人，是否限於聲請執行者，即參與分配債權人是否包括在內？就法條規定並無限制，均應發給，但無執行名義之抵押權人行使抵押權者，因一方面本無執行名義，一方面限對特定抵押物執行，自不應發給債權憑證。

三、債權人須有執行名義，故必須有執行名義之債權人，始可發給債權憑證。至執行名義為何，原則上不論，但下列執行名義性質特殊，不發債權憑證，是為例外：

1.拍賣抵押物或質物之裁定：此項裁定係對物之執行名義，僅能對特定之抵押物、質物執行，縱拍賣價金不足清償，亦不發債權憑證（參照注意事項 14 (3)）。

2.檢察官囑託執行罰金者，不發債權憑證，無財產可供執行可退回。

除上述二者外，實務上對本票准予強制執行之裁定，假執行判決之執行名義是否發債權憑證，迭有爭執。愚意以為本法既無限制，自應發給。有法院發給，並於憑證上註明執行名義為何，然亦有未發給者，而係在執行名義加註受償情形退還債權人，功能與債權憑證相同。又行政執行機關移送併案者，可發債權憑證。

發給債權憑證應注意下列事項：

一、本法第 27 條第 1 項係指對債務人而言，而依本法第 23 條第 2 項規定，以保證書逕向擔保人強制執行時，擔保人因為保證書之債務人，故向擔保人執行無效果，應可對擔保人發債權憑證，實務亦予肯定。至依本法第 119 條第 2 項逕向第三人執行無效果，可否將第三人列為債權憑證之債務人？愚意以為應採肯定說❹⓪❾，惟實務採否定說❹❶⓪。

二、依本法第 27 條第 1 項原規定須債權人二個月內查報債務人確無財產或到期不為報告始可發債權憑證，惟實務上均未待二個月即發給，凡債

---

❹⓪❾　參閱拙文〈債權憑證之問題〉（刊《中律會訊雜誌》第十四卷第三期）。

❹❶⓪　最高法院 97 年臺抗字第 400 號裁定：又強制執行法第一百十九條第二項所定對第三人之執行，乃原執行事件執行程序之延續，並非獨立之另一執行程序，亦無另外獨立之執行名義，故對第三人執行不足受清償時，僅能以原執行事件債務人為債務人發給債權憑證，不能以第三人為債務人名義核發債權憑證。

權人一請求即發，為此民國89年修正本法時，增設第2項「債權人聲請執行，而陳明債務人現無財產可供執行者，執行法院得逕行發給憑證。」此一規定，甚為合理，蓋依當事人進行主義，本可如此，惟應注意下列問題：

1.如聲請執行時，其時效已完成者，不宜遽依聲請發給，宜通知債務人有此執行，蓋時效完成為債務人異議之訴事由，但如不予執行，即發憑證，債務人無從知悉，無從提起債務人異議之訴以資救濟。經通知後未提起異議之訴，始可發給。至時效未完成者，則無此問題，可逕行發給。

2.如債務人已提債務人異議之訴，則不可逕行發給，須待確定判決結果是否勝訴，如勝訴，不可發給，反之則否。

三、債權人聲請對二人以上之債務人強制執行，縱僅一人在執行法院有財產，另一人財產在他法院轄區，執行法院就其轄區內者之財產執行結果，債權人未能受償，或債務人一人，其財產散布數法院轄區，債權人向其中一法院聲請執行，執行結果未能完全受償，依本法第7條第4項應囑託法院執行，此種情形與本法第27條第1項不合，不宜逕發債權憑證，惟實務上有不囑託者，仍發債權憑證交債權人交他法院聲請執行。

四、債權人持有債權憑證，事後可憑此再聲請強制執行，如無財產或執行不足，仍可再發債權憑證，無次數限制，雖本法第27條第1項規定「載明俟發見有財產時，再予強制執行」，僅係提示債權人注意，並非有財產始可聲請執行。

五、債權人撤回執行者，因執行程序已終結，即不可發債權憑證。

六、如因拍賣無實益，未能拍賣者，可發債權憑證。

七、有認對主債務人財產或合夥財產執行不足，因可對保證人或無爭執之合夥人財產執行，無本條適用❹❶❶，但此需對保證人有執行名義，且已一併聲請執行或已一併聲請對合夥人執行，否則仍可發債權憑證。

有認債務人為法人者，如有不足執行，執行法院應依破產法第60條移送宣告破產，不得發給債權憑證❹❶❷。愚意以為破產法第60條「在民事訴訟

❹❶❶　參閱陳世榮著《強制執行法詮解》第九九頁、陳計男著《強制執行法釋論》第一八七頁。

程序或民事執行程序進行中，法院查悉債務人不能清償債務時，得依職權宣告債務人破產。」並非應宣告破產，而債務人既無財產可供執行，亦無財產可組成破產財團，如何破產？又其事後並非一定無財產，故仍應發債權憑證。目前司法院所擬破產法修正草案，雖就該條修正為第 70 條，增設第 2 項「在強制執行程序中，債務人非自然人而不能清償債務者，執行法院應停止發給債權憑證，並依職權宣告債務人破產。」其理由為「非自然人之債務人，例如公司或非法人團體，於強制執行程序中，因財產不足清償債務，而由執行法院核發債權憑證予債權人以終結執行程序者，為數頗多，如不予宣告破產，而任令上開非自然人之債務人繼續存在，對社會信用、交易安全均有不利影響，爰增訂第二項。」但不僅有上述問題，且與修正草案第 75 條第 1 項「債務人之財產不敷清償破產程序之費用時，法院應為破產之宣告，並同時以裁定宣告破產終止。」矛盾。即在無財產始需發債權憑證，茲一方面不發，依職權宣告破產，另一方面又終止破產，不僅多此一舉，且終止後無免責主義適用，是否仍需發債權憑證？

又債權憑證係獨立之執行名義，並非依附原有之執行名義，故本法第 14 條債務人異議之訴所指之執行名義在以債權憑證聲請執行者，應指此憑證，與早先之執行名義無涉，即其異議事由應係債權憑證核發後所生者，然實務上認仍以原執行名義為準[413]。又其雖為獨立之執行名義，但表彰之權利性質不變，從而其時效期間原則仍依原先聲請執行之執行名義為斷，

---

[412] 參閱陳計男著《強制執行法釋論》第一八七頁。

[413] 最高法院 89 年臺上字第 1623 號判決：按強制執行法第二十七條所稱之債權憑證，係指執行法院發給債權人收執，俟債務人如有財產再行執行之憑證而言。債權人於取得債權憑證後，雖可無庸繳納執行費用再行聲請強制執行，但該債權憑證之可以再行強制執行乃溯源於執行法院核發債權憑證前債權人依強制執行法第四條第一項所列各款取得之原執行名義。是對具有既判力之執行名義，提起債務人異議之訴，債務人祗須主張消滅或妨礙債權人請求之事由，係發生於該具既判力之原執行名義成立之後者，即得為之，如以裁判為執行名義時，其為異議原因之事實發生在前訴訟言詞辯論終結後者，亦得主張之，初與該事由是否發生在債權憑證成立之後無涉。

但有民法第 137 條第 3 項情形者，自可延長。

另因聲請強制執行而中斷之時效，自發債權憑證之日重新起算。

第二章
關於金錢請求權之執行

第一節　概　說

　　以執行名義所命給付之內容是否為金錢，強制執行程序可分為關於金錢請求權之執行與關於非金錢請求權之執行，至於執行名義所欲實現之權利是否為債權在所不問，蓋基於受扶養權利、親權亦可請求給付金錢。此金錢係指通用貨幣，不論本國、外國者均同，僅依民法第 202 條規定可折合新臺幣給付之，從而在金錢請求權執行時，執行名義所命給付之內容為美金等外國貨幣，執行法院分配時，仍可折合新臺幣給付（參見臺灣高等法院 93 年度法律座談會），至於有該條但書者，如債權人願接受新臺幣，固無問題，否則執行法院應換為外國貨幣給付。至於大陸地區之人民幣是否為外國通用貨幣，因兩岸政治關係特殊，在無特別規定時，尚非「外國」貨幣，就此應立法明定其性質，否則一方面大陸地區判決、仲裁判斷在裁定認可後可予執行時，其給付內容多為人民幣，應如何處理，即有爭議。

　　在給付內容限於絕對為特種之我國或外國貨幣者，即絕對的金錢種類，性質上應屬本法第 123 條第 1 項交付動產之執行，不能適用金錢債權之強制執行，例如因寄存金元券、舊臺幣而請求返還。

　　又在非金錢請求權之執行，執行程序中所衍生之金錢請求，例如執行費用，本法第 127 條之代為履行費用，仍適用本章執行程序。

　　金錢請求權之執行，既係以給付金錢為內容，執行方法在於處分債務人財產，換價後清償債權人，另在處分前，應禁止債務人處分該財產，即先就所欲執行之財產禁止債務人處分，進一步換價，將財產處分轉換為金錢，再進一步分配給債權人。本法於第 2 章分別就動產、不動產、船舶、

航空器、其他財產權、公法人財產規定程序。並因債務人財產為其債務總擔保及債權人平等原則，允許其他權利人執行，設有參與分配規定。

第二節　對於金錢之執行

第一款　前　言

按債務人之財產，除動產、不動產、權利外，尚有金錢（即現金），本章關於金錢請求權之執行，既係以債務人之財產為對象，則執行財產之範圍，應包括金錢。本法雖未直接設對於金錢執行之規定，但揆諸金錢請求權之特性，在於以支付金錢為實現權利的方法，若能對債務人所有之金錢執行，取交給債權人，不僅符合強制執行的目的，且有直接效果。實務上，亦有執行者。

本法於民國 85 年修正時，於第 52 條第 1 項規定查封時，應酌留債務人及其共同生活之親屬二個月間生活所必需之食物、燃料及金錢，似將金錢與動產同視，可依動產執行程序執行。惟一方面金錢與動產仍有不同，尤其動產之執行方法為查封、拍賣、變賣；執行金錢，可直接交給債權人或分配各債權人，毋庸查封，更不需拍賣、變賣換價。另一方面修正理由係以舊法規定「生活所必需之物」，係指購買食物、燃料所必需之金錢，遂予明定，似限於購買所需之金錢，範圍過狹，為免爭議及完整規定，將來本法修正時，應明定其執行程序。

第二款　執行程序

執行金錢，應係由執行人員取交該金錢。申言之，執行人員發現債務人之現金，可立即以強制力，在執行債權範圍內取得占有而轉交給債權人，或於有他債權人參與分配時，取得占有後繳交國庫，製作分配表，再發給各債權人，不須經過查封、拍賣、變賣等程序❶。簡言之，其執行方法為

---

❶　參閱黃憲華著《辦理強制執行事件手續程式判解彙編》二六四頁；另陳世榮著

取得占有、交付或分配債權人。

理論上，執行金錢甚為簡單，惟實際鮮有執行人員到債務人處，債務人正持有金錢，其或放在衣服、皮包內，或放在收銀機、抽屜、金庫，此時因無立法，僅得視金錢為動產，準用次節對於動產執行程序。

第三款　執行程序注意事項

在執行金錢時，應注意者有：

一、該金錢必須為債務人所有：凡外觀形式上為債務人占有者，即認為其所有，例如債務人握持，其口袋、皮包、保險箱、保管箱、收銀機、金庫等內者。

二、執行營業場所內之金錢，往往其銷售所得最豐富時間，或在晚上、或在假日，此時不僅法院不上班，且屬本法第 55 條第 1 項限制查封時間。為發揮強制執行效果，債權人可聲請執行法院，於此時間內執行。

三、本國貨幣固為金錢，至於外國貨幣，仍可視為金錢。僅在交付或分配時，視執行名義之內容如恰為該外國貨幣，固無問題，否則應折合新臺幣計算。

四、為免影響債務人生活，本法第 52 條第 1 項「查封時，應酌留債務人及其共同生活之親屬二個月間生活所必需之食物、燃料及金錢。」仍應適用，惟此金錢，應非如同立法理由僅限於購買生活必需品，應包括其他必要者，例如醫療費用等❷。

《強制執行法詮解》第二一六頁稱「查封物為金錢時，視為債務人已向債權人清償，即時交與債權人即可，故不發生拍賣問題。」似認金錢為動產需查封，但毋庸拍賣，應有欠妥，蓋一方面既有查封，何以不拍賣換價？而可即時交與債權人，另一方面未撤銷查封，如何可交債權人受償？故此查封無意義。或謂如不查封，執行法院未取得處分權，如何可交債權人？愚意以為在執行法院基於公權力取得占有時，即可處分，正如本法第一百二十三條第一項之「取交」。

❷　參閱陳計男著《強制執行法釋論》第三一六頁。

第四款　結　語

目前實務上執行金錢者不多，此一方面涉及執行時間非在上班時間，執行人員不願於此時間辦理，一方面尋找債務人金錢不易。但不容否認，執行金錢對實現金錢請求權最有效果、最迅速，如妥善利用，可發揮強制執行功效，例如債務人為金融機關，即可入其金庫執行金錢，債務人為百貨公司、餐廳，可執行其營業收入，本法就此應予明定其執行程序。

第三節　對於動產之執行

第一款　前　言

本法對動產之執行，其動產範圍既未規定，則除有特別規定外，原則應參照民法第 67 條規定，指土地及其定著物以外之物，但本法第 114 條第 1 項、第 114 條之 4 第 1 項有特別規定。故本節所指動產，不包括本屬動產之海商法所定船舶、建造中船舶及民用航空法所定航空器。又有價證券本身固為一張紙，但該紙係表彰一定之權利，其價值不在紙本身，而係表彰之權利，例如股票為股東權，支票為請求給付一定金額之權利，本屬其他財產權利，但由於有價證券特性之一在於行使權利者必須持有（占有）該證券，權利之讓與亦須交付證券給受讓人，如依其他財產之執行方法發扣押命令，不能有效防止債務人交付他人，如有交付勢必發生善意受讓人，發生扣押有效抑或受讓有效爭執，故本法將其列為動產執行，即需發見該證券予以查封，以免債務人讓與他人，此觀本法第 59 條第 2 項及第 59 條之 1 對於動產之執行規定，將有價證券列入，即知適用動產執行程序。惟有認為此係限於不禁止背書者，若係禁止背書之有價證券，仍應依其他財產權執行程序❸。但愚意以為一方面禁止背書者，僅係禁止以背書方式轉

---

❸　參閱陳世榮著《強制執行法詮解》第二一四頁、張登科著《強制執行法》第二四五頁。

讓權利，仍可以一般債權讓與方式受讓，受讓人行使權利仍須持有證券，應屬有價證券，另一方面本法就此未予區分，不似日本民事執行法為杜爭議，於第 122 條明定不禁止背書之有價證券依對於動產之執行，對於禁止背書之有價證券，則依其他財產權執行❹。

關於動產之範圍，除上述外，尚應說明者如下：

一、依民法第 811 條規定，動產於附合不動產後已非獨立物，成為該不動產之一部，自不得再將其視為獨立之動產而對之依動產程序執行。

二、依民法第 66 條第 2 項規定，土地所生長之植物果實，須經與土地分離後，始為獨立之動產，在此之前，不得認為動產。惟在分離後既為動產，而出產物之價值亦在於分離後，如在分離後依動產執行程序執行固無不可，但債務人何時採收，債權人及執行法院不能掌控，為此司法院院字第 1988 號解釋：「執行法院於（甘蔗稻麥）將成熟之時期，予以查封，並於成熟後收穫之，而為拍賣或變賣，自無不可，其執行既以將來成為動產之甘蔗、稻麥為標的物，即應依對於動產之執行程序辦理。」則不動產之出產物於屆成熟期，雖未採收分離，仍可認屬動產而依動產程序執行，早期實務即如此處理，但本法無明文規定，民國 85 年修正時，增設第 53 條第 1 項第 5 款規定「未與土地分離之天然孳息不能於一個月收穫者，不得查封。」就其反面解釋，凡天然孳息於一個月內可收穫者，認屬動產而強制執行。但依本法第 59 條之 2 第 1 項及注意事項 24 規定，仍需於收穫分離正式成為動產始可拍賣。

三、不動產之從物如為動產，因與主物仍屬個別之財產，雖民法第 68 條第 2 項規定「主物之處分，及於從物。」但並不表示從物不得單獨為交易客體，故對此從物之動產，仍可執行，例如房屋內之吊燈。惟若執行主物之不動產時，從物為執行效力所及，則此從物之動產，即應依不動產執

---

❹ 日本民事執行法第 122 條：對於動產（包括不能登記之地上定著物、自土地進行分離前確實在一個月以內收穫之天然果實及被禁止背書之有價證券以外之有價證券，以下本節亦同）之強制執行（以下稱動產執行），由執行處對標的物扣押而開始。

行程序執行。

四、建造中之房屋，如未達足已避風雨程度，參照最高法院 63 年度第六次民庭庭推總會議決議㈠，應認屬動產，適用動產程序執行。惟若查封後債務人繼續施作，迨至拍賣前已足以避風雨，成為不動產，則應改依不動產執行程序再予查封、拍賣，並撤銷原來之動產查封，蓋原來之動產已轉變為不動產，屬性不同，當為不同之物，否則拍賣之物仍為原來之查封物，而非嗣後完成之房屋。

五、拆除之房屋，既不足以避風雨，僅為材料，應屬動產，適用本節程序執行，從而查封之房屋，不論係何種原因倒塌僅剩材料，即不可再依不動產程序執行，應撤銷查封，改依本節程序執行，如房屋係抵押權者，抵押權人就此材料仍有優先權❺。

六、數人共有一動產者，各人之應有部分為行使權利之比例，似為權利，但參照民法第 818 條「各共有人，除契約另有約定外，按其應有部分，對於共有物之全部，有使用收益之權。」此權利應與所有權同，故就此應有部分執行，仍依動產執行，學者有認應有部分與有體物不同，應依其他財產權執行❻，愚意以為不妥，事實上，參照本法第 102 條第 1 項，在執行不動產共有人之應有部分係依不動產執行，則動產共有人之應有部分，亦應依本節執行。

---

❺ 民法第 862 條之 1 第 1 項：抵押物滅失之殘餘物，仍為抵押權效力所及。抵押物之成分非依物之通常用法而分離成為獨立之動產者，亦同。第 2 項：前項情形，抵押權人得請求占有該殘餘物或動產，並依質權之規定，行使其權利。

❻ 參閱陳世榮著前揭第二一五頁、陳榮宗著《強制執行法》第三一一頁。

第二款 執行程序

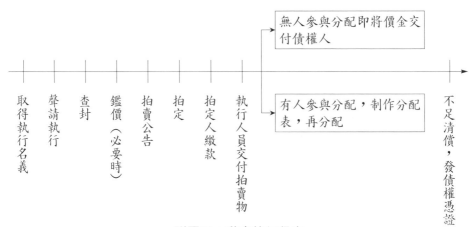

附圖四：動產執行程序

依本法第 45 條規定「動產之強制執行，以查封、拍賣或變賣之方法行之。」即動產執行程序以查封為開始，繼而以拍賣或變賣方式換價，再以換價所得分配債權人。另本法第 60 條之 1 對有價證券之換價，另有方法。

第一目 查 封

查封，亦稱扣押[7]，乃執行法院為確定執行標的，基於強制執行權，對特定之動產，取得債務人處分權，俾執行法院得予換價，債務人喪失處分權，不得為處分、有損執行效果之行為。未經查封或查封無效者，其換價之拍賣或變賣，即因執行法院未取得處分權，應認無效。是查封為執行之開始、必要程序。茲就其有關事項分別說明之。

一、查封之動產應為債務人所有

動產是否為債務人所有，固由執行人員於執行時審認，但由於動產不採登記制度，查封時執行法院如何審認動產是否為債務人所有，為實務一

[7] 查封一詞，在日文為「差押」即為扣押之意，清末頒布之強制執行律草案亦稱扣押，故俗稱扣押。

大問題,不僅影響當事人權益,更與執行人員於實務上運作有關。一般言之,以外觀方法決定:

㈠動產已辦理登記者,例如汽機車依道路交通安全規則第8條由所有人向公路監理機關申請行車執照,如有過戶,依第15條、第22條應由讓與人與受讓人向公路監理機關辦理過戶登記,換發新行車執照,故原則上視在監理機關登記為何人所有即認屬何人。但因民法第761條第1項規定,故汽機車所有權異動縱須辦理過戶登記,非採登記生效主義,仍須履行上開交付行為,始生所有權變動效果。是債務人縱將汽車辦妥過戶登記給他人,但若汽車未交付受讓人,該汽車仍屬債務人所有,可以查封,不受登記拘束,執行法院通知監理機關辦理查封登記時,宜予說明。

㈡動產未辦理登記者,原則上視何人占有即認屬何人所有。蓋一般情形,所有權人始占有其物。而占有與否,應參照民法第940條至第942條規定。故:

1.實際持有動產者,除有後列4.、5.、6.情形者外,應認動產為持有人所有。

2.動產未經實際持有,而置於住宅之內,如無法辨認為何人占有者,應認該動產為戶長占有,蓋一般均係戶長購買。是否為戶長,以戶籍資料為準。但若能辨認或證明確為債務人所有或戶長承認為債務人所有,債務人雖非戶長,仍可執行。

3.一室內設有數公司,置於其內之動產如無法辨認屬何公司占有,如有公司之財產目錄,固可依此目錄判定,反之可認均為占有,任何一公司為債務人,皆可查封。

4.質權人、承租人、受寄人或基於其他類似之法律關係,對於他人之物為占有者,應認該物為他人所有,須該他人為債務人,質權人等人同意交出動產,始可查封該物,否則只可依本法第116條執行。

5.受僱人、學徒、家屬或基於其他類似之關係,受他人之指示,而對物有管領之力者,參照民法第942條,僅該他人為占有人,受僱人等屬占有輔助人。因該他人為占有人,故應認該物為該他人所有。所謂其他類似

關係，乃指類似僱用、學徒者，如公務員持有之公物等。

6.法定代理人、管理人或法人之代表人為本人、法人占有之動產，該動產仍為本人、法人占有。

7.動產置於銀行之保管箱者，不可視為銀行占有，仍應視為承租保管箱者占有，蓋承租人可使用該保管箱，有權置放物品，其箱內物品屬承租人占有，正如出租房屋，屋內承租人放置物品屬承租人占有。

8.有明確之證據足資證明動產為何人所有者，可不受上開拘束，應依證據決定屬何人所有，例如統一發票、買賣契約或送貨單載明買主者，即可據此認定買主為所有權人。

9.第三人占有債務人之動產，第三人承認為債務人所有，並願交付以查封，固可認為債務人所有予以查封，如不願交付，亦只能依本法第116條執行。

上開方法係因執行法院無實體審查權，須憑債權人指封而執行，為避免其濫權指封，以此方法決定動產是否為債務人所有，但此方法僅係參考，不能據此為實體所有權認定，若查封之動產確非債務人所有，不因查封即成為債務人所有，第三人可依本法第15條提起異議之訴以為救濟，在未經判決確定撤銷該執行程序前，查封仍屬有效。同理，債權人指封之動產，若執行法院認非債務人所有，不予查封，亦不因此認該動產確非債務人所有，若債權人提出確切證明，例如確認所有權為債務人者之確定判決、債務人於他案向執行法院拍定之筆錄，足以證明該動產為債務人所有，仍應查封。

又查封時，執行法院雖係依債權人指封（按：指定查封財產）為之。惟執行法院是否必須依其指封而查封？如其指封之動產，依上開方法足以認定屬債務人所有，固無問題。反之，無法認定時，執行人員是否仍應查封？事後如果查明非債務人所有，執行人員有無責任？依本法第17條規定，執行人員如認定確非債務人所有之動產，縱債權人指封，仍可不予查封，否則，仍可斟酌予以查封，並於查封後，依本法第16條規定，指示第三人依本法第15條提起異議之訴。至於執行人員是否因查封錯誤負責，債權人是

否負侵權行為責任，須有故意或過失始有民事責任，即明知非債務人財產或應注意能注意而不注意非屬債務人財產，而仍予以查封，始有賠償責任。

　二、查封之限制

　　凡債務人之動產，只要具有交易價值，可以轉換為金錢，原則上均可查封，但債務人合法權益亦應保障，故查封動產有下列限制：

　㈠一般限制

　　1.過度查封之禁止：本法第 50 條規定「查封動產，以其價格足清償強制執行之債權額及債務人應負擔之費用者為限。」屬查封之一般限制。即在債務人有多數動產時，究應查封何物，固由債權人指定，但並非漫無限制，須在債權額及債務人應負擔之執行費用及其他為債權人共同利益而支出之費用（參照本法第 29 條第 2 項）範圍內查封，不得超過，如有超過，執行人員可依本條規定就債權人指定者選擇以查封。惟適用此項原則，應注意下列事項：

　　⑴必須債務人有多數動產存在，始適用此項限制（參照注意事項 27）。若債務人僅有一件動產，或雖有數件但交易上為一套，有不可分關係者，不論債權多少，均可查封該動產，無此限制適用。

　　⑵該條所指之債權額，包括參加分配或併案之債權金額。惟查封時尚無參加分配或併案，固以執行債權人之債權額為準，如事後因有參加分配或併案而不足清償，應追加查封。如查封時，即因有他人同時聲請強制執行而併案者，自應將併案之債權，包括在內。學者有謂執行時因僅一債權人，但因本法對參與分配採群團體優先主義，為免查封之動產不足分配，本條應為訓示規定，不必過分嚴格適用 ❽，應有相當理由。

　　⑶衡量查封動產之價格多寡，應以拍賣所得為準。即執行人員本諸執行經驗，估計將來拍賣價格。惟此一估計，僅能大概計算，不須精細，為達到強制執行目的，估計時不妨從寬計算。將來拍賣時，若可賣得高價，尚可適用本法第 72 條停止一部分查封物之拍賣，以兼顧債權人及債務人權益。

---

❽　參閱陳榮宗著前揭第三三〇頁。

2.無益查封之禁止：按金錢債權之執行，必需查封物拍賣所得扣除債務人負擔之費用後，尚有剩餘，始可分配債權人，故若動產價值不高，拍賣結果無所得或所得扣除費用後無剩餘，無從分配債權人，則執行結果，不僅浪費司法資源，且就債務人言，因拍賣而喪失財產，但債權人並無所得，反而增加執行費用負擔，實係損人不利己，日本即有禁止規定❾，我國在民國 85 年以前，雖無規定，實務均採之。該年本法修正時，增設第 50 條之 1 第 1 項「應查封動產之賣得價金，清償強制執行費用後，無賸餘之可能者，執行法院不得查封。」及第 2 項「查封物賣得價金，於清償優先債權及強制執行費用後，無賸餘之可能者，執行法院應撤銷查封，將查封物返還債務人。」❿即係拍賣無實益規定。從而動產必須賣得價金扣除執行費用及有優先權之債權後尚有剩餘，始可查封。否則即為拍賣無實益，不可查封。甚至於查封後發見，亦應撤銷查封，惟此第 2 項係就普通債權人聲請執行而言，若執行之債權人有優先受償權，是否適用？因本法就此未如第 80 條之 1 之不動產拍賣無實益，設有第 3 項「不動產由順位在先之抵押權人或其他優先受償人聲請拍賣者，不適用前二項之規定。」似有疏漏。按執行債權人有優先權者，不論賣得價金是否足夠清償該優先債權，縱不能完全受償，係因擔保價值不足，仍應拍定，自無該項適用，除非聲請執行債權人為次順位者，尚有前順位優先權，始有該項適用，故應類推適用第 80 條之 1 第 3 項。又查封之動產雖因有設定擔保而有優先權時，但依本法第 34 條第 2 項既應參與分配，行使抵押權，等同聲請執行，且依同條第 4 項優先受償權因拍賣而消滅，能否再因拍賣無實益，禁止查封，實有商榷之處。至賣得價金如何，在未拍賣前，執行人員僅係大概估算，並

---

❾ 日本民事執行法第 129 條第 1 項：應扣押動產之賣得價金清償程序費用後無剩餘可能者，執行官不得為扣押。

❿ 修正理由一：債權人聲請強制執行，係以實現其債權為目的，倘查封物之賣得價金，清償執行費用及優先債權後，已無剩餘之可能者，其債權即無實現之可能，自無實施執行之實益，爰參考日本民事執行法第一百二十九條，增訂本條第一、二項，無益執行禁止之規定。

非一定正確，為免有誤，如執行人員認係無實益，應詢問債權人意見，如債權人認確可賣得高價，為保障其權利，第 3 項規定「前二項情形，應先詢問債權人之意見，如債權人聲明於查封物賣得價金不超過優先債權及強制執行費用時，願負擔其費用者，不適用之。」即例外仍可查封，僅賣價未能超過時，債權人應負擔該執行費用。適用上開規定，應注意下列事項：

　　⑴債權人願負擔之費用為何？是此次拍賣所生費用，抑或包括全部執行費用在內？如包括全部執行費用，似屬過苛，應為拍賣費用。

　　⑵此項查封限制，於拍賣是否適用？即查封後，在拍賣時，應買人叫價過低，清償執行費用後，已無多餘可清償債權，甚至賣價不足清償執行費用，可否不拍定？愚意以為如就無實益查封之禁止本旨言，似不應拍定，但既已查封，並已拍賣，拍賣所得多少可清償執行費用，如不拍定，對債權人言，似屬過苛，應予拍定。況依第三項情形，拍賣費用已由債權人負擔，拍賣所得可供清償債權，何能不拍定？注意事項 27 之 1⑴「依本法第五十條之一第三項拍賣動產，其出價未超過優先權及強制執行費用之總額者，應不予拍定。」似有商榷之處 ❶。

　㈡查封禁止物

　　下列動產依法不得查封：

　　1.生活必需之食物、燃料及金錢：人民之生存權，應予保障，憲法第 15 條定有明文。若因實現債權人權利，侵及債務人生存權，即屬違憲。故本法第 52 條第 1 項規定「查封時，應酌留債務人及其共同生活之親屬二個月間生活所必需之食物、燃料及金錢。」第 2 項規定「前項期間，執行法官審核債務人家庭狀況，得伸縮之。但不得短於一個月或超過三個月。」此等在一定期間內之生活所必需食物、燃料及金錢，即不得查封。適用本條規定，其所指債務人，限於自然人，蓋自然人始有生活問題。共同生活之親屬係民國 85 年本法修正時，將原規定「家屬」修改後之用語，其立法理由係家屬範圍過寬。然參照民法第 1122 條規定「稱家者，謂以永久共同

---

❶　學者依此注意事項認不應拍定，例如陳榮宗（參閱陳氏前揭第三三一頁）、張登科（參閱張氏前揭第二五八頁）。

生活為目的而同居之親屬團體。」及第 1123 條第 2 項規定「同家之人，除家長外，均為家屬。」則共同生活之親屬即係家長與家屬，僅同條第 3 項就非親屬者另規定視為家屬，故此一修正僅排除此視為家屬之人而已，不僅無意義，況且依民法第 1114 條第 4 款，家長與家屬間互負扶養義務，則酌留生活必需物，理應包括第 3 項之視為家屬者，此一排除之修正，更未允洽。

2.衣服、寢具等必需物品：為保障生活，本法第 53 條第 1 項第 1 款，債務人及其共同生活之親屬所必需之衣服、寢具及其他物品，不得查封，適用本款規定，應注意下列事項：

⑴債務人限為自然人。共同生活之親屬同前。

⑵必需之衣服、寢具、物品，均限於債務人或其共同生活之親屬自己所使用者為限。若非其自己使用，而係供販賣之商品，則不包括在內，蓋此非生活所必需。

⑶其他物品應視生活需要而定，例如民國 85 年本法修正前第 53 條第 1 項尚有餐具，此一餐具，即為生活所必需。又如債務人為殘障人士，其輪椅、拐杖。

3.職業上或教育上所必需之器具、物品：為保障生活，本法第 53 條第 1 項第 2 款規定，債務人及其共同生活之親屬職業上或教育上所必需之器具、物品，不得查封。所謂職業上器具、物品，係指從事職業所不可缺少者而言[12]，並非與職業有關均不可查封，須係必要，作為職業上用途大於作為財富之意義[13]，例如工人之工具、農人之農具。至於計程車司機之計程車、賣菜人所用之小貨車，一方面因可向他人租車或受僱，此計程車與小貨車非不可缺少，另一方面計程車與小貨車均有一定價值，作為財富之意義大於職業用途，故非職業上所必需之器具、物品，仍可查封。至於教

---

[12] 最高法院 55 年臺抗字第 526 號裁定：按強制執行法第五十三條第一項第二款所謂職業上所必需之器具物品，係指從事職業所不可缺少之器具物品而言，若無此器具物品，則其職業即無法進行者均屬之。

[13] 參閱陳世榮著前揭第二二一頁。

育所必需之器具、物品，同理，指教育上所不可或缺，例如教材，故教師開車上課，其車非教育所必要之物品。

4.債務人所受或繼承之勳章及其他表彰榮譽之物品：依本法第53條第1項第3款規定，上開物品不可查封，蓋此等物品在於特別紀念性質，非財產價值。

5.遺像、牌位、墓碑及其他祭祀、禮拜所用之物：為顧及債務人對祖先之奉祀及宗教上之禮拜，維持善良風俗，本法第53條第1項第4款規定「遺像、牌位、墓碑及其他祭祀、禮拜所用之物，不得查封。」惟應注意者，此係為顧及債務人祭祀禮拜之用，故若非祭祀禮拜之用，例如收藏之古物、佛像，係作為古董擺飾，仍可查封。又寺廟油錢箱內之金錢，係信徒捐贈，非屬祭祀禮拜所用，可予執行。

6.未與土地分離之天然孳息不能於一個月內收穫者：依本法第53條第1項第5款規定，上開天然孳息不可單獨作為動產查封，但在查封土地時，如天然孳息收取權人為土地所有人，則查封土地效力仍然及於未能於一個月內收穫之天然孳息（詳見第四節）。

7.尚未發表之發明或著作：為顧及債務人之精神創作，保障發明及文化，除著作權法第20條規定「未公開發表之著作原件及其著作財產權，除作為買賣之標的或經本人允諾者外，不得作為強制執行之標的。」本法第53條第1項第6款亦規定尚未發表之發明或著作不可查封。但經著作人同意，參照上開著作權法規定及本款規定係為著作人利益，則可執行。

8.安全、避難設備：依本法第53條第1項第7款規定，附於建築物或其他工作物，而為防止災害或確保安全，依法令規定應設備之機械或器具、避難器具及其他物品，不得查封。蓋此等物品係建築物、工作物所必備之安全、防災之用，為維護公共安全，自不可查封，以免影響安全。

以上2.至8.項物品雖不可查封，但若對債權人言，不可查封結果顯失公平者，例如債務人使用之衣服均為名牌、寢具為鍍金，甚至金質者，亦不可查封，顯失公平，故本法增設第53條第2項規定「前項規定斟酌債權人及債務人狀況，有顯失公平情形，仍以查封為適當者，執行法院得依聲

請查封其全部或一部。其經債務人同意者，亦同。」惟第 2 項規定雖係針對第一項各款之物品，但其中第 3、4 款，本質上不適宜執行，第 5 款係因尚非為動產，第 7 款防災物品，基於公共安全不可查封者，均應無顯失公平或債務人同意即可查封。惟若有權利濫用或有違誠信原則者，仍可查封，例如債務人將所有金錢購置金佛禮拜，甚至多購防災設備儲備，以逃避執行，應仍可查封。

(三)軍人及其家屬賴以維持生活所必需之財產

為使軍人安心服役，效力國家，軍人及其家屬優待條例第 10 條規定「動員時期應徵召服役之軍人，於在營服役期間，其家屬賴以維持生活所必需之財產，債權人不得請求強制執行。」故債權人指封之動產，如符合本條規定，即不得查封。若已查封，依最高法院見解，應予撤銷，並駁回強制執行聲請，但為免債務人脫產，可為假扣押。惟愚意以為查封後並未禁止債務人使用，不妨害其生活，故上開規定不得強制執行，應指換價行為，即仍可查封，僅不可拍賣，否則假扣押亦以查封方法為之，何以又可假扣押？況實務上認有執行名義者不可能假扣押，何以此時又可假扣押❶❹？適用本條應注意左列事項：

1.須係對應徵召服役之軍人或其家屬執行：即執行之債務人為應徵召服役軍人或其家屬。至於債權人之身分如何，在所不問。應徵召服役之軍人，係指依兵役法第 7 章徵集、第 8 章召集之軍人，簡言之，即服義務役之人，家屬則指配偶、直系血親、其他依法現受其扶養而共同生活之人（參照軍人及其家屬優待條例第 3 條）。為防止債務人利用收養符合本條情形逃避強制執行，辦理民事訴訟及強制執行事件適用軍人及其家屬優待條例注意事項 2 規定「在訴訟程序或強制執行程序中，債務人收養應徵召服役之軍人為養子者，不受優待。」、「債務人於執行名義所載之義務發生後，收養滿十八歲以上男子為養子者，該男子應徵召服役，亦不受優待。」

2.須限於動員時期，應徵召服役軍人於在營服役期間：所謂動員時期

❶❹　參閱拙文〈軍人及其家屬優待條例第十條之研究〉（刊《軍法專刊》第二十五卷第十二期）。

指國家遇有戰爭或非常事變，目前我國已停止動員戡亂，無從適用此一規定。在營服役乃指現正服役而言，若已退伍、解除召集，縱在途中尚未到家，亦非在營服役。

　　3.不得強制執行之財產應係應徵召服役軍人之家屬賴以維持生活所必需，是否賴以維持生活所必需，斟酌實際情形決定，故縱然拍賣所得價金，於清償債務尚有剩餘，但此項剩餘不足以維持生活，仍不得強制執行。又此賴以維持生活與本法第52條、第53條第1項第1、2款不同，範圍較廣，例如計程車非職業上必需物品，但可為賴以維持生活所必需，所謂「賴以維持生活」，其生活費用之計算標準，應比照臺灣省、臺北市、高雄市當年度辦理役種區劃通用生活標準表之規定，並斟酌實際情形客觀認定之（參照辦理民事訴訟及強制執行事件適用軍人及其家屬優待條例注意事項9）。

三、追加查封

　　查封後，如債權人認查封之動產不足清償，可否追加查封？雖然本法無明文規定，但一方面基於強制執行係以實施債權為目的，一方面由上開過度查封禁止規定之相反解釋，自應允許追加查封，即在查封財產拍賣後所得價金不足清償，或在拍賣前，因鑑價結果發見有不足清償之虞或有他人參與分配、併案執行致不足分配者，均可追加。為免爭議，可於本法第50條增加第2項「查封之動產，在拍賣前或拍賣後有不足清償者，執行法院應依債權人之聲請，繼續查封。」

四、查封之實施

㈠實施查封之人員

　　依本法第46條規定「查封動產，由執行法官命書記官督同執達員為之。於必要時得請有關機關、自治團體、商業團體、工業團體或其他團體，或對於查封物有專門知識經驗之人協助。」是實施查封有執行查封人員及協助人員。

　　1.執行查封人員：為執行法官所命之書記官及執達員，必要時，執行法官亦應到場，俾當場處理有關爭執事項。至若書記官因故未到場，可否由執行法官率同執達員實施？或因執達員因故未去，可否由書記官一人實

施查封？再可否僅由執達員一人到場實施查封？有認書記官與執達員應一同到場，如僅一人實施查封，即屬違反強制執行時應遵守之程序，但執行法官自己到場督同執達員實施，未命書記官為之，亦無不可❶。愚意以為其關鍵在於查封筆錄之製作，蓋依本法第 54 條規定查封時，書記官應作成查封筆錄。茲僅由書記官一人實施查封，既足以製作查封筆錄，無損於查封程序之實施，實無強令偕同執達員辦理之必要，況實際上，執達員僅張貼封條，此一工作參照本法第 47 條，亦未規定須由執達員為之，則同為執行人員之書記官亦可張貼，故可由書記官一人實施查封，但不可僅由執達員一人到場實施查封（參照注意事項 25），蓋其無法製作查封筆錄。至於前者，參照刑事訴訟法第 43 條法理，訊問筆錄可由行訊問之公務員製作，則查封筆錄，亦可由行查封之法官製作，故採肯定說，況查封係由執行法官命書記官督同執達員為之，法官既可命書記官督同執達員實施查封，何以不得自行實施？

2.協助人員：在執行時，因查封之動產種類繁多，執行人員不完全了解，必要時，可請有專門知識經驗之人員到場協助，例如查封之機械，可請機械公會人員到場了解其種類。又查封時遇有抗拒，可依本法第 3 條之 1 第 2 項，請警察或有關機關人員到場協助實施查封。

(二)查封方法

查封方法在於彰顯該物已被法院查封，不僅債務人不可處分，即第三人亦可知悉，以免誤與債務人為有損查封效力之行為。民國 85 年修正本法時，將舊法第 47 條第 1 項之查封方法為標封、烙印、火漆印，修正為「查封動產，由執行人員實施占有。其將查封物交付保管者，並應依左列方法行之：一、標封。二、烙印或火漆印。三、其他足以公示查封之適當方法。」增加由執行人員實施占有。其修正之理由為：「動產物權之變動，以移轉占有為公示方法，而查封動產係保全債權人執行名義所載債權之實現，以限制債務人對於動產之處分權之執行行為，為達此目的，執行人員自須占有該動產，始可限制債務人之處分權。查封之效力亦於執行人員實施占有時

---

❶ 參閱陳世榮著前揭第二三〇頁。

即為發生，毋庸另為其他公示形式。至於法院不占有查封物，而將之交債務人、債權人或第三人保管時，則有藉封印等方式以宣示其查封之必要。爰參考日本民事執行法第一百二十三條、第一百二十四條、德國民事訴訟法第八百零八條規定，修正本法第一項本文如上，俾符實際。」惟愚意以為此一理由與法文規定似有不同，即依法文規定，必須先由執行人員占有，此一占有即為執行方法。嗣後執行法院自行保管者固毋庸再為任何處分，但如不自行保管查封物而係交付他人保管，則尚須實施標封等方法，核與上開理由似認查封方法有二，一係執行人員之占有，一係執行人員不占有時採取之標封等方法，是此一規定，將使動產查封方法為何不明，是否一定須有執行人員占有，並於占有時發生查封效力？又此占有是否與民法之占有相同？學者間即有不同詮釋，有認執行人員占有係唯一方法，並為查封發生效力之基準點，不以踐行第一項各款方式為必要，執行法院將查封物交付保管，係指占有或自行保管後，再交他人保管，為使第三人了解查封事實，並應實施標封等方法，此為實施查封應踐行之程序，但未踐行即交付保管者，仍生查封效力。上開標封等查封公示方法，已非查封成立要件，如有欠缺，不影響查封之成立及其效力[16]。亦有認執行人員占有，即生查封效力，毋庸另為其他公示形式。惟若執行法院不占有查封物，交他人保管時，則應以標封等方法為之[17]。至於占有，有採公法說，即執行人員係公法上之占有，不論是自行保管或交債務人保管，不影響債務人民法上之占有[18]，亦有採私法說，不認有公法上占有與私法上占有之區分，執行法院之占有仍為民法上之占有[19]。愚意以為占有係一事實，即此占有為民法之占有，查封之動產是否由執行人員占有，端視保管方法，如移置法院之處所保管，固可謂執行人員實施占有，反之，如交他人保管（參照本

---

[16] 參閱楊與齡著前揭第四〇九頁、第四一〇頁。

[17] 參閱陳計男著前揭第三〇二頁、陳榮宗著前揭第三一七頁、張登科著前揭第二五〇頁。

[18] 參閱張登科著前揭第二六五頁、楊與齡著前揭第四三九頁。

[19] 參閱陳榮宗著前揭第三三三頁、陳計男著前揭第三二三頁。

法第 59 條第 1 項、第 2 項），該保管人始為占有人。事實上，查封多未將動產移置法院，故執行人員實未實施占有，上開修正執行人員占有之規定，並不符合實際，實有欠妥。況如因此認須實施占有，如動產有設定質權或有留置權，勢必影響質權人、留置權人權益，豈可查封？又在無人願予保管，執行法院勢必要自行保管，不可拒絕查封，至於學者以執行人員占有為惟一方法，在交他人保管時，亦可毋庸踐行標封等方法，則他人如何知悉查封？是就法條文義及實務，查封方法應如下：

1.執行人員實施占有未交付他人保管時，即以實施占有為查封方法，並於占有後，將查封物移置法院指定之貯藏所保管。

2.執行人員未實施占有而交付他人保管時，則以標封、烙印、火漆印或其他足以公示查封之適當方法，上開方法，必要時可併用（參照本法第47 條第 2 項）。所謂標封係張貼封條，表明已經法院查封之旨。烙印係對查封物為家畜牲口（即動物）以火燒之鐵印表明特定標誌烙蓋在其身。火漆印則係將查封物置於封袋內，再以火漆融軟於封口加印。其他足以公示查封之適當方法則指上開三種以外之足以讓人知悉查封之方法，例如查封養雞場之雞，可以張貼公告方法。此項方法，係民國 85 年修正時加入，早期實務上已有認對無法用烙印或火漆印之鴨，可以標封鴨寮方式查封❷。此四項方法，以標封為方便，故實務上多用標封，迄今尚未見及聽聞有用烙印或火漆印者。雖查封方法由執行人員依職權視情形而定，不論採何方法，均生查封效力。至於封條貼於何處，法律並無明文，應斟酌情形，但以貼於查封物為必要。又張貼後不論係人為因素或天然因素而脫落，不影響查封效力。

(三)**檢 視**

1.如前所述，查封之動產是否為債務人所有，以有無占有為準。惟實

---

❷ 最高法院 56 年度臺上字第 1635 號判決：查封動產之方法，有標封、烙印及火漆印三種。查封系爭二千隻鴨，固無法可用烙印或火漆印，即標封亦無法逐一為之。如果現場鴨寮，除系爭二千隻生蛋鴨外，當時別無其他鴨隻，則將系爭二千隻鴨，放置該鴨寮，加以蓋有法院大印之封條，亦不失為法定之標封。

際上，債務人不可能隨時均持有中。故本法第 48 條第 1 項規定「查封時，得檢查、啟視債務人居住所、事務所、倉庫、箱櫃及其他藏置物品之處所。」以找出可供查封之動產。惟應注意者：⑴應由執行人員檢查。⑵此等處所限於債務人占有者。又條文雖未規定營業所包括在內，解釋上認屬其他藏置物品之處所。⑶債務人身戴或穿著衣服屬其他藏置物品之處所。例如手腕之手錶、手鐲，口袋內之懷錶、有價證券。⑷執行人員為查看時，應尊重債務人人權，慎重為之，勿損及其人格。⑸查看時，如債務人不在場，應命其家屬或鄰右之有辨別事理能力者到場，於必要時，得請警察到場。遇有抗拒，亦得請警察協助。⑹第三人之處所原則上不可檢視，惟第三人為債務人之輔助占有人或第三人自願讓執行人員檢視，執行人員可否檢視？愚意以為應採肯定說，蓋依法輔助占有人所管領之物仍視為債務人直接占有，則上開處所如係輔助占有人因此而管領者，亦應視為債務人占有，可以檢視，例如受僱人之辦公室（桌）等。至若非因輔助占有而管領者，如受僱人自己之住宅，則非可視為債務人占有而搜檢。又第三人自願以其處所供執行人員檢視，與願提出債務人動產供查封同，自可檢視，筆錄應予載明此等輔助占有及自願情事，由該第三人簽名。

㈣債務人不在場之查封

強制執行係為實現權利人權利，為避免債務人逃避執行，執行法院因債權人聲請而指定期日實施查封時，均不通知債務人，以免逃避，故執行時有債務人不在場者，此時仍可執行查封，不受影響，僅依本法第 48 條第 2 項規定「查封時，如債務人不在場，應命其家屬或鄰右之有辨別事理能力者到場，於必要時，得請警察到場。」可命此等人到場。其到場，並非前述之協助執行，而係見證執行人員查封程序之實施，以免債務人誣賴遭受損失。

㈤債權人到場

雖本法並未規定查封時債權人應否到場及不到場之效果，但實務上執行人員到場實施查封，皆須債權人引導並在場指定查封之動產範圍（即指封，實務上須出具指封切結），故若債權人未到法院引導或未在場，執行法

院即不實施查封。然債權人未在場，執行法院如有查封，該查封因法律未規定債權人須在場，其查封應仍認有效，債務人不可聲請異議。

㈥**查封時間**

執行人員實施查封，本係公權力之行使，應無時間限制，惟為尊重人權，避免擾亂生活安寧，本法第 55 條第 1 項前段規定「星期日或其他休息日及日出前、日沒後，不得進入有人居住之住宅實施關於查封之行為。」是在此期間及一定之處所，查封受到限制，不得為之。除此之外，不論是否屬法院上班作息時間，均可查封。於此應注意者，所謂其他休息日，係指依法令規定全國一致休息之例假日，如春節。各機關團體自定休息日、節慶，因非全國一致放假，如司法節、軍人節、公休日，則非此其他休息日。因颱風災害，某一地區停止上班上學，因非全國一致放假，固亦不包括在內，惟該地區停止上班，包括法院在內，實際上不可能查封，況該地區如有災害發生，實不宜查封。

實施查封，原則上固應在上開時間以外為之，但有急迫情事，經執行法官許可者，不在此限（參照本法第 55 條第 1 項但書）。所謂急迫情事，乃非於此時間查封，債務人即可能脫產或不易查封。例如債務人為特種營業或夜市攤販，非至日沒後不開門或擺攤營業。經執行法官許可者，依本法第 55 條第 3 項規定，執行人員於查封時，應提示許可命令給債務人，使之知悉。至於執行法官到場者，是否仍須提示其許可之命令，本法未明文規定，學者亦未論及，就條文言，似仍應提示。況許可命令應以書面為之，自不可以執行法官之到場替代書面命令。惟許可命令既為執行法官所核發，既已親自到場，是否須要？日後本法修正時明文規定，較為妥適。又違反上開規定之查封，債務人可聲明異議，但在查封實施終結後，學者有認債務人已放棄責問權或認瑕疵已補正，不可聲明異議**❷❶**，愚意以為本法就此未規定補正瑕疵或放棄責問權，應係查封程序終結，受本法第 12 條第 1 項之聲明異議應於執行程序終結之限制，始不可聲明異議。

---

❷❶ 參閱陳世榮著前揭第二三四頁、張登科著前揭第二五五頁、楊與齡著前揭第四二六頁。

本法第 55 條第 2 項規定「日沒前已開始為查封行為者，得繼續至日沒後。」是依此規定實施查封，毋庸執行法官許可。

查封與拍賣不同，上開時間限制固僅對查封而非拍賣，而本法對拍賣時間雖未設上開限制，但依舉輕以明重之法理，解釋上，亦應認拍賣須受此時間限制。另因拍賣無急迫情事，自無本法第 55 條第 1 項但書之適用，但有第 2 項適用，即日沒前之拍賣可繼續至日沒後。

五、查封物之保管

動產查封後，至拍賣時有一段期間，非可立即拍賣，為防止在此期間滅失、藏匿、破壞，並保存查封物之效用，查封物不僅須有人保管，且須為妥善之保管。

㈠保管方法

1.法院自行保管：依本法第 59 條第 1 項規定「查封之動產，應移置於該管法院所指定之貯藏所……」是在由執行人員實施占有者，可將查封物移置法院貯藏所自行保管。惟實務上，一方面法院均無貯藏所，一方面因保管責任甚重，除有價證券有由執行人員以裝袋附卷方式保管，法院甚少自行保管。至此貯藏所由何人設立，是否限於法院之內？規模如何？本法及其他有關法令皆無規定。至執行人員裝袋附卷方式保管，即屬執行人員占有，雖法無明文規定，應予准許。

2.第三人保管：本法第 59 條第 1 項規定「查封之動產，……或委託妥適之保管人保管之。……」故法院不自行保管者，可委託他人保管。至此他人，除第 2 項有限制外，只須妥適即可，包括債權人、債務人及第三人。實務上，在交第三人保管時，多係第三人於查封時持有動產，遂交由該第三人保管，且此第三人亦皆由自然人擔任。惟依上開規定，應非如此，即不論查封時為何人持有，均可交第三人保管，且此第三人亦可由法人擔任，但因債權人及債務人亦可為保管人（詳後述），愚意以為尚應以不適於債權人及債務人保管為條件，始宜委託第三人保管，例如下列情形：

⑴第三人係有權占有者，為維護其權益，應由此第三人保管。例如第三人因租賃、質權而占有。

⑵有成色等級區別之貴重物品，為避免事後爭議是否掉包，宜交由第三人保管。如古玩字畫、金銀飾物。

⑶易於移動之動產，為避免查封後尋找不著，無從拍賣，宜由第三人保管，例如汽車。

⑷精密器械，為避免查封後零件掉包或拆除，減損價值，宜由第三人保管。如電腦、電動玩具等。

3.債權人保管：本法第 59 條第 1 項規定「……認為適當時，亦得以債權人為保管人。」故可交債權人保管。

4.債務人保管：本法第 59 條第 2 項規定「查封物除貴重物及有價證券外，經債權人同意或認為適當時，得使債務人保管之。」故可將查封之動產交債務人保管。惟交債務人保管，須受下列限制：

⑴查封之動產須非貴重物品或有價證券。

⑵須經債權人同意或執行人員認為適當。

決定交由債務人保管時，債務人可否拒絕？學者皆採否定說，認查封物為其所有，查封使其不得為事實上處分行為，故債務人不能拋棄占有，不可拒絕保管❷，實務上亦採之❸。但愚意以為不僅法令無債務人有保管義務，且就本法第 59 條第 2 項規定「得使」債務人保管觀之，係法院得交付使其保管，並非債務人本應保管。再保管應屬積極行為，不僅包括占有，尚含有維持原有效用之意，與占有屬消極行為不同，例如機械之保管，不僅須占有，且進一步須為一定之運轉維護，否則生銹有損價值；又如家畜

---

❷ 參閱陳計男著前揭第三〇九頁、楊與齡著前揭第四一二頁、陳榮宗著前揭第三一九頁、陳世榮著前揭第二三六頁。

❸ 最高法院 56 年度臺上字第 1635 號判決：……執行法院依此而使債務人保管時，應解為債務人不得拒絕。因此項受查封之動產，原屬債務人之所有物，由於查封之效力，使其不得為事實上之處分行為，故債務人不能拋棄其占有，而拒絕保管故也。而所謂債務人應包括其家屬在內（參看強制執行法第四十八條第二項、第五十二條、第五十三條、第一百條等），執行法院既命債務人某甲之妻保管，不問其妻有無同意，及曾否出具保管收據，亦難謂未命合法保管，而不發生查封之效力。

之保管，除占有外，尚須餵食，否則可能餓死致減損價值。故不可謂債務人不能拋棄占有，即係有保管義務，事實上，若債務人不願保管，雖未拋棄占有，亦不能因強令其保管而達到保管之目的。此時可交第三人或債權人保管，如無第三人可保管，債權人亦拒絕時，即無人保管，執行法院可不查封。惟若如前述，認執行人員占有為查封方法時，執行法院即不可拒絕查封而應自行占有保管。實務上，債權人為達執行目的，多未拒絕，但因不易搬遷，仍留置現場未取走者，形成名義上債權人保管，實為債務人保管，甚至使用，如查封物毀損，何人負責，即有爭議，故有上開債務人不可拒絕作法，為此本法修法時應明定之，以為適法。

又保管是否須由保管人另覓處所放置，法律並無限制，一般言之，既然保管須占有，當由保管人另覓處所放置，但若動產不易搬運，仍放置查封時原處，並由債權人保管，亦無不可。

按第三人除已因一定權利而占有查封物外，若因指定為保管人，其因保管可請求報酬及支出之必要費用，凡此皆屬強制執行費用，執行法院得命債權人代為預納。至債權人或債務人保管者，因係為自己利益，不得請求報酬，但必要費用仍屬執行費用。為減省費用之支出，在不易發生掉包、減損價值效用情形下，可交由債權人或債務人保管。又除因上開限制不得交由債務人保管外，以由債務人保管為宜。蓋該查封物在未拍定交給拍定人前，仍屬債務人所有，其不僅仍可使用，且依本法第 58 條第 1 項規定，可隨時於拍賣期日前提出現款，聲請撤銷查封，若交由債權人保管，無形中剝奪其使用權，撤銷查封後，尚須法院從債權人處將查封物還給債務人，甚為不便，甚至如債權人拒絕交出，應如何處理，亦有困擾（參見臺灣高等法院 93 年法律座談會），故以交由債務人保管為宜。至此所謂債務人，是否包括其家屬、受僱人等？學者、實務均謂包括其家屬❷❹。惟愚意以為有待商榷，蓋就本法第 59 條第 2 項之文字與第 48 條第 2 項、第 52 條、第 53 條第 1 項均明文規定債務人、家屬、親屬相比較，足見此處之債務人不包括其家屬。況在法律上，每人均有各自之人格，債務人與其家屬、受僱

---

❷❹　同❷❷、❷❸。

人皆不相同，此等人應屬第三人。若謂包括家屬，則保管人究為債務人抑或該家屬？何人負保管之責？皆不明確。故愚意以為凡交由債務人之家屬或受僱人保管，應屬第三人保管。

㈡保管人之變更、爭議

選定保管人既為法院之職權，故選定後如法院認為不妥，仍可變更改由他人保管（參照注意事項 33⑴）。又當事人或利害關係人對法院交何人保管有不同意者，亦可依本法第 12 條第 1 項為聲請或聲明異議，有理由者，法院固可改變由他人保管。

㈢保管人之保管、使用

保管人既僅係以保管為目的，故不可使用查封物，僅在保管範圍內，可以為保持現狀，維持效用之必要行為。例如汽車，發動引擎，但出租則否，非保管行為❷⓹。至於債務人為保管人者，本法在民國 85 年修正前，雖未規定可否使用，但實務上多准許之，蓋該物既為債務人所有，查封僅限制其處分行為，在無損其價值時，應准使用，例如查封之汽車，債務人仍可行駛。為免爭議，修正時特於第 59 條第 5 項規定「查封物以債務人為保管人時，得許其於無損查封物之價值範圍內，使用之。」是除債務人為保管人可以使用查封物，其他人為保管人，均不可使用。又查封物為有價證券者，本法第 59 條之 1 規定「查封之有價證券，須於其所定之期限內為權利之行使或保全行為者，執行法院應於期限之始期屆至時，代債務人為該行為。」僅能由執行法院為行使、保全行為，保管人應無權利為之。

㈣保管人出具收據

依本法第 59 條第 4 項規定，保管人應出具收據，表明為保管人。

㈤保管人之責任

保管人保管查封物，不僅應保持其存在，更應維持效用，以免減損價

---

❷⓹ 最高法院 71 年臺上字第 5048 號判決：又保管云者，指將其物置於自己支配之下，保持其現狀，使不致毀損滅失之謂，與管理之意義有別。而出租為「管理」行為之一種，其為保管人者，自不得為出租之行為。縱如上訴人在原審所云陳賴金枝為查封物之保管人，其出租行為仍非法之所許。

值。如前所述，對機械應為維護運轉，家畜應為餵養。在第三人為保管人時，因可請求報酬，應適用民法第 535 條規定，須盡善良管理人之注意義務。至保管人為債權人或債務人，因無報酬，且係為自己利益，須與處理自己事務為同一之注意，否則致查封物毀損或滅失，均應負損害賠償之責，但須另行對之取得執行名義，始可對其強制執行（參照注意事項 33 (2)）。至於何人可向其請求賠償，愚意以為應由執行法院，蓋係執行法院交其保管，保管人與法院間有委託保管關係，債權人或債務人不可請求，否則在債權人或債務人為保管人時，豈有可能自己向自己請求賠償？保管人拒絕交出查封物者，因法院交其保管屬公權力行使，不僅拍定後可解除占有，即拍定前，亦可解除占有，以交付他人保管。又保管人違反刑法第 138 條及第 139 條者，或債務人為保管人而毀損查封物違反刑法第 356 條時，應依各該條論罪，自不待言。

六、使用收益

如前所述，查封之動產，在以債務人為保管人時，得許其於無損查封物之價值範圍內使用，反之，在不以債務人為保管人時，債務人可否使用，本法並未規定，此與不動產查封，本法第 78 條規定「已查封之不動產，以債務人為保管人者，債務人仍得為從來之管理或使用。由債務人以外之人保管者，執行法院得許債務人於必要範圍內管理或使用之。」不同，即在不動產債務人可否使用，與是否任保管人無關，在為保管人，當然可為從來之使用，不似動產查封，尚須經執行法院許可始可使用。按動產與不動產就查封後之保管，並無不同，何以能否使用，竟有如此差異之規定？就本法第 78 條修正理由：「查封之不動產，債務人僅喪失其處分權，仍保有所有權，其管理、使用權能，在不違背查封目的的範圍內原則上仍保有之。故若以債務人為查封不動產之保管人時，得為從來之管理、使用，無須執行法院之特別許可。惟執行法院將該不動產交由債務人以外之人保管時，債務人若仍為從來之管理、使用，自與保管人之占有保管該不動產行為相衝突，此際執行法院自須衡量債務人為從來之管理、使用，是否影響保管人之保管行為及是否違背查封目的，而為必要之裁量，爰修正本條，分別

就其情形規定之。」似認在交由他人保管時，如仍由債務人使用，將與保管人之占有衝突，只有在不影響保管人之保管及不違背查封目的始可准由債務人使用。就此觀之，動產查封如不影響保管人之占有及不違背查封目的，似亦應准許債務人使用。惟愚意以為除非保管僅為形式意義，否則在保管人非債務人時，其因保管而占有動產或不動產，債務人實不可能使用，只有保管為形式意義，即雖交他人保管，但實未占有，仍由債務人占有，始可能由債務人使用。實務上，保管只有在動產查封有意義，在不動產查封，因不動產不易移動，使用亦不會減損價值，何人保管均同，其保管僅具形式意義，始有上開第 78 條規定。至於動產隨時均可移動，保管必須占有，使用有減損價值可能，在他人保管時，債務人喪失占有，自無法使用，故不僅使用須經執行法院許可，且於債務人非保管人時，未規定可以使用。

又本法第 51 條第 1 項規定「查封之效力及於查封物之天然孳息。」故動產查封後所生之天然孳息，不論何人為保管人，均不可收益，但學者有認乳牛查封後，債務人可收取牛奶使用❷，有待商榷。

七、禁止重複查封

查封係執行法院徵收債務人對查封物之處分權俾予換價之執行行為，茲對某物查封後，即已由執行法院徵收處分權可予換價，自不得再查封，以免重複，故本法第 56 條規定「書記官、執達員於查封時發現債務人之動產業經因案受查封者，應速將其查封原因報告執行法官。」俾由執行法官斟酌情形處理，此即重複查封之禁止。至於執行法官之處理方法如下：

㈠前案屬金錢債權之終局執行者：依本法第 33 條規定「對於已開始實施強制執行之債務人財產，他債權人再聲請強制執行者，已實施執行行為之效力，於為聲請時及於該他債權人，應合併其執行程序，並依前二條之規定辦理。」及注意事項 18⑴「對於已開始強制執行之債務人財產，他債權人再聲請強制執行者，應注意併案處理。」執行法官應併同前案依參與分配程序辦理。併案後，如前案嗣後撤回，被併案承辦人員，仍應繼續辦理後案。又既依參與分配程序辦理，則前案已拍定，因已逾本法第 32 條第

❷ 參閱陳世榮著前揭第二二七頁、張登科著前揭第二六七頁，二人均認此為保存行為。

1項參與分配時間限制，即無從併案，應依該條第 2 項處理，如無法處理，債務人又無其他財產可供執行，只能發債權憑證。

㈡前案為假扣押之保全執行者：債務人之財產為其債務之總擔保，執行假扣押之債權人不因此而取得排他優先之權利，故不論現為終局執行之後案其債權人是否為假扣押債權人，執行法院均可調假扣押卷逕予換價，毋庸再行查封，僅若前後案債權人不同或雖相同但係不同債權時，換價所得價金，分配予假扣押債權人者，須依本法第 133 條提存。

㈢前案為禁止債務人處分之假處分者：查封之動產為他人聲請假處分執行，禁止債務人設定、移轉或變更者，雖其執行依本法第 138 條並未查封，但效果與查封效力同，經此假處分之動產，因仍屬債務人財產，執行法官可調假處分卷執行，惟仍需查封，至假處分債權人應轉換為損害賠償取得執行名義始可聲明參與分配❷❼。

㈣前案係行政執行機關查封者：依本法第 33 條之 1 第 1 項規定「執行人員於實施強制執行時，發現債務人之財產業經行政執行機關查封者，不得再行查封。」及第 2 項規定「前項情形，執行法院應將執行事件連同卷宗函送行政執行機關合併辦理，並通知債權人。」處理。但行政機關不再繼續執行，依同條第 3 項「行政執行機關就已查封之財產不再繼續執行時，應將有關卷宗送請執行法院繼續執行。」仍由法院查封拍賣。

八、查封筆錄

查封係強制執行之開始，有關執行之標的，如何查封、保管等，皆須有一紀錄以為依據，故本法第 54 條第 1 項規定：「查封時，書記官應作成查封筆錄及查封物品清單。」從而查封筆錄之製作甚為重要。

㈠查封筆錄應記載事項

1.同條第 2 項定有明文，應記載事項如下：

⑴為查封原因之權利：即債權人所持執行名義表彰之權利。

⑵動產之所在地、種類、數量、品質及其他應記明事項：執行之動產

---

❷❼　假處分債權人之執行名義非屬金錢債權，不可參與分配，為參與分配，必須另行取得金錢債權損害賠償之執行名義。

必須明確，以免拍賣時爭執，故應記明所執行之動產為何物，放置何處、種類、數量、品質等，如有廠牌、年份、製造號碼、引擎號碼皆應記載。例如黃金應記載成色、重量；電器用品應記載廠牌、型號、噸數（冷氣機）；汽車應記載廠牌、年份、牌照號碼。總之，必須明確。又動產所在地指查封時該動產位置，即查封地點，此一地點須詳載門牌，不可僅寫「現場」。

(3)債權人及債務人。

(4)查封開始之日時及終了之日時。

(5)查封之動產保管人：即交何人保管，應予記明。

(6)保管方法。

　2.除本法規定之上開事項外，下列事項宜一併記載：

(1)該動產為第三人占用者，第三人為何人及占有之原因：查封之動產有為第三人占者（包括輔助占有），應記明第三人及占有之原因。

(2)在場人就該動產有主張權利者，其主張之陳述：查封時，有債務人在場，亦有債務人不在場，但有第三人（如其親屬、受僱人、鄰居等）在場，此等在場人就查封之動產有主張權利者，如債務人主張或否認為其所有，第三人主張為其所有或債務人所有，此等陳述宜一併記載。

(3)有阻撓查封涉及妨害公務情事者：凡債務人或第三人阻撓查封，經勸諭無效，涉嫌妨害公務，應將其情事記明，以便為移送檢察署偵辦之參考。

(4)查封之動產交債務人保管者，應依本法第 59 條第 3 項諭知刑法所定損壞、除去或污穢查封標示或為違背其效力之行為處罰之規定，記明筆錄。

(5)保管人有無出具收據：依本法第 59 條第 4 項，保管人應出具收據，其出具者應載明之。

(6)製作筆錄之年、月、日。

(二)**查封筆錄之簽名**

查封筆錄當場作成後，如法官在場，先由法官閱覽，並於法官閱畢後，交當事人閱覽或書記官朗讀給當事人聽，並由下列人員簽名：

　1.執行人員。

　2.債權人或其代理人。

3.到場之債務人或其代理人。

4.債務人不在場，依本法第 48 條第 2 項所命到場之家屬、鄰右、警察。

5.到場協助執行人員：如憲警、自治團體、商會、同業公會人員。

6.主張占有或權利之到場第三人。

7.保管人。

由於查封筆錄之記載係記錄查封之經過，並非經當事人簽名始生效，況依本法第 30 條之 1 準用民事訴訟法第 217 條未規定筆錄須經當事人簽名，故有不願簽名者，載明其拒絕簽名即可（參照注意事項 29）不影響查封效力。

九、查封之撤銷

查封除有前述強制執行之撤銷事由外（詳閱本編第一章第十五節），如債務人清償，債權人債權獲得實現，即毋庸拍賣，故本法第 58 條第 1 項規定「查封後，債務人得於拍定前提出現款，聲請撤銷查封。」至此現款清償，不僅須就執行債權人於執行名義之債權範圍內聲請執行之金額，包括本金、利息等，尚包括執行費用，且有併案執行或有執行名義參與分配者，亦應清償，始可撤銷查封。但有行政機關移送併案者，則不包括，執行法院依本法第 33 條之 2 第 3 項處理。又若係調假扣押卷者，不可逕予撤銷，因假扣押執行係另一案件，須另有撤銷原因，始可撤銷。

十、查封之效力

(一)效力所及範圍

查封後固對查封物本身發生效力，對下列物是否亦生查封效力？

1.成分：成分為物之組成分子，屬物之一部，即不可單獨為物權之標的物，自為查封效力所及，例如查封汽車，當然包括引擎。

2.天然孳息：依本法第 51 條第 1 項規定，查封效力及於查封後所生之天然孳息。學者亦均肯定，並認必須收取權屬債務人，否則收取權非屬所有權人而為第三人時，第三人係原始取得天然孳息，則查封所有物時，效力自不及之。但愚意以為查封效力應否及於天然孳息，尚待商榷，蓋：(1)查封後，債務人僅處分權受限制，至多使用亦受限制，但查封物既為債務

人所有，則收益權似不應受限制。尤其收取天然孳息，仍須債務人養育、照顧、支出費用及人力成本。⑵依民法第 69 條第 1 項規定，天然孳息既為出產物，例如牛之牛乳、雞之雞蛋、母豬之小豬，仍為一獨立物，與前述之成分不同，既為獨立物，與查封物不同，何以為查封效力所及，上開規定及學者均未述及，甚至本法第 51 條第 1 項在民國 85 年修正前係規定及於孳息，實務上曾認包括法定孳息，然因學者反對，認法定孳息係因法律關係所生收益，須由第三人給付，應依本法第 115 條、第 116 條執行❷，修正後之條文已限縮於天然孳息，似認天然孳息始為查封效力所及，然天然孳息固毋庸由第三人給付，但與法定孳息均為自原物產生之另一獨立物者同，何以可包括在內？⑶天然孳息之產生仍須債務人投入養育成本，學者即認如債務人支付保管費如雞之飼料等，債務人似非不得以收取之雞蛋抵銷保管費❷，則認查封效力及於天然孳息，對債務人並非公允。⑷事實上，天然孳息之產生，僅保管人知悉，苟未陳報執行法院，執行法院如何知悉，在由債權人保管者，債權人亦不一定會陳報，而牛乳、雞蛋不即時處理，即有腐敗之虞，小牛、小豬不予照顧，亦必死亡，是此規定毫無意義。

　　3.從物：民法第 68 條第 2 項固規定「主物之處分，及於從物。」但處分與查封不同，且從物仍為獨立之物，與成分不同，故查封效力並非當然及於從物，應一併查封始可拍賣。學者有認效力及於從物❸，亦有反對，認應立法補充❸，實務採肯定說❸。

---

❷　參閱陳世榮著前揭第二二八頁。

❷　參閱張登科著前揭第二六五頁。

❸　參閱陳世榮著前揭第二二八頁、楊與齡著前揭第四三九頁、陳榮宗著前揭第三三八頁。

❸　參閱陳計男著前揭第三三五頁。

❸　最高法院 94 年度臺抗字第 250 號裁定：惟按非主物之成分，常助主物之效用，而同屬一人者，為從物；主物之處分，及於從物，民法第六十八條第一項、第二項分別定有明文，故在查封時已成為不動產之從物者，該從物亦在拍賣範圍內，執行法院應予一併鑑價拍賣。

4.替代物或補償金：查封物滅失，查封效力是否及於替代物或補償金？有肯定說與否定說，前者參照民法第 881 條規定及本法第 51 條第 1 項，認為貫徹查封效力及債權人保護，應予肯定 **❸❸**，惟亦有反對，認須第三人提出，在未提出前，債務人對第三人僅有請求權，故在未提出前，效力不及，以免擴大執行名義對第三人執行，只有在已提出者，始為查封效力所及 **❸❹**。愚意以為除非法律明文規定替代物即為原物外，查封效力應非及於替代物，例如農地重劃條例第 27 條規定「農地重劃後分配於原土地所有權人之土地，自分配確定之日起，視為其原有土地。」原查封之土地效力及於重劃後之土地外，其他無明文規定，應非及於。蓋替代物並非原物。至於補償金不僅非原物，且須第三人因一定法律關係給付，故非效力所及，應另外執行，縱第三人自願提出，亦非當然可代替查封物，只能以前述之金錢執行方法執行。

㈡**債務人所有權**

查封後對債務人之所有權無影響，該物仍為債務人所有，在未交付拍定人前毀損滅失，所生危險仍由債務人負擔。

㈢**處分權之限制**

所有權人本可處分其所有物，但一經查封，其處分權即受限制，否則如仍可處分，法院如何拍賣換價？至此處分不僅包括法律上處分，亦包括事實上處分，故債務人不可於查封汽車後，將汽車拆卸為零件，否則除有損害債權罪等刑事責任外，並可依本法管收。至於法律上處分，依本法第51 條第 2 項規定「實施查封後，債務人就查封物所為移轉、設定負擔或其他有礙執行效果之行為，對於債權人不生效力。」對債權人不生效力。移轉、設定負擔係指處分行為而言，其他有執行效果之行為，係指上開處分行為以外者，減損查封物價值之行為，多為事實行為，例如將查封之機器解體。至於出租、出借、出賣行為，均為負擔行為，其中租賃因買賣不破租賃原則，尚有物權行為效果，是否不應准許？實務上以債務人因查封，

---

❸❸　參閱楊與齡著前揭第四三九頁。

❸❹　參閱陳計男著前揭第三三七頁。

其管理、使用、收益受有限制，固認不可出租❸❺，學者則認將使查封物價值降低，亦認不可出租❸❻，至於出借、出賣，則少有論及❸❼。愚意以為上開負擔行為除出租外均應有效，蓋負擔行為不以有處分權為必要，僅能否交付查封物，本法第 51 條第 2 項既限制處分行為，應不包括上開負擔行為，僅出借、出賣後，債務人不可為交付之處分行為，有債務不履行責任，但實務有認不可出借❸❽，愚意以為該出借係指物權之交付行為，實務始禁止之。又查封前，債務人雖有出租，但在執行程序中租期屆滿，債務人可否為民法第 449 條第 2 項租期之更新，或不為反對表示有民法第 451 條默示更新適用？按民法第 449 條第 2 項期限之租期更新，參照立法理由：「……但當事人對於此法定之期限，得更新契約，使與另定租賃契約無異，法律亦所允許。……」及最高法院 79 年臺上字第 1838 號判例：「……，若約定

---

❸❺ 最高法院 73 年臺上字第 394 號判決：不動產經查封後，債務人對該不動產之管理或使用收益權，即受限制。除依強制執行法第七十八條之規定，經執行法院之允許，得於必要範圍內管理或使用外，債務人不得將之出租他人，否則，不惟對於債權人不生效力，執行法院得強制排除之（見強制執行法第五十一條第二、三項及辦理強制執行事件應行注意事項二十八），抑且須負刑法第一百三十九條妨害公務之刑責。

❸❻ 參閱張登科著前揭第二六二頁。

❸❼ 學者陳世榮認出租、出借均影響查封效力，為有礙執行效果行為（參閱陳氏著前揭第二七九頁）。學者陳榮宗則認為本法第五十一條拘束者為處分行為，債權契約行為不受拘束（參閱陳氏著前揭第三三七頁）。

❸❽ 最高法院 71 年臺上字第 3636 號判決：……，所謂「其他有礙執行效果之行為」，係指處分行為以外，其他足以影響查封效力之行為，例如將查封物出租、出借等是，所謂債權人，應兼指聲請執行之債權人及拍定人而言，上訴人就系爭房屋之租賃契約訂立於查封之後，執行法院不知情而未予排除，被上訴人之拍定系爭房屋，係按無租賃條件支付價金，上訴人竟執不定期且可轉租之租賃契約主張權利，當然影響被上訴人對拍賣價額之估計，對於執行效果，大有妨礙，依據前開說明，系爭房屋之租賃契約，對於被上訴人既不生效力，上訴人殊無依民法第四百二十五條規定主張其租賃契約對系爭房屋之承受人或買受人繼續存在之餘地。

期間屆滿後，當事人合意延展租賃期間，則該公證書原定給付之執行力，即因而歸於消滅。」意旨，與另訂租約相同，茲出租既有礙執行效果，自不應准為更新。惟此更新，係指債務人積極為一定行為，與民法第 451 條之默示更新，係消極不為反對表示不同，此不為反對表示，視為不定期繼續契約為法律之擬制，在查封後有無適用，實有問題？揆諸民法第 451 條之適用，其前提要件須係「租賃期間屆滿後」，故在拍定人繼受租賃關係時，如在繼受後租賃期限始屆滿，此時因拍定人已繼受而立於出租人地位，須拍定人不即表示反對，始可更新為不定期租賃。若承租人繼續向債務人（即原出租人）付租金，該債務人不為反對表示，亦無此更新結果。至在拍定人取得拍賣物所有權前，於查封中，租期屆滿，出租人仍屬債務人，可否因其不即表示反對，產生此更新結果？最高法院 51 年度臺上字第 1863 號判決謂：「依強制執行法第七十八條之反面解釋，債務人對於已經查封之房屋，不但喪失其處分權，並已喪失其管理權，於租期屆滿時，無表示反對續租之權能，於房屋查封後，無收取租金之權利。……，自不能視為以不定期限繼續契約。」及同院 67 年 8 月 29 日 67 年度第九次民庭庭推總會議決議㈡：「甲之房屋出租於乙，後因負債，經法院查封，甲對該房屋即喪失處分或設定負擔之權，其對該房屋之繼續出租與否，更漠不關心。嗣於拍賣期間租期屆滿，乙仍繼續使用該房屋，甲雖未即為反對之意思表示，亦難認為有默示同意繼續出租之意思，乙自不能主張民法第四百五十一條所定默示更新不定期繼續租約之效果，……。」均採否定說，僅理由不同，學者亦有持前開判決及後開決議贊同否定說者 ❸。惟就民法第 451 條規定出租人不即表示反對之意思，實屬單純之沈默，僅因法律對此沈默賦予意思表示效果，擬制其意思表示為同意 ❹。其既屬沈默，毋須出租人為意思表示，能否謂出租人因查封喪失處分權、管理權即不能為此沈默？蓋喪失處分權及管理權，只不能為出租行為而已，茲並未出租，僅係沈默而已。況民法第 451 條之更新，係租賃期限之更新，即原來契約保持同一性而延

---

❸　參閱陳計男著前揭第三八九頁、陳世榮著前揭第二七九頁。

❹　參閱王澤鑑著《民法實例研習叢書㈡》第二七三頁。

長，非租賃契約之更新❹，亦難認係另一出租行為。在前開判決謂債務人無表示反對續租之權能，應係指以意思表示延長租期，難包括沈默在內，故有後開決議，謂債務人對繼續出租與否，漠不關心，由情理立論，規避法規。事實上，就此問題吾人亦贊同否定說，其理由即在債務人漠不關心，甚或逃匿無從反對表示，但就法言法，似欠周延。應於民法或強制執行法中明文規定，在拍定前查封中，租期屆滿不適用該更新規定。學者楊與齡就此亦認為有礙執行效果之行為❷。

㈣違反查封之行為效力

按債務人既因查封，喪失對查封物之處分權，則違反查封之行為，應係無權處分，即經有處分權人承認始生效力，否則仍屬無效（參照民法第118 條第 1 項）。但本法第 51 條第 2 項規定為「對於債權人不生效力」，並非視為無權處分，亦非絕對無效，而係對於債權人不生效力❸。由於此項特別規定，不同於絕對無效係自始確定無效，則所謂「對於債權人不生效力」究何所指？在動產物權之變動以交付為原則，動產查封後，債務人仍有可能交付他人以讓與所有權，設定抵押權、質權，與不動產查封後因有登記問題，凡查封登記後，即不可能為移轉或設定登記，只有在查封與查封登記間之第三人登記應否塗銷，則此對債權人不生效力不能全以違反不動產查封效力論斷，有下列問題，值得研究：

1.對債權人不生效力，是否須債權人主張始不生效力？抑或毋庸主張，當然對債權人不生效力？如就非絕對無效言，似須債權人主張，始有對其

❹ 參閱史尚寬著《債法各論》第二一八頁。

❷ 參閱楊與齡著前揭第四四一頁。

❸ 最高法院 72 年臺上字第 2642 號判例：債務人就查封物所為移轉、設定負擔或其他有礙執行效果之行為，依強制執行法第五十一條第二項規定，僅對於債權人不生效力而已，並非絕對無效；裁判分割，既係法院基於公平原則，決定適當之方法分割共有物，自不發生有礙執行效果之問題，債權人即不得對之主張不生效力；且債務人之應有部分，經實施查封以後，因裁判分割，其權利即集中於分割後之特定物，此為債務人原有權利在型態上之變更，當為查封效力之所及，於假處分亦無影響。

無效可言，故若未否認，甚至承認，債務人之行為仍屬確定有效。實務上即認債務人於耕地查封後出租第三人，債權人未否定出租行為，承租人仍有優先承買權[44]，但亦有認對拍定人仍不生效，拍定人可於拍定後否認[45]。就文義觀之，既對於債權人不生效力，似為毋庸債權人主張之結果，尤其參照本條第3項，執行法院可依職權排除第三人占有，未限制須債權人主張，更應如此，則在上例，承租人應無優先承買權。學者間意見不一[46]，愚意以為就強制執行係實現私權，以當事人進行主義觀之，是否不生效力，應視債權人主張與否，苟若不主張，所生不利結果，自己承擔，例如移轉他人，他人以所有權人自居，自可提起第三人異議之訴撤銷執行，甚至如出租他人，致拍賣不易，亦屬債權人之事，執行法院毋庸為之主張無效，

---

[44] 臺灣高等法院79年法律座談會：

問題：甲為債務人，所有耕地於民國七十六年間，經債權人乙聲請法院假扣押而實施查封，並為查封登記。嗣甲將該土地出租予丙耕種，但未辦理耕地三七五租約之登記。迨民國七十九年間，甲之另一債權人丁向法院請求調卷拍賣該查封土地，經拍定後，該承租人丙主張優先承購權，法院應否准許？

討論意見：略。

司法院民事廳研究意見：按債務人就查封物所為移轉、設定負擔或其他有礙執行效果之行為，依強制執行法第五十一條第二項規定，僅對於債權人不生效而已，並非絕對無效。最高法院七十二年臺上字第二六四二號判例可資參照。題示甲所有之耕地被查封後，將該耕地出租予丙耕種，甲丙間仍成立耕地租賃關係，但甲所為有礙執行之效果，依強制執行法第一百十三條準用第五十一條第二項規定，僅對於執行債權人乙、丁不生效力，乙、丁如已依同條第三項規定聲請法院排除該租賃關係，丙即不能主張優先承受權，乙、丁或其他債權人如未於拍定前後主張租賃對其不生效力，丙於土地拍定時，依耕地三七五減租條例第十五條規定，仍可主張優先承受權。

[45] 同[38]。

[46] 學者陳世榮謂處分行為不得對抗債權人，但在處分之當事人間相互有效（參閱陳氏著前揭第二二七頁）。陳計男謂債權人可主張不生效力，以排除該處分行為效力，但債權容忍該處分行為時，其行為仍屬有效（參閱陳氏著前揭第三二四頁）。

最高法院 50 年臺上字第 96 號判例：「依土地法所為之登記有絕對真實之公信力，縱使債務人之處分有無效之原因，在債權人未提起塗銷登記之訴，並得有勝訴之確定判決以前，其登記不失其效力。債權人殊難以該不動產之登記在實施查封以後為無效，認定第三人尚未取得所有權，並無足以排除強制執行之權，而主張第三人執行異議之訴為無理由。」應為如此見解。至於債權人何時主張無效，本法並無限制，當以在執行程序終結前，即在終結前，因其債權人身分存在，執行尚在進行，自可主張，但若先前已明示不主張，基於禁反言之法理，即不可再主張。又既非當然無效，則債務人與相對人間處分行為應屬有效。

2.債權人已主張無效，但動產非因拍定而撤銷查封時，債務人之處分行為是否有效？學者一般均僅謂債權人撤回執行或查封撤銷，處分行為即完全有效[47]，甚至認採相對無效，即係可合理解決撤銷查封不致使處分行為自始無效[48]。惟按相對無效僅係須債權人主張始為無效，在主張為無效後，其處分行為即應自始確定無效，不能再回復為有效，蓋是否有效屬實體法律效果。

3.第三人可否以不知查封事實，主張民法第 801 條善意取得所有權？學者間有不同意見，但基於確保強制執行之效力，應採否定說[49]。

4.所謂對債權人不生效力，不僅指債務人之處分行為及有礙執行效果行為，且只是針對債權人，故在債務人與其為行為之相對人間之負擔行為，應仍有效，從而於債權人主張不生效力時，致相對人未能獲得處分行為之結果，只能向債務人主張債務人不履行之損害賠償。

5.可主張不生效力之債權人，除聲請執行者外，是否包括參與分配之債權人，學說上有「個別相對無效說」或「個別相對說」與「程序相對無效說」或「手續相對說」、「程序相對說」，前者僅對聲請執行債權人及債務

[47] 參閱張登科著前揭第二六三頁、楊與齡著前揭第四三七頁。

[48] 參閱陳榮宗著前揭第三三六頁。

[49] 學者陳世榮認有民法第八百零一條適用（參閱陳氏著前揭第二二五頁），學者陳計男則否認（參見陳氏著前揭第三二七頁）。

人為處分等行為以前參與分配之債權人無效，後者則包括處分行為後參與分配之債權人，亦可主張無效，學者間有不同意見❺⓪。愚意以為在我國禁止重複查封及本法第33條規定，自應包括所有債權人，不分處分前或後，實務上採之❺①，至於是否包括拍定人，實務上有不同意見，有肯定說❺②，亦有否定說❺③。愚意以為拍定人非債權人，固然不可主張無效，但在債權人主張無效時，債務人之行為因此即不生效力，拍定人即可受反射利益，例如查封後債務人將動產出租、移轉交付他人，債權人已主張無效，自無民法第425條適用，則承租人即不可對拍定人主張有租賃權。

6.第三人未依執行法院允許占有查封物時，執行法院得依職權或依聲請排除（參照本法第51條第3項），即在拍定前，執行法院可予排除第三人占有，再予拍賣。至此依「職權」部分，參照前述說明，應有欠妥，實務上鮮有依職權為之，縱有聲請，亦多未處理，迨至拍定後，再予點交給拍定人即可排除第三人占有。

第二目　換　價

動產查封後，必須換價，始能清償金錢債權。本法規定之換價方法有三，一係拍賣、一係變賣，另一係有價證券特別處理方法。

一、拍　賣

拍賣係利用公的程序，由執行法院藉多數人競相出價方式，公開出售查封物之執行行為。其性質如何，有不同學說❺④。我國實務採私法說，認

---

❺⓪ 詳閱陳計男著前揭第三二四頁、陳榮宗著前揭第三三五頁、許士宦著《執行力擴張與不動產執行》第二三一頁以下。

❺① 最高法院51年臺上字第156號判例：債務人在查封後就查封物所為之處分，對於債權人不生效力，所謂債權人非僅指聲請執行查封之債權人而言，即參與分配之債權人，亦包括在內。

❺② 同❸❽。

❺③ 最高法院70年臺上字第3101號判決：……，但茲所謂債權人，應指該強制執行事件之債權人（例如聲請強制執行之債權人或已參與分配之債權人）而言。

❺④ 有關拍賣性質之學說，請參閱拙著《強制執行法拍賣性質之研究》。

其與民法上買賣相同，僅由執行法院代替債務人為出賣人❺，至此代替為出賣人，究為代理或代表不明，就執行法院係本於公權力執行，應非代替出賣，而係有權出賣，實務見解，目的之一似在於逃避拍賣第三人財產時應負之損害賠償責任。

㈠**拍賣前之準備**

實施拍賣前，執行法院應為下列之準備：

1.定拍賣期日：本法第 57 條第 1 項規定「查封後，執行法官應速定拍賣期日。」故執行法官於查封實施完畢，即應儘速指定拍賣期日，不可延誤。然查封物有須鑑價者（詳後述），有待登記機關辦理查封登記者，則應待鑑價完畢及登記完畢，始可指定拍賣期日。又查封後，保管人將查封物置放他法院轄區內保管，執行法院囑託該法院拍賣時，自毋庸指定拍賣期日，而由該法院指定。惟若不囑託，而通知保管人將查封物於拍賣時帶至本院轄區內之場所拍賣，則仍應自行指定拍賣期日。再調假扣押卷或假處分卷拍賣者，因毋庸重複查封，執行法官於卷調到後，除須鑑價者外，應即指定拍賣期日。另查封未與土地分割之天然孳息，依本法第 59 條之 2 第 1 項須待收穫期屆至始可拍賣，至於須否採收分割後，就本法第 59 條之 2 第 2 項規定「前項拍賣，得於採收後為之，其於分離前拍賣者，應由買受人自行負擔費用採收之。」並無限制，但依注意事項 24「執行法院僅就未與土地分離之農作物，實施查封者，限於將成熟時始得為之，並於收穫後再行拍賣。」認須採收後始可拍賣。固然採收分離後，依民法第 66 條第 2 項始為動產，可依動產執行程序拍賣，但一方面查封後，債務人拒絕或逃匿，無人採收是否即不可拍賣？又債務人採收須僱工，此一費用由何人負

---

❺ 最高法院 49 年臺抗字第 83 號判例：強制執行法上之拍賣，應解釋為買賣之一種，即拍定人為買受人，而以拍賣機關代替債務人立於出賣人之地位。最高法院 64 年臺上字第 2200 號判例：強制執行程序中之拍賣，為買賣方法之一種，關於出賣人所為允為出賣之意思表示（拍定），應由執行法院為之，如執行法院於拍賣時就應買之出價未為拍定之表示，雙方之意思表示自未合致，即不能認以拍賣為原因之買賣關係業已成立。

擔？債務人無力支出時，如何處理？另一方面採收後，如不迅速拍賣或放入冷凍室內，有腐敗之虞，再者債務人採收後，亦有可能私自出售，故愚意以為查封後，毋庸待採收期屆至，甚至不須採收後再拍賣，即可依一般拍賣程序迅速拍賣，由拍定人自行採收。又此採收相當於點交，為避免爭執，執行人員應到場，以維拍定人權益。

本法第 57 條第 2 項規定「查封日至拍賣期間，至少應留七日之期間。但經債權人及債務人之同意或因查封物之性質，須迅速拍賣者，不在此限。」第 3 項規定「前項拍賣期日不得多於一個月。但因查封物之性質或有不得已之事由者，不在此限。」故除有該項但書例外情形，拍賣期日在查封 7 日後。又因拍賣須先公告，而拍賣應於公告 5 日後行之（參照本法第 64 條第 1 項、第 66 條前段），故實際上執行法官在指定拍賣期日時，尚須斟酌書記官辦理公告及執達員張貼公告之時間，以免屆時不足 5 日，有違規定。

執行法官所指定之拍賣期日，如不足上開期間，當事人或利害關係人可依本法第 12 條第 1 項聲明異議，一經異議，即應重行指定拍賣期日。然若無人聲明異議，拍賣仍屬有效，拍賣程序終結後，不得以此為由聲明異議。

2.鑑價：依本法第 62 條規定「查封物為貴重物品而其價格不易確定者，執行法院應命鑑定人鑑定之。」故動產必須為貴重物品，且價格不易確定者，始須鑑價。是否貴重物品，價格不易確定，由執行法院依職權斟酌，其斟酌應依當地社會情形決定。是否鑑價，屬執行法院之職權，當事人或利害關係人固得依本法第 12 條第 1 項聲請鑑價，惟執行法院未鑑價即予拍賣，拍賣仍屬有效。

選任鑑定人為執行法院之職權，究以選任何人為宜，本法並未規定，應準用民事訴訟法規定，參酌該法第 328 條之立法理由：「查民訴律第三百九十八條理由謂鑑定人，乃有特別之智識而陳述意見者，若無此智識，即不宜為鑑定人。……」，該鑑定人須係有特別智識者，即對所鑑價之動產，須有特別智識足以鑑價，不得隨意指定，否則其鑑價無效❺❻。目前，司法

---

❺❻　參閱拙撰〈略論強制執行之鑑價〉（刊《法務通訊》第一三七七期，收錄於拙著《強制執行法學說與判解研究》）。

院就鑑價人選任另有規定。

鑑定人鑑價，實務上認為無偽證罪之適用，故毋庸令其具結❺❼。然愚意以為既然本法有準用民事訴訟法規定，此處鑑定人鑑價自亦應準用民事訴訟法第 334 條規定應予具結。而該結文為「公正誠實之鑑定」，鑑價亦須如此，否則鑑定人隨意鑑價，豈不有失鑑價目的，縱因無刑法偽證罪之適用，但有此結文，亦足以警惕其為公正誠實之鑑價。

3.定底價：動產拍賣為求迅速，本法未規定一定須定底價，僅於債權人或債務人聲請，或執行法院認為必要時，始須定底價（參照本法第 70 條第 1 項）。在有債權人或債務人聲請時，執行法院固應定底價，至何種情形為有必要，法律並未規定，屬執行法院主觀認定。實務上均係對經鑑價者，始予定底價。然就法條言，定底價與鑑價為二事，未鑑價者亦可定底價。

底價若干，依本法第 70 條第 1 項規定，屬執行法院職權決定，當事人不得異議。然依同條第 2 項規定，執行法院定底價時，應詢問債權人及債務人之意見，但無法通知或屆期不到場者，不在此限。是依此項規定，定底價雖屬執行法院職權，但應斟酌當事人意見。目前實務上多係對經鑑價者始予定底價，一方面因既有鑑價，屬客觀評斷，即以此為底價無詢問必要，遂未詢問債權人及債務人意見，另一方面動產底價不公開（詳後述），恐以鑑價詢問債權人及債務人意見，即洩漏底價，致無詢問債權人及債務人意見。就法條言，此一實務作法，實有不當。定底價誠非易事，債權人與債務人意見，亦因各有目的而不一致，但一方面本法既有規定，另一方面拍賣不動產在定底價時，亦有詢問債權人及債務人意見者，而債權人及債務人既有利害關係，對拍賣物價值多少應各有認識，且必關心，故吾人以為實務作法應非可採。

底價定妥後，應否公開？法條並未規定，有謂為避免應買人知悉，串通作弊，故不應公開。有謂參照本法第 64 條與第 81 條規定，不動產拍賣

---

❺❼ 司法院 30 年院字第 2116 號解釋：……。強制執行程序中之鑑定人，並非刑法第一百六十八條所稱於審判時或偵查時為陳述之鑑定人，即使為虛偽之陳述，亦不成立偽證罪，自無從準用民事訴訟法之規定命其具結。

公告有底價而動產拍賣公告則無，故不應公開❺❽，實務採之（參見臺灣高等法院 76 年法律座談會）。然愚意以為不動產拍賣既可公開底價，不虞其知悉作弊，何以動產拍賣有此顧慮？況動產拍賣係由應買人競相叫價，如知悉底價自可斟酌叫價，如認不值者，即不叫價，以免浪費時間。再就法條言，或為疏漏，或係認不一定有底價，致未規定，然就其規定觀之，並未明文禁止公開，實不必作相反解釋。故吾人以為應公開底價，學者亦有依其他理由認應公開❺❾。

　　4.定保證金額：拍賣動產，原則上不定底價，僅於前述情形，始定底價，既定有底價，為避免應買人隨意出價，嗣後拒不繳價金，本法第 70 條第 1 項規定，執行法院得酌定保證金額，命應買人於應買前繳納之。未照納者，其應買無效。

　　保證金金額依規定既係「得」酌定，故是否定保證金，純屬執行法院職權，當事人之聲請，僅供參考。依注意事項 38 ⑵規定，以拍賣物價值較高，並以預定底價者為限，始應定保證金。

　　保證金應為若干，本法及注意事項皆未規定，似可比照不動產拍賣，定為底價之百分之十至百分之三十（參照注意事項 47 ⑴）。

　　5.定拍賣場所：依本法第 61 條第 1 項規定，拍賣動產於執行法院或動產所在地行之，故究在何處拍賣，執行法院應事先指定。

　　6.公告：拍賣係由多數人應買競相出價，為使大家知悉致有多數應買人，本法第 64 條第 1 項規定「拍賣動產，應由執行法院先期公告。」

　　公告應載明下列事項（參照本法第 64 條第 2 項、第 69 條、注意事項 36、37、38 ⑵）：

　　⑴拍賣物之種類、數量、品質及其他應記明之事項。所謂其他應記明事項，指與拍賣物使用有關，例如拍賣汽車無牌照、電影片無准演執照或非在准演期間、汽車有欠繳燃料費等稅款或罰款須由拍定人負擔、電話租

---

❺❽　參閱陳世榮著前揭第二四九頁、楊與齡著前揭第四五二頁、耿雲卿著《強制執行法釋義下冊》第六二五頁。

❺❾　參閱吳鶴亭著《新強制執行法實用》第二五二頁。

用權人欠繳電話費須由拍定人負擔。

⑵拍賣之原因、日期及場所。

⑶閱覽拍賣物及查封筆錄之處所及日時。

⑷定有拍賣價金之交付期限者，其期限。一般皆定於拍定時當場交付。

⑸定有保證金者，應買人應於拍賣期日前向執行法院繳納。

⑹令應買人以書面提出願出之價額者（即投標）。

⑺有不點交情形者。不動產拍賣有點交與否問題，至動產拍賣因本法僅有第 68 條規定「拍賣物之交付，應於價金繳足時行之。」並無類似之第 99 條點交規定，故學者鮮有討論，甚至認無點交問題，僅莊柏林於所著《強制執行法新論》（民國 64 年初版）第一六九頁謂：「若該動產為第三人占有者，應分別其占有係在查封以後，若第三人之占有係在查封期日以後，……執行法院得本諸公權力解除第三人之占有，取交買受人。如第三人之占有係在查封期日以前，除該第三人係債務人之家屬、受僱人、學徒等為債務人占有輔助人，……得予點交買受人外，執行法院不得遽將拍賣物取交買受人。」即認動產拍賣有不點交情事。愚意亦同。蓋債務人之動產亦有第三人占有，縱執行法院可查封拍賣，仍應顧及第三人占有之權益，尤其民法第 425 條規定，並未限定為不動產租賃始有適用，故動產出租他人，其租賃契約不僅對拍定人繼續存在，且查封時為承租人占有者，亦不應點交，故如有不點交情形者，應於公告中載明。至於是否點交，應類推適用本法第 99 條第 1 項規定。實務上，往往因第三人已提出動產供執行，認皆可點交，致未注意及此，似屬疏漏。

⑻應買人之資格。如應買人有資格限制者，應予載明。例如債務人不可應買。拍定人未繳足價金而再行拍賣時，原拍定人不可應買（參照注意事項 37 之 2）。

⑼拍定人對拍賣物無物之瑕疵擔保請求權。

書記官辦妥公告後，應交執達員揭示，本法第 65 條規定「拍賣公告，應揭示於執行法院及動產所在地之鄉鎮市（區）公所或拍賣場所，如認為必要或因債權人或債務人之聲請，並得公告於法院網站；法院認為必要時，

得命登載於公報或新聞紙。」故揭示方法有：

(1)張貼於執行法院公告欄。

(2)張貼於動產所在地之鄉鎮區公所或拍賣場所。

(3)公告於法院網站。

(4)刊登公報或新聞紙：公報指各種政府公報，新聞紙乃指按期發行之報紙。實務上甚少刊登公報，如須刊登，皆用新聞紙。

上開四項方法，就法條文義言，前二者一定須採用，否則當事人或利害關係人可依本法第 12 條第 1 項聲明異議。若未聲明異議，其拍賣是否有效？實務上參照最高法院 51 年臺上字第 2945 號判例：「拍賣不動產之期日……其公告應揭示於執行法院及該不動產所在地……。此類程序，如執行人員未經遵行……固得對之為聲請或聲明異議，但強制執行程序一經終結，即不得主張其強制執行為無效。」拍賣仍然有效，但有認若根本未揭示，拍賣不生效力❻⓿，可供參考。至後二者，參照不動產拍賣公告刊登新聞紙屬訓示規定之解釋❻❶，縱通知刊登而未刊登，當事人雖可聲明異議，惟執行法院之拍賣仍有效。然為避免無謂之糾紛，既已通知刊登而未刊登，以停止拍賣，重行拍賣為宜。

公告應於何時揭示刊登，依本法第 66 條規定「拍賣，應於公告五日後行之。但因物之性質須迅速拍賣者，不在此限。」故書記官辦妥公告，執達員應注意須在拍賣日前 5 日揭示，如令登報，亦應令於拍賣日前 5 日見報。

7.通知當事人到場：本法第 63 條規定「執行法院應通知債權人及債務人於拍賣期日到場，無法通知或屆期不到場者，拍賣不因而停止。」故執行法院於定公告之際，尚應通知當事人有關拍賣期日及場所，俾其到場。至此債權人，除執行債權人外，尚包括併案執行及參加分配之債權人。債

---

❻⓿　參閱吳鶴亭著前揭第二四一頁。

❻❶　司法院 30 年院字第 2176 號解釋：拍賣公告，只須揭示於執行法院及不動產所在地即生效力，強制執行法第八十四條雖載如當地有公報或新聞紙亦應登載字樣，然同一拍賣公告未便以當地之有無公報或新聞紙而異其效力之發生要件，自應解為訓示規定，不能以其未登載公報或新聞紙即認拍賣為無效。

務人則指拍賣物所有人，不包括執行名義及聲請執行狀所列實未被查封拍賣之他債務人。該條雖規定無法通知或經通知然屆期不到場者，拍賣不因而停止，但如通知之債權人係為引導執行人員到執行法院以外之場所實施拍賣者，如無法通知或屆期不到場者，因無人引導，拍賣不能進行。除此之外，始不停止拍賣，仍予進行。所謂無法通知，如逃避、遷徙，只須有此事實，通知無法為之，即可進行拍賣，不準用民事訴訟法之公示送達 ❷。實務上只須提出戶籍謄本，依此戶籍通知即可。

　　此項通知應予送達，並作成送達證書附卷（參照注意事項 35），若未通知，未被通知者可聲明異議 ❸。惟聲明異議須在拍定前，逾期異議不合法，拍定仍屬有效。

　　8.通知優先承買權人及他項權利人到場：依注意事項 35 規定，拍賣物如有優先承買權人或他項權利人者，亦宜一併通知之，但無法通知或經通知而屆期不到場者，拍賣不因之停止。故如有此等人，亦宜通知到場。惟一方面該規定為「宜」通知，是縱未通知，執行程序亦無瑕疵，不可聲明異議，另一方面優先承買權人均係買賣成立後，於一定期間內表示以同一條件承買，事先通知到場，實無必要。而他項權利，法律均有規定在物權變動後之效果，實無通知到場必要。

　㈡拍賣之實施

　　1.拍賣行或他人拍賣：依本法第 61 條第 2 項前段規定，執行法院認為必要時，得委託拍賣行或適當之人拍賣之。拍賣行係以拍賣為業之營業單

---

❷　最高法院 55 年臺抗字第 372 號裁定：如果確屬無法通知，即可不行通知程序而拍賣，強制執行法已有第六十三條後段之特別規定，自無準用民事訴訟法以公示送達方法行通知之必要。

❸　最高法院 57 年臺上字第 3129 號判例：拍賣不動產，依強制執行法第一百十三條準用第六十三條，及辦理強制執行案件應行注意事項第二十八條規定，應通知債權人及債務人於拍賣期日到場，通知須以送達方法行之，作成送達證書附卷，若有應通知而不通知，或通知未經合法送達者，均為違反強制執行時應遵守之程序，未受通知或未受合法通知之當事人，均得對之聲明異議。

位，或為獨資、合夥、公司，均無限制。適當之人則非拍賣行，但有能力處理拍賣事務，例如查封物為書畫、古董或其他藝術品，有專門知識之人可以出售者，即為適當之人，委託拍賣行或適當之人拍賣，不僅拍賣程序由渠等為之，即前述之準備工作，亦毋庸由法院處理，全由渠等負責。惟拍賣行或適當之人究屬營利事業，受執行法院之委託，為監督其公正拍賣，本法第 61 條第 2 項但書規定，執行法院應派員監督之。至應派何人，法律並未規定，有謂衡之本法第 73 條書記官應作成拍賣筆錄之規定，在場監督者，必須有書記官❻❹。愚意以為監督在於督促拍賣之公正，而非製作筆錄，況其拍賣方式、程序，應依民法規定，毋庸作成拍賣筆錄，故派何人均無限制，純屬執行法院職權。

2.執行法院拍賣：執行法院自行實施拍賣者，即由執行人員於指定之時間，在指定之拍賣場所，拍賣查封之動產。拍賣時相關事項如下：

(1)實施拍賣之執行人員，依本法第 61 條第 1 項前段規定，固為書記官及執達員，惟愚意以為亦如前述實施查封之執行人員，可由執行法官與執達員或書記官一人實施拍賣。實施拍賣之執行人員不得應買或使他人為其應買，否則拍賣無效❻❺。

(2)拍賣方式係由應買人叫價，經競相叫價後由執行人員依法決定拍定。雖注意事項 38 ⑵規定，若有酌定保證金者，法院認為必要時，得命應買人以書面提出願出之價額，似可以書面出價方式應買，但實務上鮮有採用。

(3)拍賣之動產，應參考一般商業習慣之出售方式拍賣。

(4)除法令有限制承買人之資格者外，原則上，一般人均可為應買人，

---

❻❹ 參閱楊與齡著前揭第四六一頁。

❻❺ 司法院 32 年院字第 2568 號解釋：民法第三百九十二條之規定，於強制執行法上之拍賣亦適用之，強制執行法第六十一條、第八十三條之執行推事、書記官及執達員，即為民法第三百九十二條所稱之拍賣人，如自行應買或使他人為其應買，則主張拍賣無效有法律上利益者，自得以訴主張無效。至執行法院之院長及其他職員，均非民法第三百九十二條之拍賣人，縱令司法行政監督長官曾有禁止應買之命令，其應買亦僅發生應否懲戒之問題，仍不得謂拍賣為無效。

僅承辦之執行人員及債務人不得應買。債權人、代理人、債務人配偶及家屬皆可應買。至執行人員以外之法院人員，則可應買❻❻。債務人不得應買，係因實務認拍賣為民法上之買賣，執行法院係代替債務人為出賣人，而買賣之出賣人及買受人係不同之主體，不可能自己向自己買，故債務人不可應買，早期雖無規定，但實務均如此處理，有最高法院 80 年臺抗字第 143號判例可考，民國 85 年修正本法時，特於第 70 條增設第 6 項「債務人不得應買。」

(5)執行人員應於指定之日時，在指定之拍賣場所實施拍賣，不得臨時更改，縱有不得已事由，亦應停止此次拍賣，重行公告拍賣，以維持法之公平性。

(6)閱覽查封物日時如定在拍賣期日前，固應於拍賣期日前，給應買人閱覽。如非定於拍賣期日前，亦應於拍賣前，交應買人閱覽，一方面便於其決定出價，一方面拍定人無物的瑕疵擔保請求權（參照本法第 69 條），如不給其查看，有損其權利。

㈢拍　定

拍定係指執行人員於拍賣時，就應買人之出價，決定何人買受之行為，由執行人員依下列標準決定：

1.須係最高價。

2.出價須達一定標準，即第一次拍賣時，應買人出價高於底價或雖未定底價，但債權人或債務人對出價未為反對表示。第二次拍賣時，出價在底價百分之五十以上或未定底價，但非顯不相當。關於債權人或債務人對出價之反對表示，限於債權人、債務人或其代理人。

在以口頭喊價、競價時，依本法第 70 條第 3 項「拍定，應就應買人所出之最高價，高呼三次後為之。」執行人員須就高價者，以該價格高呼三次後，若無人再出高價，即可於符合前開情形予以拍定。拍定應以言詞表之。至於由何人高呼及表明拍定，本法並未規定。愚意以為高呼出價由書記官或執達員為之均可，拍定表示應由書記官為之，蓋是否拍定，在未定底價者，債權人或債務人尚可表示意見，其表示應向執行拍賣之書記官為

---

❻❻　同❻❺。

之，故是否拍定由書記官表明，至高呼出價僅係選擇出價最高者，或由書記官或由執達員為之均可。惟在最後一次高呼與拍定之間，應隔相當時間（參照注意事項 38 ⑶）。又在表示拍定前，如有人再出高價，仍可再叫價，在表示拍定後，始不可再叫價。

㈣拍賣次數

動產拍賣次數，原則上僅一次，例外為兩次，即：

1.第一次拍賣無人應買，執行法院應作價交債權人承受，債權人不承受或不能承受，撤銷查封，但拍賣物顯有賣得相當價金之可能者，可為第二次拍賣之再行拍賣。再行拍賣，應由出價最高之人拍定，但其最高價不足底價百分之五十；或雖未定底價，而其最高價顯不相當者，仍不拍定，執行法院應作價交債權人承受（參照本法第 71 條、第 70 條第 5 項）。

2.第一次拍賣有人應買，但出價不足底價或未定底價而債權人或債務人反對致未拍定，除債權人願依所定底價承受者外，則為第二次拍賣之再行拍賣，再行拍賣，應由出價最高之人拍定，但其最高價不足底價百分之五十；或雖未定底價，而其最高價顯不相當者，則不拍定，應作價交債權人承受（參照本法第 70 條第 4、5 項）。

至於再行拍賣之程序均同第一次，亦需公告。

㈤過度拍賣之限制

依本法第 72 條規定，在查封之動產有數件以上者，部分拍定價額足以清償，即應停止拍賣。

㈥承　受

本法於拍賣程序中，尚設有債權人承受制度，即由債權人買受。其承受時機有三，一係第一次拍賣無人應買時，二係第一次拍賣有人應買，但出價不足未拍定時，三係第二次拍賣未拍定時。雖就本法第 70 條第 5 項之文義，第二次拍賣有人出價但不足底價或出價不相當，始可承受，不包括無人應買。但無人應買即為出價不足，故應包括在內，即未拍定者，均可由債權人承受。是否承受固係債權人權利，但以何價承受，除有底價者，第一次拍賣有人出價但未達底價而未拍定，應以底價承受者外，本法未規

定，由執行法院依職權作價。如何作價，參照注意事項 38 ⑷規定，如拍賣物定有底價，作價不得低於底價百分之五十，如未定底價，應以估定價額為準，或參酌債權人及債務人意見，公平核定。是有估價及定底價者，固無問題，否則只有賴執行法官參酌當事人意見及拍賣經驗核定。又作價既屬執行法院之職權，拍賣時，執行法官在場，固可當場作價，如執行法官不在場，可否由執行書記官作價，即非無商榷之處，就法文而言，應不允許。惟為解決實際困難，技術上可由執行法官事先授權，作原則性指示，由書記官當場作妥善之處理。本法如能明文規定由執行人員作價，似較切合實際。

承受之債權人，不限於聲請執行者，即併案執行及參加分配者，均包括在內（參照注意事項 51 ⑷），是假扣押債權人亦可承受。又此承受之債權人是否以到場者為限，本法第 91 條第 1 項不動產拍賣限於到場之債權人始可承受，此處法文未加限制，故未到場者，可具狀請求承受❻❼。此與本法第 63 條無涉，蓋該條係指拍賣程序之進行，不因無法通知或通知後債權人不到場而停止，與承受係未拍定時，債權人可予買受不同。至於執行法院應否通知未到場債權人是否承受，本法未規定，就承受係未拍定後之事，執行法院不通知未到場者未拍定，如何知悉是否請求承受，尤其第二次拍賣未拍定時，既應作價交債權人承受，更應通知，以便知悉，愚意以為應採肯定說，從而到場之債權人不承受，不可貿然撤銷查封，仍應通知未到場之其他可承受之債權人。如有二人以上願依作價承受者，本法就此未規定如此處理，僅不動產執行設有第 94 條第 1 項抽籤決定規定，此處屬遺漏，應可類推適用。

⑺未拍定又無人承受之處理

拍賣未拍定，而債權人又不承受，執行法院應撤銷查封，將拍賣物返還債務人（參照本法第 70 條第 5 項、第 71 條）。如債務人逃匿或行蹤不明或拒收，致撤銷查封後，無從返還拍賣物者，依注意事項 38 ⑷規定，得參

---

❻❼ 參閱吳鶴亭著前揭第二五五頁，楊與齡著前揭第四六五頁，陳計男著前揭第三五四頁。

照本法第 100 條第 2 項規定辦理。惟若債務人有代理人、家屬、受僱人到場，實可返還彼等，不必適用該規定，是上開注意事項應修正為得參照本法第 100 條第 1、2 項規定辦理。於此應注意者，如拍賣物係另案假扣押或假處分者，不得依此規定撤銷查封。又債務人如有其他財產，固得再執行其他財產，否則應發債權憑證。至於發債權憑證後，可否再執行該動產，本法既無限制，應予准許，但有認除有情事變更可能賣出外，不可再查封，以免浪費執行程序❻❽。

㈧繳交價金

拍定後，拍定人應依拍賣公告所定交付價金期限交付價金，不得延展，逾期不繳，應再行拍賣（參照本法第 68 條之 2 第 1 項、注意事項 36），一般公告均規定拍定時當場繳交價金。如係由債權人拍定，可請求扣減分配之金額後，再繳付差額。債權人承受者，視承受之價格與債權可分配之金額比較而繳差額，至於何時繳納，本法未規定，僅第 94 條第 2 項之不動產承受設有規定，此屬法律漏洞，應類推適用之。

㈨交付拍賣物

拍賣物拍定或債權人承受後，一方面拍定人或承受人須繳交價金，另一方面除有不點交事由外，須交付拍定人或承受人，故本法第 68 條規定「拍賣物之交付，應於價金繳足時行之。」注意事項 38⑸「依前款規定作價交由債權人承受者，如拍賣物價金超過債權人應受分配之債權額者，在未補繳差額前，不得將該物交付。」故一經繳付價金或差額後，即應同時交付拍賣物。又拍定人繳付價金後，可否請求他日點交，實務採否定說（參見臺灣高等法院 56 年法律座談會）。但亦有學者認為拍定人願日後點交，應無不可，僅執行人員應表明拍定人已取得所有權，為間接占有，保管人為直接占有❻❾。實務上，拍賣物為笨重機器，須特殊工具經一定時日始可拆遷，若一定要於繳付價金當日點交，實有困難，故愚意贊同可日後點交。

此項點交，應係由執行拍賣人員自保管人占有，交付給拍定人或承受

---

❻❽ 參閱張登科著前揭第二八四頁。

❻❾ 參閱吳鶴亭著前揭第二四五頁、耿雲卿著前揭第六一九頁。

人。交付後，拍定人或承受人留置現場，未予取回，保管人另行占有或保管人於點交後復即占有，因本法就此無類似第 99 條第 3 項再點交規定，須另行取得執行名義，始可再對占有人執行。

㈩拍賣筆錄

拍賣程序終結後，不論是否拍定，書記官均應作成拍賣筆錄，載明下列事項（參照本法第 73 條第 1 項）：

1. 拍賣物之種類、數量、品質及其他應記明之事項。
2. 債權人及債務人。
3. 拍賣之買受人姓名、住址及其應買之最高價額。
4. 拍賣不成立或停止時，其原因。
5. 拍賣之日時及場所。
6. 作成拍賣筆錄之處所及年、月、日。

下列事項雖本法第 73 條第 1 項未規定，仍應載明。

1. 拍賣不成立，債權人願承受，其作價承受情形。如有抽籤，亦應載明。
2. 交付價金及交付拍賣物。
3. 其他應記載事項。如有聲明異議者，執行法官之處理情形。

前項拍賣筆錄，依本法第 73 條第 2 項規定，固僅應由執行拍賣人簽名，但為昭公信，當事人在場者，有應買人及拍定人者，均以簽名為宜。

㈯未繳價金之處理——再拍賣

1. 如拍定人未依公告所定交付價金期限交付價金，毋庸催告及解除契約，執行法院應再為拍賣，不得由出價次高者拍定（參照本法第 68 條之 2 第 1 項）。再拍賣時，一切拍賣條件及程序均同前次拍賣，亦即拍賣程序回復。再拍賣時，未交付價金之拍定人可否應買？早期未規定，意見不一，為杜爭議，本法民國 85 年修正時，特於第 68 條之 2 第 1 項設有不得應買規定。

2. 再拍賣之動產，仍屬債務人財產，所得價金若高於原拍定金額，超過者仍屬換價所得，應分配給債權人。反之，若少於原拍定金額，不足部分，由拍定人賠償，另再拍賣之費用，亦應由原拍定人負擔。拍定人繳有

保證金者，固於保證金扣除，扣除後尚有餘額，應返還原拍定人，若不足扣減，執行法院應依職權裁定，並以此裁定為執行名義對拍定人強制執行（參照本法第68條之2）。此項執行係原來執行程序之繼續抑或另一執行程序？執行債權人、執行債務人為何人？可否依職權進行？本法均未規定，應予增訂。惟此既為賠償原來之執行所得，應為原來執行之續行，但執行債務人非原來之債務人而係拍定人，如何確認係原來執行程序之續行，似為另一執行程序，與原來之執行程序無涉，從而拍賣所得，何人之其他債權人可參與分配，即有問題。

　　3.再拍賣之程序同原來之拍賣，即如係第一次拍賣之拍定人不繳納，再拍賣仍為第一次拍賣。如係再行拍賣之拍定人不繳納，再拍賣程序為再行拍賣程序。

　㈢債權人承受未繳差額之處理

　　債權人承受後，應補繳差額而逾期不繳，本法就此未規定，應有疏漏，應類推適用本法第94條第2項、第3項或第68條之2再拍賣，賠償責任亦同。

　㈣拍賣之效力

　　依實務見解，拍賣之性質為私法說，則拍賣之效力，除本法有特別規定外，與買賣同，即：

　　1.拍定人或承受人為繼受取得，拍賣物上之用益物權，均仍存在。

　　2.拍賣物上之擔保物權及優先權，因本法第34條第3、4項規定，均消滅。

　　3.拍定人或承受人無物之瑕疵擔保請求權（參照本法第69條），但仍有權利瑕疵擔保請求權，故若有拍賣無效，致拍定人或承受人未能取得所有權，仍可依權利瑕疵擔保請求權行使權利，僅此應向為出賣人之債務人請求，非執行法院。

　二、變　賣

　　動產之換價方法採用拍賣，係因在多數人競相出價時，可賣得高價，有利於當事人。但拍賣須循公告、叫價等一定程序，較為繁雜，而動產有

時性質特別，不宜用拍賣者，故本法另有變賣之換價方式，即係將查封物以一定價格出賣特定人，就其不必經過公告、應買人叫價，手續簡便，不似拍賣須循一定程序，在時間及費用上較為經濟，有其優點，但由於非係由多數人競價，價格無法突出，亦有缺點。故本法對動產雖設有變賣之換價方法，但係例外，此觀本法第 60 條第 1 項規定「查封物應公開拍賣之。但有左列情形之一者，執行法院得不經拍賣程序，將查封物變賣之……」可明，是不僅適用上有限制，且實務上更鮮有使用。

　　准許變賣者，有下列各種情形：

㈠**本法規定者**

　　依本法第 60 條第 1 項但書規定「有左列情形之一者，執行法院得不經拍賣程序，將查封物變賣之。」是有下列情形，可變賣，惟因法條規定「得」變賣，故是否採用，仍由執行法院決定，非一定必須變賣。

　1.債權人及債務人聲請或對於查封物之價格為協議者。

　⑴須債權人及債務人聲請，不可僅由一造聲請。又債權人係指全體債權人，包括參與分配債權人。

　⑵當事人對於查封物之價格為協議者：至此協議，除債權人及債務人外，包括參與分配債權人（參照注意事項 34 ⑷）。

　2.有易於腐壞之性質者：查封物之動產為易於腐壞者，例如水果、蔬菜等，執行法院即可依聲請或職權決定變賣。

　3.有減少價值之虞者：例如中秋節、端午節、新年之節慶物品，逾期無人購買，將減少價值，執行法院可依聲請或職權決定變賣。

　4.金銀物品或有市價物品：金銀物品係指以金或銀製作之物品，飾物、用品均包括在內，雖不須為純金或純銀，但依社會常情，其主要成分為金或銀，且價值存在於金銀，例如金戒指、鑲寶石之金項鍊。至於某些電子零件雖亦含有金之成分，但係作導體用，不可視為此處之金銀物品。有市價物品，係指在交易市場上，有為大眾遵守之公開價格，如米糧等，適用本條規定，由執行法院依聲請或職權決定。

　5.保管困難或需費過鉅者：保管困難或需費過鉅者，係指查封之動產

不易保管，或需大量費用始可保管，例如查封債務人飼養之家畜、家禽，不易保管，執行法院即可依聲請或職權變賣。

(二)注意事項規定者

1.依法令管制之物品：依法令管制交易之物品，係指政府為達到特定之行政目的，以行政法令限制某些物品之交易或持有對象，例如自衛手槍、獵槍、嗎啡等麻醉物品（按：醫用之麻醉藥品）等。此等物品既屬債務人財產，自可對之執行以清償債務，惟若以拍賣方式，任何人均可應買，即不能達到管制之目的，故依注意事項34(2)規定，應洽請政府指定機構購買，即應以變賣方式換價，不可拍賣。

2.上市之有價證券：依注意事項34(3)規定，上市之有價證券可採用變賣方式換價。所謂上市之有價證券，即在證券交易市場公開買賣之有價證券。此等上市之有價證券，每日均有交易，並有交易價格，可謂為有市價物品，自可依本法規定變賣。惟就本法言，變賣係由執行法院為之，並無類似本法第61條第2項可委託拍賣行拍賣之規定，是執行法院可否委託他人變賣，非無疑問。惟實務上係按此規定，委託證券公司變賣。又如不委託證券公司變賣，因本法第60條第1項第4款已有有市價之物品可由執行法院變賣，自可由執行法院變賣，非必委託證券商為之，不受證券交易法第150條前段規定「上市有價證券之買賣，應於證券交易所開設之有價證券集中交易市場為之。」限制。

有關變賣程序應如何進行，本法漏未規定，似應斟酌情形，分別處理。即在(一)者，可由當事人或執行法院找一定之人，以一定價格出售。至此價格，應以變賣日之市價為準。在(二)之1.者，由指定政府機構依規定價格收購。在(二)之2.者，由證券公司依其作業方式自行處理。

由執行法院變賣者，買受人交付價金後，始可交付變賣物，如變賣時無人應買，可交債權人承受，債權人不承受，應撤銷查封（參照本法第60條第2項）。

三、有價證券

(一)有價證券不論以拍賣或變賣換價，事後之過戶，有須背書者，可由

執行人員代為之，本法第 68 條之 1 規定「執行法院於有價證券拍賣後，得代債務人為背書或變更名義與買受人之必要行為，並載明其意旨。」雖僅就拍賣規定，變賣亦應類推適用。

㈡又有價證券例如支票者，可向付款人提示請求付款，故依本法第 60 條之 1 規定，即毋庸拍賣、變賣，而係適用其他財產權之執行程序，例如發扣押命令、收取命令或通知第三人（即付款人）付款。

第三目 分 配

依本法第 74 條規定「拍賣物賣得價金，扣除強制執行之費用後，應將餘額交付債權人，其餘額超過債權人取得執行名義之費用及其債權所應受償之數額時，應將超過額交付債務人。」故價金收齊後，如無其他債權人參與分配，可逕發執行債權人，否則應製作分配表分配之。如有剩餘，應發還債務人。

第四節 對於不動產之執行

第一款 前 言

本法第 75 條對於不動產之執行，其不動產係指土地及其定著物。法律對若干權利設有準用不動產規定者，如礦業法第 10 條「礦業權視為物權，除本法有特別規定外，準用民法關於不動產物權之規定。」漁業法第 20 條「漁業權視為物權，除本法規定者外，準用民法關於不動產物權之規定。」此等權利既係準用不動產規定，自應適用此節規定執行❼，即包括於此處不動產之內。然有學者反對，認屬本法第 2 章第 5 節之其他財產權，但依

---

❼ 司法院 25 年院字第 1489 號解釋：礦業權視為物權，準用關於不動產諸法律之規定，並得為強制執行之標的，礦業法第十二條及第十四條第一項既有明文規定，則對於礦業權之強制執行，自得依民事訴訟執行規則關於不動產執行各規定辦理。

本法第 116 條準用不動產執行之規定❼。至其他以不動產為標的物之物權，如地上權、農育權、不動產役權、典權、抵押權，本法未如日本民事執行法第 43 條第 2 項「對於不動產之共有部分、登記之地上權、永佃權以及這些權利之共有部分，在以支付金錢為目的之債權強制執行中，均視為不動產。」明定視為不動產，應屬其他財產權，蓋一般稱不動產即指不動產所有權，再參照本法第 98 條，此處之不動產實指不動產所有權，故地上權等非此處之不動產，屬其他財產權。尤其抵押權係從屬於債權存在，依本法第 115 條第 4 項規定，更應依其他財產權之執行程序執行。惟既與不動產有關，學者多認依不動產執行程序辦理，僅說理或範圍各有不同，有認不動產用益物權，依本法第 117 條規定準用不動產執行之規定❼，有認逕依不動產執行規定辦理❼，亦有認宜依不動產執行規定辦理❼，愚意以為應分別情形決定，用益物權依本法第 117 條固可準用第 116 條第 1 項依關於不動產執行之規定執行，但亦可不準用，於扣押後，以命令讓與、管理方式執行。至於擔保物權係從屬於債權，應依本法第 115 條執行。再共有不動產之應有部分，雖非所有權本身，但既為共有所有權，本法第 102 條第 1 項亦列於不動產執行，自屬此處不動產。

實務上常見執行之不動產有：

一、土地：在我國土地與地上之房屋為個別獨立之不動產，均得單獨為執行標的。惟土地為空地，單獨執行固無問題，在地上有房屋者，若不能一併執行，將來會造成土地拍定人與屋主間糾紛，不易拍定，故二者同為債務人所有時，依本法第 75 條第 3 項規定應一併執行。至於非同一債務人所有，但均在執行中，執行法院可基於內部事務之分配，合併為一案辦

---

❼　參閱楊與齡著前揭第四八八頁、陳計男著前揭第三七一頁。

❼　同❼。

❼　參閱陳世榮著前揭第二六七頁，認以不動產為標的之物權均適用，但舉例僅為用益物權、陳榮宗著前揭第三七六頁，認用益物權及擔保物權均適用。

❼　參閱張登科著前揭第三〇五頁，認以不動產為標的之權利均適用，但舉例僅為用益物權。

理，以便土地及建物拍賣可歸一人所有，日本民事執行法第 61 條前段規定「從不動產相互使用上考慮，如認為將不動產連同其他之不動產（包括不同之扣押債權人或債務人的）一起賣給同一買受人為適宜時，執行法院得決定成總賣出這些不動產。」可供參考。抵押物為土地及該地上建物，抵押權人僅聲請執行土地，不執行建物，本屬其權利行使之自由，參照民法第 876 條第 2 項規定似無不可，不能因上開得併予執行規定而認應一併執行，但如此文義解釋，實有違一併執行之本旨，甚至將來土地出賣（拍賣）時，因適用上開規定，建物有地上權，土地賣價不高，影響土地所有權人權益，有權利濫用之嫌。

　　二、房屋：參照最高法院 63 年度第六次民庭會議決議㈠，凡是已達到足以避風雨程度之房屋即屬土地之定著物，故此房屋不僅指建妥者，即建造中之房屋，如已達到足以避風雨程度，亦包括在內。房屋之用途為何，不影響其為不動產，是倉庫、豬舍均屬之。再此房屋，包括未辦妥保存登記，此與日本不同❼❺，縱屬違章建築，政府依法可予拆除者，亦同，僅未辦保存登記之房屋於查封後，應依土地登記規則第 139 條辦理測量、登記，違章建築於拍賣公告宜註明將來政府可予拆除，提醒應買人注意。又依民法第 838 條第 3 項規定「地上權與其建築物或其他工作物，不得分離而為讓與或設定其他權利。」及公寓大廈管理條例第 4 條第 2 項規定「專有部分不得與其所屬建築物共用部分之應有部分及其基地所有權或地上權之應有部分分離而為移轉或設定負擔。」則對此房屋，應一併執行其共用部分、基地所有權及地上權，併予拍賣，不得分別拍定（參照注意事項 40⑺），甚至有停車位者，亦應一併執行❼❻。至於房屋之增建部分，如為附合，與

---

❼❺　日本民事執行法第 43 條第 1 項及第 122 條第 1 項規定，不能登記之地上定著物依動產執行，不適用不動產執行程序。

❼❻　最高法院 85 年臺上字第 569 號判決：按區分所有建物之共同使用部分，性質上屬共有，且附屬於區分所有建物，共有人將各相關區分所有專有部分之建物移轉時，依土地登記規則第七十二條第二款（應為修訂後之第八十條）規定，其共同使用部分之所有權，亦隨之移轉與同一人。各共有人對於該共同使用部

房屋為一體，執行時包括在內，反之，如為獨立物，有主從關係，仍應一併查封執行，不可認查封主建物，效力當然及於從建物，如無主從關係，更應另為查封。但實務認查封主物，效力及於從物❼。

三、其他定著物：定著物不僅包括地上者，尚包括地下，凡有施作為一定工事者，例如地下停車場、游泳池、魚池、橋樑。至於僅在地上挖一個洞以養魚，並無施作者，則非定著物，仍為土地之一部分，此項定著物，如基地同屬債務人所有，仍應類推適用本法第 75 條第 3 項，一併執行。

四、土地上之出產物：土地上之出產物，尚未與土地分離者，依民法第 66 條第 2 項規定，為土地之部分，故原則上應與土地共同為執行標的物，不得單獨對之執行，僅若該出產物可於一個月內收穫時，認屬動產，可單獨對之執行。又出產物如係他人有收取權者，不得併同土地一併執行。

又本法對動產與不動產分別規定其執行程序，惟有時執行標的物有動產與不動產，若分別拍賣較合併拍賣為不利，故本法第 75 條第 4 項規定：「應拍賣之財產有動產及不動產者，執行法院得合併拍賣之。」例如債務人之財產有工廠及廠房內之機器，合併拍賣較易拍定，可得高價，否則買到工廠者未買到機器，買到機器者無廠房，皆非所宜。此時合併拍賣之動產，適用關於不動產拍賣之規定（參照本法第 75 條第 5 項），亦即在拍賣程序上，此動產依不動產規定辦理。至於何者得合併，應以具有不可分離之關係或能增加拍賣總價額者為限（參照注意事項 40⑷）。又執行法院合併拍賣後，可否變更為不合併，分別拍賣，實務上有採肯定說（參見臺灣高等法院 68 年法律座談會），愚意以為不妥，蓋既已合併，即應依不動產執行程序辦理，動產拍賣次數、方法皆與不動產執行不同，如可變更，則

分之設施，雖可依其共有部分之經濟目的，加以使用或約定分管，但使用權為所有權之積極權能之一，不得與所有權分離而單獨為買賣標的。又地下室停車位共同使用部分，與建物專有部分，具有密切不可分之主從關係，建物專有部分所有人，不得將共同使用部分之停車位使用權單獨出售他人，或保留車位使用權而將建物專有部分出售他人。

❼　同 ㉜。

動產部分如何進行？尤其如合併拍賣已二次未拍定，分開後動產能否再進行拍賣，其早前之兩次是否計算？均有問題。

第二款　執行程序

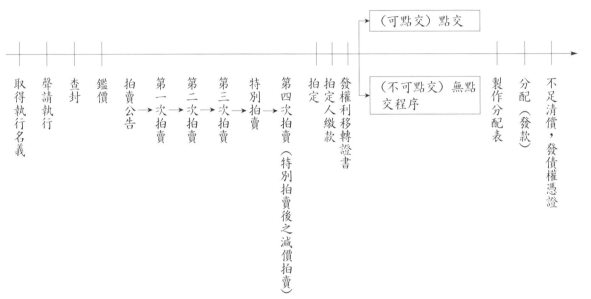

附圖五：不動產執行程序

依本法第 75 條第 1、2 項規定，不動產執行程序先為查封，再以拍賣、強制管理或二者併行以換價，換價所得分配債權人。又依本法第 113 條規定，不動產之執行程序除因本節有特別規定外，準用動產拍賣規定，至有特別規定，即與動產拍賣不同者，例如查封方式、拍賣次數等。

第一目　查　封

如同動產執行，執行法院需先查封所欲執行之不動產，以確定執行範圍，避免債務人處分。

一、如何認定不動產為債務人所有

㈠凡經地政機關辦理登記者，原則視登記之所有權人是否為債務人而定，如是，則認屬債務人所有，反之則否。

㈡未經地政機關辦理保存登記之建物，因無登記，其買賣、贈與之受讓人無從辦理登記取得該建物所有權，所有權仍屬原始建築人，受讓人僅有事實上處分權。故：

1.建物未經讓與者，其所有權屬原始建築人（按：指出資建築者，非建築之承攬人或工人），如該人為債務人，自可執行。

2.建物經依法律行為讓與者，雖受讓人不能取得所有權，但實務上既承認其有事實上處分權，且事實上受讓人亦可再以法律行為轉讓該房屋，故受讓人為債務人，仍可執行此一財產。

㈢有登記之不動產及未辦理保存登記之建物，所有權人死亡或被拍賣，依民法第 759 條規定，其所有權移轉，不以登記為生效要件，故應認以繼承人、拍定人或承受人為所有權人。然因拍賣結果，執行法院核發權利移轉證書即生所有權變動，發生處分效果，依上開規定，對債務人繼承、拍定之不動產執行，須經登記後，始得拍賣，本法第 11 條第 3 項規定即係避免債務人不辦登記所設代位登記規定。

二、債權人如何證明不動產為債務人所有

有經登記者，應提出登記之文件以資證明，例如土地登記簿謄本，建築改良物登記簿謄本等。未經登記者，可以建造執照或使用執照所載之起造人為證明，又如有繳納房屋稅者，因民間習慣對此等房屋所有權之移轉，皆辦理納稅義務人變更，故可視納稅義務人是否為債務人。執行法院必要時可就債權人提出之稅籍號碼、門牌向稅捐機關函查。於此應注意者，即房屋稅條例第 4 條第 1 項規定「房屋稅向房屋所有人徵收之。其設有典權者，向典權人徵收之。共有房屋向共有人徵收之，由共有人推定一人繳納，其不為推定者，由現住人或使用人代繳。」第 3 項規定「第一項所有權人或典權人住址不明，或非居住房屋所在地者，應由管理人或現住人繳納之。如屬出租，應由承租人負責代繳，抵扣房租。」可見納稅義務人並非一定為房屋所有人，若債務人及納稅義務人均承認房屋為債務人所有（例如有移轉之原因事實，僅未變更納稅義務人），或有其他證明，即不得拘泥納稅義務人必為所有權人之作法。又無房屋稅者，則可參考水電費等資料以認

定是否為債務人財產。惟執行法院就所有權歸屬之認定，並無實體確定力，依非訟事件法理，僅係形式上認定，法理上所有權移轉本不可以起造人名義變更、納稅義務人變更為準，故真正權利人因執行受損，應依本法第15條提起異議之訴。在執行法院拒絕肯認時，債權人亦可提起確認之訴，確認所有權人，以判決為證明文件，請求執行。

三、查封之限制

本法就不動產執行未設特別規定，準用關於動產執行之規定結果，其限制有下列二項：

㈠**過度查封之禁止**（詳見本章第三節第二款第一目）

㈡**無益查封之禁止**

本法第80條之1第1項規定「不動產之拍賣最低價額不足清償優先債權及強制執行之費用者，執行法院應將其事由通知債權人。債權人於受通知後七日內，得證明該不動產賣得價金有賸餘可能或指定超過該項債權及費用總額之拍賣最低價額，並聲明如未拍定願負擔其費用而聲請拍賣。逾期未聲請者，執行法院應撤銷查封，將不動產返還債務人。」即為此原則之明示。愚意以為此一規定，實與動產執行之第50條之1第2、3項重複，實無必要。又本項規定於不動產由順位在先之抵押權人或其他優先受償權人聲請拍賣者，不適用之。

至於本法第52條第1項、第53條第1項均係就動產規定，於不動產執行應無準用。惟實務上曾論及債務人之墓地可否執行？雖其結論採肯定說（參見臺灣高等法院67年法律座談會），學者亦認同 **❼⑧**，但愚意以為應分別情形而論，如墓地尚未使用，與一般土地同，當可執行，反之，墓地已使用，如可執行，則該墳墓如何處理？類推適用本法第53條第1項第4款，似不可執行為妥。

又軍人及其家屬優待條例第10條之限制，於不動產執行，仍適用之，僅目前該條暫停使用。

---

❼⑧ 參閱陳世榮著前揭第二七三頁、陳計男著前揭第三八七頁。

四、查封之實施

㈠實施查封之人員

如同動產查封，由執行法官命書記官督同執達員實施，必要時，仍可由警察等人協助。

㈡查封之方法

查封不動產之方法有三：即揭示、封閉、追繳契據（參照本法第 76 條第 1 項）。揭示係張貼查封公告。封閉係封鎖關閉不動產，使人不得進入。追繳契據係命債務人交付不動產所有權狀。至應採用何一方法，本法並無限制，任擇其一，即併用之，亦可（參照本法第 76 條第 2 項）。惟實務皆採用揭示，其他二種方法，一方面查封並不禁止使用，實無封閉必要，另一方面追繳契據無公示效果，他人無從得知，故未見採用。至於查封公告應張貼何處？法律固無明文，但既係查封，自應張貼於該不動產上，俾他人及債務人知悉查封之事實。

㈢登　記

本法第 11 條第 1 項規定不動產查封須登記，但登記非生效要件，只須踐行查封方法，查封即生效，縱漏未登記，查封仍然有效❼⑨。查封目的之一在於禁止債務人為處分行為，而查封登記後，地政機關即禁止為處分行為之登記，阻卻第三人之權利取得，但一方面查封行為完成與法院通知地政機關登記有一時間落差，地政機關及第三人在登記前均不知悉，甚至如遺漏、遲誤，造成查封後登記之第三人受損，債權人又須對第三人訴訟塗銷其權利之訟累。另一方面查封須以查封行為完成時生效，則查封何時生效，全視執行人員辦理速度，難免因個人因素辦理遲緩，影響債權人權益，尤其涉及第三人正在申辦登記時，往往一日或數分鐘之差，影響債權人受償，故本法於民國 85 年修正時，特於第 76 條第 3 項規定「已登記之不動產，執行法院並應先通知登記機關為查封登記，其通知於第一項執行行為

---

❼⑨ 最高法院 51 年臺上字第 1819 號判例：查封有使債務人就查封標的物之處分對於債權人為無效之效力，對於不動產之查封雖應為預告登記，然查封既不屬於法定非經登記不生效力之事項，其效力自不待於登記而發生。

實施前到達登記機關時，亦發生查封之效力。」此項規定固為避免債務人處分財產之便宜措施，但仍應為上開方法查封，始生查封效力，故執行法院雖先通知為查封登記，事後未為查封行為，仍不生查封效力。適用此項規定，須係已登記之不動產，如未登記者，即不適用。

㈣保　管

不動產不易移動、毀損，查封後交何人保管，較無問題，雖因準用動產執行規定，須有保管，但此保管僅具形式意義**⑧**。至於交債權人保管者，債權人可否因保管職責，請求執行法院交付該查封之不動產以為保管，理論上似應採肯定說，但一方面此保管僅為形式意義，實應刪除，另一方面尚涉及債務人或第三人之使用，實務均予否定。

㈤查封筆錄

本法第 77 條第 1 項規定，不動產查封須作成查封筆錄，以記載有關查封事項。至依該項規定，應載明之事項如下：

1. 為查封原因之權利：即執行名義所表彰之請求權。

2. 不動產之所在地、種類、實際狀況、使用情形、現場調查所得之海砂屋、輻射屋、地震受創、嚴重漏水、火災受損、建物內有非自然死亡或其他足以影響交易之特殊情事及其他應記明之事項。依注意事項 41 ⑵規定，為本款記載者，如為土地，應載明其坐落地號、面積、地上物或其他使用情形；如為房屋，應載明坐落地號、門牌、房屋構造及型式、層別或層數、面積、用途。如查封之不動產於查封前一部或全部為第三人占有者，應載明債務人及第三人占有之實際狀況，第三人姓名、住所、占有原因。占有如有正當權源者，其權利存續期間。如訂有租約，應命提出租約，即時影印附卷，如未能提出租約，或未訂有書面租約者，亦應詢明其租賃起迄時間、租金若干及其他租賃條件，逐項記明查封筆錄，以防止債務人事後勾串第三人偽訂長期或不定期限租約，阻撓點交。

---

⑧ 日本民事執行法於不動產執行，並無保管規定，僅動產執行第 123 條第 3 項、第 124 條有交債務人、債權人、第三人保管規定，因其不動產執行規定於動產執行之前，並無準用動產執行，是日本之不動產執行，無保管問題。

　　3.債權人及債務人。

　　4.查封方法及其實施之年、月、日、時。

　　5.查封之不動產有保管人者，其保管人。

　　除上述事項外，參照注意事項 41 以下事項亦記載：

　　1.到達執行標的物所在地時間、離開時間及揭示時間。

　　2.查封共有不動產之應有部分者，債務人對於共有物之使用狀況及其他共有人之姓名、住所。

　　3.查封之不動產有設定負擔或使用限制。

查封筆錄由查封人員及保管人、依本法第 48 條第 2 項規定到場之人員簽名。

　㈥**查封物之管理使用**

　　不動產查封後，保管人固可為保管行為，惟保管係維持現狀，在保管以外，可否管理或使用該查封物？如可，應由何人為之？按管理係指將物置於自己支配之下，為必要之利用及改良行為，例如出租。使用係指不毀損變更該物，依其性質而為利用，例如居住、耕作。此等管理、使用行為均已超出保管範圍❽，若為之不當，將毀減查封物價值，不可輕易為之，故保管人不可為管理或使用行為。惟在未因拍定移轉所有權前，該查封物仍屬債務人財產，尚難不准其管理使用，僅不得違反查封效力。又在查封前第三人已在使用中，不論係有權或無權，其占有依民法均受有一定保護。本法第 78 條規定「已查封之不動產，以債務人為保管人者，債務人仍得為從來之管理或使用。由債務人以外之人保管者，執行法院得許債務人於必要範圍內管理或使用之。」僅就債務人之管理使用規定，漏未就第三人之管理使用規定，則此管理使用應分別情形決定，即：

　　1.以債務人為保管人者，查封前原來之管理、使用，債務人仍可為之，超過原來之管理、使用範圍，即不可為之。故查封前已出租者，租賃仍然有效，承租人可繼續使用，除另有扣押債務人對承租人之租金債權外，債務人仍可繼續收取租金，但租期屆滿即不可續租或另租他人，查封前債務

---

❽　同❷。

人自住者，仍可自住。至於債務人自行耕作之天然孳息，依本法第 51 條第 3 項，為查封效力所及，不可收取。

2.在他人為保管人，是否准許債務人管理、使用為執行法院職權，執行法院是否准許，應斟酌查封物之性質，債務人是否必需。例如債務人目前正居住中，似可准許其使用。至此許可毋庸裁定，執行法院以執行處分表示即可，蓋此為執行方法❷。

3.管理行為不當，尤易減損查封物價值，應慎重為之。

4.查封時，查封物在第三人占有中，可類推適用准第三人繼續使用。反之，執行法院可否准第三人占有使用，如就第 51 條第 3 項文義觀之，似可准許第三人占用。但愚意以為不可，蓋此不動產係債務人所有，執行法院應無權准許第三人占用。至於強制管理時，由管理人占用，係因本法第 109 條「管理人因強制管理及收益，得占有不動產，……。」之規定。

5.保管人之使用，如係維護原有之價值，應係保管行為，毋庸為此准許。例如清除地上之雜草、駐守、船舶之引擎發動。至超過此範圍，則非保管行為，例如耕種土地、以船舶載客（貨）營運。

6.管理使用所得收益，除另有依本法第 115 條執行外，歸其取得，毋庸分配債權人。管理使用支出之費用，例如房屋修繕，應由其自行負擔。

7.土地查封後可否准許債務人聲請建造執照？又建築中之房屋，查封後可否聲請使用執照？涉及本條之使用、管理及是否有違背查封效力？依建築法規定，建築房屋須有建造執照，否則即為違章建築。房屋建妥，須有使用執照始可接水電使用，辦理保存登記(參照建築法第 25 條、第 28 條、第 73 條第 1 項、土地登記規則第 79 條第 1 項)，故在前者，如有建造執照可使用土地建屋，就建屋後增加債務人之責任財產，可一併查封拍賣，對債權人並無不利，似應准許。但亦有認如准建屋，一方面承攬人有法定抵押權，增加債權，另一方面土地拍賣不易，有損土地價值，似不應准許，最高法院 92 年度臺抗字第 249 號裁定：「按查封土地……，該土地原既為空地，且交由債務人以外之人保管，則許再抗告人（按：即債務人）於查

❷ 學者陳計男認執行法院之許可應以裁定為之（參閱陳氏著前揭第三九○頁）。

封土地上建築建物，非但影響保管人就該土地之保管，且損及查封土地查封目的所確保之交換價值，自難認係必要之管理、使用範圍。花蓮地院認查封土地經查封不影響建築執照之申請云云，自有未洽，……。」似認如保管人非債務人即不應准許，則在債務人為保管人時，是否可予准許？則未表示意見。愚意以為不論何人保管，債務人就查封土地聲請建造執照建築房屋，固可能有承攬債權發生，但法律本未禁止債務人於查封後為發生債權之法律行為，則因此發生債務，並非不可。至於土地因建築房屋，如僅拍賣土地，固因不點交等因素減損價值，但債務人在地上建屋，一方面此房屋仍為債務人責任財產，另一方面依本法第 75 條第 3 項或民法第 877 條可併予執行建物，對土地價值不會減少，甚至因合併拍賣可予增加，故應准許。後者聲請使用執照，可使房屋辦理所有權保存登記等，均有益於查封之建物權利完整，增加應買人意願，而債務人之保存登記，並不違反本法第 51 條第 2 項規定❽❸，故應准許。司法院秘書長民國 75 年 10 月 29 日⑺5秘臺廳一字第 01754 號函內政部：「……。關於尚在施工中之住宅，經法院實施查封後，債務人得否繼續施工，應以其繼續施工之行為，有無妨礙原來執行之效果為斷。一般而言，除係禁止債務人為施工行為之假處分執行外，尚在施工中之住宅，經法院查封後，如繼續施工，將增加該查封住宅之價值與效益，對於原來執行之效果，似無妨礙。至可否核發使用執照，係屬　貴部權責範圍，本院未便表示意見。」雖未明白表示可否核發使用執照，但就此意旨觀之，認無礙查封效力，似可予准許。

五、查封之效力

不動產查封之效力，準用本法第 51 條第 2 項規定，故查封一經實施，債務人即不可為移轉等處分行為，否則對債權人不生效力。惟因不動產物權之處分行為，係以登記為生效要件，而查封亦須辦理登記，且係相對無效，為此有下列問題，應予說明：

㈠債務人之行為受限制者，除移轉、設定負擔外，其他行為須視是否

---

❽❸ 參閱拙文〈建造中之房屋被查封後可否繼續施工並發使用執照？〉（刊《司法周刊》第三四七期，收錄拙著《強制執行法學說與判解研究》）。

有礙執行效果，如未生有礙執行效果，並非相對無效，例如就未辦保存登記之房屋查封後，以債務人名義辦理保存登記❽❹。未辦繼承登記之財產，辦理繼承登記。又此行為不僅包括法律行為，亦包括事實行為，例如將查封之房屋拆除，將查封之土地挖掘、填埋垃圾廢棄物。

㈡查封後債務人可否拋棄所有權？按拋棄為所有權之處分，一經拋棄，債務人之所有權消滅，由國家依土地法第 10 條第 2 項「私有土地之所有權消滅者，為國有土地。」取得所有權，但國家非債務人，如何可執行，故應認有礙執行，且此拋棄，既屬處分行為，本受限制，應解為不得為之。

㈢受限制者為債務人之行為，故非債務人之行為，例如查封不動產上有抵押權，其抵押權之讓與不受限制，仍可為之。至於第三人可否主張時效取得地上權等用益物權？有採肯定說者❽❺。就取得時效言，並非債務人有何行為，債務人無同意之義務❽❻，似應採肯定說。

㈣既然查封效力為相對無效，非絕對無效，受限制者為處分行為等有礙執行效果之行為，則不僅此處分行為在債務人與第三人間仍屬有效，僅於債權人主張無效時，第三人確定不能取得權利，但債務人與第三人間之債權行為仍然有效，第三人不能取得權利，可依債務不履行向債務人請求損害賠償。在債權人未主張無效前，嗣後執行程序撤銷，第三人取得之權利即無問題，債務人不可主張無效而否定其取得之權利，然此均係就處分行為已登記言，在處分行為尚未為登記者，因土地登記規則第 141 條第 1 項前段規定「土地經辦理查封、假扣押、假處分、暫時處分、破產登記或

---

❽❹ 依土地登記規則第 79 條第 1 項，申請建物所有權第一次登記（即保存登記），非必為起造人，如有移轉契約，可以受讓人名義申請，故若以債務人以外之人申請保存登記，即將影響查封效力，反之，在以債務人名義辦理保存登記，自無影響。

❽❺ 參閱張登科著前揭第三一七頁。

❽❻ 最高法院 83 年臺上字第 3252 號判例：占有他人之土地，依民法第七百七十二條準用第七百六十九條、第七百七十條規定主張依時效取得地上權者，土地所有人固不負擔同意占有人登記為地上權人之義務。

因法院裁定而為清算登記後，未為塗銷前，登記機關應停止與其權利有關之新登記。」故一經通知地政機關辦理查封登記後，債務人移轉、設定物權給第三人之行為無法辦理登記，第三人即無法取得權利，產生絕對無效結果，與基於相對無效法理，在債權人未主張前，地政機關於辦理查封登記後，不可拒絕辦理權利變更或設定登記不同，簡言之，依上開規定，不可再辦其他登記，實生絕對無效結果，學者對此迭有批評該規定不當❽。實務上最高法院 70 年度第十八次民事庭會議決議：「乙之不動產，既被執行查封，依修正土地登記規則第一百二十八條規定，在法院撤銷查封前，登記機關不得許乙申請移轉登記，故甲請求乙辦理該不動產所有權之移轉登記，係處於給付不能之狀態，法院自不能命為移轉登記。」更為延伸形成給付不能結果，不僅有違查封之相對無效，甚至有認為如係查封後之出賣等，有民法第 246 條第 1 項前段之情事，則債權行為亦為無效。愚意以為債權行為之行為人不以有處分權為必要，本法第 51 條第 2 項係指物權行為，故不僅債權行為仍然有效，且既規定對債權人不生效力，只有在債權人主張為無效情況下，處分行為始為無效，否則仍然有效，上開土地登記規則實有違此一規定，不盡妥適。

　㈤在相對無效法理下，須債權人主張對其不生效力，始生無效結果，故在第三人已辦妥登記，地政機關不當然塗銷，需由債權人起訴塗銷登記，更為明確。在債權人未起訴塗銷登記前，仍屬有效。苟有債權人撤回執行等撤銷執行事由，即無本條適用，第三人即確定取得權利，此相對無效實有類似效力未定狀態。

　㈥除執行法院先通知地政機關辦理查封登記，再為查封行為外，因查封效力非始於登記，而係揭示公告之時，則債務人在查封前已向地政機關

---

❽　學者有認不可再辦理其他登記，無異為絕對無效，而非相對無效，例如陳世榮（參閱陳氏著前揭第二七八頁）、駱永家（參閱駱氏著《民事法研究 II》第一八六頁），但學者陳榮宗認此土地登記規則規定並無不當（參閱陳氏著前揭第三三七頁）。學者許士宦就此有詳予說明，並認應准許辦理其他權利登記（參閱許氏著《執行力擴張與不動產執行》第一九八頁以下）。

申請移轉，地政機關於查封後尚未接到執行法院通知辦理查封登記，不知已查封完成，依上開申請辦妥移轉登記，依土地登記規則第 138 條第 3 項規定，地政機關不辦理查封登記。此時即生查封是否有效問題？第三人如係登記為所有權人可否提起第三人異議之訴排除強制執行問題？就法理言，查封行為一經完成，即生效力，第三人取得所有權須待登記完畢，苟查封在登記完畢前，查封有效，移轉之登記對債權人無效，地政機關告知執行法院登記完畢時間，執行法院判斷在查封之後，如債權人主張對其不生效力，即應通知地政機關塗銷登記，改辦查封登記。但實務上地政機關囿於土地法第 43 條規定及上開土地登記規則規定，認第三人已取得權利，不主動塗銷登記，形成程序法與實體法（按：此相對無效為實體規定）之衝突，即依土地法登記為第三人有效，但依本法對債權人不生效力，即為無效，最高法院 50 年臺上字第 96 號判例：「依土地法所為之登記有絕對真實之公信力，縱使債務人之處分有無效之原因，在債權人未提起塗銷登記之訴，並得有勝訴之確定判決以前，其登記不失其效力。債權人殊難以該不動產之登記在實施查封以後為無效，認定第三人尚未取得所有權，並無足以排除強制執行之權利，而主張第三人異議之訴為無理由。」似為折衷意見，一方面認第三人可提異議之訴，一方面又認債權人須提塗銷之訴，只有在獲塗銷之訴勝訴判決，始可排除第三人之權利。即債權人以債務人違反本法第 51 條第 2 項為由起訴塗銷登記❽，待取得勝訴確定判決，再聲請地政機關塗銷第三人權利，並辦妥查封登記，始可拍賣。反之，如未提起塗銷之訴，獲勝訴判決確定前，第三人異議之訴仍有理由。但亦有學者主張認此無效既係相對無效，如執行程序撤銷，處分行為之移轉登記即有效，在拍定前有可能因債權人撤回執行等撤銷執行，不宜在此之前起訴塗銷登記，

---

❽ 最高法院 68 年臺上字第 3079 號判例：不動產實施查封後，就查封物所為之移轉、設定負擔或其他有礙執行效果之行為，對於債權人不生效力，強制執行法第一百十三條、第五十一條第二項定有明文。故不動產物權之移轉，在法院實施查封前，雖已聲請登記，但尚未完成，至查封後始登記完成者，尚不得據以對抗債權人。債權人即非不得訴請法院塗銷其登記。

查封既為有效，自無適用土地法第 43 條餘地，故毋庸起訴塗銷登記，執行法院可逕予拍賣，於拍定後由地政機關直接塗銷第三人登記，改登記拍定人為所有權人 ❽。愚意以為第三人須於登記完畢時始可取得權利，則在登記完畢前，查封發生效力，即有本法第 51 條第 2 項規定之適用，從而查封後始完成之處分行為之登記，其權利人既係查封後始取得，只要債權人主張，即對債權人不生效力，而此主張，法律既未規定其方式，則向執行法院表示，藉由執行法院通知地政機關塗銷即可，並非一定要起訴塗銷，更非如地政機關未塗銷，第三人反可以其取得之所有權提起第三人異議之訴，上開判例實待商榷。實務認應以訴訟，不可逕由執行法院通知塗銷（參見臺灣高等法院 66 年法律座談會），實有欠妥，蓋此種訴訟，既以查封時間為判斷基準，實毋庸浪費司法資源以訴訟處理，至此塗銷，仍須於拍賣前為之，否則，第三人再為移轉或設定權利，其他之人不知有此查封之事，屆時拍定人能否對抗此等善意之第四人等，即生問題。最高法院 86 年臺上字第 2858 號判決：「不動產經法院實施查封後，尚未為查封登記前，如移轉登記與他人，對債權人不發生效力，債權人得請求該他人塗銷所有權移轉登記；倘該他人於債權人尚未請求其為塗銷登記而於查封登記前復將該不動產之所有權移轉登記或設定抵押權登記與第三人，為貫徹查封之公信力，以確保債權人之債權，應認債權人得請求第三人塗銷所有權移轉登記或抵押權設定登記，第三人不得主張有土地法第四十三條規定之適用而予以抗衡。」故採肯定說，但對此等善意信賴登記者而言，實不公平，故上開學者謂待拍定後再塗銷，亦有欠妥。固然在拍定前，債權人可能撤回執行，則在拍定前，即塗銷第三人登記，發生絕對無效結果，似有不當，但既經債權人主張無效，即屬確定不生效力，事後之撤回執行，不應影響其無效結果，本無不當可言，縱認第三人因登記取得之權利，在撤回執行後可予回復，在執行法院通知塗銷查封登記時，亦可一併通知回復原先之第三人登記（按：是否可回復，詳後述 8.）。

㈦為避免查封與查封後登記之間隙產生之上開情事，除可適用本法第

---

❽ 參閱張登科著前揭第三一五頁、陳榮宗著前揭第三八九頁。

76 條第 2 項先通知地政機關辦理查封登記外，執行法院亦可於查封後，將登記函交債權人逕送登記機關辦理，以爭取時效。債權人為此聲請，亦應准許（參照本法第 11 條第 2 項）。

(八)一般均認除拍定外，凡執行程序撤銷者，債務人所為之處分行為等即確定有效，此在債權人未主張無效固無問題，反之，如已主張無效，即應為自始確定無效，嗣後之撤銷執行，不應影響無效之結果。此在債權人持塗銷第三人登記判決塗銷後，執行程序撤銷，法律就此並未規定應回復原先登記可明。

(九)依本法第 51 條第 3 項規定及注意事項 28，查封後如有第三人未經執行法院允許占有者，可排除後再拍賣，但實務上鮮有如此處理，多待拍定後再依點交程序處理，惟理論上此排除與拍定後之點交不同，實應先排除，以符法制。

(十)此查封效力所禁止者為債務人之行為，故查封債務人對不動產共有之應有部分後，不可協議分割，蓋協議即有債務人行為，但裁判分割係法院為之，則不受限制❾⓿。又查封違章建築不影響政府本於公權力之依法拆除，毋庸先撤銷查封始可拆除。

六、調查使用狀況

在不動產拍賣實務處理，是否點交，即執行法院是否將拍賣物交付拍定人，不僅影響拍定人權益，更影響應買意願，甚至不點交者，占用之第三人權利為何？期間？能否對抗拍定人？對抗之範圍？亦影響拍定價金之高低，對債權人、債務人均有利害關係。而此等情形，既須於拍賣公告載明（參照本法第 81 條第 2 項第 7 款），為能明確，在民國 85 年修正本法時，增設第 77 條之 1，其第 1 項規定「執行法官或書記官，為調查不動產之實際狀況、占有使用情形或其他權利關係，得訊問債務人或占有之第三人，並得命其提出有關文書。」為強化此一規定，並設第 2 項「前項情形，債務人無正當理由拒絕陳述或提出文書，或為虛偽陳述或提出虛偽之文書者，準用第二十二條之規定。」第 3 項「第三人有前項情形或拒絕到場者，執

---

❾⓿　同 ⓭⓷。

行法院得以裁定處新臺幣一萬五千元以下之罰鍰。」然因效果不彰，民國89年又將第1項修正為「執行法官或書記官，為調查不動產之實際狀況、占有使用情形或其他權利關係，得開啟門鎖進入不動產或訊問債務人或占有之第三人，並得命其提出有關文書。」修正理由為：「為使執行法官或書記官徹底踐行不動產之現況調查權，提高不動產拍賣之競標人之購買意願，宜參考日本民事執行法第五十七條第三項規定，將現行法條文第一項之『得訊問債務人或占有之第三人』修正為『得開啟門鎖進入不動產或訊問債務人或占有之第三人』，以資因應。」又於民國100年6月29日修正第77條之1第2項規定為「前項情形，債務人無正當理由拒絕陳述或提出文書，或為虛偽陳述或提出虛偽之文書者，執行法院得依債權人聲請或依職權管收債務人。但未經訊問債務人，並認非予管收，顯難查明不動產狀況者，不得為之」嗣再於民國103年修訂第77條之1第1項規定為「執行法官或書記官，為調查前條第一項第二款情事或其他權利關係，得依下列方式行之：一、開啟門鎖進入不動產或訊問債務人或占有之第三人，並得命其提出有關文書。二、向警察及其他有關機關、團體調查，受調查者不得拒絕。」注意事項41之1亦規定「㈠查封之不動產，究為債務人占有，抑為第三人占有，如為第三人占有，其權源如何，關係該不動產之能否點交，影響拍賣之效果，執行法官或書記官應善盡本法第七十七條之一規定之調查職權，詳實填載不動產現況調查表，必要時得開啟門鎖進入不動產或訊問債務人或第三人，並得依債權人聲請或依職權管收債務人，或對第三人以科罰鍰之方法行之，務期發現占有之實情。但未經訊問債務人，並認非予管收，顯難查明不動產狀況者，不得管收債務人。㈡執行法院依本法第七十七條之一規定調查不動產現況，如認債務人符合本法第二十一條規定拘提事由，而有強制其到場之必要時，得拘提之。」注意事項41⑵規定「查封筆錄記載本法第七十七條第一項第二款所列事項，……。如查封之不動產於查封前一部或全部為第三人占有者，應載明債務人及第三人占有之實際狀況，第三人姓名、住所、占有原因、占有如有正當權源者，其權利存續期間。如訂有租約者，應命提出租約，即時影印附卷，如未能提出租約，或未訂

有書面租約者，亦應詢問其租賃起訖時間、租金若干及其他租賃條件，逐項記明查封筆錄，以防止債務人事後勾串第三人偽訂長期或不定期限租約，阻撓點交。」此等規定固甚周延，但愚意以為：㈠開啟門鎖進入，如係空屋，固足以知悉現無人占有，但若有放置物品，仍無法由此知悉何人占用。㈡債務人或第三人拒絕陳述、提出文書，拘提、管收、科處罰鍰，對有無他人占用，占用之權源為何之判定，並無直接效果，僅生恐嚇結果，對於不怕拘提、管收或無財產可以執行罰鍰者，並無助益。㈢一般執行人員鮮有依上開規定處理，更鮮有因此管收債務人。執行法院有令債權人查明，或向警察機關調查，均非妥適，蓋債權人並無調查權，如何查明？警察等機關之調查，其亦非當然知悉使用狀況，仍需到場調查，如查報或調查不實，何人負責？是若能修正為失權規定，即查封後，若於一定期間債務人或第三人不陳報使用情形及使用權源，一律視為債務人占有，始克其功。

第二目　換　價

壹、拍　賣

一、拍賣前之準備

實施拍賣前，執行法院應為下列之準備：

㈠測量未辦保存登記之建物

查封未辦保存登記之建物，應依土地登記規則第 139 條第 2、3 項，由執行法院會同地政機關測量人員測量該建物之面積及坐落位置，待測量完畢，始辦理查封登記。

㈡鑑　價

依本法第 80 條規定，執行法院應命鑑定人就查封之不動產估定價格，此項估定價格即係鑑價，以為核定底價之參考。此一程序，實務雖謂係絕對應遵行者，不可以其他文書代替而免予實施。執行之不動產，若包括尚未分離之出產物，或與動產併付拍賣者，該出產物或動產亦須鑑價。鑑價時須就實際狀況為之，故查封之房屋之實際構造與登記簿不符時，仍應按實際構造情形鑑定拍賣（參照注意事項 42⑵），面積不符者，亦同。注意

事項42⑴規定「鑑定人估價時，宜就不動產是否出租，是否被第三人占用等情形分別估價。其估定之不動產價額與市價不相當時，執行法院得參考其他資料，核定拍賣最底價額。」⑷規定「債務人於不動產設定抵押權後，就同一不動產上設定負擔或予出租者，執行法院應命鑑定人就無負擔或未出租之價額與有負擔或出租之價額，分別估定。」但實務上鮮有就有無租賃、占有，分別估定價格。又當事人如對估價認有不實，可否申請重新估價，執行法院可否依職權重新估價，本法就此雖無規定，實務採否定說❾❶，但愚意以為估價之目的，即在於核定底價，為免失出失入，應可重新估價，惟未重新估價，亦可於核定底價時參考當事人意見。

自不動產估價師法制定後，實務已委由估價師鑑價，目前司法院訂選任鑑定人參考要點可以適用。

㈢定底價

依本法第80條規定，執行法院應就前開鑑價，核定底價以為拍賣。就此規定觀之，核定底價固由執行法院就鑑價決定，但既可核定，表示執行法院不須以鑑價為底價，尚可斟酌。核定之底價，應儘量與市價相當，故實務上，執行法院於定底價前，皆以鑑價結果通知當事人，令其表示意見，此即詢價，如債權人、債務人或抵押權人有意見，認應提高者，可向執行法院陳明，執行法官斟酌以核定底價（參照注意事項42⑸）。

核定底價時，應注意下列事項：

1.核定底價係執行法院之職權，故詢價結果，不論當事人有無意見，該意見僅供參考，執行法院仍可本於職權核定。

2.鑑價如與市價不相當，執行法院得參考其他資料以為核定（參照注意事項42⑴）。

3.不動產如確因地區日趨繁榮，商業日趨興盛，或存有其他無形之價值，而鑑定人未將之估定在內者，執行法官核定底價時，得酌量提高。必要時並宜赴現場勘驗，了解不動產內部裝潢設備及四周環境，以為核定底

---

❾❶ 最高法院22年抗字第561號判例：拍賣不動產之價格，既經執行法院選派鑑定人合法估定，當事人即不得任意指為不實，請求復估。

價之參考（參照注意事項42⑺）。上開無形之價值應指未來發展之潛力，將來土地之利用，例如都市計劃、交通線之規劃。至於債務人已聲請建造執照之土地，該執照雖不可列為不動產一併拍賣，但參照內政部民國93年7月28日臺內營字第0930085435號函❷，拍定人可聲請變更起造人為自己，繼續據此執照建築，減省重新聲請之費用及土地仍可依原來執照利用之經濟價值，凡此應屬無形價值，定底價時應予考量。

4.拍定之不動產有數項者，或有動產合併拍賣，應分別核定底價。

5.核定之底價不宜低於鑑價，縱當事人請求，亦同。蓋一般言之，鑑價已係最低價格，且係經鑑定人估定，若核定底價較之為低，易生誤會與紛爭。

6.由於本法第80條規定係「應」命鑑定人估價，故執行法院一定須經鑑價，始可核定底價，否則為違法，當事人或利害關係人可聲明異議。惟只須經過鑑價即可，故對經鑑價之不動產，因債權人撤回執行或視為撤回執行而結案者，嗣後又有聲請執行，可因債權人聲明援用以前之鑑價詢價，以核定底價。若已經核定底價並降價拍賣數次者，因既已拍賣而無人應買予以降低底價，為避免浪費執行程序，可以此最後之底價詢價，以核定底價。然若前次執行與此次相隔甚遠，不動產價格有波動（例如公告地價已

---

❷ 內政部民國93年7月28日臺內營字第0930085435號函：㈠……，即原起造人為土地所有權人，其土地所有權既因拍賣而喪失，就該土地已無任何權利可供行使，拍定人得主張其所有權而為使用收益處分。如建造執照未逾期失其效力，則拍定人得單憑法院土地權利移轉證明書辦理變更起造人。㈡建築工程已申報開工，但僅施作整地、開挖、安全設施等假設工程，尚未構築結構體者：如其建造執照未逾期失其效力，拍定人得單憑法院土地權利移轉證明書辦理變更起造人。……。㈢建築工程已申報開工，並已構築建築物結構體（如基礎或樑柱結構）者：倘土地與地上建物併同拍賣且原起造人即為所有權人，其所有權（包括土地及未完工建物）既因拍賣而喪失，就該土地已無任何權利可供行使，縱建造行為未完工，原起造人亦無請求繼續建造之權利，拍定人得主張其所有權而為使用收益處分，如建造執照未逾期失其效力，則拍定人得單憑法院權利移轉證明書（包括土地及未完工建物）辦理變更起造人。……。

調整），仍應重新鑑價，不可援用以前之鑑價。

7.依注意事項 42⑶「土地或建築物設定抵押權後，抵押人於土地上營造建築物或於原建築物再行擴建或增建者，除應認為抵押物之從物，或因添附而為抵押物之一部者外，執行法院於必要時得就原設定抵押權部分及其營造、擴建或增建部分分別估定價格，並核定其拍賣最低價額後一併拍賣之。但抵押權人就營造、擴建或增建部分，無優先受償之權。」此擴、增建如係添附為抵押物之一部，因既與抵押物合為一物，自應與抵押物一併核定底價，其他均應單獨核定底價，從物亦同。上開注意事項似認從物可毋庸單獨核定底價，應與抵押物一併估價，實有誤會，蓋縱依民法第 862 條第 1 項及第 68 條第 2 項規定，亦僅表示抵押權效力及於從物，但並未否定從物為獨立之物，雖應一併拍賣，亦應單獨核定底價，正如拍賣房屋，應一併拍賣其基地，基地仍應單獨核定底價。至於如何判定添附，應以是否可獨立使用為斷。

8.前述之添附、從物、擴增建之估價、核定底價，不僅適用於抵押物，即未設定抵押者，亦同，僅若屬抵押物之添附、從物，為抵押權效力所及，拍賣價金抵押權人可優先受償，反之，則否。

核定底價，既為執行法院之職權，且非屬執行方法、命令，當事人對此核定結果不服，不可聲明異議❾❸。

㈣定拍賣期日

執行法院於核定底價時，即應一併指定拍賣期日。此一期日距拍賣公告之日，不得少於 14 日（參照本法第 82 條）。

㈤決定拍賣方法

依本法第 85 條規定，不動產拍賣方法除可同於動產拍賣以叫價之外，亦可以投標，由執行法官決定。目前實務上皆採投標。惟若採用叫價之拍賣方式，應無不可。

㈥指定拍賣場所

依本法第 83 條規定，拍賣不動產，於執行法院或其他場所為之，故在

---

❾❸　學者張登科認可聲明異議（參閱張氏著前揭第三二一頁）。

何處拍賣,亦應由執行法官指定。目前因以投標方法拍賣,故所指定之拍賣場所皆係執行法院所設之投標室。

(七)指定保證金額

為避免應買人隨意出價拍定後又不繳款,不動產拍賣本可準用本法第70條第1項酌定保證金,毋庸另為規定,本法第86條規定不僅重複,且使人誤會投標始須定保證金,如以叫賣方式則否,有違定保證金之本旨。又本法第89條規定「投標應繳納保證金而未照納者,其投標無效。」與第70條第1項規定未繳納者,應買無效重複,應予刪除,逕行準用第70條第1項即可。目前實務上既採投標方法,即應定保證金額。至於保證金額若干,本法未規定,但依注意事項47(1)規定,宜為底價百分之十至百分之三十。實務上,各法院皆有自定之標準以為指定。此項保證金,如同動產拍賣,投標人未拍定,固應發還,如拍定,可抵拍定價金之一部,拍定人再繳納餘額即可,苟拍定人未繳納,致再行拍賣之拍定價金少於前次拍定價金,即應以此抵償差額及再行拍賣費用,如有剩餘,仍應發還,不可沒入。

(八)不動產上之地上權、租賃權等用益物權如何處理

不動產上有地上權、租賃權等用益物權者,原則上依民法第425條第1項及本法第98條第2項前段規定,由拍定人承受,惟若經除去者,即毋庸承受(詳後述)。對此租賃權等之處理,拍賣公告應載明。

(九)不動產上擔保物權如何處理

不動產上有抵押權等擔保物權或其他優先權,原則上依本法第98條第3項前段因拍賣而消滅,應載明於拍賣公告。

(十)決定是否點交

所謂點交,即執行法院負責將拍賣物交付拍定人。凡可點交之不動產,應買人多,賣價自高,反之則否。蓋不點交者,須拍定人自循法律途徑解決,始可使用收益拍賣物。故是否點交影響甚大,執行法官應決定,於拍賣公告揭示。依本法第99條第1、2項規定,決定是否點交標準為:

1.凡不動產現為債務人占有及查封後始為第三人占有者,均應點交。

至此所謂債務人現為占有係指何時？就法文規定應指實際為點交行為之時 ❹，但定拍賣公告時即須決定是否點交，尚未至拍定後實際點交時，故實務上依注意事項 57 ⑵，以查封時為準，凡查封時債務人占有者，點交。但愚意以為應否點交悉以法律規定為準，故查封時雖為第三人占有，定拍賣公告時已改變為債務人占有，仍應點交，甚至公告後，在拍賣過程中改由債務人占有，仍應變更公告為點交，執行法院不知而未變更者，當事人或第三人均可聲請，請求變更公告之不點交為點交，當事人聲請變更，執行法院不准者，因此屬強制執行方法，可聲明異議。又債務人占有係指直接占有，且此占有之債務人限於實際被執行之債務人，故執行債務人有二人以上，實際僅執行其中一人之不動產，但此不動產非該人占有，恰為另一執行債務人占有，仍非為債務人占有，除有第 2 項情形外，仍不得點交。又依民法第 942 條規定，執行債務人之占有尚包括其受僱人、學徒、家屬（即或與債務人共同生活而同居一家之人），或基於其他類似關係，受債務人指示而對之有管領力者之占有在內（參照注意事項 57 ⑺）。查封後始為第三人占有，係指第三人於查封後占有，不論查封時何人占有，均應點交。反之，查封時有第三人占有，原則不點交，除非有後述 2.情形，始應點交。

2.查封時為第三人占有，但其占有係無權，第三人對此不爭執者，應點交。反之，如第三人有爭執，不論是否果真無權，甚至債務人亦陳明第三人為無權者，仍不可點交，以免損及第三人權益。至此不爭執，係指第三人承認無權占有，或對債權人、債務人主張為無權占有不予爭執者，故查封前雖有租賃，但查封時，租期已屆滿或租賃關係已終止者，承租人無意見，屬之。

3.查封時占有之第三人係本於租賃權，其租賃權被執行法院除去者，應點交。至於承租人轉租他人者，其租賃權既已除去，雖現由次承租人占有，應仍點交，蓋承租人之占有已因除去租賃權結果應點交，次承租人之占有，亦喪失占有權源，為無權占有，更應點交，始符合本法第 99 條第 2

❹ 參閱拙文〈強制執行之判解研究──如何決定是否點交拍賣之不動產〉，刊《軍法專刊》第三十四卷第二期（收錄於拙著《強制執行法學與判解研究》）。

項規定除去租賃權可點交之立法意旨。

4.查封後租期始屆滿或終止者，與第 2 項規定「查封前無權占有」不同，似仍不點交，但參照第 2 項之立法理由 ❺，在於增進應買人意願及除去租賃者亦為查封後無權占有，其既可點交，應類推適用認可點交，僅拍賣公告原註明不點交，因事後情事變更可點交，應更正拍賣公告。為避免疑義，第 2 項應修正為「第三人對其在查封前無權占有不爭執；或執行程序中其占有變為無權占有不爭執，或其占有為前條第二項但書之情形者，前項規定亦適用之。」 ❻

5.不動產為空地或空屋，應認為債務人占有，可予點交。

6.查封時為第三人占有，查封後變更為債務人占有或第三人遷移無人使用，應點交。又第三人遷出，另有第四人占有，此人占有為查封後之占有，應點交。

7.第三人在查封前已與債務人立約承租拍賣之不動產，但未立即遷入，致查封時仍屬債務人占有，查封後第三人始遷入，仍應點交（參照注意事項 57⑽）。

8.債務人之父母兄弟或成年之子女與債務人同住一處，如未分家，應認該等人屬占有輔助人，仍可點交，反之則否。判斷有無分家，依習俗以有無分炊為準。

9.債務人於住居處設立公司，自為負責人，實務上認可點交（參見臺

---

❺ 本法第 99 條第 2 項係民國 85 年修正時增加，其理由：依第一項規定，第三人之負有交出不動產義務者，僅以於查封後占有者為限。但占有不動產係在查封之前者，若不問有無正當權源，概不受點交命令之拘束，將嚴重影響應買者之意願及其所出價額。爰參考日本民事執行法第八十三條第一項，增列本條第二項，規定第三人之占有不動產雖在該不動產查封之前，但確為無權占有，或其占有之權源於查封後經執行法院依前條第二項但書予以除去者，其占有不動產無正當權源，毫無疑問。如不交出，自應逕予強制執行，期能提高拍賣之效果，並疏減訟源。

❻ 參閱拙文〈拍賣與租賃〉（刊楊與齡主編《強制執行法實例問題分析》第二五二頁）。

灣高等法院 74 年法律座談會），惟理論上公司為另一獨立人格，實務見解不無商榷。

10.債務人為甲公司，拍賣之不動產除有甲公司外，尚有乙公司設於該處，因乙公司係一獨立法人，屬第三人，固不得點交。惟如乙公司與甲公司對外宣稱為關係企業或兩公司負責人為同一或同一家族，似應認乙公司為基於其他類似關係，受債務人甲公司指示而對該不動產有管領力，即屬輔助占有，可予點交❾⓽。

11.拍賣不動產之應有部分者，因其應有部分係及於不動產之每一點，無法確定其位置，故原則上不點交，但有下列情形則例外應予點交：

⑴該不動產有分管者，應將債務人管有現實占有部分點交（參照注意事項 57⑸）。有無分管，應於查封時查明。

⑵以基地之應有部分及該地上區分所有建物一併拍賣者，如該建物可點交，此基地應有部分，亦隨同一併點交，僅此基地點交應為抽象意義。

㈡函主管機關查明土地之都市計畫編列情形及有無三七五租約

為明瞭拍賣之土地，在使用上有無法令限制、農地有無三七五租約，執行法院應先查明，以便公告中註明及是否有應買人資格限制或有無優先承買權人。

㈢拍賣之不動產有數筆者定拍賣方式

查封之不動產有數筆者，應以何種方式拍賣，採全部合併拍賣、個別拍賣、分標拍賣但各標合併拍賣，應由執行法官決定。合併拍賣者，應買人須全部買受，不能只買一筆。個別拍賣者，應買人可任擇一筆應買，非必全部應買。分標拍賣但各標合併拍賣者，係折衷上開二者，即數筆不動產中，合幾筆為一標而全部分為數標者，應買人可任擇一標應買，但各標之幾筆不動產須一併買受，不可僅買其中一部。上開二種拍賣方式，各有利弊，其第一種方式，應買人可買得全部不動產，使全部拍賣物歸屬一人，拍賣程序一次終結，固為有利，惟若一味全部合併，因底價合併亦增高，減少競爭對手，賣得價金不高，有違拍賣目的。第二種方式，應買人可選

---

❾⓽ 同 ❾⓸。

擇所需應買，增加競爭對手，提高拍賣價金，但若一味全部個別拍賣，將使本應合為一處者，由不同人拍定，製造問題與糾紛，拍賣程序將因此拖延。第三種方式，固有上開二者優點，但如何分標亦是問題，如分標不妥，即不妥當，尤其在一筆土地上有數棟、數層區分所有建物，其基地與分得之房屋合併拍賣，其基地之比例劃分，更屬困擾。愚意以為法律固無明文規定應採用何種方式，但執行法官應基於當事人利益（即使拍定價金達到最高）、維護司法威信（即拍定人不致因拍賣方式不當與他人發生糾紛訴訟）、保護第三人權益（例如優先承買權人、拍定人之權益）、兼顧拍賣程序能迅速終結等原則而決定採用方式。故：

1.拍賣不動產有基地（包括法定空地）與該地上建屋者，二者應合併為一標拍賣。如拍賣之不動產僅此二者，固即合併拍賣，反之，拍賣不動產有數筆可為如此合併者，可分為數標拍賣，但各標合併拍賣。例如拍賣公寓二間及其基地，即可以其中一間與基地為一標，另一間與其基地為一標。至若一筆地上有數棟房屋，該地尚未分割，亦可邀同地政機關計算各房屋所占土地之應有部分為若干，而以此應有部分與房屋合為一標以分標拍賣。又本應分標之數屋，若因打通合併使用，為顧及點交問題，應斟酌情形合併拍賣，不宜分標。

2.非房屋基地之土地，如非法定空地，固不宜與該房屋基地合併拍賣，但若屬此屋出入必經之地，仍應合併拍賣。否則由不同人拍定，將產生通行權問題。

3.數筆土地上皆有不同之建物，分標時不論債務人是否相同，應以建物與基地合為一標為原則。縱然債務人不同，不僅可將不同人所有之建物與其基地合併為一標拍賣。即分標時，亦應本此原則，以免產生無權占用土地之拆屋還地問題。又如此排列組合不以屬同一強制執行事件為必要，縱如不同，執行法院內部亦可併案，以為方便。

4.數筆土地，如有下列情形之一者，不應合為一標拍賣：

⑴非毗鄰者：數筆土地既非毗連為一塊，實無合併為一標拍賣之必要，蓋不能提高使用價值。

(2)應買人資格不同者：應買人資格不同者，如合併為一標，無形中，將使毋須限制者亦同受限制。

(3)優先承買權人不同者：優先承買權不同之土地，如合併拍賣，如何優先承買，將生問題。尤其一標中部分土地經他人優先承買，剩下部分由拍定人買受，不僅不合公告中註明之合併拍賣規定，且若剩下部分無價值（例如為道路地），拍定人不願買受，自必產生糾紛。

二、拍賣公告

為使社會大眾知悉，多人參加應買，提升拍定價金，不動產拍賣時，執行法院應先期公告（參照本法第 81 條第 1 項），以廣招徠，至此拍賣公告應參照前述之準備載明下列事項（參照本法第 81 條第 2 項、注意事項 34）：

㈠不動產之所在地、種類、實際狀況、占有使用情形、調查所得之海砂屋、輻射屋、地震受創、嚴重漏水、火災受損、建物內有非自然死亡或其他足以影響交易之特殊情事及其應記明之事項

1.如為土地，應載明其坐落地號、面積、地上物或其使用情形。土地有使用限制（如都市計畫編列為道路地等），為使應買人知悉，應予載明，惟若為執行法院所不知者，不在此限。

2.如為房屋，應載明坐落地號、門牌、房屋構造及型式、層別或層數、面積。又此房屋如有他人訴請拆屋或已聲請執行拆屋（包括違章建築之拆除）❾❽，亦應載明，惟若為執行法院所不知者，不在此限。

3.拍賣之不動產於查封前一部或全部為第三人占有者，應載明債務人及第三人占有之實際狀況，第三人姓名、占有原因，占有如有正當權源者，其權利存續期間。惟若執行法院不知第三人占有或占有之詳細情形者，不

---

❾❽ 此涉及金錢債權之執行與非金錢債權之執行競合。對該房屋固可查封拍賣，然他人亦可聲請執行拆屋，二者可分別進行，惟在拍定前已拆除者，因拍賣物不存在，自不得為拍賣，反之，仍可拍賣，若拆屋之執行名義效力可及於拍定人，拍定後仍可拆除。然愚意以為為避免因拍定後仍可拆除損及拍定人利益，拍賣程序可暫緩進行，待另案執行後再處理。

在此限。雖注意事項 43 (3)規定「查封之不動產,未查明該不動產之占有使用情形前,不宜率行拍賣。」但有時查明實有困難,不予拍賣對債權人亦欠允當。

4.拍賣之不動產,查封時為債務人或其占有輔助人占有者,應於拍賣公告載明拍定後可以點交。如查封時為第三人占有,依法不能點交者,則應詳載其占有之原因及依法不能點交之事由,不得記載「占有使用情形不明,拍定後不點交」之類似字樣。

5.拍賣債務人之不動產應有部分時,應於拍賣公告載明其現在占有狀況及拍定後依債務人現實占有部分為點交。如依法不能點交時,亦應詳記其原因事由,不得僅記載「拍賣不動產應有部分,拍定後不點交」之類似字樣。

6.拍賣之不動產已有負擔,或債務人之權利受有限制,或他人對之有優先承買權利等情形,亦應於拍賣公告載明。

7.房屋有占用他人土地者,應予載明,並記明「占用他人土地之法律關係與債務人同,不因拍賣而變更,由拍定人自行處理。」俾應買人知悉,以免誤會因拍賣成為有權使用他人土地。

8.不同房屋使用同一門牌 (在鄉村常有數屋使用同一門牌),或拍賣一房屋中之一部,為使應買人知悉,應繪圖表示拍賣之標的,甚且應囑託地政事務所測量,於公告中附以測量圖。

9.不動產有設定租賃權、地上權等用益權利,由拍定人繼受,應予記明。但若經執行法院除去,毋庸繼受,亦應載明。

10.不動產有抵押權、優先權等擔保物權,因拍定而消滅。

11.拍賣之不動產有數筆者,採用何種方式。

12.拍賣之不動產有數筆,採用個別拍賣或分標拍賣方式,惟因債權額不多,在一次拍賣時,為符合本法第 96 條第 1 項規定「供拍賣之數宗不動產,其中一宗或數宗之賣得價金,已足清償強制執行之債權額及債務人應負擔之費用時,其他部分應停止拍賣。」及第 2 項「前項情形,債務人得指定其應拍賣不動產之部分。但建築物及其基地,不得指定單獨拍賣。」

如有個別拍賣之各宗不動產，分標拍賣之各標不動產拍定價金可清償者，其他即不可拍定，故公告中應註明：「如一宗或數宗不動產拍賣所得價金已足敷清償債權額及債務人應負擔之費用時，其餘部分即不予拍定。」（參照注意事項 55 (2)）至如何選擇拍定部分，雖應由債務人指定，但若債務人未指定，或可依分標或個別順序，自前依序計算至足以清償為止；或由其中選擇賣得價金較高者拍定，以減少拍定之不動產，留給債務人。

13.拍定人對拍賣物無物之瑕疵擔保請求權。

㈡拍賣之原因、日期及場所

如以投標方法拍賣者，其開標之日時及場所，定有保證金額者，其金額。即公告應載明上開事項，至於保證金之繳納方式，公告亦應載明，俾應買人遵循。

㈢拍賣最低價額

拍賣之不動產有多數，不問採何方式，底價均應就每一筆不動產一一載明。如合併拍賣，應載明合計之總底價。

㈣交付價金之期限

依注意事項 43 (2)為 7 日，即拍定後 7 日，惟若有特殊狀況，例如拍定人為債權人，聲明以債權抵繳價金，可在分配範圍內扣抵，繳納差額，或有優先承買權人尚待通知，執行法院可在分配表計算後通知拍定人（參見臺灣高等法院 71 年法律座談會）或待優先承買權人不行使時，通知拍定人繳納價金❾❾。

㈤閱覽查封筆錄之處所及日時

為使應買人了解查封時情況，公告應載明應買人查閱之處所及時間，如漏未公告，參照最高法院 47 年臺抗字第 92 號判例：「拍賣不動產之公告，應載明閱覽查封筆錄之處所及日時，為強制執行法第八十一條第二項第五款所明定。是項規定，係使一般投標人預先明瞭查封之內容，從容決定投

---

❾❾ 司法院訂定「地方法院民事執行處不動產投標參考要點」第 11 點：不動產依法有優先承買權人時，待優先承買權人未行使優先承買權確定後，始通知繳足全部價金。

標之條件，庶投標結果臻於公平，自屬強制規定之一種。倘該項規定就此漏未記載，則拍賣程序即難謂無瑕疵，依同法第十二條利害關係人對之聲明異議，應認有理由。」可聲明異議。目前實務已將查封筆錄與拍賣公告同時張貼。

㈥**定有應買資格或條件者，其資格或條件**

應買人資格、條件係其他法令規定，執行法院自應遵守，例如農業發展條例第 33 條前段規定私法人不得承受耕地，則耕地拍賣時，私法人不可應買，除非有該條但書之例外。注意事項 43 (7)「拍賣之不動產為政府直接興建之國民住宅及其基地，債務人有辦理國民住宅貸款者，應於拍賣公告記載應買人或聲明承受人如欲承接國民住宅貸款餘額及剩餘期限，應以法令所定具有購買國民住宅資格者為限。」(8)「外國人不得為土地法第十七條第一項所列各款土地之應買人或承受人，但合於外國人投資條例第十六條第二款之規定者，不在此限。」(9)「拍賣之土地為土地法第十七條第一項所列各款以外之土地時，應於拍賣公告內記載外國人應買或聲明承受時，應依土地法第二十條第一項規定，向土地所在地市縣政府申請核准，並將該經市縣政府核准之證明文件附於投標書。」均有提示。

㈦**拍賣後不點交者其原因**

㈧**定有應買人察看拍賣物之日時者，其日時**

法院拍賣，拍定人無物之瑕疵擔保請求權（參照本法第 69 條），為使拍定人事先了解，動產拍賣公告有載明閱覽拍賣物之處所及日時，不動產拍賣在民國 85 年前未規定，該年修正時，認有給予應買人查看之機會，特於第 81 條第 2 項增設第 8 款查看之規定。

㈨**有優先承買權者，應予記明**

㈩**公告之揭示**

書記官辦妥公告後，應交由執達員揭示，本法第 84 條第 1 項規定「拍賣公告，應揭示於執行法院及該不動產所在地或其所在地之鄉鎮市（區）公所。」第 2 項「拍賣公告，應公告於法院網站；法院認為必要時，得命登載於公報或新聞紙。」注意事項 45 (2)「拍賣公告應揭示於不動產所在地，

或函囑該管鄉、鎮、市（區）公所揭示於其公告處所。拍賣標的物為大型工廠或機器，得另函請當地同業公會將拍賣公告揭示並轉告會員。」此項揭示方法，與動產拍賣同，可參閱前述，茲不贅言。但公告於法院網站，此項規定為「應」與第 65 條係「得」不同，故不動產拍賣，如未依第 1 項及第 2 項公告於網站，應可聲明異議。又依最高法院 51 年臺上字第 3631 號判例：「……。至於就不動產所在地所為公告之揭示方法雖有不當，當事人或利害關係人祇得依強制執行法第十二條規定，為聲請或聲明異議，但其揭示行為，未經撤銷前要非當然無效。」縱揭示不當，在未撤銷前，仍屬有效，從而拍賣亦有效。

公告應於何時揭示刊登，應依本法第 82 條規定「拍賣期日距公告之日，不得少於十四日。」辦理。此 14 日應指揭示執行法院及不動產所在地而言，揭示日不同，依注意事項 45 (3)「依第一款及前款前段所為揭示，與不動產拍賣或再拍賣期日應距期間，自最先揭示日起算。」以最先揭示日為準，不包括登報，蓋此登報為訓示規定，縱未為之，拍賣仍屬有效，故登報日至拍賣日不足 14 日，仍可拍賣。惟執行法官亦可斟酌如認不當，予以停止拍賣。

三、通知到場

㈠通知當事人到場

此項通知與動產拍賣同，茲不贅言。僅因不須債權人引導，故縱債權人未到場，仍可拍賣。

㈡通知優先承買權人及他項權利人到場

依注意事項 35 規定，宜為如此通知，實務上甚少為之，實際上無此必要，蓋拍定後仍須通知優先承買權人是否行使權利，此時不通知，不影響其權利。

㈢拍賣共有物之應有部分應通知他共有人

本法第 102 條第 1 項規定「共有物應有部分第一次之拍賣，執行法院應通知他共有人。但無法通知時，不在此限。」故執行法院應為此通知，至無法通知，毋庸公示送達。通知書應載明他共有人得以同一價格共同或

單獨優先承買（參照注意事項 58）。至他共有人不可行使優先承買權者，毋庸為本項通知，蓋拍賣與其無關，例如集合式住宅，拍賣區分所有建物及基地之應有部分，該基地其他共有人無優先承買權（參照土地登記規則第 98 條），即毋庸通知。

四、除去租賃權、地上權等

按抵押權為擔保物權，毋庸移轉占有抵押物，抵押人仍可使用收益及處分，例如出租、設定地上權，抵押權人不可阻止，僅此使用收益及處分，不得妨礙抵押權之擔保功能，故民法第 866 條第 1 項規定「不動產所有人設定抵押權後，於同一不動產上，得設定地上權或其他以使用收益為目的之物權，或成立租賃關係。但其抵押權不因此而受影響。」實務上常見者為租賃。至有影響之效果如何，何謂有影響，民國 96 年 3 月 28 日修正前之民法未規定，學者姚瑞光、黃右昌、張龍文皆依司法院 25 年院字第 1446 號解釋：「……。如於抵押權設定後與第三人訂立租賃契約而致有上述之影響者，依同條之規定言之，不問其契約之成立，在抵押物扣押之前後，對於抵押權人亦當然不能生效，其抵押權人因屆期未受清償，或經確定判決，聲請拍賣抵押物時，執行法院自可依法逕予執行。」認為租賃權等用益權利對於抵押權有影響者，對於抵押權人不生效力，拍定人不繼受租賃之負擔，反之，則須繼受。姚氏並謂有無影響，視拍賣時價格之漲跌而定，價格漲，抵押權人能受滿足之清償，則無影響，反之則有影響❿。愚意以為該租賃權等用益權利是否無效？是否對抵押權人無效？早期民法第 866 條並未規定，實有疑問。司法院大法官會議就抵押權設定後成立之典權處理，曾為釋字第 119 號解釋：「所有人於其不動產上設定抵押權後，復就同一不動產上與第三人設定典權，抵押權自不因此而受影響。抵押權人屆期未受清償，實行抵押權拍賣抵押物時，因有典權之存在，無人應買，或出價不足清償抵押債權，執行法院得除去典權負擔，重行估價拍賣。……。」不僅指出須因有其他權利存在致無人應買或出價不足清償抵押債權始為有影

---

❿ 參閱姚瑞光著《民法物權論》第二二六頁、黃右昌著《民法詮解物權編》下冊第一七頁、張龍文著《民法物權實務研究》第一三九頁。

響，且指出須經執行法院除去該權利負擔，始可排除影響。注意事項57⑷規定亦以除去處理。惟以執行法院除去之方法，固非不可，較為便捷，但此除去，實有涉及人民之權利義務，依中央法規標準法第5條第2款，應以法律定之，注意事項為命令，以此規定，實有不當，民國96年3月28日修正民法增設第866條第2項規定「前項情形，抵押權人實行抵押權受有影響者，法院得除去其權利或終止該租賃關係後拍賣之。」以法律明定由執行法院除去，誠屬允當。

凡合於下開要件，執行法院可除去租賃權等用益權利，執行法院於除去後，應於拍賣公告註明及變更不點交為點交：

㈠須抵押權設定後成立之租賃權等權利

按物權係以成立先後定其優先順序，故須係抵押權設定後者，始可除去。至於是否成立在後，固應憑證據，此在地上權等用益權利有登記者，固無問題，以登記日期查明先後。但在租賃則有問題，蓋抵押權設定非經登記不生效力，可以登記查明設定時間，而租賃毋庸登記，致實務上常有租約日期是否倒填之爭議，就此愚意以為民法修正時，宜斟酌租賃權之物權化及日本民法第605條規定「不動產之租賃經登記者，嗣後對就該不動產取得物權之人，亦生其效力。」規定不動產租賃，非經登記，不得對抗第三人，俾杜疑義，保障抵押權人❶。雖然民國88年民法債編修正時，增設第425條第2項「前項規定，於未經公證之不動產租賃契約，其期限逾五年或未定期限者，不適用之。」其立法理由為「在長期或未定期限之租賃契約，其於當事人之權義關係影響甚鉅，宜付公證，以求其權利義務內容合法明確，且可防免實務上常見之弊端，即債務人於受強制執行時，與第三人虛偽訂立長期或不定期限之租賃契約，以妨礙債權人之強制執行，……，爰增訂第二項。」其立意固佳，但愚意以為仍有商榷之處，蓋依相關規定，一般人無法查知有無租賃公證，且公證無管轄區域之限制（參照公證法第6條），債務人與承租人可在任一地區公證租賃，甚至任擇一民間

---

❶ 參閱拙文〈租賃與強制執行之拍賣〉，刊《法學叢刊》第一三四期（收錄於拙著《強制執行法學說與判解研究》）。

公證人辦理，他人如何查知？為便於他人（包括抵押權人）查知有無租賃，應採公示原則，即租賃需經地政機關登記，任何人皆可查明，不致有上開弊端。經地政機關登記，始有對抗效力。又租賃權成立在前，但因租期屆滿在抵押權設定後，若換新約，此新約之租賃權即成立在抵押權設定後，應可排除。但若於期滿後約定將原租約延長一定期限（參照民法第 449 條第 2 項），參照立法理由仍為契約更新，屬另一新契約，仍可排除，惟若認此為期限更新，仍屬原租約 ❿，則不可排除。

㈡該租賃等用益權利有效

苟係無效、不成立，自毋庸除去。

㈢須影響抵押權

所謂影響抵押權當係指因租賃權等權利之存在，致抵押物第一次拍賣時未拍定。即第一次拍賣，須連同租賃權等權利一併拍賣，如拍定即表示無影響，否則為有影響。如第一次拍賣連同租賃權等權利負擔既可拍定，表示拍定人願連同租賃權等權利負擔一併繼受，不妨礙抵押權之行使，反之則否。民法第 866 條第 2 項現已規定「前項情形，抵押權人實行抵押權受有影響者，法院得除去該權利或終止其租賃關係後拍賣之。」已明定為實行抵押權，足見必須經過第一次拍賣，始能判定有無影響，與賣得價金高低無關，蓋賣得價金之高低繫於甚多因素，除須否繼受租賃權等負擔外，是否點交？地理位置、環境景觀、甚至房地產交易是否活絡？經濟是否景氣，均有關連。況如何決定是否高低，亦無客觀標準。或謂可以執行法院鑑價後核定底價為標準，如預扣增值稅後，顯已不足清償抵押權，即為有影響。但：1.抵押權人可能高估抵押物價值，致設定抵押時，即已超額抵押。2.定底價係參酌拍賣市場價格決定，並非固定不變。實際上，此項價格僅供參考之用，應買人不一定贊同而以此出價，否則，一次即可拍定，何以尚須於未拍定時減價再行拍賣。3.設定抵押權時之估價縱或確實，但此僅以設定時而言，嗣後因經濟景氣等因素，不動產價格變易，而執行法院定底價係以拍賣時為準，其間已隔一段時間，自難因此底價之差異，謂

---

❿ 參閱薛祀光著《民法債編各論》第五二頁、史尚寬著《債法各論》第二一八頁。

抵押權有影響。實際上，此種差異，不論有無租賃權存在，均一定存在。

㈣須抵押權人聲請

除去租賃權係因影響抵押權之故，基於當事人進行主義及私法自治原則，應由受影響之抵押權人聲請，執行法院始應除去，至其他人則不可聲請。至於上開注意事項及民法第 866 條第 2 項之修法理由，就此均有依職權除去之規定，學者有贊同❿。愚意以為不妥，蓋抵押權人未聲請除去，足見其不認有影響，執行法院自不可越俎代庖依職權除去。

㈤由執行法院以執行處分除去

有影響之租賃權並非當然無效，須經執行法院除去始不存在。亦即經除去後，承租人因無租賃權存在成為無權占有，執行法院可點交。

㈥須在拍定前除去

除去之處分必須在執行程序之拍定前，蓋若未除去而拍定，即表示無影響，自不可於拍定後除去❿。

關於除去租賃權等權利，尚有下列問題值得研討：㈠以土地設定抵押，抵押後土地所有權人建築房屋，並出租房屋者，可否除去房屋之租賃權？按此時固可依民法第 877 條第 1 項一併拍賣建物，但因建物出租他人，不可點交，不易高價拍定，影響抵押權人權益，似應除去租賃，然有租賃者非抵押物之土地，能否適用民法第 866 條即有問題，愚意以為既可併付拍賣建物，當可類推適用第 866 條予以除去，實務認同可以除去租賃❿。㈡

---

❿ 參閱陳世榮著前揭第三三○頁。

❿ 最高法院 91 年臺抗字第 33 號裁定：故不動產所有人於設定抵押權後，復就同一不動產與第三人訂立租賃契約，致影響於抵押權者，依上開規定，不問其契約之成立，在抵押物扣押之前後，對於抵押權人當然不生效力，執行法院得依聲請或職權於拍賣程序終結前，以裁定除去其租賃關係，依無租賃狀態逕行強制執行。若執行法院於拍賣程序終結後，點交程序中，始以命令除去租賃關係，自屬不合。

❿ 最高法院 86 年臺抗字第 585 號判例：……。故土地所有人於設定抵押權後，在抵押之土地上營造建築物，並將該建築物出租於第三人，致影響於抵押權者，抵押權人自得聲請法院除去該建築物之租賃權，依無租賃狀態將該建築物與土

租賃權等權利如係成立於抵押物查封後，可否除去？按此等權利成立於查封後，依本法第 51 條第 2 項對債權人不生效力，只須債權人主張，即不生效力，實毋庸除去，抵押權人既已聲請執行或參與分配行使抵押權，即可主張不生效力，自無除去必要，但實務上仍認可予除去❶⁰⁶。㈢抵押人將抵押物出借他人，可否除去此借貸權利？按借貸不同於租賃權、地上權，拍定人毋庸繼受此一負擔，似不致因此影響拍定價格。但無可否認，借貸人之占用，屬有權占用，執行法院不可點交，仍會影響拍定價格，故應可除去，民國 96 年 3 月 28 日已增訂民法第 866 條第 3 項「不動產所有人設定抵押權後，於同一不動產上，成立第一項以外之權利者，準用前項之規定。」即可除去。除去後，即可適用本法第 99 條第 2 項。㈣租地建物者，其租賃權除去後，承租人可否依土地第 104 條主張優先承買權？按其租賃權既被除去，點交時尚應拆除地上建物，如何可優先承買？但司法院司法業務研究會第 37 期採肯定說，即「按基地出賣，地上權人有依同條件優先購買之權，土地法第一百零四條定有明文。且此規定旨在使基地與基地上之房屋合歸一人所有，以盡經濟上之效用，並杜紛爭，且有準物權效力。地上權雖因有礙抵押權人實行其權利，而遭除去，拍定時，地上權登記未經塗銷，而未消滅，地上權人優先承買，無損抵押權人之利益，亦可避免基地與建物分歸不同人所有，形成複雜法律關係，以准其優先承買為宜。」實待商榷。㈤執行法院除去後，執行程序非因拍定而終結，例如撤回，債務人清償，此時租賃權等權利是否回復為未除去狀態？按此除去租賃權之處分既係附隸於執行程序，則在執行程序非因拍定而撤銷（回）時，因除去處分失所附麗，當然不存在，租賃權等權利除去效果，即應回復。㈥債務人、承租人對此處分未聲明異議或雖為聲明異議，但經法院駁回，事後可否於拍定後，對拍定人起訴主張租賃關係存在？按此除去之處分及駁回裁定均無既判力，法理上不僅承租人可提起上開訴訟，無一事不再理問題，且民事審判時，仍可為相反認定租賃有效。但如此解釋即生下列問題：1. 如民

地併付拍賣。

❶⁰⁶　同❶⁰⁴。

事庭審認租賃權無影響應仍存在，拍定人即須繼受租賃權，然因公告註明租賃權除去，拍定人豈非因此受害？如何救濟？ 2.如認拍定人可依權利瑕疵擔保規定救濟，一方面因除去租賃權係執行法院所為，難認可歸責債務人致給付不能，自無從解除契約或向債務人請求損害賠償（參照民法第 226 條、第 256 條），另一方面縱可解除契約，拍定人繳納價金已分配各債權人，債務人既被執行，亦無資力返還或賠償。至於受分配之債權人非損害賠償或回復原狀當事人，亦無從對之請求，所有損失勢必由拍定人承擔。 3.有無國家賠償法之適用？如有，恐無人敢為除去租賃權處分。故愚意以為既經執行處分除去租賃權，僅能循執行程序救濟。不容再為實體訴訟，俾保障拍定人權益及維護司法公信力❿。惟為維護承租人權益，如其聲明異議，執行法院應停止拍賣，待異議確定再進行拍賣，以免陷入困境，強制執行法第 12 條第 1 項但書不適用。至若遷就上開法理，認執行法院無實體審查權，拍定人仍可訴訟，愚意以為即不應由執行法院排除，而應參酌日本實例，由抵押權人以出租人（即抵押人）及承租人為共同被告，向民事庭提起除去租賃之訴⓼，使除去處分為判決有既判力，保障拍定人與承租人權益，並可避免執行法院與民事庭見解分歧造成之前開問題。惟採此方法，執行程序必遭延滯。

五、拍賣之實施

㈠實施人員

依本法第 83 條規定，實施拍賣，應由執行法官、書記官、執達員三人於拍賣場所行之。目前因採用投標方式拍賣，而標匭皆設於執行法院內之

---

❿ 民事訴訟法研討會第二十三次「訴訟法理與非訟法理之交錯適用：從民事事件之非訟化審理及訴訟化審理論程序保障之機能」，討論涉及非訟事件就實體私權之存否有爭執，法院之裁定是否應承認與判決有同一效力，或有既判力，其中即涉及執行法院之除去租賃處分，參閱《法學叢刊》第一二六期第一五四頁及第一六二頁紀錄王甲乙及邱聯恭發言（收錄《民事訴訟法之研討㈡》第四九三頁及第五〇八頁）。

⓼ 參閱《法學叢刊》第十五卷第一期第九二頁張龍文撰〈論抵押權與租賃之關係〉。

投標室，故屆時應由上開三人負責開標。又依注意事項 46，此項投標可以通訊投標方式，採通訊投標，其拍賣公告除需為上開記載外，注意事項 46 ⑶另有規定。

㈡停止拍賣

拍定前，有下列事由，應停止拍賣，縱有投標，亦不開標，拍賣公告欄應張貼「停止拍賣」公告（參照注意事項 49⑸）。

1. 有法律規定停止強制執行情事者。

2. 有本法延緩執行情事者。

3. 全體債權人撤回執行者。

4. 拍賣公告未於法定期間前張貼或未依規定處所張貼者。

5. 拍賣公告有誤者。

6. 未依規定將拍賣公告刊登報紙或刊登有誤者。

7. 拍賣通知未送達債權人及債務人者。

8. 拍賣條件有變更者。

9. 聲明異議事項影響當事人權益無可補救者：聲明異議依本法第 12 條第 1 項但書規定，固不停止執行，但若干聲明異議事項影響當事人權益甚大，除執行法官甚有把握，認其處理絕對正確外，若予拍賣，將無可補救者，應停止拍賣。例如對除去租賃權之執行處分聲明異議，而該租賃權是否成立於抵押權設定之後不明顯，若以除去狀態拍賣，嗣後除去租賃權之執行處分被廢棄時，影響拍定人權益，故宜停止待抗告程序終結再拍賣，實務上有於拍賣公告註明除去租賃權之處分若聲明異議廢棄時不生效，似欠允當，蓋在未確定時，不僅影響應買人意願，且租賃權是否除去，涉及法律爭執，不宜諉由應買人承擔風險。

10. 拍賣物滅失：拍賣物不論係可歸責何人事由而滅失，例如土地因地震而消失，房屋因火災而燒毀、拆除，因無拍賣之標的物，自應停止拍賣。此在日本民事執行法第 53 條「因不動產滅失和其他顯然妨礙賣出不動產移轉之情形，執行法院必須撤銷強制拍賣之程序。」定有明文，我國雖未規定，亦應如此辦理。

㈢**投　標**

　　有應買意願者，應書寫投標書，依執行法院公告之方式，繳納保證金，連同保證金一併投入執行法院所設標匭（參照本法第 87 條第 1 項）。投標書應載明 1.投標人之姓名、年齡及住址。 2.願買之不動產。 3.願出之價額（參照本法第 87 條第 2 項），如由代理人投標，尚應載明代理人姓名，附委任狀。

㈣**拍定（得標）**

　　執行法官於投標時間屆至後，應即取出標單當眾開示審核，凡符合拍賣公告條件——即符合應買人資格，出價最高且達底價、已繳保證金者，即為得標。若數人最高價相同者，視該數人何人當場加價，以加價最高者得標，無人加價，則以抽籤定其得標人（參照本法第 90 條第 1 項）。加價，抽籤應當場為之，由執行法官主持（參照注意事項 50(5)）。抽籤由書記官製作籤條，出價相同者自行抽取。基於投標後不得撤回之法理，不可不抽，果不抽籤，修正前注意事項 52(1)規定，可由書記官代抽，現未規定，實為疏漏，可由書記官或執行法官代抽。

　　得標固應符合上開條件，惟若有下列情形之一者，不應由其得標：

　　1.投標除係採通訊者外，應由應買人或其代理人親自到場為之，否則投標無效。

　　2.參照注意事項 48 規定「投標書用紙及保證金封存袋，應依司法院規定格式印製，……之。」投標是要式行為，須使用法院印製之投標書，否則投標無效 [109]。故以法院印製之投標書影印而使用者，因此非法院印製，

---

[109]　臺灣高等法院 64 年法律座談會：

　　問題：法院拍賣不動產時，投標人不用法院印製之部頒投標書，僅用便條紙書明投標人姓名案號及願出之價額，該投標是否有效？

　　討論意見：

　　甲說：因法院印製之拍賣投標書係依部頒有一定格式，所列各欄，投標人均應一一詳為填寫，投標人既未依部頒格式詳為填寫，僅書姓名、案號及金額，應屬無效。

應為無效。惟有學者認為未使用法院印製之投標書而已載明法定事項者，投標仍屬有效 ❿。司法院頒布之不動產投標參考要點第 1 點「投標人……，應向法院洽領投標書……，以便辦理投標有關事宜。」既係規定「應向法院洽領」，則未使用，難認投標有效。為便於查考，法院印製之投標書應蓋有關印信。

3.本法第 87 條第 1 項規定「投標人應以書件密封，投入執行法院所設之標匭。」故投標書未密封，投標無效 ⓫。惟所謂密封係指保密不使他人知悉，是裝入信封或保證金封存袋，縱未封口，因他人無從知悉，自可認為密封，即未裝袋，但已折疊，因他人亦無從知悉，仍可認為密封。

4.依前開規定，投標書應投入標匭，故未投入者，應認投標無效。又誤投拍賣公告指定標匭以外其他標匭者，與未投入標匭同，亦認投標無效。

5.無應買人資格者。

6.未繳納保證金。

7.合併拍賣之數項不動產，既然每一項不動產為獨立之標的物，拍賣公告分別定其底價，故決定是否得標，不僅總價應最高，且每一項之出價亦應在公告所列該項之底價以上，否則縱總價最高，其中一項出價未達底價，仍不能由其得標。至注意事項 50 ⑵「土地與地上建築物合併拍賣者，

乙說：略。

結論：

按投標為要式行為，投標人應依強制執行法第八十七條各款規定書寫，未記載應買之不動產者，其投標無效（參照最高法院五十年臺抗字第一九二九號裁定）擬採甲說。

研究結果：同意。

❿ 參閱楊與齡著前揭第五五六頁。

⓫ 最高法院 46 年臺抗字第 101 號判例：執行法院就抵押物所為之拍賣及投標人應此拍賣而為之投標，揆其性質原與買賣之法律行為無異，投標人應以書件密封，投入執行法院所設之標匭，既為強制執行法第八十七條第一項所明定，則書件密封投入標匭，即屬此項法律行為所應遵循之法定方式，違之者，依民法第七十三條前段之規定，其投標即非有效。

應於拍賣公告載明，投標人對於土地及其建築物所出價額，均應達拍賣最低價額，如投標人所出總價額高於其他投標人，且達拍賣最低總價額，但土地或建築物所出價額未達拍賣最低價額，而投標人不自行調整者，執行法院得按總價額及拍賣最低價額比例調整之。」認不足底價者，可予調整，實有不當。

　　8.本法第 87 條第 2 項規定「前項書件，應載明左列事項：一、投標人之姓名、年齡及住址。二、願買之不動產。三、願出之價額。」其中投標人姓名為表明投標人為何人，如未填或填載錯誤，應認投標無效。至年齡及住址，縱有漏載或有誤，除投標人為未成年人，而填為成年外，不影響投標效力 ⑫。願買之不動產，應照拍賣公告填載，如係數筆合併拍賣，即應詳載各筆，如記載有誤或不明確，可否得標？為實務上一困擾問題，蓋應買人固希望得標，但又不想出價過高，故有故意筆誤，如不願得標，即以此為由主張不應得標，反之，則以筆誤為由，請求更正，故有認須完全一致始可得標 ⑬，但晚近則有認客觀判斷為筆誤者，經更正即可得標 ⑭，

---

⑫ 最高法院 50 年臺上字第 1929 號判決：投標書上應載年齡及職業，無非便於辦別投標人有無行為能力或承買權而已，縱有漏記，尚不影響拍定之效力。

⑬ 最高法院 49 年臺上字第 1867 號判決：按執行法院拍賣不動產，⋯⋯然後由投標人依同法第八十七條以書件載明投標人之姓名、年齡、住址及職業，願買之不動產及願出之價格，密封投入執行法院所設之標匭，必須標的物一致，投標人所出之最高價已達於拍賣最低價額時，始為合法拍定，否則其買賣契約即難謂已有效成立。

⑭ 司法院 80 年 7 月 27 日⑻廳民二字第 0706 號函：㈠法院公告拍賣土地應有部分四分之一及地上多層房屋中之一層，而投標書就土地部分漏未寫明「四分之一」字樣，倘其投標書就土地之坐落地段、地號、地目、面積及其他記載事項，均無錯誤，足以確定其投標願買之土地與公告拍賣之土地，係同一土地者，應不因其漏寫「應有部分四分之一」而認其投標當然無效。惟其投標書記載之土地權利範圍，既與法院公告拍賣之範圍不符，為杜爭議，執行法院應曉諭其即為更正。經其聲明更正並記明於拍賣筆錄後，再行宣示其得標。㈡投標書記載土地之地號或建物之建號錯誤，致與拍賣公告所記載不相符時，其投標原則應

民國 89 年修正後之現行注意事項 50⑷「法院認定投標是否有效時，應依投標書各項記載之外觀，為整體與綜合之考量，並依其投標能否確保投標之祕密性及正確性，客觀認定之。倘投標書之記載，足以確定其投標應買之不動產與拍賣之不動產具有同一性者，且無其他無效事由時，其投標即應認為有效。」以凡足以判定係拍賣之不動產，應認投標有效。又願出之價額指應買人所欲購買之價額，此出價必須明確記載，不得僅寫就他人出價為增減之數或比例。附帶說明者，投標書上之案號如有誤寫或未填，不影響投標效力，蓋本法第 87 條第 2 項未規定應寫案號，此係便於查明應買標的物，茲就所寫願買之不動產已足知悉，故案號誤寫或未寫，不影響投標效力。

另司法院訂定「地方法院民事執行處不動產投標參考要點」就投標設有規定，其中第 18 點規定投標無效情形。惟第 19 點規定該要點與公告不符，仍以公告為準。

㈤投標之補正

關於上述事項可否命補正，於補正後認為有效？愚意以為拍賣程序須立即決定何人得標，否則不僅易使狡詐者藉故拖延，何時拍定不易決定，故不得補正**⑪**，是上開實務見解認筆誤者可更正後得標，實待商榷，蓋既

屬無效。必須就投標書之其他記載，例如其為土地時之地目、面積及地上房屋之建號門牌；如為建物時其型式、構造、門牌及坐落基地之地號以及該執行事件之案號等項，足以確定其投標願買之不動產與公告拍賣之不動產，確屬同一者，始能認其投標有效。㈢拍賣不動產之公告，除應記載不動產所在地之行政區域外，尚應載明坐落地號及門牌等事項（辦理強制執行事件應行注意事項四十二㈡）。如投標單記載願買不動產坐落地號及門牌等事項均與公告記載相符，僅「新莊市」寫為「新店市」顯係筆誤所致，應認其表示願買之不動產即為公告拍賣之不動產，可於當眾開示後，命其補正，原研討結論採甲說似無不合。

⑪ 最高法院 85 年臺抗字第 553 號判例：強制執行法第八十八條規定開標應由執行法官當眾開示，並朗讀之。拍賣程序係在利害關係對立之不特定多數關係人注視下公開行之，其執行程序事項有即斷即決之必要，以期其程序明確，故應買人雖得委任他人代理應買，惟應即時提出證明書，以證明合法授權之事實，

認可得標，即毋庸更正，否則投標人不更正時，如何處理即有爭議。

㈥數筆不動產合併拍賣總價錯誤

拍賣之不動產僅為一筆時，應買人僅寫一筆出價，固無問題。惟若不動產有數筆合併拍賣時，即應照所欲買之筆數，分別出價，但關於合計之總價記載有誤或未記載，應如何處理？參照注意事項 50⑴規定及最高法院 61 年臺抗字第 631 號判例，自應以合計正確者為準。

㈦未拍定（流標）之處置

依本法第 91 條、第 92 條、第 95 條規定，如第一次拍賣未拍定，除到場之債權人聲明承受，且符合應買資格者由其承受外，即進行第二次拍賣（即第一次減價拍賣）。第二次拍賣如仍未拍定，又無債權人承受，進行第三次拍賣（即第二次減價拍賣）。第三次拍賣如仍未拍定，又無債權人承受，進行特別拍賣程序，即執行法院於第三次拍賣終結後 10 日內公告願買受者，得於公告之日起 3 個月內，依第三次拍賣條件為應買表示。如有表示，執行法院得詢問債權人及債務人意見後，許其買受，債權人亦可承受。在此 3 個月期間無人應買前，債權人亦可聲請停止此項特別拍賣程序，而另行估價或減價拍賣（即第四次拍賣），但如仍未拍定，又無債權人承受，或逾期未聲請另估價或減價拍賣，視為撤回對該不動產之執行。如債務人有其財產可供其執行，仍可執行其他財產。

在第二、三次拍賣及第四次拍賣，其底價可照前次減少，減少不得逾前次底價百分之二十。又除底價外，拍賣條件原則固應與前次拍賣相同，但若有下列情形，可更改拍賣條件於拍賣公告載明：

1. 應買人資格變更者。

2. 不點交情況變更者，應刪除不點交。

3. 租賃權除去者。

4. 其他：例如改為分別拍賣、分標拍賣、合併拍賣，原先公告有誤者，亦可更正。

如未提出證明書，其代理權即有欠缺，其投標無效，性質上自不許準用民事訴訟法第七十五條第一項定期命補正之規定。

又第二、三、四次之拍賣公告，距再行拍賣期日不得少於 10 日多於 30 日（參照本法第 93 條）。

(八)**特別拍賣與視為撤回**

在民國 85 年前，不動產拍賣無次數限制，一直賣到拍定或承受為止，就不易拍賣之不動產言，對執行法院實屬負擔。民國 85 年修正本法時，於第 95 條第 3 項創設特別拍賣及視為撤回規定，雖其理由為「……以免繼續減價拍賣，有損債權人及債務人利益。……經另估價拍賣仍未拍定，債權人亦不願承受者，則為避免低價拍賣，損害債務人利益，不宜繼續減價拍賣。……」實為減少法院未結案件。民國 89 年，又以上開第 3、4 項特別拍賣期間為 6 個月過長，修改為現行第 95 條第 1 項、第 2 項，其理由為：「經二次減價拍賣而未拍定之不動產，債權人不願承受或依法不得承受時，依現行法規應命強制管理，惟依本法第七十五條第二項規定，不動產之拍賣及強制管理，於性質上許可並認為適當時，原得併行之，且經減價拍賣後付強制管理，及再減價拍賣或另行估價拍賣，除延宕結案時間外，並無實益，爰將第一項有關強制管理及再減價拍賣或另估價拍賣之規定刪除，以為兼顧債權人之權益，原條文第四項債權人得聲請減價拍賣之期間為六個月殊嫌過長，效果不彰，爰縮短為『三個月』，以免案件延滯不決，影響當事人權益，移列為第二項。」足見此特別拍賣與視為撤回，係為減少法院之案件，與債權人債務人之利益無涉，蓋拍賣不動產，固然希望高價賣出，但能否高價賣出，因素甚多，並非有上開規定，即可高價賣出。事實上，強制執行既在實現權利，在視為撤回後，債權並未實現，債權人仍會繼續執行，甚且債權人擔心視為撤回，不動產撤銷查封後，如未立刻執行，債務人會脫產，故實務上，一經視為撤回，執行法院退回執行名義給債權人，債權人即立刻聲請執行，以致法院案件並未減少，反而虛增案件數，目前司法院所提強制執行法修正草案，又就此限定再聲請執行必須在視為撤回後 6 個月 ❶❶❻。

---

❶❶❻ 司法院 91 年強制執行法修正草案第 95 條第 5 項：依本條規定視為撤回不動產之執行後六個月內，就該不動產不得再聲請拍賣（按：該草案因有不同意見，

為解決此一問題，似應將視為撤回修改為停止執行，待 6 個月後再為執行，以免視為撤回而撤銷查封。尤其是先前查封後之債務人出租（借）第三人使用，在先前之執行，本屬對債權人不生效力，可以排除而拍賣，拍定後可點交，現若係視為撤回後之再執行，則均屬查封前占用，不可排除，且不點交，影響債權人權利甚大，改為停止執行，即無此問題。

就現行視為撤回執行規定，將生下列問題：1.執行法院可否發債權憑證？2.債權人可否請求不視為撤回而以強制管理方式執行？前者如不發債權憑證，不僅有民法第 136 條第 2 項「時效因聲請強制執行而中斷者，若撤回其聲請，或其聲請被駁回時，視為不中斷。」發生時效不中斷之不利，且再次聲請執行，須另繳執行費，對債權人至為不利，故執行名義為拍賣抵押物裁定外，應發給債權憑證，惟法理上視為撤回執行，與本法第 27 條不同，實難發債權憑證，從而上開停止執行之建議，應可解決此等問題，尤其對無法發債權憑證之拍賣抵押物執行，更須如此處理，始為公允。後者，因強制管理為執行方法，本可併行，自應准許。

(九)無實益拍賣之進行

依本法第 80 條之 1 第 2 項規定，則在無拍賣實益者，執行法院應債權人聲請拍賣一次未拍定時，債權人不承受，即進行特別拍賣，特別拍賣時無人應買，則撤銷查封。但該不動產已併付強制管理或債權人已聲請另付強制管理而執行法院認為有實益者，則不撤銷查封，改以強制管理方式換價（參照本法第 80 條之 1 第 4 項）。

(十)特別拍賣之應買

在特別拍賣時，有人為應買表示，是否一定需准其買受？又有數人先後為應買表示，執行法院應准何人買受？本法就此並無明文規定。就本法第 95 條第 1 項規定之文義觀之，執行法院於詢問債權人及債務人意見後，許其買受，非如拍賣時，只須合乎拍賣公告規定，即可決標，毋庸詢問債權人及債務人意見，則執行法院並非一定需准其買受，蓋在特別拍賣期間，有可能因情況變更，價格上升，甚至已有數人為應買表示，足見可賣更高

事後司法院未正式提出修正）。

價，故在債權人及債務人反對時，甚至執行法院認不宜時，均不可決標，從而數人為應買表示，並非當然以先為表示者得標，仍須於債權人及債務人不反對，執行法院認無不宜時，始可決定何人得標。故此特別拍賣公告性質上應為要約之引誘，應買表示為要約，並非一有應買表示即買賣成立，除執行法院對一人之應買表示已許其買受，其他人之應買不生效力外，在未為決定前，執行法院於數人為要約時，應可類推適用本法第 90 條處理❶❶❼。惟司法院訂定「地方法院民事執行處特別變賣程序之公告拍賣聲請應買參考要點」第 4 點第 2 款規定「應買之順位，以聲請應買狀到達法院之時間先後定之。」第 3 款規定「聲請應買狀到達法院之時間無法判斷先後者，以抽籤定其優先順位。」似認應以先後決定，實有欠妥。

又上開執行法院詢問債權人及債務人意見，雖為法定程序，但此僅為法院是否准許買受、承受之參考，並非一定須獲得其同意，始可准許，比照本法第 70 條第 4 項「……債權人或債務人對於應買人所出之最高價，認為不足而為反對之表示，執行拍賣人應不為拍定……」與此處用語不同可明，否則債權人或債務人任意不同意，有礙執行程序之進行。

㈡拍定人未繳價金

拍定人應於拍賣公告所示交付價金之期限內，繳清價金，不可要求緩交，但若有正當理由，例如拍定人為債權人，要求以分配額抵繳或有他人有優先承買權，因優先承買權有無發生訴訟時，可待確定後再繳。如拍定人未繳價金時，依本法第 113 條準用第 68 條之 2 第 1 項規定，原則上，執行法院應再拍賣。再拍賣時原拍定人不得應買，並準用該條第 2、3 項，拍定人應負擔再拍賣低於原拍賣價金之差額及再拍賣所生費用。如以保證金抵扣不足時，由執行法院裁定後，依職權對之執行。但若係二人以出價相同以抽籤定其得標人者，依本法第九十條第二項規定「前項得標人未於公告所定期限內繳足價金者，再行拍賣。但未中籤之投標人仍願按原定投標條件依法承買者，不在此限。」即毋庸再拍賣。再拍賣與原來之拍賣同，

---

❶❶❼ 參閱拙文〈特別拍賣〉（刊《月旦法學雜誌》第七十二期第二十四頁）、〈特別拍賣之多數人應買承受〉（刊《月旦法學教室》第三十九期第二〇頁）。

即依原拍定之公告、拍賣次數繼續進行，並非重新開始之第一次拍賣，拍賣公告應加註「原拍定人不得應買」，以促注意（參照注意事項 37 之 2）。

　㈢債權人承受

　　1.依本法第 91 條第 1 項規定，在未拍定時，債權人可依該次拍賣低價承受，但承受時限到場之債權人，注意事項 51 (3)尚規定「債權人未於拍賣期日到場者，不得聲明承受，……。」則未到場者不可承受。然愚意以為債權人承受應無限制到場必要，凡在開標前，已具狀表示未拍定願承受者，亦無不可，蓋：(1)承受等同買受，但與投標不完全相同，須在拍賣無人應買時，始可買受，法律設此承受制度之目的，應在於准許債權人受讓標的物以抵債，避免再減價拍賣，損及當事人利益，又可迅速終結執行程序，在民國 86 年修正本法前，不僅無限制，且當時之注意事項尚准許債權人於下次拍賣期日前承受，司法院大法官會議釋字第 253 號解釋「司法院七十一年十月十八日修正發布之辦理強制執行事件應行注意事項，其中第五十則㈤關於拍賣不動產期日通知書，應記載：『於再行拍賣期日前，債權人聲明願負擔再行拍賣之費用者，仍得照前次拍賣之最低價額承受之』之規定，係依強制執行法第九十一條及第九十二條意旨所為，乃在求人民權利之從速實現，與憲法尚無牴觸。」尚認合法，僅在相隔甚久之後始承受，似有不公平，在該解釋理由其第四段即如此表明「前開規定，於兩次拍賣期日相距不久，而再行拍賣期日前，物價平穩之通常情形下，固無不妥，惟物價於此期間內如大幅上漲，若不另行估價拍賣，又無承受之確定期間，即難免有承受價額較市價偏低之可能，有關法令，自應斟酌此項異常狀況檢討修正，併此說明。」嗣後修正之該注意事項規定「拍賣不動產期日之通知書，應記載：『債權人對於本次拍賣之不動產，於無人應買或應買人所出之最高價未達拍賣最底價額時，如依法得承受並願照拍賣最低價額承受者，應於拍賣期日到場，並於該次期日終結前聲明之。」民國 85 年時將第 91 條第 1 項修正為「到場之債權人於拍賣期日終結前聲明願承受」，其立法理由「本條第一項就債權人之承受，未設時限。故於拍賣期日無人應買時，未當場表示承受之債權人，於法院所定再行拍賣期日前，遇有不動產價格上

漲情形，仍得照上次拍賣之最低價額承受，以低價取得原應賣得高價之不動產，對債務人殊不公平，宜加限制。爰予修正，明定承受不動產者，須到場之債權人於當次拍賣期日終結前，以聲明為之。逾此時限即不得再為承受，以杜上述流弊。」固係參照上開解釋文，但大法官會議解釋理由之重點應在於兩次拍賣時隔甚久，物價變動，仍以前次底價承受，有失公允，並非拍賣期日到場與否，故事先具狀表明，期日未到場，應可承受。⑵就早期上述之注意事項均無此限制，實務上亦允許未到場之債權人具狀聲明承受，並無困難，足見承受實無必要限制債權人到場始可為之。⑶動產拍賣，並無限制債權人須到場始可承受。

2.數人承受：依本法第 94 條第 1 項規定「債權人有二人以上願承受者，以抽籤定之。」此一規定固無不合理，但本法對數人出價相同之投標，既設定第 90 條第 1 項規定，可先以加價方式處理，何以於承受不可一體適用？甚至在特別拍賣有數人出價相同應買，如何處理，竟未規定，按此等處理原則應相同，實不宜一法數制。

3.債權人承受須否繳納保證金：拍賣時，應買人須繳納保證金，債權人承受時，須否繳納？愚意以為法律就此未設規定，自不可限制須繳納，但實務上有法院認須繳納始可承受。

㈢承受人未繳價金之處理

承受人須繳價金者，如未繳納，依本法第 94 條第 2、3 項，與拍定人未繳款同，除由未中籤之他人承受外，應再行拍賣，並應賠償與前次承受價金之差額。但依第 95 條第 2 項，在特別拍賣 3 個月期間內，債權人聲請停止而另行估價或減價拍賣，如仍無人應買，債權人承受後但未繳納應繳納之價金，因第 95 條第 3 項未就第 2 項之拍賣規定準用第 94 條第 2 項，不可再行拍賣，僅能視為撤回對該不動產執行，承受人亦無負擔再行拍賣差額問題❶❶❽。

---

❶❶❽ 最高法院 108 年度臺抗字第 771 號裁定：至債權人於執行法院公告行特別變賣程序期限內，無人應買前，依同法第九十五條第二項規定，聲請停止特別變賣，另行估價或減價拍賣，如仍未拍定或由債權人承受，依上開規定，視為撤回該

㈢**優先承買之處理**

法院之拍賣既為民法之買受，則依其他法令有優先承買權者，仍可優先承買，即由執行法院代債務人依下列原則為之：

1.不動產經拍定或交債權人承受時，執行法院應通知有優先承買權利人，於法定期限或無法定期限規定者，在執行法院所定期限內表示願否優先承買。如不願優先承買，而拍定人事後不交付價金或債權不繳差額價金，致再行拍賣而拍定或承受時仍應再行通知是否行使優先承買權（參照注意事項 44(1)）。

2.優先承買時，須否繳納保證金？愚意以為應繳納，蓋其優先承買係以同一條件，自應依拍賣公告繳納保證金。

3.數人享有同一優先承買權者，其中一人或數人拋棄或不行使優先承買權時，其餘之人，仍得就拍賣不動產之全部，以同一價格共同或單獨優先承買（參照注意事項 44(3)）。

4.注意事項 44(2)「共有物應有部分於拍定後，如執行法院已盡調查之能事，仍無法查悉優先承買權人或無法送達，致不能通知其優先承買者，無須公示送達。」認毋庸公示送達，但依土地法規定既應通知，愚意以為仍應依民法第 97 條公示送達。

5.決定優先承買權之有無，應以拍定或承受之時為準，蓋依法係出賣時，優先承買權人始可優先承買，故查封時雖為共有人，但在拍定前已讓

不動產之執行。而債權人於聲請執行法院另行估價或減價拍賣程序，承受該拍賣之不動產，如未限繳納價金，同法第九十五條第二項並未準用同法第九十四條第二項、第三項規定，應視為撤回該不動產之執行。臺灣高等法院暨所屬法院 109 年法律座談會民類提案第九號：不動產經二次減價未拍定，於特別變賣程序後，另行估價或減價拍賣仍無結果，依法已不得繼續減價拍賣，以免損害債務人利益。債權人於強制執行法第九十五條第二項之減價拍賣聲明承受後，拒不依限繳納差額，主觀上已拋棄承受，而無繼續執行之意。該不動產既不得繼續減價拍賣，如僅以原價再行拍賣，恐無實益，且不生強制執行法第六十八條之二之負擔再行拍賣差額問題，亦無準用或類推適用該條之必要，為免程序延宕，宜視為債權人撤回該不動產之執行，無庸再行拍賣。

與他人而非共有人者，僅該他人有優先承買權。從而執行法院於拍定後，應令債權人補最近登記簿謄本或其他資料，俾為正確通知。

6.通知行使優先承買權之期間，除法律有規定期間，例如土地法第 104 條第 2 項及民法第 426 條之 2 第 2 項規定為 10 日、耕地三七五減租條例第 15 條第 1 項規定 15 日，其他法律未規定者，由執行法院自行決定。

7.優先承買權有無在拍定人（或承受人）與主張有優先承買權人間發生爭執，實務上，執行法院皆令以訴訟解決，視訴訟結果如何再為定奪。然愚意以為有無優先承買權固屬實體問題，但因主張優先承買權者係向執行法院主張，執行法院既代債務人為出賣人，即應立於出賣人之立場判定可否優先承買，故執行法院於有人主張優先承買權之際，仍應為相當之調查，不可遽令訴訟，增加訟累。即：

⑴執行法院為調查時，應令主張優先承買權者提出證據釋明其有優先承買權，如登記謄本、契約，再令拍定人表示意見。如拍定人無意見，即可准優先承買；反之，則須訴訟決定。至於拍定人無意見，但無證據釋明有優先承買權者，仍不應准許，例如主張為地上權人，但登記簿並無登記，不可因拍定人無意見，甚或同意而准主張有地上權者優先承買。

⑵主張優先承買權者無任何證據可資釋明其有優先承買權，執行法院即應駁回聲請。蓋執行法院既代替債務人出賣，在無任何證據以證明其有優先承買權，自可拒絕。此項駁回屬執行處分，可依聲明異議程序救濟，惟此既屬實體問題，亦可對拍定人或承受人提起訴訟。

⑶執行法院認須以訴訟解決時，應令何人起訴？是否不遵期起訴即可產生一定效果？實務上有以拍定人對第三人主張優先承買有異議者，由主張有優先承買權之第三人起訴❶❶⑨，未遵期起訴，即認無優先承買權，由拍

❶❶⑨ 臺灣高等法院 64 年法律座談會
　　法律問題：執行法院依法拍定之不動產，第三人依土地法第一百零四條或耕地三七五減租條例第十五條之規定主張有優先購買權存在而向執行法院聲請優先購買，拍定人則否認第三人有優先購買之權利，此際執行法院能否就兩造主張之事實從實體上加以調查而為准駁之裁定？

定人繳款而發權利移轉證書。愚意以為此一做法尚有可議，應分別情形而定。即依公文書足以釋明有優先承買權者，例如依土地登記簿謄本記載為共有人或地上權人，因此公文書可推定為真正（參照民事訴訟法第 355 條第 1 項），足以釋明其優先承買權，執行法院應令有爭執之拍定人起訴，逾期不起訴，即認無異議；反之無公文書以釋明者，因無法釋明其優先承買權，故由其對拍定人或承受人起訴，逾期不起訴，即認無異議。又民國 96 年 6 月司法院民事廳編印法院辦理民事執行實務參考手冊，以拍賣公告已明確載明優先承買權之人者，或依登記之耕地三七五租約或不動產登記謄本記載為承租人、共有人、地上權人，雖拍賣公告未記載，除法律認不得優先承買外，應由否認之拍定人提起確認優先承買權不存在之訴。然除以租約或登記謄本為判定，與上開拙見相同外，以拍賣公告為判斷，愚意以為亦有不妥，蓋有無優先承買權應依法律規定，並非以拍賣公告為準，公告時尚未拍定，如有錯誤，拍定人如何受拘束？目前，多由執行法院認定為準，即其認定應由何人起訴，即由何人起訴。

(4)不論執行法院如何處理，其審認之實體事項，僅在未另有民事確定判決以前，於強制執行程序本身有其效力，尚難承認其有既判力 **⓴**，故一經確定判決，即以判決為準，認定有無優先承買權。

(5)如已起訴確認優先承買權者，為避免困擾，宜暫緩令拍定人或優先承買權人繳款。縱已繳款，亦應暫緩發權利移轉證書及分配價金。

8.拍賣共有物時，拍定人或承受人為共有人者，其他共有人無優先承買權 **㉑**。

審查意見：

民事執行處雖無從審查實體上權利義務是否存在，但應將拍定人否認第三人有優先購買權之事由通知第三人，倘第三人就此通知提出異議，自可裁定指示第三人應以訴請求確認優先購買權存在。

研討結果：採甲說。

⓴ 參閱《司法周刊》第三五三期楊建華撰〈民訴實務問題試釋二二九──執行法院就實體事項之審查權〉。

9.土地共有人在該土地上建屋，執行法院合併拍賣基地應有部分與該房屋者，學者有認為「本於土地法第一百零四條使基地與地上建物所有權合而為一之立法精神」，基地他共有人無優先承買權❶❷❷。惟實務上有認基地他共有人對基地部分仍有優先承買權，但對建物部分則否（參見司法業務研究會第 1 期法律座談會）。愚意以為若採此實務見解，實有違拍賣公告之「合併拍賣」條件，蓋基地由他人優先承買，拍定人因此僅買得房屋，已非合併拍賣，故應認如有優先承買權，應連同建物全部均可優先承買，反之，則否。

10.優先承買權競合者之處理：

⑴多數共有人均聲明優先承買，以共同購買為原則，依應有部分比例共同承購，不因聲明先後不同❶❷❸。

⑵數人共同因地上權、典權或租賃權，均有優先承買權，且有二人以上聲明行使者，應按比例成為共有（參見臺灣高等法院花蓮分院暨轄區各地方法院 63 年 12 月法律座談會、最高法院 106 年度臺上字第 953 號判決）。

⑶耕地承租人及耕地共有人均行使優先承購權者，以前者為優先（參見臺灣高等法院 64 年法律座談會）。

⑷土地法第 104 條第 1 項之優先承購權較第 34 條之 1 第 4 項之優先承購權效力為強，二者均行使優先承購權，以前者為優先（參見最高法院 67 年度臺上字第 2062 號判決，及土地法第 34 條之 1 執行要點第 13 點

---

❶❷❶ 最高法院 72 年度臺抗字第 94 號裁定：土地法第三十四條之一第四項規定共有人出賣應有部分時，他共有人得以同一價格共同或單獨優先承購，其立法意旨無非為第三人買受共有人之應有部分時，承認其他共有人享有優先承購權，簡化共有關係，若共有人間互為買賣應有部分時，即無上開規定適用之餘地。相對人既為土地共有人之一，則其於執行法院拍賣程序中買受共有人陳甲、陳乙之應有部分，其他共有人即不得主張優先承購權。

❶❷❷ 參閱陳世榮著前揭第三三六頁。

❶❷❸ 參閱拙文〈共有人優先承買權之競合處理〉（刊《現代地政》第九卷第十期）及土地法第 34 條之 1 執行要點第 13 點⑼。

(6))。

㈹拍賣限度

強制執行既以實現權利為目的，不僅不可過度查封，亦不可過度拍賣，故本法第 96 條第 1 項規定「供拍賣之數宗不動產，其中一宗或數宗之賣得價金，已足清償強制執行之債權額及債務人應負擔之費用時，其他部分應停止拍賣。」及第 2 項「前項情形，債務人得指定其應拍賣不動產之部分。但建築物及其基地，不得指定單獨拍賣。」是除於拍賣公告載明上開意旨外，在同時拍賣數宗不動產時，如有上開情事，只能部分拍定，不可全部拍定。至此指定，依注意事項 55(1)，應在拍定前為之。

六、執行法院核發權利移轉證書

依本法第 97 條及第 94 條第 2 項規定，在拍定人繳足價金後，承受人毋庸繳納價金或在補繳差額後，執行法院應發權利移轉證書。至於拍賣未辦保存登記建物者，亦同。此項證書係證明自法院買受之旨，以拍定人或承受人名義發給，不可對第三人發給。此項證書，對拍定人或承受人既為取得權利之憑據，其核發應儘速，注意事項 56(1)規定，應於價金繳足後 5 日內按拍定人、承受人、優先承買權人名義發給。惟在債權人承受、拍定，有以分配金額扣抵應買價金，其分配金額之分配表有他人提起分配表異議之訴，影響其應扣抵金額尚不明確時，縱毋庸繳納差額，亦不應立刻發權利移轉證書，需待分配表異議之訴判決確定其分配金額，以確定扣抵及補繳範圍而補繳時，始可核發。

執行法院核發權利移轉證書後，如第三人所提異議之訴勝訴確定，認不動產為第三人所有，權利移轉證書失效，執行法院應予註銷❷❷。又第三

---

❷❷ 司法院院字第 1370 號解釋：拍定之不動產，因執行異議之訴之結果，應歸屬於第三人，不問第三人聲明異議時曾否聲請停止查封拍賣，亦不問法院就其聲請曾否准許，當然失拍定之效力，應將該不動產返還於第三人，執行法院所發給之權利移轉證書，可由執行法院依該判決之結果，逕予撤銷，拍定人若因之而受有損害，應由請求查封人負賠償之責（參照院字第五七八號解釋）。注意事項 56(7)：強制執行中拍賣之不動產，經第三人訴由法院判決確定認為應屬

人在執行程序終結後，提起確認所有權存在之訴勝訴判決確定，亦應註銷權利移轉證書 ⓲。

又不動產所有權人有資格限制者，執行法院誤認予以拍定或准承受，其拍定或承受無效，縱發權利移轉證書，亦不能使之取得所有權，執行法院應註銷權利移轉證書。再依上開規定，須繳足價金，始可發權利移轉證書，苟未繳足，執行法院誤發權利移轉證書，仍不影響權利移轉證書之效力，但價金未繳足，債權人仍有未受分配者，執行程序未終結，執行法院應撤銷權利移轉證書，依拍定人未繳價金方式處理，但此撤銷，依土地法第 43 條不能影響拍定人於登記後所為處分行為之權利人，實務上，認執行程序終結，執行法院只能將已繳價金分配，不足部分，由債權人代位債務人向拍定人起訴請求（參見臺灣高等法院 81 年法律座談會），實有欠妥。

繳足價金後有停止執行事由，仍應發權利移轉證書 ⓳，蓋為保障拍定

於第三人所有時，原發權利移轉證書當然失其效力，執行法院應逕予註銷，並通知該管登記機關登記其事由。

⓲ 司法院院字第 578 號解釋：強制執行中拍賣之不動產為第三人所有者，其拍賣為無效，所有權人於執行終結後，亦得提起回復所有權之訴，請求返還，法院判令返還時，原發管業證書當然失其效力，法院自可命其繳銷。

⓳ 司法院院字第 2310 號解釋：拍定人依民事訴訟執行規則第七十五條之規定取得不動產所有權，並繳足價金後，其地位不因強制執行法施行及有停止執行之裁定而受影響，執行法院自不得停止權利移轉證書之發給，惟拍定人所繳價金，執行法院如未交付債權人，應依停止執行之裁定停止交付。注意事項五十六㈧：拍定人繳足價金後，債務人提出停止執行之裁定者，拍定人之地位不因之而受影響，執行法院不得停止權利移轉證書之發給。惟拍定人所繳價金，執行法院如未交付債權人，應依停止執行之裁定停止交付。學者就應否核發權利移轉證書，有停止說與不停止說。不停止說者，係為確保拍定人權益，例如楊與齡（參閱楊氏著前揭第五六七頁）、陳世榮（參閱陳氏著前揭第三一四頁）、陳計男（參閱陳氏著前揭第四三八頁）採之。停止說係為避免執行程序終結，影響債務人權益，例如張登科（參閱張氏著前揭第三五七頁）、陳榮宗（參閱陳氏著前揭第四一九頁）採之。愚意認不應停止，蓋拍定人相信執行法院之拍賣，殊值保護（參閱拙著《擬制民事司法書類：民事案例研究》第七七頁）。

人權益，僅價金停止分配。

七、拍定人（承受人）之權利義務

㈠取得所有權

按實務認法院拍賣為民法之買賣，則投標拍定亦為法律行為，法理上拍定人或承受人尚須依民法第758條規定，憑權利移轉證書辦理所有權移轉登記，始可取得所有權。但本法第98條第1項規定「拍賣之不動產，買受人自領得執行法院所發給權利移轉證書之日起，取得該不動產所有權，債權人承受債務人之不動產者亦同。」是拍定人或承受人一經領得權利移轉證書，即自領得之日起取得不動產所有權，屬民法第759條所指僅非經登記，不得處分。就拍定人或承受人言，固為有利，但愚意以為第98條規定實欠妥當，蓋：1.有違實務認拍賣性質為私法之買賣。 2.在未辦保存登記之建物，如債務人非原始建築人或其繼承人，本身即無所有權，依繼受取得之法理，後手之拍定人或承受人，不能取得前手未有之所有權，此項規定，即無法適用❷。從而此一規定，將使未辦保存登記之建物拍定人或承受人誤認取得所有權。 3.實務上執行法院於核發權利移轉證書時，均通知地政機關塗銷查封登記，以便拍定人或承受人辦理所有權登記，但依上開規定，拍定人或承受人雖未辦理，仍取得所有權，則在拍定人或承受人未即時辦理所有權登記，但地政機關已依通知塗銷查封，即回復為債務人所有，債務人如予處分，地政機關無法禁止，處分後之權利人勢必與拍定人、承受人衝突，致生爭執。此時取得權利人有無土地法第43條適用？地政機關有無責任？均生爭執。是本法第98條第1項實應刪除，回歸正常，須辦理所有權移轉登記，始可取得所有權。

㈡拍賣物上之用益權繼續存在

依本法第98條第2項「前項不動產原有之地上權、永佃權、地役權、典權及租賃關係隨同移轉。但發生於設定抵押權之後，並對抵押權有影響，經執行法院除去後拍賣者，不在此限。」用益物權仍然由拍定人、承受人

---

❷　參閱拙文〈法院拍賣違章建築之買受人有無取得所有權〉（刊《月旦法學雜誌》第十期第六三頁）。

承受，但經執行法院除去者，則不承受。至於借貸，因法律未規定移轉受讓人，故不承受。

㈢抵押權等優先權消滅

依本法第 98 條第 3 項「存於不動產上之抵押權及其他優先受償權，因拍賣而消滅。但抵押權所擔保之債權未定清償期或其清償期尚未屆至，而拍定人或承受抵押物之債權人聲明願在拍定或承受之抵押物價額範圍內清償債務，經抵押權人同意者，不在此限。」抵押權等優先權原則上消滅，除有但書情形，始例外不消滅。依注意事項 56⑼規定「依本法第九十八條第三項但書規定，保留不動產上之抵押權者，須於該不動產拍定後，繳納價金期限屆滿一日前，由拍定人或承受人及抵押權人共同向執行法院陳明。有此情形時，其抵押權，毋庸塗銷。」拍定人或承受人應於上開時間與抵押權人洽妥而共同陳明。抵押權不塗銷者，拍定人或承受人繳納價金時，可扣除抵押權金額。

八、拍賣物滅失

拍賣物於拍定後滅失，在拍定人尚未繳納價金前，拍定人不可能取得所有權，如此係可歸責債務人事由，屬給付不能，拍定人固可依民法第 226 條第 1 項、第 256 條解除契約，毋庸繳納價金，至其解除之意思通知向執行法院為之即可。反之，如非可歸責於債務人事由，則屬危險負擔，原則依民法第 266 條第 1 項規定「因不可歸責於雙方當事人之事由，致一方之給付全部不能者，他方免為對待給付之義務；如僅一部不能者，應按其比例減少對待給付。」拍定人亦可不繳納價金，但若已繳價金，即依民法第 373 條規定「買賣標的物之利益及危險，自交付時起，均由買受人承受負擔，但契約另有訂定者，不在此限。」處理。理論上固應以標的物交付為準，如已交付，危險歸拍定人，即不可請求返還價金，反之，可依民法第 266 條第 2 項「前項情形，已為全部或一部之對待給付者，得依關於不當得利之規定，請求返還。」請求返還價金。此在動產執行，因動產所有權以交付為生效要件，且依本法第 68 條「拍賣物之交付，應於價金繳足時行之。」係在價金繳付時立刻交付，交付後如滅失，除可向歸責人請求，危

險由拍定人負擔，拍定人不可請求返還價金，自無問題。但在不動產並非均可點交，此時可否仍適用以交付定危險負擔之原則即有問題，蓋如仍以交付為準，則不點交者，縱拍定人因法院發權利移轉證書而取得所有權後一段時間，拍賣物發生滅失，仍可以不負擔危險而請求返還價金，殊不合理。或認須視是否點交而定，凡點交者，仍以交付為準，不點交者，以發權利移轉證書為準，學者鄭玉波即依「天災歸所有人負擔」之法諺及德國民法第 446 條第 2 項規定，認不動產買賣，如先交付後移轉所有權，仍適用民法第 373 條以交付為準，但若先移轉所有權後交付，危險應由買受人負擔，蓋買受人已取得所有權 [128]。惟愚意以為一方面不動產拍賣既非均有點交，其危險負擔之時點應係一定，不應有無點交而不同，另一方面不動產拍賣，縱有點交，亦係發權利移轉證書以後之事，其間相隔甚久，故應一律以拍定人取得權利移轉證書之日為危險負擔之時點，學者即有贊同以買受人取得權利移轉證書時，為危險及利益負擔之時點，亦有反對，認以交付時為準 [129]。

---

[128] 參閱鄭玉波著《民法債編各論》第二三頁。

[129] 贊成者，如陳世榮、張登科、史尚寬，參閱陳世榮著前揭第三一八頁、張登科著前揭第三六七頁，史尚寬著《債法各論》第六六頁。反對者，如許樹林，參閱許樹林撰〈論拍定物之危險負擔〉（刊楊與齡主編《強制執行法爭議問題研究》第三八五頁以下）。司法院司法業務研究會第 27 期就此研討如下：法律問題：甲於民國八十四年十月一日向執行法院買受拍賣之房屋一棟，並於同年月七日繳清價款，執行法院於同年月十日發給權利移轉證書，並通知於八十四年十一月十日點交，惟於八十四年十一月九日，該房屋為債務人僱工毀損，其危險負擔應由何人負擔。討論意見：甲說：民法第三百七十三條規定：買賣標的物之利益及危險，自交付時起，均由買受人承受負擔，但契約另訂定者，不在此限。是不動產買賣除契約另有訂定外，雖不動產已移轉登記，如尚未交付，仍應由出賣人承受危險負擔，從而本件房屋既未點交，即應由債務人負擔危險。乙說：強制執行法第九十八條規定：拍賣不動產，買受人自領得執行法院所發給權利移轉證書之日起，取得該不動產之所有權，無待於登記，即生效力。與一般不動產之買賣，以登記生效要件，尚有不同，故法院之拍賣其危險負擔，

　　至可向債務人請求返還，若債務人別無財產而拍定人所繳價金仍在執行法院持有，尚未發給債權人時，拍定人可否向執行法院請求，事涉債權人利益，蓋如可由執行法院逕予發還，對拍定人言，固有保障，但債權人即無法受償。反之執行法院發款給債權人，債權人固可實現債權，但因債務人已無財產，拍定人之請求，即屬落空。此與危險負擔無涉，如何處理甚為不易。最高法院 83 年臺抗字第 333 號裁定：「本件相對人主張：伊係臺灣臺中地方法院（下稱臺中地院）拍賣抵押物強制執行事件之買受人，已於八十三年三月二十一日繳足價金、同年月二十八日領得權利移轉證書，詎於未點交前之同年月二十一日凌晨因發生火災，致部分拍賣之建物有滅失、毀損情形，為此聲請返還上述滅失毀損部分之拍賣價額。……，次按雙務契約其當事人一方，因不可歸責於雙方之事由致給付不能，他方固得免對待給付之義務，然若他方已為全部或一部之對待給付者，此時之受領人即屬不當得利，固應許他方得依關於不當得利之規定請求返還，惟是否應予返還既涉及實體法上之爭執，自非執行法院所得決定。」認拍定人不可向執行法院請求返還，應由拍定人對債務人起訴請求。但臺灣高等法院臺中分院 84 年度抗字第 996 號民事裁定認執行法院應逕予發還，其理由略以：「強制執行法第六十八條規定：『拍賣物之交付，應與價金之交付，同時行之。』此項規定，自屬強制執行應遵守之程序，本件拍賣之執行標的物，既有部分於交付前已經滅失而不存在，則就拍賣物已滅失部分已無法於相對人價金交付之同時點交與拍定人，……，本件拍賣物既已滅失，執行法院無從點交與拍定人取得，則債務人自應返還該滅失拍賣標的物部分之價金與買受人，復經拍定人訴請債務人返還不當得利獲勝訴判決確定，此有相對人所提出之第一審法院八十三年重字第三八六號民事判決正本及判決確定證明書可證，而第一審法院未代替債務人地位將該滅失部分之拍賣標的物之價款返還與拍定人，卻仍就該部分價金予以製作分配表（尚未

_____

宜解為自買受人領得權利移轉證書之日起，負擔危險。其滅失因公權力之行使所致者亦同。從而本件房屋既已發權利移轉證書，即應由買受人負擔危險。研討結論：採甲說。

經受分配人領取），能否謂無侵害拍定人即相對人之利益，因之，原裁定認將上開價金予以分配，並無不當云云，尚有未洽。」此一見解，獲最高法院 85 年臺抗字第 198 號裁定「部分拍賣標的物既已滅失，執行法院無從點交與相對人取得，則債務人自應返還該滅失拍賣標的物部分之價金與相對人。」肯定，認在執行法院尚未分配給債權人之前，仍可發還拍定人。愚見以由執行法院逕予發還之見解，應有可議之處，蓋債務人不履行債務，法院就債務人之責任財產出賣，該賣得價金即為債務人所得，自可以之清償債權人，故實務上亦認為法院之拍賣為民法上買賣之一種，由法院代替債務人為出賣人，出賣其財產。茲一方面因買賣取得之金錢屬出賣人所有，一方面金錢為動產，參照民法第 761 條第 1 項前段規定，一經交付即生讓與效力，故不論如何，縱然為出賣人之債務人因出賣行為須負一定責任，但賣得之價金，於拍定人交付執行法院，該價金即屬出賣人所有，非買受人所有，僅出賣人對拍定人有一定債務履行責任，拍定人應另對債務人請求，故執行法院無權逕就此價金返還拍定人，縱已對債務人獲得返還價金判決，亦須另為執行，不能認拍定人繳納之價金仍屬拍定人所有，向執行法院請求返還。正如執行法院誤拍賣第三人財產，拍定人繳交價金後，第三人提起確認所有權存在訴訟勝訴確定，拍定人只能向債務人另行求償。惟學者許樹林認拍定人可逕請求執行法院返還，毋須另行起訴[130]。

固然，採個人見解，拍定人取得勝訴判決，僅可另就債務人財產強制執行，若債務人無其他財產，自己承擔損失，就拍定人言似亦欠妥，但此乃無可奈何之事，與法院誤執行第三人財產，拍定人亦只能向債務人請求相同，除非強制執行法就此明文規定可逕予返還，否則理論上拍定人不可請求執行法院返還[131]。就此日本民事執行法第 75 條第 1 項規定「在最高價買受申請人或買受人提出買受申請後，因天災或其他不可歸責於本人之事由而使不動產受損傷者，於賣出許可決定之前，得向執行法院提出不許可

---

[130] 同 [129]。

[131] 參閱拙文〈拍定後拍賣物滅失之處理〉（刊《軍法專刊》第四十三卷第十期第一三頁以下）。

賣出之申請；如在已作出賣出決定後而繳納價款之前，得向執行法院提出撤銷其決定之申請。但不動產損傷輕微者，不在此限。」明文規定處理方法，可供參考。

九、拍賣物瑕疵

拍定人固無物之瑕疵擔保請求權（參照本法第 113 條準用第 69 條），但仍有權利瑕疵擔保請求權。

十、使用占有拍賣物──點交

依民法第 765 條規定，所有權人可使用、收益所有物，則拍定人或承受人於取得權利移轉證書時，既取得所有權，本可依買賣規定，請求出賣人交付買賣標的物，但在強制執行為顧及第三人合法權益，設有點交規定，即凡符合點交規定者，拍定人或承受人始可聲請點交，由執行法院解除債務人或第三人占有，將拍賣物交付拍定人或承受人，反之則否。因拍賣公告須註明是否點交，而執行法官在決定是否點交，均以查封時占有狀態為基準，往往形成拍賣公告註明不點交，實際在拍定後不點交原因已消滅，執行法院究應依法點交或應依公告不點交？按法院不點交原因已消滅，依法即應點交。公告並非點交之依據，仍應依法為之點交，實務有認應點交（參見司法院民事法律問題研究㈣），甚至拍賣公告未註明不點交，拍定後在點交過程，第三人主張不點交原因屬實，依法不可點交，即不應點交。至此點交程序與債權人聲請執行實為不同之程序，拍定人或承受人於領得權利移轉證書後即可聲請點交，執行法院如認不應准許，以裁定駁回，對此裁定可以抗告救濟，反之，如准許，執行法院即開始為如下之程序，不服者可聲明異議[132]。其程序如下：

㈠通知占用之債務人或第三人於一定期間遷離，自行交付拍定人或承受人。

---

[132] 最高法院 55 年臺抗字第 327 號判例：點交之執行，係與因債權人之聲請而開始之查封拍賣程序分開，而構成另一執行程序，駁回點交拍定物之聲請，以執行法院之裁定為之，對此裁定得為抗告（強制執行法第四十四條、民事訴訟法第二百二十條、第四百七十九條（舊）），至准許其聲請時，通常多以書面命令執達員執行，不服此命令者，則得向執行法院聲明異議（強制執行法第十二條）。

㈡未自動履行，執行法院依下列方法解除占有（參見本法第 100 條第 1、2、3 項）：

1.占用之債務人或第三人或其代理人、家屬、受僱人於執行時在場，解除其占有，將物品移置不動產以外之處所，交付債務人或其他代理人或家屬、受僱人。在場之債務人等人拒絕受領執行法院之交付，執行法院可逕行放置不動產以外之處所，但若放置有困難，例如街道有人往來，亦可採用⑵方式處理。

2.如無前開人士在場，應將屋內之動產交拍定人或承受人保管，通知債務人或第三人限期領取，逾期不領，拍賣該保管物，提存價金。

3.應點交之土地，如有未分離之農作物事先未併同估價拍賣者，得勸告買受人與有收穫權人協議為相當之補償，或俟有收穫權人收穫後，再行點交（參照注意事項 57 ⑶）。

4.上開債務人，包括為債務人之受僱人、學徒或與債務人共同生活而同居一家之人，或基於其他類似之關係，受債務人指示而對之有管領之力者在內（參照注意事項 57 ⑺）。

㈢點交後，原占有人復即占有該不動產者，執行法院得依聲請再解除其占有後點交之（參照本法第 99 條第 3 項）。按執行法院點交完畢，就點交言，其執行程序已終結，如原占有人再予占有，係另一事實，按理應由拍定人或承受人就此新占有另行取得執行名義，始可依本法第 124 條強制執行，惟在實務上，遇有刁頑人士抗拒執行，再予占有，拍定人或承受人往往求助執行法院，認未能點交完畢，民國 64 年本法修正時，為解決此一問題，於第 99 條第 2 項規定「依前項規定點交後，原占有人復占有不動產者，執行法院得依聲請再解除其占有後點交之。」惟「復占有」究指何時，是否不論相隔時間為何，凡有再占有均可點交？民國 85 年修正時，遂以「本條原第二項關於再點交之規定，應係指原受點交義務人違反點交命令即時復行占有該不動產者而言。倘受點交權利人接管不動產後，事隔多日始為受點交義務人侵奪其不動產者，乃屬另一新的事實，法理上應另行取得執行名義後，再行強制執行。本條項未設時限，致實務上不乏有接管不動產

後不善加保管，於事隔甚久後始復為原占有人侵奪其不動產，而仍聲請再行點交之案例，顯與本條項之立法原意有違。爰於『復占……』之間增一『即』字，並移列第三項，以資限制，並杜爭議。」為由，改為「復即占有」，然「復即」究指點交後多久，並非明確，適用時仍有爭執。又再點交之性質，有謂係原交付命令續行執行 ❶❸❸，即原點交未終結繼續執行，亦有認係另一執行程序 ❶❸❹。在民國 85 年前，再執行點交毋庸繳執行費，當為原執行程序之續行，但在民國 85 年修正時已設第 4 項應繳納執行費規定，參照該項規定之立法理由「前項再點交程序之實施，係因受點交義務人於受點交之強制執行後，違反原點交命令之效力而導致之另一點交程序。其程序之費用自應另行徵收，並依第二十八條第一項規定，由該受點交義務人負擔之。爰增列第四項之規定，以資遵循。」則應為另一執行程序。

㈣點交毋庸徵收執行費，但再點交，應徵收執行費（參照本法第 99 條第 4 項）。

㈤點交雖毋庸繳納執行費，但協助人員之差旅費仍須支付，由拍定人、承受人暫墊，由債務人負擔。

十一、書　據

依本法第 101 條規定債務人未交之所有權書狀可宣告無效，由拍定人或承受人另向地政事務所申請核發。惟未辦保存登記建物，本無所有權，無從核發。

貳、強制管理

強制管理係由執行法院選任管理人，由其管理不動產，以所得收益清償債權之換價方法。本法所以設此方法，係因有時債權額甚少，拍賣不動產對債務人不利，可以管理收益清償債權（參照強制執行須知 11 (7)）。甚至因法令限制，不能拍賣者，僅得以強制管理方法，收取孳息清償債權。惟實務上除因法律規定而應強制管理外，鮮有採用者，蓋強制管理須管理人占有不動產，而強制執行事務中，尤以點交工作最為不易，茲既未拍賣，

---

❶❸❸　參閱陳世榮著前揭第三二○頁。

❶❸❹　參閱陳榮宗著前揭第四三○頁、陳計男著前揭第四五二頁。

即須點交由管理人占用，至難處理。若債權額不多，可執行其他財產，故雖本法第 103 條規定「已查封之不動產，執行法院得因債權人之聲請或依職權，命付強制管理。」然少有採用。又縱有聲請，參照注意事項 59「執行法院依本法第一百零三條規定，對於已查封之不動產命付強制管理者，應以該不動產在相當期間內，其收益於扣除管理費用及其他必需之支出後，足以清償債權額及債務人應負擔之費用者為準。」仍須有實益者，始可為之。

本法第 75 條第 2 項規定「前項拍賣及強制管理之方法，於性質上許可並認為適當時，得併行之。」故理論上可一面拍賣，一面強制管理，但必須性質許可，否則，如管理人出租不動產時，一併進行拍賣，承租人應如何保障，拍定人須否繼受租賃關係均有爭執，即不可併行。注意事項 60 ⑵「管理人聲請將管理之不動產出租時，須所收租金足以清償債權及應由債務人負擔之費用總額，或雖不能為此清償，但其出租並不影響該不動產之同時併行拍賣者，執行法院始得為許可。許可前，並應詢問債權人及債務人之意見。」可供參考。

執行法院採用強制管理者，應以命令為之，對此命令不服者，可依本法第 12 條第 1 項聲明異議。採用強制管理應注意下列事項：

㈠選任管理人

強制管理須由管理人為之，執行法院為強制管理命令時，應於命令內指定管理人。本法第 105 條第 1 項規定「管理人由執行法院選任之。但債權人得推薦適當之人。」故究選何人，屬執行法院職權，執行法院應斟酌不動產之收益方法選任適當之人，雖債權人可推薦，但執行法院亦可不選任其推薦人選。

管理人原則上為一人，但執行法院認為必要時，得選任數人；如為數人，應共同行使職權；但執行法院另以命令定其職務者，不在此限。管理人共同行使職權時，第三人之意思表示，得僅向其中一人為之（參照本法第 106 條第 1、2、3 項）。

管理人既由執行法院選任，以行使強制執行之管理權，則其地位應為強制執行之輔助機關，而非當事人之代理人，故本法第 107 條第 1 項規定：

「執行法院對於管理人，應指示關於管理上必要之事項，並監督其職務之進行。」第 108 條規定：「管理人不勝任或管理不適當時，執行法院得解除其職務或更換之。」其與執行法院非私法上委任關係，而係公法上關係❶❸❺。為避免管理不當致生損害，執行法院得命管理人提供擔保（參照本法第 105 條第 2 項）。

㈡禁止債務人干涉管理人事務及處分收益

強制管理之前，不動產因已查封，債務人之處分權受有限制，惟為便於強制管理，本法第 104 條尚規定，命付強制管理時，執行法院應禁止債務人干涉管理人事務及處分該不動產之收益，故此實為查封效力之延伸。執行法院為此禁止時，應以執行命令為之，亦可記明於強制管理命令中。

㈢命第三人給付收益給管理人

如管理之收益有須第三人為給付者，例如出租收取租金，須承租人給付，故本法第 104 條第 1 項尚規定「……如收益應由第三人給付者，應命該第三人向管理人給付。」第 2 項規定「前項命第三人給付之命令，於送達於該第三人時發生效力。」執行法院依此規定，僅須發執行命令令第三人給付即可，毋庸適用本法第 115 條處理。至於第三人不遵守命令給付，只可提給付之訴，不可逕行對之執行（參照注意事項 60（1））。

於此應說明者，即此第三人是否限於管理人因管理交付不動產供使用者？如在管理前即已使用者，例如債務人出租，此承租人是否包括在內？學者有採肯定說❶❸❻。愚意以為似有商榷之處。蓋在強制管理前之第三人，非執行當事人，本不受執行力拘束，如其本應給付收益給債務人，盡可依本法第 115 條處理，必然因強制管理而交付不動產供其使用之第三人，始受上開執行命令拘束，而須給付收益給管理人。

❶❸❺ 最高法院 76 年臺上字第 2282 號判決：在強制執行程序，執行法院將減價拍賣而未拍定之不動產，選任管理人命為強制管理，為法院行使公權力之公法上關係，原審竟謂此項強制管理為私法上之委任關係，已有可議。

❶❸❻ 參閱陳世榮著前揭第三四二頁、楊與齡著前揭第六〇四頁、吳鶴亭著《新強制執行法實用》前揭第三四〇頁至第三四一頁。

㈣管理人收取收益

收益不須第三人給付者，由管理人自行收取，例如天然孳息之採收。

㈤管理人占有不動產

管理人須占有不動產始可管理收益，故本法第 109 條規定：「管理人因強制管理及收益，得占有不動產，遇有抗拒，得請執行法院核辦，或請警察協助。」從而執行法院必要時，應循點交程序將不動產點交管理人占有。惟交付占有，是否如前所述，有本法第 99 條第 1 項點交之限制，如第三人於查封前已占有者，可否交付？學者有認強制管理人可依本條占有，限於原債務人占有不動產，如第三人占有，則不適用，管理人僅得起訴請求第三人支付 ❿，亦有認為包括第三人，但限於查封後占有之第三人，至查封前占有之第三人，應非查封效力所及，僅得依本法第 104 條命其給付收益給管理人 ❿。愚意以為應受上開規定之限制，包括第三人，但限於查封後占有之第三人。蓋強制管理前為查封，其查封效力所不及之第三人，自不受查封效力拘束，但查封後占有者，即應受拘束，並有本法第 51 條第 3 項適用，自可排除以交付管理人。至若查封前占有之第三人如為無權者，管理人可否本於管理人地位請求交付，實有疑問。蓋其非當事人之代理人，如何請求？又執行法院雖可於拍定後點交，但究與強制管理不同。惟最高法院 76 年臺上字第 2282 號判例：「執行法院將執行標的物之不動產，命為強制管理之目的，在使管理人就該不動產使用收益，並以其收益供強制執行之用，此觀強制執行法第一百零四條、第一百十一條及第一百十二條之規定自明。如該不動產為第三人無權占有，管理人為達就其所管理不動產使用收益之目的，本於管理人之身分，行使債務人之所有物返還請求權，應在其職權範圍以內。」採肯定說。

㈥管理人之出租

管理人將不動產出租他人者，應以書面為之，並應經執行法院許可，執行法院為許可時，應詢問債權人及債務人之意見，但無法通知或屆期不

---

❿ 參閱陳世榮著前揭第三四五頁。

❿ 參閱楊與齡著前揭第六〇九頁。

到場者，不在此限（參照本法第 107 條第 2、3 項）。至此承租人，應為債務人、管理人以外之第三人，債權人可以承租。至於管理人為出租人，自不可為契約相對人之承租人。

(七)管理人交付收益

本法第 110 條第 1 項規定：「管理人於不動產之收益，扣除管理費用及其他必需之支出後，應將餘額速交債權人；如有多數債權人參與分配，執行法院認為適當時，得指示其作成分配表分配之。」故管理人有交付收益之義務。其交付收益應注意如下事項：

1.收益如非金錢，本法雖未規定可否變價，但因此屬金錢債權之強制執行，參照日本民事執行法第 95 條第 1 項規定：「對於作出強制管理決定之不動產，管理人得實行管理並收取收益及進行換價。」自應採肯定說，准管理人換價。

2.扣除之管理費用及其他必需之支出，包括管理人之報酬、管理期間之稅金等。惟其扣除是否允當，執行法院應有權審核，為便於審核，本法第 111 條第 1 項規定：「管理人應於每月或其業務終結後，繕具收支計算書，呈報執行法院，並送交債權人及債務人。」債權人或債務人對此計算書有異議時，得於收到後 5 日內，向執行法院聲明（參照本法第 111 條第 2 項）。

3.如債權人僅為一人，固可將餘額交該債權人。若債權人有二人以上，尚須由執行法院製作分配表，此時不可將餘額交債權人。至此分配表依理應由執行法院製作，但依本法第 110 條第 1 項執行法院得指示由管理人作成，對於上開餘額或分配，依本法第 110 條第 2 項「債權人對於前項所交數額有異議時，得向執行法院聲明之；如債權人於前項分配表達到後三日內向管理人異議者，管理人應即報請執行法院分配之。」可異議。

4.本法第 110 條第 3 項規定「第一項收益，執行法院得依債務人或其共同生活之親屬之聲請，酌留維持其生活所必需之數額，命管理人支付之。」應予支付債務人之生活必需。

5.管理人不交出收益，除有刑事侵占責任外，執行法院應向其求償。

(八)無收益之處理

如無收益，應由管理人向執行法院陳報，如未陳報執行法院，可撤換管理人。又在無收益時，可否進行拍賣程序？依本法第 112 條第 2 項規定，既應撤銷強制管理程序，自可進行拍賣，僅若已先進行拍賣程序，並因未拍定而有視為撤回執行情形者，始不可進行拍賣。

(九)管理人之撤換

管理人既為執行法院選任，受執行法院監督，故有不勝任或不適當時，執行法院可解除其職務，更換之（參照本法第 108 條）。

(十)管理人之報酬

依本法第 105 條第 3 項規定「管理人之報酬，由執行法院詢問債權人及債務人意見後定之。」應由執行法院核定，至於被撤換之管理人，執行法院仍可斟酌情形給予之。

(土)管理人之責任義務

管理人係受法院選任，雖係公法關係，但既有報酬，仍應類推適用民法之委任關係，應盡善良管理人之注意義務。

強制管理於執行之債權額及債務人應負擔之費用已因收益清償時，即予終結（參照本法第 112 條第 1 項），執行法院可撤銷查封。另在無收益撤銷強制管理程序者，亦屬強制管理之終結，除有撤銷查封事由，不可撤銷查封。

第三目　分　配

執行法院應就換價收益，製作分配表，實施分配發款。

第五節　對於船舶及航空器之執行

第一款　前　言

船舶及航空器本屬動產，但其中海商法規定之船舶，價值較高，所有權之移轉及抵押權之設定，均非經登記不得對抗第三人（參照海商法第 9

條、第 36 條），航空器亦同（參照民用航空法第 20 條），與不動產類似，且其供運輸使用，強制執行將影響搭載客人、貨物所有權人，故本法就此另設執行程序之規定，不適用對於動產之執行程序，而係準用不動產執行程序，早先列入不動產執行中，在民國 85 年本法修正時，又以與不動產性質不同，體例上不宜合併規定，將原有條文修正後另立一節為「對於船舶及航空器之執行」以為適用（參照修正理由）。

第二款　船舶之強制執行

一、本法船舶之意義

依船舶法第 3 條，凡在水面或水中航行之船舶，不論大小，均為船舶，但因本法第 114 條第 1 項規定，則此船舶即非泛指一切船舶，應為：

(一)海商法所定之船舶

即依海商法第 1 條及第 3 條、船舶法第 3 條第 1 款規定，指：

1.在海上航行及在與海相通之水面或水中航行之船舶：航行係指能行駛而言，不論係依賴機械或非機械之風力、人力，甚至本身無動力，須靠他船拖引之載貨船舶，仍可航行，亦屬之，故若不能行駛之水上碼頭、工作平臺、鑽油平臺均非屬之。本可航行，因修理未營運，暫停使用，仍屬可供航行，但若已確定不再航行，例如待解體之船舶，則非可供航行。以本可航行之船舶固定停泊作為水上飯店、水上餐廳、海上博物館使用，因已確定不航行，亦屬不能航行。又在海上及在與海相通之水面、水中航行，指行駛於海上，與海相通之水面、水中，故水陸兩用汽車（戰車）、水上飛機不屬之。

2.總噸位二十噸以上（含二十噸）之動力船舶或五十噸以上（含五十噸）非動力船舶。

3.非供軍事建制之艦艇及非專用於公務之船舶。

故在海上航行二十噸以上之漁船、客船、貨船、潛水艇，五十噸以上帆船或在淡水河、長江中航行之上開船舶均屬之。至於日月潭、青海湖中航行之二十噸以上汽艇，仍不適用。

㈡建造中之船舶

係指自安放龍骨或相當於安放龍骨之時起，至其成為海商法所定之船舶時為止之船舶而言（參照注意事項 61 (1)）。

本法所指船舶意義如上，至於是否為外國者或有無登記，均不影響其性質。又依海商法第 7 條規定「除給養品外，凡於航行上或營業上必需之一切設備及屬具，皆視為船舶之一部。」又依船舶法第 24 條主管機關定之船舶設備，在與船舶分離前，均屬船舶之一部，不僅不可單獨對之執行，且在執行船舶時，效力當然及於。至於船舶毀損後之殘餘物，學者雖有認視為船舶❶❸❾，甚至認因海難沈沒或喪失航行能力待解體之船舶，因價格昂貴，解釋上視為本法之船舶❶❹❶。但愚意以為既已為殘餘物或待解體，如非可航行，應非海商法之船舶。又船舶查封後，因毀損剩餘之殘餘物，如不可航行，即非此船舶，應改依動產程序執行。

二、執行程序

除本節有特別規定外，準用不動產執行規定，即原則仍依不動產執行程序辦理。

三、執行之限制

在民國 88 年 7 月海商法修正前之第 4 條第 1 項規定「船舶之扣押、假扣押，自運送人或船長發航準備完成時起，以迄航行完成時止，不得為之。但為使航行可能所生之債務，不在此限。」即在此一定時間，限制對船舶之強制執行。惟此限制，對債權人顯有不利，尤其外國無相同立法，在我國不可執行之船舶，行駛至外國，外國之債權人反而可以執行，更不合理。為此民國 64 年本法修正時，特於第 114 條第 2 項規定「對於船舶之強制執行，自運送人或船長發航準備完成時起，以迄航行完成時止，仍得為之。」以排除上開海商法第 4 條第 1 項之適用，但因有第 3 項規定「前項強制執行，除海商法第四條第一項但書之規定外，於保全程序之執行名義，不適用之。」故實際上僅排除終局執行之適用。海商法嗣於民國 88 年 7 月修正

---

❶❸❾　參閱陳計男著前揭第四七七頁、楊與齡著前揭第六二二頁。

❶❹❶　參閱陳榮宗著前揭第四五〇頁。

時，第 4 條第 1 項修正為「船舶保全程序之強制執行，於船舶發航準備完成時起，以迄航行至次一停泊港時止，不得為之。但為使航行可能所生之債務，或因船舶碰撞所生之損害，不在此限。」即已修正為除保全程序之假扣押執行及假處分執行外，終局執行不受限制，至使航行可能所生之債務，例如油料費用、食物、飲水費用，或因船舶碰撞發生之損害賠償，仍可為保全執行，已與民國 85 年修訂增加之本法第 114 條第 3 項規定「前項強制執行，除海商法第四條第一項但書之規定或船舶碰撞之損害賠償外，於保全程序之執行名義，不適用之。」相同 ⑭。

所謂發航準備完成者，指法律上及事實上得開行之狀態，例如船長已取得當地航政主管機關核准發航與海關准結關放行及必需品之補給已完成，並已配置相當海員、設備及船舶之供應等屬之；所謂航行完成，參照上開海商法規定指船舶到達下次預定停泊之商港而言，並非泛指最終之終點港；所謂為使航行可能所生之債權，例如為備航而購置燃料、糧食及修繕等所生債權是（參照注意事項 61⑶）。

四、所有權歸屬

㈠船舶未轉讓他人者，屬原始建造人所有。至於原始建造人認定如下：1.如以自己材料在自己之造船廠建造，該船屬該人建造，為其所有。2.定造人以自己材料，委由造船廠承攬建造，定造人為原始建造人，該船為其所有。3.定造人提供大部分材料，委由造船廠承攬建造，造船廠負擔小部分零件材料，定造人仍為原始建造人，該船為其所有。4.造船廠以自己材

---

⑭ 本法第 114 條第 3 項在民國 64 年係規定「前項強制執行，除海商法第四條第一項但書之規定外，於保全程序之執行名義，不適用之。」民國 85 年修正本法時，以船舶碰撞，凡海上突發性侵權行為事件，若不即時對加害船舶實施假扣押，待終局之本案請求判決確定後，已無從追及而為強制執行，特增加因船舶碰撞之損害賠償假扣押，亦可執行，即為現行規定，然海商法第 4 條第 1 項於民國 88 年 7 月修正，修正後第 4 條第 1 項但書亦包括船舶碰撞，亦即二法規定完全相同，為避免重複，上開第 3 項實應刪除，不僅如此，海商法既有規定，本法第 114 條第 2 項亦應刪除。

料或以自己大部分材料為定造人建造，該船屬造船廠原始取得，須依海商法第 8 條規定讓與，定造人始取得所有權❶。船舶登記法第 3 條雖規定所有權須辦保存登記，但依第 4 條規定「船舶應行登記之事項，非經登記，不得對抗第三人。」僅表示未登記不得對抗第三人，是已登記者，執行時可以登記名義人認定所有權人，否則，依上開說明認定所有權人。

㈡船舶所有權經轉讓他人者，雖海商法第 9 條規定「船舶所有權之移轉，非經登記，不得對抗第三人。」但此為對抗要件，其生效仍須依同法第 8 條規定辦理。即須作成書面，在我國經讓與地或船舶所在地航政主管機關蓋印，在外國經我國領事館蓋印，始生讓與效力，毋庸交付❸。至外國船舶，依涉外民事法律適用法第 38 條第 4 項規定，其所有權轉讓依船籍國法，自應適用船籍國法以決定所有權誰屬。

㈢建造中之船舶，其所有權誰屬，海商法並未規定，揆諸建造中之船舶實屬材料之集合，尚難謂為船舶，須待建造完成始屬船舶。在屬材料之集合者，應認為動產，故材料或大部分材料由造船廠提供者，應認屬造船廠所有；反之，則為定造人所有，即視材料屬何人而定。然亦有學者認為不論材料由何人提供，除當事人另有約定外，均視為造船廠所有❹。如採後者見解，債務人為造船廠，固可對其建造之船舶執行，債務人為定造人，反不得對之執行，僅得依本法第 116 條執行請求交付之權利。

五、查　封

---

❶　參閱楊仁壽著《海商法論》第四九頁。惟施智謀於所著《海商法》第五七頁及第五八頁有不同意見，彼認為新建船舶所有權之取得，通常係以「船舶建造契約」為基礎。該約屬「承攬供給契約」，為「買賣」與「承攬」之混合，故建造中之船舶所有權，除另有約定外，屬造船廠所有，建造完成後，在下水前依動產所有權移轉規定給定造人，下水後，依海商法第八條規定移轉給定造人。

❸　船舶本質仍屬動產，故海商法第 6 條規定「船舶除本法有特別規定外，適用民法關於動產之規定。」而動產所有權之移轉，原則上須經交付始生效力，則船舶所有權移轉，是否亦須交付？學者施智謀及楊仁壽皆持否定說（參閱施氏著前揭第五四頁、楊氏著前揭第四五頁）。

❹　參閱施智謀著前揭第五八頁。

查封之方法，原則上與不動產相同，即可準用本法第 76 條規定，除以揭示、封閉、追繳契據方法，並於對本國船舶執行時，於查封後或查封前，通知船舶主管機關辦理查封登記，但本法有如下特別規定：

(一)執行法院取去船舶國籍文書以保管之

船舶無證明國籍之文書，在公海上被視同海盜船，且不能進入各國港口，為防船舶於查封後乘隙逃逸，民國 85 年修正本法時，特於第 114 條之 1 第 1 項規定查封後，應取去證明船舶國籍文書，以加強查封效果。

(二)原則上不可航行

由於船舶易於流動，為避免查封後航行他國不回，有礙查封效果，故本法第 114 條之 1 第 1 項前段尚規定船舶於查封後，應使其停泊於指定之處所，並通知航政主管機關。即不論由何人保管，均不可航行，應停泊指定之處所。但下列情形例外可航行：

1.經債權人同意，執行法院得因當事人或利害關係人之聲請，准許其航行（參照本法第 114 條之 1 第 1 項但書）。即執行法院於有當事人或利害關係人（例如船舶承租人、船舶所載貨物所有人）之聲請，在債權人同意時，可准許航行。如債權人不同意，執行法院不可准許航行。又此准許航行，應限制將來在執行法院通知駛回時，即應駛回。

2.國內航行船舶之保全程序執行，得以揭示方法為之（參照海商法第 4 條第 2 項）依注意事項 61⑵但書規定，在執行假扣押時，應准許在國內航行。惟愚意以為：⑴縱因對國內船舶執行，不虞其逃逸國外，但一方面此與揭示之查封方法無涉，在終局執行其查封，亦係以揭示，另一方面本法第 114 條之 1 第 1 項前段禁止航行之規定，並未限制不適用保全執行，上開注意事項規定，實逾越之。⑵保全程序之執行，除假扣押外，尚有假處分執行，注意事項僅就假扣押執行規定，是否遺漏？按理假處分執行亦應包括在內，始符合海商法規定。⑶終局執行似亦不應限制，蓋保全執行係在債權人提供擔保下之執行，有急迫性，依舉重以明輕法理，終局執行自不應限制。況且既在國內航行，二者似無不同？

由於查封後，原則上不可航行，學者主張已出租並交付承租人占有之

船舶，經依船舶登記法第 3 條第 3 款登記者，依同法第 4 條及民法第 425 條規定，得對抗第三人，債權人聲請執行船舶，不可影響承租人之使用，不得封閉指定其停泊於一定處所，並追繳船舶航行文書，應以債務人對承租人之返還船舶請求權為執行標的，適用本法第 116 條之 1 程序辦理❶❹❺，即仍可航行，不受限制。愚意以為尚待商榷，蓋不動產亦有出租他人可以執行，何以船舶不可，尤其依第 116 條之 1 規定準用第 116 條第 1 項仍於交還後對船舶執行，是此應可執行，僅拍賣不點交而已。至於可否不准航行，因本法第 114 條之 1 第 1 項並未限制承租人占有者不適用，似仍應適用，雖云不點交，似可准航行，但航行後不返回，如何拍賣？故應不准航行。另有學者主張可以執行，但光船租賃契約，因傭船人對船舶有獨立占有權源，且係自行選任監督船長，故不可停止航行❶❹❻。

六、供擔保撤銷查封

由於查封船舶後，原則上不可航行，影響船舶所載運之旅客、貨物權益，雖債權人同意，仍可航行，但在無保障情況下，債權人鮮有同意，故本法第 114 條之 1 第 2 項規定「債務人或利害關係人，得以債權額及執行費用額或船舶之價額，提供擔保金額或相當物品，聲請撤銷船舶之查封。」以便船舶仍可繼續航行。即執行法院可因債務人或利害關係人之聲請，以執行處分定擔保金額及擔保方法，債務人或利害關係人據此處分提供擔保後，即可撤銷查封。至於擔保數額，依該項規定有二，一係債權額及執行費用額，一係船舶價額。前者之債權額應指聲請執行債權人在執行名義範圍內請求執行之金額，包括在執行法院為處分定擔保時已參與分配之債權額（參照注意事項 61 ⑹）❶❹❼，至有擔保物權或優先權尚未行使權利者，不

---

❶❹❺ 參閱陳計男著前揭第四八五頁。

❶❹❻ 參閱張登科著前揭第四○六頁。

❶❹❼ 學者張登科雖認包括參與分配之債權額，但指聲請提供擔保時參與分配者（參閱張氏著前揭第四一一頁），似待商榷，蓋聲請至執行法院為執行處分時尚有一段時間，其間尚有他人聲明參與分配之可能，為顧及此等人之權益，應以處分時為準較妥。

包括在內，蓋撤銷查封後，不影響其優先權❶。執行費用額則指上開聲請執行、參與分配之執行費用。後者之船舶價額，指該查封之船舶價額，可以估價為準。至於上開二者，應如何決定，為顧及債務人或利害關係人利益，應以最低者，即船舶價額超過債權額及執行費用額者，以後者為準，反之則以船舶價額為準。關於擔保之方式，固可以現金、物品，但依同條第3項規定「前項擔保，得由保險人或經營保證業務之銀行出具擔保書代之。擔保書應載明債務人不履行義務時，由其負責清償或併賠償一定之金額。」可由保險人（按多為公司）、銀行出具擔保書。至此保險公司、銀行是否包括國外，但國內未經認許者，本法就此未規定，愚意以為採否定說，蓋：㈠外國公司（按：銀行為公司組織），依公司法第4條規定，必須經過認許，始有權利能力，為他人擔保。㈡依該項規定，在債務人不履行債務時，既須由出具擔保書者負責，苟在國內未認許，執行法院即不易令其負責，有損債權人權利，故不應准許。又可否以有價證券或物為擔保，本法既規定相當物品，自應包括。事實上有價證券、物亦可達到擔保之目的，民事訴訟法第102條第1項亦有規定「供擔保應提存現金或法院認為相當之有價證券。但當事人別有約定者，不在此限。」第2項「前項擔保，得由保險人或經營保證業務之銀行出具保證書代之。」復與上開第3項同，故依本法第30條之1規定準用民事訴訟法，應可准許以有價證券代之，注意事項61⑹規定「……。又依本項因查封所提供之擔保物品，依序為：現金、有價證券，或債務人與金融機關所締結之支付保證證明文書，該證明文書須載明金融機構應隨時依執行法院之通知，為債務人繳納一定金額。」亦有規定包括有價證券，惟其「依序」，似有誤會，蓋各擔保均應相同，並無先後之分，此「依序」二字應刪除。

七、擔保之效力

㈠對擔保之執行

供擔保撤銷船舶查封後，即以擔保代替船舶，此由擔保數額可以之決

---

❶ 學者楊與齡主張債權額包括擔保物權或優先權（參閱楊氏著前揭第六三一頁），陳計男則反對（參閱陳氏著前揭第四九○頁）。

定可明。故本法第 114 條之 1 第 4 項規定「依前二項規定撤銷船舶之查封時，得就該項擔保續行執行。如擔保人不履行義務時，執行法院得因債權人之聲請，逕向擔保人為強制執行。」至於此一強制執行方法，應視擔保之種類而定，即若為現金，依前述對金錢執行方法，如為動產、不動產則依前述對於動產、不動產之執行方法，如為有價證券，則依動產執行方法，如為第三人出具保證書，則對第三人之責任財產執行，如同本法第 23 條對擔保人之執行。不論何種執行，應屬原來執行程序之繼續，毋庸另外聲請強制執行，更毋庸另繳執行費 ⓲。又對擔保及擔保人執行，是否可於擔保後立即為之，法無明文，惟就擔保之意義在於債務人不履行債務時始有責任，故在船舶撤銷查封後，須通知債務人於一定期間不履行，始可對擔保執行。

(二)禁止對擔保執行參與分配

擔保既係替代原來之船舶，而船舶既為債務人財產，本不應限制他人參與分配，但現已撤銷船舶查封，其擔保係以債權額及執行費用額為準，已不考慮他人參與分配，為保障債權人權益，避免事後其他債權人參與分配，影響定擔保時之債權人利益，故本法第 114 條之 1 第 5 項規定「第二項、第三項係就債權額及執行費用提供擔保者，於擔保提出後，他債權人對該擔保不得再聲明參與分配。」禁止他人參與分配。本條雖未就以船舶價額為擔保者規定，則於以船舶價額供擔保者，他債權人可否參與分配，似有遺漏。但如前所述，在以船舶價額為擔保者，必低於債權額及執行費

⓲ 學者陳計男認為擔保代原查封之船舶擔當清償責任，查封之效力，移轉於擔保，執行程序未終結，得就該項擔保續行執行。但在擔保人出具擔保書逕向擔保人強制執行者，擔保書為執行名義，以擔保人為債務人之另一強制執行事件，須另行繳納執行費用，非屬原來執行事件（參閱陳氏著前揭第四九一頁），似待商榷，蓋擔保人出具擔保書為擔保之一種，執行應無不同，應仍為原來執行之延續，否則在以擔保人為債務人，則擔保人之其他債權人可參與分配，有違擔保係為債權人之利益及本法第 114 條之 1 第 5 項規定，至須另繳納執行費，更不合理。

用額，依舉輕明重之法理，自應類推適用，他債權人亦不可參與分配。又上開他債權人不可參與分配，包括有擔保物權或優先權者，因擔保未計算其權利在內。但定擔保時，已行使擔保物權或優先權，擔保既已包括，自可分配。雖最高法院民國 78 年 11 月 28 日第二十次民事庭會議：「強制執行法第一百十四條之一第二項規定，乃為兼顧航運之發展與託運人及債務人之權益而設，同條第三項則係就依上述規定提供之擔保，明定其處理方法，故此項提供之擔保，於船舶有抵押權存在之情形，除係因船舶抵押權人實行抵押權，聲請查封抵押船舶而生者外，不能遽認該項擔保即係抵押船舶之代替物，此自該條第二項所定，債務人或利害關係人提供之擔保得按債權額及執行費用額為之，而非必要船舶之價額觀之，尤為明顯，從而船舶抵押權人除有上述例外情形外，即無以該項擔保係抵押船舶之代替物而主張優先受償之餘地。」結論相同，但其理由實待商榷，尤其認擔保非係船舶之代替物，更有疑問。

　　㈢撤銷查封

　　提供擔保後，即應撤銷查封，並塗銷查封登記，如定擔保數額，已包括抵押權或優先權在內，是否應塗銷抵押權登記，學者有持肯定說❺。

八、換　價

　　除因準用不動產執行，換價方法為拍賣及強制管理外，本法第 114 條之 2 第 3 項尚規定「船舶得經應買人、債權人及債務人同意變賣之，並於買受人繳足價金後，由執行法院發給權利移轉證書。」可採用變賣方法換價。至其中強制管理，就條文言，固無問題，惟學者有認為性質上不適於強制管理，蓋命付強制管理，勢須使管理人上船，其為謀收益而將船舶供航海之用，不僅有被脫逃之虞，且所得收益係一種企業利益，已超越管理範圍，而航海中需要鉅額費用，復有海上危險相隨，德日立法例對此皆明文排除強制管理之適用，本法雖無排除準用強制管理規定之明文，仍應解為性質上不適於強制管理❺。然亦有學者認船舶本可出租收益，由有經驗

---

❺　參閱陳計男著前揭第四九二頁。

❺　參閱陳世榮著前揭第三五〇頁至第三五一頁、任秀妍著《我國船舶強制執行之

人管理，並命提供相當擔保，非無強制管理實益，採肯定說❶，交通部民國 63 年 7 月 9 日交航六三字第 6070 號函亦採肯定說。愚意以為一方面查封後本不可航行，另一方面海上風險大，有經驗人管理，遇有不可抗力，亦非一定無風險，甚至不慎撞及他人等，另依例均須保險，惟此保險費用、航行費用之支出，均是問題，實宜採否定說。

關於拍賣部分，其準備與實施皆可參照前述不動產拍賣部分，惟下列事項係不同之規定，應予注意：

㈠經准許航行之船舶，在未返回指定之處所停泊者，不得拍賣。但現停泊於我國其他法院轄區者，得囑託該法院拍賣（參照本法第 114 條之 2 第 1 項）。

㈡鑑價機關應選定製造船舶業者、航政機關、船長同業公會、其他妥適之人、機關、團體（參照注意事項 61 (7)）。

㈢有關抵押權、優先權是否因拍賣而塗銷，固同於不動產拍賣，然而一方面因船舶有係外國者，一方面優先權不須登記，為一種不公開特權，故如何處理，甚為困難。本法第 114 條之 3 規定「外國船舶經中華民國法院拍賣者，關於船舶之優先權及抵押權，依船籍國法。當事人對優先權與抵押權之存在所擔保之債權額或優先次序有爭議者，應由主張有優先權或抵押權之人，訴請執行法院裁判；在裁判確定前，其應受償之金額，應予提存。」僅就外國船舶抵押權、優先權規定。本國船舶因當然適用我國法律，其優先權及抵押權是否存在、效力，即應依我國海商法等有關規定，甚至亦有本法第 34 條第 2 項至第 5 項適用，是優先權雖未登記，亦因適用該條第 4 項及準用第 98 條第 3 項而消滅。至於外國船舶在我國強制執行，其執行程序應適用我國強制執行法，蓋係我國執行法院執行，程序法自應適用法庭地法，但關於船舶優先權及抵押權是否存在、效力，即應依船籍國法，如當事人間有爭議，則由執行法院所屬民事庭依主張有權利之人之

❶ 參閱楊與齡著前揭第六三六頁、陳榮宗著前揭第四四○頁、陳計男著前揭第四八○頁。

起訴判決確認。至此確認應於何時為之，本法並無明文，故此訴訟應不限制分配表作成後，分配表作成前亦可主張，惟分配表作成後主張，亦無不可，即與分配表異議之訴競合。又執行法院如認有此權利者，即應通知行使，如抵押權人或優先權人行使權利，固可於分配表優先分配，並認抵押權、優先權消滅，僅執行法院未克通知船籍國塗銷抵押權登記。至若未行使，可否適用上開本法規定消滅，則有疑義。如就執行程序適用我國強制執行法言，自可適用，惟此消滅實屬實體事項，本法上開規定船舶之優先權及抵押權適用船籍國法，當亦包括是否因拍賣而消滅，故應無適用本法第 34 條第 4 項及準用第 98 條第 3 項消滅之適用，1967 年優先權及抵押權統一公約第 10 條有通知已登記之抵押權及優先權規定，第 11 條亦有除經買受人同意承受者外，應消滅規定，可供參考。

㈣拍賣船舶之公告，除記載本法第 81 條第 2 項第 2 款至第 5 款事項外，並應記載船名、船種、總噸位、船舶國籍、船籍港、停泊港及其他事項。其他事項例如船舶國籍證明書是否為執行法院扣留（參照本法第 114 條之 2 第 2 項、注意事項 61⑻）。

㈤拍賣船舶之公告應揭示於執行法院、船舶所在地及船籍港所在地航政主管機關牌示處（參照本法第 114 條之 2 第 2 項）。惟揭示船籍港所在地航政主管機關牌示處者，限以拍賣我國國籍船舶❶❺❸。

㈥由於海商法第 12 條第 1 項規定「船舶共有人有出賣其應有部分時，其他共有人，得以同一價格儘先承買。」第 2 項規定「因船舶共有權一部分之出賣，致該船舶喪失中華民國國籍時，應得共有人全體之同意。」故拍賣債務人所有我國船舶所有權之應有部分時，他共有人有優先承買權，除應依本法第 102 條規定處理外，非得共有人全體同意，不得使該船舶喪失我國之國籍（參照注意事項 61⑾）。

㈦船舶拍定後，拍定人自執行法院發權利移轉證書之日起取得所有權。

㈧船舶法第 9 條第 1 項規定之船舶應具備之文書（按：第 9 條第 1 項船舶應具備之文書，於民國 99 年 12 月船舶法已修改為第 11 條第 2 項，但

---

❶❺❸ 參閱陳世榮著前揭第三五六頁、任秀妍著前揭第一三九頁。

注意事項仍引用船舶法第9條第1項），於船舶拍賣後，執行法院應命債務人或船長交出，或以直接強制方法將其取交買受人或承受人，對於船舶有關證書，執行法院並得以公告方式宣告該證書無效，另作證明書給買受人或承受人（參照注意事項61(9)）。

至於強制管理，雖如前述不適於採用，但就法條文義言，並無限制規定，實難否認。若實施強制管理，應慎選管理人，並應令提出管理計畫、保險，執行法院隨時監督，必要時命提出擔保，甚至可出租有聲譽之船公司，由其推薦之人為管理人，如無收益，則應停止，以免增加費用支出。

變賣本屬動產之換價方法，不動產執行並未採用，惟因本法第114條之2第3項規定故對船舶可採用變賣方式換價。惟執行法院採用變賣者，依上開規定，須經應買人、債權人及債務人同意。由於規定須經應買人同意，顯與動產變賣不同，必係債權人或債務人覓妥買主，洽妥相當價格，始由三方同意以變賣方式換價，節省拍賣程序之勞費。

上開經債權人同意，其所指之債權人，不僅包括聲請強制執行者，尚包括准予參與分配之債權人，又須得債權人同意，乃為保護債權人利益而設，如變賣結果，不影響債權人之債權受滿足清償者，毋庸得其同意，故民國85年本法第114條之2增加第4項規定「前項變賣，其賣得價金足以清償債權人之債權者，無須得其同意。」

第三款　航空器之強制執行

一、航空器之意義

本款所指之航空器，依本法第114條之4第1項規定，係指民用航空法所定航空器，即指民用航空法第2條第1款「航空器：指任何藉空氣之反作用力，而非藉空氣對地球表面之反作用力，得以飛航於大氣中之器物。」故若已陳列為展覽品或作教學、其他非供航行用途，即非本款所指航空器。又超輕型載具依該條第20款「超輕型載具：指具動力可載人，並符合下列條件之固定翼載具、動力滑翔機、陀螺機、動力飛行傘及動力三角翼等航空器」亦屬本節之航空器。

二、執行程序

準用船舶執行（參照本法第 114 條之 4 第 1 項）。

三、執行之限制

同前船舶執行之限制，但因民用航空法第 22 條規定「航空器，除本法或其他法律有特別規定外，自開始飛航時起，至完成該次飛航時止，不得施行扣留、扣押或假扣押。」注意事項 61 ⒀規定「……。所謂『飛航時起至完成該次飛航時止』，指航空器自一地起飛至任何一地降落之一段航程而言。」則在上開飛航開始至降落時不可強制執行。惟飛航開始僅指起飛，則在起飛前仍可執行，不似上開船舶限制係自發航準備完成時起，故此一限制，實無意義，蓋飛航中，執行人員不可能為查封。

四、所有權歸屬

依民用航空法第 18 條規定「航空器，除本法有特別規定外，適用民法及其他法律有關動產之規定。」第 20 條規定「航空器所有權移轉、抵押權設定及其租賃，非經登記不得對抗第三人。」則航空器之所有權歸屬固以登記為準，但此登記並非生效要件，僅為對抗要件，故在交付他人，但未辦理登記時，仍生所有權變動。

五、查　封

查封、提供擔保撤銷查封、擔保方式及擔保之效力，均同船舶。

又查封後航空器，得交由當地民用航空主管機關保管之（參照本法第 114 條之 4 第 2 項規定）。

六、抵　押

依民用航空法第 19 條第 1 項規定「航空器得為抵押權之標的。」及第 2 項規定「航空器之抵押，準用動產擔保交易法有關動產抵押之規定。」拍賣時亦有抵押權問題，其塗銷等同前船舶執行。

七、換　價

同船舶，可以拍賣、強制管理、變賣方式，僅第 114 條之 4 第 2 項規定第一次拍賣期日距公告之日不得少於 1 個月，第 3 項「拍賣航空器之公告，除記載第八十一條第二項第二款至第五款事項外，並應載明航空器所

在地、國籍、標誌、登記號碼、型式及其他事項。」之公告事項或第 4 項「前項公告，執行法院應通知民用航空主管機關登記之債權人。但無法通知者，不在此限。」特別規定，應注意適用之。又上開第 4 項所指登記之債權人，參照民用航空法第 20 條，為抵押權人及承租人，此一通知，應係促使該債權人注意。

第六節　對於其他財產權之執行

第一款　前　言

其他財產權係指前述金錢、動產、不動產、海商法上船舶、建造中之船舶及民用航空法所定航空器以外具有財產價值之權利，例如電話租用權、薪水債權、著作權等。此等權利範圍甚廣，本法就其大概區分為四項：一、債務人對於第三人之金錢債權。二、債務人基於債權或物權得請求第三人交付或移轉動產或不動產之權利。三、債務人基於債權或物權，得請求第三人交付或移轉船舶或航空器之權利。四、上開三項權利以外之財產權。

其他財產權範圍甚廣，然非均可為執行標的，仍有下列限制：

一、必須有財產價值

解除權、撤銷權本身並無財產價值，自不可為執行標的。

二、依權利性質可以讓與者

財產權之執行，必需能讓與以換價，如不能讓與者不能換價，自不可為執行標的，例如土石採取權，依廢除前土石採取規則第 6 條第 1 項「採取土石者，應具左列書件向當地縣、市政府申請……。」及第 37 條第 1 項第 2 款「土石採取人有左列情事之一者，由縣市政府撤銷其土石採取許可證……二、以核准之土石區轉讓、出租，由他人承攬採取或超越核准地域採取者……。」（按：該規則現已廢除，另於民國 92 年 2 月 6 日訂立土石採取法，其第 10 條第 1 項、第 24 條第 4 款相當於上開第 6 條第 1 項、第 37 條第 1 項第 2 款）不僅須行政機關核准始可採取，具有公法上特許權之

性質,且不可轉讓、出租,由他人承攬核准之土石區,故採取權不可轉讓,不可為執行標的❶❺❹,至於依權利性質不得讓與而不得執行者,詳如第一章第九節。

三、必須為獨立之權利

財產權必須為獨立之權利,否則,如係附屬於其他權利者,不可為執行標的。例如抵押權係從屬於債權,依民法第 295 條第 1 項、第 870 條規定,不可與債權分離單獨讓與,故不可單獨以抵押權為執行標的,必須就該債權執行,效力始及於所擔保抵押權(參照本法第 115 條第 4 項)。

四、非法律禁止執行者

如權利為法律禁止執行者,自不可為執行標的,法律禁止者如下:

㈠實體法明定禁止讓與及扣押之權利,自不可為執行標的,例如公務人員退休資遣撫卹法第 69 條第 1 項規定「公務人員或其遺族請領退撫給與之權利,不得作為讓與、抵銷、扣押或供擔保之標的。但公務人員之退休金依第八十二條規定被分配者,不在此限。」至於已領取之退休金等,則為金錢,已非請領之權利,無上開規定適用❶❺❺,但為保障公務人員之退休、資遣或其遺族之生活,同條第 2 項「退撫給與之領受人,得於金融機構開立專戶,專供存入退撫給與之用。」第 3 項「前項專戶內之存款不得作為抵銷、扣押、供擔保或強制執行之標的。」則就存入專戶內之存款不得執行,但未存入專戶而存入其他帳戶,與一般存款相同,可以執行,專戶應為主管機關指定之特定金融機關者。又勞動基準法第 58 條第 2 項規定「勞

---

❶❺❹ 司法行政部民國 65 年 4 月 30 日⑹⑸臺函民字第 03521 號函:按土石採取規則第二十二條第一項第四款規定,土石採取人以核准採取土石之地域轉讓、出租或由他人承攬採取者,主管機關得為停止採取或撤銷許可之處分。……準此以觀,採取土石之權利,既限於受特准之人所有,似不能作為強制移轉之標的。但基於該權利所採取之土石,屬於採取權人所有,自得為執行之標的。

❶❺❺ 司法行政部民國 58 年 12 月 31 日民決字第 9487 號令:㈠退休金在未由退休人員領取之前,自包括在請領權利之內,依法不得扣押、讓與或供擔保。領取之後,方成退休人員之財產,解除保障之限制。

工請領退休金之權利，不得讓與、抵銷、扣押或供擔保。」有不得扣押規定，且為保障勞工退休後生活，依同條第 3 項「勞工依本法規定請領勞工退休金者，得檢具證明文件，於金融機構開立專戶，專供存入勞工退休金之用。」第 4 項「前項專戶內之存款，不得作為抵銷、扣押、供擔保或強制執行之標的。」此退休金存入專戶之存款，亦不得執行。法律規定禁止讓與者，有係在一定期間不可讓與，或須同意始可讓與，逾期或他人同意即可讓與，例如依公司法第 267 條第 6 項規定，股份有限公司依該條第 1、2 項發行新股、員工承購之股份，限制於不超過二年期間內不得轉讓，則在此限制期間內，仍可執行標的，僅逾該期間後始可拍賣轉讓。又如合作社法第 20 條第 1 項規定，社員股權經合作社同意仍可為執行標的。

㈡依民國 100 年 6 月 29 日本法增設第 122 條第 1 項規定，債務人對於第三人之債權係依法領取之社會福利津貼、社會救助或補助，不得為強制執行，是以福利津貼係指低收入老人生活津貼、中低收入老人生活津貼、身心障礙者生活補助、老年農民福利津貼及榮民扶養給付等其他依社會福利法規所開放之津貼或給付；又所稱社會救助或補助，係指生活扶助、醫療補助、急難救助及災害救助等（參照注意事項 65⑴）。又依其立法理由為「債務人依法領取之社會福利津貼、社會救助或補助，多為政府照護社會弱勢族群之措施，俾維持其基本生活。各相關法規雖多明定依法請領各項現金給付或補助之權利，不得扣押、讓與或供擔保，但該等權利實現後，如仍予強制執行，有違政府發給之目的，宜明定債務人依法領取之該等津貼、救助或補助，不得為強制執行，爰增訂第一項。」即不僅該權利不可強制執行，如已領取之現金，亦不可強制執行，例如老年津貼，不僅請領之權利不可扣押，實際領得之錢亦不可執行。目前相關法規，例如社會救助法第 44 條規定「依本法請領各項現金給付或補助之權利，不得扣押、讓與或供擔保。」老人福利法第 12 條之 1 第 1 項「依本法請領各項現金給付或補助之權利，不得扣押、讓與或供擔保。」老年農民福利津貼暫行條例第 4 條之 1 第 1 項「老年農民福利津貼及請領該津貼之權利，不得作為扣押、讓與、抵銷或供擔保之標的。」均亦明文規定不得扣押。

㈢債務人依法領取之社會保險給付或其對於第三人之債權，係維持債務人及其家屬生活所必需者，不得為強制執行(參照本法第 122 條第 2 項)。此社會保險給付係民國 100 年 6 月 29 日修法時增設，就其立法理由觀之，指公教人員保險、勞工保險、軍人保險、農民保險及其他政府強制辦理之社會保險（參照注意事項 65 ⑵）。如非社會保險，例如汽機車強制責任險，即不應包括，又生活所必需，係指依一般社會觀念，維持最低生活客觀上所不可缺少者而言。是否生活所必需，應就債務人之身分地位、經濟狀況、其共同生活之親屬人數及當地社會生活水準等情形認定之（參照注意事項 65 ⑶）。一般言之，此多指薪資等（參照注意事項 65 ⑷）。又是否生活所必需，應就個案，且須斟酌其有無其他收入，不宜只就薪資、津貼個別認定，故議員如本身有其他工作收入，其議員薪水，即非生活必需。又最低生活程度，每人不同，或謂以所得稅之扶養額為準，但事實上，不僅個人生活不同，且應兼顧債權人權利，以免為保障債務人生活，但卻使債權人之生活陷入困境，故民國 107 年第 122 條增設第 5 項「執行法院斟酌債務人與債權人生活狀況及其他情事，認有失公平者，不受前三項規定之限制。但應酌留債務人及其扶養之共同生活親屬生活費用。」早年實務上對於薪水，均僅執行三分之一左右，即在維持債務人及其家屬生活之餘，兼顧債權人利益，不以報稅之扶養額為計算❺。民國 107 年第 122 條增設第 3 項

---

❺ 按薪水之服勞務報酬，並非全屬生活必需，故有最高法院 52 年臺上字第 1683 號判例：「……。但債務人服勞務所獲之薪津，非必全部為維持債務人及其家屬生活之必要費用，如除去此項必要費用尚有餘額，仍非不得為強制執行」。惟如何計算生活所必需，各人不同，實難認定，故實務均僅執行薪水三分之一，剩餘三分之二則認為生活所必需，至其依據為何不明，不似日本民事執行法第一百五十二條第一項規定「對下列債權，相當於在其支付期裡之四分之三部分（其金額超過應考慮標準家庭所需之生活費用而政令規定之金額時，則相當於政令規定之部分），不得扣押：一、債務人自國家及地方公共團體以外之人領取維持生活之定期給付債權；二、薪金、工資、薪俸、退休金和獎金及與此等性質有關之給付債權。」明定四分之三不可執行，亦不似德國民事訴訟法第八百五十條C明定一定之金額不得執行（參閱陳榮宗著《強制執行法》第五三

「債務人生活所必需，以最近一年衛生福利部或直轄市政府所公告當地區每人每月最低生活費一點二倍計算其數額，並應斟酌債務人之其他財產。」以第 4 項「債務人共同生活親屬生活所必需，準用前項計算基準，並按債務人依法應負擔扶養義務之比例定其數額。」為判斷生活所必需之參考。至此地區，係指債務人之生活中心地區，所稱債務人生活所必需，應保障其具有用於維持其生活之自由處分權限（參照注意事項 65 (3)）。但此判斷不易，民國 108 年又於第 115 條之 1 第 2 項規定「對於下列債權發扣押命令之範圍，不得逾各期給付數額三分之一：一、自然人因提供勞務而獲得之繼續性報酬債權。二、以維持債務人或其共同生活親屬生活所必需為目的之繼續性給付債權。」即承認早年實務作法。另實物配給、房租津貼等為生活所用，不可執行❶❺❼。又國民年金法之國民年金保險給付，依該法第 55 條第 1 項「領取本法相關給付之權利，不得作為扣押、讓與、抵銷或供擔保之標的。但被保險人曾溢領或誤領之給付，保險人得自其現金給付或發還之保險費中扣抵。」第 2 項「依本法規定請領年金給付或第五十三條所定給付者，得檢具保險人出具之證明文件，於金融機構開立專戶，專供存入給付之用。」第 3 項「前項專戶內之存款，不得作為抵銷、扣押、供擔保或強制執行之標的。」亦有不得扣押請領權利及領取後入專戶之存款規定，但此專戶應指主管機關指定者，否則仍為一般存款可以執行，但應有第 3 項適用。

　　㈣動員時期應徵召服役之軍人在營服役期間，其家屬賴以維持生活所

三頁）。就本法第一百二十二條規定，執行法院固應審酌每一案件情形，決定其生活必需之費用，故學者有認不宜一律執行薪資三分之一。但此為純理論，實務上，實難就每一案件分別決定生活必需，況債權人之利益亦不可不顧，是此三分之一應為大數法則下之產物，不容在個案推翻。

❶❺❼ 最高法院 57 年臺抗字第 162 號判例：再抗告人任職教員，除薪金收入外，另有實物配給，此實物配給，固係再抗告人維持一家生活所必需，不得強制執行，但薪金收入非必全部用於維持再抗告人一家生活所必需，如除去最低必需費用尚有餘額，仍非不得為強制執行。

必需之財產權，債權人不得請求強制執行。

法律禁止讓與之債權，執行法院誤予執行，其移轉無效，執行程序終結後，債務人仍可提起確認債權屬於自己之訴訟（參見司法院院字第 2776 號解釋㈢）。

至於下列之權利可否為執行標的，則有爭議，分述如下：

㈠上開不得執行之退休金、保險給付、薪資、津貼劃撥存入金融機關存款

按上開退休金等債權，本不可執行，現因轉為金融機關之存款，除如上開有專戶開設不可強制執行其存款之規定外，如就表面觀之，現執行者為存款債權，性質已非退休金等債權，此時如執行存款，是否受上開限制，即有爭論。蓋一方面現執行者為存款債權，並非退休金等債權，而此存入款與帳戶內原有者混同，實難區分，如前所述，領取之退休金現金既可執行，何以此存款債權不可執行，況債權人之權利亦應兼顧，自可執行。但另一方面以為此種不可執行之目的在於社會安全，如因轉換為存款，竟可執行，實非所宜，學者有認存款為薪水者，基於前述生活必需者不可執行，為貫徹保護債務人基本生活之法律意旨，債務人得證明該存款債權係源自薪水債權，就相當於扣押之日起至次期薪水支付日止，按日數計算與生活有關者不可執行❶⁵⁸，則此存款債權亦不可執行。愚意以為法律所保障者既為相關之債權，不宜擴張解釋，故除有本法第 122 條情形外，仍可執行❶⁵⁹。

㈡附期限、條件之權利

附期限之權利，有係附始期，有係附終期者，前者於期限屆至時，權利始發生，則在期限未屆至前，權利尚未發生，無執行標的，似不可執行。

---

❶⁵⁸ 參閱張登科撰〈薪水債權之強制執行〉，刊楊與齡主編《強制執行法爭議問題研究》第三九五頁以下。

❶⁵⁹ 最高法院 73 年臺抗字第 253 號裁定：查公務人員退休法第十四條僅規定：「請領退休金之權利，不得扣押、讓與或供擔保」，若已領取後存入銀行，其請領退休金之權利，已不存在，其對於存款銀行之權利，係存款人之權利，而非請領退休金之權利，除有其他不得強制執行之情形外，尚難僅以其為公務員退休金而謂不得強制執行。

但此種權利一方面有期待利益（參照民法第102條第3項），另一方面如不可執行，待期限屆至再予執行時，恐債務人已收取，無從執行，故應可為執行標的。例如每月一日給付之薪水、租金，在未屆期之前，均可為執行標的。後者係期限屆滿權利始消滅，則在消滅之前，權利既屬存在，自可為執行標的。附條件之權利，有係附停止條件，有係附解除條件，前者於條件成就時權利發生，在條件未成就前，權利未發生，似不可為執行標的，但同前附始期之權利，應可為執行標的，例如提存於法院擔保金返還權利，須符合民事訴訟法第104條或提存法第18條始可向提存所請求，保險金給付權利須待保險事故發生始可請求，均係附停止條件權利。後者於條件成就時，權利消滅，則在消滅前，權利存在，自可為執行標的。學者多予肯定附條件之權利可為執行標的❿，本法第115條第3項規定「金錢債權因附條件、期限、對待給付或其他事由，致難依前項之規定辦理者，執行法院得依聲請，準用對於動產執行之規定拍賣或變賣之。」足見可為執行標的。僅在附停止條件之權利有時條件是否成就不確定，有時可得確定，僅須完成一定手續，例如提存於法院之擔保金，只須符合請求取回規定，即可返還，轉為確定。但保險金權利條件是否成就則不一定，如係火險者，不一定有火災，一定期間之死亡保險，不一定死亡，在事故未發生前，其權利不確定，甚至受益人本為債務人，但要保人依保險法第111條第1項可予變更受益人，不因執行法院扣押而影響，亦可因要保人不繳保險費由保險人終止保險契約，致無保險金，是否可為執行權利，則有疑問。按實務就為擔保債務人承租之押租金或銷售之保證金須於租金清償或無債務始可返還，否則第三人可扣抵，不得執行（參見臺灣高等法院55年法律座談會），認須條件成就始可執行上開押租金等，但是否有未清償之租金等扣抵，並非一定，待確定無扣抵時再予執行，恐已由債務人領取，故實務亦有認

---

❿ 學者張登科、楊與齡、陳世榮、陳榮宗均謂附條件之權利可為執行標的，陳計男則謂附解除條件之權利可為執行標的（參閱張登科著前揭第四二四頁、楊與齡著前揭第六四六頁、陳計男著前揭第五〇二頁、陳世榮著前揭第三六二頁、陳榮宗著前揭第五三〇頁）。

保證金附有須在一定期限或一定條件完成後，始得領回者，仍可發附條件之收取命令執行（參見臺灣高等法院 58 年法律座談會），從而上開保險金、責任準備金應均可執行 ❶ ❷，僅若發附條件收取命令，將來條件成就始可收取，何時成就不確定，不僅債權人債權是否清償有爭執，影響其可否另案執行或參與分配，且執行法院是否結案，亦有爭執，故有反對者 ❸，此時應待條件成就再予換價較為妥適，否則縱予拍賣此一權利，恐亦無人應買，無法達到執行結果。

㈢數額不確定之權利

一般權利均係於法律行為生效時發生，其數額亦多確定，但實務上之工程款債權，固於承攬契約訂立時發生，但定作人給付，不僅須視工程進度分期給付，且往往在給付時，有因數量不足、瑕疵修補、工程逾期、預付款、保固款而扣除，其數額不確定。又如產物保險，保險事故發生，尚須計算損害額以理賠，並非一定給付約定之保險金額。再如健保醫院診所

---

❶ 日本學者與實務亦認同將來保險事故發生之保險金請求權及保險契約解除後之責任準備金可為執行標的，參閱山崎恆、山田俊雄編《民事執行法》第三三四頁、倉地康弘撰《將來債權之查封》。

❷ 依保險法第 119 條第 1 項規定：「要保人終止保險契約，而保險費已付足一年以上者，保險人應於接到通知後一個月內償付解約金；其金額不得少於要保人應得保單價值準備金之四分之三。」需要保人終止保險契約，始可領取解約金（即以責任準備金計算者），債務人為要保人者，是否應由債權人代位終止抑或債權人聲請執行後，由執行法院終止？愚意以為應由債權人代位終止，執行法院應無權終止，蓋此為債權人之權利，但實務上，有認此為執行方法，由執行法院於發扣押命令時終止，最高法院 108 年臺抗大字第 897 號裁定認執行法院於核發執行命令，可終止債務人為要保人之人壽保險契約。

❸ 前臺灣高等法院法官郭松濤就實務認可發附條件收取命令存疑，認通常發收取命令，第三人收受後 10 日執行案件即為終結，現發附條件收取命令可否終結大有問題，蓋此時期限尚未屆至，條件尚未成就，欲俟期限屆至或條件成就，須等一段時間，此期間內又有他人聲明參與分配，甚至條件無法成就，執行陷於不確定狀態，是否可發附條件收取命令，實有問題（參閱郭氏著《強制執行》第三九〇頁）。

向健保局請領之醫療費用，視當月就診人數、用藥而定。凡此給付數額不確定之債權，其債權存在，仍可為執行標的，不能因不確定，即否認其權利，僅執行方法應斟酌情形而定 ❹，否則若待數額確定，始可執行，屆時債務人早已領取，無從執行。

第二款　債務人對於第三人之金錢債權

此種債權為債務人可向第三人請求給付一定金錢者，即就債務人言，為對其債務人之金錢債權，在該二人間，債務人為其債務人之債權人，但就執行債權人言，執行債務人之債務人為第三人。至其二人間之債權，不論發生之原因為公法或私法之法律關係，皆包括在內，較常見者有：薪水（例如公務員、軍人、工人、民意代表、商人，凡因職務工作所得收入，均包括在內，至名目為何，或稱研究費、津貼、補助費，在所不問）、獎金、工程款、金融機關存款（例如甲存、乙存、止付款及備付款）❻、不可轉讓定期存單之定期存款❻、股東尚未繳納之股款❻、擔保金（例如提存法

---

❹ 參閱拙文〈對工程款強制執行之問題研究刊〉，刊《中興法學》第二十五期（收錄於拙著《強制執行法學說與判解研究》）；〈對於全民健保特約診所得向主管機關領取之醫療費用之執行〉，刊於楊與齡主編《強制執行法爭議問題研究》第四〇五頁以下。

❻ 止付款係票據遺失時，權利人向付款行庫辦理止付，該行庫於發票人帳戶內存款，依票面額留存之款項，此款仍屬發票人所有，發票人之債權人自可對之執行（參照司法行政部民國 63 年 6 月 7 日⑹臺函民字第 04750 號致財政部函）。備付款係支票退票後，發票人無法及時聯繫執票人，而於一定期內依票面額提出現款交由付款行庫，付款行庫應將此款列入「其他應付款」，待執票人再度提示以付款，至退票載日滿一年後，如無人領取，發票人始可提回（參照支票存款約定書補充條款）。此備付款仍屬發票人所有，其債權人自亦得對之執行。

❻ 司法院 74 年 3 月 8 日⑺廳民二字第 0164 號函：銀行定期存單，如係可轉讓之定期存單，因存單上權利之發生、移轉或行使，須占有存單，其性質應屬有價證券，故其執行方法，應依對有價證券之執行，亦即對動產之執行方法為之。如存單係不可轉讓，則其性質，僅係定期存款之債權憑證，應依強制執行法第一百十五條之規定強制執行。

院、承攬人交付定作人者)、保證金、租金、在其他強制執行案件之分配款。又債務人持有之支票、本票、匯票,固可對第三人(即票據付款人)請求付款,但因其付款必須提示證券,並繳回證券(參照票據法第 69 條第 1 項、第 74 條第 1 項、第 124 條、第 130 條、第 144 條),而此等票據即為有價證券,權利之行使必須持有票據,本法列入動產範圍,故不可依此執行,必須查封支票。

一方面由於本法第 119 條設有第三人否認債權存在或數額爭議之救濟程序,另一方面權利是否存在,不似動產或不動產具體可見,故債權人聲請執行此一債權,毋庸提出證明權利存在之文件,即可主張有此權利對之聲請執行。至於是否為禁止執行之債權,執行法院可依職權調查,但未調查而執行,債務人或第三人可聲明異議。又此權利是否為債務人所有,以名義為準,凡名義上債務人對第三人有此權利,即可認權利為債務人所有。

債權人聲請執行此項債權,須列明第三人,並以第三人之住所地法院為本件強制執行之管轄法院。

第三人既為債務人之債務人,故應有權利能力,同時為執行之對象,債權人將來可向其收取、請求,故應有當事人能力,可為自然人、法人、設有代表人或管理人之非法人團體、中央或地方機關。在設有分公司、分行、分支機構之法人、政府機關,如實際是由此等分支機構給付者,且其有當事人能力,例如銀行之分行,公路局之各區工程處,林務局之各林區管理處,亦可以之列為第三人。實務上,執行債務人於提存所之提存金、他案之分配款時,均以無當事人能力之提存所、他案承辦股為第三人,以為便捷(按:法理上應以提存所、他股所隸屬之法院為第三人)。另因與總公司、總行、本機關在法律上為同一人格,則以此總公司等機關為第三人,亦可。

至此第三人可否為債權人本人?法律就此並未限制,應肯定之❶,惟

---

❶ 司法院院字第 1581 號解釋:債權人對於債務人之財產,有選擇執行之請求權,不得由債務人任意以某特定財產強供執行,至銀行股東所未繳足之股款,係屬銀行之債權,自得為執行之標的。

實務有認第三人應為當事人以外之人，如第三人即為債權人，債權人可逕
予抵銷，毋庸強制執行❶❻❾。但愚意以為一方面抵銷權為形成權，債權人非
必須行使抵銷權，另一方面抵銷須達到抵銷適狀，未符合者，仍不可抵銷，
故第三人應可為債權人，不應限制❶❼⓪。

　　依本法第 115 條第 1 項規定，此種債權之執行程序，先由執行法院發
扣押命令，禁止債務人收取或為其他處分，並禁止第三人向債務人清償。

❶❻❻　學者陳世榮在說明換價方法之移轉命令時，敘及「債權人若為移轉之債權之債
　　　務人，債權則因混同而消滅」（參閱陳氏著前揭第三八二頁），當認債權人可為
　　　第三人。
❶❻❾　民事法律專題研究㈤：
　　　法律問題：執行債權人可否同時為強制執行法第一百十五條所稱之「第三人」？
　　　亦即該條所稱之第三人，是否限於執行債權人以外之第三人？例如：債務人甲
　　　在債權人乙（臺灣省合作金庫宜蘭支庫）之乙種活期存款帳戶內有存款五十萬
　　　元，嗣甲積欠乙四十萬元，乙乃聲請執行法院對甲之存款在四十萬元債權範圍
　　　內發扣押收取命令，應否准許之？又如以「臺灣省合作金庫」為債權人，聲請
　　　扣押收取甲在該庫宜蘭支庫之存款，效果有無不同？
　　　討論意見：
　　　甲說：肯定說。強制執行法第一百十五條所指之第三人，並不限於執行債權人
　　　以外之第三人，執行債權人亦可兼第三人，故執行法院應准許之。
　　　乙說：否定說。如執行債權人兼第三人時，可對債務人直接主張抵銷即可，毋
　　　庸請求發扣押收取令，即可滿足其債權，故不應准許之。
　　　研討結論：採甲說。
　　　司法院第一廳研究意見：
　　　強制執行法第一百十五條所稱之「第三人」，係指當事人即債權人及債務人以
　　　外之第三人而言。如債權人臺灣省合作金庫宜蘭支庫同時為債務人之債務人，
　　　該債權人僅可行使抵銷權，以滿足其債權，無待法院之執行，其聲請對自己發
　　　扣押收取命令，應不予准許。又如臺灣省合作金庫為債權人，聲請扣押收取債
　　　務人在該庫宜蘭支庫之存款，因該支庫僅為總庫管轄之分支機構，於法亦不應
　　　准許。研討結論以採乙說為當。
❶❼⓪　參閱拙文〈債權人可否執行債務人對自己之金錢債權〉，刊《月旦法學雜誌》
　　　第二十期第五五頁。

再依第 2 項、第 3 項規定發收取命令或移轉命令或支付轉給命令或拍賣、變賣以換價。惟若此債權已另有假扣押執行，毋庸重複再扣押，逕行調假扣押卷換價即可。茲就執行程序說明如下：

一、扣押命令

㈠意 義

扣押命令又稱禁止命令，類似執行動產、不動產之查封，不僅確定執行標的，亦在於禁止債務人處分及第三人清償，以免影響執行，並使債務人對被扣押之債權之處分權移轉於國家。故此命令之內容有二，一係禁止債務人收取或為其他處分，即債務人不可向第三人收取，或設定質權、轉讓他人、拋棄、免除，第三人亦不可清償，代物清償。一係禁止第三人向債務人清償，即第三人不可為清償。從而第三人清償時，債務人不可受領。

㈡扣押命令之形式及核發

扣押命令應以書面為之，一般均稱執行命令，載明所扣押之債務人對第三人金錢債權，例如存款或工程款，不宜泛指一切債權。本法第 115 條第 1 項雖規定「發」，但就發之方式未規定，僅於第 118 條第 1 項規定，應送達於債務人及第三人，故任何可以發給方式均可，準用民事訴訟法第 124 條第 1 項以郵寄方法為之固可，即由執行人員到第三人處送達命令，當場執行扣押亦無不可。尤其在對非公務機關，為避免郵寄，扣押命令何時到達第三人不明，第三人藉機配合債務人逃避執行，或讓債務人領取，或隨意否認，應以到場交付執行為當⑰。目前執行法院多不到場執行，無法達

---

⑰ 關於扣押命令以郵寄或到場執行，影響債權人權益大，如係到場執行，一方面可向第三人詢問，查明債務人對第三人有無債權，債權金額若干，即以實務上常見執行工程款為例，執行人員到場除送達扣押命令外，可向第三人（即定作人）相關人員查詢債務人是否有承攬關係？工程結束否？尚有工程款若干？此時因第三人尚未與債務人連絡，面對執行人員詢問，多據實陳述，縱工程款依實作進度核發，未能立刻告知工程款餘額，至少可以告知尚有工程款，僅數額不確定。嗣後如第三人應債務人之請求（按：第三人多不願承攬人因債務糾紛影響工程），循私依本法第 119 條第 1 項聲明異議，否認有此工程，債權人依同法第 120 條第 2 項提起確認債權存在之訴時，可以上開執行人員詢問筆錄為

到強制執行之實現債權目的，實有欠妥，違反強制執行之宗旨，本法修改時，就此應明文規定，如債權人聲請到場執行者，執行人員應到場執行。

(三)扣押範圍

關於扣押之範圍，固應依債權人之執行名義於請求範圍內之債權執行，並載明於扣押命令內。雖本法就此無類似本法第 50 條之過度扣押限制，但法理上仍應適用，以免不當損及債務人權利，是為避免過度扣押，應於執行債權額及執行費用內扣押。但在工程款，如工程已結束者，固可執行全部工程款，若尚未完成者，為顧及定作人權益及社會公眾利益，宜僅執行扣除必要費用後之餘額，必要時，執行法院可與當事人、第三人協商扣押金額，俾債務人於有利可圖情況下繼續施作，否則債務人停工不作，仍影響債權人受償。

在對金融機關之存款扣押，扣押命令到達第三人時，存款尚不足扣押命令指定之額度，以後陸續再存入之款項，在此扣押範圍內是否發生扣押效力？有採肯定說，亦有採否定說。前者認此係基於同一繼續關係發生之債權，其扣押及於扣押後可收取之繼續存入款項。後者則認為事後繼續存入之款項，於扣押命令到達時不存在，自不生扣押效力。前者固保障債權人權利，但扣押命令效力終止之時點不確定，加重銀行責任。後者執行程序簡明，一切利害關係人知所依循，但不足以保障債權人。有認應採前者❷，財政部民國 74 年 12 月 14 日(74)臺財融字第 26643 號函，參照司法院意見

據，再依民事訴訟法第 342 條第 1 項聲請法院令第三人（按：即確認之訴被告）提出工程契約、付款資料等文件，否則只以郵寄者，缺此執行筆錄，嗣後訴訟時，第三人只要否認，債權人缺乏憑據，如何能請法院令第三人提出？個人代理之臺灣臺北地方法院 86 年度訴字第 1009 號民事判決「而捷○公司對皕○公司確有工程款債權存在之事實，已為皕○公司職員謝家麟於臺灣板橋地方法院八六執全實字第三六九號執行命令執行時供稱：『債務人之工程款詳細數目，另行陳報　鈞院』無訛，復有假扣押執行筆錄在卷可稽。」即依執行筆錄為據，足見到場執行之重要。

❷ 參閱懲戒法院法官吳光釗撰〈談對銀行存款之強制執行〉，刊《萬國法律》第三十期第三二頁。

亦採肯定說，但中華民國銀行商業同業公會全國聯合會採否定說。固然扣押命令到達銀行，因當日存款不足扣押債權之範圍，日後有無陸續存款不知，為免發生本法第 119 條第 1 項結果，銀行應具狀聲明異議，但不應解為扣押命令僅於當日生效，對日後之存款無扣押效力，愚意以為應採肯定說。蓋除甲存尚有一委任契約外，甲存或乙存之客戶與金融機關間為消費寄託之法律關係，客戶對金融機關有返還寄託物債權，執行法院所執行者，實屬此項債權，參照民法第 598 條、第 602 條，客戶本可請求返還，該請求範圍包括寄託物全部，即所有存款均在請求返還範圍，故在扣押命令範圍內之存款，包括嗣後陸續存入者，不可分割。況扣押命令於送達第三人生效，法律並未規定僅限於當日，其生效者應對該扣押債權，故此雖非繼續性給付，但仍類似，依強制執行法第 115 條之 1 第 1 項規定「對於薪資或其他繼續性給付之債權所為強制執行，於債權人之債權額及強制執行費用額之範圍內，其效力及於扣押後應受及增加之給付。」上開肯定說應有理由。縱第三人曾因數額有爭議，依本法第 119 條聲明異議，亦同❶。至於執行法院不知嗣後尚有他筆陸續存入之存款，第三人亦未表明，致未對後續存款換價，執行法院應無責任，有責任者為第三人，債權人仍可請求執行法院就再存入之存款，發換價命令。實務上，執行法院為免爭議，有於扣押命令註明以命令到達第三人時之存款為限，此時固不包括以後之存入款項。民國 96 年 6 月司法院民事廳印行之法院辦理民事執行實務參考手冊，依司法院 87 年 4 月 29 日秘臺廳民二字第 05721 號函採否定說，認存款非繼續性給付之債權，惟又以扣押命令載明扣押效力及於扣押後債務人始存入之存款亦可，蓋此屬執行法院之執行方法。惟愚意以為此一做法欠妥，蓋不僅有違上開說明，且命令到達後同一日仍有可能存入，甚至當日因票據交換隔日入帳之存入款項，是否亦不包括，實待商榷。又扣押命令需否列帳號，或所列帳號與實際不符，是否生扣押效力？按此既係執行債務人對第三人之金錢債權，只需有此債權即可，帳號只是方便第三人核對，故未列帳號或帳號不對，或有數帳號，均生扣押效力。

---

❶ 參閱拙文〈扣押存款之效力〉，刊《月旦法學雜誌》第六十九期。

　　依本法第 115 條之 1 第 1 項規定，薪資等基於同一繼續之關係所生之債權，其扣押除別有限制者外，在執行債權額範圍內，及於扣押後陸續之收入及增加之收入，但年節獎金、子女教育補助費、退休金、年終獎金等之臨時收入，非屬薪水之一部，應另行扣押，非當然包括在扣押薪水債權範圍內，但實務上有扣押命令指明包括在內，則未指明者，即不包括在內。執行薪水債權或其他繼續性給付之債權，只須發一次扣押命令及換價命令，效力及於債權（包括費用）全部清償為止。又薪水往往分為本俸、津貼、補助費等項目，扣押者應指此等金額總數，而非限於本俸。又薪水多為生活所需用，為顧及債務人生活，早年實務上，依本法民國 107 年修正前之第 122 條規定均僅就其三分之一執行，現已於第 115 條之 1 第 2 項明定不得逾三分之一執行，執行法院若知此三分之一數額為若干，固可於扣押命令載明，否則泛指薪水三分之一亦可。再所執行三分之一，是否須先扣除法定之代扣扣繳稅額、勞健保費，實務有爭議，並無共識（參見司法業務研究會第 37 期）。若因個人銀行貸款，由第三人代扣一定薪水轉還銀行貸款者，不須扣除後再扣押剩餘者，仍應以代扣前之數額為準，蓋該貸款銀行債權無優先效力，應循法律參加分配，不可藉此優勢阻撓執行。又薪水既可執行三分之一，則其他債權人不可聲請執行剩餘之三分之二，只能就執行之三分之一併案執行或參與分配。

　　扣押此等債權，僅係扣押該債權而已，不影響債權發生之原因，故扣押工程款者，債務人仍可與定作人終止契約或解除契約。扣押保險金債權，除保險事故已發生外，要保人仍可變更受益人或終止保險契約，未續繳保險費時，保險人亦可終止保險契約。扣押薪水債權，債務人可辭去工作終止契約或退休。此事由縱在第三人接收扣押命令後逾 10 日始發生，第三人仍可依本法第 119 條第 1 項聲明異議，表明因終止、解除、辭職、退休無此債權，蓋此事由既係發生在後，解釋上應自事由發生後 10 日內聲明異議，如債權人無意見，執行法院應撤銷扣押命令。嗣後債務人又與原定作人另定承攬契約，繼續未完成之工作，或又與原僱主訂約受僱，在同一第三人處工作，應另發扣押命令，蓋此時屬另一債權。但學者有認如係其終止、

解除，係逃避執行之通謀虛偽意思表示，原扣押命令效力繼續存在**❼❹**，亦有以德國通說及判例所採之經濟同一性判斷，即如依社會一般觀念，前後僱用關係為經濟同一性者，原扣押命令之效力及於再僱用契約之薪水債權**❼❺**。日本最高法院以退職後 6 個月後再被同一僱主僱用，原扣押命令效力不及於再僱用後之薪水債權**❼❻**，反之，在 6 個月內再僱用，即為原扣押命令效力所及。愚意以為如係通謀虛偽意思表示，實際並未辭職、終止、解除契約，甚至借他人名義訂約受僱、承攬，實為原來契約之繼續，扣押命令自仍有效。故債權人就第三人以終止等原因之聲明異議認有不實，應可依本法第 120 條第 2 項訴訟。反之，如非通謀虛偽意思表示，自非屬原扣押命令效力所及，應另行再扣押。在保險契約終止後，如重訂保險契約，屬另一保險金債權，亦須再予扣押。至若係保險法第 116 條第 3 項恢復效力者，其扣押之債權同一性不變，如扣押命令未撤銷者，固仍有效，反之，如已撤銷，因已發生撤銷之效力，不可解為自動回復，仍須重發扣押命令。

　　債務人調職，致形式上第三人不同者，如債務人由臺北地方法院調至臺中地方法院，由教育部調至內政部，一方面涉及法院管轄權，一方面因第三人形式上不同，應撤銷原先扣押命令，再對變更後之第三人發扣押命令，原先之第三人應向執行法院陳報，以便辦理。惟若未依此辦理，原先之扣押命令仍存，其扣押命令應仍有效。至若第三人遷移至其他法院轄區，原先之扣押命令固仍有效，換價執行，即應囑託該其他法院處理，惟若未囑託，原先法院之換價行為仍有效，蓋管轄權為聲明異議事由，不影響實際效力，至若在遷移前已發換價命令者，則繼續有效，僅若有他債權人再聲請執行該薪水時，為併案執行，宜由前法院將案件移送後法院辦理。

㈣**扣押命令之送達與生效**

　　依本法第 118 條第 1 項規定，扣押命令應送達債務人、第三人，並於

---

❼❹　參閱兼子一著《增補強制執行法》第二〇一頁。

❼❺　參閱張登科撰〈薪水債權之強制執行〉，刊於楊與齡主編《強制執行法爭議問題研究》第三九五頁以下。

❼❻　同**❼❺**。

送達後通知債權人。

扣押命令既應分別送達債務人及第三人，則各人於送達後即各別發生扣押命令之效力，但民國 85 年修正本法時，增加第 118 條第 2 項規定「前項命令，送達於第三人時發生效力，無第三人者，送達於債務人時發生效力。但送達前已為扣押登記者，於登記時發生效力。」其立法理由「參考日本民事執行法第一百四十五條第四項、德國民事訴訟法第八百二十九條第三項，增列本條第二項，規定第一項之命令發生效力之時點，以杜爭議。」似謂如此可杜爭議。但愚意以為不妥，蓋依此規定，須送達第三人時發生扣押命令效力，則在未送達第三人前，尚未生效，收到扣押命令之債務人是否不受拘束？可為收取、處分行為？又該但書規定理由為何不明，但若以扣押登記時生效，則在適用本法第 115 條第 4 項，例如債務人對第三人之金錢債權，第三人設定抵押權為擔保，依上開規定，就此抵押權為扣押登記，第三人並不當然知悉，如何能認對第三人生效？甚至債務人亦不知悉，如有收取、處分、清償，其效力如何？況依本法第 115 條第 4 項規定，須執行法院為前三項之強制執行時，始應通知登記機關登記事由，則在扣押命令尚未核發，或未送達第三人時，如何通知登記？事實上，扣押命令係分別送達債務人、第三人，其生效自應分別為之，正如判決送達兩造當事人為不同時間，各別發生送達效力即可，毋庸強求一致。至於通知登記機關，亦只對登記機關生效，不及於債務人、第三人，否則同條第 1 項何以規定須分別送達債務人、第三人？

第三人有數人者，數人均應送達。又第三人有保證人者，該保證人仍屬第三人，仍應送達❼，以免保證人不知而清償，有礙執行效果。至此送達，可否以公示送達方式為之？就債務人言，固無問題，就第三人言，有肯定說與否定說。採否定說者，認此種命令之性質必須實際送達始可生該命令之效果，第三人非當事人，自無準用民事訴訟法第 149 條對當事人公示送達之規定，如第三人實際無法送達，應屬執行不能❽。亦有從程序保

---

❼ 參閱陳世榮著前揭第三七二頁。

❽ 參閱鍾慧芳著《民事強制執行案件實務處理解析》第二一七頁、張登科著前揭

障言，第三人未實際收到扣押命令，甚至以後之換價命令，以致不知悉內容未能適時聲明異議，則在無聲明異議情況下可對第三人財產逕為強制執行，第三人聽審請求權顯然過分受到侵害，應準用或類推適用督促程序，不可公示送達（參照民事訴訟法第 509 條）❿。肯定說則認為第三人雖非當事人，仍可準用，尤其第三人有財產時，並無執行不能情況❿，實務採否定說❿，愚意以為本法既規定送達第三人，此送達方法本法既未規定，依本法第 30 條之 1 準用民事訴訟法之送達，當包括送達之全部方法，公示送達應包括在內，故應可為之。事實上，須對第三人公示送達，皆係因有財產可供執行，苟第三人無財產，縱予執行，亦無實益，如第三人有財產，但因第三人現住居所不明無法送達，又不可公示送達，對債權人影響甚大，至於第三人之程序保障，應無影響，蓋債權人如代位債務人對第三人訴訟，取得執行名義仍可對第三人財產執行，在代位訴訟及執行時，仍係公示送達，不能因此認第三人權益未受保障。第三人有數人，執行法院僅對其中部分之人送達扣押命令，未送達之他人不知仍予清償，債務人可否受領？有採肯定說❿，但愚意以為此在可分之債，數第三人各別給付，固無問題，如為連帶債務，一人清償，即可消滅該債務時，債務人已不可收取，當認

第四三〇頁。

❿　參閱許士宦撰〈債權執行程序上收取命令之效力與第三人之程序保障〉，刊《臺灣本土法學》第十九期第一〇四頁以下。

❿　參閱陳計男著前揭第五一〇頁、楊與齡著前揭第六五三頁、陳榮宗著前揭第五三五頁。

❿　司法院民國 75 年 4 月 29 日⑺廳民二字第 1256 號函：對於其他財產權之執行，依強制執行法第一百十八條規定應送達於債務人及第三人之執行命令，如無法送達時，對於債務人部分，得依強制執行法第四十四條準用民事訴訟法第一百四十九條之規定辦理公示送達。至於第三人部分，因第三人並非當事人，自不得辦理公示送達。因此法院對於其他財產權之執行，如該財產權無第三人，債務人無法送達時，得以公示送達方法送達。如該財產權有第三債務人，而該第三人無法送達時，即屬執行不能。

❿　參閱楊與齡著前揭第六五五頁、陳榮宗著前揭第五三八頁。

不可受領，以免有礙扣押命令之效力。

㈤對債務人之效力

債務人在其對第三人之金錢債權被扣押後，債務人即不得收取或為其他處分，例如讓與、拋棄、設定質權、免除、抵銷等。但債務人並非因扣押即喪失該債權主體之地位，從而履行不能或第三人無資力之損失，仍由債務人承擔，甚至仍可終止、解除與第三人之法律關係。至於債務人可否對第三人起訴、強制執行？一般言之，強制執行為收取，固不可為之，但起訴則有爭議，此涉及起訴是否為收取、違反扣押命令及扣押命令是否發生中斷時效？按起訴固在於取得執行名義以對第三人強制執行，但起訴既在請求第三人向自己給付，其目的即在行使權利以收取，能否認未違反扣押命令，實有疑問，否則訴訟中，第三人當庭清償，以求和解，債務人及法院應如何處理？故起訴應屬收取行為，違反扣押命令，不應准許。但民法第 129 條未規定扣押命令可中斷時效，則債務人對第三人債權之請求權時效，並不因扣押而中斷，仍予進行，如不准債務人起訴，坐視時效完成，第三人可以時效完成對抗債權人之強制執行，對債務人及債權人均有不利，是有認債務人仍可為保存行為，即為起訴等 ❸，僅不可收取，獲勝訴判決仍不可強制執行 ❹。故有認第三人因扣押命令不得向債務人清償，債務人亦不得受領清償，只可提起確認債權存在之訴 ❺。實務對債權人於發扣押命令後，可否提起代位訴訟？其關鍵即在於債務人可否起訴，早期採否定

---

❸ 最高法院 89 年臺上字第 498 號判決：執行法院就執行債務人對於第三債務人之金錢債權發扣押命令，旨在排除執行債務人妨害執行債權人債權滿足之處分行為，執行債務人受領清償之權限，固因此而受限制，惟其為該債權主體之地位並未喪失，苟於執行債權人之債權無影響，自尚得行使其權利。因執行債務人對第三債務人提起給付訴訟，於訴訟階段僅屬保存債權之行為，尚不至妨礙執行債權人債權之滿足，即非不得為之。倘執行債務人怠於行使此項權利，執行債權人自得依民法第二百四十二條規定代位行使之。

❹ 參閱楊與齡著前揭第六五六頁、陳榮宗著前揭第五三八頁、張登科著前揭第四三五頁。

❺ 參閱陳計男著前揭第五一二頁。

說，晚近皆為肯定（詳後述㈦），甚至認債務人對仲裁判斷仍可聲請為執行裁定 ❿。最高法院 91 年臺上字第 812 號判例：「債務人對於第三人之金錢債權，經執行法院發扣押命令禁止債務人收取或為其他處分後，債務人對第三人提起給付訴訟，僅屬保存債權之行為，無礙執行效果，尚非不得為之。」即採肯定說。惟愚意以為債務人既被扣押，收取權受限制不可收取，縱可起訴，能否提給付之訴，非無疑問。扣押命令縱非時效中斷事由，亦屬民法第 139 條之不可避之事變，甚至應可類推適用該條，為時效不完成事項，否則縱可起訴中斷時效，但判決確定後時效重行起算時，不能聲請強制執行以中斷時效，上開可起訴見解，仍未能解決問題。或謂債權人既執行債務人對第三人之債權，此一執行可中斷時效，甚至嗣後依本法第 119 條第 2 項可逕對第三人執行時，亦可中斷時效，但愚意以為債權人之執行，僅生對其債務人債權中斷時效效力，並非債務人對第三人執行，不生債務人對第三人中斷時效之效力，前述債務人對第三人債權不因扣押命令而中斷時效，即係此理。至於逕對第三人執行，既非債務人行使權利，亦非債務人對第三人聲請強制執行，如何可認債務人對第三人之權利因聲請強制執行而中斷時效，雖然最高法院民國 64 年 7 月 8 日決議（詳後述）認債權人逕對第三人強制執行可中斷時效，實有誤會中斷時效之強制執行係債權人對債務人之行使權利，茲執行債權人對第三人強制執行，係基於收取命令等權利，並非債務人對第三人行使權利，如何可中斷債務人對第三人之時效？學者固多認扣押非時效不完成事由 ❿，但早期最高法院 62 年臺上字第 1973 號判決：「債務人既因扣押命令之存在，不能向第三人為收取之請

---

❿ 最高法院 87 年臺抗字第 519 號裁定：苟執行債務人為保存其受扣押之債權，而對第三人即其債務人為取得執行名義之無礙執行效果行為，參照強制執行法第五十一條有關「查封效力」之規定，即無任予拒斥之理。是再抗告人（即執行債務人）聲請就上開仲裁判斷為執行裁定，初不因其債權人另聲請法院發執行命令而受影響。

❿ 例如張登科（參閱張氏著前揭第四三五頁）、陳榮宗（參閱陳氏著前揭第五三八頁）、楊與齡（參閱楊氏著前揭第六五六頁）。

求，自惟有坐視時效之完成，而其時效完成適在債權被扣押之後時，因扣押命令不能認其有中斷債務人請求權時效之效力，第三人自仍得持以對抗債權人拒不給付，又不免坐收漁利。似此情形，殊非民法設立消滅時效制度之目的，宜參照民法第一百三十九條之規定，認其時效不完成。」曾認時效不完成。嗣最高法院民國 64 年 7 月 8 日第五次民庭庭推總會決議㈣：「執行法院依強制執行法第一百十五條第一項規定所發之扣押命令，已依第一百十八條之規定送達於債務人及第三人者，該執行事件之債權人，既非扣押命令所扣押債權之債權人，第三人亦非該執行事件之債務人，依民法第一百三十八條規定，應不生時效中斷之效力。又發扣押命令係執行行為，並非因不可避之事變，致不能中斷時效，更難認為同法第一百三十九條規定之時效不完成之事由。依新修正之強制執行法第一百十九條第二項規定，執行法院因債權人之聲請，逕向該第三人為強制執行時，始合於民法第一百二十九條第二項第五款之規定，在此以前，該債權之消滅時效並不中斷。」反對為不完成事由。茲為此時效中斷，認可起訴，毋寧認扣押屬時效不完成事由，則不可起訴，亦無妨礙。又債權人可代位債務人請求，但在扣押後可否代位，仍非無疑問，蓋苟債務人自己因扣押命令不可請求，其自己所無之權利，其債權人如何代位行使債務人不能行使之權利（詳後述㈦）？

至於債務人違反扣押命令所為之收取等行為，其效力如何？本法並未規定，一般言之，其因扣押已無權為收取、處分，應適用無權處分法理，在未經有權利人之承認前，應屬效力未定，須在撤銷扣押後始有效力。雖本法就此無準用第 51 條第 2 項，惟因扣押與查封均係換價前禁止債務人為處分行為者，法理上二者效力應相同，即債務人違反者應對債權人不生效力，蓋此事關債權人利益，事實上，執行法院之撤銷，大多為債權人撤回，故可類推適用第 51 條第 2 項，認違反扣押命令之行為對債權人不生效力。

㈥對第三人之效力

扣押後，第三人不得向債務人清償，否則，清償不生效，應負更為清償責任。第三人於扣押後，始對債務人取得債權，不得以之與受扣押之債

權抵銷（參照民法第 340 條），但第三人以扣押前已取得之債權，於扣押後對該債權主張抵銷，仍屬合法。抵銷必須清償期屆至，如債權均屆清償期固無問題，反之，在債務人對第三人之債權已屆清償期，但第三人對債務人之債權尚未屆清償期者，第三人即不可抵銷，但扣押後清償期屆至，在債權人收取前或向執行法院支付前達抵銷之適狀者，仍得為抵銷。又若債務人對第三人債權未屆清償期，第三人對債務人之債權已屆清償期，第三人可不主張清償期利益而抵銷。

第三人在扣押命令生效前，已簽發支票對債務人為清償，此一行為屬民法第 320 條規定「因清償債務而對於債權人負擔新債務者，除當事人另有意思表示外，若新債務不履行時，其舊債務仍不消滅。」不僅在支票未兌現前，原有對債務人之債務存在，且事後支票未兌現，債務人仍可對第三人請求履行原來之債務，債權人似仍可執行其對第三人之金錢債權，但一方面參照最高法院 41 年臺上字第 86 號判例：「因清償舊債務而負擔新債務，如新債務業已履行完畢，即不得復請求確認舊債務中利息部分之請求權不存在。」及 85 年臺上字第 387 號判決：「換言之，債權人欲請求履行舊債務，須以債務人不履行新債務為前提要件。」須先履行新債務，新債務一履行，舊債務即消滅，苟可再對第三人執行舊債務，實有違上開規定。另一方面既已開立支票，債務人持有支票應就支票行使其債權，亦應執行其持有之支票，否則第三人將陷於不利，故應不可再執行債務人對第三人舊債務之權利，縱可扣押，支票兌現後，扣押命令亦應無執行之權利而失效，執行法院應撤銷扣押命令❽。

第三人在未經執行法院進行換價程序前，得將對債務人之金錢債權全額或扣押部分提存於清償地之法院，以免其責任，提存時，應通知執行法院（參照本法第 115 條之 2 第 1、3 項）。但在執行法院已發換價命令，即不可再提存❾。

---

❽ 參閱張登科著前揭第四三九頁。

❾ 最高法院 90 年臺上字第 2443 號判決意旨：故債務人對第三人之金錢債權，於執行法院依第一百十五條第一項規定發扣押命令以後，於執行法院依同條第二

(七)對債權人之效力

債權人並非因扣押而即時取得該金錢債權之收取權或其他處分權，只有得以該扣押之金錢債權清償自己債權之可能而已，故債權人不得以扣押命令請求第三人逕向自己為給付。

在扣押後，債權人可否代位債務人對第三人請求或起訴？如認債務人因扣押不可向第三人收取，包括請求或起訴，則債權人自不可行使代位權，反之則否。實務上有肯定與否定見解，前者有最高法院 89 年臺上字第 498 號判決❿。後者有最高法院 80 年臺上字第 1734 號判決。被上訴人雖依民法第 242 條規定，行使代位權代位 A 公司對上訴人提起給付之訴，惟該代位權所行使之權利，為 A 公司對上訴人之債權，A 公司之債權既經執行法院發扣押命令，禁止 A 公司收取，並禁止上訴人向債務人清償，被上訴人行使代位權，請求上訴人向 A 公司給付，而由被上訴人代為受領，豈非違背扣押命令之效力？愚意以為：1.扣押命令已禁止債務人向第三人收取，並禁止第三人向債務人清償，如債務人仍可對第三人提起給付之訴，一方面其訴之聲明即為「給付」，與清償無異，應有違扣押命令之效力。雖此僅為「確定私權」非現實給付，但法院判令給付，實際又不必給付，似有矛盾。另一方面債務人因其債權被扣押，如隨意訴訟，以致敗訴確定，豈不影響債權人，屆時第三人更可主張無此扣押之債權存在。 2.扣押命令核發後影響較大者為第三人，如第三人否認債權存在或數額有爭議，可依本法第 119 條第 1 項聲明異議，此時債權人對第三人聲明異議，認為不實，依同法第 120 條第 2 項規定，應提起確認之訴，如何可提代位給付之訴？否

項規定發收取命令或移轉命令或支付轉給命令前，第三人就該被扣押之金錢債權有提存之權利。惟於執行法院依第二項規定發收取命令或移轉命令或支付轉給命令以後，第三人就該被執行之金錢債權，即不得再依第一百十五條之二第一項規定為提存。本件原審認第三人於執行法院依第一百十五條第二項規定發支付轉給命令後，第三人如已依第一百十九條第一項規定聲明異議，仍得將被執行之金錢債權提存，其見解即有可議。

❿　同❽。

則本法第 115 條第 2 項規定之換價命令即無意義。尤其第三人未聲明異議，執行法院又發收取命令、移轉命令或支付轉給命令時，此時所提代位訴訟應如何處理？蓋依強制執行法第 119 條第 2 項規定，第三人對扣押命令、換價命令無異議但不依命令履行時，本可對第三人執行，實毋庸訴訟。甚至即使第三人聲明異議，依同法第 120 條第 2 項規定，債權人所應提起訴訟亦非代位訴訟，而係本於收取權或因債權移轉請求第三人向自己給付，甚至在支付轉給命令時，應請求第三人向執行法院給付，此時與先前代位訴訟，即有矛盾，雖法院此時可以代位訴訟無實益，無保護必要予以駁回，但浪費司法資源，實無必要。故愚意以為在核發扣押命令後，因強制執行程序就此有規定，即應循此程序辦理，不可代位訴訟❶。

㈧扣押命令之標的

扣押命令之標的除及於該債權、尚未發生之利息等，如有擔保物權者，基於從屬性，亦包括在內。本法第 115 條第 4 項及注意事項 62 ⑵就此均予規定，申言之，如執行之債權附有動產質權、動產抵押或不動產抵押者，執行標的包括該質權及抵押權，其中抵押權應由執行法院通知辦理登記。再執行債權附有權利質權者，執行標的包括該質權，其中有須登記者，亦須登記。是就此擔保權利毋庸另為執行處分，只須在扣押命令表明，並通知主管機關或他人（例如以權利設定質權之該權利債務人）登記扣押，並禁止債務人處分即可。

扣押命令生效前已發生之利息等孳息，已屬獨立權利，喪失從屬性，須另為扣押，非對債權扣押命令效力所及。

㈨重複扣押之處理

本法雖無類似本法第 56 條禁止重複扣押規定，但法理上仍應相同處理，故對已扣押之債務人對第三人金錢債權，有他債權人再聲請強制執行，固應適用本法第 33 條，應合併執行，毋庸重複扣押外，如前扣押之債權，未及於債務人對第三人之債權全部，尚有剩餘足供嗣後之債權人執行，即

❶ 參閱拙文〈就債務人對第三人債權扣押命令之效力〉，刊《月旦法學教室》創刊號。

毋庸合併執行，各自執行即可。剩餘額度不足供再執行之債權，除合併執行外，第三人可依本法第 115 條之 2 第 2 項規定「第三人於依執行法院許債權人收取或向執行法院支付轉給債權人之命令辦理前，又收受扣押命令，而其扣押之金額超過債務人之金錢債權未受扣押部分者，應即將該債權之全額支付扣押在先之執行法院。」辦理支付後，同條第 3 項規定第三人應向執行法院陳明，雖法文之執行法院未指明何一執行法院，當係指先後之二執行法院，使其知悉。又如有他人參加分配或因併案執行致不足受償，而所執行之債權除已扣押者尚有剩餘，對此剩餘者可追加扣押。

二、換　價

在發扣押命令後，如第三人未依本法第 119 條第 1 項聲明異議，否認債權存在或爭議數額，或雖對數額異議，但債權人同意在第三人承認之數額內執行，或債權人對第三人聲明異議提起確認債權存在訴訟獲勝訴判決確定，執行法院即應進行換價程序。

至於換價方法，依本法第 115 條第 2、3 項，有收取命令、移轉命令、支付轉給命令或以拍賣、變賣方式之特別換價命令。

㈠收取命令

收取命令係執行法院准許債權人代債務人直接向第三人收取所扣押債權，以清償自己之債權，債權人僅有收取權，並未取得債務人對第三人之債權人身分，故：

1.債權人在收取完畢時，該執行程序始終結。

2.第三人對債務人之抗辯，均可對抗債權人，故第三人仍可以受扣押命令前之債務，其清償期已屆至而為抵銷。至於第三人對債權人個人之債權，可否抵銷，即有爭議，就債權人未立於第三人之債權人地位言，第三人依收取命令之給付實為履行對債務人之債務，參照最高法院 49 年臺上字第 125 號判例自不可抵銷。但債權人本於收取命令向第三人收取，不僅與第三人之債權人收取相同，且若不可抵銷，則第三人給付後，仍可本於自己對債權人之債權請求債權人給付，一來一往，似可准許抵銷為宜，惟應修法明文規定。

3.收取命令送達後，在債權人收取完畢前，債務人仍為債權主體，從而：

⑴債權人因第三人無資力等事由致收取無效果，仍由債務人承擔損失，債權人並得對債務人其他財產執行。

⑵如有他人參加分配，執行法院應撤銷收取命令，改發支付轉給命令。惟在撤銷改發前，債權人已收取，即無從撤銷改發，故此時宜先查明有無收取。又逐次收取者（例如薪水按月收取），對尚未收取部分，亦可撤銷改發支付轉給命令。

4.債權人行使收取權，可為一切收取行為，包括起訴請求第三人給付以對第三人強制執行，如有本法第 119 條第 2 項情形，並得聲請逕向該第三人強制執行。但債權人不可為收取行為以外之行為，例如免除第三人債務或讓與扣押之債權。

5.學者有謂發收取命令後，債務人仍可對第三人提起給付之訴，但不能請求向自己給付，僅可請求向執行債權人給付[192]。愚意以為在發扣押命令後，債務人已不可對第三人提起給付訴訟，現認可對第三人提起向債權人給付之訴，實無意義。惟依最高法院 91 年臺上字第 812 號判例，應予肯定。

㈡**移轉命令**

移轉命令係執行法院以命令將債務人對於第三人之金錢債權於所扣押範圍內移轉給債權人。在債權人與債務人之間為債之移轉，債權人成為債務人對第三人之債權受讓人，立於第三人之債權人地位，執行債權人之債權在移轉範圍內消滅[193]，類似代物清償。故：

1.移轉命令一經送達生效後，即生債權移轉效力。從而：

⑴債務人在移轉範圍內喪失其債權人地位，由執行債權人受讓，第三

---

[192] 參閱陳計男著前揭第五二四頁、陳世榮著前揭第三八○頁。

[193] 最高法院 63 年臺上字第 1966 號判例：執行法院所發之收取命令與移轉命令不同。前者債權人僅取得以自己名義向第三人收取金錢債權之收取權，債務人僅喪失其收取權，而未喪失其債權。後者債務人對於第三人之金錢債權已移轉於債權人，債務人即喪失其債權。

人無資力不足清償時，由執行債權人承擔該損失，只能待第三人有資力時給付，不得再向債務人請求。

　　⑵該扣押之債權既已移轉為債權人所有，非屬債務人財產，自不允他人參加分配，從而無撤銷移轉命令改發支付轉給命令問題。

　　2.若第三人無資力，債權人須承擔危險，同時他債權人亦不得參與分配該執行之債權，故採用此項方法執行必須慎重，在金額不確定之債權，或附有條件之債權，或已有他債權人併案、聲明參與分配、或有禁止讓與之特約之債權、薪資債權及其他繼續性給付之債權，均不適於頒發移轉命令❿。其中關於薪資、繼續性給付之債權，係分期繼續給付，如發移轉命令，不僅其他債權人無從參與分配，且在移轉範圍內，執行債權消滅，但第三人有無資力繼續給付及債務人是否終止契約均不確定，移轉範圍亦不確定，實不宜發移轉命令，然本法第115條之1對薪資或繼續性給付債權之強制執行，依第4項規定「第一項債務人於扣押後應受及增加之給付，執行法院得以命令移轉於債權人。但債務人喪失其權利或第三人喪失支付能力時，債權人債權未受清償部分，移轉命令失其效力，得聲請繼續執行。並免徵執行費。」似認此等薪資債權可發移轉命令，並不因第三人喪失支付能力時，承受危險，此項規定將移轉命令與收取命令不分，似有未恰。

　　3.執行債權人既取得債務人對第三人之債權人之地位，不僅依民法第299條第1項規定「債務人於受通知時，所得對抗讓與人之事由，皆得以之對抗受讓人。」第三人對債務人之抗辯事由，均可對抗債權人，可以扣押命令生效前對債務人取得之債權抵銷，且第三人與執行債權人間既為直接之債權債務關係，第三人對債權人有債權，亦可抵銷。至於第三人在扣押前對債務人之債權，因未屆清償期，第三人在發扣押命令時不得抵銷，待發移轉命令時，清償期始屆至，此時債權人已因移轉命令成為第三人之

---

❿　最高法院民國63年5月28日民庭庭推總會決議：將來之薪金請求權，可能因債務人之離職，或職位變動，或調整薪津，而影響其存在或範圍，凡此種非確定之債權，均不適於發移轉命令，如執行法院已就此種債權發移轉命令，在該債權未確定受清償前，執行程序尚不能謂已終結。

債權人，債務人非第三人之債權人，可否抵銷即有問題。學者認第三人不可抵銷⑮，愚意以為如此不甚公允，民法第 340 條只限制第三人扣押後取得之債權不可抵銷，凡在扣押前，第三人對債務人取得之債權，凡清償期屆至，不論何時，均應可抵銷。又民法第 299 條第 1 項規定對抗讓與人事由，參照最高法院 52 年臺上字第 1085 號判例：「……。所謂得對抗之事由，不以狹義之抗辯權為限，而應廣泛包括，凡足以阻止或排斥債權之成立、存續或行使之事由在內，蓋債權之讓與，在債務人既不得拒絕，自不宜因債權讓與之結果，而使債務人陷於不利之地位。」既包括抵銷，則在發移轉命令後清償期已屆至，已可抵銷，自應可抵銷，否則，在發收取命令時可抵銷，發移轉命令反不可抵銷，對第三人言，甚為不公。

4.移轉命令生效後，第三人仍不給付，債權人可以對第三人以債權人地位起訴請求向自己給付，以對第三人強制執行。又債權人既因讓與為第三人之債權人，自可為債權人之一切權利行使行為，包括收取、免除、讓與、拋棄等。

5.移轉命令必須所移轉之債權確實存在，如實際不存在，不生移轉效果，執行債權不因此移轉而消滅。

6.移轉命令一經送達生效後，執行程序即終結，但在薪津等繼續性給付，依本法第 115 條之 1 第 4 項及最高法院決議⑯在未確定清償前，不終結。

㈢支付轉給命令

支付轉給命令係執行法院以命令，命第三人將其應對債務人之給付，轉向執行法院給付，再由執行法院交付轉給債權人，以為清償其債權。此種命令，由執行法院認為適當時，例如已有他債權人聲明參與分配時適用。故：

1.第三人對債務人之抗辯均可主張，即有不給付之事由，可向執行法院主張，至此主張，應依本法第 119 條聲明異議。

2.第三人與執行債權人無任何關係，自不可以對執行債權人之債權抵銷。

3.支付轉給命令係由第三人向執行法院給付，在執行法院未收到前，

---

⑮ 參閱陳計男著前揭第五三〇頁。

⑯ 同⑭。

債務人仍為扣押債權主體，故因第三人無資力給付，仍由債務人承擔損失，並得對債務人其他財產執行。又第三人向執行法院給付後，除無人參與分配或併案執行，執行法院可逕行發款給債權人外，執行法院應製作分配表，在分配表製作完成前一日，他人仍可參加分配（參照本法第 32 條第 1 項）。另第三人係逐次給付者（例如薪水按月給付執行法院），應於每次給付後，即行製作分配表，不宜累積至數次後始分配，蓋此涉及先聲請執行或參加分配之債權人利益，惟在事務較繁之法院，每月均製作分配表，亦甚煩瑣，實務上有法院對有人參加分配者，仍發收取命令，該命令記載各債權人債權數額，令第三人依債權比例自行計算後向債權人給付（俗稱比例收取命令）。嗣後如有他人參加分配，再撤銷原先收取命令，改發增加後參加分配債權人之收取命令（或通知第三人更正債權人及金額）。此種命令，因法無明文禁止收取命令不得由數債權人依比例收取，難認不合法，但揆諸有支付轉給命令可用，仍有可議之處，尤其第三人並無義務為比例計算。惟此對執行法院方便，尚屬可行，如修法時明定，較為妥當。

　　4.支付轉給命令生效後，如第三人未異議，但不給付，執行債權人可聲請法院逕向第三人強制執行外，如第三人異議，則可對第三人起訴，請求給付執行法院。

㈣特別換價命令

　　債務人對於第三人之金錢債權，因附條件或期限，或繫於對待給付或有其他事由致難發前開三種換價命令者，執行法院得依聲請，準用對於動產執行之規定拍賣或變賣之。此種特別換價命令，以有上開情形時為限。否則，縱令債權人與債務人合意依此方法換價，亦非法所許。以此種拍賣或變賣方式換價，買受人因此受讓該債權，成為第三人之債權人，其效果與債權讓與相同。

㈤擔保物權之行使

　　金錢債權附有擔保物權，執行法院如發移轉命令、拍賣、變賣者，受讓之債權人或拍定人固因移轉之從屬性，同時受讓擔保物權（參照民法第 295 條第 1 項），反之，如係發收取命令，債權人只有收取權，如第三人完

全清償，固無問題，如收取不足，因此擔保物權亦為執行標的，債權人當可行使擔保物權以求償，至於核發支付轉給命令，亦同，僅此時應由執行法院行使擔保物權。

執行法院採用何種方法換價，屬執行法院職權，但依本法第115條第2項規定，執行法院得詢問債權人意見，故執行法院應斟酌上開情形及債權人意見以決定。一般情形，無人參加分配者，發收取命令，有人參加分配或收取困難或當事人間約定不得讓與之金錢債權者，發支付轉給命令。又在發收取命令後，可改發移轉命令或支付轉給命令，但在已發移轉命令後，即不可改發其他命令。對執行法院所為上開命令不服，可聲明異議。

扣押命令與換價命令可否同時以一命令為之，本法並無規定，一般言之，如所執行債權之存在，確無問題，為方便計，應可為之，但因同時發收取命令，債權人即可向第三人收取，如債務人有本法第14條債務人異議之訴事由，即因時間不及無從提起救濟，故愚意以為不應一併為之，仍應分別發給。至移轉命令更不宜與扣押命令同時核發，蓋不僅有上開無從救濟問題，且影響其他債權人之參與分配❶⑨⑦。

三、提存款及分配款之執行

債務人在提存所之提存款（即請領提存款之權利，包括他人因清償而為債務人提存之金錢、債務人因假扣押、假處分、假執行或免為、撤銷假扣押、假處分、假執行、本法第18條停止執行為他人所提供之擔保金）及在他執行案件之分配款（即請領分配款權利），既為債務人向第三人可請求給付之金錢債權，本可依上開程序辦理，惟一方面因提存所及他執行案件之他股，均為法院之內部單位，實務上以函請勿讓債務人領取及勿交付債務人，產生扣押命令效力，另一方面在換價時，可通知其撥款至本案以交

❶⑨⑦ 司法院民國72年4月3日⑺廳民一字第245號函：移轉命令係使債權人取得債務人對第三債務人之債權人地位，與民法之債權讓與無異。於移轉命令生效時，他債權人即不得聲明參與分配。故強制執行債務人對第三債務人之債權時，除其債權明確，且無他債權人聲明參與分配外，不宜將移轉命令與扣押命令合併並記載於同一命令而同時核發。

付或分配債權人。發收取命令，由債權人領取，亦可。

第三款　債務人基於債權或物權得請求第三人交付或移轉動產或不動產之權利

　　此種請求權利為債務人基於債權對於第三人可請求交付或移轉動產或不動產，或基於物權可請求第三人交付或移轉動產或不動產，前者例如債務人與第三人訂立買賣契約，基於此買賣債權可向第三人取得所有權，在動產為請求第三人（即出賣人）交付買賣標的物，在不動產為請求第三人移轉所有權。後者例如債務人之動產或不動產遭第三人無權占用，基於所有權，債務人可請求第三人交還動產或不動產之權利。此等請求權利，不問係基於債權或物權，亦不問應交付或移轉者為特定物抑或為代替物，均可為執行標的。惟因事後之換價方法係依動產或不動產執行，故一方面必須交付或移轉，使債務人取得所有權，即以該動產、不動產可為債務人之責任財產為前提，另一方面非屬本法第 45 條及第 75 條之動產、不動產，應不包括在內。從而債務人係承租人，其租賃物遭第三人侵奪，雖可請求第三人返還租賃物，因返還後之租賃物非其責任財產，此一返還權利即非可依此執行，而應依本節第 5 款之執行程序執行其租賃權。又債務人基於債權可請求第三人設定不動產抵押權，一方面其抵押權非屬不動產，另一方面本法第 116 條第 1 項未包括請求設定之他物權，此一權利亦不可為此執行標的❶⑨⑧。至於可請求交付有價證券、移轉、設定漁業權等，則包括在內。

　　依本法第 116 條第 1 項規定「就債務人基於債權或物權，得請求第三人交付或移轉動產或不動產之權利為執行時，執行法院除以命令禁止債務人處分，並禁止第三人交付或移轉外，如認為適當時，得命第三人將該動產或不動產交與執行法院，依關於動產或不動產執行之規定執行之。」執

---

⑱　學者楊與齡基於本法第 116 條第 2 項有「設定不動產物權」規定，認地上權等獨立存在之他物權，即地役權、抵押權之從物權亦包括在內（參閱楊氏著前揭第六七八頁）。

行法院應先發扣押命令，扣押該請求權，再進行換價程序。

一、扣押命令

就法文規定，此項扣押命令係禁止債務人處分其基於債權或物權得請求第三人交付或移轉之請求權，並禁止第三人交付動產、不動產或移轉所有權，學者多如此論述，執行法院發命令禁止債務人收取或處分，並禁止第三人將動產交付債務人，或將不動產交付或移轉其所有權給債務人。然愚意以為不僅債務人不可處分其請求權，亦包括債權或物權，否則讓與處分債權或物權，不僅事後無法換價，且請求權即隨之移轉，有損扣押命令。又禁止第三人將不動產所有權移轉債務人或動產交付債務人，使債務人取得所有權，只是暫時，事後為換價時，仍須交付或移轉使債務人取得所有權，否則事後如何能「依關於動產或不動產執行之規定」換價？

執行法院發此命令，應送達債務人及第三人，並通知債權人。扣押命令對第三人不生對該動產或不動產之處分禁止效力，僅不得交付或移轉債務人，在未收到換價命令前，第三人仍得處分[199]，第三人之債權人仍得對之查封或為交付之執行。至於第三人處分，僅對債務人發生債務不履行損害賠償責任。

又此命令發生前開禁止結果，不僅第三人仍可依法解除、終止其與債務人間之債權關係，使扣押命令失效，且債權人不得依此命令查封該動產或不動產[200]，故此種執行實益有限。

二、換價程序

此項扣押之權利，其價值在於所交付或移轉之動產或不動產，故換價

---

[199] 學者陳榮宗持反對意見，認第三人不可處分。蓋基於本法第一百十九條第二項可逕對第三人執行，則本法第一百十六條第一項之命令，對第三人禁止處分之效力，其情形與第一百十五條第一項之扣押命令效力相若，對第三人之禁止命令有拘束第三人不得處分之效力（參閱陳氏著《強制執行法》第五五二頁）。

[200] 最高法院 51 年臺抗字第 213 號判例：……，故第三人祇依同法第一百十九條向執行法院為上述不承認之聲明為已足，不得以債權人遲未提起訴訟而聲請撤銷上開命令。惟上開命令雖未撤銷，仍不得據以向該第三人為強制執行，即不得據上開命令而為查封該動產或不動產之處分。

時亦係以此動產或不動產為對象。而動產或不動產之執行，必須債務人有所有權為前提，再經查封、拍賣，故在扣押後，首先由債務人取得所有權。在動產為交付、不動產為移轉所有權，為避免交付給債務人後，執行法院未及查封，債務人即予處分，執行法院應依下列二項方法換價：

㈠交付命令

執行法院發交付命令，令第三人將該動產或不動產交與執行法院，即在交付後，動產或不動產為債務人財產，執行法院再依前述對動產、不動產執行之程序執行。即查封、拍賣❷❶。至若第三人不依此命令交付時，如第三人未異議，可依本法第 119 條第 2 項逕對第三人強制執行，否則債權人應對第三人起訴，請求交付執行法院。

㈡登記為債務人所有後執行

本法第 116 條第 2 項規定「基於確定判決，或依民事訴訟法成立之和解、調解，第三人應移轉或設定不動產物權於債務人者，執行法院得因債權人之聲請，以債務人之費用，通知登記機關登記為債務人所有後執行之。」即由執行法院通知登記機關，逕將不動產登記為債務人所有後，再依前述對不動產執行程序換價。至此費用，包括稅捐，債權人代墊之費用，可列入執行費用。

於此應注意者，此處所執行者固係債務人之請求權，但最終之標的既為動產或不動產，嗣後仍須依動產或不動產執行程序換價，故此執行應由該動產或不動產所在地之地方法院為管轄法院。

又實務上除執行債務人置放於集保公司之股票（詳後述）或提存之有價證券外，鮮有依本條執行者，蓋：除有上開㈡情形，一般如係基於債權請求交付動產或移轉不動產所有權，大多債務人尚積欠第三人，例如價金尚未付清，此時執行，第三人勢必主張對待給付，甚至解除契約，債務人

---

❷❶ 學者有認交付後，毋庸查封，因已依扣押命令禁止債務人處分（參閱陳計男著前揭第五三七頁），亦有認扣押命令僅禁止其處分請求權，並不禁止處分動產、不動產，仍應查封（參閱張登科著前揭第四五五頁）。愚意以為扣押命令僅係禁止向第三人收取，且扣押命令係針對權利，並非權利之標的物，故仍應為查封。

對第三人之債權消滅，故此執行實益有限。又基於物權可請求第三人交付，如係動產，固有實益，如係不動產，本可直接執行不動產，第三人之占有至多為點交與否問題，故日本民事執行法關於其他財產權之執行，依第143條規定「對於以金錢支付或引渡船舶或動產為目的之權（發行動產執行標的之有價證券之債權除外。以下在本節總稱債權）之強制執行（以下稱債權執行），根據執行法院之扣押命令而開始執行。」無基於債權或物權請求第三人交付不動產執行之規定。

目前股票有集中保管制度，依證券交易法第43條第2項規定「證券集中保管事業保管之有價證券，其買賣之交割，得以帳簿劃撥方式為之；其作業辦法，由主管機關定之。」債務人購得之股票，置放於集保公司，而此寄存依證券集中保管事業管理規則第2條第1項「本規則所稱證券集中保管事業，指經營有價證券之保管、帳簿劃撥及無實體有價證券登錄之事業。」及第3項「本規則所稱參加人，指於證券集中保管事業開設帳戶送存證券並辦理帳簿劃撥之人。」及第11條「證券集中保管事業之參加人，以下列為限：一、……四、證券商。……」由證券商交集保公司保管，債務人出售或買進後，毋庸提出交割。就債務人對集保公司言，無直接寄託關係，而係證券商與集保公司間關係，債務人與證券商另有寄存關係，法理上不可以集保公司為第三人以執行，而應以證券公司為第三人執行其可請求交付股票之權利❷。

---

❷ 司法院司法業務研究會第27期：

問題：對債務人送交臺灣證券集中保管股份有限公司（下稱集保公司）集中保管之股票執行，應對何人發扣押命令？

討論意見：

甲說：集保公司保管投資人之股票，目前係採二階段保管之方式，即投資人與證券商、證券商與集保公司分別訂立契約，投資人將股票交與證券商保管，證券商再以參加人名義送交集保公司保管，集保公司與投資人間並不直接發生股票送存或領回之接觸，是集保公司對投資人並不具有股票保管人之地位，從而扣押債務人股票應對債務人交易之證券商發扣押命令。

乙說：略。

第四款　債務人基於債權或物權，得請求第三人交付或移轉船舶或航空器之權利

此種權利類似前款之權利，依本法第 116 條之 1 規定「就債務人基於債權或物權，得請求第三人交付或移轉船舶或航空器之權利為執行時，準用前條之規定辦理，並依關於船舶或航空器執行之規定執行之。」執行程序同前款。

至此船舶、航空器雖未如本法第 114 條第 1 項、第 114 條之 4 第 1 項限定為海商法所定船舶，民用航空法所定航空器，但既依各該規定執行，當然應指該條規定之船舶及航空器。

第五款　上開以外之財產權

在前述之各種財產權以外之權利具有財產價值者，例如租賃權、商標權、專利權、未發行股票之股份有限公司股東權、有限公司股東出資、著作權、地上權、典權、合夥人之股份等，依本法第 117 條規定「對於前三節及第一百十五條至前條所定以外之財產權執行時，準用第一百十五條至前條之規定，執行法院並得酌量情形，命令讓與或管理，而以讓與價金或管理之收益清償債權人。」執行程序有二，一係扣押，一係換價。

㈠扣押命令

執行法院對所扣押之權利發扣押命令，其內容有：

1.禁止債務人處分其權利。

2.此等權利如有第三人，即債務人之債務人或與權利之處分有直接關係者，前者例如租賃權之出租人，後者例如股東權之公司、專利權、商標權之智慧財產局，扣押命令應送達第三人。至對第三人之內容因權利性質而異，但以禁止第三人就債務人處分行為為之辦理、禁止第三人向債務人清償、交付等為原則，例如執行電話租用權，應通知電信公司禁止債務人

研討結論：採甲說。

移轉處分其租用權，股份有限公司股東權應通知公司禁止為讓與等處分行為之登記（參照公司法第 165 條第 1 項），執行發明專利權，應通知智慧財產局禁止為轉讓、設定質權之登記（參照專利法第 59 條）。但此扣押命令僅能禁止債務人之處分行為，不包括其他，第三人仍可為解除、終止、撤銷該權利之行為，例如扣押電話租賃權後，因欠費，電信公司仍可終止租賃權而拆機，專利權仍可因舉發而撤銷，以致不能續為換價，此時第三人可於權利消滅後依本法第 119 條向執行法院聲明異議，不受收到扣押命令後 10 日之限制，債權人如無意見，執行法院自可撤銷扣押命令。雖學者有謂並應禁止第三人為清償行為❷❸，愚意以為尚待商榷，蓋例如租賃權，第三人不可清償，則此租賃權即無利益，故不應包括清償，事實上，在租賃權未為換價前，債務人仍可使用，如何禁止第三人清償。又有認以標的物存在之權利為執行標的者，執行法院可命第三人將標的物交付執行法院❷❹，愚意以為亦有商榷之處，蓋債務人因權利占有標的物，例如因租賃權占用租賃物，將來讓與時，依民法第 348 條第 2 項「權利之出賣人，負使買受人取得其權利之義務，如因其權利而得占有一定之物者，並負交付其物之義務。」執行法院應點交債務人占有之租賃物，第三人非執行名義效力所及，自非可令第三人交出。至權利無第三人者，例如著作權毋庸登記，其讓與亦無登記，自毋庸通知第三人。

(二)換價程序

執行法院應依權利之性質、種類決定換價方法。其方法有下列二項：

1.權利如有第三人應為給付，而宜於收取或移轉者，得發收取命令或移轉命令，亦可發支付轉給命令，依各該命令之程序執行。

2.拍賣或變賣：準用第 115 條第 3 項可依動產執行規定，拍賣或變賣該財產權，例如拍賣商標權。

3.權利宜於讓與或管理者：得命令將權利讓與或管理，以讓與價金或

---

❷❸　參閱楊與齡著前揭第六八三頁、張登科著前揭第四五八頁、陳計男著前揭第五四○頁。

❷❹　參閱楊與齡著前揭第六八三頁、陳計男著前揭第五四○頁。

管理之收益清償債權。命令讓與，應不可限於債權人，可為第三人，至於讓與之方式，以拍賣或變賣方法為之，無人應買，亦得由債權人承受（例如電話租用權、商標權、專利權，可以拍賣換價）。至此拍賣，可視權利準用動產或不動產，例如地上權、典權，應準用不動產之拍賣，反之出資權可準用動產拍賣。命令管理，則應選任管理人或定其他管理方法，例如專利權，由管理人管理之收益分配。

4.合夥人之股份：依民法第 685 條第 1、2 項規定，扣押後發生退夥效力，不可讓與、拍賣合夥股份，是此換價實為退夥後之出資返還請求權、利益分配請求權，即執行法院再依本法第 115 條第 1 項就合夥人之出資、利益執行。

關於債務人之應繼分是否屬此財產權？如何執行？按應繼分係指數繼承人依民法第 1144 條彼此間之權利範圍。又依民法第 1148 條及第 1151 條，此應繼分實為繼承人對全體遺產總括之抽象共有持分，非特定財產，與分別共有之應有部分不同，亦與具體遺產不同，其權利不僅非具體存在何物，事後分割遺產之結果或為某特定物，或為與他繼承人共有之物，實難為執行標的以換價，但若不可為執行標的，又與其具有財產權性質，繼承人隨時可分割而特定有違，司法院院字第 1054 號解釋「公同共有物未分割前，公同共有人中一人之債權人，雖不得對於公同共有物聲請強制執行，而對於該公同共有人公同共有之權利，得請求執行。」認可為執行標的。學者間意見不一[205]，至於如何執行，早期認可依本法第 117 條執行，亦有認依不動產執行的方式[206]，但具體之執行方法，在臺灣高等法院民國 93 年

---

[205] 認繼承權可為此權利而執行者，如陳榮宗（參閱陳氏著前揭第五五七頁），亦有否定者，例如楊與齡（參閱楊氏著前揭第六八二頁）。

[206] 司法行政部民國 56 年 9 月 2 日(56)臺令民字第 4836 號令：臺北等地方法院對辦理財務執行有關法律適用問題，茲分別核示如次：(1)原列(一)(三)兩項問題，該院初核意見，尚無不合。(2)原列第(二)項問題，即被繼承人死亡，其遺產未經繼承人辦理繼承登記前，關於繼承人所發生之欠稅事件，是否得就遺產為執行一節，依強制執行法第一百十七條規定，非不得就其繼承權而為執行。如繼承人

及 94 年之兩次法律座談會，均無結果而撤回。

本項財產權之執行應注意下列事項：

1.此項財產權如有第三人，則以第三人所在地定管轄法院，否則，即應以債務人住所地定管轄法院，例如有線電話租用權，以債務人使用該電話（即裝機地）定管轄法院，行動電話之租用權（即門號），以第三人電信公司所在地定管轄法院。又專利權、商標權、著作權，以債務人住所地之地方法院為管轄法院，與登記之主管機關無關。

2.扣押命令於送達債務人時發生效力，有第三人者，並應向第三人送達，於送達第三人時，對第三人發生效力。

3.若此財產權之取得、喪失或變更，依法應登記者，有本法第 11 條之適用，其扣押、移轉應通知登記機關登記。例如專利權（參照專利法第 52

全體為欠稅人時，即可就遺產之全部或一部執行，如欠稅人僅為繼承人中之一人或數人時，執行法院可執行其應繼分，於拍賣公告內詳記其事由，拍賣後由拍定人自行聲請為繼承登記、所有權移轉登記及分割共有物。

司法院司法業務研究會第 27 期：

法律問題：甲聲請就債務人乙名下登記為公同共有某土地之公同共有權利為強制執行，依強制執行法第一百十七條之規定，得依拍賣方式拍賣債務人在該不動產上之公同共有權利，此時應依對動產之執行程序為之？抑依對不動產之執行程序為之？始為妥適。

討論意見：甲說：按強制執行法所規定對於不動產之執行，其不動產乃指下列之物：㈠土地及其定著物。㈡附合於不動產之增建物。㈢不動產之出產物其收取權屬於不動產所有權人者，該不動產查封後，效力及於出產物，一併依不動產執行程序執行。㈣與不動產同時為執行標的之該不動產從物。㈤海商法所定之船舶及建造中之船舶。㈥民用航空法所定之航空器。㈦不動產之用益物權（地上權、永佃權、地役權、典權）。㈧視為不動產之權利（礦業權、漁業權）。㈨不動產之應有部分。㈩與不動產合併拍賣之動產。此項公同共有權利既非上述所述之物，自應依動產執行程序執行。

乙說：本件拍賣之標的既為土地之公同共有權利，其權利之標的物為土地，自應依對於不動產之執行程序執行始為合法。

研討結論：採乙說。

條、第 62 條）、商標權（參照商標法第 33 條第 1 項、第 42 條）。

　　4.執行電話租用權者，不包括電話機本身，故拍定人不得請求交付電話機，除非另依動產程序查封電話機。執行專利權、商標權、著作權僅限於權利，不包括專利實施製作之物品、商標標示之物品。執行著作權，固不包括實施著作權印製之著作物，但如屬未公開發表之著作財產權，依著作權法第 20 條「未公開發表之著作原件及其著作財產權，除作為買賣之標的或經本人允諾者外，不得作為強制執行之標的。」既經允諾可以執行，而無原件則無法重製，應認債務人之著作權原件包括在內。

　　5.須經第三人同意始得轉讓之財產權，扣押後，執行法院應洽詢第三人是否同意，始可換價。

　　6.當舖業之營業權可予執行。

　　7.有限公司股東之出資，執行法院應先予扣押，再以拍賣方法換價。扣押時，僅須通知公司辦理扣押登記，毋庸向經濟部登記。雖公司法第 111 條第 1、2 項之讓與有限制規定，但同條第 4 項規定：「法院依強制執行程序，將股東之出資轉讓於他人時，應通知公司及其他股東，於二十日內，依第一項或第二項之方式，指定受讓人；逾期未指定或指定之受讓人不依同一條件受讓時，視為同意轉讓，並同意修改章程有關股東及其出資額事項。」已予補充，執行法院於拍賣公告中載明上開規定意旨，待拍定後，通知公司及其他全體股東是否指定一人以同一條件承買，如有，由其受讓；反之，則由拍定人受讓，執行法院應通知公司辦理登記。惟公司拒不辦理登記，因其非債務人，不受執行法院拘束，僅得由拍定人對公司起訴請求辦理。

　　8.股份有限公司未發行股票之股份（即股東權）屬此財產權，同前程序處理，僅無公司法第 111 條第 4 項適用。

第六款　書據之交出

　　本節其他財產權，債務人因此權利持有一定書據者，即此書據足以證明其權利，將來受讓人須持有，例如依本法第 115 條第 4 項執行之抵押權，

其他項權利證明書之抵押權證明文件、債權人對第三人之確定判決、專利證書等，依本法第 121 條規定，執行法院應命債務人交出，如交出固無問題，否則應宣告無效，另發證明書給債權人。

第七款 第三人之救濟及執行

對於其他財產權之執行，往往涉及第三人，而第三人不僅有利害關係，且其作為亦影響執行結果，為使第三人知悉執行情事，前述所發之命令，有第三人者，均應送達第三人（參照本法第 118 條第 1 項）。第三人接到命令，如無意見，固無問題，但第三人不承認債務人之債權或其他財產權之存在，或於數額有爭議或有其他得對抗債務人請求之事由時，應於接受法院命令後 10 日內，提出書狀，向執行法院聲明異議（參照本法第 119 條第 1 項）。所謂不承認債務人之債權或其他財產權，即否認債務人對自己有執行債權人主張之債權或其他財產權存在，數額有爭議係指執行債權人主張之債務人對自己之債權或財產權雖然存在，但數額不對。此種異議，只須單純陳明，毋庸附理由[207]。又就數額爭議者，既係承認債權或財產權存在，故提出正確數額較妥，如不能提出，亦無不可，可提出理由說明，例如火災保險金，第三人保險公司可主張理賠金額正由公證公司理算中。其他得對抗債務人之事由係指上述事由以外，凡第三人可對抗債務人者，例如時效完成、對待給付、抵銷等，但無論如何，應係指第三人與債務人間者，第三人不可以債務人與執行債權人間之事由為本項聲明異議事由。

本項聲明異議係特別規定，與本法第 12 條不同，但因本法第 12 條之聲明異議，既規定於總則，故若不合於本項規定，仍可適用第 12 條聲明異

---

[207] 學者陳世榮參照德日規定，認第三人收到命令，應係向執行法院為關於被執行債權之陳述，本法用聲明異議欠妥（參閱陳世榮著前揭第三九四頁）。按日本民事執行法第 147 條第 1 項規定「當扣押債權人提出申請時，法院書記官送達扣押命令之際，對第三債務人應進行催告於扣押命令送達之日起兩週內，應對扣押之債權是否存在及其他由最高法院規則所規定之事項進行陳述。」係規定第三人陳述，並非聲明異議。

議。例如第三人以扣押命令送達不合法，債務人否認對第三人有債權存在，均可依本法第 12 條聲明異議。

第三人依本項聲明異議，應提出書狀，載明異議事由，毋庸舉證，於收到命令後 10 日內向執行法院提出，此 10 日固非不變期間而為法定期間 [208]，但逾期應如何處理？又如未以書狀為之，僅言詞表示，執行法院應如何處理，可否裁定駁回？抑或視為本法第 12 條之聲明異議處理？甚至第三人明知逾期，可否依本法第 12 條聲明異議？學者有謂逾期、未以書狀為之，應以裁定駁回，亦有認毋庸裁定駁回 [209]，至於可否視為本法第 12 條聲明異議少有論及。愚意以為本法就此救濟既設有規定，第三人聲明異議如已表明依本法第 119 條第 1 項，則逾期或不合程式即應裁定駁回，以便第三人知悉，並有抗告機會，不可視為本法第 12 條之聲明異議，但如未表明依本法第 119 條第 1 項聲明異議，仍可依第 12 條第 1 項處理，甚至因已逾期，第三人仍可依本法第 12 條第 1 項處理，至於二者執行法院處理之方式不同，後者執行法院應裁定有無理由，前者，無權審查，應依本法第 120 條處理。又第三人聲明異議固應於收到命令後 10 日，但如前所述，在逾 10 日後，因第三人終止、解除，以致權利消滅者，仍可於事由發生後 10 日內聲明異議。

依本法第 119 條第 1 項之聲明異議，執行法院不可為准駁 [210]，只可將

---

[208] 關於 10 日期間之性質，學者有認為不變期間，例如陳世榮（參閱陳氏著前揭第三九四頁）、陳計男（參閱陳氏著前揭第五五〇頁）、陳榮宗（參閱陳氏著前揭第五六五頁）。亦有認係法定期間，例如楊與齡（參閱楊氏著前揭第六九七頁）。愚意以為本法就此未規定為不變期間，故應非不變期間。惟無論如何，第三人均不可逾期。

[209] 學者有認應裁定駁回。例如楊與齡（參閱楊氏著前揭第六九七頁）、陳計男（參閱陳氏著前揭第五五〇頁）、陳榮宗（參閱陳氏著前揭第五六五頁）、許士宦（參閱許氏撰〈債權執行程序上收取命令之效力與第三人之程序保障〉，刊《臺灣本土法學》第十九期第一〇四頁以下），亦有反對，例如張登科（參閱張氏著前揭第四六二頁）。

[210] 最高法院 85 年臺抗字第 314 號裁定：是第三人依強制執行法第一百十九條第

異議狀通知債權人（參照本法第 120 條第 1 項），債權人如同意其異議，對權利不存在無意見，或同意第三人主張之數額，執行法院或撤銷扣押命令或更正在第三人聲明之數額內扣押。對第三人主張得對抗債務人之事由同意者，如涉及權利是否存在，亦應撤銷扣押命令，否則，屬如何換價之事。債權人如認其聲明不實時，應於接到通知後 10 日內向管轄法院起訴，並應向執行法院為起訴之證明及將訴訟告知債務人 （參照本法第 120 條第 2 項）。即對債務人為訴訟告知，此項告知應依民事訴訟法規定。至於如何起訴，視異議之命令之性質而定，如已發收取或移轉命令，可提起給付之訴，在移轉命令，固可請求第三人向債權人給付。在收取命令者，債權人既有收取權，應給付債權人，其給付之訴應係本於收取權，非代位債務人，但實務認係代位之訴，即給付債務人，由債權人受領❷❶。如已發支付轉給命令，可提起給付之訴，命第三人向執行法院給付。若所異議者為扣押命令，

一項規定，對於執行法院依同法第一百十五條第一項所發禁止命令，聲明異議，與依強制執行法第十二條第一項所為之聲明異議有別，執行法院對此項第三人之聲明，不得為准駁之裁定。

❷❶ 司法院民事法律問題研究㈧：

法律問題：債權人依執行法院所發收取命令對第三債務人提起給付之訴，並請求被告向原告給付，法院應否准許？

討論意見：

甲說：執行法院所發之收取命令，僅使債權人取得以自己名義向第三人收取金錢債權之收取權，債務人亦僅喪失收取權，而未喪失其債權，債權人行使此一收取權，本質上具代位性質，其提起給付之訴僅得請求命被告給付金錢與債務人並由原告代位受領，其若請求命被告給付與原告，應駁回原告之訴。

乙說：略。

審查意見：依所附最高法院六十三年臺上字第一九六六號判例所示，似應採甲說。（乙說第二行「最高法院六十三年臺上字第一九六六號判例參照」數字似宜改置於甲說之下。）

研討結果：照審查意見通過。

司法院民事廳研究意見：研討結果照審查意見採甲說，尚無不合（八十一年二月二十七日⑻廳民一字第○二六九六號函復臺高院）。

僅得對第三人提起確認之訴，毋庸列債務人為被告，確認所扣押之權利存在，待判決勝訴確定，再請求執行法院發換價命令，如敗訴確定，執行法院即應撤銷所發命令或就判決認定之數額執行。上開 10 日期間，非不變期間，逾期起訴仍合法，僅生撤銷所發命令問題，並非起訴法定期間❷。又管轄法院並非一定為執行法院，視民事訴訟法之管轄規定。

在民國 85 年以前，本法第 120 條僅規定「債權人對於前條第三人之聲明，認為不實時，得向管轄法院提起訴訟，並通知債務人。」並未規定應於何時起訴，又未規定未起訴之效果，以致執行法院無所適從，第三人如何處理亦有問題。為此民國 85 年修正時，不僅設有上開 10 日起訴期間，且該第 3 項規定「債權人未於前項規定期間內為起訴之證明者，執行法院得依第三人之聲請，撤銷所發執行命令。」❷其立意固佳，但實務適用即

---

❷ 關於此 10 日之起訴期間屬何種性質，學者鮮有深論。楊與齡在論債權人依收取命令提起收取訴訟時，認此十日為法定期間，逾期生失權效果（參閱楊氏著前揭第七〇二頁），陳計男認在對扣押命令聲明異議提確認訴訟時，因確認之訴只需有確認利益即可，逾期不生失權結果。但在收取訴訟時，此十日即為不變期間，蓋扣押命令及收取命令經第三人聲明異議，第三人隨時可依本法第一百二十條第三項撤銷，故債權人未於法定期間起訴，即生失權效果，法院應認起訴不合法，以裁定駁回（參閱陳氏著前揭第五五六頁、第五五八頁）。愚意以為此 10 日期間，不論所提訴訟為確認或收取，均應相同，蓋同一法文應為同一解釋，不容割裂，本法既未規定為不變期間，自非不變期間，應為法定期間，逾期起訴，僅生執行法院可撤銷所發執行命令結果，如執行法院未撤銷執行命令，所提訴訟仍然合法，甚至扣押命令雖經撤銷，確認之訴仍合法，蓋確認之訴非以有扣押命令為前提，凡符合民事訴訟所提確認之訴，仍屬合法。至於所提收取訴訟，如因收取命令或支付轉給命令已被撤銷，仍可為訴之變更為代位之訴，蓋債權人仍有代位權，本可提起代位訴訟。

❷ 修正理由：債權人認為第三人聲明不實時，本條僅規定其得向管轄法院起訴，而未規定其起訴及應向執行法院為起訴證明之期限，以及未於期限內為起訴證明之失權效果。致實務上常有債權人收受通知後，既不對第三人起訴，亦不聲請撤銷執行命令，任命執行程序懸延，有損第三人權益。爰於原規定增列債權人起訴及為起訴期證明期限之規定，並移列第二項。另增第三項之規定，以保

生困擾，蓋第 2 項限於 10 日內起訴，但向執行法院為起訴之證明是否亦須 10 日，如在 10 日內起訴，但逾 10 日以後始向執行法院為起訴證明，是否應撤銷所發命令？即有爭議，如立法者強調為 10 日內為起訴之證明，即應參照本法第 41 條第 3 項「聲明異議人未於分配期日起十日內向執行法院為前二項起訴之證明者，視為撤回其異議之聲明；……。」將第 2、3 項合併規定「債權人對於第三人之聲明異議認為不實時，得於收受前項通知後十日內向執行法院為起訴之證明及將訴訟告知債務人，逾期執行法院依第三人之聲請撤銷所發執行命令。」茲既未如此規定，愚意以為該項規定之目的在於 10 日內起訴，故縱逾期為起訴證明，亦無不可。甚至債權人漏未向執行法院為起訴證明，經執行法院通知補正始於逾 10 日提出，仍不可撤銷執行命令。又債權人起訴後撤回或程序不合遭裁定駁回，視同未起訴。

　　扣押命令與換價命令如合併核發，第三人僅有一次聲明異議機會，反之，如分開為之，先發扣押命令，再發換價命令，第三人如未對扣押命令聲明異議，事後可否對換價命令聲明異議？又如對扣押命令已聲明異議，債權人對第三人提起確認訴訟獲勝訴判決確定，執行法院據此發換價命令，第三人可否以同一事由再對換價命令聲明異議？學者有認本法第 119 條第 1 項之聲明異議限對扣押命令，蓋執行法院發扣押命令未調查權利存否及數額，扣押時既未聲明異議，如許第三人對換價命令再聲明異議，浪費換價程序，有損債權人利益❷❶❹。亦有學者認不應過分保護債權人，第三人應有充分之聲明異議機會，應允許第三人接受換價命令仍可聲明異議，較能調整債權人與第三人間之利害，而符合兩者間之衡平、公平❷❶❺。愚意以為一方面聲明異議係第三人之權利，非義務，並非執行法院核發之扣押命令有誤一定要聲明異議，未聲明異議即生實體權利確定或失權效果，另一方面本法第 119 條第 1 項聲明異議並未限制只可對扣押命令聲明異議，參照注意事項 64(1)「本法第一百十九條第一項之『法院命令』，包括執行法院

護第三人之利益。

❷❶❹　參閱張登科著前揭第四六二頁。

❷❶❺　參閱許士宦撰前揭❷❶❾文。

依第一百十五條第一項、第二項、第一百十六條第一項、及第一百七十條規定對第三人所發之命令在內，……。」包括換價命令，故如對扣押命令未聲明異議，嗣對收取命令再聲明異議，並無不可，甚至第三人對扣押命令聲明異議後，債權人提起確認之訴勝訴確定，執行法院發收取命令，又以同一理由再聲明異議，亦無不可。但學者有認已有判決，應不可再聲明異議，至於以不同事由聲明異議，當無不可 ❷❶❻。就經濟角度，已有確定判決，不可再以同一事由聲明異議固有理由，但如前所述，不可禁止，至多對換價命令之異議起訴時，法院應受前判決既判力拘束。

又對扣押命令逾期聲明異議，待執行法院發換價命令時，先前之聲明異議可否視為換價命令之聲明異議而毋庸再另為聲明異議？甚至第三人對扣押命令聲明異議未逾期，執行法院未注意處理，仍發換價命令，第三人可否不再對換價命令聲明異議？再第三人可否在未收到執行命令時，預先聲明異議？按本法第 119 條第 1 項既規定「……接受執行法院執行命令後十日內，……聲明異議」，則對不同之執行命令本應為不同之聲明異議，不容混淆，前者應採否定說，應再為聲明異議。後者執行法院未予處理，即發換價命令，就此可依本法第 12 條聲明異議，惟避免誤會，仍以再聲明異議為宜，如未聲明異議，因不合本法第 119 條第 2 項，不可逕對第三人強制執行。至於預先聲明異議更為不宜 ❷❶❼。

第三人是否履行，影響債權人之權利可否因強制執行而實現，早期遇有第三人置之不理，債權人仍須另對第三人取得執行名義始可對第三人強

---

❷❶❻ 學者許士宦認為債權人依本法第一百二十條第二項提起確認訴訟獲勝訴判決確定後，執行法院據以發收取命令，如第三人拒不履行，執行法院得以該收取命令為執行名義逕行對第三人強制執行，應不許第三人再對收取命令聲明異議，否則將易致第三人拖延，影響債權人之執行利益，但第三人得主張前確認訴訟事實審言詞辯論終結後所發生消滅或妨礙債權人請求之事由提起本法第十四條第一項異議之訴（參閱許氏撰前揭 ❷❶❾ 文）。

❷❶❼ 學者許士宦認可預先聲明異議（參閱許氏撰前揭 ❷❶❾ 文），但學者楊與齡認在扣押命令送達前不可（參閱楊氏著前揭第六九七頁）。

制執行,為此民國 64 年本法修正時增設第 2 項逕對第三人執行之規定,即第三人如未於接受法院命令後 10 日內聲明異議,亦未依執行法院命令,將金錢支付債權人,或將金錢、動產或不動產支付或交付執行法院時,執行法院得因債權人之聲請,逕向該第三人為強制執行。此時即以第三人為債務人,由原執行法院以上開換價命令為執行名義,對之強制執行,僅法院內部程序應另行分案辦理(參照注意事項 64 (3)),以與原案區隔。此項逕對第三人執行之命令,是否包括移轉命令?愚意以為就第 2 項規定之「未依執行法院命令將金錢支付債權人」,應採肯定說,但實務採否定說,認不包括移轉命令(參照注意事項 64 (2)),故就移轉命令,第三人拒不給付,債權人只可對第三人另行取得執行名義,始可對第三人強制執行。關於逕向第三人強制執行之規定,就強制執行之效果言,固有助益,但此時執行名義為何?是否妥適?學者有認為第三人不履行,債權人應提起收取訴訟,豈可因未聲明異議,即可逕對其強制執行,此項我國獨有之制度,是否妥當不無疑義,殊嫌過苛❷❶❽,但亦有肯定,認此為我國特有之簡化程序❷❶❾,執行名義即為換價命令❷❷⓿,但亦有認換價命令不適於為執行名義,應以原執行名義對第三人財產強制執行❷❷❶,愚意以為原執行名義僅可執行債務人不可對第三人為之,可對第三人請求者為換價命令,故以前者為妥。日本民事執行法第 147 條第 2 項「如第三債務人因故意或過失對前款所規定之催告沒有進行陳述或作不真實之陳述時,負責賠償因此而造成之損失。」僅令第三人負賠償責任,與我國不同。按本項執行之執行名義為換價命令,則其執行應非原來執行程序之延續,此由注意事項規定另行分案辦理可明。至於此項執行,仍須債權人聲請強制執行為之,執行法院不可依職權,雖

❷❶❽ 參閱陳世榮著前揭第三九五頁、張登科著前揭第四六四頁、陳榮宗著前揭第五六八頁。

❷❶❾ 參閱楊與齡著前揭第六九八頁、許士宦撰前揭❷⓿❾文。

❷❷⓿ 參閱許士宦撰前揭❷⓿❾文,陳計男著前揭第五二七頁,陳榮宗著前揭第五七⓿頁,張登科著前揭第四六五頁,楊與齡著前揭第七⓿⓿頁。

❷❷❶ 參閱陳世榮著前揭第三九六頁。

此執行與原來之執行程序有別，但所欲實現之債權仍為原有之債權，不應另繳執行費❷❷。

上述第三人之聲明異議，不僅有 10 日限制，且限於一定事由，故若不符合此等限制者，固非此處聲明異議，應以不合法駁回之，惟若符合本法第 12 條之聲明異議者，仍應依該條聲明異議處理。

第三人對此執行，仍得以前述聲明異議事由提起異議之訴，並可依本法第 18 條第 2 項停止執行（參照本法第 119 條第 3、4 項）。

第七節　對於公法人財產之執行

在民國 85 年本法修正前，並無對公法人財產之執行規定，但早期注意事項均有與現行注意事項 65 之 1 ⑵相同之「債務人為政府機關或其他公法人，其應給付之金錢列有預算項目，經通知而不自動履行或支付執行法院者，執行法院得逕向該管公庫執行之。」⑶「債務人為政府機關或其他公法人時，如其應給付之金錢，不在原列預算項目範圍內，應由該機關於原列預算內之預備金項下支付或另行辦理預算法案撥付。」之規定，實務上公法人多予配合，較無執行困擾。但在民國 70、80 年間，往往因議會與縣市長意見不一，拒絕或不同意預算，即有問題，為此在民國 85 年修正本法時，以現行法無對公法人財產應如何執行規定，特增設「對於公法人財產之執行」一節規定，以資適用。

一、本節公法人適用範圍

理論上，公法人不僅包括各級政府機關，在股份有限公司，政府持股在百分之五十一以上者，亦屬之。此等公司雖為國營、省營企業，但事實上有與一般公司無異者，例如銀行，但亦有特殊任務者，例如電力公司、自來水公司，為此本法第 122 條之 1 第 1 項規定「關於金錢請求權之強制執行，債務人為中央或地方機關或依法為公法人者，適用本節之規定，但

---

❷❷　學者有認應另繳執行費，例如陳計男、楊與齡（參閱陳氏著前揭第五二七頁，楊氏著前揭第七〇〇頁）

債務人為金融機構或其他無關人民生活必需之公用事業者，不在此限。」❷❷❸
是就本節所指公法人設有適用範圍之限制。

二、執行方法

原則上，公法人為金錢債權之債務人時，強制執行方法與私法人相同，
但因性質特殊，故本法設有特別規定，即除有下列特別規定外，與一般執
行相同。

㈠不適用本法第 20 條至第 25 條

公法人之財產均較私法人為透明，不致隱匿財產，本法第 20 條至第 25
條多係防止債務人隱匿財產，逃避責任之規定，即不應適用，是本法第 122
條之 1 第 2 項規定「第二十條至第二十五條之規定，於前項執行不適用之。」

㈡推行公務或移轉違反公共利益之公用財產不可執行

依本法第 122 條之 3 第 1 項規定「債務人管有之公用財產，為其推行
公務所必需或其移轉違反公共利益者，債權人不得為強制執行。」是並非
公法人所有財產均可執行，仍受有一定限制。依國有財產法第 4 條規定，
國有財產分為公用財產與非公用財產，非公用財產可為執行標的。公用財
產分為公務用財產、公共用財產、事業用財產，供公務用者為各機關、部
隊、學校辦公、作業及宿舍使用者，此種財產，不可為執行標的，以免公
務無法進行。公共用財產係國家直接供公用者，事業用財產係國營事業機
關使用，此等財產之移轉有與公共利益有關，亦有無關者，有關者始不可
執行❷❷❹，例如重劃區之抵費地❷❷❺。如執行法院不明可否執行，依本法第 122

❷❷❸ 立法理由：本條規定之公法人，原則上以中央或地方機關或依法為公法人者，
為其範圍。公營事業除採公司或社團組織者外，係分別隸屬中央或地方機關，
亦有本節適用。惟本節之所以對公法人強制執行加以限制者，係因其經管之事
務攸關公共利益。倘對其管有之財產，不問性質如何，一律逕予執行，足以影
響其公共事務之進行，損及公眾福祉。如其機關為國營金融機構或其他無關公
眾利益之公營事業者，性質上與民營事業無異，對其強制執行，既無損及公眾
利益之虞，自無加以限制之必要，爰設本條但書之例外規定，以期其平。

❷❷❹ 立法理由：公法人經管之事務，多涉及社會公眾之利益，若對其管有公用財產
之強制執行，影響其公務之推行或執行其財產損及公共利益者，則社會公共利

條之 3 第 2 項「關於前項情形，執行法院有疑問時，應詢問債務人之意見或為其他必要之調查。」可為查明，以決定可否執行。

㈢應先令債務人自動履行

雖可依一般執行規定，執行公法人財產，但一般言之，公法人之財產多有一定目的，且其支出應編列預算支付，如有預算，可逕由預算下支付，否則亦可由預備金或另編預算支付，是為促使其自動履行，本法第 122 條之 2 第 1 項規定「執行法院應對前條債務人先發執行命令，促其於三十日內依照執行名義自動履行或將金錢支付執行法院轉給債權人。」在早期無此規定時，實務上，亦皆依此方法處理，甚至如拒不編列，可通知其上級機關處理。

㈣未自動履行者

1.列有預算者：依本法第 122 條之 2 第 2 項規定「債務人應給付之金錢，列有預算項目而不依前項規定辦理者，執行法院得適用第一百十五條第一項、第二項規定，逕向該管公庫執行之。」執行法院可對公庫執行，即執行公法人在公庫之存款，一如依本法第 115 條執行私法人、私人在金融機關之存款（參照注意事項 65 之 1 ⑵），不受公庫法第 16 條之限制，毋庸由公法人簽發支票交付。早期實務有因公庫法規定，認不宜對公庫存款執行，因本法修正後，自不可再予參考。

2.未列預算者：

⑴如有預備金，仍可就預備金下執行，即同前依本法第 115 條執行公庫存款中之預備金（參照注意事項 65 之 1 ⑶）。

⑵如無預備金，該債務人願於隔年編預算支付，可等待隔年預算編妥，

益之維護猶重於債權人私權之實現。爰設本條限制強制執行之規定。

㉒ 司法院秘書長民國 77 年 2 月 8 日秘臺廳㈠字第 01115 號函說明二：關於縣（市）政府因債務一時無法清償，致重劃區抵費地被法院查封一案，依平均地權條例施行細則第七十八條規定，如認為重劃區抵費地之性質事關公共利益，與一般公有財產有別，並不宜作為查封之標的，該縣（市）政府似得依強制執行法第十二條規定，於強制執行程序終結前，向執行法院聲明異議，以求救濟。

由其自動履行或再對該預算之公庫存款執行。反之，如不願編預算，或預算未能通過，則可依本法第 122 條之 4「債務人管有之非公用財產及不屬於前條第一項之公用財產，仍得為強制執行，不受國有財產法、土地法及其他法令有關處分規定之限制。」執行。即就非公用財產或非推行公務所必需或移轉不違反公共利益之公用財產執行，毋庸受國有財產法第六章處分之限制，例如第 50 條第 2 項規定「前項讓售，由各該主管機關，商請財政部核准，並徵得審計機關同意為之。」之限制不適用之，又土地法第 25 條規定「直轄市或縣（市）政府對於其所管公有土地，非經該管區內民意機關同意，並經行政院核准，不得處分或設定負擔或為超過十年期間之租賃。」亦有限制，於執行程序不適用，以免阻撓執行❷❷❻。

⑶對政府機關或其他公法人管有之公用財產強制執行時，應擇其非推行公務所必需或對之執行不影響公共利益者行之（注意事項 65 之 1⑷）。

第八節　參與（加）分配

第一款　前　言

數債權人對債務人均有金錢請求權時，其中一人先聲請終局強制執行，基於債權人平等原則及債務人之財產為其債務之總擔保，實難否認他債權人之請求分配權利，故各國強制執行立法例，均有參與分配制度，允許他債權人請求分配。惟在准許之際，涉及問題甚多，主要有：㈠強制執行既以實現權利為目的，當求迅速進行，則在有他人參與分配時，較諸僅一人

---

❷❻　立法理由：國有財產法第二十八條、土地法第二十五條及其他有關法令對政府機關處分財產所加限制，旨在防止該機關人員利用職務上之機會，濫行處分公有物，損及國家利益。強制執行，係國家司法機關依法強制債務人機關履行債務，處分其財產，非出諸其機關人員之意思，無濫行處分之虞，若仍受有關法令限制處分規定之限制，則債權人之債權難於實現，爰設本條許為強制執行之特別規定，以保債權人權益。

執行，須製作分配表，延生分配表救濟，勢必使執行程序拖延，對聲請執行之債權人不利。㈡在實務上，聲請執行之債權人須尋找債務人財產，為查封等行為，墊款刊登拍賣公告，在一番勞累、支付費用後，他債權人以搭便車方式，坐享其成，對勞心勞力花費之債權人有欠公允。㈢債務人不甘被執行，往往勾串第三人製造假債權分配，影響執行債權人之權益。㈣混淆破產制度，蓋破產制度依一次處理債務人之全部債務，有清算性質。在強制執行程序中，准許參與分配，則債務人之所有債權人均可藉此分配，與清算無異，混淆破產制度。為此在准許參與分配制度下，立法例有優先主義、平等主義、群團優先主義三者。我國採債權人平等原則，債務人財產為其債務之總擔保，換價所得，各債權人均得受益，故本法設有參與分配制度，使未聲請執行之債權人亦可藉參與分配於他執行債權人之執行，分配換價所得，享受執行之果實，並為避免完全採平等主義，在分配發款前，債權人隨時均可參與分配，使分配表不易定案，民國 64 年時，於本法第 32 條設有一定時間限制規定，改為群團優先主義❷❷❼，延續至今，本法第 32 條第 1 項又將該時間又提早一日，仍採此一主義，僅另在船舶執行，就撤銷查封之擔保，設第 114 條之 1 第 5 項限制他人參與分配規定。

參與分配係他債權人就已有之終局執行，一併請求分配，則與對執行標的物有擔保物權人、優先受償權人之行使擔保物權、優先權是否相同？又與其他債權人未聲明參與分配而係聲請強制執行是否相同?有說明必要，

---

❷❷❼ 在民國 64 年以前，本法第 32 條規定「他債權人參與分配者，應於強制執行程序終結前，以書狀聲明之。……」，採徹底之平等主義。強制執行程序終結係指債權人受分配，則在分配表作成後未發款前，仍可參與分配，致分配表難以完成。民國 64 年修正該條為兩項，第 1 項為「他債權人參與分配，應於標的物拍賣或變賣終結前，其不經拍賣或變賣者，應於當次分配表作成前，以書狀聲明之。」將參與分配時間提前，另增第 2 項「逾前項期間聲明參與分配者，僅得就前項債權人受償餘額而受清償。……。」為群團優先主義，逾期者只能就剩餘分配。民國 85 年第 1 項修改為「他債權人參與分配者，應於標的物拍賣、變賣終結或依法交債權人承受之日一日前，其不經拍賣或變賣者，應於當次分配表作成之日一日前，以書狀聲明之。」第 2 項未修正。

蓋如相同，則應受參與分配程序之限制，反之則否。

　　按對執行標的物有擔保物權或優先受償權者，必有其所擔保或優先之債權存在，僅因有擔保物權及優先受償權，就賣得價金可優先分配。在民國 85 年前，此等權利是否行使，本法並無限制，一任其自由決定，就法理言，權利是否行使為其自由，固無問題，但往往因不行使抵押權、優先權，致拍定後不塗銷抵押權等，影響拍賣工作之進行，修正時，採用膳餘主義及塗銷主義，不僅於本法第 50 條之 1、第 80 條之 1，限制必須賣得價金須足以清償優先權人始可拍賣，且第 34 條第 2 項規定「依法對於執行標的物有擔保物權或優先受償權之債權人，不問其債權已否屆清償期，應提出其權利證明文件，聲明參與分配。」強制應行使權利參與分配。既不限制須有執行名義，亦不限制須所擔保之債權已屆清償期，與一般參與分配不同。至於不聲明者，依同條第 3 項「執行法院知有前項債權人者，應通知之。知有債權人而不知其住居所或知有前項債權而不知孰為債權人者，應依其他適當方法通知或公告之。經通知或公告仍不聲明參與分配者，執行法院僅就已知之債權及其金額列入分配。其應徵收之執行費，於執行所得金額扣繳之。」第 4 項「第二項之債權人不聲明參與分配，其債權金額又非執行法院所知者，該債權對於執行標的物之優先受償權，因拍賣而消滅，其已列入分配而未受清償部分，亦同。」賦予就已知債權額強制列入分配，抵押權及優先受償權消滅之結果。就上開文義觀之，抵押權及優先受償權之行使，仍以參與分配方式，僅係強制參與分配，故仍應依參與分配程序辦理。僅本法第 32 條第 1 項參與分配之時間，是否適用即有問題？蓋如以參與分配形式行使權利，自應適用，反之，則否，惟就本法既係強制參與分配觀之，縱不聲明，仍予分配，故注意事項 19 (5)：「本法第三十四條第二項規定之債權人，其參與分配，不受本法第三十二條第一項規定之限制。」排除參與分配之時間限制。但若完全不限制，延至拍定後，甚至分配後始提出債權證明文件聲明參與分配，而其提出債權證明又較執行法院所知者為多時，甚至執行法院不知債權額而未列分配，即有問題。故對此權利之行使，既為參與分配，愚意以為仍應限制，至於應限制何時，如就上開第

3 項就已知債權金額列入分配言，應限制於製作分配表時，即應於製作分配表前行使權利。但就適用上開第 50 條之 1 或第 80 條之 1 言，即應限於拍定前，蓋在執行法院通知已知之抵押權人或優先受償人均不置理，或因未知，以為拍賣有實益而予拍賣，拍定後分配前，忽具狀行使抵押權或優先受償權，達成執行債權人無可分配，此時有違賸餘主義能否拍定即有問題，學者陳榮宗認此時「執行法院已不能打退堂鼓而不進行執行程序，僅得在違背賸餘主義原則之情形下，例外續行執行程序而為適當分配，並依塗銷主義原則，使擔保物權及優先受償權歸於消滅。」❷❷❽ 仍應拍定，是應限制於製作分配表前。然學者間均認不應受限制 ❷❷❾，更有認依上開第 34 條第 3 項規定，擔保權人之債權是否列入分配並優先受償，其判斷基準並非該債權人是否聲明參與分配而係執行法院是否知悉債權額，只要執行法院知悉此一債權，應列入分配後，即在製作分配表，仍可依分配表異議、分配表異議之訴更正 ❷❸⓿。在本法修正前，實務認雖以參與分配方式為之，但實為抵押權之行使，故不受限制 ❷❸❶。現依注意事項 19 (5)亦同。又實務上因

---

❷❷❽ 參閱陳榮宗著前揭第二八五頁。

❷❷❾ 學者陳世榮認不受參與分配期間限制，執行程序未終結前均可為之（參閱陳氏著前揭第四一一頁），陳榮宗亦認不受限制（參閱陳氏著前揭第二八四頁），楊與齡在本法民國八十五年前修正前舊作，認參與分配時間之限制，乃求執行程序之速結，既未排除擔保物權優先權之行使，應受限制（參閱楊氏舊作前揭第三一三頁），然修正後新作，以本法已有依職權列入分配，即不應受限制（參閱楊氏新作前揭第三三七頁）。

❷❸⓿ 參閱林輝煌撰〈從實務觀點談強制執行法之修正㈡〉，刊《司法周刊》第八一三期。

❷❸❶ 最高法院 75 年臺抗字第 205 號裁定：故於強制執行程序中所拍賣之不動產，如有抵押權存在，除拍賣公告中已載明該抵押權不塗銷，就該抵押權人得主張優先受償之權利，另為保留者外，抵押權人得隨時實行抵押權，蓋該標的物拍賣所得之價金，有其得優先受償之權利存在，自得隨時主張優先受償之故。此際雖係以聲明參與分配之方式為之，但其性質則為抵押權之行使，自可不受強制執行法關於聲明參與分配所定之限制，亦不因該抵押權為意定或法定抵押權

其與參與分配不完全相同，例如毋庸執行名義，為區別計，有稱「行使抵押權或優先權」，不稱參與分配。至於抵押權人或優先受償權人不聲明參與分配，而係持有執行名義以聲請強制執行方式行使權利，當無不可。惟因其本應強制參與分配，故其聲請執行時，雖逾參與分配時間之限制，仍可為之。至於優先受償權人，應指對特定物可優先受償，具有物權效力者，例如海商法第 24 條，非指對一切財產均可優先受償具有債權效力者，例如勞動基準法第 28 條第 1 項「雇主有歇業、清算或宣告破產之情事時，勞工之下列債權受償順序與第一順位抵押權、質權或留置權所擔保之債權相同，按其債權比例受清償；未獲清償部分，有最優先受清償之權：一、本於勞動契約所積欠之工資未滿六個月部分。……。」及稅捐稽徵法第 6 條第 1 項「稅捐之徵收，優先於普通債權。」即不適用 ❷❸❷ 。

又他債權人非係參與分配，而係聲請強制執行者，即強制執行之競合，或稱雙重聲請執行，本法第 33 條規定「對於已開始實施強制執行之債務人財產，他債權人再聲請強制執行者，已實施執行行為之效力，於為聲請時及於該他債權人，應合併其執行程序，並依前二條之規定辦理。」係合併執行程序，但仍依前二條規定辦理，實務則稱「併案執行」 ❷❸❸ 。嚴格言之，此固非參與分配，但既規定依前二條，即第 31 條、第 32 條辦理，實與參與分配同，自應受參與分配之法定時間限制，即應於法定時間前之聲請執行，始可併案執行參與分配，逾期只能就餘額或另執行之其他財產分配（參照本法第 32 條第 2 項）。在民國 85 年前，併案執行與參與分配，尚有區分實益，前者限於有執行名義，且須繳納執行費用，執行債權人撤回執行，仍須為此併案執行辦理，執行不足可發債權憑証，後者則否，但在本法修正後，參與分配既限有執行名義，且須繳納執行費，債權人撤回執行時，

而有異。

❷❸❷ 關於勞動基準法第 28 條第 1 項，有認可適用，例如林輝煌（參閱 ❷❸❶ 文），有認不適用，例如陳計男（參閱陳氏著前揭第五七八頁）。

❷❸❸ 注意事項 18⑴：對於已開始強制執行之債務人財產，他債權人再聲請強制執行者，應注意併案處理。

依注意事項 16(1)規定仍須為參與分配者繼續執行,二者已無區分,故債權人多以聲請強制執行處理。惟應注意,另聲請強制執行者如其聲請執行之財產為原有執行者以外之另筆,所欲執行之財產,既不相同,自勿併案執行。但依早先最高法院 23 年抗字第 1442 號判例:「同一債務人,負有各個金錢債務均經判決確定,各債權人雖分別聲請執行,執行法院仍得就債務人之財產合併執行。其已予合併執行者,債權人即無庸聲明參與分配。」

(按:在法院組織法民國 108 年修訂第 57 條之 1 刪除最高法院編選判例前,最高法院會隔若干年編選判例列印成書發行公布,在重新編選時,即會檢討刪除舊有之判例,增加新編選的判例。該判例早年有列入,但民國 92 年公布之判例已未列此判例,應係刪除。)似無此限制,實待商榷。蓋上開規定係指對已開始實施強制執行之債務人財產有他人再聲請強制執行,當係指同一財產,學者亦認非就同一財產者,應分別執行,不發生雙重聲請執行問題❷❸❹。惟實務上有凡債務人相同者即併案處理之作法,未查明是否執行同一財產,或係基於上開判例,等於處理破產事件,實有可議。又既係併案執行,不僅他案亦須為金錢請求權之執行(參照注意事項 18(2)),且依上開規定,原先實施之執行行為之效力,均及於他債權人,縱原債權人撤回執行,仍應為併案債權人繼續執行(注意事項 18(3)),其效力仍溯及以原債權人為準。

債務人財產散居二地以上,其中甲地已開始執行,乙地尚無人執行,債權人可否以同一執行名義,先向乙地聲請強制執行,再又向甲地聲請參與分配?甚且甲、乙兩地均開始執行,債權人可否分別在兩地聲明參與分配?愚意以為本法並無禁止,揆諸權利之行使為自由,應無不可,只受限強制執行及參與分配均須有執行名義,而執行名義如有多件或可依本法第六條第二項,在核發執行名義之法院提出影本聲請執行或參與分配,請求調閱卷宗,另一法院提出正本聲請參與分配或執行可解決問題外,因只有一件正本只能向一地聲請強制執行,於聲請狀陳明另法院尚有執行,請囑託執行以為併案。實務認債權人不可以同一執行名義分向二法院聲請強制

---

❷❸❹　參閱張登科著前揭第五〇四頁。

執行，以免超額查封，採否定說（參見臺灣高等法院 73 年法律座談會），愚意以為一方面如上所述，並無不可，法律並無禁止不可以同一執行名義分向二地法院聲請強制執行，另一方面是否超額查封，與是否在二法院執行、參與分配無關，蓋在同一法院執行亦不可超額查封，茲債務人財產既散置各地，如一地法院執行有不足清償，何以不可在已執行之另地法院參與分配或聲請執行？至於囑託執行須執行法院准許，如執行法院等其執行終結再予囑託，恐他法院早已拍定，為保障債權人權利，應採肯定說。否定說見解，似待商榷。尤其既准囑託執行，何以不可聲請執行？

民法第 129 條第 2 項第 5 款中斷時效事由之聲請強制執行，是否包括聲請參與分配？就聲請參與分配雖與聲請強制執行為不同程序，但既係對債務人行使請求權，請求分配他人聲請強制執行債務人財產所得，應屬廣義之聲請強制執行，可中斷時效[235]。

第二款　參與分配之要件

債權人參與分配，須符合下列要件：

一、須他債權人為金錢請求權之終局執行

參與分配既係就他債權人強制執行之換價所得，依債權人平等原則分配，故僅適用於金錢請求權之執行。民國 85 年前，本法將參與分配規定於總則，實有不當，為此修正時移於金錢請求權之執行一章內。是債權人聲明參與分配，不僅須已有他債權人強制執行案件存在，且該執行案件須為金錢請求權之終局執行。故無執行案件存在（例如已撤回、已撤銷執行），或雖有執行案件，但屬保全執行或為非金錢請求權執行，自不可參與分配。又他債權人執行案件於參與分配後撤回或撤銷，除參與分配係行使抵押權外，不影響參與分配案件之進行，可聲請繼續執行，必須參與分配債權人亦撤回，執行程序始終結，在非調假扣押、假處分卷拍賣者，始可撤銷查封。

二、須執行之債務人相同

參與分配係為符合債權人平等原則，而債權人平等原則係就同一債務

---

[235]　參閱陳世榮著前揭第四二二頁、李模著《民法總則之理論與實用》第三三二頁。

人而言,故須係同一債務人之債權人始可參與分配。但在對物執行名義者,係以物為對象,毋須債務人相同,只要對執行標的物有抵押權等擔保物權,仍可行使抵押權等權利參與分配。至此執行債務人之意義為:

(一)實際財產被執行者

此在執行債權人據以執行之執行名義所列債務人為一人者,固無問題。如執行名義所列債務人有二人以上,須以實際被執行財產者為準。故執行名義所列債務人有甲乙二人,執行法院於同一案件中分別對之執行,縱屬同一案件,甲之其他債權人可對執行甲財產參與分配,乙之其他債權人只可對執行乙財產參與分配,甲之其他債權人不可對乙之財產參與分配,乙之其他債權人亦不可對甲之財產參與分配,執行法院作成之分配表應就甲、乙財產分別為之,以免混淆有誤。

(二)指執行名義所記載者,與執行財產實際為何人所有無關

執行法院對執行財產在實體法上歸何人所有,無權認定,惟在程序上既經認定為執行債務人所有而執行,其債權人即可參與分配,與財產實際之所有權人為何人無涉,雖第三人主張所有權提起異議之訴撤銷執行,在未經撤銷前,不影響參與分配與執行程序之執行。

三、須就同一財產

參與分配之要件須否限就他債權人聲請執行之債務人同一財產為之?即若債務人財產有數筆,執行債權人聲請執行一筆,參與分配債權人如請求就其他各筆分配,是否合法?按參與分配既係就他債權人執行所得分配,解釋上自應限於就同一財產為之,始得參與分配,債權人請求就其他未執行之財產分配,即有不合,應解為另對其他財產聲請強制執行。從而在實務上有一困擾問題,即在債務人有多筆財產,分別由二人以上之執行債權人各別聲請執行,分為不同執行案件,未予併案,此時參與分配之債權人如未指明案號而聲明參與分配,或有指明案號而參與分配,應如何處理?早期司法行政部民國 43 年 5 月 25 日(43)臺令參第 3608 號函:「二、按他債權人之參與分配,應於已開始實施強制執行之債務人財產為之,此觀強制執行法第三十三條之規定,殆無可疑,故對於同一債務人所有其他未經實

施強制執行之財產，他債權人原無從對之聲明參與分配。惟有執行名義之債權人聲明參與分配，其本質上原與聲請強制執行無異，而多數債權人分別請求執行時，執行法院得就債務人之財產合併執行，亦為最高法院二十二年抗字第四六二號判例明示，是有執行名義之他債權人，對於已開始實施強制執行之債務人財產，聲明參與分配後，如經分配之結果不足受完全之清償，而在強制執行程序終結前，又經原聲請強制執行之債權人發見該債務人之其他財產，復經執行法院就該項其他財產開始實施強制執行時，該有執行名義之他債權人，雖未就該項其他財產聲明參與分配，按諸債務人所有財產為一切債權之擔保原則，以及貫徹便民之旨，牾非不可就該項其他財產一併分配。」認只要聲明參與分配，雖非聲請執行之財產而係事後發見之財產再予執行，仍可分配，則不論有無指明案號，均可分配。司法院民事法律問題研究㈢第一六七則：「法律問題：債權人甲、乙、丙，依序分別於七十二年一月十五日、十六日、十七日對債務人丁之三項不同財產聲請強制執行，執行法院分別為七十二年民執字第一號、第十號、第二十號三件分別執行。嗣債權人戊於同年月二十日聲明參與分配，然聲明狀僅列債務人丁，而未列案號及債權人甲或乙或丙之名義。試問執行法院應如何辦理戊參與分配之聲明？討論意見：甲說：將三件執行事件全列，而通知戊陳報係參與何件之分配。若不為陳報，執行法院應依職權，三件皆予戊參與分配。乙說：僅通知戊自行陳報參與分配案件之案號或該聲請強制執行之債權人名義或執行之標的物。若不為陳報，視為聲明不明確，未備一定程式，將戊參與分配之聲明裁定駁回。丙說：為免除下列情形發生：一、妨害後案聲請強制執行債權人之權益。二、參與分配人列明案號者，衹得就該案分配，未列明案號者，反而可就全部案件分配之不公平現象和投機行為。三、參與分配人衹因不知案號即喪失分配之權益，亦有違事理之平。因此，執行法院宜由最先收件即第一號執行事件之承辦股，將該事案號，債權人名義，執行標的物，列明通知戊，陳報是否即參與該案之分配，若不是，應陳報擬參與分配之案號等。若不為陳報，視為參與該第一號執行事件之分配。結論：採甲說。司法院第二廳研究意見：一、按參與

分配之聲明，應對於已開始強制執行之債務人財產為之。此觀強制執行法第三十三條『對於已開始實施強制執行之債務人財產，他債權人不得再聲請強制執行，有再聲請強制執行者，視為參與分配之聲明』之規定自明。故他債權人聲請參與分配，如已表明對於債務人之何項財產執行所得參與分配，縱未記載執行債權人之姓名，以及執行案號，於參與分配，並無影響。二、依本題所示，債務人丁所有三項不同之財產，分別經債權人甲、乙、丙聲請執行法院分三案強制執行，他債權人戊聲明參與分配，僅列債務人丁，並未列案號及執行債權人之姓名，如參與分配之書狀未表明對於何項財產執行所得參與分配，執行法院非不得通知戊命其陳報參加何案之分配，如仍未陳報，可探求當事人真意，將參與分配之金額均分三案，分別加入三案參與分配。甲說認三案皆予參與分配，而未說明其參與分配之金額，乙說認應裁定駁回參與分配之聲明，丙說認視為參與第一號執行事件之參與分配，皆有未妥。(七十二年六月二十日⑺廳民二字第〇三九九號函復臺高院)」雖認均可分配，但應將參與分配之金額均分，不可各案均以全部債權金額分配。 但民國 94 年臺灣高等法院法律座談會仍有不同意見❸。愚意以為債務人之財產分別經不同之債權人各自聲請執行，執行法

---

❸　臺灣高等法院 94 年法律座談會：

　　法律問題：債務人丁有債權人甲對其不動產及租金債權聲請強制執行；有債權人乙對其租金債權及股票聲請強制執行；有債權人丙對其租金債權聲請強制執行，經法院併案處理，則債權人甲、丙對債務人丁所有之股票經拍賣後之價金能否分配受償？債權人乙、丙對債務人丁所有之不動產拍得之價金能否分配受償？

　　討論意見：

　　甲說：肯定說。

　　按諸債務人所有財產為一切債權之總擔保原則，及我國採債權人平等主義之立法例，債權人甲、乙似可對債務人丁所有之股票經拍賣後之價金同受分配，債權人乙、丙似可對債務人丁所有之不動產拍賣後之價金同受分配。

　　乙說：否定說。

　　按強制執行法係採當事人進行主義，強制執行應依聲請而開始，強制執行法第

院編為不同案號，基於當事人進行主義，如他債權人聲明參與分配時，於狀中表明就某一特定案件分配，固僅得列入該案分配，不可於其他案件中分配，反之，如指明各該案件者，則於各該案中均應列入分配。有問題者在未具體指明時，應如何處理？按本法就參與分配既未規定書狀應表明參與分配之案件（號）、分配之財產，而參與分配既係就他債權人聲請執行之案件為之，則在未表明時，應認各案均應列入分配。至於因此較諸有表明案件（號）分配之財產者為有利，亦係不得已之結果。又於各該案分配者，因分配時間不同，在先分配案件應以全部債權金額列入分配，於次分配案件時，應扣除前案已分得之金額。

四、以書狀向法院聲明

　　聲明參與分配應以書狀為之（參照本法第 32 條第 1 項），不得以言詞[237]，至此書狀應呈交何處，本法雖無明文，但強制執行既由法院處理，參與分配為執行程序中所為，故應向法院聲明，始為合法，不可向執行書

五條第二項明文規定，債權人聲請強制執行之書狀內宜記載執行之標的物，債權人未記載之執行標的物，自不能同受分配；本題債權人甲、乙自不可對債務人丁所有之股票之拍賣價金同受分配，債權人乙、丙不可對債務人丁所有不動產之拍賣價金同受分配。

初步研討結果：參酌司法行政部四十三年五月二十五日臺四十三令參第三六〇八號函之見解，採甲說。

審查意見：按關於強制執行之聲請，原則上採當事人處分權主義，此觀強制執行法第五條、第三十二條及第三十三條分別就債權人聲請強制執行、參與分配及對已開始實施強制執行之債務人財產、再聲請強制執行等各種情形加以規定自明，故當事人聲明參與分配須符合前開參與分配之要件，執行法院始得酌定是否准許之，如就他人查封之特定標的物參與分配，則採肯定說。

研討結果：(一)審查意見倒數第二行第三字以下「如就他人……則採肯定說」全部刪除。(二)修正後之審查意見改列為討論意見乙說之補充理由。(三)以甲說及乙說經付表決結果：實到七十人，採甲說十一票，採乙說五十一票。

[237] 最高法院 66 年臺再字第 96 號判例：聲明參與分配，依強制執行法第三十二條第一項規定，應以書面為之，為必備程式之一，此於強制執行法既有明文規定，即無再準用民事訴訟法第一百二十二條規定之餘地。

記官遞狀，蓋書記官非法院。但亦有認本法未規定，則拍賣現場向書記官呈交書狀，亦發生效力❷❸❽，此種說法，實待商榷。

五、於一定期間內聲明

為避免執行程序因參與分配而拖延，本法第 32 條第 1 項設有參與分配之時間限制，但執行費用之參與分配不受此時間限制❷❸❾。至此時間限制，視換價方法而不同，即換價方法如係採用拍賣或變賣者，限於拍賣、變賣終結或交債權人承受前一日，如不經拍賣、變賣，應於當次分配表作成前一日。由於此前一日為法律明定，故無民法第 122 條「於一定期日或期間內，應為意思表示或給付者，其期日或其期間之末日，為星期日、紀念日或其他休息日時，以其休息日之次日代之。」之適用，即若分配期日前一日為週六、日，休息日、例假日，均不延長。目前上開時間法院均有值班

---

❷❸❽ 參閱林昇格著《強制執行法理論與實務》第五一八頁、陳榮宗著前揭第二八〇頁。

❷❸❾ 臺灣高等法院暨所屬法院 111 年法律座談會研討結果：㈠遺產管理人於強制執行開始前或開始後所代墊因遺產管理所生費用，乃為遺產保存所必要不可欠缺之費用，應解為民法第一一五〇條規定所稱關於「遺產管理之費用」，該條規定「其費用由遺產中支付之」。而遺產管理人之報酬，依同法第一一八三條規定「就遺產酌定之」。分別係指以遺產負擔並清償該費用，及就繼承人所留之遺產酌給遺產管理人報酬，亦即遺產管理之費用（包括遺產管理人報酬及代墊管理遺產所生之費用），對於被繼承人之全部遺產有優先受償權，且如無該等遺產管理費用之支出（例如未經選任遺產管理人管理遺產），系爭遺產之強制執行程序即不能開始或續行，雖非債權人因強制執行而支出之費用，但仍屬為全體債權人之共同利益而支出，核屬強制執行法第二十九條第二項所稱「其他為債權人共同利益而支出之費用」，應列為執行費用而優先受償。㈡本題被繼承人甲遺有財產且無人繼承，經法院選任遺產管理人管理遺產，嗣甲之債權人乙就其未受償債權聲請強制執行系爭遺產，於系爭遺產經拍定後，遺產管理人始持法院核定其報酬及代墊因遺產管理所生費用之確定裁定，聲明參與分配。其報酬及代墊因遺產管理所生之費用，屬遺產管理費用，且係為全體債權人之共同利益而支出，為執行共益費用，就甲所留系爭遺產拍賣所得價金有優先受償權，應列為執行費用而優先受償，不受強制執行法第三十二條第一項聲明時點之限制。

人員收狀，不影響當事人權益。於此應注意者：

㈠拍賣終結係指拍定而言，即執行人員宣布何人為最高價而買得之時。變賣終結係指變賣契約成立之時。交債權人承受，指債權人聲明承受，執行法院准許，非指聲明承受。因承受一般均係在拍賣期日無人應買時，由債權人當場聲明，與拍定終結相同。又在本法第 80 條之 1 第 2 項及第 95 條第 1 項之特別拍賣，凡在該一期間內向執行法院為應買表示或債權人聲明承受者，一經執行法院許其買受或承受，拍賣即為終結。

㈡拍定人未繳價金而再行拍賣者，此拍賣終結指前次拍賣者抑或再行拍賣者？學者意見不一，有認既已拍定，即為拍賣終結，為保障原先債權人之權利，不可延長，採前者[240]，亦有認前拍賣因拍定人不繳款再行拍賣，前買賣契約解除，回復至未拍定，應採後者[241]，愚意以為前者為當。蓋既前拍賣終結，即不因受再行拍賣影響，實務有採後者[242]，亦有採前者[243]。

----

[240] 參閱陳世榮著前揭第四○八頁、楊與齡著前揭第三三三頁、耿雲卿著前揭第四一一頁。

[241] 參閱陳榮宗著前揭第二七七頁、張登科著前揭第四九九頁、姚志明撰〈強制執行之參與分配〉，收錄楊與齡主編《強制執行法實例問題分析》。

[242] 臺灣高等法院 65 年法律座談會：

法律問題：執行標的經實施拍賣後，拍定人不按時支付價金者，執行法院依民法第三百九十七條第一項規定，再行拍賣時，其執行程序是否回復拍定前之狀態？在再行拍賣終結前之參與分配，究應依強制執行法第三十二條第一項或第二項規定分配？又已放棄優先承購之人，於再行拍賣拍定後可否再主張優先承購之權利？

研討意見：

甲說：按民法第三百九十七條第一項規定，拍賣之買受人如不按時支付價金者，拍賣人得解除契約，將其物再行拍賣，所謂「解除契約」，一般解為原買賣契約當然解除毋須經催告及解除程序(見楊與齡著《強制執行法論》第三九六頁)，從而執行程序即應回復未拍定前之狀態，他債權人固得於再行拍賣終結前聲明參與分配，即優先承購權人及當事人或其他第三人之一切權利，均應恢復原有狀態，不因以前之未行使而喪失。

乙說：略。

至於承受人不繳價款而再行拍賣，亦指再行拍賣之拍定。

㈢分配表作成時係指書記官製成，經執行法官核定簽章時而言。至於作成後，因依職權、異議或訴訟而更正或重新製作（參照本法第39條、第40條），應以原作成者為準，抑或更正者為準？學者通說認為此種更正，乃當次分配表作成後所生問題，不屬當次範圍，故仍以原作成者為準❹。但亦有認應以更正者為準❹，愚意以為前者為當。

㈣對執行標的物有抵押權或優先受償權，不受上開期間限制，但愚意以為仍應受分配表製作之限制，即應於分配表製作前行使權利。

㈤拍定後就價金作成分配表者，仍以拍定為準，不可因有作成分配表而以分配表作成為準。

審查意見：擬採甲說。

研討意見：採甲說。

❷❹❸ 司法院民國82年6月19日⒇廳民二字第11234號函：……。惟此之拍賣終結，究指最初之拍定？抑於拍定後因拍定人不繳價金而再行拍賣之拍定為準？仍有爭議。從理論上而言，拍定人未將價金按時繳足者，拍定失其效力，依辦理強制執行事件應行注意事項第三十五條規定，應適用民法第三百九十七條之規定拍賣人得解除契約，將該標的物再行拍賣，參照最高法院二十三年上字第三九六八號判例意旨，契約經解除者溯及訂約時失其效力，與自始未訂契約同，則最初之拍定，因當然解除而溯及的失其效力，與自始未拍定同，故應以再行拍賣時之拍定為準。在此之前，他債權人聲明參與分配，仍屬法定期間前之參與分配，除優先權外，應平均受償。此對一般債權人之保護固屬周詳。然對執行債權人及最初拍定前聲明參與分配之權利人之權益，則影響至鉅，彼等原可就拍定之價金，除優先權外，平均受償。徒因拍定人不按時繳納價金而再行拍賣，致令失其原有權益，須與延後再行拍賣時，始聲明參與分配之債權人平均受償，殊欠公平，為保障執行債權人及正當權利人之權益，聲明參與分配之時點，不應因再行拍賣而延長，故應以最初之拍定為拍賣終結為宜。

❷❹❹ 參閱陳榮宗著前揭第二七七頁、耿雲卿著前揭第四一二頁、陳世榮著前揭第四〇九頁、楊與齡著前揭第三三四頁、張登科著前揭第五〇〇頁、陳計男著前揭第五八三頁。

❷❹❺ 參閱莊柏林著前揭第一四四頁。

㈥執行法院不以拍賣、變賣換價者，亦非當然有製作分配表，例如執行金錢時，執行人員取得後，如無他債權人，執行人員可逕交付執行債權人。一經交付，該金錢已屬執行債權人所有，執行程序終結，他債權人不得對之聲明參與分配。反之，在未交付前，仍屬債務人所有，其他債權人自可參與分配❷⁴⁶。又如執行債務人對第三人之金錢債權，執行法院如係發收取命令，在債權人未據此收取前，他債權人可參與分配，反之，則否。再如發支付轉給命令者，第三人將錢交付執行法院，執行法院已交債權人者，執行程序即已終結，縱未作成分配表，亦不得參與分配，反之，在未交債權人前，仍可參與分配。蓋在第三人繳款給執行法院，在執行法院未發給債權人前，該款仍屬債務人財產，且債權人未受清償前，尚難謂執行程序終結（參見司法院院字第 2776 號解釋㈠）。

㈦債務人依本法第 58 條第 1 項規定，於拍賣期日前提出現款者，於提出交付執行法院後，他債權人可否就此現款參與分配？又對尚未撤銷之查封財產，可否參與分配？前者學者有認為執行法院收受視為債務人已向債權人清償而不復拍賣，執行程序終結，他債權人不可參與分配❷⁴⁷，在民國 64 年前本法第 32 條規定「他債權人參與分配前，……如執行標的物不經拍賣而在聲明參與分配前，已交付債權人或經執行處收受，視為已由債務人向債權人清償者，他債權人不得參與分配。」即採此見解。但民國 64 年修正時，已刪除此一規定，故亦有認須已轉給債權人始為終結，他債權人不可參與分配❷⁴⁸。後者未見學者論及。愚意以為前者，如執行法院已交債權人則不可參與分配，反之，則否。蓋理論上未交付前仍屬債務人財產，不可視為已清償，但實際上會產生不公平結果，即本法第 58 條第 1 項之債務人提出現款，其目的在撤銷查封，而提出之現款係以提出時之執行債權額，包括已有之參與分配債權額計算，則在據此提出並撤銷查封後，尚可

---

❷⁴⁶ 最高法院 75 年度臺抗字第 509 號裁定：……，執行標的物不經拍賣，而在聲明參與分配前已交付債權人者，亦應視為拍賣或變賣終結。

❷⁴⁷ 參閱陳世榮著前揭第四〇九頁。

❷⁴⁸ 參閱楊與齡著前揭第三三五頁、陳計男著前揭第五八五頁。

允許他人參與分配，原先之債權人自必不能完全受償，此時可否再查封？甚至債務人已處分財產無從查封，應如何處理？參照本法第114條之1第5項不准他人對擔保參與分配，益見此准予參與分配之理論有誤，但在法無明文下，亦難不依理論處理，故本法應於第58條明文規定，債務人提出現款撤銷查封後，他人對此現款不可參與分配。後者，依本法第58條第1項規定，執行法院固可撤銷查封，惟在未撤銷前，該查封物既仍屬債務人所有，似非不得參與分配，惟此在執行債權人未受清償時固無問題，如執行法院已交付債權人而受清償，一方面已非債權人，即無債權人執行，另一方面執行程序終結，他債權人如何附隸而參與分配？是應依執行債權人撤回執行之方式處理，即續為執行。

㈧依本法第32條第2項規定，則逾期參與分配，並非一定不能分配，即在分配尚有餘額，本應發還債務人者，在未發還前，仍可由參與分配債權人分配，從而若只有一人聲明參與分配，固應分配發給該人，反之，有二人以上，仍應另作分配表，則在另作分配表前一日他債權人聲明參與分配者，均可就此餘額分配。但若已發還債務人者，即無從分配，應駁回參與分配聲明，債權人應另行聲請強制執行。又如無餘額但原債權人分配不足尚應執行債務人其他財產，其他財產係以拍賣、變賣換價者，在其拍賣、變賣終結前一日聲明參與分配之債權人與原債權人仍可就此換價所得分配，如不採拍賣、變賣者，則在就執行財產所得分配表作成前一日聲明參與分配之債權人仍可與原債權人就此分配。從而：1.逾期參與分配，並非當然駁回，須視有無餘額或是否再執行債務人財產而定，如有，仍可分配，僅分配之範圍限於餘額或再執行之財產。反之，則應駁回。由於民國85年修正後之本法，限制參與分配之債權人須有執行名義及須繳納執行費，與聲請執行同，為免被駁回，可以聲請執行方式，於遇有上開無財產執行時，尚可獲得債權憑證，較諸被駁回為有利。2.拍賣物有數項而分數次拍定者，其拍賣終結時間既各不相同，參與分配是否逾期，應分別決定。故在第一項標的物拍定後，第二項標的物拍定前，仍可參與分配，僅此參與分配者，其分配之價金不包括前已拍定者，書記官應分別製作分配表。3.分配表須

製作數次者，以各次作成時間定參與分配時間限制，如同前述數次拍定者。應注意者，上開法文規定之「如尚應就債務人其他財產執行時」，不僅指原債權人強制執行尚不足清償，另再執行債務人其他財產，或開始執行時已查封數項財產，先拍賣之財產分配原債權人尚有不足，須再拍賣其他查封財產，且在有本法第 72 條及第 96 條第 1 項之停止拍賣時，亦包括之，此時即不停止拍賣，而可拍賣此等停止拍賣之財產。蓋若停止，一方面撤銷查封後，參與分配債權人仍可請求執行此等財產，另一方面在未撤銷查封前，參與分配債權人本可依本法第 33 條聲請執行，為免浪費程序，可對此等停止拍賣財產進行拍賣。

六、須係金錢請求權之債權人

　　能參與分配者，必須是債務人之金錢請求權之債權人，即對債務人之請求係金錢請求權，故非債務人之債權人或係非金錢請求，均不可參與分配。前者例如第三人提供土地設定抵押，其於設定抵押後所建房屋（包括增建），雖可併付拍賣（參照民法第 877 條），但抵押權人對第三人言非其債權人，自不可對房屋賣得價金參與分配。後者例如他債權人係請求交付動產者，縱該動產即為本件執行之標的，亦不可參與分配。又債權人指：

　　㈠需有執行名義，但對執行標的物有擔保物權或優先受償權而予實行者例外，只需提出權利證明文件即可（參照本法第 34 條第 1、2 項）。關於參與分配之債權人須否限有執行名義之債權人，本法在民國 85 年以前並無限制，僅對無執行名義債權人設有一定條件，並須債務人或其他債權人不為反對，如有反對，應另提參與分配之訴❷❹❾。修正時，以無執行名義債權人參與分配，徒增債權人間糾紛，拖延分配程序，無執行名義債權人可俟取得執行名義再對債務人其他財產執行或聲請宣告債務人破產即可清償，而無執行名義債權人常為假債權，故予刪除，學者多予肯定或無反對。然

---

❷❹❾　參閱拙文〈無執行名義債權人參與分配之研究〉，刊《法令月刊》第三十七卷第六期；〈無執行名義債權人參與分配可否於有他人釋明時即毋庸再為釋明〉，刊《軍法專刊》第三十四卷第二期（以上均收錄於拙著《強制執行法學說與判解研究》）。

愚意以為此一修正有待商榷，蓋參與分配既係為符合債權人平等原則及債務人之財產為其債務之總擔保，則此限制，法理上即有欠缺。至於為防止拖延，與無執行名義參與分配無必然關係，此涉及實務操作問題。而假債權之防止，更非妥當，苟為假債權，債務人與假債權人間儘可串通以便捷之支付命令、調解、本票裁定等非訟程序取得執行名義，毫無破綻。無執行名義債權人參與分配，執行債權人或已參與分配之債權人可不同意，更可防止。如此修正，影響消息不靈通之真正債權人，或逼其聲請假扣押裁定，以此裁定為執行名義參與分配，或聲請破產，前者徒增擔保金負擔，不利債權人，有利國庫，後者進入破產程序，更形複雜。況一定須有執行名義，而此執行名義債權人當為金錢請求，在債務人以土地設定抵押權後，在地上建屋，此房屋雖可併付拍賣，且為債務人財產，但抵押權人以拍賣抵押物裁定為執行名義，抵押權人對房屋部分因無執行名義，不可分配，仍須借助參與分配，現因須有執行名義，就此房屋部分須另行取得執行名義始可分配。又在禁止債務人設定、移轉或變更不動產權利之假處分（參照本法第 139 條），因非屬金錢請求權，不能認有金錢請求之執行名義，在他債權人調卷拍賣，假處分債權人須另行取得金錢請求權之執行名義始可分配，否則，完全不可受償。凡此與民國 85 年以前，前者，抵押權人就房屋部分可以無執行名義債權人身分參與分配，後者因可變更為損害賠償，亦可依無執行名義債權人身分參與分配而不同。在須另行取得金錢請求權之執行名義始可分配，有時因時間不及，無從參與分配。故限制無執行名義債權人參與分配，實待商榷。

㈡執行名義不僅應屬金錢請求權者，且未限制須終局執行之執行名義，故假扣押裁定或令先為一定給付之假處分裁定均可，至於其他假處分裁定，非屬金錢請求，自不包括在內，故因不能及時取得終局之執行名義者，仍可利用假扣押，以假扣押裁定為執行名義參與分配。甚至經假扣押執行之財產，他債權人持終局執行之執行名義，聲請調假扣押卷執行拍賣時，執行法院即應為假扣押債權人依參與分配處理，因其有假扣押裁定之執行名義。

㈢不限於私法債權，即公法債權，依本法第 34 條之 1 規定，亦可參與

分配，例如罰金、罰鍰、租稅。惟土地增值稅應依稅捐稽徵法第 6 條第 3 項「經法院、行政執行分署執行拍賣或交債權人承受之土地、房屋及貨物，法院或行政執行分署應於拍定或承受五日內，將拍定或承受價額通知當地主管稅捐稽徵機關，依法核課土地增值稅、地價稅、房屋稅及營業稅，並由法院或行政執行分署代為扣繳。」扣繳，不適用參與分配規定（參照注意事項 16 ⑷）。公法債權已由行政機關移送行政執行機關，依本法第 33 條之 2 第 1、2 項規定，行政執行機關併案處理即可，事後執行法院不執行時，可於撤銷執行處分（例如查封）後，退還行政執行機關繼續執行（參照本法第 33 條之 2 第 3 項）。

㈣執行名義附有條件、期限或須債權人提供擔保、對待給付者，依本法第 4 條第 2、3 項，必須條件成就、期限屆至、提供擔保、提出對待給付始可開始強制執行，而參與分配與開始強制執行同，故亦須有上情始可參與分配，惟聲明時，條件尚未成就等，在拍定前一日或作成分配表前一日已成就等，即可參與分配。

㈤債權未屆清償期者可否參與分配？早期參與分配非必須有執行名義，故實務認未屆清償期者，不可聲明參與分配[250]，現修法為必須有執行名義始可參與分配，一般而言，債權未屆清償期者，原則上，不可能取得終局執行之執行名義，只能取得假扣押裁定為執行名義或依民事訴訟法第 246 條提起將來給付之訴，獲勝訴判決確定為執行名義。惟此二者之執行名義，如清償期尚未屆期，可否參與分配？對此問題，本法未如破產法第 100 條設有視為到期規定，故學者有認期限未屆至，不可開始強制執行，亦不可參與分配[251]，愚意以為如能明文規定最妥，蓋彼等亦為債權人，如不准參與分配，實有違債權人平等原則，日本民事執行法第 88 條對此設有規定，

---

[250] 司法院民國 71 年 2 月 9 日⑺廳民二字第 0111 號函：他債權人聲明參與分配，須其債權業已到期，如其債權尚未到期，執行法院應以其參與分配之聲請不合法裁定駁回。惟如他債權人聲請後，於裁定駁回前，其債權業已到期，則其不合法之情形已不存在，即不得再以裁定駁回其參與分配之聲請。

[251] 參閱陳計男著前揭第五七五頁、張登科著前揭第四八八頁。

可供參考，其第 1 項「確定期限未屆至之債權，對於分配，視為清償期日已屆至。」茲在無明文規定下，愚意以為既有執行名義，應准許參與分配，不應再計較清償期是否屆至，否則實行擔保物權者，債權未屆期，可行使權利參與分配，此處反而不准，有失公平。民國 85 年修法前實務認將來給付之判決仍須期限屆至始可參與分配❷❺❷。

㈥行使擔保物權或優先權者，不僅毋庸執行名義，且債權未屆期、條件未成就仍可參與分配。

㈦債權人是否限於執行債權人以外者，即執行債權人可否參與分配？有反對者，亦有贊成者。愚意以為法律就此並無限制，應包括在內，早期因參與分配毋庸繳納執行費，恐有人先以債權之一部聲請執行，或有數筆債權以較小者先執行，再以其他債權參與分配，以規避執行費，故有反對，現因均須繳納執行費用，應無此問題。況早期實務亦有認包括執行債權人之其他債權❷❺❸。

---

❷❺❷ 司法院民國 82 年 5 月 1 日⑻廳民二字第 07829 號函復：將來給付之判決屬附有期限之執行名義，於履行期未到前，其債權尚未屆清償期。依強制執行法第四條第二項規定，執行名義附有期限者，於期限屆至後，始得開始強制執行。於期限屆至前，既不得以之為執行名義聲請強制執行，自亦不得以之為執行名義聲明參與分配。甲、乙兩說及審查意見均有可議。

❷❺❸ 司法院民國 70 年 5 月 15 日⑺廳民三字第○三七五號函：一、關於參與分配之處理，強制執行法係採折衷主義，認他債權人於一定期限內參與分配者，得依債權額比例平均受償，並對於在期限後始請求參與分配之債權人有優先受償權。二、該法第三十二條第一項及第三十三條條文所謂「他債權人」，從文義上觀之，雖係指聲請強制執行之債權人以外之債權人，然債務人之財產，既為其總債權人之共同擔保，在多數債權人時，一債權人聲請強制執行，其他債權人亦均得於法定時期內聲明參與分配，不認為聲請執行在先之債權人有優先受償權，但亦不能剝奪該聲請執行之債權人之其他債權受償權，故實務上認聲請執行之債權人如有其他債權存在，亦得依法聲明參與分配，並無不合，惟為防止逃避預繳執行費，聲請執行在先之債權人，如先以執行名義所載之部分金額聲請執行，嗣再以同一執行名義其餘部分之金額聲明參與分配，應視為追加執行處理。如係以不同執行名義或其他無執行名義之債權，聲明參與分配，始依

(八)債權人之債權人可代位聲明參與分配。

以上，債權人聲明參與分配，如不合要件可以補正者，應通知補正，補正合法者，仍可列入分配，否則應駁回其聲請。惟因執行法院不能掌控何時拍定、承受，在定相當期間補正，參與分配債權人雖遵期補正，但已拍定，即雖依執行法院通知之補正期間補正，但因參與分配之拍定期間事先無法確定，補正前，恰已拍定，致補正未逾補正期間但已逾拍定期間，此時可否認已補正而可列入分配？愚意以為參與分配既有一定之時間限制，是否為合法之參與分配自應以參與分配法定期間時之狀態為準，聲明時欠缺執行名義或未繳納執行費，本即不合法，不可分配，則其補正自應在此法定期間內，始為合法之參與分配，故補正時期至遲不應超過參與分配法定期間。此有最高法院 68 年度第十五次民事庭會議決議：「無執行名義之債權人，於標的物拍賣終結前聲明參與分配，如未提出其債權之證明並釋明債務人無他財產足供清償，嗣雖取得執行名義，在標的物拍賣已終結債權尚未分配之際又補行提出執行名義，亦難謂前項證明或釋明之欠缺，業已補正。更不能認其自始為有執行名義之債權人聲明參與分配，而應認係有執行名義之債權人於標的物拍賣終結後參與分配，應受強制執行法第三十二條第二項規定之限制，僅得就其他債權人受償之餘額而受清償。（同乙說）」（按：該決議係就無執行名義債權人參與分配之補正說明，但與此法理相同，可供參考。目前此決議最高法院已決議不再參考）可參。有學者認補正可溯及既往有效，即在逾參與分配期間後之補正，仍可認其參與分配自始合法，應准予參與分配，惟若執行名義係參與分配期間後作成者，自始即非有執行名義債權人，難認已合法補正❷❺❹。

第三款　分配程序

一、債權人聲明參與分配

(一)須以書狀聲明。

聲明參與分配程序處理，原研究意見以乙說為當。

❷❺❹　參閱張登科著前揭第五〇一頁、陳計男著前揭第五八四頁。

㈡除對執行標的物有擔保物權或優先受償權之債權人，應提出權利證明文件聲明參與分配，毋庸提出執行名義外，須提出關於金錢請求權之執行名義。關於擔保物權者，一般皆有登記，固無問題，可以登記文書為證明文件，至於優先受償權並無登記文件，甚至民國89年5月5日民法債編修正施行前之法定抵押權亦毋庸登記，此時如何處理，即有問題，蓋此等權利之有無，須從實體判斷，執行法院既不能審酌實體權利之有無，如何可認定，茲僅提出契約書寫文件，由法院審查有無優先受償權，似有未妥？參照本法第114條之3規定「外國船舶經中華民國法院拍賣者，關於船舶之優先權及抵押權，依船籍國法。當事人對優先權與抵押權之存在所擔保之債權額或優先次序有爭議者，應由主張有優先權或抵押權之人，訴請執行法院裁判；在裁判確定前，其應受償之金額，應予提存。」實有必要為同一處理❷⑮⑤，即有爭議者，應由主張有優先受償權人對否認者在執行法院所屬民事庭起訴，請求確認優先受償權存在。至於法定抵押權，其中屬民國104年廢止之國民住宅條例第17條及第27條者，依該條例施行細則第23條第2項，國民住宅主管機關應囑託地政機關辦理抵押權登記。另民國89年5月5日施行之現行民法第513條第1項「承攬之工作為建築物或其他土地上之工作物，或為此等工作物之重大修繕者，承攬人得就承攬關係報酬額，對於其工作所附之定作人之不動產，請求定作人為抵押權之登記；或對於將來完成之定作人之不動產，請求預為抵押權之登記。」亦須登記，均可以登記文件證明權利而行使。

㈢繳交執行費（參照本法第28條之2第2項），但有擔保物權及優先權者，可暫不繳納，於分配時扣繳（參照注意事項19(3)）。

㈣執行法院通知各債權人及債務人：對於有參與分配或行使擔保物權、優先受償權者，為使執行債權人及債務人知悉，民國85年修正本法時，於第34條增設第5項通知之規定，就其立法理由「第一項有執行名義債權人或第二項優先受償權人聲明參與分配時（包括第三項依職權列入分配之債權在內），雖無須經其他各債權人及債務人之承認，惟究與各債權人及債務

---

❷⑮⑤ 參閱莊柏林撰〈參與分配之爭議〉，刊楊與齡主編《強制執行法爭議問題研究》。

人之利益攸關，自宜使其知悉俾便採取必要之措施，爰增列本條第五項之規定。」實與第 1 項刪除無執行名義債權人參與分配矛盾，蓋上開理由在使知悉採取必要措施，當係指此參與分配之債權可能不實，否則何以如此？足見立法者亦認有執行名義及擔保權之債權亦可能不實，是債權是否實在，與有無執行名義無涉。

二、聲明不合法之處置

參與分配有不合法者，例如未提出執行名義，執行法院應命補正，逾期未補正，應裁定駁回。又遵期補正，但已拍定或分配表作成，仍屬未於參與分配期限前參與分配。

三、分配表製作

在只有一債權人執行時，換價所得逕行交付該人即可，至若有債權人參與分配或他人併案執行時，依本法第 31 條規定，強制執行所得之金額，執行法院應作成分配表，並指定分配日期，於分配期日前五日，以分配表之繕本交付債務人及債權人，並置於民事執行處，任其閱覽。其目的係因換價所得不足清償各債權，為公開公正，製作分配表供債務人、債權人核對，以免有誤。故若只有一債權人時，自可不必製作分配表，惟如執行法院在土地拍賣，因有增值稅代扣繳，實務上仍作成分配表，載明稅捐處分配之增值稅，對此分配表實務認僅有形式上意義，並無實質意義，不可依本法第 39 條聲明異議，只可依第 12 條聲明異議❷❺❻，則若債務人或債權人對分配表之金額不同意，如不可依第 39 條聲明異議，因第 12 條係就程序為之，如就該債權人之債權有不同意者，豈不無救濟方法。故愚意認為既有分配表，即有形式意義，自可依第 39 條聲明異議。又雖因參與分配、併案執行有二人以上債權人，但執行所得金額，足以清償各債權人時，亦可不作成分配表，逕行發款給各債權人即可，如有作成分配表，仍有形式意義。此時，債權人間不可互相對分配表依本法第 39 條第 1 項聲明異議，蓋無實益，但債務人仍可依第 39 條聲明異議。雖規定由執行法院作成分配表，但實務均係由書記官製作，再由法官核對。分配表之分配原則如下：

---

❷❺❻ 同❷❼❺。

㈠執行費用最優先清償，縱然因此致抵押權不足受償亦同。

㈡土地增值稅次之，由執行法院代為扣繳（參照注意事項 16(4)、稅捐稽徵法第 6 條）。

㈢再次為抵押權及優先權，其間順序依有關法令。又依稅捐稽徵法第 6 條第 1 項規定「稅捐之徵收，優先於普通債權。」稅捐優於普通債權受償。此一規定，愚意以為不妥，法理上何以稅捐債權優先於普通債權？憲法規定人民之財產權應予保障，債權既應保障，何以稅捐可優先？

㈣一般債權按比例分配（參照本法第 38 條）。聲請執行之執行債權人不能因係其查封而主張有優先權❷⁵⁷。

㈤債權數額固以執行名義為準，債權人請求分配之數額較執行名義所示為少者，即以其請求者為準，如聲請時之金額較執行名義為少，在分配前，擴張聲明為執行名義所示之金額，固無不可，但須補繳執行費。又行使擔保物權者，如有執行名義，固可以執行名義所示之債權額分配，如無執行名義，有登記者，權利人可以在登記範圍內之債權主張，如未主張，依本法第 34 條第 3 項執行法院就已知之債權金額列入分配，此在普通抵押權固無問題，以登記為準，但最高限額抵押權參照最高法院 62 年臺上字第 776 號判例：「最高額抵押與一般抵押不同，最高額抵押係就將來應發生之債權所設定之抵押權，其債權額在結算前並不確定，實際發生之債權額不及最高額時，應以其實際發生之債權額為準。」難以登記之金額為準，有認屬執行法院不知債權金額，應適用本法第 34 條第 4 項不予分配，抵押權消滅❷⁵⁸。但實務仍以登記之金額列入分配，僅領款時，應提出債權證明文件❷⁵⁹。

---

❷⁵⁷ 最高法院 29 年渝抗字第 213 號判例：參與分配之債權人，除有優先權者外，應按其債權額數平均分配，為強制執行法第三十八條所明定。是聲請查封之債權人並不因聲請查封而有優先權，該債權如無特別擔保，亦應按其債權額數與他債權人平均分配。

❷⁵⁸ 參閱林輝煌撰〈從實務觀點談強制執行法修正㈠〉（刊《司法周刊》第八一二期）。

❷⁵⁹ 民事司法專題研究㈤：

㈥執行名義所命給付之利息或違約金，載明算至清償日者，應以拍賣或變賣全部價金交付與法院之日或債務人將債權額現款提出於法院之日視為清償日（參照注意事項 16⑶）。至執行名義所命給付，無利息或違約金記載，縱令依法本應有利息或違約金者，亦不可列入分配，蓋分配應依執行名義。再依法遲延利息之利率為較民法法定百分之五為高者，例如票據法之遲延利息為年利百分之六，保險金為年利百分之十（參照票據法第 97 條第 1 項第 2 款、第 133 條、保險法第 34 條第 2 項），但執行名義所命給付利息，係依債權人聲明為較低之民法規定者，應以執行名義所記載者為準。

㈦債權有違約金、利息者，參照民法第 323 條規定，應先抵付違約金，再抵利息，再為本金。惟若當事人有約定者，可依約定順序抵充，分配時，即應依上開順序分配。債權人拋棄違約金、利息，僅請求就本金受償，亦可，此時即不計算分配違約金、利息。

㈧民法第 205 條規定「約定利率，超過週年百分之十六者，超過部分

法律問題：按強制執行法第三十四條第二項規定，對於執行標的物有擔保物權或優先受償者，無論有無執行名義，均應聲明參與分配，經執行法院通知或公告而未聲明者，執行法院就已知之債權及金額，亦應列入分配，惟未登記之優先債權若不申報，執行法院甚難查明，故第二項之債權人不聲明參與分配，其債權金額又非執行法院所知者，依同條第四項前段之規定，該債權對於執行標的物之優先受償權，固因拍賣而消滅，惟若為最高限額抵押權，執行法院就此未申報之優先債權，究應以若干金額列入分配？

討論意見：

甲說：略。

乙說：以設定擔保之最高限額列入分配。債權人雖未聲明參與分配及申報債權，惟擔保權利總金額之最高限額既為設定時當事人合意約定，且經設定登記，應具公信，宜以設定擔保之最高限額列入分配，俾免因失權效果，侵及擔保物權或優先受償者之權益，有失公允，惟分配領款時，應命抵押權人提出債權之證明文件，若不能提出，則不能發款，就該金額另行分配。

研討結論：採乙說。

之約定，無效。」故對此超過利息，不應列入分配❷。

㈨民法第 252 條規定「約定之違約金額過高者，法院得減至相當之數額。」此法院係指審判法院，非指執行法院，故對過高之違約金，執行法院仍應列入分配，不得逕予酌減，須經確定判決酌減，始可據此判決以酌減後之違約金分配。

㈩時效已完成之債權（包括利息），因我國採抗辯權發生主義，故須經債務人抗辯，始可不予列入分配，否則仍應列入。又此抗辯權之行使，並無專屬性，可由債務人之債權人代位行使。惟應注意者，此項抗辯權之行使，雖屬妨礙債權人請求事由，應依本法第 14 條第 1 項提起債務人異議之訴，但愚意以為此抗辯權之行使，法律並未限制一定須以訴訟，凡有抗辯之表示即可。又時效是否完成，計算時間而已，故債務人於執行時可以書狀呈交執行法院，由執行法院以繕本送達債權人表示拒絕給付，若送達後債權人同意或無反對意見，即可不列入分配，否則即有爭執，而時效是否完成屬實體事項，執行法院無權判斷，自仍應列入分配，由債務人提起債務人異議之訴或就分配表聲明異議。

---

❷ 民事法律專題研究㈠：

法律問題：執行法院依據拍賣抵押物之裁定，拍賣不動產，於分配時，債務人主張抵押債權之利息及違約金均屬過高，不得列入分配，執行法院應如何處理？

討論意見：略。

司法院第一廳研究意見：按債務人雖不得依強制執行法第三十九條之規定，對分配表聲明異議，惟仍得依強制執行法第十二條之規定聲明異議。又銀錢業以外之金錢債務，其約定利率不得超過訂約時當地中央銀行核定放款利率，超過者債權人對於超過部分無請求權。故拍賣抵押物之執行，其抵押債權約定之利息，如超過法定利率，抵押權人就超過部分自無請求權，執行法院得因債務人之聲明異議，就超過部分，予以核減，至違約金過高部分，依民法第二百五十二條之規定，法院固得減至相當之數額。惟此所謂法院，並不包括民事執行處。因民事執行處，並無實體審查權，無從審查違約金是否過高，故債務人縱然主張違約金過高，除另行提起民事訴訟，經判決核減外，民事執行處仍應列入分配，不得逕予核減，討論意見，應以乙說為當。

㈡因參與分配異議為債權人提存之分配款,如債權人敗訴,此款應重行分配。為假扣押而提存之分配款,債權人本案訴訟敗訴,亦同。另增值稅因計算錯誤或改用自用住宅更正計算而退稅,或其他稅款有計算錯誤而退回執行法院,亦同。重行分配時,應以原分配表所列之債權人而未完全清償者為限。如有餘款,始可退還債務人或供他債權人分配。

㈢在有參與分配、併案執行或調假扣押卷、假處分卷執行者,執行費用固分配給支出人,但:1.在併案執行或參與分配者,原執行債權人撤回執行,執行法院仍繼續為併案執行債權人或參與分配債權人執行者,原執行債權人支出之執行費用,依本法第 28 條之 2 第 5 項準用民事訴訟法第 83 條第 1 項「原告撤回其訴者,訴訟費用由原告負擔。……。」即應自行負擔,不可分配給原執行債權人,更不可分給未支出之併案執行債權人或參與分配債權人,但有學者仍認此為共益費用,原債權人可優先受償❷⑥①,實待商榷。2.調假扣押卷、假處分卷執行者,假扣押債權人或假處分債權人在假扣押執行、假處分執行程序支出之執行費用仍可於該調卷執行中受分配,蓋調卷執行,援用原來之執行繼續換價。但若假扣押案件、假處分案件之本案訴訟敗訴,表示無假扣押、假處分之必要,縱分配時,其假扣押債權、假處分權利已易為金錢請求而參與分配,其分配提存,現因敗訴不能領款應重行分配,上開假扣押執行及假處分執行之費用可否受分配?如準用民事訴訟法第 78 條「訴訟費用,由敗訴之當事人負擔。」即應自行負擔,不可受分配。但此既為調卷執行所援用,且假扣押裁定、假處分裁定為獨立之執行名義,其執行程序又為獨立之執行程序,在該程序中,應由債務人負擔,即應准由假扣押債權人、假處分債權人分配,且無本法第 133 條之適用,自始即可領取。

於此有一問題應說明者,乃債權人之分配次序、比例固如上述,但債權人間可否協議定其分配比例、優先次序,學者間有採肯定說,認如何分配,為債權人相互間之事,全體債權人意思一致,自無須強行干涉❷⑥②。愚

---

❷⑥①　參閱張登科著前揭第五○七頁。

❷⑥②　參閱陳世榮著前揭第四二九頁。

意以為如不影響第三人權益，基於當事人進行主義、私法自治、契約自由原則，固無不可，但影響第三人或債務人，即須獲其同意，蓋該債務或有保證人，如本可優先分配，足以清償，保證人即可免責，如因協議結果，反而不足清償，即影響保證人權益，在關於抵押權次序之調整，民法物權修正後之第870條之1有准許規定，但依第870條之2規定「調整可優先受償分配額時，其次序在先之抵押權所擔保之債權有保證人者，在因調整後所失優先受償之利益限度內，保證人免其責任。但經該保證人同意調整者，不在此限。」特予保障保證人。又各債權間有利息，其利率不一，如各債權比例受償，固無問題，如債權人間協議以致利率高者少分配，利率低者多分配，致日後債務人利息負擔加重而受影響，亦屬不當，故須獲其同意，始可協議。

四、分配之實施

分配表製作後，執行法院應指定分配期日，並將分配表繕本交付債權人及債務人，至此交付債權人及債務人，應適用送達規定。屆期如無意見，即於分配期日實施分配、發款，實行分配時，書記官應作成分配筆錄（參照本法第37條）。關於分配筆錄，是否限於有實行分配始應製作？即若因有人對分配表聲明異議，不實行分配即可不製作?如就本法第37條規定「實行分配時，應由書記官作成分配筆錄。」似需在有實行分配時始需製作。惟依本法第31條規定，既有指定分配期日，再依第40條第1項分配期日有人到場對聲明異議表示同意或不同意，此項表示，自應載明於筆錄，故愚意以為不論分配期日是否實行分配，不論有無人到場，均應製作分配筆錄，如有上開同意或不同意陳述，更應載明。惟實務上，有法院在有人聲明異議時，即不製作分配筆錄，待聲明異議程序終結，可以分配時，再製作之。

本法第31條規定分配表應交付債務人及各債權人外，規定「並置於民事執行處，任其閱覽」。此任其閱覽是否包括第三人？有認第三人既非利害關係人，自不可閱覽❷❻❸。然苟係如此，當事人已收到分配表，何須多此一

---

❷❻❸ 參閱陳計男著前揭第五八九頁。

舉，茲既有規定，應可准第三人閱覽，以免有漏列分配之債權人，未接到分配表，但可藉此查明。惟實務上，未曾見及執行法院有置放供人閱覽。

第四款　分配表之救濟

分配表係發款之依據，與權利實現有關，不可有誤。但執行法院製作分配表，以執行名義為據，或依聲請執行狀、聲明參與分配狀所列之債權，或基於債權人陳報之債權以為分配，但一方面上開書狀所載或與實際情形不符，例如執行名義成立後債權有消滅、減少，執行名義為非訟事件者，其債權並非一定真正，數額亦有爭議，甚至時效有完成者，另一方面執行法院可能在計算、分配優先次序或認定利息、違約金有誤，為避免錯誤，公平公正分配，應有一定之救濟。本法第 31 條規定分配表繕本應於分配期日 5 日前交付債務人及各債權人，甚至應置於執行法院，任其閱覽，即在於使渠等能查覺有無錯誤，以為救濟。

分配表之救濟可分廣義及狹義，狹義係就分配表本身有誤之救濟，因分配表涉及程序與實體，在程序方面有可否參與分配？有無逾期？金額有無誤算等。在實體方面有債權是否真正、金額若干、是否優先，是救濟方式亦應分別為之。廣義則尚包括與分配表相關者，例如分配表未依本法第 31 條交付債權人、債務人；未於 5 日前交付債務人及各債權人；甚至未置於執行法院，任其閱覽，此時可依本法第 12 條聲明異議或聲請。本款所述者為狹義之救濟，分述如後：

一、實體方面救濟

實體方面救濟，係指就分配表所列債權主張有錯誤，即參與分配債權及分配結果有爭議之救濟。此一救濟方法為本法第 39 條以下之聲明異議、分配表異議之訴，說明如下：

㈠聲明異議人

分配錯誤，受影響者不僅為其他債權人，且包括債務人，早在民國 85 年本法修正前，只有債權人可對分配表聲明異議，提起分配表異議之訴，債務人不可，為此實務認分配為執行處分，債務人仍可依本法第 12 條第 1

項對分配表聲明異議❷，僅不可提分配表異議之訴。民國85年修正時，認「執行金額分配後，如有餘額，應返還債務人。故執行分配，非僅關係債權人間之利益，亦攸關債務人之利益。且無執行名義優先受償債權人，有擔保物權債權人及無實體確定力執行名義債權人之債權，是否確實存在，以及有實體確定力之執行名義有無因清償等事由，而使債權消滅之情形，均應予債務人異議之機會，爰參考日本民事執行法第八十九條之立法例，增列債務人亦有異議權。」遂於第39條、第41條均賦予債務人可聲明異議及提起分配異議之訴，是可聲明異議人為債權人及債務人。

救濟必須權利受到損害，如無損害，自無救濟，故本法第39條第1項規定債權人對分配表所載各債權人均可聲明異議，須自己權利受到損害為前提，故縱認他債權人分配不當，但聲明異議之債權人自己受償金額並無影響，則此聲明異議無實益，應認聲明異議不合法，提起之分配表異議之訴，亦欠缺權利保護必要。

至於債務人無論如何均有聲明異議實益，雖有認債務人如僅對債權人間分配次序有爭執，因此爭執，僅債權人間有利害關係，債務人非利害關係人，不得以此為由聲明異議，否則為不合法❷，惟愚意以為有待商榷，蓋不同之分配次序，就債務人言，發生不同債權消滅結果，在各筆債權之利率不同、分別有保證人、設定不動產抵押權者，即會受影響，應有異議實益。

㈡救濟（異議）之事由

早先本法第39條規定「債權人對於分配表有不同意者，應於分配期日前，向執行法院提出書狀聲明異議。」是債權人對分配表有不同意者，不論係自己之分配計算、優先次序或他人債權存在與否，數額、計算、優先次序有不同意者，均可異議。嗣於民國64年修正為「債權人對於分配金額之計算及分配之次序，有不同意者，應於分配期日前，向執行法院提出書狀，聲明異議。」限縮其異議範圍，為金額計算及是否優先之分配次序，

---

❷ 同❷。

❷ 參閱張登科著前揭第五一六頁。

實體債權之存否，不可異議，只能另提確認訴訟❷⁶⁶，其理由為「他債權人得否參與分配，其債權額應否列入分配，應依第三十二條至第三十六條之規定決定，故分配表異議限於對金額之計算、分配之次序不同意時始得為之。」❷⁶⁷依此規定，對持有執行名義之他債權人參與分配，如其債權不實，執行債權人並無聲明異議機會。事實上此債權是否存在始為重點，為此民國 85 年又以「按分配表之異議，旨在解決各債權人分配上爭執。此項爭執，不以金額之計算及分配次序為限，其主要者為對於債權存否之爭執。蓋依本法規定，得為執行名義者，不以確定終局判決為限，其他無實體確定力而依法得為執行名義者，如拍賣抵押物及准許本票強制執行之非訟事件裁定，以及其他依法律之規定得為執行名義者，種類繁多。而此等執行名義所表彰之權利，多未經實體上權利存否之判斷，若據以聲明參與分配，他債權人對之即非無否認之權。又雖屬具有實體確定力之執行名義，成立後亦非無因清償、抵銷、免除等事由而使債權消滅之情形，若仍據以主張分配，即不能不為他債權人謀救濟之途。再本法修正後雖已刪除無執行名義普通債權人參與分配之規定，但無執行名義之優先受償債權人及有擔保物權之債權人，仍可行使其優先受償權，而主張參與分配。則其優先受償權是否真實存在，亦應予他債權人表示意見之機會。現行條文規定異議之事由，僅以『金額之計算及分配次序』為限，實不足以肆應，爰擴張異議之事由，使及於債權之本體，俾能符合實際。」為由，修正第 39 條第 1 項規定為「債權人或債務人對於分配表所載各債權人之債權或分配金額有不同

---

❷⁶⁶ 最高法院 70 年臺上字第 3443 號判例：分配表異議之訴，僅以對分配表所列金額之計算及分配之次序有不同意者為限。此觀強制執行法第四十一條、第三十九條之規定自明。若對分配表所列之債權主張不存在，應另行提起確認之訴，非提起分配表異議之訴所能救濟。至若未為參與分配之聲明，執行法院逕行列入分配表分配，如認為不當，則屬強制執行法第十二條聲明異議之範疇（按：最高法院已決議不再援用）。

❷⁶⁷ 參閱莊柏林撰〈參與分配之爭議〉，刊楊與齡主編《強制執行法爭議問題研究》第二三三頁以下。

意者，應於分配期日一日前，向執行法院提出書狀，聲明異議。」回復早年規定，可謂「昨非今是」，對在民國 64 年至民國 85 年間之債權人影響甚大，足見修法不可不慎。

依現行法規定，凡主張債權人之債權不存在（包括時效完成、超過法定利率之利息）、數額爭議、優先分配次序，均可為聲明異議事由。所謂債權不存在，即並無債權人主張對債務人之債權。數額爭議係指債權存在，但並非債權人主張之數額。優先分配次序係指分配表所列之優先受償有誤或分配表所列平均受償有誤，應為平均受償或優先受償。至於利息、違約金之計算（包括起訖日）錯誤、分配表之分配額計算錯誤，例如遲延日數為一百零一日，分配表計算為一百日，以致遲延利息計算有誤，甚至加減有誤算情事，本屬程序事項，應依程序方面以本法第 12 條聲明異議救濟，但一方面計算有誤本即為本條之異議事由，舊法明文規定，另一方面就計算有誤部分亦屬債權存在或不存在，故依本條救濟亦無不可❷⓺❽。

公法上之金錢債權既可參與分配或併案執行，分配亦列其分配金額，其既循本法之程序受分配，債務人或債權人對其分配認有錯誤，自可依本法為救濟，不限於只可對優先次序，不及於行政處分是否妥當，蓋處分是否妥當，涉及其權利是否存在，仍為異議事由。學者有認不得以處分當否為由聲明異議，蓋此為行政爭訟範圍，非民事訴訟所能救濟❷⓺❾，有待商榷。

（三）聲明異議程序

債權人或債務人至遲應於分配期日前一日向執行法院提出書狀聲明異議。該書狀應記載異議人所認分配表之不當及應如何變更（參照本法第 39 條第 1、2 項），是：

1.聲明異議人為債權人或債務人：在債權人者可對自己之分配次序、計算異議，亦可對其他債權人以其債權不存在、數額、分配次序，計算異議。債務人只能對債權人否認其債權存在、數額、分配次序及計算異議。

---

❷⓺❽ 關於分配額之計算，陳計男認屬程序涉及實體爭議者，可依本法第三十九條救濟（參閱陳氏著《強制執行法釋論》第五九一頁）。

❷⓺❾ 參閱張登科著前揭第五一六頁。

　　2.異議時間：至遲在分配期日前一日，由於此前一日為法律明定，故無民法第 122 條「於一定期日或期間內，應為意思表示或給付者，其期日或其期間之末日，為星期日、紀念日或其他休息日時，以其休息日之次日代之。」之適用，即若分配期日前一日為週六、日、休息日、例假日，均不延長。目前上開時間法院均有值班人員收狀，不影響當事人權益。

　　3.應用書狀記載異議事由及應如何更正分配表：由於此明定應用書狀，故無準用民事訴訟法第 122 條第 1 項，即不可以言詞聲明異議。

　　4.聲明異議人已依上開程序聲明異議，分配期日有無到場，均不影響其聲明異議之效力。

　　5.聲明異議係權利，故於聲明異議後亦可撤回。

㈣**執行法院之處理**

　1.*審查異議是否正當*

　　分配表屬執行程序之一環，為執行法院依職權作成之執行處分，按理就有錯誤之分配表毋待聲明異議即本可依職權更正。在有聲明異議後，更可自行檢討更正。但此在程序方面或計算錯誤，固無問題，如涉及實體權利是否存在等實體事由，執行法院無實體審查權，按理應由訴訟以判決認定。但基於當事人進行主義及私法自治原則，如債務人或有利害關係人同意聲明異議，則毋庸以訴訟解決，亦可因此同意而更正分配表，必須不同意，始由法院判決決定。從而就聲明異議之處理方式有二，一係可依職權更正者，逕為更正，毋庸債權人或債務人同意。一係不可依職權更正者，則視債務人及有利害關係債權人是否同意，同意即可更正，反之則否。但依本法第 40 條第 1 項規定「執行法院對於前條之異議認為正當，而到場之債務人及有利害關係之他債權人不為反對之陳述或同意者，應即更正分配表而為分配。」尚須執行法院認異議為正當，即執行法院認為正當，始可因債務人及有利害關係人同意而更正分配表，設「正當之限制」，至於不正當時應如何處理，則未規定。又何謂正當？不正當？本法均未規定。愚意以為分配表為執行處分，其救濟除涉及程序，執行法院可審查依職權更正外，實體事項即不可審查，故所謂正當，係指程序合法，不包括實體有無

理由❷，即凡程序不合法，例如未用書狀、逾期，除可補正者命補正外，執行法院應予裁定駁回，聲明異議人就此裁定可提起抗告，不服抗告裁定之人，可再抗告。至若程序合法，執行法院即應將聲明異議狀送達他人，不論其實體是否有理由，皆然。惟學者在談及聲明異議之處理，均分不合法、正當、不正當❷，似認正當與合法不同，必須合法後始再審查是否正當，則此正當即為聲明異議依實體法律規定為有理由。苟係如此，何以法律不規定可自行更正分配表，尚須債務人等同意始可更正分配表？有不同意時，須另提分配表異議之訴？參酌本法第 40 條第 1 項修正理由：「分配表之更正，不僅關係債權人分配數額之多寡，亦攸關債務人權利義務之消長，分配表更正後如損及債務人之利益時，應使之有表示反對意見機會，以保障其權益。至得為反對陳述之債權人，則應以就分配表之更正，有利害關係並因而利益受損者為限。其因更正分配表而受益之原聲明異議債權人，及利益未因而受損之他債權人，均不容任意反對，以免拖延分配之實施。又有利害關係之債權人與債務人間若達成合意時，自無不許更正之理。爰就本條第一項作如上之修正，期能兼顧。」均未言及正當係指聲明異議有理由，則此正當應指聲明異議合法，並非有無理由，為避免誤會，或刪

---

❷ 學者陳計男認為異議事由分為程序與實體，凡程序上者，例如，應列入分配而未列入，不應列入而列入，執行法院應依職權調查，凡聲明異議不合法或無理由，均可裁定駁回，反之，合法且有理由者，無須債務人或其他債權人同意，即可更正分配表，但若程序上事由涉及實體爭議，應依實體之異議程序處理。至於實體異議，執行法院調查不合法，除可補正者，應命於分配期日一日前補正外，應以裁定駁回，否則須視債務人或他債權人有無反對，始可更正，不能自行認定有理由而更正（參閱陳氏著前揭第五九〇頁以下）。學者楊與齡認為正當係指聲明異議程序及形式審查認為可採，對不正當之聲明異議，有反對陳述，執行法院應裁定駁回（參閱楊氏著前揭第三八六、三八七頁）。但陳計男認此時應依異議未終結提起分配表異議之訴程序處理，不可駁回。則此正當與否，全無意義。

❷ 參閱陳計男著前揭第五九三頁、張登科著前揭第五一六頁、楊與齡著前揭第三八五頁、陳榮宗著前揭第二九八頁。

除此「認為正當」規定或修正為「認為合法」。

2.他人陳述

執行法院依非訟事件法處理執行事務,除聲明異議不合法應予駁回外,無權審查實體事項,是不論聲明異議是否有理由,依本法第 40 條第 1 項,是否更正分配表,全視到場之債務人及有利害關係之他債權人意見,即若到場之債務人及有利害關係之他債權人不為反對之陳述或同意者,應更正分配表,反之,則不更正。就此項規定言,有下列問題,值得研討:(1)本法就此規定不為反對陳述或同意,即應更正分配表,就同意異議應即更正分配表,固無問題,但同意與不為反對陳述不同,不為反對陳述係就聲明異議之內容未為相反主張,其未為相反之主張,並非表示同意更正,此或因未能實際送達(例如為公示送達、寄存送達),不知有聲明異議或不了解法律之故,故愚意以為法文規定不為反對之陳述可更正分配表,實待商榷。至於同意聲明異議者,實際上聲明異議人異議無理由,例如實體法上無優先受償權人,聲明異議主張有優先受償權,其他債權人、債務人仍予同意,基於當事人進行主義及私法自治原則,自可依其聲明異議更正分配由其優先受償。(2)反對陳述須否明示?按反對陳述有別於同意,故非同意者,即應認係反對陳述,不須明示。債權人具狀請法院查明聲明異議是否有理由或依法處理,既非同意聲明異議,即應認為反對陳述。(3)債務人及他債權人之反對陳述是否限須到場?如事先具狀對聲明異議為反對陳述,但分配期日未到場,是否認為未為反對陳述?如就法文規定,似限以分配期日到場為準,故事前具狀反對,分配期日未到場,似應視為未為反對陳述。然一方面此分配涉及實體權利,無理由限於分配期日到場始可為反對陳述,另一方面事前具狀反對,分配期日未到場,足見非「不為反對陳述或同意」,故事前之具狀反對陳述,即應認有反對陳述,不可逕行更正分配表❷。(4)事前未具狀表示反對,又未到場,是否為同意或不為反對陳述?實務認為反對陳述❷。(5)須否全體債權人或債務人均無反對陳述或同意始可更正分

---

❷ 學者楊與齡、陳計男均認不到場之他債權人或債務人事前有反對陳述,仍不得更正分配表(參閱楊氏著前揭第三八六頁、陳氏著前揭第五九四頁)。

配表？就第 40 條第 1 項規定似無限制，只限到場者，尤其第 40 條之 1 尚有更正之分配表應送達未到場之債務人及有利害關係人規定，故無此限制。再就第 40 條之立法理由觀之，更應如前解釋。(6)債務人及他債權人均須有利害關係始可為反對陳述，故無利害關係，不可為反對陳述。

3.更正分配表

執行法院更正分配表後，即應依第 40 條之 1 第 1 項規定「依前條第一項更正之分配表，應送達於未到場之債務人及有利害關係之他債權人。」將更正之分配表送達未到場之債務人及有利害關係之他債權人，此等人士如於送達後 3 日內不為反對之陳述者，視為同意依更正分配表實行分配，如有反對陳述者，應通知聲明異議人（參照本法第 40 條之 1 第 2 項）。

㈤聲明異議終結

更正之分配表送達後，在無反對陳述下，聲明異議程序終結，即可實行分配。

㈥聲明異議未終結

聲明異議後，有下列情形即未終結：

1.執行法院以聲明異議不正當，即不合法，裁定駁回，進入抗告程序，如抗告駁回確定，聲明異議終結，反之，抗告有理由，執行法院即應通知債務人或有利害關係債權人，視其是否同意而更正分配表。

2.執行法院認為異議正當，但：(1)債務人或有利害關係之債權人為反對陳述，執行法院不可更正分配表。(2)在同意聲明異議更正分配表後，送達他人，但他人有反對陳述。此時異議未終結，均應提起分配表異議之訴

---

❷ 司法院司法業務研究會第 37 期：

法律問題：執行法院指定分配期日，債務人與其他有關係之債權人均未到場，而有其中一債權人於期日一日前就實體上是否屬法定抵押權及其分配次序具狀聲明異議，執行法院認其異議非正當，對此異議，應如何處理？

討論意見：略。

研討結論：債務人及其他有關係之債權人未到場，視為不同意，由異議人依第四十一條規定提起分配表異議之訴。

以解決之。執行法院除可就無異議部分先分配（參照本法第 40 條第 2 項），有異議部分只得視分配表異議之訴結果分配。

二、程序方面救濟

分配表之製作，不僅涉及實體方面之各債權人之債權是否存在？金額若干？可否優先？尚有程序方面之參與分配程序是否合法？金額計算是否有誤？此項程序方面救濟，與本法第 39 條不合，應依本法第 12 條救濟，蓋本法第 12 條之聲明異議屬總則規定，各執行程序均可適用，故不合第 39 條者，仍可依本法第 12 條聲明異議。二者之聲明異議除事由及程序不同外，其區分實益在依第 12 條聲明異議不停止執行，執行法院仍可實施分配，依第 39 條之聲明異議，如進而提起分配表異議之訴，受異議之金額應提存，暫不實施分配，無形中達到停止執行結果（參照注意事項 16⑻）。惟前者不停止執行，縱聲明異議有理由，恐已實施分配完畢，無從獲得分配，甚至因分配完畢，執行程序終結，其聲明異議亦被駁回，對其甚為不公，除非執行法院自行暫緩分配，能否就此程序方面依第 39 條聲明異議，甚為重要。按金額計算，如前所述，可依第 39 條聲明異議，固無問題。有問題者為參與分配程序是否合法，例如有無執行名義，有無逾期，執行法院認定有誤，可否依本法第 39 條救濟？其中之錯誤有二，一係不合法者，執行法院誤認為合法予以列入，一係合法者，執行法院認為不合法未予列入。前者不應列入而列入，既屬參與分配合法與否，應屬程序方面，應依本法第 12 條聲明異議❷⁷⁴，但既已列入，其他債權人或債務人亦可表示不同意其債權分配者，仍可依第 39 條聲明異議。後者分配表既未列入，是否屬「分配表所列各債權人之債權人或分配金額」，即有問題，實難依本法第 39 條聲明異議，只可依本法第 12 條聲明異議，但愚意以為此時應允許亦可依本法第 39 條聲明異議，蓋其本應列入而未列入，就債務人言，其他債權人之分配即有溢分，可以不同意其他債權人之分配，認此漏列者應予分配，依本法第 39 條聲明異議，則未列之債權人，當然亦可為同一表示而為此聲明異議，從而本法第 39 條聲明異議債權人，不限於分配表所列者，包括在執行

---

❷⁷⁴ 同 ❷⁶⁶。

程序中主張為債權人者。即此漏列者可依第 12 條聲明異議，亦可依第 39 條聲明異議。或認有人藉此故意阻撓分配實施，亦屬無奈，蓋分配表所列之債權人或債務人亦可藉此拖延。日本學者及實務認為分配表未列入之債權人只可提出執行異議以為更正，不可對分配表提出分配異議及分配表異議之訴❷₇₅，亦係限於法條文字之故。

又本法第 12 條之聲明異議限於執行程序終結前，與本法第 39 條之聲明異議限於法院分配期日前一日，二者不同，就此依本法第 12 條提出異議，本不受第 39 條時間之限制，但學者有認此項聲明異議之提出日期及方式，須受第 39 條之限制，須以分配期日一日前以書狀為之❷₇₆，愚意以為一方面分配表如無人依第 39 條聲明異議，法院於分配期日即實行分配，執行程序終結，另一方面此程序事由之聲明異議，雖不停止執行，但若有誤，將造成無法彌補之損失，涉及國家賠償責任，故此時聲明異議仍應類推適用限於分配期日前一日，俾執行法院早日知悉審酌。

此項聲明異議，如不合法或無理由，固應駁回，反之，有理由，即應准予分配，執行法院應依職權更正分配表，毋庸債務人或其他債權人同意，無本法第 40 條第 1 項適用。

三、協議變更

分配表所列之債權人可否彼此協議變更優先次序、分配金額，請求更正分配表？就當事人進行主義及私法自治原則言，只要不損及債務人利益或其他人利益，應予准許，注意事項 21 之 1 規定「當事人未於分配期日一日前對分配表提出異議，但對分配表，協議變更者，仍得依其協議實行分配。」可供參考。例如第一順位抵押權人全額受償，第二順位抵押權人只受償一部，二人協議，第一順位抵押權人同意減少一定金額分配，以使第二順位抵押權人全額分配，甚至可跳脫第二順位抵押權人，逕行與普通債權人協議，由普通債權人在第一順位權利範圍內優先受償，自己居於普通債權人地位，但抵押權應消滅，以免損及債務人，抵押人權利。

---

❷₇₅ 參閱林屋禮二編《民事執行法》第一七〇頁。

❷₇₆ 參閱楊與齡著前揭第三八二頁、陳計男著前揭第五四一頁。

四、職權變更

不論有無聲明異議，執行法院發見分配表有誤，可否不依聲明異議，依職權變更分配表。愚意以為應予肯定，蓋一方面分配表既為執行處分，自可於發見錯誤，主動依職權變更，另一方面依本法第 30 條之 1 準用民事訴訟法第 232 條第 1 項「判決如有誤寫、誤算或其他類此之顯然錯誤者，法院得依聲請或依職權以裁定更正；其正本與原本不符者，亦同。」亦應准許更正。惟此應不涉及實體事實，僅限於程序方面，例如漏列利息或利息計算有誤 ㉗、金額加減誤算、逾期不應分配而列入分配、應列入分配者漏列入，甚至實務上認分配表確定後，仍可以誤寫誤算為由更正（參見臺灣高等法院 77 年法律座談會）。依職權更正之分配表，仍應踐行本法第 31 條程序，債權人及債務人可依本法第 39 條聲明異議或依本法第 12 條就應否列入、計算有誤聲明異議。

五、形式意義分配表之救濟

由於本法第 39 條聲明異議係指因有多數債務人參與分配或併案執行，執行法院製作之分配表有誤之救濟方法，苟不符合本法第 31 條規定者之形式意義分配表，例如債權人只一人或各債權人均可完全受償，執行法院本可不作成分配表而誤作成者，對其分配之救濟，雖係實體事由，實務認依本法第 12 條聲明異議即可 ㉘，不可依本法第 39 條之聲明異議。

㉗ 民事法律專題研究(十)：

法律問題：抵押債權人依法請求將抵押債權及法定遲延利息列入分配，惟執行法院製作分配表時漏未將法定遲延利息計入分配，抵押債權人未於分配期日前聲明異議，亦未於分配期日到場，嗣執行法院於發放執行款項前，發現有誤，是否得依職權更正分配表？

討論意見：略。

司法院民事廳研究意見：執行法院因多數債權人參與分配，依強制執行法第三十一條規定作成之分配表，性質上應屬執行處分之一種。該分配表之執行處分，倘有遺漏或錯誤，執行法院自得逕依職權更正之。本題研究結論採乙說，尚無不合。

㉘ 最高法院 94 年度臺抗字第 370 號裁定：因強制執行所得之金額，如有多數債

六、分配表異議之訴

執行法院對實體權利既無審查權，應由民事庭審理，故本法第 39 條之聲明異議程序未能終結時，另設有分配表異議之訴規定，即依本法第 41 條第 1 項規定「異議未終結者，為異議之債權人或債務人，得向執行法院對為反對陳述之債權人或債務人提起分配表異議之訴。但異議人已依同一事由就有爭執之債權先行提起其他訴訟者，毋庸再行起訴，執行法院應依該確定判決實行分配。」聲明異議人必須對反對者提起分配表異議之訴，執行法院視判決結果，應否更正分配表。但若以同一事由就爭執之債權已先行訴訟，毋庸提起，以該判決結果為斷，以免浪費司法資源，達到訴訟經濟。

關於分配表異議之訴相關事項說明如下：

㈠當事人

分配表異議之訴之原告為聲明異議人，被告為反對陳述之人。債務人如未反對，毋需列為被告。就同一債權人，有數債權人或債務人均聲明異議，不論異議事由是否相同，本法既未規定應一併起訴，故各債權人或債務人可分別對之起訴，法院固可依民事訴訟法第 205 條第 1、2 項合併辯論、合併判決，以免判決結果不一，但不合併，各自辯論判決，亦無不可，僅在事由相同時，法院獨立審判，不同案件之審判法院為相同認定，判決結果一致，固無問題，反之，各案為不同認定，判決結果歧異者，有一判決勝訴，應更正分配表，其他敗訴，因分配表異議之訴判決勝訴者為形成判決，有形成力，被告之債權認定不應受分配，執行法院即應更正分配表，

權人參與分配，執行法院應作成分配表，為強制執行法第三十一條所明定。準此，執行法院必於強制執行而有所得，且有多數債權人「參與分配」時，始應作成分配表為分配。如無多數之債權人參與分配，縱執行法院誤作成「分配表」，亦非此之所謂「分配」，本不適用分配之程序。於債權人對該「分配表」所載之債權或分配金額不同意，向執行法院聲明異議時，執行法院仍應依強制執行法第十二條所定之程序處理，要無依同法第三十九條至第四十一條所定就分配表異議程序處理之餘地。

不受其他敗訴判決影響。至若數債權人或債務人係對不同之債權人聲明異議，各自起訴，毋庸合併辯論、判決，惟若合併起訴，如彼此間無衝突，自無不可。又聲明異議人為一人，但反對陳述之人為數人，法律未規定應一併對之起訴，但既有數人對同一聲明異議者為反對陳述，基於訴訟經濟，應合併為一訴訟，苟未一併起訴，法院亦可合併辯論、判決。又在合併為一訴訟者為普通共同訴訟，其判決結果，在法律上並未必須為合一確定，故非必要共同訴訟❷❼❾。

㈡管轄法院

雖法條規定向執行法院提起，一如債務人異議之訴，一方面此非專屬管轄，應仍有民事訴訟法之管轄規定適用，另一方面此執行法院係指執行法院所屬民事庭。

---

❷❼❾ 學者就此有不同意見，陳榮宗認非必要共同訴訟說（參閱陳氏著前揭第三〇五頁），陳計男認為對於同債權人有數人聲明異議，均得為原告，由數人共同起訴者，適用民事訴訟法第五十六條之必要訴訟，如數債權人僅就自己分配額與被告爭執，則為通常共同訴訟。在反對陳述有數人者，應以之為共同被告起訴，適用必要共同訴訟規定（參閱陳氏著前揭第五九七頁）。楊與齡雖認為反對陳述者有數人而本於相同之事由時，對被告之影響雖可能不同，但對原告之分配金額則為一致，故為類似之必要共同訴訟，數債權人本於不同事由聲明異議而提起本訴，如僅就自己之分配額與被告爭執，則為通常共同訴訟（參閱楊氏著前揭第三九二頁），愚意以為聲明異議人為數人對同一他債權人之債權聲明異議，合併起訴，認不可分配，不論更正後原告各人分得金額如何，其異議事由同一，情理上，判決結果固應一致，即被告之債權存在與否？數額如何？優先與否，在同一判決，法院之認定事實不可能歧異，否則即為判決理由矛盾違背法令（參照民事訴訟法第 469 條第 6 款），但此非必要共同訴訟結果，而係法院同一判決內容不可矛盾，事理認定相同之故，蓋必要共同訴訟所指合一確定，係指法律上，而非情理或事理上，此有最高法院 22 年上字第 729 號判例「民事訴訟法第五十三條之規定，限於訴訟標的對於共同訴訟之各人，在法律上必須合一確定者始得適用，故為訴訟標的之法律關係，對於共同訴訟之各人，在法律上並非必須合一確定，僅在理論上應為一致之判決者，無適用該條之餘地。」可參。

㈢事　由

分配表異議之訴之訴訟標的固為異議權，但其事由應為聲明異議所主張者，即以主張聲明異議之事由提起本訴，故以同一事由，早先提起訴訟者，例如在聲明異議前，已起訴確認他債權人債權不存在、法定抵押權不存在，即毋庸重行提起本訴，可依該訴訟判決結果決定是否更正分配表，可毋庸為變更為分配表異議之訴，變更亦無不可。但仍須向執行法院陳明有此訴訟，以免不知，視為撤回聲明異議（參照本法第 41 條第 3 項）。又此先起訴，固係指聲明異議人對反對陳述人提起，但若該訴訟只對反對陳述中部分之人提起，未包括其他反對陳述之人，或係反對陳述之人對聲明異議人提起，是否亦屬之？前者，因未包括其他反對陳述人，仍應再對其他反對陳述人提起分配表異議之訴，後者，既係因同一事由爭執而訴訟，基於訴訟經濟，可毋庸再提❽。

聲明異議可由債權人提起，亦可由債務人聲明，從而提起分配表異議之訴，可由債權人或債務人提起。在由債權人提起者，如係否認他債權人之債權或數額，雖他人之執行名義為有既判力者，因聲明異議債權人為該執行名義以外之第三人，不受既判力拘束，法院仍應依證據自行判斷，不可受有既判力之執行名義影響。至若為無既判力之執行名義，更不受影響。但若聲明異議人為債務人，其否認他債權人之債權或數額，在有既判力之執行名義，本受有既判力拘束，就此否認涉及實體事由，本應依本法第 14 條第 1 項為救濟，至對無既判力之執行名義，如有實體爭議，本亦應本法第 14 條第 1、2 項為救濟，故本法第 41 條第 2 項規定「債務人對於有執行名義而參與分配之債權人為異議者，僅得以第十四條規定之事由，提起分配表異議之訴。」受有限制。從而債務人在有第 14 條可提債務人異議之訴者，縱未提起，於分配時，仍可於聲明異議後，以同一事由提起分配表異議之訴以為救濟❽。至於行使抵押權參與分配者，無執行名義，債務人提

❽　參閱楊與齡著前揭第三九三頁。

❽　參閱拙文〈債務人異議之訴與分配表異議之訴之競合〉，刊《月旦法學雜誌》第八十一期。惟學者張登科認為本法規定債務人對有執行名義債權人可提分配

起分配表異議之訴，不受上開規定限制。

又提起分配表異議之訴之事由，可否就聲明異議事由追加、變更，為訴訟經濟，自應准許追加，但變更則否，蓋分配表異議之訴，係延續聲明異議，自不可以不同事由提起❷❷。

（四）**起訴時間**

本法第 41 條第 1 項固未規定起訴之時間限制，但第 3 項規定「聲明異議人未於分配期日起十日內向執行法院為前二項起訴之證明者，視為撤回其異議之聲明；經證明者，該債權應受分配之金額，應行提存。」參照其立法理由「本條原規定異議人未為起訴之證明者，僅生執行法院得依原定分配表實行分配之效果，其所提起之訴訟，仍須進行，致生分配程序已終結，而仍須進行無益訴訟程序之現象，為加重異議人未為起訴證明之失權效果，爰參考德國民事訴訟法第 881 條及日本民事執行法第 90 條第 6 項之立法例，規定未於 10 日內為此證明者，視為撤回其異議之聲明。其異議既不復存在，執行法院當然應依原定分配表實行分配，受訴法院亦應以其訴為不合法，裁定駁回之，以避免執行及訴訟程序之拖延。……。」則此十日為起訴法定期間，逾期應以起訴不合法，裁定駁回❷❸。至於已先起訴者，

表異議之訴，法理上欠妥，蓋只能提債務人異議之訴以排除執行力，不可藉分配表異議之訴排除，本法第四十一條第二項應修正。修正前，應解為債務人僅限於對參與分配之債權人可提起，不包括聲請強制執行之債權人（參閱張氏著前揭第五三二頁）。

❷❷ 最高法院民國 65 年 5 月 4 日 65 年度第四次民事庭會議決議：……。又第四十一條之對於分配表異議之訴，乃指債權人對於分配表不同意，於分配期日前，向執行法院提出書狀聲明異議，經執行法院認為正當，因他債權人有反對之陳述，致異議未終結，由聲明異議人自分配期日起十日內，對於他債權人提起之訴訟而言，且第三十九條至第四十條具有連貫性，不宜予以割裂。是第四十一條之訴，應以第三十九條所定之內容為限（按：最高法院已決議不再供參考）。

❷❸ 逾 10 日期間起訴，係起訴不合法或無理由？就立法理由認係不合法，裁定駁回。但有學者認為未於 10 日內起訴證明，係視為撤回聲明異議，此項失權效果，使分配表異議之訴已無實益，應以判決駁回（參閱楊與齡著前揭第三九六頁）。

雖亦應於 10 日內為起訴之證明，如未為證明，不影響所提訴訟，僅執行法院不知，發生本法第 41 條第 3 項視為撤回聲明異議結果，執行法院可依分配表分配，如該訴訟判決認被異議之債權確實不存在，只能據此另外就分配部分請求返還不當得利。

　　至此 10 日期間雖規定應自分配期日起算，但在更正分配表尚須通知未到場之債務人及有利害關係債權人者，依本法第 41 條第 4 項自聲明異議人受通知之日起算，蓋此時已更正分配表，只因須依本法第 40 條之 1 通知未到場之債務人或有利害關係之債權人，因通知後渠等有反對陳述，而此反對陳述係向執行法院為之，聲明異議人須待執行法院通知，始可知悉，故有此例外規定❷❽❹。至於未更正分配表者，實務因聲明異議人不一定於分配期日到場，不知他人是否為反對陳述，往往須待執行法院通知有反對陳述未更正分配表，故認類推適用上開第 4 項規定，自執行法院通知有反對陳述之日起算❷❽❺。惟愚意以為執行法院既未更正分配表，或因分配期日債權人、債務人到場反對表示，或未到場，但已具狀為反對表示，聲明異議人於分配期日當場即可知悉，聲明異議人於分配期日不到場以致不知悉，其咎在己，豈須等執行法院通知，另一方面本法就此並無特別規定，當仍適

❷❽❹　立法理由：未於分配期日到場之債權人或債務人，依第四十條之一第二項規定為反對之陳述時，原為異議者，必俟收受該反對陳述之通知後，始能知悉，則其應為起訴證明之起算日期，自應於是日起算，爰於第四項明定之，以免爭議。

❷❽❺　最高法院 87 年臺上字第 2819 號判決：強制執行程序中，債權人或債務人對於分配表聲明異議，其他債權人或債務人於分配期日未到場，執行法院未依聲明異議更正分配表，而將聲明異議狀對之為送達，其他債權人或債務人就聲明異議為反對陳述者，聲明異議人對反對陳述之其他債權人或債務人提起分配表異議之訴，應類推適用強制執行法第四十一條第四項規定。亦即聲明異議人對其他債權人或債務人提起異議之訴之十日期間，應自受執行法院通知有反對陳述之日起算，而非自分配期日起算。倘聲明異議人已於受執行法院通知之日起十日內提起異議之訴，並向執行法院為起訴之證明者，執行法院不得以此已逾分配期日起十日期間，依同法條第三項規定，認視為撤回異議之聲明，受訴法院亦不得認異議之訴為不合法。

用第 41 條第 3 項，應於分配期日 10 日內起訴，不可因法院通知而延長起訴時間[286]。又縱可類推適用，應自執行法院通知有反對陳述之日起算，亦決非自法院通知應起訴之日起算[287]。

又本法係規定於 10 日內為起訴之證明，注重在向執行法院為證明，是在 10 日內起訴，但未向執行法院提出已起訴證明，致執行法院不知，仍生視為撤回聲明異議之結果[288]，所提訴訟，亦因無聲明異議而應駁回。

(五)性　質

關於分配表異議之訴性質為何？通說為形成之訴訟，訴訟標的為異議權，原告請求法院判決變更分配表，以形成有利於原告之結果，實體債權存否等事由，並非訴訟標的，無既判力。但學者有認此為特殊救濟，以當事人間實體法律關係為訴訟標的，將來判決就實體事項亦有既判力[289]，亦有認為確認之訴，蓋分配表異議之訴在於解決債權人間對分配表錯誤所生爭執，即一方認為有誤，一方認屬無誤，民事庭判決須審認者為何方主張正確，一經判決即能平息雙方爭執，執行法院於原告勝訴時，依該判決之標準重行製作分配表，反之，敗訴則依原分配表實施分配[290]。

(六)訴之聲明

關於分配表異議之訴其訴之聲明，甚為不易，有時較為單純，可明確為之，例如否認他人債權存在，他人不可分配，其分配應全數或部分給原告，其聲明為「鈞院○○年度執字第○○號分配表分配次序○之被告分配之金額應更正為零元（或應予剔除），原告應更正為○○○元」。即請求被

---

[286] 參閱拙文〈分配表之異議〉，刊《月旦法學雜誌》第八十七期第三二頁。

[287] 實務上偶有執行法院遇有聲明異議，即通知債務人及其他債權人表示意見，待有人表示反對，再以此反對陳述狀紙通知聲明異議人表示意見，待聲明異議人再不同意時，始通知聲明異議人起訴，以致聲明異議人誤以為自此通知之日起算 10 日期間。

[288] 參閱楊與齡著前揭第三九四頁。

[289] 參閱楊與齡著前揭第三九○頁。

[290] 參閱陳榮宗著前揭第三○四頁。

告不可分配，其分得金額應全數給原告，將原告之金額更正為此金額與原分得金額之合計數。但有時被告不可分之金額並非當然全分給原告，尚應分配給包括原告在內之其他債權人，而其他債權人未聲明異議或另提訴訟（包括分配表異議之訴、先行訴訟），或被告之債權並非全部不存在，難以自行計算自己可分之金額，則應聲明「鈞院○○年度執字第○○號執行事件分配表次序○被告分配之金額應更正為零元或○○元，超過分配部分由執行法院重新分配。」即請求執行法院重新計算，亦無不可❷。

㈦裁判費之計算

依民事訴訟法第 77 條之 1 第 2 項規定，核定訴訟標的價額應以原告就訴訟標的之利益為準，故債權人為原告者，即以更正後，原告可增加之分配金額，計算裁判費❷。債務人為原告者，以其否認之債權人可受分配之金額計算裁判費❷，學者有以否認之債權額為準計算裁判費❷，似有誤會，蓋本訴並非確認債權不存在之訴，債務人為原告所受利益為被告分配之金額不可受分配者，故應以不受分配者為準。

㈧停止分配

聲明異議人提起分配表異議之訴或有先行訴訟者，應遵期於 10 日內向執行法院提出訴訟之證明，執行法院就異議之分配金額應提存（參照本法第 41 條第 3 項），暫緩分配，至其他無異議或無影響部分，則可分配。

㈨裁判內容

法院裁判內容如下：

1.起訴不合法，應裁定駁回。例如未遵期為起訴證明而視為撤回聲明異議，既無聲明異議，本訴提起即非合法，應裁定駁回，又聲明異議無實益，雖屬欠缺權利保護要件，本應以判決駁回，但聲明異議既無實益，其

---

❷ 學者楊與齡認為法院判決可命執行法院作成新分配表（參閱楊氏著前揭第三九五頁）。

❷ 最高法院 76 年臺上字第 2782 號判例：分配表異議之訴之訴訟標的價額，以原告主張因變更分配表而得增加之分配額為標準定之。

❷ 參閱楊與齡著前揭第三九五頁、陳計男著前揭第六○○頁。

異議本不合法，所提訴訟，亦應認不合法，以裁定駁回。

2.起訴無理由，應判決駁回。至於聲明異議人事先已就異議之債權提起訴訟，依本法第 41 條第 1 項固毋庸再行提起分配表異議之訴，但仍提起者，其分配表異議之訴應如何處理？有認欠缺權利保護必要，以判決駁回 ❷❾❹。愚意以為分配表異議之訴與先行提起之訴訟，並非同一事件，僅爭點相同，本法第 41 條第 1 項但書規定之毋庸再行起訴之理由「……又異議人已就有爭執之債權先行提起其他訴訟（例如確認債權不存在之訴），如允許同一異議人依同一事由再行提起分配表異議之訴，足以延滯執行程序，為避免影響執行程序之迅速進行及無益之訴訟程序，宜就分配表異議之訴，設例外之規定，爰增設第一項但書。……」實待商榷，蓋原先之訴訟苟未停止執行，何以因提分配表異議之訴，法律規定提存有爭議之分配款，即認延滯執行程序？至於是否無益，參諸實務尚未承認爭點效，則就非同一事件但爭點相同所提訴訟，何能謂為無益，故愚意以為應可提起。尤其是被異議人先行起訴，聲明異議人固可不提起分配表異議之訴，但一方面被異議人隨時可撤回起訴，另一方面聲明異議人提起之分配表異議之訴與先前訴訟非同一事件，何以不可再行提起？僅提起後得合併辯論、判決，以免判決結果歧異。

3.起訴全部有理由或一部有理由，法院應就有理由部分判決更正分配表。惟如何判決，涉及原告是否為債務人或債權人而不同，更因被異議之金額是否僅分配給原告抑或尚應分配他人而不同。蓋：分配表係執行處分，由執行法院依職權製作，訴訟法院不可越權代為製作，只能在判決內指明被異議之債權可否分配？或以若干金額分配？或是否優先？甚至指明計算有誤之處，應如何計算，俾執行法院重新依此判決意旨製作分配表。惟實務亦有判決指明原告應分得之金額者。又因被告不可分配之金額，有時不應全由有異議之原告分得，其他債權人亦可分配。有學者認為不須顧慮其他債權人，依原告應分得者加計原來之分配者變更分配表即可，此因本訴以解決兩造間訟爭為目的，無法符合平等主義 ❷❾❺。亦有認應分別情形決定，

---

❷❾❹ 參閱陳計男著前揭第六〇一頁。

即債權人為原告者，判決僅有相對效力，不及於其他債權人，被告之分配金額，應在原告不足債權額內分給原告，如有剩餘，交還債務人，其他債權人再對債務人聲請強制執行。如債務人為原告者，判決有絕對效力，被告分歸之金額應重新分配給各債權人 ❷❾❺。即有吸收說與按分說之區分，前者被告被剔除之分配額於原告不足分配內分歸原告，後者則以被剔除之分配額依分配表分歸各債權人 ❷❾❼。愚意以為聲明異議人所提分配表異議之訴固為形成之訴，但僅在有理由時，其全部或部分勝訴判決為形成判決，如無理由，其敗訴判決為確認判決。在為形成判決時，執行法院即應就判決結果更正分配表，是此判決，無形中對其他人亦有效力 ❷❾❽，此在他國有明文規定 ❷❾❾，日本未規定，但學者通說及實務認只有相對效力，採吸收說，不及於其他債權人 ❸⓿⓿，至若債務人與債權人一併為原告，對他債權人提起之分配表異議之訴，原則上仍有絕對效力 ❸⓿❶，我國學者有採按分說者 ❸⓿❷。

依日本民事執行法第 90 條第 4 項規定「在本條第一項訴訟之判決中，要變更分配或重製新的分配表，必須撤銷原分配表。」尚規定應撤銷原分配表，此在我國固無規定，實務亦未如此處理，但既為形成判決，當須表明原分配不當，應予撤銷，似認更正即有撤銷之意。

㈩重新製作分配表

執行法院重行製作之分配表，應再交付債權人及債務人，但因係依判

---

❷❾❺ 參閱陳世榮著前揭第四四八頁。

❷❾❻ 參閱林屋禮二編前揭第一七一頁、張登科著前揭第五二五頁。

❷❾❼ 參閱陳計男著前揭第六〇二頁、陳榮宗著前揭第三〇八頁、楊與齡著前揭第三九七頁。

❷❾❽ 參閱楊與齡著前揭第三九六頁。

❷❾❾ 依楊與齡及張登科著前揭，奧地利強制執行法第二百三十三條第二項明定判決效力及於各債權人。

❸⓿⓿ 參閱中野貞一郎著《民事執行・保全法概說》第二二六頁、陳計男著前揭第六〇二頁。

❸⓿❶ 參閱林屋禮二編前揭第一七一頁。

❸⓿❷ 參閱陳計男著前揭第六〇二頁。

決製作，除不合判決，可依本法第 12 條聲明異議，應不可再依本法第 39 條聲明異議⓷。

又聲明異議人早已提起訴訟者，依本法第 41 條第 1 項，執行法院應依該判決實行分配者，一經提出判決，執行法院即應據此判決更正分配表。分配表再交付債務人及債權人者，除不合判決，可依本法第 12 條聲明異議外，不可再依本法第 39 條聲明異議。

㈡訴訟和解

一般而言，形成訴訟不可和解，但既可協議變更分配表，則訴訟中和解，亦應准許，執行法院應依此和解筆錄更正分配表。

第五款　分配表確定之效果

分配表如無人聲明異議，執行法院依分配表實施分配後，債務人或債權人可否對其中之債權人就分配所得主張其債權不存在或數額不對，起訴請求返還不當得利？甚至雖提聲明異議、分配表異議之訴，敗訴判決確定後，債務人或債權人可否以同一事由提起不當得利訴訟？此涉及未聲明異議是否發生失權結果？分配表確定之效果是否有實質確定力？

民法第 179 條規定之不當得利，須以無法律上原因受利益為要件，有認為債權人按分配表分配，自屬有法律上原因，縱有溢分，他債權人或債務人既有聲明異議程序可救濟而怠於行使，分配表確定即非無法律上原因，但亦有反對，認法律就此未規定失權效果，我國學者多予肯定⓸，日本則有不同意見⓹，愚意以為一方面強制執行既屬非訟事件，分配表為執行程

⓷　參閱陳世榮著前揭第四四九頁。

⓸　參閱陳計男著前揭第五九五頁、陳榮宗著前揭第三〇一頁、陳世榮著前揭第四三九頁、張登科著前揭第五一九頁、許士宦著《執行力擴張與不動產執行》第三〇一頁以下〈分配程序與不當得利〉。

⓹　在日本舊民事訴訟法第 634 條規定，允許有優先權人可提起不當得利訴訟，在學說，有認一般債權人亦可主張。但亦有認既可聲明異議而不利用，如認可主張不當得利，應非妥當，而採消極見解（參閱中野貞一郎著《民事執行・保全

序之一環，屬執行處分，並非判決，是分配表作成後，無人聲明異議而確定，該分配表仍屬非訟事件，無判決之實質確定力，雖可聲明異議以為救濟而未為之，不論係故意或過失，本法就此亦未規定發生既判力或失權結果。另一方面有無法律上原因，應視該債權人在實體之債權關係可否受分配，苟欠缺實體之債權，其受分配自屬無法律上之原因。從而債權人自可於分配實施後，以實體事由另行起訴請求返還不當得利。或謂執行法院係代債務人為出賣人，則執行法院分配亦係代債務人，僅債務人可請求不當得利，其他債權人則否❸。惟各債權人係因分配表實行結果而受償，就本應多受償者而少分配者言，對其他不應分配或不應多分配者，就實體之權利義務觀之，自係一方受利益，致他人受損害者❸。反而債務人原則不可據此請求，蓋參與分配之債權人均係有執行名義，在執行名義未廢棄前，對債務人言，難認其分配為不當得利(參見最高法院 69 年臺上字第 1142 號判例)。僅在無他債權人或他債權人完全受償完畢，債務人始可請求不當得利。

實務上最高法院 62 年臺上字第 1893 號判例：「兩造既經訴訟，被上訴人應徵之土地增值稅，應否優先於上訴人之抵押債權以獲清償，上訴人自

法概說》第二二三頁、林屋禮二編《民事執行法》第一七一頁)。

❸ 最高法院 70 年臺上字第 3693 號判決：被上訴人經執行法院分配受領之七萬三千六百零六元利息中，其不應計付而計付之金額部分，雖係無法律上之原因而應成立不當得利，然執行法院將拍賣所得之價款逕行分配與各債權人，其實際給付義務人仍為債務人，執行法院僅代債務人將拍賣所得價款轉給債權人以清償其債務而已，是被上訴人之受分配清償既係來自債務人林呂碧紗，則其超領之上開利息部分，亦應返還與債務人呂碧紗，而非同為債權人之上訴人，雖上訴人因被上訴人之超領利息致其應受分配之金額受有影響，但被上訴人此項超領部分之金錢，在法律上並非當然即屬於上訴人所有，而上訴人與被上訴人間又無債之關係，被上訴人應無將該超額分配之利息款項返還於上訴人之義務。

❸ 學者許士宦認參與分配債權人得自受分配之執行標的財產受償之權利或地位，兼具程序上權利與實體上權利性質，其因此少受分配，應認其權利受有損害(參閱許氏 ❷ 前揭文)。

應受上開訴訟確定判決之拘束，今既判決確定被上訴人勝訴，則上訴人前由法院依分配表受領之系爭款項，即成為無法律上之原因而受領，是其受領時雖有法律上之原因，而其後已不存在，仍屬民法第一百七十九條後段之不當得利，被上訴人既因而受有損害，依不當得利之法律關係請求返還，自屬正當。」固肯認債權人可請求不當得利，但其內容似認先前依據分配表之分配，並無不當，係因另有判決否認可受償，使受領時之法律上原因事後不存在，始可請求不當得利一節，似有誤會，蓋一方面此分配表未被撤銷，如何有事後不存在，另一方面可否受償，繫諸其實體權利，故毋庸另有判決否認，即可因其實體權利不存在，提起不當得利訴訟，僅若有判決否認其權利，基此判決之既判力，他債權人即不可再主張有權利受償。

至於有聲明異議，並提起分配表異議之訴，受敗訴判決確定者，因此訴訟標的為異議權，並非實體事由，則事後另以同一事由提起不當得利訴訟，自無一事不再理或既判力問題❸，僅因事由相同，發生爭點效結果。惟若認分配表異議之訴訴訟標的非異議權，為實體事由，則不可起訴請求不當得利。又有學者認為分配表異議之訴之訴訟標的包括分配表不當，在此範圍內，當事人於分配程序上是否享有兼具實體權利及程序權利性質之分配受償權及其順位、數額成為法院審判之對象，兩造攻防目標，故其確定判決，發生既判力或類似拘束力，事後不可再提不當得利訴訟❸。

又在分配表聲明異議或分配表異議之訴期間，當事人和解，協議如何分配，執行法院依此協議更正分配表者，雖此分配表亦無實質確定力，但既經協議，應有民法第737條規定「和解有使當事人所拋棄之權利消滅及使當事人取得和解契約所訂明權利之效力。」之適用，自不可再提不當得利訴訟。

---

❸ 參閱陳計男著前揭第五九六頁、張登科著前揭第五二五頁。但學者陳世榮認判決既判力及於實體上分配受領權之存否，得防止事後另提不當得利訴訟（參見陳氏著前揭第四四八頁）。

❸ 參閱許士宦❸前揭文。

第三章
關於非金錢請求權之執行

第一節　概　說

　　本法雖未明定「非金錢請求權之執行」，但相對於「金錢請求權之執行」，應為「非金錢請求權之執行」。事實上，本法第 123 條至第 126 條之章名「關於物之交付請求權之執行」與第 127 條至第 131 條之章名「關於行為及不行為請求權之執行」均屬非金錢請求權之執行，為相呼應，應列一章為「關於非金錢請求權之執行」，本書即以此為章名，以下再分為關於物之交付請求權之執行與關於行為及不行為請求權之執行二節。

　　關於非金錢請求權之執行，其執行名義之權利或基於債權，或物權或親權，執行方法均同。

第二節　關於物之交付請求權之執行

第一款　前　言

　　執行名義係命債務人交付物者，即須交付一定動產或不動產給債權人，俾其占有、使用，債權人要求者並非拍賣該物以換取金錢。是本節之執行方法，注重交付，使債權人取得占有動產、不動產。但在債務人拒絕交付，執行須使用強制力時，前章之對動產、不動產執行若干規定與此強制有關，例如第 48 條之檢查、啟視，第 99 條之點交不動產均可適用，故本法第 125 條規定「關於動產、不動產執行之規定，於前二條情形準用之。」至於性質不合者，例如禁止查封之財產、拍賣、強制管理，自無準用。又總則規

定，本可適用於各種執行，例如第 3 條之 1 強制力之實施等。但性質不允許者，仍不可適用，例如第 17 條、第 27 條均係適用於金錢請求權之執行，在交付動產、不動產之執行，縱該動產、不動產非債務人所有，仍可執行。如債務人未持有無法交付，除有採買交付適用，亦無從發給債權憑證。上開準用規定係民國 85 年修正前之條文，當時第 2、3 章名為對於動產之執行、對於不動產之執行。現既已變更，將第 2、3、4 章合併為一章「關於金錢請求權之執行」，則該條應修改為「關於前章對於動產、不動產執行之規定，於前二條情形準用之。」否則該條文之關於動產、不動產執行究何所指，恐有不明。

又本節與次節之行為請求權之執行不同，該節注重債務人應為一定之行為，非物之占有，縱因此須使用一定之物，亦與本節之占有該物不同，例如公司法第 165 條第 1 項「股份之轉讓，非將受讓人之姓名或名稱及住所或居所，記載於公司股東名簿，不得以其轉讓對抗公司。」之股票過戶雖須記載於股東名簿，但非令債務人（按：公司）交出股東名簿，而係為登記行為，自無本節適用。但就交付物之占有，其交付仍有為一定行為之意思，故在交付非特定物者，可以採買交付方法執行，即與後述之為一定行為執行競合（詳後述）❶，甚至交付書據、印章等執行，本法第 123 條第 2 項尚有得準用第 128 條第 1 項關於行為請求權執行之規定。

第二款　交付動產

執行名義係命債務人交付動產者，即屬交付動產之執行。至此動產固指民法上之動產，至於有價證券，不動產之出產物可於一個月內分離者，依本法第 125 條準用規定，應認為此處之動產。又交付並非限於交付債權

---

❶　陳計男著《強制執行法釋論》第六〇五頁指出：物之交付請求權之強制執行，就債務人應為交付物之行為言，固屬廣義的行為之執行。惟本法第四章關於行為、不行為請求權之強制執行係以債務人本身之行為、不行為為目的之請求，並無標的物之存在，僅債務人之行為即可滿足債權之內容，故與物之交付請求權之強制執行不同。

人，包括第三人。

交付動產執行方法，視該動產是否為特定物及何人占有而不同，茲分述如下：

一、動產為特定物

㈠債務人占有

1.取交執行

依本法第 123 條第 1 項規定，執行法院應將該動產取交債權人，即執行法院以強制力，解除債務人占有後，交付債權人。為此執行方法，應注意下列事項：

⑴取交之動產必須為債務人占有，債務人藏匿者，可依本法第 125 條準用第 48 條檢查啟視債務人處所，亦可依本法第 20 條令債務人據實報告該動產置放地點，以便執行。

⑵取交為事實行為，如債務人不在場，仍可準用第 48 條第 2 項執行。至於債權人不在場，一方面實務係由債權人引導執行人員到場執行，債權人未到場，即無人引導執行人員到場，另一方面因無從交付，實不可能執行，只有改期，改期後仍不到場，依本法第 28 條之 1 處理。學者有認應先查封或交付保管❷，實有誤會。

⑶債務人之占有須係直接占有。

⑷債務人不限於執行名義所指者，包括下列之第三人：

A.第三人為占有輔助人：即第三人為債務人之受僱人、學徒與債務人共同生活而同居一家之人，或基於其他類似之關係，受債務人指示而對動產有管領力者，依民法第 942 條規定，仍認屬債務人占有，可對此第三人執行。雖注意事項 57 ⑺「本法第九十九條及第一百二十四條所定債務人，

---

❷ 學者有認應準用第 59 條第 1 項，交他人保管，另定期日交付，例如陳計男、張登科（參閱陳氏著前揭第六〇八頁、張氏著《強制執行法》第五四〇頁），亦有認應查封保管，再交債權人，例如陳世榮、陳榮宗（參閱陳世榮著《強制執行法詮解》第四五七頁、陳榮宗著《強制執行法》第五九〇頁），學者楊與齡認應改期執行，不得查封保管（參閱楊氏著《強制執行法論》第七二二頁）。

包括為債務人之受僱人、學徒或與債務人共同生活而同居一家之人，或基於其他類似之關係，受債務人指示而對之有管領之力者在內。」未指明適用本法第 123 條，但法理上此第三人為占有輔助人，自仍應適用。上開注意事項應修改為「本法第九十九條、第一百二十三條及第一百二十四條所定債務人……。」

　　B.第三人為執行名義執行力所及者（參照本法第 4 條之 2）。

　　C.依動產擔保交易法第 17 條第 2 項、第 30 條、第 37 條為取回動產抵押物、附條件買賣標的物、信託物者，占有該物之第三人。惟此契約須經登記，始可對抗善意第三人（參照動產擔保交易法第 5 條）。

　　⑸該動產必須存在，如已滅失，即不能執行。除執行名義載明無此動產，應以金錢給付者外，不得轉而執行其他財產❸，債權人只得另行起訴請求損害賠償。執行名義載明如無實物，以給付時市價給付者，此「給付時」、「市價」究何所指？愚意以為給付時應指拍賣其財產，拍定人繳款給執行法院或債務人提出現款於法院之日（參照注意事項 16 ⑶）。市價指市場買賣價格，如有牌告者，以牌告為準，否則應查明。當日價格有上下限者，採中間數計算。

　　⑹取交之物是否為執行名義所指之動產，執行法院應予認定，有爭議時，依本法第 12 條聲明異議救濟。

　　⑺取交之動產，包括其從物。至於已分離之天然孳息，既已分離為獨立之物，不包括在內。

　　執行法院交債權人占有後，執行程序即已終結，如債務人復行占有，由於本法就此無再為執行規定，債權人須另行取得執行名義，始可再對債務人執行，與後述交付不動產之執行不同。

　　2.宣告無效等

---

❸　司法院院字第 2109 號解釋：強制執行，依強制執行法第四條之規定，應依執行名義為之，其為執行名義之確定終局判決，僅命債務人交付一定之動產，而未判明不交付時，應支付金錢若干者，執行法院不能因債務人無該動產可供同法第一百二十三條之執行，逕對債務人之其他財產為執行……。

交付之動產為權狀、有價證券、印章、證書等細小書件時，如債務人藏匿不交出，執行法院難以發現者，在早期執行即陷於困境，無法執行，有損司法威信及強制執行功能❹，民國85年修法時，特設第123條第2項規定「債務人應交付之書據、印章或其他相類之憑證而依前項規定執行無效果者，得準用第一百二十一條、第一百二十八條第一項之規定強制執行之。」❺由執行法院依下列方法執行：

⑴宣告無效：應交付之動產為證明一定權利之文件等，本可由有關機關補發，非必一定須交付原件，在執行法院無法取交時，即可準用本法第121條規定處理，先命債務人交出，債務人不交出，能強制取交，固可取交，在強制取交無效果時，執行法院即宣告無效，另發證明書給債權人，債權人據此可向有關機關辦理權狀或證書補發，或主管印鑑機關可據此變更印鑑證明。惟宣告無效，必須係債務人占有，拒不交出，如非債務人占有，而係第三人占有，除為執行名義執行力所及者外，即非「依前項規定執行無效果」，不能宣告無效，以免損及第三人權利。

⑵科處怠金、管收：應交付之動產無可替代，不適合宣告無效，例如令債務人交出帳簿、股東名冊等，則執行法院強制取交無效果時，準用本法第128條第1項處理。即以科處怠金、管收方式執行，至其履行為止，其中管收之要件因此有特別規定，自不適用本法第21條規定，但第22條之3管收之限制事由，第24條管收之期限及次數，因此並無排除仍應適用，又科處怠金無次數限制，可多次使用，惟此怠金係行政罰，繳交國庫，並非給債權人。如無財產繳交怠金，本法並無應如何處理規定，故若債務人仍不履行，在管收有次數限制，債務人無財產繳交怠金，甚至有財產繳納

---

❹ 參閱拙文〈對書狀等物之強制執行〉，刊《月旦法學雜誌》第二十二期。

❺ 立法理由：執行名義係命債務人交付書據、印鑑章或其他相類憑證物件，施以直接強制取交無效果時，宜規定執行法院得宣示其未交出之物件無效，俾債權人得據以向該管機關申請新書據或申請變更新印鑑。而債務人拒絕交付此類憑證物件者，即屬應為一定交付行為而不為，亦可準用不可代替行為請求權之執行方法，迫使債務人履行其交付義務，爰增列第二項之規定，以資因應。

怠金，寧可繳納，堅不履行，除可另行請求損害賠償外，實屬無奈，除非法律設有擬制規定，例如視為登記完畢，甚至明文排除本法第 24 條管收次數限制，否則，法律仍有窮盡之時。

（二）第三人占有

特定之動產為第三人占有者，如第三人為執行名義之執行力所及，因可對之為取交執行，反之如非執行力所及，但債務人對之有請求交付該物之權利者，如借用物返還請求權，所有物返還請求權，執行法院應以命令將此權利移轉給債權人（參照本法第 126 條）。一經移轉，執行程序即終結，債權人據此命令可向第三人請求交付，如第三人拒絕，須對該第三人取得執行名義，或債務人對第三人已有執行名義，債權人因此移轉而為債務人之繼受人，屬該執行名義執行力所及，始可對之聲請執行❻。至債務人對第三人無交付該動產之權利者，即不能執行，應予駁回強制執行聲請，債權人僅能對債務人請求損害賠償。

執行法院發移轉命令前，須否同本法第 115 條先發禁止命令？按本法就此未有規定或準用規定，自不須先發禁止命令❼。

又實務上，鮮有發移轉命令，蓋如前述，發移轉命令，仍不可逕對第三人執行，不如由債權人逕對第三人訴訟以取得執行名義，再對第三人強制執行。

二、動產為非特定物（可代替者）

（一）債務人占有

仍可依前開取交執行方法，交債權人占有。

（二）債務人未占有或無法取交（採買交付、代償執行）

---

❻　司法院院字第 1695 號解釋：（二）執行名義，係債務人向債權人交付某物者，該物如在第三人之手而有占有權者，執行法院應發命令將債務人對於第三人得請求交付之權利移轉於債權人，此在補訂民事執行辦法第二十八條固已明定，惟第三人如有爭執，可由債權人對於第三人訴請其交出，在未經判決確定以前，不能逕予強制執行。

❼　臺灣高等法院暨所屬法院 109 年法律座談會亦採否定說，不須發扣押命令。

債務人應交付動產者，實含有交付行為之意，故此動產為代替物，雖債務人未占有或藏匿無法取交，可依本法第 127 條第 1 項規定，以債務人之費用命第三人代為採買交付。執行法院可斟酌該物價額定其費用，令債務人預行支付或命債權人代為預納。債權人可以命債務人預付之裁定為執行名義，對債務人其他財產執行（參照注意事項 67）❽。如係由債權人預納者，則列為執行費用，待執行終結再向債務人請求。惟此執行程序，仍須先命債務人交付，在確定無法取交時，始可如此執行，不可逕行查封債務人財產❾。上開預付或預納之金額，必要時，得命鑑定人鑑定其數額，

---

❽ 司法院院字第 2109 號解釋：……惟強制執行法第一百二十七條所謂債務人應為之行為，並無如補訂民事執行辦法第二十九條除去物之交付之明文，執行名義命債務人交付之動產，為金錢以外一定數量之代替物者，其代替物之交付行為，亦包含之，此項代替物為債務人，或對債務人負有交付義務之第三人占有者，固應依同法第一百二十三條、第一百二十六條之規定執行，無適用第一百二十七條之餘地，若債務人及對債務人負有交付義務之第三人並不占有，則無從依第一百二十三條第一百二十六條之規定執行，此際債務人依執行名義，本應採買此項代替物而交付之，債務人不為此項行為者，依同法第一百二十七條之規定，執行法院得以債務人之費用，命第三人代為採買交付，此項費用，由執行法院斟酌該代替物現時價格及其他情事定其數額，命債務人預行支付，命支付費用之裁定，即為同法第四條第二款後段之裁判，債務人不支付時，得以之為執行名義，對於債務人之一切財產為執行。

❾ 民事法律問題研究彙編㈠：

法律問題：執行名義係命債務人返還飾金五兩，經債權人聲請法院強制執行，惟債權人拒絕引導執行人員前往執行取交飾金，而具狀聲請逕就債務人所有之不動產查封拍賣，執行法院應否准許？

討論意見：略。

結論：採乙說。

司法院第一廳研究意見：

一、執行名義命債務人交付之動產為金錢以外一定數量之代替物者，如債務人及對債務人負有交付義務之第三人，並不占有該項代替物時，債務人應購買此項代替物而交付之，若債務人不為此項行為，執行法院得依強制執行法第一百

以便裁定。

第三款　交出不動產

執行名義係命債務人交出不動產者，即屬此交出不動產之強制執行。至此不動產，不僅指土地及其定著物，依本法第 124 條第 3 項規定，包括船舶、航空器及建造中之船舶。惟此所指船舶，是否限海商法之船舶？在此無本法第 114 條之明文，基於海商法上之船舶之特性與不動產類似，似應限制，學者有贊成者❿，惟就條文言，此處並無明文規定，實難限制，故學者有未稱此船舶須為海商法之船舶⓫，愚意以為本法第 125 條既有準用規定，則前章之不動產即為此處之不動產，毋庸再另訂該第 3 項，不僅為贅文，且生是否海商法上之船舶之爭議，本法修正時，應予刪除。

又此交出不動產，須為特定者，不可如由前項之動產有代替物者，蓋不動產既係固定於一處，每一不動產均不相同，自無代替物可言，至此不動產有無登記，是否為債務人所有不論。又不動產之一部分，如能特定，例如共有之土地有分管，房屋之一間，亦可為此處之不動產。

本法第 124 條第 1 項規定「執行名義係命債務人交出不動產而不交出

二十七條之規定，裁定命債務人支付採買代替物之費用，於債務人不支付時，以該裁定為執行名義，對債務人一切財產為執行，業經司法院三十年院字第二一〇九號解釋在案。

二、本題所示，如債權人主張債務人，並未占有此飾金，聲請執行法院就債務人之其他財產查封拍賣，執行法院應先認定債務人是否占有該項飾金，如未占有，即得裁定命債務人支付採買此項飾金之金額，並於債務人不支付時，對債務人之其他財產為執行。否則，債權人聲請執行法院逕就債務人所有之不動產查封拍賣，自屬不應准許。（民國六十九年十二月一日(69)廳民一字第〇三二三號函）

❿ 學者認此應為海商法所定之船舶，否則依交付動產程序執行，例如楊與齡、陳榮宗、張登科（參閱楊氏著前揭第七三四頁、陳氏著前揭第五九二頁、張氏著前揭第五四六頁）。

⓫ 參閱陳世榮著前揭第四五九頁。

者，執行法院得解除債務人之占有，使歸債權人占有，如債務人於解除占有後，復即占有該不動產者，執行法院得依聲請再為執行。」與第99條拍定後點交不動產規定同，復依本法第125條準用第100條規定，是交出不動產之執行程序與拍定後之點交程序相同，雖法律用語不同，實均可稱點交。

一、執行程序

依本法規定，固可由執行法院逕行以強制力解除債務人占有，惟因解除占有，無異於「掃地出門」。就強制執行言，對債務人感受至深。債務人往往於此抗拒甚大，會採各種方法拖延，固然不可因此置債權人之權利於不顧，但交出不動產亦非一蹴可幾，仍須給予合理之準備期間，在法律範圍內兼顧情理順利執行。為此一般循下列程序處理：

㈠發履行命令

執行法院先發限期履行命令，令債務人自動履行，屆期由債權人陳報履行情形，如果自動搬遷，交債權人占用，執行程序即終結，反之，再進行下列程序。至此履行期限以15日為宜（參照注意事項66⑴）。

㈡傳訊兩造

債務人未自動履行，經債權人陳報後，執行法院應傳訊兩造，一方面了解債務人不履行之原因，另一方面勸諭兩造讓步成立和解。一般和解方式有：1.同意債務人延緩一段時間再交出。2.補償（助）債務人一定金額。3.債權人讓售該不動產給債務人（參照注意事項66⑵）。如和解成立，應載明筆錄。至於和解條件雖載明於筆錄，亦非民事訴訟法之和解，無確定判決之效力，只有民法上和解效力。

又在詢問中，如債務人主張不履行係有法律上原因者，執行法官應查明處理，視有無理由，或以裁定駁回債權人聲請，或駁回債務人異議。

㈢勘驗現場

傳訊未達成和解，債務人主張不履行係無法律上理由者，執行法官應定期勘驗現場，一方面了解現場狀況，另一方面再次協調勸諭兩造成立和解。

有關了解現場狀況，係為日後解除債務人占有之準備，即為順利、和

平執行，減少阻力。應了解之處有：1.債務人（包括使用該不動產之家屬、受僱人等）之態度，須使用多少警力始足維持秩序。2.有無軍人、婦女、病患在場，以決定是否調派憲兵、女警、救護車到場。3.債務人留置現場物品多少、特性，以決定僱工多少，須否特殊工具（如怪手）。4.有無閒雜人等致生事端，以便順利執行。5.如須拆除建物者，界址是否清楚，須否囑託地政機關派員測量指界。6.是否有電錶、自來水錶、天然瓦斯錶，在拆除建物時，如有，則應通知電力公司、自來水公司及瓦斯公司派員拆除或遷移電錶、水錶、瓦斯錶，必要時，並予斷電、水、瓦斯，不可由債權人或債務人自行拆除、遷移，甚至毀壞，因此均為電力公司等所有。7.拆除建物一部者，是否因此使他建物倒塌；如有可能，應先做支架、水泥牆支撐，以免損壞鄰屋。8.周遭環境對執行有無影響。如對市場內之建物執行，宜避免在開市時間，以免圍觀者眾多，造成阻礙（參照注意事項66⑶）。

㈣著手執行

至執行期日前，債務人仍未自動履行，或兩造未達成和解，即須如期執行。至執行方法，因債務人（包括其代理人、家屬、受僱人）是否在場而不同：

1.債務人在場：凡執行開始債務人在場，縱執行中離去仍屬在場。在開始執行前，執行法官宜曉諭利害關係，勸諭兩造和解，如不能成立和解，即可開始執行。如係遷讓或點交不動產，開始執行後，即令債務人及在場之人離開，並令工人將屋內或地上之動產移置應點交之不動產以外，交付債務人，此時如債務人離去或不置理，亦同，毋庸令債權人保管，但若移置屋外，有礙交通，債務人又不配合取走物品，可採取後述之執行方法。再若係拆屋還地者，須進一步拆除地上物，則於物品遷出後，再進行拆除工作，將土地交債權人，不可不拆屋，將房產交債權人，違反執行名義。

2.債務人不在場：債務人不在場，可將現場物品交由債權人保管，債權人應書立保管清冊交執行法院，執行法院再通知債務人領取，逾期不領，拍賣該物品，賣得價金屬債務人所有，通知領取，不領取可提存其價金。為此執行，應注意下列事項：⑴凡有價值之物品均應列冊，否則視同廢棄

物。⑵債權人可放置原處或他處保管，亦可更換保管處所。保管處所或更動後處所，債權人均應陳報執行法院。⑶此項拍賣係因債務人不領取，故拍賣時毋庸查封及定底價，無查封禁止物適用，惟仍應為拍賣公告（參見臺灣高等法院 63 年法律座談會）。拍賣次數亦不受限制，蓋此為解決債務人拒不領取之方法。⑷提存之價金屬債務人財產，拍定人或債權人如另有執行名義，可對之執行（例如以執行費裁定為執行名義），其他金錢債權人亦可聲請執行此提存價金。

二、執行應注意事項

㈠勘驗及動手執行時，均須債權人引導到現場，並受領占有不動產，故債權人未到場，執行法院可不執行，另定期日，如再定期日，仍不到場，可依本法第 28 條之 1 處理。

㈡前述所指債務人包括其學徒、受僱人或與債務人共同生活而同居一家之人，或基於其他類似之關係，受債務人指示而對之有管領之力者在內（參照注意事項 57⑺）。

㈢占有不動產之第三人，如為交出不動產之執行名義執行力所及或為點交命令所及者，可逕對之執行，否則不可執行。但債務人對第三人有請求交付之權利，可依本法第 126 條以命令將債務人對第三人請求交付之權利移轉於債權人，債權人再對第三人取得執行名義以另外聲請執行。反之，若無權利可移轉，債權人須另行本於對第三人之權利，對第三人取得執行名義，始可執行。

㈣命交還土地之判決，效力及於未分離之竹木❷，惟如為第三人種植，第三人有採收權，可提第三人異議之訴撤銷執行，為此宜在採收後再予執行。甚至雖為債務人種植，亦可待採收後再執行，以減少抗爭（參照注意事項 57⑶）。

---

❷　最高法院 71 年臺上字第 2423 號判決：按不動產之出產物尚未分離者，為該不動產之部分，民法第六十六條第二項定有明文。如土地上種有竹木，法院命為交還土地之判決，即已包含該尚未與土地分離之竹木在內，無庸另為交還之諭知。

㈤執行名義係命返（交）還土地，但地上有房屋，未明示拆除，執行法院可否拆除？按返還土地者，地上之房屋不予拆除，如何返還？司法院院解字第 3583 號解釋：「……。至該確定判決雖僅命甲返還地基並未明白命甲拆卸房屋，然由強制執行法第一百二十五條所準用之同法第一百條法意推之，該確定判決當然含有使甲拆卸房屋之效力，甲之特定繼承人丙如不拆卸房屋返還地基，應依同法第一百二十七條、第一百二十四條、第一百二十五條、第一百條辦理。」及最高法院 44 年臺抗字第 6 號判例：「執行名義命債務人返還土地，雖未明白命其拆卸土地上之房屋，而由強制執行法第一百二十五條所準用之第一百條法意推之，該執行名義當然含有使債務人拆卸房屋之效力。」認當然有拆除之意，可予拆除。惟學者有認房屋縱為債務人所有，執行名義既無拆除，仍不可拆除❸。至若地上房屋為他人所有，非債務人或執行名義效力所及之人所有，無上開解釋適用，不僅不可以返還土地之判決逕行對他人執行遷出，且不可拆除該屋。

㈥房屋增建部分，如未載於執行名義之列，可否點交？應視該增建部分是否因附合成為房屋之一部，並喪失獨立性，如是則可點交❹，反之，則否。

㈦執行法官宜親自到場執行，非有法定事由，不可停止，並須使債權人實際占有（參照注意事項 66 ⑷）。

三、再為執行

在點交不動產執行後，債務人有不甘心，待執行人員交給債權人占有後，藉機又再占有該不動產，於法理言，原來之點交程序於使歸債權人占有後已終結，債務人之再行占有，係另一新發生事實，按理，債權人應另外取得執行名義始可對債務人再予執行，但如此似有對司法威信挑戰，故民國 64 年本法修正時，第 124 條第 1 項末段規定「如債務人於解除占有後，復占有該不動產者，執行法院得依聲請續為執行。」對債權人言，固

---

❸　參閱陳榮宗著前揭第五八七頁。

❹　最高法院 62 年臺抗字第 23 號裁定：再抗告人添建之洗澡間與走廊係原建物之附屬建物，應與原建物一併執行交還，添建部分應否補償，乃另一問題。

為有利，但同前述不動產拍定後之再點交，法理上實有欠缺。又上開復占有究指何時，有無時間限制，在民國 85 年修正前，實務上意見不一，為免爭議，修正時以「本條第一項關於再為執行之規定，係指債務人受強制執行交出不動產後，違反執行結果，即時復行占有該不動產者而言。若債權人接管不動產後，事隔多日始復為債務人侵奪其不動產者，乃屬另一新的事實，法理上應另行取得執行名義後，再行強制執行。……。」為由，修正第 124 條第 1 項為「……如債務人於解除占有後，復即占有該不動產者，執行法院得依聲請再為執行。」即須立即占有，始可再為執行。

第三節　關於行為及不行為請求權之執行

第一款　前　言

執行名義係命債務人為一定行為或不行為者，即為一定積極行為或消極不行為者，與前述交付一定物或金錢不同，交付一定物或金錢，固亦有為一定行為，但其本旨在於物或金錢，與此行為僅係單純行為不同，例如拆屋還地，拆屋固為一行為，但重點應在於交還土地。本法就行為與不行為請求權之執行分別規定，但除本節規定外，總則之規定仍可適用，例如第三條之一強制力之實施。

第二款　令為一定行為

令為一定行為者，係依執行名義，債務人應為一定之行為，例如道歉、將判決書刊登報紙、為所有權移轉，茲分述其執行程序如下：

一、行為係可代替者

本法第 127 條第 1 項規定「依執行名義，債務人應為一定行為而不為者，執行法院得以債務人之費用，命第三人代為履行。」是行為係可代替者，即可採此方法，由執行法院命第三人代為履行。執行時，執行法院應先命令債務人於一定期間自動履行，逾期不履行，始可令第三人代為履行。

　　所謂行為可代替者，係指該行為由債務人自行為之，或由他人為之，對於債權人之經濟上或法律上效果不生差異者，如拆屋、遷讓房屋、給付代替物（參照注意事項 67）、清償（參見臺灣高等法院 60 年法律座談會）。按登報道歉係民法第 195 條第 1 項之回復名譽適當處分，通說認屬可代替行為，但晚近有學者認判決強制債務人違背其本心，將是非善惡之判斷表現於外部，為言不由衷之道歉，顯屬違憲 ❺。憲法法庭 111 年 2 月 25 日 111 年憲判字第 2 號判決「民法第一九五條第一項後段規定:『其名譽被侵害者，並得請求回復名譽之適當處分。』所稱之『適當處分』，應不包括法院以判決命加害人道歉之情形，始符憲法保障人民言論自由及思想自由之意旨。司法院釋字第六五六號解釋，於此範圍內，應予變更。」則法院不可判決道歉，自無可否強制執行問題。

　　執行法院指定之第三人，固可指明特定之人，亦可不指明，由債權人自行選定，甚者亦可指定債權人為此第三人，凡此人可代為履行者，均可，例如拆屋，指定由債權人僱工。刊登報紙，令債權人刊登，甚至通知報社刊登，以報社為第三人。

　　至此費用，依同條第 2 項「前項費用，由執行法院酌定數額，命債務人預行支付或命債權人代為預納，必要時，並得命鑑定人鑑定其數額。」處理，即執行法院先令鑑定人估價或自行洽詢或命債權人陳報，查明後或命債務人預行支付或由債權人預納，依實際支出支付，不足再令補繳，如有多餘，則予退還。惟實務上鮮有命債務人預行支付，多由債權人代墊，以為執行費用，日後待裁定確定執行費用後，向債務人強制執行以收取 ❻。

　　執行法院命第三人代為履行及命債務人預付費用，雖以裁定，仍屬執

---

❺　參閱陳瑞堂撰〈債務人應向債權人道歉之行為義務之執行〉，刊楊與齡主編《強制執行法爭議問題研究》。

❻　修正理由:債務人既拒不履行其應為之作為義務，若命其預支代履行之費用，亦多拒不支付。故實務上多係由債權人代為預納，嗣再依第二十九條第一項，聲請確定其費用之數額後，對債務人之財產執行取償，爰於第二項增列「命債權人代為預納」之規定，俾適用時能有依據。

行方法，當事人不服，應聲明異議。

二、行為係不可代替者

行為係不可代替者，係指行為非債務人本人為之，不能符合本來債務本旨，即第三人之代為履行，法律上或事實上係不可能，或雖代為之，在經濟上或法律上效果不能產生與債務人自己所為之同一效果，例如演員、歌星之演出唱歌、畫家畫畫、簽名、親自道歉等。

不可代替之行為，原則上均可執行，但夫妻之同居行為，例外不適於執行（參照本法第 128 條第 2 項），只能以判決後仍不履行同居義務為由請求離婚（參見司法院大法官會議釋字第 18 號解釋）。

至於執行方法有：

㈠間接強制執行

本法第 128 條第 1 項規定「依執行名義，債務人應為一定之行為，而其行為非他人所能代履行者，債務人不為履行時，執行法院得定債務人履行之期間。債務人不履行時，得處新臺幣三萬元以上三十萬元以下之怠金。其續經定期履行而仍不履行者，得再處怠金或管收之。」即執行法院先命債務人於一定期間履行，逾期不履行，則以下列方法，迫使債務人自動履行：

1.科處怠金：怠金屬行政罰，不僅不可轉交債權人，應繳交國庫，且無次數限制。即債務人雖繳怠金，執行程序並未終結，如債務人仍不為一定行為，仍可再定期令債務人履行，於不履行時再科處怠金，直至履行為止。債務人拒不繳納怠金，可以命其繳納之裁定為執行名義由執行法院執行其財產，毋庸另行分案或移送行政執行機關執行，惟若債務人已不可能執行，或無力繳怠金，再採此方法已無執行實益，不得再用此方法❶，此時，應曉諭債權人另行請求債務不履行之損害賠償。在民國 85 年前，本條另規定可由執行法院定逾期不履行之損害賠償為執行方法，惟執行法院僅能就程序事項審酌，而損害賠償屬實體事項，故愚意反對以之為執行方法，應由債權人另行起訴請求賠償損害。司法院刪除之理由為「於債務人不履

---

❶ 參閱吳鶴亭著前揭第四二二頁、楊與齡著前揭第七四一頁。

行作為義務時，所為『賠償損害之數額』之規定，因事實上難以估算，且易滋爭議，故實務上幾未見有適用之例，形同虛設。爰改以『拘提管收』之間接執行方法，俾具強制債務人履行債務之效果。」有待商榷，蓋如不能估算，民事庭如何審判損害賠償訴訟？實務少用，亦非刪除理由，應檢討為何少用，事實上，應係執行法院無實體審查權判定損害賠償金額而應刪除。

2.管收：管收涉及人身自由，必須再次定期履行仍不履行始可為之。此處之管收方式、管收期間固適用總則規定（參照注意事項 68(1)），但既係以此使債務人產生畏懼，從心理壓迫其為一定行為，管收應無次數限制，直至其履行為止，茲適用總則規定而有次數、時間限制，遇有心之人，拖過管收之 6 個月，即無可奈何。又學者有認可依本法第 22 條第 1 項、第 2 項（按：此係民國 100 年 6 月修正前之規定，即修正後之第 1 項、第 5 項），於債務人顯有履行可能而不履行者，始予以拘提管收，惟若無此可能，不可為之❽。再有認依本法第 22 條第 2 項（按：此係民國 100 年 6 月修正前之規定，即修正後之第 1 項），必須先命提供擔保而無擔保始可管收，怠金與管收只可擇一實施，不可併行❾。愚意以為此處之管收係特別規定，自毋庸適用須以提供擔保為要件。事實上，不可代替行為非其本人為之不可，如何決定擔保？至於怠金及管收，因本法第 128 條第 1 項於民國 100 年 6 月 29 日修正為「得再處怠金或管收之。」應只可擇一為之，不可併行。

實務上遇有(1)命公司為股權過戶登記行為、(2)命簽署匯票為承兌行為、(3)經營權之交付轉賣行為、(4)命協助請求公證之行為，認可依本法第 128 條第 1 項執行。惟若債務人失蹤無著或不怕科處過怠金、拘提管收，如何為上開登記、簽署，愚意以為修法時若設類似本法第 130 條規定即可解決問題。又若債務人抵死不從，亦難無限期管收，此時，仍應諭知債權人另行請求損害賠償訴訟。

又學者有認下列情形，不可執行：(1)債務人已無履行能力，例如歌星

---

❽　參閱吳鶴亭著前揭第四○○頁。

❾　參閱楊與齡著前揭第七四一頁、陳計男著前揭第六二九、六三○頁。

已為瘖啞人，無法履行歌唱義務。(2)債務人之行為有先決條件未具備，例如債務人為第三人畫人像，第三人未同意，亦未提供照片。(3)債務人在強制下，難為符合債務本旨之行為，例如強制債務人完成著作。(4)強制債務人履行時，依債務人資力須負擔顯不相當之鉅額費用。(5)債務人為無行為能力人或限制行為能力人❷。惟愚意以為除因情事變更，債務人無法履行以外，既有義務即應執行。

㈡直接強制執行

本法第 128 條第 3 項規定「執行名義，係命債務人交出子女或被誘人者，除適用第一項規定外，得用直接強制方法，將該子女或被誘人取交債權人。」即以取交方法，直接強制執行。

採用此方法者，限於執行名義係交出子女或被誘人。又判決雖未有交出子女之宣示，但已載明由何人監護，實務上認已有交出子女之意❷。惟有學者以定監護人之判決為形成判決，不得為執行名義❷。採用此項方法者，有應注意者：

1.通說認此子女限未成年者❷，然實務上反對，認聲請執行時，子女已成年，仍可執行（參見臺灣高等法院 56 年法律座談會）。至於被誘人是否限未成年，學者間有不同意見❷，就執行名義係命交出該被誘人，未限

---

❷　參閱陳計男著前揭第六三一頁、張登科著前揭第五五九頁、楊與齡著前揭第七四二頁。

❷　最高法院 66 年度臺抗字第 573 號裁定：確定離婚判決載明子女由某造監護，雖未更為應由他造將該子女交出之宣示，除有該子女原不在他造保護之下之情形外，亦認為有此含義，當然得據以為執行名義，而聲請強制執行。

❷　參閱陳世榮著前揭第四六八頁。

❷　參閱陳世榮著前揭第四六八頁、陳榮宗著前揭第六〇六頁、張登科著前揭第五六一頁、吳鶴亭著前揭第四四三頁、楊與齡著前揭第七四三頁、陳計男著前揭第六三二頁。

❷　學者陳計男認被誘人係和誘者，如已成年，因係基於被誘人自主意思或待其承諾，應不得強制執行，略誘則可執行（參閱陳氏著前揭第六三二頁），楊與齡、張登科、陳榮宗均認被誘人成人與否，均非所問，不可執行（參閱楊氏著前揭

定成年與否，似不應限制。

2.強制取交時，往往有似生離死別，場面相當感人，為此執行時，應兼顧情理，講求技巧，切勿一味施用強制力。民國 93 年高雄吳憶樺事件即係一例，可供參考。

若子女或被誘人不與債權人合作，不願被交付給債權人，是否仍須強制取交？就法文言，固仍應取交債權人，惟此涉及人權及其人身自由，故學者多認為只可使之離開債務人，聽任其自行去留❷，執行技巧上，可依規定交債權人，但因交付後執行程序即終結，嗣後子女、被誘人願去何處屬其自由，從而又返回債務人處，執行人員即可不置理，債權人須另行取得執行名義，始可再執行，不可準用本法第 124 條第 1 項再為執行。

3.子女或被誘人不在債務人處，而在第三人處者，應視第三人是否受債務人託付或為執行力所及，如是則可執行，反之，則否。

於此應注意者，交付子女固可採此直接強制方法，惟因法文已規定「除適用第一項規定外」，故亦可採用前述科處怠金之執行方法❷，是否可用拘提管收方法？愚意採肯定說，蓋基本上此亦屬不可代替行為。從而若債務人藏匿致不能執行時，可以上開方法執行。學者有認可以債務人之費用，登載報紙或其他方法懸賞，使第三人報告，以便執行，此項費用得為強制執行之必要費用❷，但亦有反對，認可依本法第 22 條第 1 項第 4 款、第 2 項（按：此係民國 100 年 6 月修正前之規定，即修正後之第 21 條第 1 項第 1 款、第 2 項）處理❷。

第七四三頁、張氏著前揭第五六一頁、陳氏著前揭第六〇六頁）。

❷ 參閱陳世榮著前揭第四六八頁、陳榮宗著前揭第六〇六頁、吳鶴亭著前揭第四四二頁。

❷ 最高法院 69 年臺抗字第 64 號裁定：執行名義係命債務人交出子女，依強制執行法第一百二十八條第三項及第一項之規定，除得用直接強制方法將該子女取交債權人外，亦得定債務履行期間，及逾期不履行應賠償損害之數額，向債務人宣示，或處或併處債務人以過怠金。

❷ 參閱吳鶴亭著前揭第四四三頁。

❷ 參閱陳計男著前揭第六三三頁。

又目前家事事件法就交付子女設有強制執行規定（詳見本書第七章），則遇有交付子女執行事件，應先適用家事事件法。

㈢有關機關協助

本法第 129 條之 1 規定「債務人應為第一百二十八條第一項及前條第一項之行為或不行為者，執行法院得通知有關機關為適當之協助。」係民國 85 年增訂，就其立法理由「命債務人為一定不能代替之行為或禁止其為一定行為之強制執行，間有需有關機關之協助，始易維持執行效果者，例如禁止債務人為建築行為之執行時，需主管工務或建設機關之協助是。爰增設本條之規定，以因應實務上之需要。」實與第 128 條第 1 項無涉，其執行方法，與有關機關無關，實際須協助者應為第 3 項之直接強制執行，此由下列司法院頒布之要點可明。是此規定之「第一百二十八條第一項」應為「第三項」之誤。

實務上，司法院於民國 93 年 5 月 12 日訂頒「交付子女或被誘人強制執行事件作業要點」，可供參考：

一、法院於收案後，應迅速執行

依聲請狀之記載或依執行名義之內容，債務人有可能偕同子女或被誘人出境，顯有履行義務之可能而故不履行者，得先函請內政部入出境管理局或行政院海岸巡防署限制債務人出境。

二、發限期自動履行命令

發限期自動履行命令予債務人，請其自動履行，並告知逾期不履行應受之處罰（得處新臺幣三萬元以上三十萬元以下之怠金；其續經定期履行而仍不履行者，得再處怠金或管收之），及法院亦得使用直接強制方法將子女或被誘人取交債權人之旨。法院發自動履行命令時，應斟酌履行期間之長短及是否指定履行地點。

三、通知兩造到院調查

債務人未於期限內自動履行者，宜先通知兩造到院，調查債務人自動履行之可能性、何時自動履行、債權人之意見、子女或被誘人之狀況（作息、背景）暨其他必要事項等，以擬定適當之執行方法。

四、通知有關機關為適當之協助

如債務人仍不願履行，或子女、被誘人無配合意願者，得依強制執行法第 129 條之 1 規定，洽請子女就讀學校、兒童福利機關、少年福利機關或其他社會福利機關為適當之協助，實地了解債務人及子女或被誘人之狀況，予以適當之心理輔導，於必要時，得請求該等機關協助執行，以勸導債務人或子女、被誘人配合履行。

五、下列情形，宜先施以間接強制方法

㈠違反子女或被誘人意願者。

㈡以強制力拘束子女或被誘人身體自由，始能交付者。

六、法院定履行期間，債務人不依限履行時，得依強制執行法第 128 條第 3 項、第 1 項規定，處新臺幣三萬元以上三十萬元以下之怠金。其續經定期履行仍不履行者，得再處怠金或管收之。

七、債務人應交出之人已脫離其管領範圍或為其所藏匿，而無兒童及少年福利與權益保障法第 69 條第 3 項之情形者，得由債權人登載報紙或其他懸賞使第三人報告，以便執行。

八、以直接強制方法取交債權人

㈠法院於進行直接取交前，應再次確認下列事項

1.自動履行命令已發出，且債務人確實收受送達，逾期無法定事由仍拒絕履行。

2.慎選執行期日。

3.確定子女或被誘人所在處所。

㈡擬定執行計畫

1.事前履勘現場，查明執行地點坐落位置、地形，有多少出入口、有無飼養動物等及其他足以影響執行程序進行之情事，並繪製地圖，預擬執行進、出路線。

2.必要時得請警察機關、社工人員、救護單位、外交單位及學校老師等協助執行。

3.洽請警察機關提出警動配置，包含現場指揮官、警力配置、封鎖線

布置、蒐證、交通疏導及提供相關設施，必要時並與警察機關首長溝通實施強制力之方法及程度，進行沙盤推演。

4.法官依各種情事判斷，於必要時，得不事先通知債務人執行日期，以免債務人將該子女或被誘人藏匿，或集結抗爭之人力，阻撓執行。

(三)**直接強制執行**

1.法官於執行期日應到現場，執行過程中，宜妥為說明勸導，宣示執行決心與直接強制之後果，使債務人儘量在平和之氣氛下履行義務。

2.強制執行時，儘量採取平和之手段，並注意被交付人之生命安全、人身自由及尊嚴，並隨時安撫被交付人之心理、情緒。

3.隨時掌控執行現場情況，遇有失控情形之虞時，應迅速採取必要之措施。

4.取回子女或被誘人後，應依預擬遭遇最少抗爭之路線離去，於適當地點交付債權人。

九、執行完畢後，有必要時，得請兒童福利機關、少年福利機關或其他社會福利機關繼續對被交付人輔導或照顧，協助維持執行之效果。

第三款　令為一定不行為

執行名義係命債務人為一定不行為者，即債務人應容忍債權人為一定行為，或禁止債務人為一定行為，前者例如民法第787條之袋地通行權，經判決確定債權人可通行債務人之土地，債務人即有容忍債權人通行之義務。又如依商標法第36條善意使用他人商標者，經判決可以使用，商標權人即有容忍他人使用之義務。後者例如依商標法第39條第1項授權他人使用商標者，終止授權後，經判決禁止他人使用其商標。凡此債務人應為一定不行為，如有違反，債權人即可聲請強制執行，促使其履行不行為義務。依本法第129條第1項規定「執行名義係命債務人容忍他人之行為，或禁止債務人為一定之行為者，債務人不履行時，執行法院得處新臺幣三萬元以上三十萬元以下之怠金。其仍不履行時，得再處怠金或管收之。」及第2項規定「前項情形，於必要時，並得因債權人之聲請，以債務人之費用，

除去其行為之結果。」是執行方法有：

一、管收

　　為管收者，不論債務人有無本法第 21 條及第 22 條情形，均可為之。但管收期間仍應受本法第 24 條之限制，不得超過三個月，再行管收以一次為限（參照注意事項 68⑴），如有限制事由，仍應停止管收（參照本法第 22 條之 3）。

二、科處怠金

　　同前款所述。

三、除去行為結果

　　除去行為之結果，係指以強制力除去違反不行為義務所生之結果，例如禁止建築而仍予建築，可拆除之。又如應容忍他人通行仍予設置障礙物或挖掘坑洞以阻止，可拆除障礙物或填平坑洞。至此行為之結果，須否限為執行名義成立後者？執行名義成立前者，是否包括在內？學者間有不同意見，有認限於執行名義成立後者，只有在禁止債務人為一定行為之執行名義成立後，始存在「行為之結果」，反之，執行名義成立前已存在者，已侵害其權利，須另為請求除去 ❷❾。另有認不須區分，執行名義成立前之債務人行為結果，使債權人債權無法獲得滿足，為滿足債權，自無區分必要 ❸⓿。愚意以為表面上債務人是否有不行為義務，必須執行名義成立後始能確定，執行名義成立前，違反不行為義務之行為結果，似不包括在執行名義內，應係另外侵害權利之結果，須另有執行名義始可除去，故行為結果指執行名義成立後者。但實際上，債權人須訴訟取得執行名義，多係發生爭執時債務人已為一定行為，妨礙債權人權利之行使，訴訟之目的除令債務人為一定不行為，就已為行為之結果，當要求除去，既判決債務人不可為一定行為，前已為此行為所生之結果，即應除去，始符合請求本旨，故執行名義成立前者，應包括在內，否則在通行權之假處分執行，均不可除去假處分裁定前之行為結果，此假處分即無意義。民國 84 年注意事項 68⑵，限

---

❷❾　參閱陳世榮著前揭第四七〇頁、張登科著前揭第五六五頁。

❸⓿　參閱陳榮宗著前揭第六一一頁、楊與齡著前揭第七五〇頁。

於其結果係執行名義成立後者，但民國 85 年 11 月修正後之注意事項 68⑵「本法第一百二十九條第二項規定，所謂『除去其行為之結果』，係指禁止債務人為一定行為之執行名義成立後存在之『行為之結果』而言；執行名義成立前發生者，亦包括在內。」已將執行名義成立前者包括在內。又債權人如因此受有損害，須另行起訴請求賠償。

執行完畢後，債務人再違反時，執行法院得依聲請續為執行（參照本法第 129 條第 3、4 項），並再繳執行費。

又依本法第 129 條之 1 規定「債務人應為第一百二十八條第一項及前條第一項之行為或不行為者，執行法院得通知有關機關為適當之協助。」執行法院可通知有關機關協助執行，例如禁止建築等行為，可請建管機關協助不發相關證照，甚至可囑託地政機關，不准債務人辦理相關手續。

第四節　命為一定意思表示

法律行為須有一定意思表示為基礎，則在債務人應為一定意思表示而不為，雖經確定判決等執行名義應為一定意思表示者，例如買賣不動產之所有權移轉，依民法第 758 條規定，非經登記不生效力。又依民法第 758 條第 2 項規定：「前項行為，應以書面為之。」（按：此係舊法，第 760 條「不動產物權之移轉或設定，應以書面為之。」）於民國 98 年 1 月修法時，將該條刪除，另設第 758 條第 2 項，明示書面為物權行為，在買受人請求出賣人移轉所有權時，即須出賣人為移轉所有權意思表示，以為此書面契約。如雙方協同辦理登記，自會完成書面契約，依土地登記規則第 26 條規定「土地登記，除本規則另有規定外，應由權利人及義務人會同申請之。」共同聲請登記，反之，不能協同時，參照最高法院 57 年臺上字第 1436 號判例：「不動產物權之移轉，應以書面為之，其移轉不動產物權書面未合法成立，固不能生移轉之效力。惟關於買賣不動產之債權契約，乃非要式行為，若雙方就其移轉之不動產及價金業已互相同意，則其買賣契約即為成立。出賣不動產之一方，自應負交付該不動產並使他方取得該不動產所有權之義

務，買受人若取得出賣人協同辦理所有權移轉登記之確定判決，則得單獨聲請登記取得所有權，移轉不動產物權書面之欠缺，即因之而補正。」即須有判決令出賣人為移轉所有權之意思表示，完成書面契約，再依土地登記規則第 27 條第 4 款，由權利人自行聲請登記。上開判決令為移轉所有權之意思表示，係執行名義命債務人為一定意思表示者，而此命為一定意思表示實屬為一定行為，且非他人可代替者，為免依本法第 129 條第 1 項執行未果，本法第 130 條第 1 項規定「命債務人為一定之意思表示之判決確定或其他與確定判決有同一效力之執行名義成立者，視為自其確定或成立時，債務人已為意思表示。」設此擬制規定，視為已為意思表示，毋庸強制執行❸，如聲請強制執行，應予駁回。

惟在命債務人為一定意思表示者，有涉及對待給付，即須債權人給付價金始為移轉所有權，為此有第 2 項規定「前項意思表示有待於對待給付者，於債權人已為提存或執行法院就債權人已為對待給付給予證明書時，視為債務人已為意思表示。公證人就債權人已為對待給付予以公證時，亦同。」則此執行名義附有對待給付者，可由執行法院出具證明書（參照注意事項 68 之 1），無疑又可聲請執行。修正理由：「二、執行名義既載明命債權人為對待給付，即係明示排除民法第二百六十五條關於『提出擔保』之適用，自不可能再有許債權人以提供擔保取代對待給付之餘地。原規定『提出相當擔保』一語，實係贅文，宜予刪除。而實務上債權人之為對待給付，多以提存之方法行之。得就其已為對待給付給予證明書者，應為執行法院。又債權人就已為對待給付之法律事實請求公證人予以公證，亦為法之所許，均宜予以明定，俾適用上有所依據。爰於原規定但書為刪增之修正，並改列為第二項。」實有誤會。蓋：㈠本法第 4 條第 3 項「執行名

---

❸ 最高法院 49 年臺上字第 1225 號判例：被上訴人既持有判令上訴人應辦理所有權移轉登記之確定判決，原得依強制執行法第一百三十條之規定單獨向地政機關申請辦理登記，此觀土地登記規則第十八條、第二十六條第二項之規定自明。執行法院對此確定判決，除依強制執行法第一百三十條發給證明書外，並無開始強制執行程序之必要。

義有對待給付者,以債權人已為給付或已提出給付後,始得開始強制執行。」就對待給付之執行名義已有規定,此處實無庸重複。㈡對待給付係指第 264 條第 1 項前段,與第 265 條「當事人之一方,應向他方先為給付者,如他方之財產,於訂約後顯形減少,有難為對待給付之虞時,如他方未為對待給付或提出擔保前,得拒絕自己之給付。」不同,此理由以第 265 條說明,已有錯誤,而對待給付毋須提存或已為對待給付,故此規定實有錯誤,事實上,只須向登記機關證明已為給付或已提出給付即可,毋庸執行法院發證明。㈢修正理由指對待給付多以提存方法行之,不僅無視提存所與執行法院不同,如須出證明,亦應提存所出具,非執行法院,且本毋庸強制執行,豈可在提存後可以強制執行,而其執行竟係由執行法院出證明已提存,無任何執行處分、程序。㈣提存所出證明只能證明有提存一事,但是否為符合債務本旨之對待給付,並不認定,尤其是否為合法之提存能發生提存之法律效果亦不審酌,如何能以提存,即認已為對待給付?故此項規定,實應刪除,適用本法第 4 條第 3 項即可。

為一定意思表示者,如所有權移轉登記、租約登記、訂立買賣契約、電話租用權過戶、認領子女、協同申請使用執照、變更建造執照之起造人名義、退股登記 ❸❷。又為一定意思表示需以書面為之者,例如出具同意書,亦屬之,可依本條發生已為出具同意書結果 ❸❸。

---

❸❷ 司法院 78 年 9 月 30 日⑺⑻秘臺廳字㈠第 02011 號函:按為執行名義之判決,係命債務人為一定意思表示而不表示者,視為自判決確定時已為其意思表示,而和解成立者,與確定判決,有同一之效力,強制執行法第一百三十條前段,民事訴訟法第三百八十條第一項分別定有明文。本件債務人與債權人成立訴訟上和解,同意出具某有限公司股東同意書,交由債權人辦理該公司退夥股東之變更登記,參請本院三十五年院解字第三○七六號解釋,應認債務人於和解成立時已為此同意之意思表示,並已出具其同意之書面。

❸❸ 最高法院 111 年臺抗字第 185 號裁定:又意思表示須以書面為之者,亦有該條項規定之適用。基此,命債務人為一定意思表示之執行名義,倘執行法院就債權人已為對待給付給予證明書時,即視為債務人已為意思表示,自應以此方法為之,不得再依強制執行法第一百二十八條第一項規定之間接強制方法,否則

又撤回告訴、起訴、聲請者，可否適用本條規定，於有上開執行名義時發生撤回效果？有贊成亦有反對者❸❹，實務上有採贊成見解❸❺。

第五節　分割繼承財產或共有物

分割共有物或繼承財產之判決雖屬形成判決，但在原物分割，有可能分得之部分為他人占有，甚至有價金補償者，一方應給付他方金錢，凡此均有給付性質，自可為執行名義。故本法第 131 條第 1 項規定「關於繼承財產或共有物分割之裁判，執行法院得將各繼承人或共有人分得部分點交之；其應以金錢補償者，並得對於補償義務人之財產執行。」至於變價分割者，既需變賣，更需藉執行程序以出賣，故同條第 2 項規定「執行名義係變賣繼承財產或共有物，以價金分配於各繼承人或各共有人者，執行法院得予以拍賣，並分配其價金，其拍賣程序，準用關於動產或不動產之規

即逾達成執行目的之必要限度，要非法之所許。

❸❹ 參閱陳榮宗著前揭第六一五頁、楊與齡著前揭第七五三頁。

❸❺ 臺灣新竹地方法院 64 年 10 月份司法座談會：

問題：兩造於訴訟外成立和解，約定原告應撤回民事訴訟，嗣原告不依約撤回，經被告抗辯後，原告亦承認有此約定。其約定之效力如何？訴訟程序是否仍得進行？

討論意見：

甲說：此項約定在訴訟上雖不生效力，但仍不失為私法上之契約。若原告不履行此項約定，被告得基於此項私法上之契約，另案訴請原告履行，經法院判決確定後，依強制執行法之規定執行之（強制執行法第一百三十條），一方面並得依民事訴訟法第一百八十二條第一項之規定，聲請裁定停止本案訴訟程序。

乙說：略。

丙說：略。

研究結果：本件應按兩造訴訟外所成立之和解內容是否涉及實體上權利而定，如屬肯定則原告未撤回訴訟，訴訟程序尚未終結，自應繼續進行。至兩造於訴訟外所已成立和解，約定原告應撤回訴訟，嗣原告不依約撤回，經被告以此為抗辯，則原告之請求權已不存在。否則以甲說為當。

定。」是此形成判決中之給付部分及變價部分,仍可強制執行。

一、原物分割

採原物分割者,將共有物或繼承財產分配各人,分得部分如為他共有人或繼承人占有,依本法第 131 條第 1 項可請求執行法院點交之,適用前述交付動產或交出不動產之執行程序。至若係第三人占有,因第三人非共有人,不受分割裁判之拘束,則應另對第三人取得執行名義以執行,不可以此判決為執行名義對第三人執行(參見臺灣高等法院 84 年法律座談會)。

在分割共有土地時,如為通行,留有巷道由全體共有人維持共有者,該巷道上有部分共有人之房屋,他共有人可否依此規定請求拆除該房屋,實務採否定說(參見臺灣高等法院 72 年法律座談會),認與該項規定「分得部分」不合。愚意以為此分得部分,應包括仍維持共有之巷道,蓋此巷道既仍維持共有,即屬共有人各自分得部分,否則不可拆除,而需另以訴訟請求拆除,有失本項規定意旨。

二、價金補償

判決內有價金補償者,依本法第 131 條第 1 項,受補償者得對補償者之財產聲請執行,其執行程序適用前述金錢請求權之執行。

三、變價分割

變價分割係變賣繼承財產或共有物,以價金分配各繼承人或共有人。依本法第 131 條第 2 項規定,執行法院應視該財產為動產或不動產準用關於拍賣動產或不動產之規定拍賣之。惟此拍賣有應注意者:

㈠拍賣之前不僅仍須查封(參見臺灣彰化地方法院 74 年冬季法律座談會),且查封共有物全部,以免處分,影響拍賣。

㈡拍賣次數應無限制,即動產、不動產拍賣均有次數限制,於此均不適用,否則無法達成變價分割之本旨。

㈢拍賣不動產時,有無本法第 103 條之強制管理適用?實務上認不可。愚意亦同,蓋既採變賣分割,如何能強制管理?有失執行名義之旨。

㈣拍賣共有之不動產,係拍賣全部,非拍賣應有部分,法理上應無土地法第 34 條之 1 第 4 項之適用,即各共有人均無優先承買權。但民國 98 年

1月23日修正之民法第824條第7項「變賣共有物時，除買受人為共有人外，共有人有依相同條件優先承買之權，有二人以上願優先承買者，以抽籤定之。」係以「共有物變價分割之裁判係賦予各共有人變賣共有物，分配價金之權利，故於變價分配之執行程序，為使共有人仍能繼續其投資規劃，維持共有物之經濟效益，並兼顧共有人對共有物之特殊感情，爰於第七項增訂以變價分配時，共有人有依相同條件優先承買之權。但為避免回復共有狀態，與裁判分割之本旨不符，爰仿強制執行法第九十四條規定，有二人以上願優先承買時，以抽籤定之。又買受人為共有人時，因本項規範目的已實現，且為免法律關係之複雜化，故明定於此種情形時，排除本項之適用。」為由，認除買受人為共有人外，均有優先承買權。

㈤拍賣之條件、公告均同前述拍賣動產及不動產規定。又不動產上有第三人於查封前占用，固不點交，如係共有人、繼承人占用，應予點交，不可囿於債務人占有之規定，蓋在變賣分割時，共有人、繼承人均應視為債權人兼債務人（詳後述四）。

㈥拍賣之土地上如有共有人或繼承人所種竹木、農作物，固應一併拍賣（參照民法第66條第2項）。惟價金應另列，由種植者領取，不可分配共有人。

㈦拍賣之土地上有共有人或繼承人之房屋，除此房屋亦列於執行名義變賣外，不得因屬共有人或繼承人所有，即一併拍賣，蓋此非執行名義效力所及。

㈧變賣時，形式上固有債權人及債務人，但實際上並無（詳後述四），故賣得之價金不適用參與分配，即共有人或繼承人之債權人不可對之參與分配，僅可聲請扣押分配款（參照本法第115條第1項）。

㈨共有物上，各共有人有以自己之應有部分設定抵押權或共有人全體以共有物全部設定抵押權者，有無本法第34條第2、3、4項適用？就剩餘主義及塗銷主義之精神，自應採肯定說，實務亦同❸❻。

---

❸❻　民事法律專題研究㈤：

法律問題：甲、乙二人共有某筆土地，應有部分各二分之一，另甲之應有部分

四、執行時應注意事項

㈠分割判決之目的僅在使共有關係消滅，形成單獨所有，共有人間或繼承人間並無債權債務關係，與前述之執行皆在實現權利、履行義務不同。從而，在原物分割，凡占用他共有人分得部分者，即有點交義務，被占用者可對占用者聲請強制執行，不論在訴訟中之地位如何？是否為被告均同。採價金補償者亦同。在執行程序中，可稱聲請者為債權人，對造為債務人，蓋有點交或補償義務。至變賣分割者，任何一共有人均可聲請執行，此時形式上聲請者固可為債權人，他共有人為債務人，實際上彼此並無債權債務，故學者有稱此為債權人兼債務人 **❸7**，從而未拍定，共有人不可承受，蓋既有債務人身分，如何可承受，況依本法第 70 條第 6 項不可應買，自不可承受。

㈡變價分割係出賣共有物，應以共有人全體為出賣人，故共有人不可應買，以免出賣人與買受人相同，但實務認共有人可為應買人 **❸8**。

為丙設定抵押權，嗣該筆土地經甲訴請分割，經法院判決應變價分割變賣共有物，以價金分配於各共有人確定後，甲依強制執行法第一百三十一條第二項規定聲請法院拍賣，在執行程序中抵押權人丙以其抵押債權已屆清償期，聲明實行抵押權參與分配，應否准許？

討論意見：略。

研討結論：採甲說。

司法院第一廳研究意見：抵押債權已屆清償期，無論抵押權人已否取得拍賣抵押物之裁定，均得隨時實行抵押權，縱其係以聲明參與分配之方式為之，其性質仍為抵押權之行使，此項抵押權之行使，並不因抵押物為一般金錢債權之強制執行所為之拍賣或共有物變賣分割所為之拍賣而有異，研討結果採甲說，核無不合。

❸7 參閱陳榮宗著前揭第六三〇頁。

❸8 司法院民國 83 年 9 月 16 日⒀廳民二字第 17295 號函：按共有物變價分割之判決，係賦予各共有人有變賣共有物，分配價金予各共有人之權利，於共有物變賣由第三人取得所有權之前，各共有人就共有物之所有權尚未喪失，共有關係仍未消滅。因之，各共有人乃處於相同之地位，而非處於對立之地位，彼此間並無債權債務關係存在。縱共有人之一聲請法院拍賣共有物，形式上為「債

㈢判決主文無點交表示，惟內容含有此義，不僅依最高法院民國66年4月19日第三次民事庭庭推總會議決議：「……如命分割之判決，雖僅載明各共有人分得之部分，而未為交付管業之宣示，但其內容實含有互為交付之意義，故當事人仍得依本條規定請求點交。」仍可執行點交，且由本法第125條準用第100條，地上房屋亦可拆除❸❾。但若係和解筆錄，參照最高法院80年度第一次民事庭會議，則需和解筆錄載明一方願交付他方者，始可因有此項交付之和解筆錄為執行名義以執行，否則，如無上開交付之記載，仍不可以該和解筆錄為執行名義聲請強制執行，需另提拆屋還地訴訟。

權人」，而以他人共有人為形式上之「債務人」，但此與強制執行法（舊）第二、三、四章債務人因金錢債務，財產被拍賣之情形有所不同，他共有人雖列為債務人，但農地拍賣後，亦可取回其應分配之金額，實際上仍為權利人，且丁具有自耕能力，自可參與應買。

❸❾ 司法院民國74年11月8日⑺⑷廳民一字第869號函：關於分割共有物之裁判，執行法院得將各共有人分得部分點交之，強制執行法第一百三十一條第一項定有明文。又執行名義命債務人返還土地，雖未命其拆卸土地上之房屋，惟由強制執行法第一百二十五條所準用之第一百條法意推之，該執行名義當然含有使債務人拆卸房屋之效力（本院院解字第三五八三號解釋、最高法院四十四年臺抗字第六號判例參照）。本題情形，共有物分割之確定判決，未為交付管業或互為交付之宣示，而應交付土地上又有建築物，依上開說明，執行法院自得按共有人分得部分，逕行拆屋還地。

第四章
保全執行

第一節　概　說

　　取得假扣押裁定或假處分裁定以為執行名義後如何執行，規定於本法第 5 章假扣押假處分之執行。除本章有特別規定外，仍適用總則規定，例如裁定附有擔保者，依第 4 條第 2 項須提供擔保，始可開始強制執行。又依第 5 條須經聲請，法院始開始執行。

　　保全執行既為保全，自須迅速、保密，防止債務人脫產，故本法第 132 條第 1 項規定「假扣押或假處分之執行，應於假扣押或假處分之裁定送達同時或送達前為之。」不同於其他裁判之執行名義，均係送達裁判後，始開始執行。實務上多係於執行時，如債務人在場，一併送達裁定。若執行時無法送達者，於執行完畢以郵寄送達，惟斯時如不能送達（如債務人遷居不明、逃匿），債權人應聲請公示送達，否則依同條第 2 項規定「前項送達前之執行，於執行後不能送達，債權人又未聲請公示送達者，應撤銷其執行。其公示送達之聲請被駁回確定者，亦同。」將生撤銷結果。為使債權人知曉聲請，依注意事項 69⑴規定，於執行後不能送達時，執行法院應將其事由通知債權人，並命其於相當期間內查報債務人之住、居所。倘債權人逾期未為報明，亦未聲請公示送達或其公示送達之聲請被駁回確定者，執行法院應撤銷假扣押或假處分之執行。是送達債務人裁定，一方面不可能在執行前，一方面如無執行，即不送達裁定，但此不送達不影響債務人之抗告，即若債務人知悉有裁定，仍可不待裁定送達而抗告，蓋依民事訴訟法第 487 條規定，送達前仍可抗告。但若債權人逾 30 日未聲請執行，債務人之抗告無實益，可類推適用訴訟欠缺保護必要，予以駁回。

　　至於債權人在收到裁定後，應於何時聲請執行，本法在民國 85 年前未規定，在該年修正本法時以「保全程序具緊急性，如債權人取得准許保全之裁定後，久不執行，即與保全之目的有違。爰參考日本民事執行法第一百七十四條第二項、德國民事訴訟法第九百二十九條第二項，增列第三項之規定，以示限制。」為由，於本法第 132 條增設第 3 項規定「債權人收受假扣押或假處分裁定後已逾三十日者，不得聲請執行。」限定逾三十日者，不得聲請執行，以免拖延。是凡逾期聲請，應以裁定駁回（參照注意事項 69 (2)）。惟愚意以為：本法就持有執行名義應於何時聲請強制執行，並無規定，不似大陸地區設有執行時效規定❶，則何時聲請執行，係債權人之權利，至於債權人取得假扣押裁定或假處分裁定，未儘速聲請執行，係其個人之事，對債務人或執行法院並無妨礙，於此保全程序執行設 30 日規定，是否允洽，非無疑問。縱有逾期仍可再聲請裁定以為執行，對債權人並無實質影響，徒然浪費司法資源，再為裁定而已。至此聲請，就法文觀之不包括事後之追加，即若執行後，債權人發現債務人財產，再聲請追加執行，不受 30 日之限制❷。

---

❶　大陸民事訴訟法第 239 條第 1 款規定：申請執行的期限為二年。

❷　司法院司法業務研究會第 37 期：

　　法律問題：債權人甲以債務人乙積欠其新臺幣一千萬元為由聲請假扣押，於取得假扣押裁定並供擔保後，於三十日內即向執行法院聲請查封債務人乙所有之 A 屋，惟 A 屋僅價值五百萬元，數月後債權人甲復發現債務人乙尚有另一棟價值五百萬元之 B 屋，乃聲請追加查封 B 屋，執行法院應否准許？

　　討論意見：

　　甲說：略。

　　乙說：應予准許。

　　理由：強制執行法第一百三十二條第三項之立法目的乃因保全程序具緊急性，如債權人取得准許保全程序之裁定後，久不執行，即與保全之目的有違，是上開規定應於第一次聲請執行時始有三十日之限制，至於嗣後追加查封，並無上開規定之限制。本件債權人第一次聲請執行時未逾三十日並無怠於執行之情形，自與強制執行法第一百三十二條第三項之情形不同，而本件債權人所欲保

第二節　假扣押執行

假扣押係為保全金錢請求權之終局執行，防止債務人脫產之保全程序，故其執行與前述第二章關於金錢請求權之執行同，僅執行方法原則上為凍結債務人財產，只可為禁止債務人處分，不可換價，例外始可換價，但仍不發款，為此本法第 136 條規定「假扣押之執行，除本章有規定外，準用關於動產、不動產、船舶及航空器執行之規定。」執行方法如下：

一、對金錢執行：依本法第 133 條規定「因執行假扣押收取之金錢，及依分配程序應分配於假扣押債權人之金額，應提存之。」故執行金錢時，執行法院取得後，應提存之。

二、對動產及不動產執行：只須查封禁止債務人處分即可，不得更為其他之換價行為（參照注意事項 71）。但若該動產如有價格減少之虞或保管需費過多時，執行法院得因債權人或債務人之聲請或依職權，定期拍賣，提存其賣得價金（參照本法第 134 條），所謂價格減少之虞係指查封之動產，到將來拍賣時，因時間之經過，有價格減少可能，例如查封生鮮食品，逾一定期間即腐敗無用，所謂保管需費過多時，係指查封之動產，到將來拍賣時，保管費用過高，以致拍定價金不足支付或支付保管費即無剩餘，例如查封之家畜須交特定人保管，即有保管費支出。又假扣押之財產，如經政府機關依法強制採購或徵收者，執行法院應將其價金或補償金額提存（參照注意事項 70）。

三、對於債權及其他財產權執行：執行法院應分別發禁止處分清償之命令，並準用對於其他財產權執行之規定（參照本法第 135 條），即發扣押命令給債務人、第三人，禁止債務人處分即可。

全之債權為一千萬元，茲所查封之 A 屋不足以保全其債權，自應准許其追加查封，倘若不予准許，債權人尚須再行聲請另一假扣押裁定方得查封 B 屋，實有違訴訟經濟原則。

研討結論：採乙說。

　　按假扣押執行之財產仍屬債務人所有，假扣押債權人並不因此即有優先效力，故：

　　一、不僅假扣押債權人事後取得終局執行之執行名義，可逕對假扣押標的物聲請為終局執行外，其他金錢請求之債權人亦可聲請執行（即調假扣押卷執行）。在債權人尚未取得終局執行名義，其他債權人以終局執行名義執行時，假扣押債權人只可就所保全之債權列入分配，至分配所得金額，依本法第 133 條規定應予提存。

　　二、假扣押執行之財產，其他債權人仍可為假扣押執行者，此時後者假扣押執行應依併案執行處理。

　　三、上開併案執行及調卷執行者，如前案假扣押撤回或撤銷執行者，仍應為後者之假扣押執行或調卷執行繼續查封、扣押，不可啟封。

　　四、前開分配提存之金額雖屬假扣押債權人所有，但須獲得本案債權終局執行名義始可領款，且此領款仍須再以終局執行名義聲請執行，蓋此提存係替代原來之假扣押執行標的，如無終局執行名義，仍不可受償，惟若未能取得，應由原分配表所列之其他未受完全清償之債權人再予分配，如有剩餘，發還債務人。

　　五、假扣押裁定後，送達前，債務人雖死亡，仍不影響假扣押之執行，至其裁定之送達，可俟承受訴訟或命續行訴訟後為之。

　　六、假扣押裁定所載債務人之法定代理人有誤，至執行時始發見，實務上認仍可執行，僅事後應由債權人聲請更正。

第三節　假處分執行

　　假處分之型態不一，目的亦不相同，有係為保全終局執行者，有係為定暫時狀態者，其執行方法，視假處分裁定內容而定，茲說明如下：

　　一、假處分裁定係選任管理人管理系爭物者，執行時，執行法院應使管理人占有其物（參照本法第 137 條），至於應否選任管理人、人數，選任何人？參照民事訴訟法第 535 條第 1 項「假處分所必要之方法，由法院以

裁定酌定之。」及第 2 項「前項裁定，得選任管理人及命令或禁止債務人為一定行為。」屬裁定法院職權❸，執行法院無權決定。

二、假處分裁定，係命令或禁止債務人為一定行為者，執行法院應將該裁定送達於債務人（參照本法第 138 條）。此項裁定，一經送達，即生執行效力，如債務人於生效後違背裁定內容，可依本法第 140 條準用第 127 條至第 129 條處理❹，例如假處分裁定係禁止債務人妨礙他人通行，對債務人所設障礙物可予除去。按此執行方法之送達實與本法第 132 條第 1 項之送達重疊，故毋庸於執行後再為送達裁定。惟此送達既有重疊，甚至此假處分既在禁止債務人為一定行為，苟裁定送達後，債務人並無違背而為一定行為或不行為，固無問題，故有認此送達在使債務人知悉裁定內容，並依裁定內容為一定行為或不行為，送達並非執行方法，須送達後，債務人違反時，始須執行❺，但亦有認此送達為執行方法，送達後始生命令或禁止債務人為一定行為之結果，無待更為其他執行行為，如有違反命令，再對之準用行為不行為請求權之執行❻。亦有認此送達即係指本法第 132 條第 1 項之送達，不僅裁定發生效力，並為執行方法，發生假處分執行之效果，違反者，執行法院自應依行為不行為規定執行，以實現假處分裁定內容❼。愚意以為此送達即為執行方法，並因此已開始執行，即債權人取得此項假處分裁定，必須聲請執行，執行法院始可依此規定送達裁定，易言之，執行法院之送達即在於藉送達而開始執行，否則何以債務人受裁定拘

❸ 最高法院 27 年渝抗字第 437 號判例：假處分得選任管理人，雖為民事訴訟法第五百三十一條第二項所明定，惟選任管理人係屬假處分之方法，有無選任之必要，應由法院於為假處分裁定時酌定，若法院於為假處分裁定時，認為無此必要未予選任，嗣後即非當事人所得要求。

❹ 最高法院 63 年臺抗字第 429 號判例：強制執行法第七章，係規定保全程序強制執行之方法，假處分裁定為執行名義之一種，若執行債務人違反假處分時，執行法院自非不得依強制執行法第一百二十九條予以處理。

❺ 參閱張登科著《強制執行法》第五九六頁。

❻ 參閱陳計男著《強制執行法釋論》第六六九頁。

❼ 參閱楊與齡著《強制執行法論》第七九三頁。

束？至此送達並非第 132 條第 1 項之送達，蓋該第 1 項之送達係由裁定法院為之，第 138 條之送達係由執行法院為之，二者不同，只因重複，可毋庸再為第 132 條第 1 項送達，故不可解為須待債務人違背裁定內容，始可聲請強制執行。蓋如不聲請執行，執行法院如何可依第 138 條送達裁定？債務人如何知悉其被命令或禁止之一定行為？須待執行後知悉，受有限制，如有違反，始可繼續依第 127 條至第 129 條處理。最高法院 94 年臺上字第 404 號判決：「按『假處分裁定係命令或禁止債務人為一定行為者，法院應將該裁定送達於債務人』強制執行法第一百三十八條定有明文。其目的乃在使債務人知悉裁定之內容，而能自動履行其義務。故該假處分之效力，始於債務人收受裁定之時。且此假處分裁定一旦發生效力，立即發生命令或禁止之形成效果，自無強制執行之問題。」實有誤會，蓋裁定於送達時，依民事訴訟法發生之羈束力，正如判決之送達，但判決苟不執行，如何實現？此即假處分裁定送達如非執行，債務人何以受拘束？又在禁止債務人為一定行為，不可查封其為一定行為之物品❽，亦不可超過假處分裁定所示範圍執行❾。

---

❽　臺灣高等法院 72 年法律座談會：

　　法律問題：准許債權人請求禁止債務人製造、販賣、使用、陳列債權人享有專利權物品之假處分裁定，執行時法院除送達假處分裁定與債務人外，對債務人持以製造、使用之器材及成品，得否施以扣押並交付債權人或第三人保管？

　　討論意見：略。

　　依據司法院第一廳七十三年七月二十日(73)廳民一字第五五三號函轉示：按禁止債務人製造、販賣、使用、陳列債權人享有專利權物品之假處分裁定，其性質與債權人依專利法第八十三條規定請求之假扣押裁定不同。後者固得就債務人用作侵害他人專利權行為之物或由其行為所生之物，實施假扣押，至於前者，僅得禁止債務人製造等行為，其執行方法，應依強制執行法第一百三十八條規定，將裁定送達債務人，不得依假扣押之執行方法，將債務人持以製造、使用之器材及成品，實施扣押，研討結果採乙說，並無不合。

❾　司法院民國 77 年 12 月 30 日(77)秘臺廳(一)字第 02280 號函：按假處分強制執行之標的範圍，應依執行名義記載之內容為之。假處分事件，其應受強制執行之

三、假處分裁定，係禁止債務人設定、移轉或變更不動產上之權利者，執行法院應將裁定揭示於不動產所在地（參照本法第 139 條），一經揭示即生效。實務上為此揭示，係依本法第 140 條準用第 76 條以查封方法，並通知地政機關辦理登記（參照土地法第 75 條之 1、土地登記規則第 29 條第 6 款）。

四、假處分裁定，係禁止債務人設定、移轉或變更船舶上之權利者，執行法院應將裁定揭示於船舶所在地，如該船係我國國籍船舶，應將裁定揭示於船籍港所在地，並通知船籍港航政主管機關登記其事由（參照注意事項 72）。

五、假處分裁定，係禁止票據占有人向付款人請求付款者（參照票據法施行細則第 4 條），原則上屬前述禁止債務人為一定行為，應將裁定送達債務人即生執行效力。惟實務上，執行法院亦將假處分事由通知付款人，俾對債務人拒絕付款。

六、定法律關係暫時狀態之處分裁定，原則上，係禁止債務人為一定行為，依前述之執行即可，其中另有命債務人先為一定金錢給付者，準用關於金錢請求權之執行程序辦理（參照注意事項 72 之 1）。

為假處分執行者，應注意下列事項：

一、其效力僅及於債務人，不及於第三人，故第三人仍可為被禁止之行為。

二、禁止債務人就特定財產為處分行為之假處分，其效力僅及於債務人，不包括法院，故：(1)法院仍可因他債權人持有之終局執行之執行名義之聲請強制執行而予以拍賣，假處分債權人只得轉為金錢之損害賠償於取得執行名義後參與分配。(2)法院仍可為裁判分割。

三、數假處分除內容互有牴觸外，可併存執行。所謂牴觸乃係後假處

標的，係禁止債務人在某處土地上為繼續建築行為，其執行之效力範圍，應僅止於此。至債務人依法申請領得之建造執照，既非本件假處分之標的事項，依法即非該假處分強制執行效力之所及。故債務人受不得為繼續建築行為之假處分執行者，其已領得之建造執照，除有其他應予撤銷之情形外，並不當然隨同一併撤銷。

分，排除先前之假處分，茲既無牴觸，自可併存，例如甲對乙請求禁止移轉 A 屋所有權之假處分後，丙對乙又為同一請求之假處分，二者均可執行，惟後者應併案，地政機關不再辦查封登記（參照土地登記規則第 140 條）。至於內容互有牴觸者，先為之假處分執行後，後者之假處分裁定即無法執行，例如法院依家事事件法第 85 條第 1 項裁定由夫行使親權，並已執行，則另為妻行使親權之假處分裁定即不可執行。事實上，法院在裁定時，即應注意以免牴觸❿。

四、已假扣押之財產仍可為假處分執行，惟後者如係以查封為執行方法，亦應併案處理，不再辦查封登記。

五、假處分之財產已先由他債權人為終局執行者，學者雖謂仍可為假處分執行⓫，惟亦有反對⓬。

第四節　保全執行之撤銷

假扣押裁定及假處分裁定執行完畢後，遇有強制執行撤銷之事由，執行法院固應撤銷執行外（參見第一章第十五節），另有下列事由，亦應撤銷：

一、假扣押裁定或假處分裁定廢棄或變更

保全程序之執行，其執行名義為假扣押裁定及假處分裁定，如此裁定因抗告而廢棄或變更，因執行程序須於假扣押或假處分之標的脫離假扣押或假處分之處置，其執行程序始為終結，參照司法院第 2776 號解釋，自應

---

❿　最高法院 94 年臺抗字第 380 號裁定：債權人就爭執之法律關係，聲請為定暫時狀態之處分，不論係單純不作為處分，或容忍不作為處分，法院為裁定時，對於當事人雙方因准否處分所受利益及可能發生之損害，應依利益權衡原則予以審酌而為准駁，一經裁定准許，不待確定即有執行力，債務人僅得循抗告程序或聲請撤銷假處分之途徑以謀救濟；於該裁定未失其效力前，不得另行聲請內容相牴觸之處分，以阻卻其執行力。

⓫　參閱陳世榮著《強制執行法詮解》第四九八頁。

⓬　參閱楊與齡著前揭第三五二頁。

撤銷保全程序之執行，實務亦如此辦理，只有在執行程序已終結，始不可撤銷⓭，民國 85 年本法修正增加第 132 條之 1「假扣押、假處分或定暫時狀態之處分裁定經廢棄或變更已確定者，於其廢棄或變更之範圍內，執行法院得依聲請撤銷其已實施之執行處分。」就其修正理由「終局的強制執行處分實施後，且已發生實體法上之效果者，縱其據以開始強制執行之執行名義，嗣經廢棄、變更，亦不能據此撤銷已實施之執行處分，使之回復執行前之原狀。例如在金錢請求權之執行，已將債權人之財產拍賣。在物的交付之執行，已將債務人占有之動產、不動產點交與債權人接管是。此際債務人必須另行取得對於債權人之執行名義，始能回復執行前之原狀或獲致賠償。但在保全執行程序，僅止於禁止債務人處分其一定之財產或限制其為一定之行為，亦即僅止於將應執行之標的予以凍結在一定狀態之下，並無使債權人獲得滿足之後續執行處分。則此一凍結執行標的之執行處分實施後，倘其執行名義有經抗告法院廢棄、變更確定者，衹須將其凍結執行標的之執行處分予以撤銷，其執行前之原狀即能完全回復，為免債務人另行取得執行名義之訟累，爰增設本條之規定，以應實際需要。」觀之，實無規定必要，蓋本應如此辦理。但就該條明定之「經廢棄或變更已確定者」言，即有規定必要，蓋如無此規定，在抗告法院廢棄第一審法院裁定，縱他造提起再抗告，因再抗告無停止執行之效力（參照民事訴訟法第 491 條第 1 項），則執行名義已不存在，即應撤銷保全程序之執行，如再抗告結果又廢棄抗告法院裁定，或抗告法院廢棄裁定發回第一審法院，第一審法院仍裁定保全，則先前之撤銷執行後，債務人可能已脫產或為禁止之行為，此時對債權人至為不利，故上開規定必須廢棄或變更之裁定確定，始可撤銷執行，民事訴訟法第 528 條第 4 項「准許假扣押之裁定，如經抗告者，在駁回假扣押聲請裁定確定前，已實施之假扣押執行程序，不受影響。」亦明示此旨⓮。又保全程序之執行已終結，縱廢棄裁定確定，仍無從撤銷。

⓭ 司法院院解字第 3585 號解釋：假處分裁定之執行既已終結，該裁定雖經抗告法院裁定廢棄，但非另有執行名義，執行法院不能為之回復執行前之原狀。

⓮ 准許假扣押之裁定，如經抗告法院廢棄後，即得撤銷已實施之假扣押執行程序，

再撤銷前已實施執行處分之效力不受影響（參照注意事項 69 之 1），例如執行法院已拍賣假扣押之動產，提存價金與終結情形類似，亦不可撤銷❶。

二、債務人提供反擔保

依民事訴訟法第 527 條規定及第 536 條第 1 項，債務人提供反擔保（按：為區別債權人提供之擔保，實務稱債務人提供者為反擔保），執行法院即應撤銷保全程序之執行。又此撤銷，亦須在執行程序終結前，如執行法院已終結，即無從撤銷。應注意者，上開法文之撤銷假扣押、假處分均指執行而非裁定。

三、假扣押裁定或假處分裁定撤銷者

假扣押裁定或假處分裁定因法定原因撤銷，在撤銷之裁定確定時，執行名義不存在，如執行程序未終結，亦應撤銷保全程序之執行。

就此尚須說明者，保全程序之執行與嗣後以本案債權取得終局執行名義之終局執行為不同之執行程序及執行名義，故若脫離假扣押或假處分處置，進入終局執行者，終局執行有撤銷事由，例如債權人撤回執行，其效力僅及於終局執行，不及於保全執行，但實務有不同見解（參見臺灣高等法院 63 年法律座談會）。

又依本法第 134 條拍賣假扣押之財產，如無人應買，所有人亦不承受，可否適用本法第 71 條撤銷查封？就法文文義觀之，似應採肯定說，實務有採者❶，但愚意以為此有違假扣押本旨，應不可撤銷查封。

則倘嗣後經再抗告又廢棄抗告法院之裁定，而為准許假扣押之裁定者，於債權人再聲請假扣押時，原經撤銷假扣押執行之財產，可能已為債務人所隱匿或處分，而有不能再回復執行之虞。故為保障債權人之權益，爰增訂第四項。

❶ 修正理由二：本條之撤銷，其效力僅及於已實施之保全執行處分。至例外因該執行處分已發生實體法上之效果者，則不因之而受影響。例如假扣押之動產有價格減少或保管困難情事，已依第一百三十四條規定予以拍賣，或因定暫時狀態命債務人先為給付之處分，已依第一百四十條規定強制其履行終結者是。此種情形，均與終局的強制執行無異，須另行取得執行名義，始能回復執行前之原狀或獲得賠償，非本條規定之撤銷效力所能及。

❶ 民事法律問題研究(九)：

法律問題：假扣押之動產因有價格減少之虞，執行法院依債權人之聲請定期拍賣，拍賣期日無人應買，執行法院乃依強制執行法第七十一條規定作價交債權人收受，債權人表明不願收受，問執行法院是否應撤銷查封，將拍賣物返還債權人？（按：應為債務人之筆誤）

研討意見：

肯定說：依強制執行法第一百三十六條「假扣押之執行，除本章有規定外，準用關於動產、不動產、船舶及航空器執行之規定。」復依第七十一條之規定自應採肯定說。

否定說：略。

研討結果：全部贊成肯定說。

臺灣高等法院審核意見：一、假扣押係為保全將來之執行而設，債權人之債權須待本案訴訟判決勝訴確定或取得宣告假執行之判決等之有強制執行名義後始可受償，故強制執行法第一百三十六條之規定，應限於執行程序或方法與保全本旨相合者始可準用關於動產、不動產執行之規定。執行法院依強制執行法第一百三十四條規定，將假扣押之動產予以拍賣，拍賣之結果，乃須提存其價金，而非可將價金交付債權人，故本問題應以否定說為當。二、法律問題末句似係將拍賣物返還「債務人」之誤。

司法院民事廳研究意見：一、假扣押之動產，如有價格減少之虞（如炎夏時查封之魚蝦果菜之類、年節時令物品之年貨、月餅等，及易變質之藥物或化學物品等是），執行法院得因債權人或債務人之聲請或依職權，定期拍賣，提存其賣得價金（強制執行法第一百三十四條），蓋假扣押之動產不適於長期保管時，宜變價保存其價金，否則發生敗壞或保管費逾越債權額之情形，對債權人及債務人皆為不利，法院依強制執行法第一百三十四條拍賣時，應有同法第七十一條之準用，即拍賣物無人應買時，執行處應作價交債權人收受，而提存其價金，債權人不收受時，執行法院自應撤銷假扣押查封，將拍賣物返還債務人，方符同法第一百三十四條之立法意旨。二、本題研討結果應以肯定說為當（八十三年九月十六日(83)廳民二字第一七二六八號函復臺高院）。

第五章
自助行為

　　債權人依民法第 151 條規定「為保護自己權利，對於他人之自由或財產施以拘束、押收或毀損者，不負損害賠償之責。但以不及受法院或其他有關機關援助，並非於其時為之，則請求權不得實行或其實行顯有困難者為限。」可為自助行為，惟自助行為係自力救濟，為避免濫用，民法第 152 條第 1 項規定「依前條之規定，拘束他人自由或押收他人財產者，應即時向法院聲請處理。」

　　至於依第 1 項聲請法院處理，法院應如何處理，民法、民事訴訟法皆無規定（按：民事訴訟法於民國 92 年 2 月始於第 537 條之 1 以下設有自助行為之處理規定），為此司法院院字第 2503 號解釋：「㈡……至請求權人依民法第一百五十二條第一項規定，拘束義務人之自由，聲請法院援助時，法院應為如何之處置，民事訴訟法雖未如外國立法例，設有人身保全之假扣押程序，然查強制執行法第二十二條之規定，於假扣押之執行亦適用之，故該請求權人即時聲請假扣押者，法院應即時予以裁定，其命假扣押者，並應即時予以執行，若該義務人有同條所列情形之一者，得管收之。再被告所在無定，於訴訟中有管收之必要者，亦得依此程序辦理。」但仍不周全，尤其依該解釋，在有執行名義者，仍須假扣押，亦有欠妥。為此本法於民國 85 年修正時，規定處理方法如下：

一、有執行名義者，視為聲請強制執行

　　依本法第 5 條之 2 第 1 項規定「有執行名義之債權人依民法第一百五十一條規定，自行拘束債務人之自由或押收其財產，而聲請法院處理者，依本法規定有關執行程序辦理之。」及第 2 項規定「前項情形，如債權人尚未聲請強制執行者，視為強制執行之聲請。」即視同聲請強制執行，並依其自助行為，分別定是否管收或查封❶。

二、無執行名義者，視為聲請假扣押、假處分裁定及其執行

依本法第 132 條之 2 規定「債權人依民法第一百五十一條規定拘束債務人自由，並聲請法院處理，經法院命為假扣押或假處分者，執行法院得依本法有關管收之規定，管收債務人或為其他限制自由之處分。」及注意事項 69 之 2「債權人依民法第一百五十一條第一項規定拘束債務人之自由，即時聲請該管法院裁定准許假扣押者，執行法院應即時予以執行，若債務人具有本法第二十二條第一項所列情形之一者，得依該條第二項或第五項規定，予以限制其住居或管收。」應視為聲請假扣押裁定、假處分裁定，並聲請執行❷，就此應注意，此時裁定如須提供擔保，債權人必須提供，否則，無從執行，即應撤銷。

民事訴訟法於民國 92 年 2 月於第 537 條之 1 以下設有關於債權人依民法第 151 條規定押收債務人財產或拘束其自由後，應聲請假扣押、假處分裁定規定，完成自助行為處理之程序。

---

❶ 注意事項 3 之 1：有執行名義之債權人，依本法第五條之二規定聲請處理者，執行法院對於被拘束到場之債務人，認有本法第二十二條第一項所列情形之一者，得依該條第二項、第五項之規定，予以限制其住居或管收，對於押收之財產，應視其種類依本法有關規定處理之。

❷ 修正理由：債權人行使民法第一百五十一條之自助權，而依同法第一百五十二條聲請法院處理者，法院自應按其聲請之內容係金錢請求抑係金錢請求以外之請求，而為假扣押或假處分之裁定。如其裁定記載有債務人應提供金額之擔保，而未提供，或裁定上雖無此記載，而執行法院審酌情形命本法第二十二條規定提供擔保，而亦不提供者，自得依該條之規定予以管收或為其他限制自由之處分，以保債權人權益。

第六章
強制執行之競合

在強制執行程序中，數債權人對債務人就同一執行標的聲請強制執行時，即生強制執行之競合，其中有同屬金錢請求權之執行及同屬非金錢請求權之執行，亦有分屬金錢請求權之執行與非金錢請求權之執行，更有終局執行與保全執行、終局執行與終局執行、保全執行與保全執行之競合。在德國係採強制執行優先主義，依執行先後定其效力之優劣，實不生競合問題❶，本法除關於同屬金錢請求權之執行設有參與分配規定外，其他則未規定，故如何處理，能兼顧各債權人權利，並符合法理，實屬不易，學者間有不同見解。

在競合時，如能相容、併行，固無問題，有問題者在於彼此矛盾衝突時，應如何處理。在說明如何處理之前，首應說明之法理有：一、債權人平等原則。二、物權優於債權。三、債務人之財產為其債務之總擔保。四、實務上認法院之拍賣為民法上之買賣，執行法院係代替債務人為出賣人。此等法理為處理競合時之依據。

一、金錢請求權執行之競合

數債權人均為金錢請求權之執行，其間之競合，基於債權人平等原則及債務人財產為其債務總擔保之法理，以參與分配方式處理，彼此間無衝突，可以相容。即：

㈠數債權人均為終局執行

凡數債權人均為金錢請求權之終局執行，不問聲請執行之先後或執行名義為何，依本法第 33 條規定均併案處理，至此併案，實參與分配，有稱

---

❶ 參閱楊與齡主編《強制執行法爭議問題研究》第二四三頁以下呂潮澤撰〈強制執行之競合之處理〉。

合一執行程序❷，從而若其中一債權人有撤銷執行事由，不影響其他債權人之執行。

㈡終局執行與假扣押執行

1.先為假扣押執行後，有他債權人或持有非保全債權之終局執行名義之假扣押債權人，再為終局執行，因本法禁止重複查封（參照本法第56條、第113條），自可請求調假扣押卷拍賣，援用其查封程序，至於假扣押執行之債權人為有執行名義（按：即假扣押裁定），即應列入分配，依本法第133條提存分配之金額。至若假扣押債權人事後就保全之債權取得終局執行名義者，更可調假扣押卷拍賣以為受償，此時即不可再以假扣押裁定為執行名義列入分配，以免重複。

2.先有終局執行者，其他債權人仍可為假扣押執行，依本法第33條規定，併案處理，其分配之金錢，仍應依上開第133條規定提存。

㈢終局執行與假處分執行

在定暫時狀態處分中之先為給付（參照民事訴訟法第538條第3項），不僅亦屬金錢請求權之執行，且有終局執行之效果，依㈠之併案處理。

㈣假扣押執行與假扣押執行

先為假扣押執行後，另有債權人亦聲請假扣押執行，因彼此相容，併案處理即可，後案毋庸再為查封、扣押。

二、金錢請求權執行與非金錢請求權執行之競合

㈠數債權人均為終局執行

數債權人均有終局執行之執行名義，一債權人基於金錢請求權執行債務人之財產，恰為另一債權人請求交付之財產，如彼此無影響，可以相容，固可各自執行，例如一債權人本於地上權、租賃權請求債務人交付土地，該債務人之他債權人本於金錢請求權請求執行該土地，則先交付，仍不影響該地之所有權變動，金錢請求權之債權人仍可請求拍賣，僅拍定後地上權、租賃權仍對拍定人存在，反之先拍賣，亦不影響地上權、租賃權，並

❷ 參閱前臺灣高等法院臺中分院法官盧江陽撰〈合一執行程序原則〉，刊《司法周刊》第一二七八期。

因拍定人為執行名義執行力所及，仍可對之執行交付地上權人、承租人。反之，如不相容，例如一債權人係請求債務人交付，此時如有他金錢請求權人聲請執行同一標的物，即影響請求交付債權人之執行，反之，亦同。蓋在交付後，即非債務人財產，不可查封、拍賣。反之，先查封，依本法第 51 條第 2 項債務人處分權受限制，不能交付該財產給非金錢請求權之人。甚至拍定後，財產已非債務人所有，拍定人非交付之執行名義執行力所及，或有在民法善意取得適用，即不可為交付之執行。此種競合彼此間即有衝突。此時應如何處理？學說上有 1. 視物之交付請求權是否基於物權？如是，則可排除金錢請求權執行，反之則否。 2. 視聲請先後決定，先聲請執行可排除後之執行。 3. 原則上依聲請先後決定，但聲請在後之交付請求權之執行係基於物權者，應優先聲請在先之金錢請求權執行。學者有採第三說❸，亦有採第二說，並認在後之交付請求權執行有實體法上排除在先執行之權利，須提第三人異議之訴，排除在先之金錢請求權執行，始可執行❹，亦有認須視執行先後，及物之交付執行係基於債權、物權、執行名義有無法院判決同一效力而定❺。愚意以為以聲請先後決定，不僅法律並無明文規定，且無法理依據，難以採用。至於視交付權利為物權或債權，固符合物權優於債權原則，但在查封未撤銷前，債務人受查封限制，如何交付？故應由主張有交付請求權之人，先本於物權提起第三人異議之訴，或以其物權優於債權聲明異議，排除金錢請求權之執行，撤銷查封，執行法院始可執行非金錢請求權之執行。從而本於物權之物之交付請求權人已先聲請執行，金錢請求權人之聲請執行，執行法院即應拒絕，不可查封，蓋一方面其物權本可排除後者之執行，另一方面縱予拍定，拍定人仍為債務人之繼受人，物之交付請求權仍可對之執行，為避免拍定人因拍賣受損，自不宜查封、拍賣。至若物之交付請求權基於債權請求，則無上開適用，應適用債權人平等原則，如在法院查封前，執行法院已交付，執行終結，

❸　參閱楊與齡著《強制執行法論》第三四九頁、呂潮澤前揭文。
❹　參閱張登科著《強制執行法》第六〇〇頁。
❺　參閱陳計男著《強制執行法釋論》第六八〇頁。

固無問題，反之，一經查封，即將陷於給付不能，只能另請求債務不履行之損害賠償，就金錢請求權之執行參與分配❻，或代位債務人依本法第58條第1項提出現款撤銷查封，始可再執行交付。

又有應說明者，係土地所有權人對債務人取得拆屋還地之判決，因房屋與土地為不同不動產，房屋為債務人建造，屬債務人所有，若土地所有權人聲請執行時，債務人之金錢請求權人亦聲請執行該地上房屋，二者間，就法理言，如房屋拍定後，屬拍定人所有，但此拍定人為上開判決後之標的物繼受人，屬執行名義執行力所及，土地所有權人仍可對之請求執行拆除，二者之執行即無影響，可同時進行，但如此將有損拍定人，執行法院不僅應於拍賣公告載明有此將來拆除之瑕疵，且應勸諭金錢請求權人撤回執行，以免造成問題，如不撤回，土地所有權人之執行仍可進行，不必提起第三人異議之訴排除金錢請求權人之執行，至於房屋之查封，就執行拆屋還地後，因標的物不存在，執行法院應撤銷之。

(二)終局執行與假扣押執行

1.先假扣押執行：執行標的物已先由他債權人假扣押執行查封，另一人取得交付該標的物之終局判決，聲請對該標的物執行，此時同前所述，除該人提起第三人異議之訴排除假扣押執行或代位債務人提出現款撤銷查封或有其他撤銷查封事由，否則該終局執行，仍因給付不能無從執行❼。

2.先為終局執行：取得交付標的物終局判決之人先聲請強制執行，其他債權人再聲請假扣押執行，如標的物已交付，執行程序終結，假扣押執行自無法實施，反之，在尚未交付，如終局執行係本於物權請求，即不可

---

❻ 在採先聲請者優先者，即就聲請執行在前者可執行，後者除有實體權利可以排除前者之執行而提起第三人異議之訴外，執行法院只執行先聲請者（參閱張登科著前揭第六〇一頁、呂潮澤前揭文）。

❼ 如採先聲請執行優先者，因假扣押執行在前，不可為非金錢請求權之終局執行（參閱張登科著前揭第六〇一頁），但呂潮澤則不採，認假扣押執行僅能禁止債務人處分，不禁止他債權人聲請法院之執行，即假扣押執行無排除終局執行之效力，故仍可為非金錢請求權之執行（參閱呂氏前揭文）。

為假扣押執行，反之，如終局執行權利係本於債權請求，在未交付前，既仍屬債務人財產，執行法院仍可為假扣押執行，一經實施假扣押執行，除終局執行債權人代位債務人提出反擔保、提出現款或有其他撤銷查封事由，撤銷假扣押執行，否則應駁回終局執行之聲請❽。

(三)終局執行與假處分執行

終局執行與假處分執行於競合時，有可相容者，亦有不可相容者，前者例如假處分係准通行土地，則與事後終局執行之拍賣該土地可相容，只有在依本法第 139 條規定「假處分裁定，係禁止債務人設定、移轉或變更不動產上之權利者，執行法院應將該裁定揭示。」禁止債務人移轉土地之假處分與終局執行競合，將生衝突，就此學說上有終局執行優越（或優先）說，假處分優越（或優先）說，折衷說，前者認以終局執行優先，假處分無優先效力，故競合時，應為終局執行，除非假處分債權人可提起第三人異議之訴以排除終局執行。假處分執行優越係認假處分之禁止，包括強制執行之處分，故不可再拍賣。折衷說則認他債權人就假處分標的物之終局執行只可為查封，不可拍賣換價，須待假處分本案訴訟結果以決定❾，我國學者及實務大多採終局執行優先說，茲分別說明如下：

1.先為假處分執行：執行標的物已先為假處分執行，禁止移轉、交付等，他債權人可否再以金錢請求權之終局判決聲請強制執行？如採終局執行優先說，固應肯定，反之則否。但一方面本法並無明文規定採何一學說，另一方面法理上有困難，蓋在實務上既認強制執行法之拍賣為民法上之買賣，法院係代替債務人出賣查封物，則在債務人因假處分裁定，禁止其移轉不動產之權利時，既無移轉之權利，執行法院於有他金錢請求權人之終

---

❽ 楊與齡、張登科、呂潮澤認為債權人依關於物之交付請求權之執行名義聲請執行後，他債權人再聲請假扣押執行，影響終局執行之進行，應予駁回，未區分是否本於債權或物權（參閱楊氏著前揭第三五〇頁、張氏著前揭第六〇二頁、呂氏前揭文），陳計男則為視假扣押執行結果是否影響終局執行，如無影響，可以假扣押執行，反之，則否（參閱陳氏著前揭第六八五頁）。

❾ 參閱呂潮澤前揭文。

局執行時，是否有權拍賣？即債務人已無權移轉，執行法院如何可依上開實務見解「代替」債務人出賣？但如採此一見解，執行法院不可拍賣，則一方面債務人可藉此假處分合法脫產，即債務人恐其金錢請求權之債權人執行其財產，可串通第三人聲請假處分，禁止其移轉財產以達到目的。另一方面違反債權人平等原則，使假處分有物權排他效力，故有認仍可拍賣。但如認可以拍賣，一方面債務人不可處分，何以執行法院可「代替」為出賣？另一方面假處分之債權人在提供擔保後之假處分因此喪失保全功能，則在買受人為假處分執行，並獲勝訴判決尚未確定之際，債務人可串通第三人取得金錢請求權之執行名義拍賣，就假處分破功。是如何拿捏決定，誠非易事。實務上係認假處分之效力，僅禁止債務人之處分，不排除法院之強制執行❿，且假處分亦無物權排他效力，採終局執行優先說，故法院仍可拍賣。學者對此實務見解，有認應視假處分之請求是否為一般債權，如是，基於債權人平等原則，固可贊同，反之，如為物權，則應視假處分之目的是否受影響而定⓫。又有認雖可拍賣，假處分債權人不得阻止，但將來假處分債權人於本案訴訟取得勝訴判決或和解等視同本案勝訴時，得否認拍賣結果，請求買受人塗銷所有權取得登記⓬。愚意以為此一見解實待商榷，蓋假處分債權人如為買賣債權，不可排除執行，何以可否認拍賣？反之，如係有所有權，買受人有民法善意取得所有權或土地法第 43 條情事，仍不可請求買受人塗銷或返還。

2.先為終局執行：在採終局執行優先說下，如假處分執行不影響終局

---

❿ 最高法院民國 70 年 4 月 21 日民事庭會議決議：按禁止債務人就特定財產為處分行為之假處分，其效力僅在禁止債務人就特定財產為自由處分，並不排除法院之強制執行，本院六十二年度第一次民庭庭長會議已有決議在案，多年來實務上均依此辦理，本件債務人甲經假處分禁止其就訟爭房屋為處分行為，然並不排除法院之強制執行，甲之其他債權人對訟爭房屋聲請實施強制執行，自非法所不許。

⓫ 參閱陳計男著前揭第六八六頁。

⓬ 參閱陳世榮著《強制執行法詮解》第四一九頁。

執行，固可實施，但有影響者，不可實施，應予駁回。

㈣保全執行間

1.先為假扣押執行：執行標的物先為假扣押執行，禁止債務人移轉處分，他債權人再為假處分執行，如亦係禁止其移轉處分，二者相同，可以各自執行，並無排斥。如非禁止移轉，而係暫准通行，因可相容，仍無排斥。

2.先為假處分執行：同前，二者可各自執行，並無排斥。

三、非金錢請求權執行之競合

㈠均為終局執行

1.數債權人均本於債權持有令債務人交付或移轉同一物之終局判決，同時或先後聲請強制執行，則依一物二賣之法理，何人先取得所有權，另一執行即不可實施，不以取得判決之先後或聲請執行之先後決定，即一債權人已因交付移轉取得所有權，另一人即不可執行。但其中一人有先為假處分執行，則應交付或移轉該他人，蓋另一人因此假處分執行，無從請求交付或移轉。

2.一債權人持有本於物權之交付標的物之終局判決，另一債權人持有本於債權之交付標的物之終局判決，因物權優於債權，自執行前者。

㈡均為假處分執行

1.假處分執行不可相容：先執行者即可排除後者之執行。

2.假處分執行可相容：則各自執行。

四、保全執行後取得終局執行名義

一物先已實施假處分，再執行假扣押，嗣假扣押債權人先取得終局執行名義，可否拍賣該扣押物？如可，假處分如何處理。反之，假處分債權人先取得本案終局執行名義，可否憑判決辦理登記？假扣押應如何處理？此時參照司法院民國 82 年 5 月 10 日⒆臺廳民二字第 0533 號函：「按假處分與假處分或假扣押間之強制執行競合時，依學者通說及司法實務界見解，係兼採查封及終局執行優越之原則，是就債務人所有財產實施假處分於先，執行假扣押或另一假處分在後，而假扣押債權人就假扣押所保全之請求先取得執行名義，並聲請就假扣押之標的物為終局執行時，實施在先之假處

分，其效力並不能排除法院之終局強制執行，此即終局執行優越之原則。反之，實施假處分在先之債權人就其所保全之請求先取得執行名義，則可逕行請求實現該執行名義所載之內容（包括依確定判決申請地政機關辦理不動產所有權之移轉登記），執行在後之假扣押或假處分與不相容部分之效力，即歸於消滅，此為保全執行在先者優越之原則（參見最高法院七十四年臺上字第三四一號判決）。從而實施假處分在先之債權人就其所保全之請求取得命債務人辦理不動產所有權移轉登記之確定判決，其併案執行在後之假扣押或假處分與不相容部分之效力，即應歸於消滅。除法院有調卷為終局執行之情形外，實施假處分在先之債權人，即得據以現行土地登記規則第二十六條第四款之規定，單獨申辦移轉登記。茲貴部擬修正之該規則，於第一百二十八條第二款後段增列『並檢具……法院查復無其他查封、假扣押、假處分之文件者。』之規定。如照案通過，則苟有併案執行在後之其他假扣押、假處分存在，其實施在先之假處分債權人嗣雖取得本案勝訴確定判決，亦無法據以申請移轉登記，顯與學者通說及最高法院見解相違。況依該項規定，不僅先為執行並取得本案確定判決之假處分債權人無從實現其權利，且併案執行在後之假處分債權人先取得本案確定判決時，同樣亦無法實現權利。其結果，在保全執行競合之場合，無論其執行之先後，均無法申辦登記之實現其本案請求之權利。此際必將形成永無解決途徑之僵局。假處分制度亦將流於虛設，顯與法律貴在解決紛爭之本質不符，似宜改正。」以先取得終局執行名義聲請執行者為優先而執行，與通過之土地登記規則第141條第1項規定「土地經法院或行政執行處囑託辦理查封、假扣押、假處分或破產登記後，未為塗銷前，登記機關應停止與其權利有關之新登記。但有下列情形之一為登記者，不在此限：……二、依法院確定判決申請移轉、設定或塗銷登記之權利人為原假處分登記之債權人。」第2項「有前項第二款情形者，應檢具法院民事執行處或行政執行處核發查無其他債權人併案查封或調卷拍賣之證明書件。」不同，即凡有假扣押查封，假處分債權人取得終局執行名義亦無從登記，與前述二之㈡相同。

第七章
家事事件之執行

　　民國 101 年 6 月施行之家事事件法第 5 編設有「履行之確保及執行」，為強制執行法之特別規定，即依該法第 186 條第 1 項「依本法作成之調解、和解及本案裁判，除法律別有規定外，得為強制執行名義。」第 2 項「家事事件之強制執行，除法律別有規定外，準用強制執行法之規定，並得請求行政機關、社會福利機構協助執行。」則就依該法成立之調解等執行名義，為維護未成年子女及家庭成員之最佳利益，應依該法之規定強制執行，如該法未規定，始準用強制執行法。

　　依家事事件法作成之需要強制執行者，有該法第 3 條第 3 項之丙類事件，即「一、因婚約無效、解除、撤銷、違反婚約之損害賠償、返還婚約贈與物事件。二、因婚姻無效、撤銷婚姻、離婚、婚姻消滅之損害賠償事件。三、夫妻財產之補償、分配、分割、取回、返還及其他因夫妻財產關係所生請求事件。四、因判決終止收養關係給與相當金額事件。五、因監護所生損害賠償事件。六、因繼承回復、遺產分割、特留分、遺贈、確認遺囑真偽或其他繼承關係所生請求事件。」第 4 項之民事保護金事件、第 5 項之「一、因婚姻無效、撤銷或離婚之給與贍養費事件。四、報告夫妻財產狀況事件。五、給付家庭生活費用事件。八、定對於未成年子女權利義務之行使負擔事件。九、交付子女事件。」等，其中有屬金錢請求權之執行，亦有屬非金錢請求權中之執行。按強制執行本應以強制執行法為準則，則除家事事件法有特別規定者外，仍應適用強制執行法，上開規定為「準用」應有不當。

　　該法就強制執行之特別規定如下：

一、強制執行前之調查及勸告

　　依該法第 187 條第 1 項「債權人於執行名義成立後，除依法聲請強制

執行外，亦得聲請法院調查義務之履行狀況，並勸告債務人履行債務之全部或一部。」第 2 項「前項調查及勸告，由為裁判或成立調解或和解之第一審法院管轄。」即因家事事件之特殊性，尤其子女會面、交付子女時，為避免逕依強制執行法第 128 條第 3 項之直接方法強制執行造成不必要之傷害，故債權人於聲請強制執行前，可聲請家事法院（庭）調查債務人履行狀況，如未履行可由家事法院（庭）勸告債務人履行❶，此一調查及勸告，由裁判、調解、和解之家事法庭或第一審法院家事法庭為之，是此與強制執行不同。依第 187 條第 3 項「法院於必要時，得命家事調查官為調查及勸告，或囑託其他法院為之。」及第 188 條第 1 項「法院為勸告時，得囑託其他法院或相關機關、團體及其他適當人員共同為之。」法院為調查、勸告可由家事調查官為之，而非民事執行處之人員，亦可囑託其他法院或相關機關、團體、適當人員共同為之。

二、扶養費及其他費用之執行

本項執行，本屬金錢請求權之執行，家事事件法之特別規定：

㈠暫免執行費：依該法第 189 條規定「扶養費請求權之執行，暫免繳執行費，由執行所得扣還之。」

㈡分期給付之視為全部到期，依該法第 190 條第 1 項「債務人依執行名義應定期或分期給付家庭生活費用、扶養費或贍養費，有一期未完全履行者，雖其餘履行期限尚未屆至，債權人亦得聲請執行。」第 2 項「前項債權之執行，僅得扣押其履行期限屆至後債務人已屆清償期之薪資債權或其他繼續給付之債權。」則在分期給付之家庭生活費用、扶養費或贍養費，如有一期不履行者，未屆期者，債權人亦可聲請強制執行，等同履行期限

---

❶　立法理由：債權人於執行名義成立後，本得依法聲請強制執行。惟為調整債權人與債務人之利害關係，避免因貿然採取強制執行手段所引發當事人間之尖銳對立，並貫徹費用相當性及程序利益保護等原則，規定於執行名義立後，債權人除聲請強制執行外，亦得聲請法院先行調查債務人履行義務之狀況，並依其調查之結果，致力消弭當事人間之情感上糾葛，勸告債務人自發性履行其債務之全部或一部，爰設第一項規定。

屆至。惟此項執行，限於就債務人已屆清償期之薪資或其他繼續給付執行，不可執行其他財產❷。惟愚意以為既然未到期者已為到期，何以限制僅得扣押薪資等繼續給付之債權，實不能呼應前項之規定，故愚意以為凡債務人財產均可執行，不應限制。

(三)強制金：

1.依該法第 191 條第 1 項「債務人依執行名義應定期或分期給付家庭生活費用、扶養費或贍養費，有一期未完全履行者，雖其餘履行期限尚未屆至，執行法院得依債權人之聲請，以裁定命債務人應遵期履行，並命其於未遵期履行時，給付強制金予債權人。但為裁判法院已依第一百條第四項規定酌定加給金額者，不在此限。」第 2 項「法院為前項裁定時，應斟酌債權人因債務不履行所受之不利益、債務人資力狀態及以前履行債務之狀況。」第 3 項「第一項強制金不得逾每期執行債權二分之一。」第 4 項「第一項債務已屆履行期限者，法院得依債權人之聲請，以裁定命債務人限期履行，並命其於期限屆滿仍不履行時，給付強制金予債權人，並準用前二項之規定。」該法特設一強制金之制度，類似懲罰性違約金，即債務人未就分期給付者按期給付，由執行法院裁定命給付強制金，以間接強制執行方法促使債務人自動履行❸，但若有第 5 項「債務人證明其無資力清

---

❷ 立法理由：為避免損害債務人之期限利益，就前項債權之執行，僅得就履行期限屆至之債權，執行債務人對於第三人已屆清償期之薪資債權或其他繼續性給付之債權，爰設第二項規定。

❸ 立法理由：關於金錢債權之強制執行，原則上固採直接強制方法，由執行法院查封債務人之責任財產，將之變價交付或分配予債權人，以滿足執行債權。惟執行名義係命債務人應定期或分期給付家庭生活費用、扶養費或贍養費者，債權人之該等債權，均係維持債權人生計所不可或缺，如依前述一般金錢債權之執行程序進行，恐過於迂遠，且該等債權之數額原已將債務人之資力列入主要考慮要素始予決定，通常債務人沒有無資力履行之虞，為促使債務人確實依執行名義履行債務，爰設間接強制制度，除少年及家事法院於裁判時已酌定加給金額外，執行法院亦得依聲請命債務人給付強制金予債權人，以供債權人選擇利用。另為達到強制金間接強制之效果，執行法院為強制金之裁定，宜於命債

償或清償債務將致其生活顯著窘迫者，執行法院應依債務人之聲請或依職權撤銷第一項及前項之裁定。」亦可撤銷❹。至於此項強制金與怠金不同，係給付債權人，而非由國庫收取。又此項強制金與前述之履行期限未屆至亦得聲請強制執行，可競合處理。

2.依第 192 條第 1 項「前條第一項、第四項強制金裁定確定後，情事變更者，執行法院得依債務人之聲請變更之。」第 2 項「債務人為前項聲請，法院於必要時，得以裁定停止強制金裁定之執行。」即因情事變更，執行法院亦可裁定變更為減少或不付，甚至可停止強制金裁定之執行。

3.依第 193 條「未成年子女扶養費債權之執行，不受強制執行法第一百二十二條規定之限制。但應酌留債務人及受其扶養之其他未成年子女生活所需。」即依強制執行法第 122 條之規定，債務人對於第三人之債權，係維持債務人及其共同生活之親屬生活所需者，不得為強制執行。惟扶養債務人之經濟能力多已在執行名義作成過程中予以相當之考量，有別於一般金錢債權之執行名義，因此，關於未成年子女扶養費債權之執行，無需重複考量債務人及其共同生活親屬之家庭生活需要 ，爰明定不受上開規定之限制 。惟為維護債務人之基本生活需要及其他未成年子女受債務人扶養之權利，執行法院仍應酌留債務人及受其扶養之其他未成年子女生活所需。

三、交付子女與子女會面之執行

在實務上，交付子女與子女會面之強制執行，往往因情感上因素，債務人抗拒甚大，不易執行，固然可依強制執行法第 128 條第 3 項以直接強制方式為之，但往往債務人將子女藏匿，無法以直接強制方式執行，縱已尋獲，以直接強制執行方式執行，因債務人或第三人抵抗，亦非所宜，影

務人遵期履行時，同時為之。又強制金係以違反包括強制金裁定在內之有關執行名義之執行債權履行命令為條件之制裁金，屬債務人新增之債務，該裁定係另一執行名義，債權人如欲執行強制金裁定，應另為強制執行之聲請。

❹ 立法理由：債務人如證明其無資力清償或清償債務將致其生活顯著窘迫者，為免徒增債務人之強制金負擔，造成對債務人過於苛酷之結果，執行法院得依債務人之聲請或依職權撤銷強制金之裁定，爰設第五項規定。

響子女對父母之印象，對法律之誤會。況子女會面一事，最高法院 96 年度臺抗字第 831 號裁定「惟按依執行名義，債務人應為一定之行為，而其行為非他人所能代為履行者，債務人不為履行時，執行法院得定債務人履行之期間。債務人不履行時，得拘提、管收之或處新臺幣三萬元以上三十萬元以下之怠金；執行名義，係命債務人交出子女者，適用前開規定，強制執行法第一百二十八條第一項、第三項分別定有明文。而法院於定對未成年子女權利義務行使負擔（簡稱子女監護）內容及方法裁判之同時，酌定未負子女監護之責之一方與該未成年子女會面交往之方式及時間，該裁判之性質與交出子女之判決並不相同。前者，負子女監護之責之一方，僅負協調或幫助會面交往之進行，無從強制子女與他方會面交往，亦不負積極交出子女之義務；後者，未負子女監護之責之一方，則有積極交出子女之義務。故負子女監護之責之一方，經執行法院定履行期間仍未盡協調或幫助會面交往進行之義務者，執行法院僅得依強制執行法第一百二十八條第一項規定處罰，不得依同條第三項處罰或用直接強制方法將子女取交債權人。」尚認不可依第 128 條第 3 項執行，為此家事事件法就此已有前開之調查、勸告規定，即先以調查、勸告方式為之，如仍不履行，則依第 194 條「執行名義係命交付子女或會面交往者，執行法院應綜合審酌下列因素，決定符合子女最佳利益之執行方法，並得擇一或併用直接或間接強制方法：一、未成年子女之年齡及有無意思能力。二、未成年子女之意願。三、執行之急迫性。四、執行方法之實效性。五、債務人、債權人與未成年子女間之互動狀況及可能受執行影響之程度。」第 195 條第 1 項「以直接強制方式將子女交付債權人時，宜先擬定執行計畫；必要時，得不先通知債務人執行日期，並請求警察機關、社工人員、醫療救護單位、學校老師、外交單位或其他有關機關協助。」第 2 項「前項執行過程，宜妥為說明勸導，儘量採取平和手段，並注意未成年子女之身體、生命安全、人身自由及尊嚴，安撫其情緒。」方式執行，儘量顧及子女最佳利益。

又家事事件之執行，仍應由民事執行處為之，家事法庭可為協助執行機關，不可自為執行。

附 件

司法院院字第 2776 號解釋

一、強制執行法第十五條所定第三人異議之訴，以排除執行標的物之強制執行為目的，故同條所謂強制執行程序終結，係指對於執行標的物之強制執行程序終結而言。對於執行標的物之強制執行程序，如已終結，則雖因該執行標的物之賣得價金，不足抵償執行名義所載債權之全部，致執行名義之強制執行程序尚未終結，第三人亦不得提起異議之訴，對於執行標的物之強制執行程序，進而至執行名義所載債權之全部或一部，因對於執行標的物之強制執行達其目的時，始為終結。故執行標的物經拍賣終結，而未將其賣得價金交付債權人時，對於該執行標的物之強制執行程序，不得謂已終結，第三人仍得提起異議之訴，但已終結之拍賣程序，不能依此項異議之訴有理由之判決予以撤銷，故該第三人僅得請求交付賣得價金，不得請求撤銷拍賣程序。同法第十四條所定債務人異議之訴，以排除執行名義之執行力為目的，故同條所謂強制執行程序終結，係指執行名義之強制執行程序終結而言。執行名義之強制執行程序，進行至執行名義所載債權全部達其目的時，始為終結，故執行名義所載債權，未因強制執行全部達其目的以前，對於某一執行標的物之強制執行程序雖已終結，債務人仍得提起異議之訴，但此項異議之訴有理由之判決，僅就執行名義所載債權，未因強制執行達其目的之部分排除其執行力，不能據以撤銷強制執行程序業經終結部分之執行處分。同法第十二條第一項所謂強制執行程序終結，究指強制執行程序進行至如何程度而言，應視聲請或聲明異議之內容，分別情形定之，例如以動產及不動產為執行標的物之強制執行，對於動產之強制執行程序已終結，而對於不動產之強制執行程序未終結時，如債務人主張查封拍賣之動產，為法律上禁止查封之物，聲明異議，則同條項所謂強制執行程序終結，係指對於執行標的物之強制執行程序終結而言。如債務人主張，依以強制執行之公證書不備執行名義之要件，聲明異議，則同條項所謂強制執行程序終結，係指執行名義之強制執行程序終結而言。但在後之情形，認聲明異議為有理由之裁定，僅得撤銷對於不動產之執行處分，至對於動產之強制執行程序，既經終結，其執行處分，即屬無從撤銷。

二、依同一執行名義，就屬於一債務人或數債務人之數種財產為強制執行，其中一種財產已經拍賣終結並將賣得價金交付債權人時，對於該種財產之強制執行程序，即為終結。對於他種財產之強制執行程序雖未終結，亦不得對於業經終結之強制

執行程序聲明異議或提起第三人異議之訴。至債務人聲明執行名義要件未備之異議或提起異議之訴，是否尚得為之，應視執行名義是否尚應對於該債務人為強制執行以為斷。

三、無執行名義而為強制執行，將債務人之財產移轉於債權人或第三人時，實體上不生財產權移轉之效力。故在強制執行程序終結後，債務人得對於該債權人或第三人以訴主張其財產權。但第三人別有取得財產權之法律上原因。例如依民法第八百零一條取得所有權時，債務人僅得分別情形，向債權人請求返還不當得利或請求賠償損害。至依執行名義所為之強制執行以法律所定不得執行之財產為執行標的物者，在強制執行程序終結前，債務人固得聲明異議，強制執行程序一經終結，即不得主張其強制行為無效。惟其執行標的物依法律之規定不得讓與者，雖其讓與係依強制執行為之，亦屬無效。例如強制執行法第一百二十二條所舉債務人對於第三人之債權，即民法第二百九十四條第一項第三款所稱禁止扣押之債權，不得讓與於人，執行法院如依強制執行法第一百十五條第二項之規定，以命令將此項債權移轉於債權人時，其移轉自屬無效，強制執行程序終結後，債務人對於債權人得主張移轉無效，提起確認該債權仍屬於己之訴。

四、聲明異議經裁定駁回確定後，當事人復以同一理由聲明異議，經認為有理由者，法院得為與前裁定相反之裁判。

五、撤銷或更正強制執行之處分或程序，惟在強制執行程序終結前始得為之。故聲明異議雖在強制執行程序終結前，而執行法院或抗告法院為裁判時，強制執行程序已終結者，縱為撤銷或更正原處分或程序之裁定，亦屬無從執行，執行法院或抗告法院自可以此為理由予以駁回。

六、債務人以查封違背強制執行程序之規定聲明異議，經法院認為有理由以裁定撤銷查封時，如依該裁定之意旨，原查封物非不得再予查封者，雖已進入拍賣程序，執行法院亦應再予查封，另行拍賣。但拍賣物已經拍定，為移轉所有權於買受人之行為時，拍賣程序即為終結，撤銷查封之裁定，自屬無從執行。

七、債務人以查封違背強制執行程序之規定聲明異議為有理由者，雖已進入拍賣程序，執行法院或抗告法院亦得以裁定撤銷查以後之程序，但拍賣物已經拍定，為移轉所有權於買受人之行為時，拍賣程序即為終結，不得更以裁定撤銷查封拍賣等程序。即使予以撤銷，其裁定亦屬無從執行。

八、債權人與債務人所訂拋棄強制執行請求權之特約，在強制執行法上，不生強制執行請求權喪失之效力，債權人與債務人在執行法院和解時，債權人表示拋棄其對於和解部分以外之強制執行請求權，縱令當事人間已成立合意，債權人且已向執

行法院撤回強制執行之聲明，而債權人之強制執行請求權，要不因而喪失，自得仍依原執行名義聲明強制執行。

九、主文載明出典人於一定期間內返還典價，典權人應將典物返還判決，如依其意旨，出典人非於一定期間內提出典價，即不得再行提起出典價請求權返還典物者，出典人聲請強制執行，自須於期間內提出典價為之。其提出典價已逾期間者，雖其聲請強制執行尚在期間之內，亦不得為之強制執行。

十、廢棄執行名義或宣告不許強制執行之裁判，已有執行力，例如廢棄確定判決之再審判決已確定，廢棄宣告假執行之本案判決已宣示，認聲明異議為有理由之裁定已宣示或送達（參照民事訴訟法（舊法）第四百八十八條第一項），或認異議之訴為有理由之判決已確定時，其裁判正本一經提出，執行法院即應停止強制執行，並撤銷已為之執行處分。此在強制執行法雖未如他國立法例設有明文，亦為解釋上所應爾。但強制執行程序若已終結，即無從撤銷已為之執行處分，非另有執行名義，執行法院不能為之回復執行前之原狀。

參考資料

壹、中文

1. 李模著《民法總則之理論與實用》（民國七十八年十二月修訂版）。

2. 史尚寬著《民法總論》（民國六十四年十月再版）。

3. 洪遜欣著《中國民法總則》（民國六十五年一月版）。

4. 鄭玉波著《民法債編各論》（民國八十年八月版）。

5. 薛祀光著《民法債編各論》（民國五十七年四月出版）。

6. 史尚寬著《債法各論》（民國六十六年三月五版）。

7. 姚瑞光著《民法物權論》（民國五十六年十月版）。

8. 史尚寬著《物權法論》（民國六十四年七月四版）。

9. 李肇偉著《民法物權》（民國五十九年再修訂版）。

10. 黃右昌著《民法物權編》下冊（民國六十六年一版）。

11. 張龍文著《民法物權實務研究》（民國六十六年初版）。

12. 王澤鑑著《民法學說與判例研究第一冊》（一九七五年十二月再版）、《民法學說與判例研究第五冊》（一九八七年五月初版）。

13. 王澤鑑著《民法實例研習叢書（二）》（民國七十二年初版）。

14. 陳世榮著《強制執行法詮解》（民國七十七年三月修訂版）。

15. 陳榮宗著《強制執行法》（民國八十九年十一月版）。

16. 楊與齡著《強制執行法論》（民國八十九年九月版）。

17. 楊與齡著《強制執行法論》（民國七十五年六月修正版）。

18. 張登科著《強制執行法》（民國九十年九月修正版）。

19. 林昇格著《強制執行法理論與實務》（民國七十二年七月初版）。

20. 陳計男著《強制執行法釋論》（二〇〇二年八月初版）。

21. 郭松濤編著《強制執行法》（民國八十九年七月初版）。

22. 郭松濤編著《強制執行法問題研究》（民國七十五年十月初版）。

23. 吳鶴亭著《新強制執行法實用》（民國六十八年一月初版）。

24.莊柏林著《最新強制執行法論》（民國八十六年四月修訂版）。

25.許士宦著《執行力擴張與不動產執行》（二〇〇三年三月一版）。

26.任秀妍著《我國船舶強制執行之理論與實務》（民國七十七年一月版）。

27.楊與齡主編《民事執行法實例問題分析》（民國八十九年十一月初版）。

28.楊與齡主編《強制執行法爭議問題研究》（民國八十八年二月初版）。

29.耿雲卿著《強制執行法釋義》（民國七十一年七月再版）。

30.李浩主編《強制執行法》，廈門大學出版社發行（二〇〇四年五月一版）。

31.譚秋桂著《民事執行原理研究》（二〇〇一年十月北京一版）。

32.黃憲華著《辦理強制執行事件手續程式判解彙編》（民國六十四年六月版）。

33.耿雲卿著《破產法釋義》（民國七十六年三月再版）。

34.錢國成著《破產法要義》（民國六十年三月修訂七版）。

35.吳明軒著《中國民事訴訟法》（民國六十九年再版）。

36.曹偉修著《民事訴訟法釋論》（民國六十五年一月三版）。

37.陳榮宗、林慶苗合著《民事訴訟法》（民國八十五年七月初版）。

38.駱永家著《既判力之研究》（一九七五年十一月初版）。

39.駱永家著《民事法研究Ⅰ》（一九八八年三月版）。

40.駱永家著《民事法研究Ⅱ》（一九八八年三月版）。

41.陳計男著《民事訴訟法論》（民國八十三年九月版）。

42.石志泉著《民事訴訟法釋義》（民國四十九年四月四版）。

43.石志泉原著、楊建華增訂《民事訴訟法釋義》（民國七十一年十月初版）。

44.楊建華著《問題研析民事訴訟法》（民國七十八年九月版）。

45.姚瑞光著《民事訴訟法》（民國八十一年九月版）。

46.陳榮宗著《舉證責任分配與民事程序法》（一九七九年四月初版）。

47.陳榮宗著《民事程序法與訴訟標的理論》（一九七七年五月初版）。

48.楊仁壽著《海商法論》（民國七十九年九月版）。

49.施智謀著《海商法》（民國七十五年九月版）。

50.陳世榮著《票據法實用》（民國七十一年八月版）。

51.林奇福著《國家賠償法之研究》（民國七十一年版）。

52.劉春堂著《國家賠償法》（民國七十六年九月三版）。

53.戴炎輝著《中國法制史》（民國八十四年二月一日版）。

54.楊崇森等七人合著《仲裁法新論》，中華民國仲裁協會出版（一九九九年九月初版）。

55.李銀英譯《日本民事訴訟法》（民國八十二年十二月初版）。

56.吳光陸著《強制執行法學說與判解研究》（民國七十九年九月初版）。

57.吳光陸著《強制執行法拍賣性質之研究》（民國七十六年十二月初版）。

58.吳光陸著《金錢債權之確保與實現》（民國八十九年九月修訂版）。

59.吳光陸著《擬制民事司法書類》（二〇〇四年十月初版二刷）。

60.《法令月刊》

61.《軍法專刊》

62.《全國律師月刊》，中華民國律師公會全國聯合會發行

63.《臺中律師公會發行中律會訊》

64.《司法周刊》

65.《中興法學》

66.《月旦法學雜誌》

67.《法學叢刊》

68.《仲裁》，中華民國仲裁協會發行

69.《臺大法律學刊》

70.《國立政治大學學報》

71.《律師雜誌》，臺北律師公會發行

72.《萬國法律》

73.《民事法律專題研究》

74.《民事法律問題研究》

貳、日文

75.岡垣學著《強制執行法概論》（一九七七年四月補訂二版）。

76.林屋礼二編《民事執行法》（一九九六年四月改訂版一刷）。

77.中野貞一郎編《民事執行法概說》（昭和五十七年四月三十日初版三刷）。

78.兼子一著《增補強制執行法》（一九七六年四月三十日第三十五版）。

79.三ケ月章著《民事執行法》（昭和五年十二月二十日）。

80.岩野徹主編《注解強制執行法》，日本第一法規株式會社發行（昭和五十二年五月二版）。

81.住吉博編《演習民事執行法》（昭和五十八年十一月初版一刷）。

82.山木戶克己著《民事執行、保全法講議》（二〇〇三年九月二十日補訂二版六刷）。

83.中田淳一著《民事訴訟法概說》（昭和五十年五月初版）。

84.中田淳一、三ケ月章編《民事訴訟法演習II》（昭和三十九年五月初版）。

85.中野貞一郎著《強制執行、破產の研究》（昭和四十八年初版）。

86.杉田洋一著《強制執行法》（昭和三十二年七月五版）。

87.浦野雄幸著《要點民事執行法》（平成三年十二月新訂版）。

88.山崎恆、山田俊雄編《民事執行法》（二〇〇三年二月初版三刷）。

證券交易法導論

廖大穎　著

　　證券交易法制是一門隨著時間快速變化的學科。本書在章節安排與內容編寫上，試圖以最基礎的市場法制體系，引領初學者一窺證券交易法，使修習證券交易法課程的同學，能在短時間內掌握我國證券市場一個簡明而完整的輪廓。

　　本書係配合最新修正證券交易法條文的修訂版，前後共分三篇，即證券市場的緒論、本論及財經犯罪三大部門所構成。簡單說明，前者的緒論與本論部分，依序就有價證券有關發行市場、流通（交易）市場的規制、證券法制與企業秩序、證券交易機關之構造及相關證券投資人保護法等主軸，依照現行法典所規範的內容撰寫而成；至於後者財經犯罪部分，乃證券交易法制實務上最具爭議的問題之一，本書特別邀請陽明交通大學林志潔教授執筆，針對現行證券交易法上的各種犯罪類型，乃至於刑事政策與犯罪所得的議題，作刑法系統性的專業解析，期待這是一本淺顯而易懂、引領入門的參考書籍。

保險法論

鄭玉波　著／劉宗榮　修訂

　　本書在維持原著《保險法論》的精神下，修正保險法總則、保險契約法的相關規定，並通盤改寫保險業法。本書的特色如下：
1.囊括保險契約法與保險業法，內容最完備。
2.依據最新公布的保險法條文修正補充，資料最新穎。
3.依據大陸法系的體例撰寫，銜接民法，體系最嚴明。
4.章節分明，文字淺顯易懂，自修考試兩相宜。

▌民事訴訟法（上）

陳榮宗、林慶苗　著

　　本書不同於坊間其他同類型書籍，其特色為學說理論討論頗多，是以往出版之民事訴訟法書籍所無，並對實務上重要之最高法院判例引用詳加介紹；論述方式則採半論文體裁，可供研究理論與實務辦案之用。全書內容分為五編：緒論除討論若干基本問題外，國際民事訴訟一章特別值得注意；訴訟主體之討論問題範圍較一般民事訴訟法書籍多而廣，而在訴訟客體部分則對於訴訟標的理論及權利保護利益有深入討論；訴訟審理一編所占內容最多，尤其訴訟行為、言詞辯論、證據、判決效力、上訴程序各章節在學理上及判例實務方面內容均十分豐富；特別程序則分為簡易訴訟程序、小額訴訟程序、調解程序、督促程序、保全程序、公示催告程序、家事事件程序、智慧財產事件審理程序加以說明。

　　本書自修訂九版以來，歷經數次修法，遂配合最新民事訴訟法、法院組織法等相關法規進行修訂，期使讀者能掌握最新的法規動向。

▌票據法

潘維大　著／黃心怡　修訂

　　這是一本能讓讀者有如閱讀小說般輕鬆認識票據法的書。口語式的活潑筆法，讓抽象的法律條文從此不再艱澀拗口；小說般的故事情節，讓票據不再如天上明月般遙不可及，而與生活緊密結合。隨著書中人物面臨的大小故事，錯綜難解的法律關係變成饒富趣味的生活小品。想試試法律變成趣味休閒版的滋味嗎？就從閱讀本書開始吧！

▌證券交易法導論

廖大穎　著

　　證券交易法制是一門隨著時間快速變化的學科。本書在章節安排與內容編寫上，試圖以最基礎的市場法制體系，引領初學者一窺證券交易法，使修習證券交易法課程的同學，能在短時間內掌握我國證券市場一個簡明而完整的輪廓。

　　本書係配合最新修正證券交易法條文的修訂版，前後共分三篇，即證券市場的緒論、本論及財經犯罪三大部門所構成。簡單說明，前者的緒論與本論部分，依序就有價證券有關發行市場、流通（交易）市場的規制、證券法制與企業秩序、證券交易機關之構造及相關證券投資人保護法等主軸，依照現行法典所規範的內容撰寫而成；至於後者財經犯罪部分，乃證券交易法制實務上最具爭議的問題之一，本書特別邀請陽明交通大學林志潔教授執筆，針對現行證券交易法上的各種犯罪類型，乃至於刑事政策與犯罪所得的議題，作刑法系統性的專業解析，期待這是一本淺顯而易懂、引領入門的參考書籍。

▌保險法論

鄭玉波　著／劉宗榮　修訂

　　本書在維持原著《保險法論》的精神下，修正保險法總則、保險契約法的相關規定，並通盤改寫保險業法。本書的特色如下：
1.囊括保險契約法與保險業法，內容最完備。
2.依據最新公布的保險法條文修正補充，資料最新穎。
3.依據大陸法系的體例撰寫，銜接民法，體系最嚴明。
4.章節分明，文字淺顯易懂，自修考試兩相宜。

民事訴訟法（上）

陳榮宗、林慶苗　著

　　本書不同於坊間其他同類型書籍，其特色為學說理論討論頗多，是以往出版之民事訴訟法書籍所無，並對實務上重要之最高法院判例引用詳加介紹；論述方式則採半論文體裁，可供研究理論與實務辦案之用。全書內容分為五編：緒論除討論若干基本問題外，國際民事訴訟一章特別值得注意；訴訟主體之討論問題範圍較一般民事訴訟法書籍多而廣，而在訴訟客體部分則對於訴訟標的理論及權利保護利益有深入討論；訴訟審理一編所占內容最多，尤其訴訟行為、言詞辯論、證據、判決效力、上訴程序各章節在學理上及判例實務方面內容均十分豐富；特別程序則分為簡易訴訟程序、小額訴訟程序、調解程序、督促程序、保全程序、公示催告程序、家事事件程序、智慧財產事件審理程序加以說明。

　　本書自修訂九版以來，歷經數次修法，遂配合最新民事訴訟法、法院組織法等相關法規進行修訂，期使讀者能掌握最新的法規動向。

票據法

潘維大　著／黃心怡　修訂

　　這是一本能讓讀者有如閱讀小說般輕鬆認識票據法的書。口語式的活潑筆法，　讓抽象的法律條文從此不再艱澀拗口；小說般的故事情節，讓票據不再如天上明月般遙不可及，而與生活緊密結合。隨著書中人物面臨的大小故事，錯綜難解的法律關係變成饒富趣味的生活小品。想試試法律變成趣味休閒版的滋味嗎？就從閱讀本書開始吧！

新基本小六法

三民書局編輯委員會　編著

　　本書蒐錄常用之基礎法規逾一百種，在分類上依法規之主要關聯區分為十大類，除傳統熟悉之憲法、民法、商事法、民事訴訟法、刑法、刑事訴訟法、行政法規外，亦蒐錄智慧財產權法規及國際法規等新興法學之領域，並於書末臚列司法院大法官會議解釋及憲法法庭裁判彙編。

全書除法規條文外，更擇要加註重要條文之修法理由及舊條文，除供有志研習法律者於比較分析之查詢對照外，冀望對於掌管基礎法令之實務工作者亦有助益。

本版蒐錄2024年1月最新修正法規與憲法法庭判決

◎最新修正法規：憲法法庭審理規則、民事訴訟法、民事訴訟法施行法、勞動事件法、勞動事件審理細則、中華民國刑法、槍砲彈藥刀械管制條例、家庭暴力防治法、刑事訴訟法、刑事訴訟法施行法、刑事補償法、性別平等教育法、性別平等工作法、性騷擾防治法、法官法等

◎本版新增法規：最低工資法、勞動事件法施行細則

◎憲法法庭判決：蒐錄至112年憲判字第20號

國家圖書館出版品預行編目資料

強制執行法／吳光陸著.——修訂四版一刷.——臺北
市：三民，2024
　　面；　公分

　　ISBN 978-957-14-7749-7 （平裝）
　　1. 強制執行法

586.89   112021934

強制執行法

作　　者｜吳光陸
創 辦 人｜劉振強
發 行 人｜劉仲傑
出 版 者｜三民書局股份有限公司 (成立於 1953 年)

三民網路書店
https://www.sanmin.com.tw

地　　址｜臺北市復興北路 386 號　　（復北門市）　(02)2500–6600
　　　　　臺北市重慶南路一段 61 號 (重南門市)　(02)2361–7511

出版日期｜初版一刷 2007 年 2 月
　　　　　修訂三版二刷 2017 年 5 月
　　　　　修訂四版一刷 2024 年 2 月
書籍編號｜S585520
Ｉ Ｓ Ｂ Ｎ｜978-957-14-7749-7